KB150083

돌궐의 당 침입로

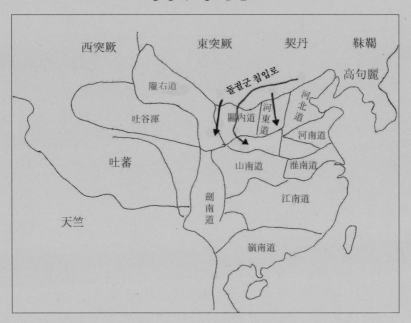

西突厥　　　東突厥　　　契丹　　　靺鞨

高句麗

隴右道

돌궐군 침입로

河北道

吐谷渾　　關內道　河東道

河南道

吐蕃

山南道　淮南道

劍南道

江南道

天竺

嶺南道

자치통감 21

자치통감의 모든 것

www.tonggam.com

여러분의 의견을 기다리고 있습니다.

資治通鑑

자치통감 21 당(唐)시대 Ⅱ

사마광 지음 권중달 옮김

도서
출판 삼화

* 이 책은 2002년도 한국학술진흥재단의 지원에 의하여
번역하였고, 출판비의 일부를 지원 받았습니다.

(KRF-2002-071-AM1007)

되돌아보면, 내가 ≪자치통감(資治通鑑)≫과 인연을 맺은 지도 어언 반세기에 가깝다. 1960년대 말, '자치통감을 읽고 평론' 한 명 왕조 말기의 학자 왕부지(王夫之)의 ≪독통감론(讀通鑑論)≫을 가지고 석사논문을 준비하면서 ≪독통감론≫에서 평론한 대목을 ≪자치통감≫의 원문을 찾아보는 데서부터 인연이 시작되었다. 이후 대만에 유학하여 쓴 박사학위 논문도 ≪자치통감≫을 주제로 한 것이었고, 역사학자로서의 삶 또한 줄곧 이와 관련된 논문을 써왔으니, 나의 공부는 '자치통감'이라고 해도 될 듯싶다.

유절이 ≪중국사학사고≫에서 "송대 역사학계에서 당연히 대서특필할 몇 개의 사건이 있는데, 그 첫 번째 사건은 바로 사마광이 ≪자치통감≫을 저술한 것"이라며 "통치계층이 오랜 기간 동안 경험한 것을 쌓아둔 중심 사상을 대표"하는 것이 바로 ≪자치통감≫이라고 평가하였다.

내가 이런 '제왕학의 교과서'인 ≪자치통감≫ 번역에 본격적으로 나선 것은 1997년부터다. 학자의 길에서 잠시 비켜서게 하였던 '대학의 보직'에서 놓여나면서 세속적인 일에 전력투구하였던 10여년의 세월을 반성하듯 이 책의 번역에 매달리기로 하였던 것이다. ≪자치통감≫ 전294권을 완역하겠다고 마음먹은 것부터가 만용이었지만, 점차 이런 우직한 작업을 하지 않고서는 이 대역작을 대중에게 소개할 수 없을 것이라는 생각은 만용에서 어느덧 사명이 되어있었다.

몇 년 전 전국시대부터 전한시대까지의 38권을 4책으로 묶어 우선 출

간하면서 번역 작업의 첫 결실을 맺었지만 이 작업은 말 그대로 인내력의 시험장이었다. 그 인내력이 한계를 드러낼 즈음인 2002년, 마침 한국학술진흥재단으로부터 번역지원금을 받게 되면서 번역작업에는 전기가 마련됐다. 이 작업에 3년 동안 처음부터 끝까지 참여한 김동정, 조재덕, 신용석, 변상필 박사와 일정 기간을 참여한 이재성, 정지호, 이춘복 박사 등과 함께 번역팀을 꾸려 갖은 고생을 하면서 비교적 작업 속도를 낼 수 있어 2005년 말에 완역된 원고를 한국학술진흥재단에 보고할 수 있었다.

이제 이 원고를 책으로 묶어 세상 독자들과 만나려고 한다. 학술진흥재단에 완역된 원고를 내기까지도 적어도 두 번 이상 원문대조교정을 보았었고, 이번에 출간을 준비하면서 다시 세 번의 원문교정을 통하여 오역을 바로잡고, 번역어휘와 문체, 체제를 통일하느라 때로는 다시 밤을 낮같이 밝혀야 하지만 전체 원고량이 200자 원고지 8만 매에 달하는 방대한 분량을 600여 쪽짜리 책 31권으로 묶는 작업이 또다시 인내력을 시험하고 있다.

번역과 교정 작업에 매달리면서도 항상 적절한 우리말을 찾기가 힘들었다는 고백을 해야 할 것 같다. 예컨대 성(城)을 공격하여 승리한 경우에도 원문에서는 상황에 따라 '하(下)'라고 하기도 하고, 혹은 '극(克)', '입(入)', '첩(捷)', '함(陷)', '도(屠)' 등으로 다양하게 표현하고 있다. 전투 상황을 정확히 표현하기 위한 것이었다. 그러나 번역서의 특성상 우리말로 옮길 때 간결한 단어로 옮겨야 하기 때문에 그 함의를 길게 설명해 줄 수도 없고, 그렇다고 모두 우리 귀에 익숙한 낱말인 '승리하다'라고만 표현한다면 원문에서 말하고자 하는 뉘앙스를 전달하지 못하게 된다.

더욱이 이 책은 당송팔대가(唐宋八大家)가 한참 활동하던 시기의 저작이어서 문장은 우아하였고, 한 글자 한 글자에 그 나름의 깊은 의미를 지니며, 헛되이 쓰인 글자가 없다는 점을 고려한다면 적절한 우리말을 찾는 작업은 생각 이상으로 어려웠다. 그래도 끝까지 원문의 '맛'을 살려 보려는 욕심을 놓지 않으려고 고심에 고심을 거듭하였다.

이 책은 전31권 가운데 21번째에 해당하는 '당(唐)시대Ⅱ'이다. ≪자치통감≫의 원문으로는 권195부터 권204권까지를 번역한 것이다.

이 책의 번역이 끝나갈 무렵인 2005년 말, '자치통감 방역계획(資治通鑑 邦譯計劃)'을 세우고 번역자를 모집하는 일본의 광고를 보니 '한문 초심자도 OK'라는 구절이 눈길을 끌었다. 전문가조차 쉽게 엄두를 낼 수 없어서 지원자가 적었다는 것을 말해 주는 듯하였고, 그래서 어쩔 수 없이 초보자로라도 번역해야겠다는 의미일터, 반세기에 걸친 고집스런 나의 소망과 10년을 매달린 우직함이 일본에 앞서서 이 책의 번역본을 낼 수 있다는 사실에서 자그마한 감동과 위안을 발견한다.

이 번역본은 ≪자치통감≫을 우리의 문화유산으로 만들기 위한 주춧돌 놓기에 불과하다. 이 책을 통하여 중국대륙을 통일한 모택동이 대장정 시기에 한시도 손에서 놓지 않은 이유를 우리나라의 독자들도 이해할 수 있기를 기대해 본다. 그래서 역사학은 미래의 문화산업의 기틀이 되는 것도 이해하여 역사에 대한 관심과 연구가 활성화되었으면 더 없는 기쁨일 것이다.

이 책의 번역 상 생길 수 있는 문제점들은 동료 후학들의 열정적인 문제제기와 학문적 토론으로 하나하나 바로잡아지길 바란다. 그래서 보다 나은 개정판이 만들어져 원전으로서의 구실도 할 수 있길 기대하며 독자들의 아낌없는 성원과 질정을 기대한다.

마지막으로 어려운 여건에서 이 책을 아담하게 만드느라고 애쓴 도서출판 삼화와 조성일 선생의 노고에 깊은 감사를 드린다.

2009년 6월

삼화고전연구소에서 **권 중 달**

資治通鑑 차례
자치통감21 당(唐)시대Ⅱ

옮긴이 서문

일러두기

· 이 책은 사마광의 ≪자치통감≫의 고힐강(顧頡剛) 외의 표점본을 저본으로 하여 전국시대부터 오대후주시대까지의 전권(294권)을 완역한 것이다.

· 번역의 기본 원칙은 원전이 가지고 있는 통감필법의 정신을 최대한 살린다는 의미에서 직역하되 의미가 불분명한 경우는 역자의 역주로 설명하였다.

· 역자가 내용과 분량을 감안하여 문단을 나누고 각 문단마다 제목을 달았다.

· 필요한 한자어는 괄호 속에 병기하였다.

· 인명, 지명, 관직명 등 고유명사는 외래어 표기법을 따르지 않고 한글 발음대로 표기하였다. 인명 가운데 원문에 성이 기록돼 있지 않은 것도 이해를 돕기 위해 성을 추가하였다. 지명은 괄호 속에 현재의 지명을 넣었고, 주(州)·군(郡)·현(縣) 등 행정 단위가 생략되었지만 필요한 경우 이를 추가하였다. 관직명은 길고 그 업무가 생소하고 길게 느껴질 경우 관직명 자체를 우리말로 풀어주고 원 관직명은 각주로 설명을 보충하였다.

· 간지로 된 날짜는 괄호 속에 숫자로 표시하였다.

· 본문의 '帝'는 '황제'로, '上'은 '황상'으로 번역하였다.

· 책이름이나 출전은 ≪ ≫, 편명은 < >로 하였다.

· 본문에서 전후관계를 알아야 할 사건이나 내용, 용어, 고사 등 설명이 필요한 경우 각주로 설명을 보충하였다.

· 독자들의 이해를 돕기 위해 각주의 설명이 다소 중복 되게 하였다.

· 주어가 생략된 경우는 해당 연도의 기준을 삼은 황제가 주어이다.

· 음은 호삼성의 음주를 따랐다.

· 사마광의 평론은 사마광이 황제에게 아뢰는 것이므로 경어체로, 사마광 이외의 평론은 사마광이 인용한 것이므로 원전의 표현의 살려 평상체로 번역하였다.

· 한글로 번역하여 말뜻이 분명하지 않을 경우 [ ]안에 한자를 넣었다.

資治通鑑

자치통감 권195
당(唐)시대 11(637~640년)

창업과 수성의 차이

태종에게 치도를 상소하는 사람들

태종(太宗) 정관(貞觀) 11년(丁酉, 637년)[1]

1   5월 임신일[2]에 위징(魏徵)이 상소하였다.

"폐하께서 잘하시려는 생각이 옛날에 미치지 못하고, 허물을 듣고서
반드시 고치던 것이 과거보다 조금 줄었으며, 견책하고 벌을 주는 것이
많이 쌓였고, 위엄으로 화를 내는 것이 조금은 심합니다. 마침내 귀하게
되어서 교만하기를 기대하지 않으며, 부유하여져서 사치하기를 기대하지
않는다는 것이 헛말이 아님을 알겠습니다.[3]

또 수(隋)의 부고(府庫), 창름(倉廩), 호구, 갑병이 많았던 것을 가지고
이것으로 오늘날을 생각해 본다면 어찌 비교나 할 수 있겠습니까! 그러
나 수는 부유하고 강력함을 가지고 이를 움직여서 위태하게 되었는데,
우리는 적고 약한 것을 가지고 이를 고요하게 하여 편안하게 하였으니,
편안한지 위태한지의 이치는 눈에 환하게 있습니다.

옛날의 수(隋)는 아직 혼란하지 않았으니 스스로 반드시 혼란이 없을

---

1) 이 권은 태종 정관 11년 5월부터 쓰기 시작하였다.

2) 5월 1일이 을유일이므로 5월에는 임신일이 없다.

3) ≪서경(書經)≫ <주관(周官)>에 실린 '귀불기교(貴不期驕) 부불기치(富不期侈)'를 인
   용한 말이다.

것이라고 생각하였고, 그들이 아직 망하지 않았으니 스스로 반드시 망함이 없을 것이라고 생각하였습니다. 그러므로 전부(田賦)와 역역(力役)을 끝없이 하였고 정벌은 쉬지 않아서 화가 장차 자신에게 닥쳐도 오히려 이를 아직 깨닫지 못하였습니다.

무릇 모양을 비추어 보려면 물을 고요하게 하는 것 만한 것이 없고, 실패한 것을 비추어 보는 데는 망한 나라만한 것이 없습니다. 엎드려 바라건대, 수에서 거울을 찾아보시고, 사치를 제거하고 간략한 것을 좇으시며, 충성스러운 사람을 가까이 하시고, 망령된 사람을 멀리하며, 오늘날에 무사한 것을 가져다가 과거에 공손하고 검소하였던 것으로 계획을 세워 간다면 아주 훌륭하고 아주 아름답게 되어 진실로 견줄 만한 것이 없습니다.

무릇 이를 얻기는 실제로 어렵지만 이를 지키는 것은 아주 쉬울진대 폐하께서는 그 어려운 것을 얻을 수 있으셨는데도 어찌하여 그 쉬운 것을 보존할 수 없단 말입니까?"

2 6월에 우복야인 우공공(虞恭公) 온언박(溫彦博)4)이 죽었다. 온언박은 오랫동안 기밀에 관한 업무를 관장하고 있어서 못할 것이 없는 것을 알았다. 황상이 시신(侍臣)들에게 말하였다.

"온언박은 나라를 걱정하였던 연고로 정신이 소진되고 다 없어졌으니, 나는 그가 붙잡지 못할 것을 본 것이 이미 2년이었는데, 그를 편안하고 쉴 곳으로 놓아 주지 않은 것을 한스럽게 생각하니, 끝내 천수(天壽)를 요절하게 하였다."

3 정사일(4일)에 황상이 명덕궁(明德宮)에 행차하였다.

---

4) 온언박은 우공이었는데 죽자 시호를 공공이라고 하였다. 이때에 온언박은 예순네 살이었다.

4 기미일(6일)에 형주(荊州)도독인 형왕(荊王) 이원경(李元景) 등 21명의 왕에게 조서를 내려서 맡고 있는 자사(刺史)는 모두 자손으로 하여금 세습하게 하였다. 무진일(15일)에 또 공신 장손무기(長孫無忌) 등 14인을 자사로 삼고, 역시 세습하게 하였는데, 커다란 연고가 없다면 쫓겨나서 면직되는 일이 없게 하였다.

5 기사일(16일)에 허왕(許王) 이원상(李元祥)5)을 옮겨서 강왕(江王)으로 하였다.

6 가을, 7월 계미일(1일)에 큰 비가 내려서 곡수(穀水, 간하)와 낙수(洛水)의 물이 넘쳐서 낙양궁(洛陽宮)으로 들어와 관시(官寺, 관청 건물)와 백성들의 주거지를 파괴하였고, 물에 빠져 죽은 사람은 6천여 명이었다.

7 위징이 상소하였다.

"≪문자(文子)≫6)에서 말하였습니다. '같은 말을 하면 믿지만 믿는 것은 말을 하기 전에 있는 것이고, 같은 호령을 내려서 시행하지만 진실한 것은 호령 밖에 있는 것이다.' 왕도(王道)가 빛나고 밝히면서부터7) 10여 년이 되었지만 그러나 덕화(德化)가 아직도 미흡한 것은 아랫사람을 대우하는 마음이 아직은 진실하고 믿음직스럽지 아니한 연고로 말미암은 것입니다.

지금 정책을 세워서 잘 다스려지게 하려면 반드시 이를 군자(君子)에게

---

5) 당 고조 이연의 아들이다.

6) 책의 이름이며 모두 9편으로 되어 있고, 유가, 묵가, 명가, 법가의 말을 채취하여 ≪도덕경(道德經)≫을 해석한 것이다. 이 책의 작자인 문자는 공자와 같은 시대의 사람이고, ≪한서≫ <예문지>에서 문자는 노자의 제자라고 하였다.

7) 태종의 치세를 형용한 것으로 태종이 즉위한 이후 10년이 넘었다.

맡겨야 하는데 일에는 잘한 것과 실패한 것이 있으니 혹 소인(小人)8)들에게도 물어 보십시오. 그들이 군자를 대우하는 것이 공경스럽지만 소원(疏遠)하며, 소인을 만나서는 가볍고 친하게 합니다. 친하게 되면 말도 다하지 않는 것이 없고, 소원하면 정이 위로 통하지 않습니다.

무릇 중등(中等)의 지혜를 가진 사람이라 하여 어찌 작은 지혜도 없겠습니까? 그러나 재주는 나라를 경륜하지 못하고, 염려하는 것이 멀리까지 미치지 못하니 비록 힘을 다하고 정성을 다한다고 하여도 오히려 실패하는 일이 있게 되는 것을 면치 못하는데, 하물며 속으로 간사하게 도둑질하고자 하는 마음을 품었다면 그 화가 어찌 깊지 않겠습니까?

무릇 비록 군자라도 적은 허물이 없을 수는 없는데 진실로 올바른 길에서는 해가 되지 않으니 이는 생략할 수 있습니다. 이미 군자라고 말하고 다시 그를 믿지 못할까 의심한다면 곧은 나무를 세워 놓고 그 그림자가 구부러질까 의심하는 것과 무엇이 다릅니까? 폐하께서는 진실로 신중하게 군자를 선발하실 수 있고, 예(禮)로써 그를 믿고 채용하면 어찌 잘 다스려지지 않을까를 걱정하십니까? 그렇지 아니하면 위태로워져서 망하는 날짜를 아직은 보장할 수 없습니다."

황상이 수조(手詔)9)를 내려서 아름다움을 칭찬하며 말하였다.

"옛날에 진(晉) 무제(武帝)가 오(吳)를 평정한 다음에 뜻과 마음이 교만하고 나태해지자, 하증(何曾)은 지위가 대사(臺司)에서 최고였지만 곧바로 간언을 하지 못하였고, 마침내 사사롭게 자손들에게 말하여 스스로 밝은 지혜가 있음을 자랑하였으니,10) 이는 충성스럽지 못한 사람 가운데서 큰 사람이다. 공의 간언을 들으니 짐은 허물을 알겠다. 마땅히 궤안

---

8) 하찮은 사람, 직위나 힘이 적은 일반 백성들을 가리키는 말이다.

9) 황제가 직접 쓴 조서를 말한다.

10) 이 일은 진 회제 영가 3년(309년) 3월에 있었고, 그 내용은 ≪자치통감≫ 권87에 실려 있다.

(几案)을 가져다 두고서 현(弦)과 위(韋)11)에 비교하여서 보겠다."

8 을미일(13일)에 거가(車駕)가 낙양으로 돌아왔는데, 조서를 내렸다.

"낙양궁은 홍수로 무너진 곳을 조금 수선을 해야 겨우 살 만하다. 밖에서부터 많은 재목을 가져와 성 안에 있는 여사(廬舍)가 파괴된 사람에게 공급하라. 백관들로 하여금 각기 봉사(封事)12)를 올리고 짐의 허물을 심하게 말하게 하라."

임인일(20일)에 명덕궁과 비산궁(飛山宮)의 현포원(玄圃院)을 없애어서 홍수를 만난 사람들에게 주었다.

9 8월 갑자일(12일)에 황상이 시신들에게 말하였다.

"봉사를 올린 사람은 모두 말하기를 짐이 유렵(遊獵)을 너무 자주 갖는다고 하였다. 지금 천하에는 아무 일도 없지만 무력을 가지고 대비하는 일은 잊을 수가 없어서 짐이 때때로 좌우에 있는 사람들과 후원(後苑)에서 사냥을 하는 것이다. 한 가지라도 백성들을 번거롭게 하는 일이 없는데, 무릇 역시 무엇이 나쁠 것이 있는가?"

위징이 말하였다.

"먼저 돌아가신 왕들께서는 오직 그의 허물을 듣지 못할까만을 걱정하였습니다. 폐하께서는 이미 그들로 하여금 봉사를 올리라고 하였고, 그들이 진술하는 것을 멋대로 할 수 있게 하는데 그쳤습니다. 진실로

---

11) 현(弦)은 활의 시위이고, 위(韋)는 다듬질하여 부드럽게 만든 가죽이다. 그러므로 현은 긴장하는 것이고, 위는 부드러운 것이어서 급하게 처리할 일과 느긋하게 해야 할 일을 말한다. 옛날 사람들은 성품의 조급함과 완만함을 가지고 다니는 현과 위를 가지고 스스로를 경계하였다. 예컨대 《한비자(韓非子)》 〈관행(觀行)〉에 보면 '서문표(西門豹)는 성질이 급하여 위를 차고 다니면서 스스로 느긋해지려고 하였고, 동안우(董安于)의 성격은 느려서 현을 가지고 다니면서 스스로 급하게 하려고 하였다.'는 내용이 있다.

12) 봉함을 한 상소문을 말하며, 황제가 직접 뜯어보도록 되어 있다.

그 말 가운데 채택할 수 있는 것은 진실로 나라에 도움이 될 것이지만 만약에 그 속에 채택할 것이 없다 하여도 역시 손해 될 것은 없을 것입니다."

황상이 말하였다.

"공(公)의 말이 옳소."

모두를 위로하고 보냈다.

10 시어사 마주(馬周)가 상소하였다.

"삼대(三代)에서 한(漢)까지 왕조의 이어진 연수(年數)가 많으면 800년이고 적어도 400년이 덜 되지 않은데, 훌륭하게 은혜를 가지고 사람들의 마음을 묶었으니, 사람들이 잊을 수 없었던 연고였습니다. 이로부터 그 이후로는 많으면 60년이고 적으면 겨우 20여 년인데 모두 다른 사람에게 은혜를 베풀지 않았고, 본래의 뿌리가 굳지 않았던 연고입니다.

폐하께서는 응당 우(禹), 탕(湯), 문왕(文王), 무왕(武王)[13]의 업적처럼 융성하게 하셔서 자손을 위하여 만대(萬代)의 기초를 세우셔야 하는데 어찌 다만 당해 연도뿐 만이겠습니까? 지금의 호구는 수(隋)의 10분의 1에도 미치지 못하고, 노역(勞役)에 보내지는 사람은 형이 떠나면 동생이 돌아오게 되어 도로에서 서로 이어집니다. 폐하께서 비록 은혜로운 조서를 내리셔서 잘라내고 줄이게 하였지만 그러나 영선(營繕)하는 일을 쉬지 않으니 백성들이 어찌 쉴 수 있겠습니까? 그러므로 유사(有司)들은 다만 문서[14]만 보내고 일찍이 일의 실제는 없이 하였습니다.

옛날에 한(漢)의 문제(文帝)와 경제(景帝)는 공손하고 검소하게 백성들을 길렀으며, 무제(武帝)는 그 풍부한 밑천을 이어받았으니, 그러한 연고

---

13) 하 왕조의 시조인 우와 은의 시조인 탕 그리고 주의 문왕과 무왕을 말한다.

14) 은혜를 베푼다는 내용의 문서를 말한다.

로 아주 사치스럽고 아주 욕심을 부렸어도 혼란에 이르지는 않았습니다. 앞서서 고조 다음에 바로 무제에게 전하여지게 하였더라면 한 황실이 어찌 오래 갈 수 있었겠습니까?

또 경사(京師)와 사방에서 만드는 승여(乘輿)에 쓰이는 것과 제왕, 비빈, 공주의 복식은 논의하는 사람들은 검소하다고 생각하지 않습니다. 무릇 '아침 일찍 명성이 드러난다 하여도 후세에는 오히려 게을러진다.' 15)고 하는데, 폐하께서는 젊어서 백성들 사이에서 사셨으므로 백성들의 아픔과 고통을 아셔도 오히려 이와 같은데, 하물며 황태자는 깊은 궁궐 속에서 나서 자랐으므로 밖의 일을 잘 모르니, 만세가 지난 후16)는 진실로 성상(聖上)께서 마땅히 우려하여야 할 바를 염려하십시오.

신이 옛날부터의 일을 보건대, 백성들이 근심하고 원망하다가 모여서 도적이 되면 그 나라는 망하지 않는 것이 없었는데, 인주가 비록 뒤에 가서 고치려고 하여도 모두를 회복시킬 수는 없었습니다. 그러므로 수습할 수 있을 때에 마땅히 수습해야 하고 이미 잃은 다음에는 이를 후회할 수는 없는 것입니다. 대개 유왕(幽王)과 여왕(厲王)은 일찍이 걸(桀)과 주(紂)17)을 비웃었고, 양제(煬帝)도 역시 주(周)와 제(齊)18)를 비웃었으니, 뒷사람으로 하여금 오늘날 양제를 비웃는 것처럼 비웃게 하여서는 안 됩니다.

정관(貞觀, 당 태종의 연호) 연간의 초기에 천하에는 기근이 들고 흉년

---

15) ≪춘추좌전(春秋左傳)≫ 소공(昭公) 3년 조(條)에 나오는 말로 원문은 '매상비현(昧爽丕顯) 후세유태(後世猶怠)'인데, 이는 숙향(叔向)이 참정(讒鼎)에 있는 명문(銘文)을 인용하여 한 말이다. 이를 풀이하면 '아침 일찍 일어나서 크게 드러나도록 힘써도 후세에는 오히려 게을러진다.'는 말이다.

16) 윗사람에게는 죽는다는 말을 직접 표현하지 않고 우회적으로 만세후라고 한다.

17) 유왕과 여왕은 각기 주의 12대 10대 왕으로 주를 기울게 한 임금이고, 걸은 하의 마지막 임금이고, 주는 은의 마지막 임금으로 나라를 망친 임금이다.

18) 남북조시대의 북제와 북주를 말한다.

이 들어서 쌀 한 말이 한 필의 비단 값이 되었으나 백성들이 원망하지 않는 것은 폐하께서 걱정하고 염려하며 잊지 않고 계신 것을 알았던 때문입니다. 최근 몇 년 동안은 풍년이 들어서 한 필의 비단으로 속(粟) 10여 곡(斛)을 얻게 되었으나 백성들이 원망하고 탄식하는 것은 폐하께서 다시는 이러한 것을 생각하지 않고 대부분 급하지 않은 업무를 경영하고 있는 것을 알기 때문입니다.

예로부터 나라가 흥하느냐 망하느냐 하는 것은 쌓아 놓은 곡식이 많은지 적은지를 가지고 말하는 것이 아니고, 백성들이 고생하느냐 즐거워하느냐에 있습니다. 또 근래의 일을 가지고 이를 증거로 삼아보면 수는 낙구창(洛口倉, 하남성 공현의 동쪽)에 저축해 놓았지만 이밀(李密)이 이것을 이용하였고, 동도에는 포백(布帛)을 쌓아 놓았지만 왕세충(王世充)이 이를 밑천으로 하였으며, 서경(西京, 대흥)의 부고(府庫)도 역시 국가[당, 태종]의 쓰임이 되었는데 오늘에 이르러서도 아직 다하지 않았습니다.

무릇 축적한다는 것은 진실로 없을 수 없는 것이지만 담당하는 사람에게 여력(餘力)이 있어야 하는 것이며, 그러한 다음에 이를 거두는 것이니 억지로 거두어서 노략질하는 도적들의 밑천이 되게 할 수는 없습니다.

무릇 검소하여서 사람을 쉬게 하는 것은 폐하께서는 이미 정관 초기에 친히 이행하셨던 것이며, 오늘에 이를 하는 것은 진실로 어렵지 않습니다. 폐하께서 반드시 장구한 계획을 만들려고 하신다면 반드시 멀리 상고시대에서 찾을 필요가 없고 다만 정관의 초기처럼만 하신다면 천하 사람들은 아주 다행하다 할 것입니다.

폐하께서 여러 왕들을 총애하여 대우하시는 것이 자못 지나치게 후한 사람19)이 있으니, 만대(萬代) 이후20)를 생각하여 깊이 생각하지 않으면

---

19) 위왕 이태를 가리킨다.

안 됩니다. 또 위(魏) 무제(武帝)가 진사왕(陳思王)을 아꼈으나 문제(文帝)가 즉위하게 되자21) 여러 왕들을 가두었는데, 다만 오랏줄로 묶지 않았을 뿐입니다. 그러한 즉 무제가 그를 아낀 것은 바로 그를 고통스럽게 한 것이었습니다.

또 백성들이 잘 다스려져서 편안한 것은 오직 자사와 현령에 있는 것이니, 진실로 가장 적당한 사람을 선발하여 채용한다면 폐하는 단정하게 두 손을 잡고 아무것도 안할 수 있습니다. 지금 조정에는 오직 내관(內官)22)을 중시하고 주(州)와 현(縣)의 선발을 경시하니 자사들은 대부분 무인(武人)을 채용하거나 혹은 경관(京官) 가운데 직책에 걸맞지 않는 일을 한 사람은 비로소 외직(外職)에 보임하는데, 변방의 먼 곳에서는 사람을 쓰는 것이 더욱 가볍습니다. 그러므로 백성들이 아직 편안하지 않은 것은 거의 여기에서 말미암았습니다."

상소문이 올라가니 황상이 오랫동안 훌륭하다고 칭찬하고 시중을 드는 신하들에게 말하였다.

"자사(刺史)는 짐이 마땅히 스스로 선발해야겠다. 현령은 의당 경관(京官) 이상23)의 사람들에게 조서를 내려서 각기 한 사람씩을 천거하게 할 것이다."

11　겨울, 10월 계축일(2일)에 공훈을 세운 사람들과 친척으로 이미 죽

---

20) 황제가 죽은 이후를 말한다. 죽는다는 용어를 사용하지 않으려고 이러한 표현을 쓴 것이다.

21) 삼국시대 위(魏)를 말한다. 무제는 조조이고 진사왕은 조식이며 문왕은 조식의 형이고 조조의 아들인 조비를 말한다.

22) 중앙부서에 근무하는 관리를 말한다.

23) '경관(京官) 이상'이라는 문구는 의미가 통하지 않는다. 다른 판본에 의하면 경관과 이상이라는 글자 사이에 '五品'이라는 글자가 있다. 따라서 의미로 보아서는 '경관 가운데 5품 이상의 관리'를 의미하는 것으로 보아야 할 것이다.

은 사람들을 모두 산릉(山陵)에 배장(陪葬) 하라24)고 조서를 내렸다.

12 황상이 낙양원(洛陽苑)에서 수렵하였는데 많은 멧돼지가 산림(山林) 속에서 갑자기 나오니, 황상은 활을 꺼내어 네 발을 쏘아서 네 마리의 멧돼지를 쓰러뜨렸다. 어떤 멧돼지가 앞으로 돌진해 와서 타고 있는 말의 등(鐙)25)에까지 이르렀다. 민부상서 당검(唐儉)이 말을 타고 달려와서 그것과 싸우니 황상은 칼을 꺼내어 멧돼지를 치고 돌아보면서 웃으며 말하였다.

"천책(天策)장군부의 장사(長史)는 천책상장(天策上將)이 도적을 무찌르는 것26)을 보지 않았소? 왜 두려워하는 것이 심하시오?"

대답하였다.

"한(漢) 고조(高祖)는 말을 타고 얻었지만 말 위에서 이를 다스리지는 않았습니다. 폐하께서 신령하신 무력으로 사방을 평정하셨지만 어찌 다시 한 마리의 짐승에게 영웅심을 드러내십니까?"

황상이 기뻐하며 이 때문에 수렵을 그만두고 곧 광록대부를 덧붙여 주었다.

13 안주(安州)도독인 오왕(吳王) 이각(李恪)이 자주 나아가서 사냥을 하였는데, 자못 사는 사람들에게 손해를 끼치니 시어사 유범(柳範)이 상주문을 올려서 이를 탄핵하였다. 정축일(26일)에 이각이 이 문제에 걸려서

---

24) 산릉은 황제의 능묘이고 배장이란 황제의 능묘 주위에 장사 지내는 것을 말한다. 당 때에는 황제의 능묘 왼쪽에는 문관을, 오른 쪽에는 무관을 장사 지내도록 하였다.

25) 말의 안장에서 배까지 늘어뜨린 줄인데, 말을 탈 때에 발로 짚고 올라가도록 만들어 놓은 도구이다.

26) 천책상장이란 당 고조 무덕 4년(621년) 10월에 당 고조 이연이 지금의 황제인 이세민에게 천책상장을 시켰고, 당검은 그때에 천책장군부의 장사였다. 그러므로 천책장군부의 장사는 당검이고, 천책상장은 이세민 자신을 말하는 것이며, 여기서 적이란 멧돼지를 말한다.

관직에서 파면되었고, 식읍 300호를 삭감하였다.

　황상이 말하였다.

　"장사 권만기(權萬紀)는 내 아이를 섬겼는데, 바르게 고쳐줄 수 없었으니 죄는 사형에 해당한다."

유범이 말하였다.

　"방현령이 폐하를 섬기면서도 오히려 사냥하는 것을 중지시킬 수가 없었는데, 어찌 홀로 권만기에게만 죄를 주려고 하십니까?"

황상이 화가 나서 옷을 떨치고 들어갔다.

　오래 있다가 홀로 유범을 이끌어서 말하였다.

　"어찌하여 면전(面前)에서 나를 꺾었는가?"

대답하였다.

　"폐하께서는 어질고 밝으신데 신이 감히 저의 어리석음과 곧음을 다하지 않겠습니까?"

황상이 기뻐하였다.

14　11월 신묘일(11일)에 황상이 회주(懷州, 하남성 심양시)에 행차하였으며 병오일(26일)에 낙양궁으로 돌아왔다.

15　옛날의 형주(荊州)도독인 무사확(武士彠)의 딸은 나이가 열네 살이었는데, 황상이 그가 예쁘다는 것을 듣고 불러서 후궁(後宮)에 넣고서 재인(才人)[27]으로 삼았다.

태종 정관 12년(戊戌, 638년)

---

27) 재인은 10급인 후궁이다.

1 봄, 정월 을미일(15일)에 예부상서 왕규(王珪)가 상주문을 올렸다.

"3품 이상의 관리가 길에서 친왕(親王)을 만나면 모두 수레에서 내리는 것은 예에 맞지 않습니다."

황상이 말하였다.

"경들은 진실로 스스로 높이고 귀하게 하면서 나의 여러 아들을 가볍게 여기는구나!"

특진 위징이 말하였다.

"여러 왕들의 지위는 삼공(三公) 다음입니다. 지금 3품은 모두 9경(卿)과 8좌(座)28)인데, 왕을 위하여 수레에서 내리는 것은 진실로 마땅하지 않습니다."

황상이 말하였다.

"사람이 나서 오래 살지 요절할지는 기약하기 어려운데, 만일에 태자가 불행하게 되면 어찌 제왕이 다른 날 공들의 주군이 안 될 것을 알겠는가? 어찌하여 그들을 가벼이 할 수 있겠소?"

대답하였다.

"주(周) 이래로 모두가 자손들이 이어왔지만 형제를 세우지는 아니하였는데, 서얼(庶孼)이 살피고 넘겨다보는 것을 끊어서 화란(禍亂)의 근원을 막고자 하기 위한 것이었습니다. 이것이 나라를 다스리는 사람이 깊이 경계해야 할 바입니다."

황상이 마침내 왕규가 상주한 내용을 좇았다.

---

28) 9경은 고대에 중앙에 있던 9개의 고급 관직인데, 주대에는 3명의 소(少) 자가 들어가는 관직과 4명의 사(司) 자가 들어가는 관직, 그리고 총재(冢宰)와 종백(宗伯)을 합쳐서 9경이라 하였고, 후대에도 이를 이어받고 있었다. 8좌란 고급 관원을 말하는데, 수당대에는 6명의 상서와 좌·우복야를 일컬었다.

≪씨족지≫의 편찬과 싸움을 일으킨 토번

2 이부상서 고사렴(高士廉), 황문시랑 위정(韋挺), 예부상서 영호덕분(令狐德棻), 중서시랑 잠문본(岑文本)이 ≪씨족지(氏族志)≫를 편찬하여 완성되자, 이를 올렸다.

이보다 먼저 산동(山東)의 인사인 최(崔), 노(盧), 이(李), 정(鄭)의 여러 씨족들은 스스로 당지에서 명망 있는 집안이라고 자랑하기를 좋아하였는데, 비록 여러 세대동안 능멸되었지만 진실로 다른 씨족이 더불어 혼인을 하려고 하면 반드시 대부분 재물과 폐백을 요구하니, 혹 그 고향을 버렸지만 망령되게 명족(名族)이라고 칭하고, 혹 형제가 같은 항렬이라면 처의 성씨를 가지고 서로 능멸하였다.

황상은 이를 싫어하여 고사렴 등에게 명령을 내려서 천하의 보첩(譜牒)을 두루 찾아보게 하고, 여러 사적(史籍)으로 맞추어 보아서 그것들의 진위(眞僞)를 상고하고, 그들의 소목(昭穆)을 변별하여 그들의 갑을(甲乙)을 순서대로 놓아 충성스럽고 현명한 사람에게 상을 주어 나아가게 하고, 간사하고 역적인 사람들을 깎아내려 물러나게 하여 나누어 9등급으로 만들었다.

고사렴 등은 황문시랑 최민간(崔民幹)을 첫째로 하였다. 황상이 말하였다.

"한(漢) 고조는 소(蕭)씨, 조(曹)씨, 번(樊)씨, 관(灌)씨29)와 더불어 모두 여염(閭閻)의 포의(布衣)에서 일어났지만 경들이 지금에 이르러서는 추앙하며 영현(英賢)으로 여기니 어찌 대대로 녹을 받는 자리에 있어서 이겠는가?

고씨(高氏)30)는 산동에 치우쳐 있었고, 양(梁)과 진(陳)31)은 장강의 남쪽에 치우쳐 있었으니, 비록 인물이 있다고 하여도 대개 어찌 충분히 말할 만하겠는가?

하물며 자손들의 재주와 행동이 쇠퇴하고 엷어지고 관작(官爵)이 쇠퇴해지는데, 오히려 올려서 문벌의 지위를 가지고 자부(自負)하면서 소나무를 값 매겨서 팔면서32) 부유하고 귀한 사람에게 의탁하며 염치를 망각하여 버렸는데도 세상 사람이 어찌하여 그들을 귀하다고 하는지를 모르겠다.

지금 3품 이상의 관리들은 혹은 덕행으로, 혹은 공훈을 세운 수고로, 혹은 문학[유학]으로써 자리가 귀하고 드러나게 되었다. 저들 쇠퇴한 세대의 옛날 집안들을 진실로 어찌 사모할 만하겠는가? 그들 집안과 더불어 결혼을 요구하는 사람은 비록 금백(金帛)을 많이 보내어도 오히려 저들이 쓰러지고 기울어지게 되는 것인데, 나는 그것을 어떻게 해석해야 할지 모르겠다.

지금 잘못된 것을 바로잡아 허명(虛名)을 버리고 사실을 취하도록 하였는데, 경들이 오히려 최민간을 첫째로 하였으니, 이것은 나의 관작을 가볍게 여기고 흘러 다니는 풍속에 나타난 사정을 따른 것이다."

마침내 다시 고쳐서 정하도록 명령하고, 오직 지금 조정의 품계와 녹질(祿秩)을 가지고 높낮이를 삼게 하니, 이에 황족(皇族)을 머리로 하고,

---

29) 각기 소하, 조참, 번쾌, 관영 등 전한 시대의 인물을 말한다.

30) 북조의 북제(北齊)를 말한다.

31) 남북조시대에 남조의 양과 진를 말한다.

32) 소나무로 된 관재(棺材)를 말한다.

외척을 그 다음으로 하였으며, 최민간을 내려서 세 번째로 하였다.[33] 무릇 293개의 성(姓)으로 된 1천651개의 집안이었는데, 천하에 반포하였다.

3 2월 을묘일(5일)에 거가(車駕)가 서쪽으로 돌아왔고,[34] 계해일(13일)에 하북에 행차하여 지주(砥柱)[35]를 보았다.

4 갑자일(14일)에 무주(巫州, 호남성 홍강시)에 사는 요족(獠族)이 반란하니, 기주(夔州, 치소는 사천성 봉절현)도독 제선행(齊善行)이 그들을 패배시키고 남자와 여자 3천여 명을 포로로 잡았다.

5 을축일(15일)에 황상이 우묘(禹廟)[36]에 제사를 지냈다. 정묘일(17일)에는 유곡(柳谷, 산서성 하현의 동남쪽)에 이르러서 염지(鹽池, 산서성 운성시 남쪽 해지)를 구경하였다.

경오일(20일)에 포주(蒲州, 산서성 영제현)에 이르니 자사 조원해(趙元楷)가 부로(父老)들에게 책임을 지워 황사(黃紗)로 된 단의(單衣)를 입고 거가를 영접하도록 하고 관청의 누관(樓觀)을 성대하게 장식하였으며, 또 양(羊) 100여 두와 물고기 수백 마리를 길러서 귀한 친척들에게 대접하였다.

황상이 이 죄를 헤아려서 말하였다.

---

33) 9등급으로 보면 황족은 상의 상이고, 외척은 상의 중이며, 최민간은 상의 하인 것이다.

34) 낙양에 갔다가 장안으로 돌아 온 것이다.

35) 하남성 삼문협시의 북쪽에 위치한 황하의 하도 가운데에 있는 석봉(石峰)이다.

36) 우왕에게 제사 지내는 사당이다. 우은 안읍을 도읍으로 삼았으므로 후대에 사당을 세웠는데, 지금의 산서성 하현의 서쪽에 있는 우왕성(禹王城)이다.

"짐이 하(河, 황하)와 낙(洛, 낙수)을 순회하며 돌아보는데, 무릇 필요한 것은 모두 부고(府庫)에 있는 물건을 쓰는 것이다. 경이 한 짓은 바로 수(隋)를 망친 낡아 빠진 습관이다."

갑술일(24일)에 장춘궁(長春宮, 섬서성 대협현의 동쪽)에 행차하였다.

6 무인일(28일)에 조서를 내렸다.

"수의 옛날 응격낭장(鷹擊郎將)인 요군소(堯君素)는 비록 걸(桀)의 개가 요(堯)를 보고 짖는 것이지만 어긋나서 창을 거꾸로 할 뜻을 가지고 있었는데,37) 그러나 빠른 바람이 불 때의 단단한 풀이었으며 실제로 세한 (歲寒)의 마음38)을 드러냈으니, 포주(蒲州, 산서성 영제현) 자사를 추증(追贈)할 만하며, 이로 인하여 그 자손을 찾아서 보고하라."

7 윤달(윤2월) 초하루 경진일에 일식이 있었다.

8 정미일(28일)에 거가가 경사에 도착하였다.

9 3월 신해일(2일)에 저작좌랑(著作佐郎) 등세륭(鄧世隆)이 표문을 올려서 황상의 문장을 모으게 해달라고 청하였다.

황상이 말하였다.

"짐의 사령(辭令)39)이 백성들에게 유익한 것이라면 역사에서 모두 이

---

37) 폭군인 걸이 기르는 개는 요가 훌륭한지 아닌지를 구분 못하고 주인인 폭군 걸을 위하여 요를 보고 짖는다는 것이다. 요군소는 수 공제 원년(617년) 9월에서 고제 무덕 원년(618년) 12월까지 기의(起義)하였다.

38) 빠른 바람이 불어도 단단한 풀은 쓰러지지 않는데, 그런 다음에 단단한 풀인지 아닌 지를 안다는 말이며, 위험 속에서 단단한 의지를 드러낸다는 의미이다. '날씨가 춥고 나서야 소나무나 측백나무가 늦게 시든다는 것을 알게 된다.'는 《논어》 〈자한〉 편에 나온 것으로 심지가 굳다는 뜻이다.

39) 말한 것과 명령한 것을 말한다.

를 써 놓을 것이니, 충분히 불후(不朽)할 것이다. 만약에 무익한 것이라면 이를 모아 놓는다 하여 무슨 소용이 있겠는가?

양(梁) 무제의 부자(父子), 진(陳) 후주, 수(隋) 양제는 모두 문집(文集)이 있어서 세상에 나돌아 다녔는데,[40] 어떻게 망하는 것을 구하였는가? 인주(人主) 된 사람은 덕스러운 정치를 하지 못할까를 걱정해야 할 것이지 문장은 무엇 할 것인가?"

드디어 허락하지 않았다.

10　병자일(27일)에 황자의 손자가 태어나자 5품 이상의 관리에게 동궁에서 연회를 베풀었다. 황상이 말하였다.

"정관(貞觀) 이전[41]에는 짐을 좇아서 천하를 경영한 것은 방현령의 공로이고, 정관 이후로는 잘못을 옭아매고 지적하는 것은 우징의 공로였다."

모두에게 패도(佩刀)를 하사하였다.

황상이 위징에게 말하였다.

"짐이 정치하는 일이 과거에 비하여 어떠한가?"

대답하였다.

"위엄과 덕을 베푸는 것이 정관(貞觀) 초기에 비하여 멀어졌지만, 사람들이 기뻐하며 복종하는 것은 따라잡지 못하고 있습니다."

황상이 말하였다.

---

40) 양 무제(梁 武帝)의 부자는 양 무제 소연(蕭衍)과 그의 아들인 소명(昭明) 태자 소통(蕭統)을 말한다. 소연은 일찍이 다른 사람과 함께 ≪통사(通史)≫를 지었는데, 명 때에 ≪양무제어제집(梁武帝御制集)≫이 집본으로 나왔으며, 소통은 ≪문선(文選)≫ 30권을 편집하고 저서로 문집(文集)이 있었는데, 후에 ≪소명태자집(昭明太子集)≫이 편집되었다. 진 후주는 남조 진의 마지막 황제인 진숙보(陳叔寶)인데 사부(詞賦)를 잘 지어서 후대의 사람들이 ≪진후주집(陳後主集)≫을 편집하였다.

41) 정관은 태종의 연호이고, 정관 원년은 627년인데, 그 이전이라 함은 고조 무덕 연간으로 당 태종이 정관을 사용하기 이전 약 10년간을 말한다.

"먼 지방에서는 위엄을 두려워하고 덕을 흠모하니 그러므로 와서 복종하였다. 만약에 따라잡지 못한다면 어떻게 이를 이르게 할 것인가?"

대답하였다.

"폐하께서 과거에는 아직 잘 다스려지지 않을까를 걱정하셨으니, 그러므로 덕과 의로움이 날로 새로워졌습니다. 지금은 이미 잘 다스려져서 편안하게 되었으니, 그런 고로 따라잡지 못합니다."

황상이 말하였다.

"지금 하는 것이 오히려 과거와 같은데, 무엇 때문에 다른가?"

대답하였다.

"폐하께서 정관 초기에는 다른 사람들이 간언(諫言)을 하지 않을까 걱정하였고, 항상 그들을 이끌어서 말을 하게하였으며 알맞은 것이 있으면 중간에서도 기뻐하며 이를 좇았습니다. 지금에는 그렇지 않으니 비록 억지로 이를 좇는다고 하여도 오히려 어렵다는 기색을 가지고 있습니다. 그러므로 다른 것입니다."

황상이 말하였다.

"그러한 일을 들어볼 수 있겠소?"

대답하였다.

"폐하께서 옛날에 원율사(元律師)를 죽이려고 하였는데, 손복가(孫伏伽)가 법으로 보아서 사형에 해당하지 않는다고 하니 폐하께서는 난릉(蘭陵) 공주42)의 정원(庭園)을 하사하셨는데, 값은 백만이었습니다.

어떤 사람이 말하기를, '상이 지나치게 후합니다.' 하였더니 폐하께서 말씀하시기를, '짐이 즉위한 이후로 아직 간언을 한 사람이 없었으니, 그러므로 그에게 상을 준 것이다.' 라고 하셨습니다. 이것이 이끌어서 말

---

42) 당 태종 이세민의 딸로 두회철(竇懷悊)에게 시집갔다.

을 하게한 것입니다.

사호(司戶) 유웅(柳雄)이 수(隋) 시절의 자료를 망령되게 호소하자[43] 폐하께서는 그를 죽이고자 하였는데, 대주(戴胄)의 간언(諫言)을 받아들여서 중지하였습니다. 이는 기뻐하며 좋으신 것입니다.

근래에 황보덕삼(皇甫德參)이 편지를 올려서 낙양궁을 수리하는 것을 간언하였더니 폐하께서는 그에게 화를 내셨으며, 비록 신이 말씀드린 것으로 그만두셨지만 억지로 이를 좇으신 것입니다."[44]

황상이 말하였다.

"공이 아니었다면 여기에까지 미치지 못하였을 것이오. 다른 사람이 고통스러운 것은 스스로 알지 못하는 것뿐이오."

11 여름, 5월 임신일(25일)에 홍문관 학사인 영흥문의공(永興文懿公) 우세남(虞世南)[45]이 죽었는데, 황상이 애통하게 곡(哭)을 하였다. 우세남은 밖으로는 고르고 부드럽지만 안으로는 충성스럽고 곧았는데, 황상은 일찍이 우세남은 다섯 가지의 뛰어난 것이 있다고 하였다. 첫째는 덕행(德行)이고, 둘째는 충직(忠直)이며, 셋째는 박학(博學)이고, 넷째는 문사(文辭, 문장)이고, 다섯째는 서한(書翰, 편지글)이라 하였다.

12 가을, 7월 계유일(27일)에 이부상서 고사렴(高士廉)을 우복야(右僕射)로 삼았다.

---

43) 수 시절에 관리를 지낸 경력을 말하고, 그 경력으로 가지고 당 왕조에서 인정받으려고 한 것을 말한다.

44) 황보덕삼의 일은 정관 8년(634년)에 있었고, 이 내용은 《자치통감》 권194에 실려 있다.

45) 우세남은 영흥공이었는데, 죽은 다음에 시호를 문의공으로 하여 이를 합쳐 기록한 것이며, 이때에 우세남은 여든두 살이었다.

13 을해일(29일)에 토번(吐蕃, 서장의 라사)이 홍주(弘州, 사천성 송번시)를 노략질하였다.

14 8월에 패주(霸州, 사천성 중경시 동쪽)에 있는 산요(山獠)가 반란을 일으켰다. 자사 향소릉(向邵陵)과 이민(吏民) 100여 집에 불을 지르고 죽였다.

15 애초에, 황상은 사자인 풍덕하(馮德遐)를 파견하여 토번을 위무하였는데, 토번은 돌굴과 토욕혼이 모두 공주(公主)를 모시고 산다는 말46)을 듣고 사신을 파견하여 풍덕하를 좇아서 들어와서 조현하고, 많은 금과 보배를 싸가지고 와서 표문을 올려서 통혼(通婚)하여 주기를 요구하였다. 황상은 이를 아직 허락하지 않았다.

사자가 돌아가서 찬보(贊普)47) 기종농찬(棄宗弄讚)에게 말하였다.

"신이 처음으로 당에 도착하였는데, 당에서는 나를 아주 후하게 대접하였고, 공주를 모시고 살도록 허락하였습니다. 마침 토욕혼(土谷渾)의 왕이 들어와서 조현하였는데, 서로 사이를 떼어 놓으니 당의 예의가 드디어 쇠미하여졌고 역시 통혼을 허락하지 않았습니다."

기종농찬이 드디어 군사를 일으켜서 토욕혼을 쳤다. 토욕혼이 지탱할 수 없게 되자 청해(青海, 청해호)의 북쪽으로 숨어 버렸고, 백성들과 가축은 대부분이 토번에게 약탈되었다.

토번은 진격하여 당항(党項, 사천성 서북부)과 백란(白蘭, 청해성 동남부)의 여러 강(羌)족을 격파하고는 무리 20여만을 인솔하고 송주(松州, 사천

---

46) 공주와 결혼하는 경우에는 상(尙)이라고 표현하고 일반인인 경우에는 취(娶)라는 용어를 사용한다. 상이라는 표현은 공주를 높여서 사용한 용어이므로 모시고 산다고 번역한 것이다. 이후로도 같다.

47) 토욕혼에서 군장(君長)을 부르는 말이다.

성 송반현)의 서쪽 경계에 주둔하고서 사자를 파견하여 금백(金帛)을 공물로 바치며 공주를 영접하러 왔다고 말하였다.

얼마 안 있다가 나아가서 송주를 공격하고 도독인 한위(韓威)를 패배시켰다. 강(羌)족의 추장인 염주(閣州) 자사 별총와시(別叢臥施)와 낙주(諾州, 송번현의 북쪽) 자사 파리보리(把利步利)48)가 나란히 주(州)를 들어 가지고 반란하고 그들에게 귀부하였다. 계속하여 전쟁을 하여 쉬지 않으니 그들의 대신들이 간하였으나 듣지 않자 스스로 목매어 죽은 사람이 무릇 여덟 명이었다.

임인일(27일)에 이부상서 후군집(侯君集)을 당미도(當彌道) 행군(行軍) 대총관으로 삼고, 갑진일(29일)에 우령군(右領軍) 대장군 집실사력(執失思力)을 백란도(白蘭道) 행군총관으로 삼으며, 좌무위(左武衛) 장군 우진달(牛進達)을 활수도(闊水道) 행군총관으로 삼고, 좌령군(左領軍) 장군 유간(劉簡)을 도하도(洮河道) 행군총관으로 삼아서 보병과 기병 5만을 감독하여 이들을 쳤다.

토번은 성을 열흘 넘게 공격하였는데, 우진달이 선봉이 되었다. 9월 신해일(6일)에 그들이 대비를 하지 않은 것을 기습하여 송주성(松州城) 아래에서 토번을 패배시켰는데, 목을 벤 것이 1천여 급이었다. 기종농찬은 군사를 이끌고 물러났고 사신을 파견하여 사죄(謝罪)하고 이어서 다시 청혼(請婚)하였다. 황상이 이를 허락하였다.

16 갑인일(9일)에 황상이 시중을 드는 신하들에게 물었다.

"창업과 수성(守成)49)에서 어느 것이 어려운가?"

방현령이 말하였다.

---

48) 별총과 파리는 각기 복성(複姓)이다.

49) 창업은 나라를 세우는 일이고, 수성을 세워진 나라를 지키는 일이다.

"초매(草昧)50)할 처음에는 여러 영웅들과 나란히 일어나서 힘을 가지고 다툰 다음에 이들을 신하로 삼는 것이니 창업이 어렵습니다."
위징이 말하였다.

"예로부터 제왕은 간난(艱難) 가운데서 이를 얻었고, 안일(安逸)한 데서 이를 잃지 않은 것이 없었으니, 수성이 어렵습니다."
황상이 말하였다.

"방현령과 나는 함께 천하를 빼앗았으니, 백 번 죽을 고비를 넘기고 한 번 살아났다. 그러므로 창업의 어려움을 안다. 위징과 나는 함께 천하를 편안하게 하였으니 항상 교만하고 사치스러움이 부귀한 가운데서 생기고, 화란(禍亂)은 소홀히 하는 데서 생겨날까 걱정하였다. 그러므로 수성의 어려움을 안다. 그러나 창업의 어려움은 이미 지나간 것이지만 수성의 어려움은 바야흐로 마땅히 여러분과 더불어 이를 신중히 하여야 한다."
방현령 등이 절하며 말하였다.

"폐하께서 이러한 말을 하시기에 이르셨으니 사해(四海)의 복입니다."

17 애초에, 돌궐의 힐리(頡利) 가한이 이미 망해버리고 나서 북방은 텅 비어 있었는데, 설연타(薛延陀)의 진주(眞珠) 가한51)이 그 부락을 인솔하고 도위건산(都尉犍山, 울독군산, 몽골 항해산)의 북쪽과 독라수(獨邏水, 몽골 색능격하)의 남쪽에다 왕정(王庭)을 세우니 승병(勝兵)52)이 20만이었으며, 그의 두 아들인 설발작(薛拔酌)과 설힐리필(薛頡利苾)을 세워 남부

---

50) ≪주역≫의 둔(屯)괘에 나오는 괘사에 '천조초매(天造草昧)'라고 되어 있는데서 나온 것이다. 소(疏, 해설)에서 초는 초창(草創)이고, 매(昧)는 명매(冥昧)라고 하여 이는 물건이 처음 만들어질 때에 그 모습이 아직 드러나지 않았으므로 그윽하고 어둡다고 한 것이다.

51) 설연타한국의 2대 대가한인 설이남(薛夷男)이다.

52) 언제든지 동원할 수 있는 군사, 즉 훈련된 군사를 말한다.

와 북부를 주관하게 하였다.

황상은 그가 강성하므로 뒤에 가서 통제하기 어려울까 두려워하여 계해일(18일)에 그 두 아들을 모두 소가한(小可汗)으로 삼고, 각기에게 북과 독기(纛旗)53)를 하사하여 밖으로는 우대하고 높이는 뜻을 보였지만 실제로는 그들의 세력을 나눈 것이었다.

18 겨울, 10월 을해일(1일)에 파주(巴州, 사천성 파중시)의 요족(獠族)이 배반하였다.

19 기묘일(5일)에 시평(始平, 섬서성 흥평시)에서 사냥을 하였고, 을묘일(21일)에 경사로 돌아왔다.

20 균주(鈞州)의 요족(獠族)이 배반하였는데, 계주(桂州, 치소는 광서성 계림시)도독 장보덕(張寶德)을 파견하여 그들을 토벌하여 평정하였다.

21 11월 정미일(3일)에 처음으로 현무문(玄武門)에 좌·우둔영(左·右屯營)54)의 '비기(飛騎)'를 두었고, 제장으로 그들을 거느리게 하였다. 또 비기들 가운데 재주와 힘이 있고 날래고 건장하며 말을 타고 활을 잘 쏘는 사람을 가려 뽑아서 '백기(百騎)'라고 부르고55) 오색의 포의(袍衣)를 입게 하여 준마(駿馬)를 타고 호랑이 가죽으로 된 안장을 만들어가지고 무릇 유행(遊幸)하면서56) 좇게 하였다.

---

53) 북과 독기는 군대의 의장(儀仗)물건이다. 북은 전고를 말하고 독기는 대장 깃발을 말한다.

54) 장안의 현무문 좌우에 군사를 주둔시켜둔 병영을 말한다.

55) 금군(禁軍)은 여기에서부터 시작되었다.

56) 황제가 밖에 나갈 때를 말한다.

22 기사일(25일)에 명주(明州, 베트남 하정현)의 요족(獠族)이 배반하였는데 교주(交州, 베트남 하노이)도독 이도언(李道彦)을 파견하여 이를 토벌하여 평정하였다.

23 12월 신사일(7일)에 좌무후(左武侯)장군 상관회인(上官懷仁)이 배반한 요족(獠族)을 벽주(壁州, 사천성 통감현)에서 쳐서 그들을 대파하고 남자와 여자 1만여 명을 포로로 잡았다.

24 이 해에 급사중 마주(馬周)를 중서사인(中書舍人)으로 삼았다. 마주는 임기응변을 잘하여서 중서시랑 잠문본(岑文本)이 항상 말하였다.

"마군(馬君, 마주)이 일을 논의하면서는 비슷한 일들을 원용하고 이끌어내고 옛것과 지금의 것을 들어내어 인용하며, 요점을 들어내고 번거로운 것을 잘라내고 문장을 모으는데 이치에 절실하여 한 글자도 늘릴 수 없고 또한 줄일 수도 없어서 이를 들으면 쏠리게 되어 사람으로 하여금 피곤함을 잊게 한다."

25 곽왕(霍王) 이원궤(李元軌)는 책 읽기를 좋아하고 공손하게 삼가 스스로를 지키며 행동거지가 망령되지 않았다. 서주(徐州, 강소성 서주시)자사가 되자 처사(處士)인 유현평(劉玄平)과 더불어 포의(布衣)로 교제하였다.

어떤 사람이 유현평에게 곽왕이 잘하는 것을 물었더니, 유현평이 말하였다.

"잘하는 것이 없소."

물은 사람이 이를 이상하게 생각하였다. 유현평이 말하였다.

"무릇 사람은 못하는 것이 있어야 마침내 잘하는 것이 보이는 것이오. 곽왕의 경우에는 잘못하는 것이 없는데 내가 어떻게 그의 잘하는 것을 칭찬하겠소?"

26 애초에, 서돌궐의 질리실(咥利失) 가한57)이 그의 나라를 10부(部)로
나누었고, 매 부에는 추장 한 사람씩을 두었으며, 이어서 각각에게 화살
한 개씩을 주고 이를 10전(箭)이라고 말하였다. 또한 좌우상(左右廂)58)
으로 나누었는데, 좌상(左廂)은 다섯 돌륙(咄陸)이라고 부르면서 다섯 개
의 대철(大啜)을 설치하고 쇄엽(碎葉, 중앙아시아 이새극호 서북쪽 토크마크)
의 동쪽에 거주하게 하였다. 우상(右廂)은 다섯 노실필(弩失畢)59)이라고
부르고 다섯 개의 대기근(大俟斤)60)을 설치하고 쇄엽의 서쪽에 거주하게
하였는데, 이를 통틀어 10성(姓)이라고 하였다.

질리실은 무리들의 인심을 잃어서 그의 신하인 아사나통(阿史那統) 토
둔(吐屯)에게 습격을 받았다. 질리실의 군사가 패배하여 그의 동생인 아
사나보리(阿史那步利) 설(設)61)과 더불어 달아나서 언기(焉耆, 신강성 언기
현)를 지켰다.

아사나통 토둔 등은 장차 아사나욕곡(阿史那欲谷) 설(設)을 세워서 대
가한을 삼고자 하였는데, 마침 아사나통 토둔이 다른 사람에게 살해되었
고, 아사나욕곡 설의 군사도 역시 패배하여서 질리실은 다시 옛 땅을 얻
었다. 이에 이르러서 서부는 끝내 아사나욕곡 설을 세워서 을비돌륙(乙
毗咄陸) 가한62)으로 삼았다.

---

57) 서돌궐의 7대 대가한인 아사나동아(阿史那同娥)이다.

58) 상은 익(翼)에 해당한다. 따라서 우익과 좌익 등을 가리킨다.

59) 돌륙은 방위군구(防衛軍區)를 말하고, 대철은 지휘관에 해당하는 말이며, 노실필은 전
    담하는 것을 가리킨다.

60) 俟는 호삼성이 거지(渠之)의 절(切)이라고 하였으니 기로 읽어야 한다. 총사령관에
    해당하는 직책이다.

61) 토둔은 총독에 해당하는 직책이고, 설은 장군에 해당하는 직책이다.

62) 돌궐의 8대 가한이다.

을비돌륙이 이미 즉위하고 나서 질리실과 크게 싸우니 죽거나 다친 사람이 아주 많았다. 이로 인하여 그들의 땅을 중간을 나누어서 이열수 (伊列水, 이리하)의 서쪽은 을돌륙(乙咄陸, 을비돌륙)에 소속하게 하고, 그 동쪽은 질리실에게 속하였다.

27 처월(處月)과 처밀(處密)이 고창(高昌)63)과 함께 언기의 다섯 개의 성을 공격하여 뽑고 남자와 여자 1천500명을 노략질하고, 그들의 여사 (廬舍)64)를 불태우고 떠났다.

---

63) 처월과 처밀은 부락 명칭이고, 고창은 왕국 명칭인데, 모두 신강성에 있다.

64) 살고 있는 집을 말한다. 다만 농경지대에 있는 집과는 다르다.

구성궁에서 습격 받은 태종

태종 정관 13년(己亥, 639년)

1 봄, 정월 을사일(1일)에 거가가 헌릉(獻陵)을 배알(拜謁)하고 정미일(3일)에 궁궐로 돌아왔다.

2 무오일(14일)에 좌복야(左僕射) 방현령에게 태자소부를 덧붙여 주었다. 방현령은 단규(端揆)에 있은 지 15년이고,65) 사내아이[아들] 방유애(房遺愛)는 황상의 딸인 고양(高陽)공주를 모시고 살고, 딸은 한왕(韓王)66)의 비(妃)가 되었으니, 가득하게 꽉 찬 것을 깊이 두려워하여 표문을 올려서 기밀에 관한 업무를 풀어 줄 것을 청하였지만, 황상은 허락하지 않았다.

　방현령이 굳게 청하기를 그치지 아니하니 조서를 내려서 표문을 끊어버리게 하자 마침내 직책을 받았다.67) 태자가 방현령에게 절을 하려고

---

65) 단규는 상서성의 장관을 말하며, 당대에는 좌우복야가 상서성의 장관이었다. 방현령은
　　무덕 9년에 중서령이 되었다가 정관 3년에 좌복야가 되었다. 좌복야는 정관 3년(629
　　년)부터였으므로 이때까지는 11년이었지만 중서령이 된 무덕 9년(626년)부터 치면
　　14년이 되는데 이를 대강하여 15년이라고 한 것이다.

66) 당 고조 이연의 아들인 이원가이다.

67) 관리를 양보하려는 사람이 세 번 표문을 올려서 사양하였는데도 허락하지 않으면 칙

의위(儀衛)를 갖추어 놓고 그를 기다렸는데, 방현령이 감히 알현하지 못하고 돌아오니, 그 당시의 사람들은 그가 양보하는 마음을 가진 것을 아름답다 하였다.

방현령은 탁지(度支)는 천하의 이해에 연결되는 것이므로 일찍이 결원이 있게 되어서 그에 알맞은 사람을 구하다가 얻지 못하면 마침내 스스로 이를 관장하였다.

3 예부상서인 영녕의공(永寧懿公)[68] 왕규(王珪)가 죽었다. 왕규의 성품은 관대하고 여유가 있었지만 스스로를 봉양하는 것은 아주 야박(野薄)하였다. 법령에는 3품 이상은 모두 가묘(家廟)를 세우게 하였는데,[69] 왕규는 귀하게 된 지 이미 오래 되었으나 홀로 자기가 자는 집에서 제사를 지냈다. 법을 다루는 관청에서 탄핵하였으나 황상은 묻지 않고 유사(有司)에게 명령을 내려서 그를 위하여 사당을 지어주게 하여서 그를 부끄럽게 하였다.

4 2월 경진일(7일)에 광록대부 울지경덕(尉遲敬德)을 부주(鄜州, 치소는 섬서성 부현)도독으로 삼았다.

황상이 일찍이 울지경덕에게 말하였다.

"어떤 사람이 혹 말하기를 경이 배반하였다고 하는데 무엇이오?"

대답하였다.

"신이 배반한 것은 사실이라니요! 신이 폐하를 좇아서 사방을 정벌하였는데, 몸소 백번의 전투를 경험하였으니, 지금 남아 있는 것은 모두

령으로 그 표장(表章)을 올라오지 못하게 끊는데, 이렇게 되면 합문(閤門)에서 그 표문을 접수하지 않는다. 이를 당대에는 단표(斷表)라고 하였다.

68) 왕규는 영녕공인데, 죽은 다음에 시호를 의공으로 한 것이다.

69) 3품 이상의 관리는 집에 사당을 세우고 3대까지 제사를 지내게 되어 있다.

창칼의 흔적입니다. 천하가 이미 평정되었는데 마침내 다시 신이 배반하였다고 의심하십니까?"

이어서 옷을 벗어서 땅에 던지고 그의 상처를 내보였다. 황상이 그를 위하여 눈물을 흘리며 말하였다.

"경은 다시 옷을 입으시오. 짐이 경을 의심하지 않는 고로 경에게 말한 것인데 어찌 다시 한스럽게 생각하시오."

황상이 또한 일찍이 울지경덕에게 말하였다.

"짐이 딸을 경에게 처로 삼게 하고자 하는데, 어떠하오?"

울지경덕이 머리를 조아리고 사과하며 말하였다.

"신의 처는 비록 낮고 더러우나 서로 가난하고 천한 일을 함께 한 지 오래 되었습니다. 신이 비록 배우지는 못하였으나, 듣건대 옛날 사람은 부유하게 되면 처를 바꾸지 않는다 하였으니, 이는 신이 원하는 바가 아닙니다."

황상이 마침내 중지하였다.

5　무술일(25일)에 상서가 주문을 올렸다.

"근세에 액정(掖庭)의 선발에서[70] 혹 미천(微賤)한 족속이어서 예의와 교훈을 들어 보지 못하였고 혹 형벌로 죽은 집안사람도 있어서 걱정하고 원망하는 것이 쌓여 있었습니다. 청컨대, 지금부터는 후궁(後宮)과 동궁(東宮)의 내직(內職, 궁녀) 가운데 빈자리가 있으면 모두 양가(良家)에서 재주와 품행이 있는 사람을 골라서 채우시고 예(禮)를 갖추어서 빙납(聘納)[71]하게 하십시오. 관부에 몰입되었거나 본디 미천한 사람은 모두 보충하여 채용할 수 없습니다."

---

70)　여관(女官)이다.

71)　결혼할 때에 정식으로 예물을 보내고 받아들이는 예식의 하나이다.

황상이 이를 좇았다.

6 황상이 이미 종실과 여러 신하들에게 조서를 내려서 자사를 세습하여 책봉하도록 하였는데, 좌서자(左庶子) 우지녕(于志寧)이 옛날과 오늘날의 사정이 다르다고 생각하고 아마도 오랫동안 안정할 수 있는 길이 아니 될까 걱정하여 상소문을 올려서 이를 다투었다.

시어사 마주(馬周)도 역시 상소문을 올려서 말하였다.

"요(堯)와 순(舜) 같은 아버지도 오히려 단주(丹朱)와 상균(商均) 같은 아들을 두었습니다. 만약에 아이들이 직책을 이어받았다가 만에 하나 교만하거나 어리석으면 수많은 사람들이 그 재앙을 입게 되고 국가는 그 실패함을 받게 됩니다.

바로 그것을 끊어버리려 하여도 자문(子文)의 치적(治積)은 오히려 아직도 남아 있게 되고,72) 바로 이를 남겨 두려고 하니 난염(欒黶)의 죄악이 이미 뚜렷하게 됩니다.73)

그 독(毒)이 살아 있는 백성들에게 해를 끼친다면 차라리 이미 죽은 한 명의 신하에게 은혜를 잘라버려야 하는 것은 분명합니다. 그러하니 종전에 이른바 그를 아끼는 것이라고 하지만 마침내 그를 해치는 바가

---

72) 전국시대 초(楚)의 6대 왕인 장왕이 투초(鬪椒)의 가족을 다 죽이려고 하였는데, 투초의 큰 아버지인 투자문(鬪子文)이 초에 끼친 공로가 있어서 투(鬪)씨 가족은 죽지 않을 수가 있었던 것을 말한다.

73) 《춘추좌전(春秋左傳)》에 나오는 기원전 599년에 있었던 이야기이다. 진백(秦伯)이 사앙(士鞅)에게 묻기를, '진(晉)의 대부 가운데 어느 집안이 먼저 망하겠는가?' '난(欒)씨 집안입니다. 난염(欒黶)은 포학한 것이 이미 지나쳤지만 오히려 면할 수 있지만, 그러나 그 재앙은 난영(欒盈)에게 떨어질 것입니다.' 진백이 물었다. '무엇 때문인가?' '난서(欒書)의 은덕은 백성들 사이에 깊이 있어서이고, 난염은 죽었는데 난영의 은덕은 아직도 백성들이 받지 못하였으니, 난서가 베푼 은덕은 이미 소실되었고, 난염이 저지를 악행은 벌써 드러나 있기 때문에 백성들의 원망은 장차 난영에게 떨어질 것이기 때문입니다.' 즉, 난염은 나쁜 일을 하였지만 선조인 난서가 베푼 은덕 때문에 그냥 넘어갈 수 있지만 그 다음에 등장하는 난영은 자기가 베푼 은덕은 아직 백성들에게 도달하지 못하였고, 난서가 베푼 은덕은 이미 끊겼으며, 바로 전 조상인 난염이 저지른 악행만 고스란히 드러나는 상황이 된다는 것이다.

되는 것입니다. 신이 생각하기로는 의당 모토(茅土)74)를 부여하셔서 그들의 호읍(戶邑)을 계획하면서 반드시 있는 재주와 행실의 그릇에 따라서 관직을 주어서 그 사람들로 하여금 커다란 은혜를 받들게 하고 자손들은 그들의 복록을 끝까지 가지게 하는 것입니다."

마침 사공인 조주(趙州) 자사 장손무기(長孫無忌) 등이 모두 봉국으로 가기를 원하지 않아서 표문을 올려서 굳게 양보하면서 말하였다.

"은혜를 입은 이래로 모습과 그림자가 서로 조문하고75) 마치 봄날의 얼음을 밟는 듯76)하여 종족들은 근심하고 염려하는 것이 마치 끓는 물과 불에 놓인 것 같았습니다. 아득히 삼대(三代)의 봉건을 생각해 보면 대개 힘으로 통제할 수가 없음으로 말미암아서 이어서 이를 이롭게 하였지만 예악(禮樂)과 절문(節文)은 대부분 자기에게서 나온 것이 아닙니다.

양한시대에는 제후를 없애고 태수를 두어서 과거의 폐단을 제거하였으니 사실의 마땅함에 깊이 어울립니다. 지금은 신 등으로 인하여 다시 변경을 하게 되면 아마도 성스러운 조정의 기강이 문란해질까 걱정이 됩니다. 또 후세에 어리석고 어리며 불초(不肖)한 후계자가 혹 나라의 법도를 범하여 스스로 주멸(誅滅)될 길을 갖게 된다면, 다시 이어서 대대로 상을 준 것이기 때문에 지쳐서 끊기는 화를 이루게 되면 정말로 슬프고 근심할 일입니다. 바라건대, 환한(渙汗)하시는 뜻77)을 정지하시고 그 성명(性命)을 주시는 은혜를 내려 주십시오."

장손무기는 또 며느리인 장락(長樂) 공주를 통하여 굳게 황상에게 청하

---

74) 작위를 줄 때에 띠풀과 흰 흙을 가지고 의식을 치른다. 그러므로 작위를 준다는 뜻이다.

75) 아무도 돌아보거나 의탁할 사람이 없는 외로운 상태를 말한다. 아주 외로워서 자기와 자기의 그림자가 서로 위로한다는 것이다.

76) 봄날의 얼음은 얇아서 밟을 때에는 깨질까 전전긍긍하는 것이다.

77) 제왕의 호령을 말한다. 땀이 한 번 나오면 들어가지 않는 것처럼 제왕의 호령도 또한 이처럼 거둬들일 수 없는 것이다.

며 또 말하였다.

"신은 가시넝쿨을 무릅쓰고 폐하를 섬겨서 지금 해내가 편안하게 통일 되었는데, 어찌하여 저를 외주(外州)로 버리시니 귀양 보내는 것과 무엇이 다릅니까?"

황상이 말하였다.

"땅을 나누어 공신으로 책봉하는 것은 옛날이나 오늘날이나 공통된 뜻이고, 속으로는 공의 후손이 짐의 자손을 보필하여 함께 영구히 전하게 하려는 것이오. 공 등은 마침내 다시 말을 꺼내서 원망하니, 짐이 어찌 모토(茅土)로 공 등을 억지로 하겠소?"

경자일(27일)에 조서를 내려서 대대로 자사에 책봉하는 일을 중지하였다.

7 고창왕(高昌王) 국문태(麴文泰)가 서역(西域)에서 조공하는 것을 대부분 막고 끊어버렸다. 이오(伊吾; 신강성 합밀시 소재의 왕국)가 전에 서돌궐에게 신하라고 하였지만 이미 내속(內屬)하게 되니, 국문태는 서돌궐과 함께 이를 공격하였다. 황상은 편지를 내려서 절실히 문책하고 그의 대신인 아사나구(阿史那矩)를 불러서 더불어 일을 논의하려고 하였는데, 국문태는 보내지 않고 그의 장사(長史)인 국옹(麴雍)을 파견해 와서 사과하였다.

힐리(頡利)가 망하면서[78]에 중국인으로 돌궐에 있었던 사람들은 혹 고창으로 달아났으므로 국문태에게 조서를 내려서 그들을 돌려보내게 하였는데, 국문태는 가려 숨겨 놓고 보내지 않았다. 또 서돌궐과 함께 언기(焉耆; 신강성 언기현 소재 왕국)를 쳐서 깨뜨리니 언기에서 이를 호소하였다.

---

78) 이 일은 태종 정관 4년(630년) 2월에 있었고, 그 내용은 《자치통감》 권193에 실려 있다.

　황상은 우부(虞部)낭중 이도유(李道裕)를 파견하여 가서 상황을 묻고, 또 그 사자에게 말하게 하였다.

　"고창은 수년 전부터 조공을 빼거나 소략하게 하였고, 번신(藩臣)으로서의 예를 하지 않았으며 설치한 관직의 명칭은 모두 천조(天朝)에 준(準)하였으며 성을 쌓고 해자를 파며 공격하여 토벌할 준비를 하였다. 우리의 사자가 저들이 있는 곳에 이르면 국문태가 말하기를, '매가 하늘에서 날면 꿩은 쑥 덤불 속에 엎드리고, 고양이가 마루에서 놀면 쥐는 구멍에서 먹는데, 각기 그에 적당한 곳을 얻었으니, 어찌 스스로 살아갈 수 없겠느냐?' 라고 하였다.

　또 사신을 파견하여 설연타에게 말하기를, '이미 가한이 되었으니 천자와 더불어 대적하여야지 어찌하여 그 사자에게 절을 하는가!' 라고 하였다. 사람을 섬기는데 예의가 없었고 또 이웃 나라에 이간질을 하여 악한 짓을 하니 죽이지 않고 선한 일을 어떻게 권고하겠는가? 명년에 마땅히 군사를 발동하여 너를 공격하리라."

　3월에 설연타의 가한이 사신을 파견하여 말씀을 올렸다.

　"노비 같은 제가 은혜를 입고 보답할 것을 생각하였는데, 바라건대, 거느리는 부속들을 발동하여 군사의 향도(嚮導)가 되어 고창을 공격하게 해 주십시오."

　황상이 민부상서 당검(唐儉)과 우령군(右領軍) 대장군 집실사력(執失思力)을 파견하여 증백(繒帛)을 싸가지고 가서 설연타에게 하사하고 더불어 나아가서 빼앗을 것을 모의하게 하였다.

8　여름, 4월 무인일(5일)에 황상이 구성궁에 갔다.

　애초에, 돌궐의 돌리(突利) 가한의 동생인 아사나결사솔(阿史那結社率)이 돌리를 좇아서 들어와 조현하였다가 직위가 중랑장(中郞將)을 거쳤다. 집에 살면서 무뢰한 짓을 하고 돌리를 원망하며 그를 배척하다가 마침내 그가 모반(謀反)하였다고 무고(誣告)하니, 황상은 이로 말미암아서 그를 박대(薄待)하고 오랫동안 관질(官秩)을 올려주지 아니하였다.

아사나결사솔이 몰래 옛날의 부락과 연결하여서 40여 명을 얻었고, 진왕(晉王) 이치(李治)가 4고(鼓)79)에 출궁하면서 문을 열고 벽장(辟杖)80)하는 것을 이용하여 말을 달려 궁궐 문으로 달려 들어가서 곧바로 황제의 장막으로 향해 가면 큰 공로를 이룩할 수 있을 것이라고 모의하였다.

갑신일(11일)에 돌리의 아들인 아사나하라골(阿史那賀邏鶻)을 데리고 밤중에 궁궐 밖에서 매복하였는데 마침 큰 바람이 일어서 진왕이 아직 나가지 않으니, 아사나결사솔은 날이 밝을까 두려워하여 드디어 행궁(行宮)81)으로 범접하여 네 겹으로 된 장막을 넘어서 화살을 어지럽게 발사하니 위사(衛士) 가운데 죽은 사람이 수십 명이었다.

절충(折衝)도위 손무개(孫武開) 등이 무리를 이끌고 분발하여 치니 오래 있다가 마침내 물러나면서 말을 달려서 어구(御廐)82)로 들어가서 말 20여 필을 도둑질하여 북쪽으로 달아났는데, 위수(渭水)를 건너서 그들의 부락으로 달아나려고 하였으나 뒤쫓아 가서 붙잡아서 그들을 목 베었다. 그러나 아사나하라골을 용서하여주고 영표(嶺表, 남령 이남)로 방축하였다.

---

79) 4경(更)과 같은 말로 새벽 2시에서 4시까지를 말한다.

80) 궁궐의 호위가 호위를 위하여 정렬하는 것을 말한다.

81) 황제가 여행하면서 머무는 곳을 말한다. 여기서는 구성궁을 말한다.

82) 황제의 마구간이다.

서돌굴의 굴기와 고창국의 멸망

9 경인일(17일)에 무후(武侯) 장군 상관회인(上官懷仁)을 파견하여 파주(巴州, 사천성 파중시), 벽주(壁州, 사천성 통강현), 양주(洋州, 섬서성 서향현), 집주(集州, 사천성 남강현) 네 주의 반란한 요족(獠族)을 쳐서 이를 평정하고 남녀 6천여 명을 포로로 잡았다.

10 5월에 가뭄이 들었다. 갑인일(12일)에 5품 이상에게 조서를 내려서 봉사(封事)83)를 올리도록 하였다. 위징이 상소문을 올려서 말하였다.

"폐하의 뜻과 업적은 정관(貞觀) 초기에 비하여 점차로 끝마무리를 할 수 없었던 것이 무릇 10개가 있습니다."

그 가운데 제1조에서 말하였다.

"근년 이래로 백성들의 힘을 가볍게 사용합니다. 마침내 말하길, '백성들에게 아무 일이 없으면 교만하고 안일해지니, 수고롭게 부려먹어야 쉽게 부린다.'고 하였습니다. 옛날부터 백성들이 안일하여서 실패하였고, 수고롭게 하여서 편안해진 일은 아직 없었습니다. 이는 아마도 나라를 일으키는 지극한 말이 아닐까 걱정됩니다."

황상이 깊이 칭찬하며 감탄하며 말하였다.

---

83) 봉함하여 황제가 직접 보도록 되어 있는 상소문이다.

"이미 이것을 병풍에 써서 늘어놓고 아침저녁으로 올려다보면서 아울러 사관(史官)에게 보내어 기록하게 하리라."
이어서 위징에게 황금 10근과 마구간에 있는 말 두 필을 내려 주었다.

11 6월에 투주(渝州, 사천성 중경시) 사람 후홍인(侯弘仁)이 장가(牂柯, 귀주성 옹안현)에서부터 길을 열어서 옹주(邕州, 광서성 남녕시)로 나와서 교주(交州, 베트남 하노이)와 계주(桂州, 광서성 계림시)와 통하게 하니 만족(蠻族)과 이족(俚族) 가운데 항복한 사람이 2만8천 호였다.

12 병신일(25일)에 황제의 동생인 이원영(李元嬰)을 등왕(滕王)으로 삼았다.

13 아사나결사솔이 반란을 일으킨 다음부터 일을 말하는 사람들은 대부분 돌굴 사람들이 하남(河南, 하투 남쪽)에 머물러 있는 것이 불편하다고 말하였는데, 가을, 7월 경술일(9일)에 우무후(右武侯) 대장군·화주(化州, 치소는 섬서성 유림시 북쪽)도독·회화군왕(懷化郡王)인 이사마(李思摩)[84]에게 조서를 내려서 을미니숙사리필(乙彌泥孰俟利苾) 가한으로 삼고 그에게 전고(戰鼓)와 독기(纛旗)를 내려주었다. 돌굴과 호족(胡族) 가운데 여러 주에 안치(安置)되어 있는 사람들은 나란히 황하를 건너게 하여서 그들의 옛날 부(部)로 돌아가서 대대로 번병(藩屏)이 되고 오래도록 변새(邊塞)을 보존하게 하였다.
　돌굴 사람들은 모두가 설연타를 꺼려서 요새를 나가려고 하지 않았다. 황상이 사농경 곽사본(郭嗣本)을 파견하여 설연타에게 새서(璽書)[85]를 내

---

84) 원래는 아사나사마였는데, 항복한 다음에 성을 이로 바꾸었다.

85) 황제의 인새가 찍힌 편지를 말한다.

려서 말하였다.

"힐리는 이미 실패하였고 그 부락은 모두 와서 귀부하였는데, 내가 그들의 옛날 허물을 생략해주고 그들이 후에 잘하는 것을 칭찬하면서 그들 가운데 달관(達官, 직위가 높은 관리)은 모두 나의 백관처럼 하였고, 부락은 모두 나의 백성처럼 대우하였다.

중국은 예의(禮義)를 숭상하는 것을 귀하게 생각하고 다른 사람의 나라를 멸망시키지 않는데, 전에 돌굴을 깨뜨린 것은 단지 힐리 한 사람이 백성들의 해가 되기 때문이었으며 실제로 그 토지를 탐내거나 그 사람들과 가축을 이롭게 생각한 것이 아니어서 항상 가한을 바꾸어 세우려고 하였다. 그러므로 항복한 부락사람들을 하남(河南)에 두어서 그들이 가축을 먹이도록 맡겼다.

지금 호구가 많이 늘어나서 나의 마음은 아주 기쁘다. 이미 이를 세우도록 허락하니 믿음을 잃지 말도록 하라. 가을 동안에 장차 돌굴사람들을 파견하여 황하를 건너서 그 옛날 나라를 복귀시킬 것이다.

너 설연타는 앞에서 책봉(冊封)[86]을 받았고 돌굴이 책봉을 받은 것은 뒤인데, 뒤에 받은 것이 작았고 앞에 받은 것이 크다. 너는 적북(磧北)에 있고 돌굴은 적남(磧南)에 있으니[87], 각기 강토(疆土)를 지키고 부락들을 지키고 어루만지라. 그러니 분수를 넘어서 고의로 서로 노략질하게 된다면 나는 바로 군사를 발동하여 각기 그 죄를 물을 것이다."

설연타는 조서를 받들었다.

이에 아사나사마를 파견하여 소속하는 부(部)를 거느리고 하북(河北)에 아기(牙旗)를 세우게 하고, 황상이 제정전(齊政殿)에 나가서 그를 전

---

86) 설연타가 당으로부터 책봉을 받은 것은 당 태종 정관 2년(628년) 12월의 일이고, 그 내용은 ≪자치통감≫ 권193에 실려 있다.

87) 적(磧)은 한해(瀚海)사막을 말하므로 이 사막을 기준으로 남과 북을 가리키는 것이 적북과 적남이다.

별하였는데, 아사나사마는 눈물을 흘렸고, 술잔을 받들어 축수하며 말하였다.

"노비 같은 저희들은 깨지고 망한 나머지 나뉘어 재나 흙이 되었는데, 폐하께서 그 해골(骸骨)들을 남겨 두었다가 다시 세워서 가한이 되게 하시니, 바라건대 만세 자손들이 항상 폐하를 섬기게 해주십시오."

또 예부상서인 조군왕(趙郡王) 이효공(李孝恭) 등을 파견하여 책서(冊書)를 싸가지고 그들의 종족이 있는 부락에 가서 하(河, 황하)에 단을 세우고 그를 세우게 하였다.

황상이 시중을 들고 있는 신하들에게 말하였다.

"중국은 뿌리와 줄기이며 사이(四夷)는 가지와 잎인데, 뿌리와 줄기를 잘라서 가지와 잎을 받들게 한다면 나무가 어찌 무성하게 되어 꽃을 피우겠는가? 짐이 위징의 말88)을 채용하지 않았다면 거의 낭패(狼狽)에 이르렀을 것이다."

또 좌둔위(左屯衛) 장군 아사나충(阿史那忠)을 좌현왕(左賢王)으로 삼고, 좌무위(左武衛) 장군 아사나니숙(阿史那泥孰)을 우현왕(右賢王)으로 삼았다. 아사나충은 아사나소니실(阿史那蘇尼失)89)의 아들인데, 황상은 그를 대우하는 것이 아주 후하였으며 종실의 딸을 처로 삼게 하였다. 요새로 나가게 되자 중국을 사모하는 마음을 품고 사자를 보면 반드시 눈물을 흘리며 들어와서 시중을 들게 해 달라고 청하니, 그에게 조서를 내려서 허락하였다.

14 8월 초하루 신미일에 일식이 있었다.

---

88) 위징이 말한 것은 정관 4년(630년)에 있었고, 그 내용은 ≪자치통감≫ 권193에 실려 있다.

89) 이에 관한 일은 정관 4년(630년)에 있었고, 그 내용은 ≪자치통감≫ 권193에 실려 있다.

15 조서를 내렸다.

"신체에 있는 머리카락과 피부는 감히 훼손시킬 수 없는 것90)이다. 최근에 소송하는 사람들 가운데는 혹 스스로 귀와 눈을 훼손시키는데, 지금부터는 이를 범하는 사람에게는 먼저 태장 40대를 치고 그런 다음에 법에 의거하게 하라."

16 겨울, 10월 갑신일(15일)에 거가(車駕)가 경사로 돌아왔다.91)

17 11월 신해일(13일)에 시중 양사도(楊師道)를 중서령으로 삼았다.

18 무진일(30일)에 상서좌승 유기(劉洎)를 황문시랑·참지정사로 삼았다.

19 황상은 오히려 고창왕 국문태(麴文泰)가 허물을 후회하기를 바라서 다시 새서(璽書)를 내려서 화가 되는 것과 복이 되는 것을 제시하고 그를 징소하여 들어와서 조현하게 하였다. 국문태는 끝내 병이 났다고 하면서 오지 않았다. 12월 임신일(4일)에 교하(交河, 신강성 투루판시의 동쪽) 행군대총관인 이부상서 후군집(侯君集)과 부총관 겸 좌둔위(左屯衛) 대장군인 설만균(薛萬均) 등을 파견하여 군사를 거느리고 그를 치게 하였다.

20 을해일(7일)에 황제의 아들인 이복(李福)을 조왕(趙王)으로 삼았다.

21 기축일(21일)에 토욕혼왕(土谷渾王) 모용락갈발(慕容諾曷鉢)92)이 와서

---

90) ≪효경(孝經)≫에 나오는 공자의 말이다.

91) 구성궁에서 돌아온 것이다.

92) 토욕혼의 19대 왕인 오지야발륵두(烏地也拔勒豆) 가한이다.

조현하니, 종실의 여자를 홍화(弘化)공주로 삼아서 그에게 처로 삼게 하였다.

22 임진일(24일)에 황상이 함양(咸陽)에서 수렵을 하였고, 계사일(25일)에 궁궐로 돌아왔다.

23 태자 이건승(李乾承)은 자못 수렵을 좋아하여 공부를 그만두었는데, 우서자(右庶子) 장현소(張玄素)가 간하였으나 듣지 않았다.

24 이 해에 천하의 주부(州府)는 무릇 358개였고, 현(縣)은 1천511개였다.

25 태사령(太史令) 부혁(傅奕)이 술수(術數)에 관한 책을 자세히 연구하였으나 끝내 이를 믿지는 않았는데, 병이 들자 의원을 불러서 약을 쓰지 않았다. 어떤 승려가 서역(西域)으로부터 왔으며, 주술(呪術)을 잘하여서 사람으로 하여금 즉각 죽게 하기도 하고 다시 이를 주술로 소생할 수 있게도 한다고 하였다.

황상은 비기(飛騎, 금군) 가운데 건장한 사람을 선택하여 이를 시험하게 하니 모두 그 말과 같아서 부혁에게 말하니, 부혁이 말하였다.

"이것은 사술(邪術)입니다. 신이 듣건대, 삐뚤어진 것은 올바른 것을 막지 못하니, 바라건대, 신에게 주술을 사용하게 하여 주면 반드시 실행할 수 없을 것입니다."

황상이 승려에게 명령하여 부혁에게 주술을 시행하게 하니, 부혁은 처음에 느낀 것이 없었는데, 잠깐 사이에 승려는 홀연히 넘어져서 마치 물건에 얻어맞은 것 같더니 드디어 다시는 소생하지 아니하였다.

또한 어떤 파라문(婆羅門)93) 승려가 있었는데, 말하기를, '부처의 치아

를 얻었는데, 쳐부수는 데는 치아 앞에는 어떤 단단한 물건도 없다.' 고
하였다. 장안의 남자건 여자건 저자처럼 몰려들었다. 부혁은 이때에 병
이 들어 누워있었는데, 그 아들에게 말하였다.

"내가 듣기로는 금강석(金剛石)94)이라는 것이 있는데 성질이 아주 단
단하여 물건 가운데는 흠집을 낼 수 있는 것이 없다고 하지만 오직 영
양(羚羊)의 뿔로는 그것을 깨뜨릴 수 있다고 하니 너는 가서 이를 시험
하여 보거라."

그의 아들이 가서 부처의 치아를 보고 뿔을 꺼내어 그것을 두드리니 손
이 움직이는 것에 따라서 부서졌고, 보던 사람들도 마침내 그만두었다.

부혁은 죽음에 다다르자 그 아들에게 경계하여 불교서적을 공부하지
말라고 하였는데, 그때의 나이는 여든다섯 살이었다. 또 위·진(魏·晉)
이후로 불교를 공박한 것을 모아서 ≪고식전(高識傳)≫ 10권을 썼는데,
세상에 돌아다녔다.

26 서돌굴의 질리실(咥利失) 가한95)의 신하인 기리발(俟利發)이 을비돌
륙(乙毗咄陸) 가한96)과 연락하고 모의하여 난을 일으켰는데, 질리실이
궁지에 몰려서 도망하여 발한(鏺汗, 중앙아시아 Namangan)으로 가서 죽
었다. 노실필(弩失畢, 서부방위지구) 부락에서 그의 조카인 아사나박포(阿
史那薄布) 특륵(特勒)97)을 영접하여 이를 세우니, 이 사람이 을비사발라

---

93) 인도를 가리키는 말이다. 천축(天竺)인데, 한대(漢代)에는 신독국(身毒國)이라 하였
  고, 혹은 마가타(摩伽佗)라고 하기도 한다.

94) 두우(杜佑)는 설명하였다. '금강석은 부남국(扶南國)에서 나는데, 옥을 새길 수 있고,
  모양은 자색 석영(石英)과 같다. 그것이 나는 곳은 100장 깊은 물 밑에 있는 반석(盤
  石)에 있고, 처음에는 종유(鍾乳) 같다가 사람이 이를 채취하여 끝내 하루 종일 걸려
  야 나오는데, 철로 쳐도 상하지 않고 철이 스스로 상하지만 영양(羚羊)의 뿔로 이를
  쪼면 선명하게 얼음처럼 반 조각이 된다.'

95) 서돌굴의 7대 가한인 아사나동아(阿史那同娥)이다.

96) 8대 가한인 아사나욕곡(阿史那欲谷)이다.

엽호(乙毗沙鉢羅葉護) 가한이다.

을비사발라엽호가 이미 세워지자 수합수(雖合水, 신강성 언기현의 북쪽)의 북쪽에 왕정(王庭)을 세우고 이를 남정(南庭)이라고 하니, 구자(龜玆, 신강성 고차현), 선선(鄯善, 신강성 약강현), 차말(且末, 신강성 차말현), 토화라(吐火羅, 아프가니스탄 하나바드), 언기(焉耆, 신강성 언기현), 석(石, 중앙아시아 타시겐트), 사(史, 중앙아시아 Saharisanz), 하(何, 중앙아시아 Aktas), 목(穆, 중앙아시아 Chardzhou), 강(康, 사마르칸트) 등의 나라들로부터 모두가 그에게 귀부하였다.

질륙(咥陸)98)이 촉갈산(鏃曷山)의 서쪽에 아기(牙旗)를 세우고 이를 북정(北庭)이라고 하였는데, 궐월실(厥越失), 발실미(拔悉彌, 몽골 서부 科布多 분지), 박마(駁馬, 시베리아 에니세이 강 중류), 결골(結骨, 시베리아 사엔령 북쪽), 화섬(火燖, 중앙아시아 Nukus), 촉수곤(觸水昆) 등의 나라로부터 모두가 그에게 귀부하니, 이열수(伊列水, 이리하)를 경계로 하게 되었다.

태종 정관 14년(庚辰, 640년)

1 봄, 정월 갑인일(16일)에 황상이 위왕(魏王) 이태(李泰)의 집에 가서 옹주(雍州)의 장안(長安)에 갇혀 있는 죄수로 대벽(大辟)99) 이하의 죄를 지은 사람들을 사면하고 연강리(延康里)의 올해 조부(租賦)를 면제하여 주며 이태의 왕부(王府) 요속(僚屬)들과 같은 마을의 노인들에게 차등 있게 상을 내렸다.

---

97) 서돌궐의 작위로 중국의 공(公)에 해당한다.

98) 8대 가한인 아사나욕곡을 말한다. 앞에서는 '돌륙(咄陸)'이라 하고 여기에서는 '질륙(咥陸)'이라고 하였는데, 여기의 질륙은 돌륙의 잘못이다.

99) 사형에 해당하는 죄를 말한다.

2 2월 정축일(10일)에 황상이 국자감에 행차하여 석전(釋奠)100)을 참관하였고 좨주(祭酒)인 공영달(孔穎達)에게 명령하여 ≪효경(孝經)≫을 강론하게 하고 좨주 이하 제생(諸生) 가운데 높은 수준의 사람에게까지 차등 있게 상을 내렸다.

이때에 황상은 천하의 유명한 유가(儒家)를 크게 징소하여 학관(學官)으로 삼고, 자주 국자감에 행차하여서 그들로 하여금 강론하게 하고 학생 가운데 하나의 대경(大經)101) 이상을 훤히 알 수 있는 사람은 모두 관직에 보임하였다.

학사(學舍)를 1천200칸 증축하고, 학생을 2천260명으로 늘려 채우고, 둔영(屯營)하고 있는 비기(飛騎)에서부터 역시 박사를 보내어 경(經)을 가르치게 하였으며, 경전에 능통한 사람이 있으면 공거(貢擧)102)하는 것을 허락하였다.

이에 사방에서 학자들이 경사로 운집하였고, 마침내 고려(高麗, 고구려), 백제(百濟), 신라(新羅), 고창(高昌), 토번(吐蕃)의 추장들도 역시 자제들을 파견하여 국학(國學)에 들어오도록 청하기에 이르렀으며, 강연(講筵)103)에 오른 사람이 8천여 명에 이르렀다.

황상은 사설(師說)이 여러 집안이었으므로 장구(章句)가 번거롭고 복잡하여 공영달에게 명령하여 여러 유자(儒者)와 더불어 ≪오경소(五經疏)≫를 지어 확정하게 하고, 이를 ≪정의(正義)≫라고 하였으며 학자들로 하여금 이를 익히게 하였다.

---

100) 신 앞에 술잔을 차려 놓고 제사를 지내는 일종의 예의형식이다. 여기서는 공자에게 석전하는 것이며, 당대에는 중춘과 중추에 문선왕(공자)에게 석전하였다.

101) 당대에 대경(大經)이라 함은 ≪예기(禮記)≫와 ≪춘추좌전(春秋左傳)≫이다. ≪시(詩)≫, ≪의례(儀禮)≫, ≪주례(周禮)≫는 중경(中經)이고, ≪역(易)≫, ≪상서(尚書)≫, ≪춘추공양전(春秋公羊傳)≫, ≪곡량전(穀梁傳)≫은 소경(小經)이다.

102) 주현에서 중앙에 인재를 추천하는 것이다.

103) 강석(講席)이다. 강학하는 사람의 자리, 즉 강단을 말한다.

3 임오일(15일)에 황상이 여산(驪山)에 있는 온천(溫泉, 섬서성 임동현 동남쪽)에 갔는데 신묘일(24일)에 궁궐로 돌아왔다.

4 을미일(28일)에 조서를 내려서 '근세의 명유(名儒)인 양(梁)의 황보간(皇甫侃)과 저중도(褚仲都), 주(周)의 웅안생(熊安生)과 심중(沈重), 진(陳)의 심문동(沈文同)과 주홍정(周弘正)과 장기(張譏), 수(隋)의 하타(何妥)와 유현(劉炫)104) 등의 자손을 찾아서 보고하라.' 하고, 바로 이끌어서 발탁하였다.

5 3월에 두주도(竇州道, 광동성 신의시) 행군총관 당인홍(党仁弘)이 나두(羅竇, 신의시 남쪽에 있는 나두동)의 반란한 요족(獠族)을 쳐서 이를 깨뜨리고 7천여 명을 포로로 잡았다.

6 신축일(4일)에 유귀국(流鬼國)105)이 사신을 파견하여 들어와서 공물을 바쳤다. 경사에서 5천리가 떨어져 있는데 북해(北海)의 바닷가이고, 남쪽으로는 말갈(靺鞨)과 이웃하고 있는데, 아직 일찍이 중국과 왕래하지 않았으며, 세 번의 통역을 거치면서 왔다.

황상은 그 사자인 사지(余志)를 기도위(騎都尉)로 삼았다.

7 병진일(19일)에 녕삭(寧朔) 대사를 두어서 돌궐을 보호하였다.

8 여름, 5월 임인일(6일)에 연왕(燕王) 이령기(李靈夔)를 옮겨서 노왕(魯

---

104) 이들 가운데 ≪자치통감≫에 기록된 사람으로는 웅안생[북주 건덕 6년, 577년 1월], 주문정[서위 대통 13년, 547년 2월], 하타[수 개황 9년, 589년 8월] 유현[수 인수 원년, 601년 6월]이고, 나머지에 대한 기록은 없다.

105) 바로 흑수말갈의 동북쪽이며, 정확하지는 않으나 설명으로 보아서 지금의 러시아 우수리강과 흑룡강 입구에 있는 바이리성 이북일 것이다.

王)으로 삼았다.

9 황상이 장차 낙양에 행차하려고 하여 장작대장(將作大匠) 염입덕(閻立德)에게 명령을 내려서 더위를 시원하게 할 곳을 가보게 하였다. 가을, 8월 경오일(5일)에 양성궁(襄城宮)을 여주(汝州, 하남성 여주시)의 서산(西山)에 지었다. 염입덕은 염입본(閻立本)106)의 형이다.

10 고창(高昌, 신강성 투루판시 동쪽) 왕 국문태(麴文泰)가 당에서 군사를 일으킨다는 소식을 듣고 그 나라 사람들에게 말하였다.

"당은 우리에게서 7천 리 떨어져 있고 모래 사막이 그 가운데 2천리를 점하고 있어서 땅에는 물과 풀이 없고, 찬바람은 마치 칼 같으며 뜨거운 바람은 마치 태우는 것 같은데, 어찌 많은 군사를 오게 할 수 있겠는가?

과거에 내가 들어가 조현하였는데,107) 진농(秦隴, 섬서성과 감숙성)의 북쪽에는 성읍(城邑)이 쓸쓸하여 다시는 수(隋)에 비할 것이 아니었다. 지금 와서 우리를 정벌한다고 하는데 군사를 많이 발동하면 식량 운송을 공급하지 못할 것이다. 3만 명 이하면 내 힘으로 능히 이들을 제압할 수 있다.

마땅히 편안한 상태에서 수고한 사람들을 기다리면 앉아서 그들의 피폐한 사람들을 붙잡는다. 만약에 군사를 성 아래에 머물게 된다면 스무날이 지나지 않아서 식량이 다하여 반드시 달아날 것인데, 그런 다음에 좇아서 그들을 포로로 잡을 것이다. 어찌 우려할 만하겠는가?"

당의 군사가 적구(磧口, 사막의 입구)에 도착하였다는 소식을 듣고 적

---

106) 염입본에 관한 일은 고조 무덕 4년(621년) 10월에 있었다.

107) 입조한 것은 태종 정관 4년(630년) 12월의 일이고, 이 일은 ≪자치통감≫ 권193에 실려 있다.

정하고 두려워하며 어찌할 바를 몰라 하다가 병이 나서 죽었고, 아들 국지성(麴智盛)이 섰다.

군사가 유곡(柳谷, 신강성 합밀시 동쪽)에 이르니 염탐하는 사람이 말하기를, '국문태의 장례 날짜를 정하여 곧 장사를 지내려고 그 나라 사람들이 모두 저곳에 모여 있다.'고 하니 제장들이 이를 습격하자고 청하자, 후군집(侯君集)이 말하였다.

"안 된다. 천자는 고창이 무례(無禮)하였으니, 그런 고로 우리로 하여금 이를 토벌하게 하였는데, 지금 무덤의 터에 있는 그들을 습격하면 죄를 묻는 군사는 아니다."

이에 북을 울리면서 나아가서 전성(田城, 고창성의 동남 쪽)에 도착하여 그들에게 알아듣게 타일렀으나 떨어지지 않자 다음날 아침에 그곳을 공격하여 오시(午時)가 되어 이기고 남자와 여자 7천여 명을 포로로 잡았다.

중랑장 신요아(辛獠兒)를 선봉으로 삼아서 밤중에 그들의 도성으로 나아가니, 고창(高昌, 투루판시 동쪽)에서는 맞아 싸우다가 패하였고, 대군은 계속 도착하여 그들의 성 아래에 이르렀다.

국지성은 후군집에게 편지를 보내어 말하였다.

"천자에게 죄를 얻은 사람은 먼저 돌아가신 왕인데 하늘의 처벌이 내려져서 그 몸은 이미 물고(物故)가 났습니다. 저 국지성은 자리를 이어받은 지 얼마 되지 아니하였으니 오직 상서(尙書)108)께서 가련하게 살펴주십시오."

후군집이 회보하였다.

"만약에 허물을 후회할 수 있다면 마땅히 손을 묶고 군문(軍門)으로 나오라."

---

108) 물고는 죽은 것을 말하고, 상서는 후군집을 가리키는 말이다.

국지성은 그래도 오히려 나오지 않았다. 후군집이 해자를 메우고 그곳을 공격하라고 명령하니 나는 돌이 비처럼 떨어졌고 성 안에 있는 사람들은 모두가 방에 있었다. 또 소거(巢車)109)를 만들었는데 높이가 10장(丈)이어서 성 안을 굽어보았다. 다니는 사람이 나는 돌에 맞게 되면 모두가 이것을 큰소리를 쳐서 말하였다.

이보다 먼저 국문태와 서돌궐 가한이 서로 연결하여서 약속하기를 급한 일이 있으면 서로 돕기로 하였다. 가한이 그의 엽호(葉護)110)를 파견하여 가한부도성(可汗浮圖城, 신강성 吉木薩爾縣)에 주둔하게 하였다가 국문태를 위하여 성원하였다. 후군집이 이르자 가한은 두려워하여 서쪽으로 1천여 리를 달아나고 엽호는 성을 가지고 항복하였다.

국지성은 궁색하게 몰리자 계유일(8일)에 문을 열고 나와서 항복하였다.111) 후군집은 군사를 나누어 땅을 경략하여 그들의 22개의 성(城)과 가호 8천46호(戶), 인구 1만7천700명을 함락시키니 땅은 동서가 800리였고 남북으로는 500리였다.

황상은 고창을 주현(州縣)으로 만들고자 하였으나, 위징이 간하였다.

"폐하께서 처음으로 즉위하셔서 국문태 부부가 먼저 와서 조현하였고, 그 후에 조금 교만하여졌으니, 그러므로 그에게 왕도(王道)로 주살하는 일을 내리셨습니다. 죄는 국문태에 그치는 것이 좋으니 의당 그 백성들을 위무하시고 그들의 사직을 남겨 두시며 그의 아들을 다시 세우신다면 위엄과 덕이 먼 황량한 곳까지 입히는 것이며 사이(四夷)들이 모두 기뻐하며 복종할 것입니다.

지금 만약에 그들의 토지를 이롭다고 생각하여 주현으로 만들면 항상

---

109) 성을 공격할 때에 병거를 마치 까치집처럼 높게 만들어서 성 안의 사정을 볼 수 있게 한 것이다.

110) 돌궐의 관직명으로 대신 가운데 우두머리이다.

111) 고창국은 국가(麴嘉)가 나라를 세운 지 9세(世) 134년 만에 망하였다.

반드시 천 명이 진압하고 지켜야 되며, 몇 년마다 한 번씩 바꾸어 준다고 하여도 오가며 죽는 사람이 열에 서너 명이 될 것이고, 의복과 물자를 공급하며 처리하고 친척과 멀리 떨어져있게 되는데, 10년 뒤에는 농우(隴右)가 텅 비도록 다 소모될 것입니다.

폐하께서는 고창의 한 움큼의 곡식이나 한 자의 비단으로 중국을 돕게 할 수 없을 것이니, 이른바 쓸 만한 것을 흩어가지고 쓸데 없는 것을 섬기는 것이어서 신은 아직 그것이 옳다고 보지 못하였습니다."

황상이 좇지 않고 9월에 그 땅을 서주(西州)로 삼고 가한부도성을 정주(庭州)로 하여서 각기 속현을 두게 하였다. 을묘일(21일)에 교하성(交河城)에 안서(安西)도호부를 설치하고 병사를 남겨두어 이를 진수하게 하였다.

후군집은 고창왕 국지성과 그의 여러 신하인 호걸들을 포로로 잡아가지고 돌아왔다. 이에 당의 땅은 동쪽으로 바다에 끝까지 갔고, 서쪽으로는 언기(焉耆)에 이르렀고, 남쪽으로는 임읍(林邑)에까지 다다랐으며, 북으로는 큰 사막에 이르렀는데, 모두 주현을 만드니, 무릇 동서로는 9천510리이고 남북으로는 1만9천118리였다.

후군집이 고창을 토벌하면서 사신을 파견하여 언기(焉耆)와 약속하여 그와 세력을 합하기로 하니 언기는 기뻐하며 명령을 들었다. 고창이 격파되기에 이르자 언기의 왕은 군문(軍門)에 와서 후군집을 알현하였고, 또 언기에 있는 세 개의 성이 고창에게 빼앗겼었다[112]고 말하자, 후군집은 상주문을 올려서 고창이 약탈한 언기의 백성들을 모두 그에게 돌려보내었다.

11 겨울, 10월 갑술일(10일)에 형왕(荊王) 이원경 등이 다시 표문을 올

---

112) 폐종 정관 6년(632년) 7월의 일이다.

려서 봉선(封禪)하기를 요청하였으나 황상은 허락하지 않았다.

12 애초에, 진창(陳倉, 섬서성 보계시 동쪽 진창진)의 절충(折衝)도위 노녕
(魯寧)이 일에 연루되어 감옥에 갇혔는데, 스스로 높은 관직에 있음을
믿고서 거만하게 진창 현위(縣尉)인 위지(尉氏) 사람 유인궤(劉仁軌)에게
거만하게 굴면서 욕을 하니, 유인궤가 그를 장살(杖殺)113)하였다. 주사
(州司)114)가 이를 보고하였다.

황상이 화가 나서 그를 목 베라고 명령하고도 오히려 풀어지지가 않
아서 말하였다.

"현위가 어떤 물건이기에 감히 나의 절충도위를 죽인단 말인가!"
명령을 내려서 장안으로 데려 오게 하여 얼굴을 맞대고 그에게 힐문(詰
問)하였다. 유인궤가 말하였다.

"노녕이 신의 백성들 앞에서 신을 이처럼 능욕하였기에 신은 실로 분
하여 그를 죽였습니다."
말씨와 안색이 태연자약하였다.

위징이 옆에서 모시고 있다가 말하였다.

"폐하께서는 수가 망한 까닭을 아십니까?"
황상이 말하였다.

"무슨 말인가?"
위징이 말하였다.

"수 말기에 백성들이 강하여 관리들을 능욕하였는데, 예컨대 노녕 같
은 사람을 여기에 비할 것입니다."115)

---

113) 몽둥이로 때려죽이는 것이다.

114) 주의 관서를 말하는데, 여기서는 진창현은 기주에 속하므로 기주(岐州)의 관리를 말
한다.

115) 노녕은 본래 진창 백성이었다.

황상은 기뻐하여 유인궤를 발탁하여 역양(櫟陽, 섬서성 임동현 북쪽 역양현) 현승(縣丞)116)으로 삼았다.

황상이 장차 동주(同州, 섬서성 대현현)에 교렵(校獵)117)을 하러 가려고 하니 유인궤가 말씀을 올렸다.

"지금 가을은 크게 풍년이 들었지만 백성들이 수확하는 것은 열에 겨우 한둘인데, 그들로 하여금 수렵하는 일을 이어서 공급하게 하고 길을 닦고 교량을 수리하며 동원하는 비용이 1, 2만 명의 공력이니 실로 농사에 방해가 됩니다.

바라건대, 난여(鑾輿)118)를 열흘만 조금 머물게 하여서 그 일이 마쳐질 때까지 기다려서 공사(公私)를 모두 가지런히 되기를 원합니다."

황상이 새서(璽書)119)를 내려 보내어 그를 칭찬하고 받아들였으며 곧 신안(新安, 하남성 신안현) 현령(縣令)으로 승진시켰다. 윤달(윤10월) 을미일(2일)에 동주에 갔다가 경술(17일)에 궁궐로 돌아왔다.

13 병진일(23일)에 토번(吐蕃, 서장의 라사)의 찬보(贊普)120)가 그의 재상인 녹동찬(祿東贊)을 파견하여 금 5천 냥(兩)과 진기한 완구 수백 개를 바치고 통혼하게 해달라고 청하였다. 황상은 문성(文成)공주121)를 그

---

116) 종9품 현위에서 정8품 현승으로 발탁한 것이다.

117) 울타리를 쳐 놓고 사냥을 하는 것이다.

118) 난(鑾) 즉 방울로 장식을 한 수레를 말하는데, 황제의 거가이다. 수레의 앞머리나 가로 지른 막대에 방울을 다는데 상부에는 편원형(扁圓形)의 방울을 달고 그 아래에 좌석이 있다. 이 수레가 가면 움직임에 따라서 방울소리가 나는데 이 소리가 난(鸞) 새 소리와 비슷하다.

119) 편지에 봉함을 하고 인장을 찍어 보내는 문서이다. 이는 기밀이 중요하며 엄숙함을 표시하는 것이다.

120) 토번말로 국왕이라는 뜻이다. 이는 토번의 32대 왕인 기종농찬(棄宗弄讚)이다.

121) 문성공주는 종실의 딸이다. 그러나 공주라고 하고서 시집보낸 것이다.

에게 처로 삼도록 허락하였다.

14　11월 초하루 갑자일 동지에 황상이 남교에서 제사를 지냈다. 이때에 <무인력(戊寅曆)>122)으로는 계해일을 초하루로 하였는데, 선의랑(宣義郞) 이순풍(李淳風)이 표문을 올려서 말하였다.

"옛날의 역법(曆法)에 날짜가 나뉘는 것은 자시(子時)의 반에서 시작하는데, 금년에는 갑자일이 삭일(朔日)로 동지(冬至)이니, 옛날 태사령인 부인균(傅仁均)은 남은 것을 줄였는데 조금 많았고, 자시(子時)의 처음을 삭일(朔日)로 하였으므로 드디어 차가 3각(刻)이어서 천시(天時)의 올바름에 어긋나게 되니 바라건대 다시 살펴서 확정하십시오."

여러 사람들이 논의하니 부인균이 정하였던 삭일은 조금 차이가 있었고, 이순풍이 미루어 정밀하게 교정하였으므로 이순풍이 논의한 것과 같이 하기로 청하니, 이를 좇았다.

---

122) 무인년 즉, 당 고조 무덕 원년(618년) 9월에 반포된 역법이고, 이에 대한 일은 ≪자치통감≫ 권187에 실려 있다.

신하를 예우해야 하는 이유

15 정묘일(13일)에 예관(禮官)이 주청하기를 '고조(高祖)의 부모에게는 자최(齊衰) 5개월의 복(服)으로 더 입게 하고,123) 적자(嫡子)의 며느리는 기년(朞年)으로 하며,124) 형수·숙부·제수(弟嫂)·시숙(媤叔)·처남(妻男)의 상례(喪禮)는 모두 소공(小功)의 복125)을 입게 하십시오.' 하니, 이를 좇았다.

16 병자일(13일)에 백관들이 다시 표문을 올려서 봉선(封禪)하기를 청하였더니, 이를 허락하였다. 다시 명령을 내려서 여러 유자(儒者)들이 의식(儀式)을 자세히 정하게 하였고, 태상경 위정(韋挺) 등을 봉선사(封禪使)로 삼았다.

17 사문원외랑(司門員外郞) 위원방(韋元方)이 급사(給使)126)들에게 통행

---

123) 상복을 입는 기간이 원래에는 3개월로 되어 있었다.

124) 기년은 1년간 상복을 입는 것으로 원래는 9개월로 되어 있었다.

125) 소공은 상복(喪服)의 이름이다. 거친 포로 만든 것인데, 이 상복을 입는 기간을 5개월로 하여 원래의 3개월에서 늘린 것이다.

126) 사문은 문을 관리하는 부서를 말하며, 원외랑은 정원 이외의 관원을 말하고, 급사는 궁중에서 심부름을 하는 사람으로 환관이다.

증을 발급하는 것이 늦어지자 급사가 이를 상주하였다. 황상이 화가 나서 위원방을 내보내어 화음(華陰, 섬서성 화음시) 현령으로 삼았다.

위징이 간하였다.

"제왕이 진노하시는 것은 망령되이 나타낼 수 없습니다. 전에 급사를 위하여 드디어 밤중에 칙서를 내보내시니 이러한 일은 군사기밀과 같아서 누가 놀라지 않겠습니까? 하물며 환관과 같은 무리들은 옛날부터 관리하기가 어렵고, 가볍게 말을 하여 쉽게 걱정거리와 해로운 일을 만들어내는데, 홀로 먼 곳을 사행(使行)하게 하는 것은 일이 아주 적당하지 않으며 점차 자라나게 해서도 안 되니 마땅히 깊이 신중하게 해야 할 것입니다."

황상이 그 말을 받아들였다.

18 상서좌승 위종(韋悰)이 사농(司農)에서 파는 목동(木橦)[127] 값이 백성들 사이에서 거래되는 것보다 비싸게 하자[128] 그가 숨겼다고 상주문을 올렸다. 황상이 대리경(大理卿)[129] 손복가(孫伏伽)를 불러서 사농의 죄를 작성하게 하였다.

손복가가 말하였다.

"사농에게는 죄가 없습니다."

황상이 이상하게 생각하고 그 연고를 물었더니, 대답하였다.

"다만 관청의 목동(木橦)이 비싸게 해야만 개인의 목동(木橦)이 싸지기 때문입니다. 설령 관청의 목동이 싸다면 개인의 목동은 더 싸질 수 없습니다. 다만 사농이 그 대체적인 것을 안다고 보이니 그의 허물을 알지 못하겠습니다."

---

127) 동(橦)은 고대에 목재를 계산하는 단위이다. 사방 1촌(寸) 되는 것을 1동이라 하였다.

128) 이때에 사농에서는 70전에 팔았고, 백성들은 40전에 팔았다.

129) 최고 법원장에 해당되는 직책이다.

황상이 깨닫고서 그가 잘하였음을 여러번 칭찬하고 위종을 돌아보고 말하였다.

"경(卿)의 식견은 손복가를 아주 많이 따라잡지 못하는 것이오."

19 12월 정유일(5일)에 후군집(侯君集)이 관덕전(觀德殿)에서 포로를 바쳤다. 술을 마시는 지극한 예(禮)를 치렀으며 대포(大酺)130)를 사흘을 하도록 하였다. 얼마 있지 않다가 국지성(麴智盛)을 좌무위(左武衛)장군·금성군공(金城郡公)으로 삼았다. 황상이 고창(高昌)의 악공(樂工)을 잡아서 태상(太常)에 넣고, '9부악(九部樂)'을 늘려서 10부로 만들었다.

후군집이 고창을 격파하면서 사사롭게 그곳의 진기한 보배를 빼앗았다. 장사(將士)들이 이를 알고 다투어 도둑질을 하였지만 후군집이 금지할 수가 없어서, 유사에게 탄핵을 받게 되니, 조서를 내려서 후군집 등을 감옥에 넣게 하였다.

중서시랑 잠문본(岑文本)이 상소문을 올려서 말하였다.

"고창이 혼미하여 폐하께서 후군집 등에게 이를 토벌하라고 명령하여 이겼는데, 열흘이 넘지 않아서 나란히 대리(大理)131)에게 붙였습니다. 비록 후군집 등이 스스로 법망에 걸린 것이지만, 아마도 해내에 있는 사람들이 폐하는 오직 그의 허물만 기억하고 그의 공로는 내버린다고 생각할까 걱정입니다.

신이 듣건대 장수에게 명령하여 군사를 내보내면 적을 이기는 것이 중요한 것이며, 만약에 적을 이길 수만 있다면 비록 탐욕스러워도 상을 줄 수 있습니다. 만약에 실패하게 되었다면 비록 청렴하여도 죽일 수 있습니다.

---

130) 모든 사람들이 마음껏 술과 고기를 먹을 수 있도록 허락한 것을 말한다.
131) 대리시를 말하는데, 재판을 담당하는 부서이다.

이리하여서 한(漢)의 이광리(李廣利)와 진탕(陳湯)132) 그리고 진(晉)의 왕준(王濬)과 수(隋)의 한금호(韓擒虎)133)는 모두 죄를 짓고 견책을 받았으나, 인주(人主)가 그들이 공로를 세운 것이 있어서 모두 작위와 상을 받았습니다.

이로 본다면 장수가 된 신하 가운데는 청렴하고 신중한 사람은 적고 탐욕스럽게 요구하는 사람은 많습니다. 이리하여서 황석공(黃石公)은 ≪군세(軍勢)≫에서 '지혜 있는 사람을 부리고, 용감한 사람을 부리고, 탐욕스러운 사람을 부리고, 어리석은 사람을 부리니, 그러므로 지혜로운 사람은 그의 공로를 세우기를 즐기고, 용감한 사람은 그의 뜻을 실천하기 좋아하며, 탐욕스러운 사람은 그 이로운 것을 쫓기에 급하고, 어리석은 사람은 그가 죽을지를 계산하지 않는다.'라고 하였습니다.

엎드려 바라건대, 그들의 작은 수고를 기억하시고 그들의 큰 허물을 잊으셔서 후군집으로 하여금 다시금 조정의 열반에 오르게 하시어 다시금 말을 달려 나아가도록 대비하게 하시면 비록 청렴하고 곧은 신하는 아니지만 오히려 탐욕스럽고 어리석은 장수를 얻으시는 것이니, 이는 폐하께서 비록 법을 굽히셨지만 덕은 들어내는 것이고, 후군집 등은 비록 용서함을 받았지만 허물은 더욱 드러날 것입니다."
황상이 마침내 그를 풀어 주었다.

또한 어떤 사람이 설만균(薛萬均)이 사사롭게 고창의 부녀자와 통정하였다고 고발하였는데, 설만균이 복종하지 않자, 안에서 고창의 부녀자를 꺼내어134) 대리(大理)에 보내어 설만균과 마주하고 변론하게 하였다.

---

132) 이광리에 관한 사건은 한 무제 태초 4년(기원전 101년)에 있었고, 그 내용은 ≪자치통감≫ 권20에 실려 있으며, 장탕에 관한 일은 한 원제 경녕 원년(기원전 33년)에 있었고, 그 내용은 ≪자치통감≫ 권29에 실려 있다.

133) 왕준에 관한 일은 서진 무제 태강 원년(280년)에 있었고, 그 내용은 ≪자치통감≫ 권81에 실려 있으며, 한금호에 관한 사건은 수 문제 개황 9년(589년)에 있었고, 그 내용은 ≪자치통감≫ 권177에 실려 있다.

위징이 간하였다.

"신이 듣건대, '임금은 신하를 예(禮)로써 부리고, 신하는 충성으로써 임금을 섬긴다.' 135)고 하였습니다. 지금 대장군을 파견하여 망한 나라의 부녀자와 대질하여 휘장 속에서 있었던 사사로운 일을 말하게 하니, 사실이라고 하여도 얻는 것은 가볍고 헛된 말이라고 한다면 잃는 것은 무겁습니다.

옛날에 진(秦) 목공(穆公)은 말을 훔친 병사에게 술을 마시게 하였으며,136) 초(楚) 장왕(莊王)은 갓끈을 자른 죄를 용서하였는데,137) 하물며 폐하의 도(道)는 요(堯)와 순(舜)보다 높은데 일찍이 두 군주를 못 따라잡겠습니까?"

황상이 급히 그를 풀어주었다.

후군집 말의 안면에 병이 나자 행군총관 조원해(趙元楷)가 친히 손가락으로 그 진물을 만져서 맡아보니 어사가 그가 아첨하였다고 탄핵하여 괄주(栝州, 절강성 여수시) 자사로 좌천시켰다.

---

134) 고창에서 포로로 잡혀온 부녀자가 궁궐에 있었다.

135) 공자의 말로 ≪논어≫에 나온다. 이는 공자가 노나라의 정공(定公)에게 대답한내용이다.

136) 춘추시대에 진의 목공은 말 타기를 좋아하였는데, 기산 아래에서 300명의 야인들이 말을 잡아먹어버렸기 때문에 관원들이 뒤쫓아서 그곳에 도착하여 야인들을 체포하고 벌을 주려고 하면서 말하기를, '군자는 가축을 희생하였다 하여 사람을 해칠 수는 없다. 내가 듣기로 말고기를 먹고서 술을 먹지 않으면 속이 상할 것이라고 한다.' 좋은 술을 내려 주었다. 그 후에 진(晉)을 공격하려고 하다가 겹겹이 포위망 속에 들어가서 위험하게 되자 300명의 야인이 나와서 목공을 구해주어 말을 잡아먹고 술 얻어먹은 보답을 하였다.

137) 춘추시대에 초의 6대 왕인 장왕이 연회를 베풀어 늦게 모두 반쯤 술에 취하였는데, 갑자기 촛불이 꺼지고, 어떤 사람이 어두운 가운데서 미인의 옷을 잡아당기자 이 미인이 그의 모자 끈을 잡아 당겼다. 장왕에게 알리고 불을 켜고 갓끈이 없는 사람을 찾았다. 이때에 장왕이 '그에게 좋은 술을 주라. 어떻게 부녀자의 절조를 위하여 전사(戰士)에게 치욕을 줄 수가 있겠는가?' 하였다. 그리고 계속하여 '오늘 우리가 모두 크게 술에 취하였으니 갓끈을 떼지 않은 사람은 술에 취하지 않은 사람이다.' 라고 하였다. 문무 관원들이 모두 갓끈을 떼어 버리고 불을 켰고, 모두가 즐겁게 보냈다.

　고창(高昌)이 평정되면서 제장들은 모두 바로 상을 받았는데 행군총관 아사나사이(阿史那社爾)는 칙지(敕旨)가 없다고 하여 홀로 받지 않았고, 별도로 칙령이 내려오게 되자 마침내 이를 받았는데, 얻은 것은 오직 늙은이와 약한 사람과 낡고 해진 것뿐이었다.

　황상은 그가 청렴하고 신중한 것을 칭찬하고 고창에서 얻은 보배로운 칼과 여러 가지 비단 1천 단(段)을 그에게 내려 주었다.

20　계묘일(11일)에 황상이 번천(樊川, 섬서성 장안현 남쪽)에서 사냥을 하였다가 을묘일(13일)에 궁궐로 돌아왔다.

21　위징이 상소하였다.

　"조정에 있는 여러 신하들은 기밀에 관한 일을 처리하도록 기탁한 사람들이어서 맡은 일은 비록 무겁지만 그들을 믿는 것은 아직 두텁지 않으니, 이리하여서 사람들은 혹 스스로 의심하며 마음으로 구차한 생각을 품게 됩니다.

　폐하께서는 큰일에는 관대하신데 작은 죄에서는 급히 처리하셔서 그때에 책임지우고 노여워하여 아끼는 것과 미워하는 것을 면치 못합니다. 무릇 대신들에게 대체적인 것을 위임하시고 소신(小臣)에게는 작은 일을 책임지게 하는 것이 치세를 만드는 길입니다.

　지금 그들에게 직책을 가지고 위임하시면 대신을 무겁게 하고 소신을 가볍게 생각하는 것인데, 어떤 일에 있어서는 소신을 믿고 대신을 의심하십니다. 그가 가볍게 한 것을 믿고, 그가 무겁게 한 것을 의심하면, 장차 치세에 도달하려 하여도 그가 얻을 수 있겠습니까?

　만약에 대관(大官)으로 일을 맡겨놓고 그 조그만 허물을 찾아낸다면 도필(刀筆)하는 서리가 뜻을 좇아서 바람을 만들어 문자를 가지고 춤추며 법률을 농간하여 굽혀서 그 죄를 만들 것입니다.

스스로 진술한다면 마음으로 죄를 지었다고 엎드리지 않을 것이고, 말을 하지 아니하면 범한 것이 모두 사실이라고 생각할 것이니 나아가나 물러나나 오직 골짜기뿐이고, 스스로 밝힐 수 없는 것이라면 억지로 화를 면하고자 하여 고치고 거짓말 하는 것이 풍속이 될 것입니다."

황상이 이를 받아들였다.

22 황상이 시중을 드는 신하들에게 말하였다.

"짐은 비록 천하를 평정하였지만 그것을 지키는 것은 아주 어렵다."

위징이 대답하였다.

"신이 듣기로는 전쟁에서 이기기는 쉬워도 이긴 것을 지키기는 어렵다고 하였는데, 폐하께서 이 말을 언급하시니 종묘와 사직의 복입니다."

23 황상이 우서자(右庶子)인 장현소(張玄素)가 동궁(東宮)에서 자주 간쟁(諫爭)을 하였다는 것을 듣고 발탁하여 은청광록대부(殷靑光祿大夫)로 삼고 행좌서자(行左庶子)[138]로 삼았다. 태자가 일찍이 궁중에서 북을 치자 장현소가 합문(閤門)에서 머리를 조아리며 절실하게 간언하였더니, 태자는 그 북을 내어서 장현소를 마주하고서 그것을 부수어버렸다.

태자가 오래 나와서 관속들을 보지 않자 장현소는 간언하였다.

"조정에서는 뛰어나고 똑똑한 사람을 선발하여서 지극한 덕치를 이루도록 보필하게 하는데, 지금 움직이며 세월을 보내며 궁궐에 있는 신하를 보지 않으시니 장차 무엇으로 만 가지 가운데 하나라도 도움이 되겠습니까? 또한 궁중에는 오직 부인들뿐이니 번희(樊姬)[139]와 같을 수 있

---

138) 행직이다. 행직은 대리 또는 임시직이다. 따라서 대리로 좌서자의 직책을 맡았다는 말이다.

139) 춘추시대 초 장왕의 희비이다. 장왕은 사냥을 좋아하였는데 번희는 이 때문에 금수의 고기를 먹지 않았다. 그리고 우구자(虞丘子)를 비웃으니 우구자는 이를 부끄럽게 생각하였으며, 손숙오(孫叔敖)를 추천하여 승상으로 삼았고, 장왕은 그로 인하여 패

는 사람이 있을지 모르겠습니다."

태자는 듣지 않았다.

장현소는 젊어서 형부영사(刑部令史)가 되었는데, 황상이 일찍이 조정의 신하들을 마주하고서 그에게 물었다.

"경은 수(隋) 시절에 어떤 관직에 있었는가?"

대답하였다.

"현위(縣尉)였습니다."

또 물었다.

"위(尉)가 아직 되지 않았을 때에는 어떤 관직이었었는가?"

대답하였다.

"유외(流外)140)였습니다."

또 물었다.

"어떤 조(曹)141)에 있었는가?"

장현소는 이를 부끄럽게 여겼는데, 각(閣)에서 나가서는 거의 걸을 수가 없을 정도였고, 안색은 죽은 잿빛이었다.

간의대부 저수량(褚遂良)이 상소문을 올려서 말하였다.

"군주는 그 신하에게 예의를 지킬 수 있어야 마침내 그들의 힘을 다 쓸 수 있습니다. 장현소는 비록 한미(寒微)한 집안 출신이지만 폐하께서 그의 재주를 중히 여기셔서 발탁142)하여 3품에 이르렀고 황저(皇儲, 태자)를 옆에서 돕고 있는데 어찌하여 다시 여러 신하들을 마주한 자리에

자를 칭하게 되었다.

140) 당 때의 관계는 9품으로 되어 있는데, 9품 이외의 하급 관직을 유외라고 부르는데, 형부의 영사는 바로 유외관이다.

141) 관서는 각기 부서를 나누는데, 그 부서의 단위 가운데 조(曹)가 있으므로 근무부서를 말한다.

142) 저수량에 관한 일은 수 공제 의녕 원년(617년) 12월에 있었으며, 처음에 설거를 섬겼었는데, 후에 무덕 연간에 문학관 학사였다.

서 그 집안을 끝까지 물으실 수가 있습니까?

묵은 옛날의 은혜를 버리고 하루아침의 치욕을 만들어 주셔서 그로 하여금 우울한 마음을 가슴에 품게 하니 어떻게 그가 엎드려 절개를 지키고 의롭게 죽도록 책임지우겠습니까?"

황상이 말하였다.

"짐도 역시 이렇게 질문한 것을 후회한다. 경의 상소문은 나의 마음을 깊이 이해하는 도다."

저수량은 저량(褚亮)의 아들이다.

손복가(孫伏伽)와 장현소는 수 시절에 모두 영사(令史)였는데, 손복가는 혹 많은 사람이 있는 자리에서 스스로 과거에 있었던 일을 이야기하면서 하나도 거리끼는 바가 없었다.

24 대주(戴州, 산동성 성무현) 자사 가숭(賈崇)이 거느리는 사람들 가운데 10대 죄악[143]을 범하는 사람이 있게 되자, 어사가 이를 탄핵하였다. 황상이 말하였다.

"옛날에 당(唐)과 우(虞)는 위대한 성인이었고 귀하기로는 천자였지만 그 아들을 교화하지 못하였는데, 하물며 가숭은 자사인데 홀로 그 백성들을 가지런히 선하게 할 수 있었겠소?

만약에 이 일에 연좌되어 벼슬을 깎거나 내쫓게 된다면 주와 현에서는 서로 숨기며 죄인들을 다 놓아줄 것이오. 지금부터 여러 주에서는 10대 죄악을 범한 사람이 있다 하여도 자사를 탄핵하지 마는데, 다만 밝게 규찰하게 하여 법대로 죄를 다스려서 모두 간사하고 악한 사람들을 숙청할 뿐이다."

---

143) 당률(唐律)에 기록된 10대 범죄는 모반(謀反), 대역모의, 모반(謀叛), 부도(不道), 대불경, 불효, 불목(不睦), 불의(不義), 내란(內亂)이다.

25 황상이 스스로 가서 군사를 검열하였는데, 부대가 정돈된 것이 가지런하지 못하여 대장군 장사귀(張士貴)에게 명령하여 중랑장 등에게 곤장을 치게 하였다. 그 곤장이 가벼운 것을 보고 화가 나서 장사귀를 이(吏, 刑吏)에게 내려 보냈다.

위징이 간하였다.

"장군이라는 직책은 나라의 조아(爪牙)[144]입니다. 그로 하여금 몽둥이를 잡게 하였으니 이미 후대에 본받을 바가 아닌데 하물며 곤장이 가볍다고 하여 이(吏)에게 내려 보내십니까?"

황상은 급히 그를 풀어주었다.

26 일에 관하여 말하는 사람들이 대부분 황상이 친히 표문과 장주문을 읽어서 옹폐(壅蔽)[145]되는 것을 막으라고 청하였다. 황상이 위징에게 물었더니, 대답하였다.

"이 사람들은 대체(大體)를 알지 못합니다. 반드시 폐하로 하여금 하나하나 이를 친히 하게한다면 어찌 오직 조당(朝堂)의 일뿐이겠습니까? 주와 현의 일도 역시 마땅히 이를 친히 하여야겠지요." *

---

144) 손톱과 이빨이라는 말로 강한 방패 노릇을 하는 무력을 가진 사람을 말한다.

145) 상하 의견이 소통되지 않는 것이다.

資治通鑑

자치통감 권196
당(唐)시대 12(641~643년)

영웅 황제와 못난 황태자

음양잡서를 정리한 여재

태종(太宗) 정관(貞觀) 15년(辛丑, 641년)

1 봄, 정월 갑술일(12일)에 토번(吐藩)의 녹동찬(祿東贊)을 우위(右衛) 대장군으로 삼았다. 황상은 녹동찬이 잘 응대하는 것을 칭찬하고 낭야(琅邪) 공주의 외손(外孫)인 단(段)씨를 그에게 처로 삼게 하였는데, 사양하며 말하였다.

"신은 나라에 스스로 처를 가지고 있으며 부모가 빙례(聘禮)한 사람이어서 버릴 수가 없습니다. 또 찬보(贊普)[1]도 아직 공주를 배알하지 아니하였는데, 그의 배신(陪臣)이 어찌 감히 먼저 맞이하겠습니까?"

황상이 그를 더욱 똑똑하다고 생각하였지만 그러나 어루만져서 두텁게 은혜를 베풀려고 하였는데, 끝내 그 뜻을 따르지 않았다.[2]

정축일(15일)에 예부상서인 강하왕(江夏王) 이도종(李道宗)에게 명령을 내려서 부절(符節)을 가지고 문성(文成)공주를 토번으로 호송하게 하였다. 찬보는 크게 기뻐하며, 이도종을 보자 사위로서의 예의를 다하고,

---

1) 빙례는 혼인을 할 때에 여자를 정중하게 예를 갖추어 맞아들이는 것을 말하며, 찬보는 토번의 관직명으로 국왕에 해당하는 직위이다.

2) 이적(夷狄)으로서 예를 가지고 말한 것이었으므로 예를 중시한다고 자처하는 태종으로서는 이를 따르지 않을 수가 없었다.

중국의 의복과 호위하는 의장의 아름다움을 흠모하여 공주를 위하여 별
도로 성곽과 궁실을 지어서 그곳에 있게 하며 스스로는 환기(紈綺)3)로
만든 옷을 입고 공주를 만나 보았다.

　그 나라의 사람들은 모두 붉은 색깔을 얼굴에 발랐는데 공주가 이를
싫어하자 찬보는 명령을 내려서 이를 금하게 하였다. 역시 점차로 그들
의 시기하고 포악한 성품을 고쳐서 자제를 파견하여 국학(國學)에 입학
시키고 ≪시경(詩經)≫과 ≪서경(書經)≫을 배우게 하였다.

2　을해일(13일)4)에 돌궐의 후리필(俟利苾) 가한5)이 처음으로 부락을 인
솔하고 하(河, 황하)를 건너서 옛날 정양성(定襄城, 내몽골 허린걸현)에 아
기(牙旗)를 세웠는데, 호구가 3만이었고, 승병(勝兵, 당장 사울 수 있는 병
사)은 4만이었고, 말은 9만 필이었다. 이를 바탕으로 상주문을 올려서
말하였다.

　"신은 분에 맞지 않게 은덕을 입어서 부락의 우두머리가 되었습니다.
바라건대, 자자손손 국가(國家, 황제)의 한 마리 개가 되어 북쪽 문을 지
키며 짖게 하여 주십시오. 만약에 설연타(薛延陀, 몽골 서남부)가 침략하
여 압박한다면, 바라건대, 가속(家屬)을 좇아서 장성(長城)으로 들어가게
하여 주십시오."
조서를 내려서 이를 허락하였다.

3　황상이 장차 낙양(洛陽)에 행차하려고 하여 황태자에게 감국(監國)6)

---

3) 환은 흰 비단이고 기는 무늬를 수놓은 비단이다.

4) 앞에 정축일(15일)이 나왔는데, 이보다 먼저인 이 기사가 그 뒤에 실린 것은 통감필법
　에 맞지 않는다. 어떤 부분에서 착간이 있는 것 같다.

5) 돌궐의 14대 가한인 이사마(李思摩, 阿史那思摩)이다. 다른 판본에는 후리필의 후(俟)
　를 사(俟)로 쓴 것도 있다.

을 하도록 명령하고 우복야 고사렴(高士廉)을 남아 있게 하여 그를 보필하게 하였다. 신사일(19일)에 나아가면서 온탕(溫湯, 섬서성 임동현 동남쪽)에 도착하였다. 위사(衛士) 최경(崔卿)과 조문의(刁文懿)가 출행하는 역사(役事)를 꺼리어서 황상이 놀라서 중지하기를 바라고 마침내 밤중에 행궁(行宮)7)에다 활을 쏘았고, 화살이 잠자리가 있는 전각에 도달한 것이 다섯 발이었다. 모두 대역죄8)로 판결하였다.

3월 무진일(7일)에 양성궁(襄城宮, 하남성 여주시 경계)에 행차하였는데, 대지는 이미 더워져서 다시 독사(毒蛇)가 많아졌다. 경오일(9일)에 양성궁을 철폐하여서 백성들에게 나누어 주고 염입덕(閻立德)의 관직9)을 면직시켰다.

4 여름, 4월 초하루 신묘일에 조서를 내려서 '내년 2월에 태산(泰山)에서 일을 치르겠다.'10)고 하였다.

5 황상은 근래에 나온 음양잡서(陰陽雜書)들 가운데 잘못되고 거짓된 것이 더욱 많았기 때문에 태상박사(太常博士) 여재(呂才)에게 명령하여 여러 술사(術士)들과 더불어 유통이 가능한 것을 간정(刊定)하게 하니, 무릇 47권이었다. 기유일(19일)에 책이 완성되어 이를 올리자, 여재는 이를 위하여서 서문(敍文)을 썼는데, 바탕을 경전과 역사서로 하였다.

그는 ≪택경(宅經)≫11)에서 서술하였다.

---

6) 황제가 수도를 떠났을 때에 수도에 남아서 일을 처리하는 책임을 말한다.

7) 장안에서 온천까지는 20km인데, 행궁이란 황제가 여행할 때에 머무는 곳을 말한다.

8) 당 때에 가장 무거운 죄 10개 가운데 하나이다.

9) 염입덕이 양성궁을 지은 사건은 정관 14년(640년) 8월의 일이었고, 그 내용은 ≪자치통감≫ 권195에 실려 있다. 궁궐을 잘 못 선택하여 지은 것에 대한 처벌이다.

10) 여기서 일이란 봉선(封禪)을 말하는 것이므로 봉선행사를 하겠다는 뜻이다.

"근세의 무격(巫覡)들을 망령되게 다섯 성(姓)으로 나누었는데, 예컨대 장(張)씨와 왕(王)씨를 상(商)으로 하고, 무(武)씨와 유(庾)씨를 우(羽)로 하여서 마치 운(韻)에 어울리는 것처럼 하였다. 유(柳)씨를 궁(宮)으로 하고 조(趙)씨를 각(角)으로 한 것에 이르러서는 또 다시 비슷하지도 않다.

혹 똑같이 하나의 성(姓)에서 나왔는데도 나뉘어 상과 궁에 소속시키었다. 혹 복성(複姓)은 여러 글자여서 치(徵)인지 우(羽)인지를 구분하지 못하였다.12) 이것은 사건으로 보아서 옛 것에서 상고하지 않은 것이고, 의리로 보아도 어그러지고 치우쳐진 것이다."

≪녹명(祿命)≫13)에서 서술하여 말하였다.

"녹명이라는 책은 많은 말을 하여서 혹시 맞는 것이 있게 되자 사람들이 마침내 이를 믿는다. 그러나 장평(長平, 산서성 고평현)에서 병졸들을 파묻어 죽였는데,14) 아직도 다 같이 삼형(三刑)15)을 범하였다는 말을 듣지 못하였다. 남양(南陽)의 귀한 선비16)들이 어찌 반드시 모두 육합(六

---

11) 원래는 ≪황제택경≫이었고, 두 권이다. 후대 사람들이 황제(黃帝)를 가탁한 것이며 이 책은 음양의 학설을 빌려서 집의 모습을 가리고 점을 쳐서 길흉을 찾는 것인데 방사들의 논리이다.

12) 글자를 가지고 오음(五音)으로 나누는 것이다. 이는 입술과 혀와 치아를 가지고 이를 조화롭게 하는데, 혀가 한 가운데 있는 경우는 궁이고, 입이 벌려지는 것이 상이며, 혀가 오므라져서 돌아가는 것을 각이라 하고, 혀로 치아를 떠받들어 주는 것을 치라 하며, 입술이 모여지는 것을 우라 하였다. 음양가들은 이처럼 다섯 성을 다섯 음에 소속시켰다.

13) 녹이란 흥성하느냐 쇠망하느냐 즉 복록(福祿)를 말하고, 명이란 부유하고 귀한지, 가난하고 천한지, 즉 운명(運命)을 가리키는 말이다.

14) 한 고조 원년(기원전 206년)인 진한(秦漢) 교체기에 항복한 병사 45만 명을 한꺼번에 구덩이에 묻어 죽였던 사건이다.

15) 도가(道家)에서 사용하는 논리인데, 12지를 가지고 형벌을 받게 되는 관계를 설명한 것이다. 세 개의 지(支)가 서로 돌아가면서 형벌을 주는 경우는 인(寅)→사(巳)→신(申)→인(寅), 축(丑)→술(戌)→미(未)→축(丑)이 있고, 서로 형벌을 주는 경우는 자(子)→묘(卯)→자(子)가 있으며, 자기 스스로 자기에게 형벌을 주는 것은 진(辰)→진(辰), 오(午)→오(午), 유(酉)→유(酉), 해(亥)→해(亥)가 있다.

合)17)에 해당하였단 말인가!

지금 역시 같은 해에 태어나서 같은 녹(祿)을 받는다고 하여도 귀하고 천한 것은 현격하게 다르며, 같은 운명(運命)을 받고 같은 어머니의 탯줄을 가지고 있어도 오래 사는 것과 요절하는 것이 더욱 다르다.

상고하건대, 노(魯)의 장공(莊公, 노 16대 군주)은 법으로 보아서는 응당 가난하고 천하여야 하였으며, 또 절름발이에 약하고 키가 작고 못 생겨야 하였지만 오직 장수할 수 있었다. 진(秦)의 시황(始皇)은 법으로는 관작이 없어야 하였고 설사 녹을 받을 수 있다 하여도 젊은 노비였고 사람됨은 시작은 없고 끝나는 것만 있어야 하였다. 한(漢)의 무제와 후위(後魏)의 효문제는 모두 법으로는 모두 관작이 없어야 하였다. 송의 무제의 녹(祿)과 명(命)은 나란히 공망(空亡)18)이어야 하였고 오직 장자만 있어야 하였으며, 비록 둘째아들이 있다고 하여도 법으로는 당연히 일찍 요절하여야 하였다. 이것들은 모두 녹명(祿命)이 영험하지 않다는 것이 분명히 드러난 것이다."

그는 ≪장(葬)≫에서 서술하였다.

"≪효경(孝經)≫에서 말하기를, '그 음택(陰宅)의 운수를 점치고서 안장(安葬)한다.'라고 하였는데, 대개 긴 밤으로 이미 끝냈다면 영원히 체백(體魄)을 편안하게 하고자 한 것이었으나, 시정(市井)에서는 변하여 샘이나

---

16) 후한의 광무제가 남양 출신이고 그 덕으로 부귀하게 되었다.

17) 12지(十二支)는 서로 화합되는 것과 그렇지 않은 것이 있는데 화합이 되면 복이 있다는 것이다. 화합이 되는 12지는 자(子)와 축(丑), 인(寅)과 해(亥), 묘(卯)와 술(戌), 진(辰)과 유(酉), 사(巳)와 신(申)이고, 오(午)와 미(未)는 화합하지 않는다.

18) 공망이란 텅 비고 없어진다는 뜻인데, 절로공망(截路空亡)과 순중공망(旬中空亡)이 있다. 절로공망이란 길이 끊어져서 공망하는 경우인데, 10간(十干) 12지(十二支) 가운데 갑기신유(甲己申酉), 을경오미(乙庚午未), 병신진사(丙辛辰巳), 정임인묘(丁壬寅卯), 무계자축술해(戊癸子丑戌亥)이고, 순중공망(旬中空亡)은 갑자(甲子)는 술해(戌亥)를 순망(旬亡)시키고, 갑술(甲戌)은 신유(申酉)를 순망시키며, 갑신(甲申)은 오미(午未)를 순망시키며, 갑오(甲午)는 진사(辰巳)를 순망시키며, 갑인(甲寅)은 자축(子丑)을 순망시킨다는 것이다.

돌이 교대로 침해하는데 미리 알 수 없으므로 거북점을 치는 것으로 이를 도모하고자 한 것이다.

근래에는 혹 년(年)과 월(月)을 선택하기도 하고, 혹은 묘지(墓地)를 보는 것은 한 번 적당한 장소를 잃게 되면 화(禍)가 죽고 사는 것이 미친다고 생각한 것이다.

≪예(禮)≫를 보면, 천자, 제후, 대부의 장례는 모두 정해진 월수(月數)가 있으니,19) 이는 옛날 사람들은 연월(年月)을 고르지 않았다는 말이다. ≪춘추(春秋)≫를 보면, '9월 정사일(9일)에 정공(定公, 노의 27대 군주)을 장사 지내는데, 비가 내려서 장사를 지낼 수 없어서 무오일(10일)에 해가 기울어졌을 때에 마침내 장사를 치를 수가 있었다.'고 하였으니, 이는 날짜를 고르지 않은 것이다.

정(鄭)에서는 간공(簡公, 정의 20대 군주)을 장사 지내는데, 묘를 관리하는 집이 가는 길에 있었는데, 이를 허물면 아침에 매장할 수 있고, 허물지 않으면 해가 중천에 떠야 매장할 수 있게 되자, 자산(子産)은 허물지 않았으니 이는 시(時)를 고르지 않은 것이다.

옛날에 장사 지내는 것은 모두 국도(國都)의 북쪽이어서 묘역은 일정한 곳이었으니 이는 땅을 고르지 않았다는 것이다. 지금 장서(葬書)에서는 자손들의 부귀·빈천·장수와 요절이 모두 장사 지내는 것을 점친 것으로 인하여 나타나는 것이라고 생각한다.

무릇 자문(子文)은 영윤(令尹, 재상) 노릇을 하다가 세 번 그만 두었고, 유하혜(柳下惠)는 사사(士師, 교육 담당) 노릇을 하다가 세 번 쫓겨났는데, 그들의 구롱(丘隴)20)을 계산해 보면 아직 일찍이 고치거나 옮기지 않았다.

야인(野人)들의 습속은 아는 것이 없는데 요사스러운 무격(巫覡)들이 망

---

19) ≪예(禮)≫에 의거하면 고대에 천자는 7개월, 제후는 5개월, 대부는 3개월 만에 장사를 치르도록 되어 있다.

20) 무덤을 말한다. 작은 것을 구(丘)라 하고 큰 것을 농(隴)이라 한다.

령된 말을 하니 드디어 가슴을 치고 쥐어뜯는 시기에 장사 지낼 곳을 골라서 관작을 얻기 바라며, 고통을 받는 시기에 장사 지낼 시기를 선택하여 재물과 이익을 넘본다.

혹 말하기를 진일(辰日)에는 곡을 하고 눈물을 흘려서는 안 된다고 하니 드디어 빙그레 웃으며 조문 온 손님을 대한다. 어떤 사람은 같은 부류에 속하는 사람이 무덤에 가는 것을 꺼려야 한다고 말하니, 드디어 길복(吉服)을 입고 그 부모를 장송(葬送)하지 않는다. 가르침을 해치고 예의를 무너뜨리는 것이 이보다 심한 것이 없다!"

술사(術士)들은 모두 그의 말을 싫어하고, 아는 사람들은 모두 확실한 논리라고 여겼다.

설연타와 쟁패

6 정사일(27일)에 과의(果毅)도위 석군매(席君買, 당초의 명장)가 정예의
기병 120을 인솔하고 토욕혼(土谷渾)의 승상 선왕(宣王)을 습격하여 그
들을 깨뜨리고 그의 형제 세 명을 목 베었다.

애초에, 승상 선왕은 나라의 정치를 오로지하면서, 몰래 홍화(弘化)공
주21)를 습격하려고 모의하고 그의 왕인 모용락갈발(慕容諾曷鉢)을 협박
하여 토번(吐藩)으로 달아나게 하였다. 모용락갈발이 이 소식을 듣고 경
무장을 한 채 말을 타고 선선성(鄯善城)으로 달아났는데 그의 신하인 위
신왕(威信王)이 군사를 가지고 그를 영접하니 그러한 연고로 석군매가
그를 위하여 선왕을 토벌하여 죽인 것이다. 그 나라 사람들은 오히려 놀
라고 시끄러우니 호부상서 당검(唐儉) 등을 파견하여 그들을 위무(慰撫)
하였다.

7 5월 임신일(12일)에 병주(幷州, 산서성 태원시)의 부로(父老)들이 대궐
에 와서 황상에게 태산에서 봉선(封禪) 의식을 치른 다음에 돌아가다가
진양(晉陽, 병주의 치소)에 행차하라고 하니, 황상이 이를 허락하였다.

---

21) 홍화공주가 토욕혼의 모용락갈발 가한에게로 시집간 것은 태종 정관 14년(639년)
12월의 일이다.

8 병자일(16일)에 백제(百濟)에서 사람이 와서 그의 왕인 부여장(扶餘璋)22)의 상사(喪事)를 알리니, 사신을 파견하여 그의 사자(嗣子, 후계자)인 아들 부여의자(扶餘義慈)23)에게 책명(冊命)을 주게 하였다.

9 기유일24)에 패성(孛星)이 태미성(太微星)25)에 나타나는 일이 있자, 태사령 설이(薛頤)가 말씀을 올려서 동쪽으로 가서 봉선하는 일을 아직은 안 된다고 하였다. 신해일에 기거랑 저수량(褚遂良)도 역시 이것을 말하니, 병진일26)에 조서를 내려서 봉선을 철폐하였다.

10 태자첨사(太子詹事) 우지녕(于志寧)이 어머니의 상(喪)을 당하였는데, 얼마 지나지 않아서 다시 기용하여 직책에 복귀하게 하였다. 태자는 궁실을 수리하여 농사짓는 일을 방해하였고 또 정(鄭)과 위(衛)의 음악27)을 좋아하니 우지녕이 간언하였으나 듣지 않았다.

또 환관(宦官)을 총애하여 항상 주위에 있게 하니 우지녕이 편지를 올려서 말하였다.

"역아(易牙)28) 이래로 환관으로 국가를 무너트려 망하게 한 사람이 하

---

22) 백제의 30대 무왕이다.

23) 백제의 31대 왕이다.

24) 통감필법으로는 5월 기유일로 보아야 하나, 5월 1일이 신유일이므로 5월에는 기유일이 없다. ≪신당서(新唐書)≫에 의하면 이 사건은 6월에 일어났다고 되어 있고, 6월의 기유일은 19일이다. 그렇다면 기유 앞에 6월이 누락된 것으로 보아야 한다.

25) 이는 대단히 나쁜 기운이 나타날 징조를 의미하는 별자리이다.

26) 앞의 설명처럼 신해일과 병진일도 모두 6월이고, 각기 6월 21일, 6월 26일이다.

27) 보통 정성(鄭聲)이라고 하여서 음란한 음악을 가리키는 것이다. 이에 대하여서는 아악(雅樂)이 있다.

28) 춘추시대에 제 환공이 총애하는 신하였다. 성격이 아첨을 잘하여 관중이 그는 아들을 죽여서 나라를 섬겼으므로 인정에 배치되는 행동을 하는 사람이므로 중용하지 말라고 하였는데, 제 환공은 이 말을 듣지 않았다. 결과적으로 환공이 병이 들자 수조(竪刁)

나가 아닙니다. 지금 전하께서 친히 이에 속한 사람들을 총애하시어 의관을 능욕하며 바꾸어 입게 하니 오래 갈 수 없습니다."

태자는 사어(司馭)29)로 하여금 반년동안 나누어 당번을 서는 것을 허락하지 않았고, 또 사사로이 돌굴(突厥)의 달가우(達哥友)를 이끌어서 궁으로 들어오게 하니 우지녕이 편지를 올려서 간절하게 간하였는데, 태자가 크게 화를 내고 자객인 장사정(張思政)과 흘간승기(紇干承基)를 파견하여 그를 죽이려 하였다. 두 사람이 그 집에 들어갔는데 우지녕이 점괴(苫塊)에서 잠을 자는 것을 보자 끝내 차마 죽이지 못하고 중지하였다.30)

11   서돌굴의 사발라엽호(沙鉢羅葉護) 가한31)이 자주 사자를 파견하여 들어와서 공물(貢物)을 바쳤다. 가을, 7월 갑술일(15일)에 좌령군(左領軍)장군 장대사(張大師)에게 명령하여 부절(符節)을 가지고 바로 그가 불렀던 칭호로 가한으로 삼고 북과 둑기(纛旗)를 하사하였다.

황상은 또한 사자에게 명령하여 금과 비단을 많이 싸가지고 가서 여러 나라를 돌면서 좋은 말을 사게 하였는데, 위징이 간하였다.

"가한의 지위는 아직 안정되지 않았는데, 먼저 말을 사들이면 저들은 반드시 폐하의 뜻이 말을 사들이는데 있으며 가한을 세운 것은 명목뿐이라고 생각할 것입니다. 가한으로 하여금 설 수가 있게 하여도 주어진 은덕은 반드시 엷다고 생각할 것이고, 만약에 설 수 없다면 원망하는 것

와 난을 일으켰다.

29) 태자궁에는 말을 모는 사람인 가사(駕士)가 30명이 있다.

30) 부모상을 당한 사람은 복상기간 중에는 거적과 흙덩어리로 만든 베개를 베는데, 이를 점괴라고 한다. 자객은 우지녕이 정말로 효자라는 것을 발견하고 차마 죽이지 못한 것이다.

31) 돌굴 남정의 9대 대가한인 아사나박포(阿史那薄布)이다.

이 실로 깊을 것입니다.

여러 나라들이 이 소식을 듣는다면 역시 중국을 경시(輕視)할 것입니다. 사려고 하였지만 혹 할 수 없게 되거나, 할 수 있다 하여도 또한 아름답지 못합니다. 진실로 능히 저들로 하여금 편안하게 하려고 한다면 여러 나라들의 말은 구하지 아니하여도 저절로 들어올 것입니다.”
황상은 기뻐하면서 이를 중지시켰다.

을비돌륙(乙毗咄陸) 가한32)과 사발라엽호가 서로 공격하였는데, 을비돌륙이 점차로 강대해지자 서역에 있던 여러 나라들이 대부분 그에게 귀부하였다. 얼마 되지 않아서 을비돌륙이 석국(石國, 중앙아시아 타시겐트) 토둔(吐屯)33)으로 하여금 사발라엽호를 치게 하여 그를 잡아가지고 돌아가서 그를 죽였다.34)

12 병자일(17일)에 황상은 전옥(殿屋)을 가리키면서 시중드는 신하들에게 말하였다.

“천하를 다스리는 것은 마치 이 집을 짓는 것과 같아서 짓는 것이 완성되고 나서는 자주 고치거나 옮길 수 없다. 만약에 한 개의 서까래를 바꾸거나 기와 한 장을 바로잡는다 하여도 밟고 지나가는 곳이 흔들려서 반드시 손상을 입게 된다. 만약에 기이한 공적을 사모하여 법도를 고친다면 그 품덕(品德)을 항상 지키지 못하여 수고롭고 시끄러움이 실로 많아진다.”

13 황상이 직방랑중(職方郎中) 진대덕(陳大德)을 파견하여 고려(高麗)35)

---

32) 돌굴의 북정 8대 가한인 아사나욕곡(阿史那欲谷)이다.

33) 돌굴의 관직명으로 총독에 해당하는 직위이다.

34) 서돌굴이 남정과 북정으로 나뉘었다가 통일 된 것이다.

35) 고구려를 말한다. 이 시기에 중국 측 사료에는 고려라고 한 곳이 많이 있다.

에 사신으로 보냈는데 8월 기해일(10일)에 고려에서부터 돌아왔다. 진대
덕이 처음에 그들의 경계로 들어가서 산천과 풍속을 알고자 하여 도착
하는 성읍마다 그 지키는 사람에게 능기(綾綺)36)를 주면서 말하였다.

"나는 본디 산수(山水)를 아주 좋아하니 이곳에 명승지가 있으면 내가
이를 보고 싶소."

지키던 사람은 기뻐하며 그를 이끌고 돌아다녀서 가지 않은 곳이 없었
다. 왕왕 중국인들을 만나자, 그들은 스스로 말하였다.

"집은 어느 어느 군에 있었는데 수(隋) 말년에 군대에 나왔다37)가 고
려에 몰입되었으며, 고려에서는 떠돌아다니는 여자를 처로 삼게 하였으
며, 고려 사람들과 섞여 사는데 거의 반이 될 것입니다."

이어서 친척이 살아 있는지 죽었는지를 물으면 진대덕은 그들을 속여
서 말하였다.

"모두 걱정할 것이 없소."

모두 눈물을 흘리면서 서로서로 알렸다. 며칠 후에는 수 시절의 사람들
이 그를 바라보고 곡을 하는 사람이 교야(郊野)에 가득하였다.

진대덕이 황상에게 말하였다.

"그 나라에서는 고창(高昌, 신강성 투루판 시)이 망하였다는 소식을 듣
고 크게 두려워하고서 여관의 관리들이 부지런한 것이 보통 때보다 배
나 되었습니다."

황상이 말하였다.

"고려는 본래 4군의 땅일 뿐이다.38) 내가 졸병 수만 명을 발동하여 요
동(遼東)을 공격하면 저들은 반드시 나라를 기울여서 이를 구원할 것이
니, 별도로 수군을 파견하는데, 동래(東萊, 산동성 내주시)에서 출발하게

---

36) 비단을 말한다.

37) 수 양제가 고구려에 제1차로 침입한 이래 이때까지 47년이 흘렀다.

38) 한 무제의 4군(郡) 설치를 두고 한 말이다.

하여 바닷길로 평양(平壤)을 향하여 수륙(水陸)으로 세력을 합치면 그들을 빼앗는 것은 어렵지 않다. 다만 산동에 있는 주현(州縣)이 피로해진 것이 아직 회복되지 않아서 내가 그들을 수고롭게 하려 하지 않을 뿐이다."

14 을사일(16일)에 황상이 시중을 드는 신하들에게 말하였다.
 "짐은 두 가지의 기쁜 일과 한 가지의 두려운 일을 가지고 있소. 매년 풍년이 들어서 장안에서는 곡식 한 말의 값이 3~4전(錢) 하니 한 가지 기쁨이요. 북쪽에 있는 오랑캐가 오래 복종하여 변방 시골에 걱정거리가 없으니 두 번째 기쁨이요. 편안하게 잘 다스려지니, 교만함과 사치함이 쉽게 생겨나고 교만함과 사치하면 위험스럽게 되어 망하는 일이 곧 닥칠 것인데, 이것이 한 가지의 두려운 일이요."

15 겨울, 10월 신묘일(3일)에 황상이 이궐(伊闕, 낙양성의 남쪽)에서 교렵(校獵)을 하였다. 임진일(4일)에는 숭양(崇陽, 하남성 등봉현)에 행차하였다가 신축일(13일)에 궁궐로 돌아왔다.

16 병주(幷州, 치소는 산서성 태원시) 대도독부 장사(長史)인 이세적(李世勣)이 주(州, 병주)에서 16년 동안 있으면서 금지(禁止)한 것을 실행하도록 명령을 내렸는데, 백성들과 이적(夷狄)[39]들이 마음속으로 복종하였다.
 황상이 말하였다.
 "수 양제는 백성들을 수고롭게 하면서 장성을 쌓아서 돌굴을 대비하였지만 끝내는 아무런 이익이 없었소. 짐은 오직 이세적을 진양(晉陽, 병주의 치소)에 두었을 뿐인데 변경에는 먼지조차도 놀라는 일이 없으니 그

---

39) 민이(民夷)라고 할 때에 백성은 중국민족을 말하는 것이며, 이는 이민족을 말하는 것이다.

것이 바로 장성(長城)인데 어찌 장관이 아닌가?"

11월 경신일(3일)에 이세적을 병부상서로 삼았다.

17　임신일(15일)에 거가(車駕)가 서쪽으로 가서 장안에 돌아갔다.

18　설연타(薛延陀, 몽골의 서남부)의 진주(眞珠) 가한40)이 황상이 장차 동쪽으로 가서 봉선(封禪)한다는 소식을 듣고, 그 아랫사람들에게 말하였다.

　"천자가 태산(泰山)에 봉선을 하면 병사와 말들이 모두 좇을 것이며, 변경은 반드시 텅 빌 것이니, 내가 이때에 아사나사마(阿史那思摩)41)를 빼앗는다면 마치 썩은 나무를 잡아당기는 것 같을 뿐이다."

　마침내 그의 아들인 설대도(薛大度) 설(設)42)에게 명령하여 동라(同羅, 몽골 울란바토르), 복골(僕骨, 몽골 동부), 회흘(廻紇, 몽골 허린걸시의 서북쪽), 말갈(靺鞨, 흑룡강 상류), 습(霫, 요하의 이북) 등의 군사를 징발하게 하였는데, 합하여 20만 명이 되자 막남(漠南)을 넘어서 백도천(白道川, 내몽골 호화호특시)에 주둔하고 선양령(善陽嶺, 산서성 삭주시 북쪽)을 점거하고서 돌굴을 치게 했다.

　사리필(俟利苾) 가한43)이 막을 수가 없게 되자 부락 사람들을 인솔하고 장성(長城)으로 들어와서 삭주(朔州, 산서성 삭주시)를 지키면서 사자를 파견하여 급함을 알렸다.

　계유일(16일)에 황상은 영주(營州, 치소는 요녕성 조양시) 도독인 장검(張

---

40) 설연타국의 2대 가한인 설이남(薛夷男)이다.

41) 동돌굴의 16대 사리필대 가한의 이름이다.

42) 북방족의 관직명으로 장군에 해당한다.

43) 동돌굴의 16대 가한인 아사나사마이다. 앞의 정월 을해(13일) 기사에서는 후리필(侯利苾)로 기록된 바가 있다.

儉)에게 명령하여 거느리고 있는 기병과 해(奚, 濼河 상류), 습(霫, 요하 이북), 거란(契丹, 요하 상류)을 거느리고 그들의 동쪽 경계를 압박하게 하였다. 병부상서 이세적을 삭주도(朔州道) 행군총관으로 삼아서 병사 6만과 기병 1천200을 거느리고 우방(羽方, 삭주)에 주둔하게 하였다. 우위(右衛) 대장군 이대량(李大亮)을 영주도(靈州道) 행군총관으로 삼아 군사 4만과 기병 5천을 거느리고 영무(靈武, 녕하성 영무현)에 주둔하게 하였다. 우둔위(右屯衛) 대장군 장사귀(張士貴)를 군사 1만7천을 거느리고 경주도(慶州道) 행군총관으로 삼아서 운중(雲中, 내몽골 烏蘭察布盟)을 나가게 하였다. 양주(涼州, 감숙성 무위시) 도독 이습예(李襲譽)를 양주도(涼州道) 행군총관으로 삼아서 그 서쪽으로 나가게 하였다.

제장들이 떠나려고 인사하는데, 황상은 그들에게 경계하여 말하였다.

"설연타는 그들이 강성하다는 것을 믿고서 사막을 넘어서 남쪽으로 내려왔고, 행군한 것이 수천 리여서 말들은 이미 피로하고 말라 있다. 무릇 군사를 사용하는 길은 이로운 것을 보면 신속하게 나아가고 이롭지 아니하면 속히 물러나는 것이다. 설연타(薛延陀)는 아사나사마(阿史那思摩)가 대비를 하지 않은 것을 기습할 수가 없었고 급히 이를 공격하여서 아사나사마는 장성 안으로 들어왔지만 또한 신속하게 물러나지 않았다. 나는 이미 아사나사마에게 가을 풀을 깎아서 태워버리라고 칙령을 내렸으니 저들의 양식은 매일 먹어 없어질 것이고, 들에는 얻을 것도 없게 될 것이다.

최근 정탐하는 사람이 와서 말하였는데, '그들의 말들은 숲속에 있는 나무를 씹는데 껍질이 거의 다 없어졌다.'고 한다. 경들은 마땅히 아사나사마와 함께 기각(掎角)하며44) 반드시 재빨리 싸우려 하지 말고 그들이 곧 물러나려 할 때까지 기다렸다가 한꺼번에 떨쳐 일어나서 친다면

---

44) 사냥할 때에 사슴의 뿔과 다리를 잡는 것을 말하는 것으로 여기서는 앞뒤에서 설연타 군대가 움직이지 못하게 하라는 말이다.

그들을 깨뜨리는 것은 분명하다."

19 12월 무자일(1일)에 거가가 경사(京師)에 도착하였다.

20 기해일(12일)에 설연타는 사신을 파견하여 들어와서 조현하고 돌굴과 더불어 화친하게 해 달라고 청하였다. 갑진일(17일)에 이세적은 설연타를 낙진수(諾眞水, 내몽골에 있는 艾不蓋河)에서 패배시켰다.

애초에, 설연타는 서돌굴의 사발라(沙鉢羅) 가한[45]과 아사나사이(阿史那社爾)[46]를 쳤는데, 모두 보병(步兵)을 가지고 싸워서 승리하였다. 장차 들어와 침구하려고 하게 되자, 마침내 보병으로 싸우는 것을 많이 가르쳤는데, 다섯 명을 한 개의 오(伍)로 만들어서 한 사람이 말을 잡고 있으면 네 명이 앞에서 싸우다가 싸워서 승리하면 말을 그들에게 주어서 뒤쫓아 달리게 하였다.

이에 설대도 설(設)[47]은 3만의 기병을 거느리고 장성을 압박하고 돌굴을 치려고 하였는데, 아사나사마가 이미 달아나자 잡을 수 없다는 것을 알고 사람을 시켜서 성 위에 올라가서 그들을 욕하게 하였다.

마침 이세적이 당의 군사를 이끌고 도착하니 먼지와 티끌이 하늘을 가리자 설대도 설은 두려워서 그 무리를 거느리고 적가낙(赤柯濼, 산서성 대동시 서북쪽)에서부터 북쪽으로 달아났는데, 이세적은 휘하에 있는 사람과 돌굴 출신의 정예의 기병 6천여를 뽑아서 직도(直道)로 가서 그들을 맞이하고 백도천을 넘어서 뒤쫓다가 청산(靑山, 음산산맥의 동쪽에 있는 대청산)에서 따라잡았다.

설대도 설은 달아나서 며칠이 되어서야 낙진수에 도착하여 군사들을

---

45) 7대 가한인 아사나동아(阿史那同娥)이다.

46) 당의 좌효위장군이다.

47) 북방민족의 관직으로 장군에 해당한다.

챙겨서 돌아와서 싸우는데 진(陣)을 10리에 걸쳐 놓았다. 돌궐이 먼저 그들과 싸웠으나 이기지 못하여 돌아와 달아났고, 설대도 설은 이긴 기세를 타고 그들을 뒤쫓다가 당의 군사를 만나자, 설연타는 1만 개의 화살을 모두 발사하였는데 당의 말이 많이 죽었다.

이세적은 사졸들에게 명령하여 모두 말에서 내리게 하고 긴 삭(矟, 창의 한 종류)을 잡고 곧바로 앞으로 나아가서 그들에게 부딪히게 하였다. 설연타의 무리들은 붕괴되었는데 부총관 설만철(薛萬徹)[48]이 수천의 기병으로 그들의 말을 잡고 있는 사람들을 붙잡았다. 설연타는 말을 잃고 어찌할 바를 모르는데 당의 군사는 멋대로 쳐서 목을 벤 것이 3천여 급(級)이었고 포로로 잡은 것이 5만여 명이었다. 설대도 설은 몸을 빼내어 달아났는데, 설만철은 그를 뒤쫓았으나 따라잡지 못하였다. 그 무리들이 막북(漠北)에 이르렀는데, 큰 눈을 만나니 사람과 가축으로 얼어 죽은 것이 열에 여덟아홉이었다.

이세적이 돌아와서 정양(定襄, 내몽골 허린걸)에 진을 치니 돌궐의 사결부(思結部) 가운데 오대(五臺, 오대현)에 거주하는 사람들이 배반하고 달아나니, 주(州, 대주)의 군사들이 그들을 추격하였는데, 마침 이세적의 군사가 돌아오자 양쪽에서 공격하여 그들을 모두 죽였다.

병자일(19일)[49]에 설연타의 사자가 돌아가겠다고 인사하는데 황상이 그에게 말하였다.

"내가 너와 돌궐에게 약속하기를 대사막을 경계로 하라고 하고, 침범하는 사람이 있으면 내가 그를 토벌하겠다고 하였다. 너희들은 스스로 그 강성함을 믿고서 사막을 넘어서 돌궐을 공격하였다.

이세적이 거느린 것은 겨우 몇 천의 기병뿐이지만 너는 이미 낭패한

---

48) 당 원정군의 부총관이다.

49) 다른 판본에는 병자가 병오로 되어 있는 것도 있다. 만약에 병오가 맞는다면 이날은 26일이다.

것이 이와 같다! 돌아가서 가한에게 말하라 ; 무릇 들어내고 조치하는 것은 이롭기도 하고 해롭기도 하니 그 적당한 것을 잘 선택할 수 있도록 하라."

태종을 비판할 수 있는 위징

21 황상이 위징에게 물었다.

"최근에 조회에 나오는 신하들이 어찌하여 특별히 사건을 평론하지 않는가?"

대답하였다.

"폐하께서 마음을 비우시고 받아들이신다면 반드시 말하는 사람이 있을 것입니다. 무릇 신하들 가운데는 나라를 위하여 죽으려는 사람이 적고, 자기 몸을 아끼는 사람이 많으니, 저들은 죄 지을까 두려워하는 것이고 그러므로 말을 아니 할 뿐입니다."

황상이 말하였다.

"그렇소. 신하 된 사람이 말한 것과 관련하여 뜻을 거슬러서 움직이다가 형벌을 받아 죽기에 이른다면 무릇 끓는 물과 불 속에 빠지는 것과 번득이는 칼날을 무릅쓰는 것과 또한 무엇이 다르겠는가? 이리하여서 우(禹, 하를 세운 왕)는 훌륭한 말을 들으면 절을 하였으니50), 바로 이 때문이었던 것이오."

방현령과 고사렴(高士廉)이 소부소감(少府少監)인 두덕소(竇德素)를 길에서 만나자 물었다.

---

50) 이 내용은 ≪서경≫의 삼모편(三謨篇)에 보인다.

"북문51)이 있는 근처에 무엇을 짓는 것이오?"

두덕소가 이를 상주하였다. 황상이 화가 나서 방현령 등을 나무라며 말하였다.

"그대들은 다만 남아(南牙)52)에서의 정치적인 일만 처리하여야지 북문(北門)에서 작은 건물을 짓는 것이 그대들의 일에 무슨 관계가 있는가?"

방현령이 절하며 사과하였다.

위징이 나아가서 말하였다.

"신은 폐하께서 왜 방현령 등을 나무라셨으며 방현령 등이 역시 사과한 것이 무엇인지 모르겠습니다. 방현령 등은 폐하의 팔다리나 귀나 눈과 같은 사람이니 안팎에서 일어나는 일에 있어서 왜 응당 알아야 하지 않겠습니까?

설령 짓고 있는 것이 옳다하여도 마땅히 폐하를 도와서 이를 완성할 것이며, 옳지 않다면 마땅히 폐하에게 이를 그만두라고 청해야 할 것입니다. 유사에게 묻는 것은 이치로 보아서 의당 그러한 것입니다. 무슨 죄로 책망을 받았고, 또한 무슨 죄로 사과하였는지를 모르겠습니다."

황상이 이를 아주 부끄러워하였다.

22 황상은 일찍이 조회에 임석하여 시중을 드는 신하들에게 말하였다.

"짐이 인주(人主)가 되어서도 항상 장군과 재상이 해야 할 일을 겸직하였다."

급사중 장행성(張行成)이 물러나서 편지를 올려서 말하였다.

---

51) 현무문을 말하며, 여기에 황제의 궁궐이 있다.

52) 남쪽에 있는 관아를 말한다. 아(牙)는 아기(牙旗)로 사령부가 있는 곳을 말하지만 여기에서는 좌복야인 방형령 등의 정부기구가 있는 곳이다. 이에 대하여 북문은 궁정기구가 있는 곳이다.

"우(禹)는 자랑하려고 하지 않았지만 천하에서는 그와 더불어 다툴 사람이 없었습니다. 폐하께서는 어지러움을 다스리시어 올바르게 돌리셨는데 여러 신하들은 진실로 그 깨끗하고 빛나심을 바라보기에도 부족할 것이지만 그러나 조회에 임석하여 이것을 말할 필요는 없습니다.

만승(萬乘)53)이라는 높은 자리에 계시면서 마침내 여러 신하들과 공로를 비교하고 능력을 다투시니, 신은 가만히 폐하를 위하여서는 취할 일이 아니라고 생각합니다."

황상이 이를 아주 훌륭하다고 하였다.

태종 정관 16년(壬寅, 642년)

1 봄, 정월 을축일(9일)에 위왕(魏王) 이태(李泰)가 ≪괄지지(括地志)≫54)를 올렸다. 이태는 공부하는 것을 좋아하였는데, 사마 소욱(蘇勖)이 이태에게 유세하기를 옛날의 현명한 왕은 모두 선비를 초빙하여 책을 지었다고 하였으므로 이태가 이를 상주하여 허락하여 달라고 청하여 이를 지은 것이다. 이에 크게 관사(館舍)를 열고 당시의 뛰어난 인재를 널리 불렀고 인물들이 길에 메어지게 몰려들어 그 집 문의 뜰은 저자와 같았다.

이태의 매월 급여는 태자를 뛰어 넘었는데, 간의대부 저수량(褚遂良)이 상소하였다.

"성인께서 예(禮)를 만들면서 적자(嫡子)를 높이고 서자(庶子)를 낮추셨으며, 세자가 쓰는 물품을 계산하지 않는 것은 제왕(帝王) 된 사람과 이를 같이 하는 것입니다.55)

---

53) 천자를 가리키는 말이다. 이에 대하여 제후는 천승이라고 한다.

54) 이때에 참여한 학자는 소덕언, 안윤, 장아경, 허안 등이며, 당 왕조 초기의 각 주의 지리지이다.

서자(庶子)는 비록 아껴준다고 하더라도 적자(嫡子)를 뛰어 넘을 수는 없는 것은 혐의가 조금씩 스며드는 것을 막으려는 때문이고 화란(禍亂)의 근원을 없애려는 것입니다. 만약에 마땅히 가까워야 될 사람이 멀어지고 마땅히 높여야 될 사람이 낮아진다면 아첨하고 교활하고 간사한 사람이 기회를 타고 움직입니다.

옛날에 한(漢)의 두(竇) 태후가 양효왕(梁孝王)56)을 총애하였다가 끝내는 걱정하다가 죽었습니다. 선제(宣帝)는 회양헌왕(淮陽憲王)57)을 총애하다가 역시 거의 실패하기에 이르렀습니다. 지금 위왕(魏王)은 궁궐 문을 나온 지 얼마 되지 아니하여서 의당 예의 규칙을 보이고 겸손과 검약으로 교훈하여야 마침내 좋은 그릇이 될 것이고, 이것이 이른바 성인의 가르침은 엄숙하게 하지 않아도 완성된다.' 58)는 경우일 것입니다."
황상이 이를 좇았다.

황상이 또한 이태로 하여금 무덕전(武德殿)으로 옮겨서 살라고 하였는데, 위징이 편지를 올려서 말하였다.

"폐하께서 위왕(魏王)을 총애하셔서 항상 그로 하여금 안전하게 하고자 하시는데, 의당 매번 그의 교만하고 사치함을 억눌러서 혐의를 받을 곳에 있지 않게 하여야 합니다. 지금 이 전각으로 옮겨 살게 하니 마침내 동궁의 서쪽이고, 해릉(海陵)59)이 예전에 일찍이 기거하였으므로 이때의 사람들은 옳다고 생각하지 않았습니다. 비록 시대는 다르고 일도 다르지만 그러나 역시 위왕이 마음속으로 편안하게 쉬게 되지 못할까

---

55) 실제로 제왕과 태자는 식사에서만 구별이 없고 나머지는 모두 거의 차이가 있다.

56) 전한시대(기원전 148년)의 양왕 유무(劉武)를 말한다. 효왕은 그의 시호이다.

57) 전한시대 선제 유병기 때(기원전 53년)의 회남왕 유흠(劉欽)을 말하며, 헌왕은 그의 시호이다.

58) ≪효경(孝經)≫에 나오는 공자의 말이다.

59) 당 태종의 동생인 이원길을 말한다. 그는 당 태종의 정치적 적대자였다가 죽었으며 해릉왕이었다.

걱정됩니다."

황상이 말하였다.

"거의 이러한 오해에 이르겠구나."

급히 이태를 보내어 그의 저택으로 가게 하였다.

2 신미일(15일)에 죽을죄를 진 사람을 귀양 보내어 서주(西州, 신강성 투루판)를 채우게 하고, 유배형(流配刑)을 범한 사람은 수자리에 충당하였으며, 각기 죄의 경중에 따라서 연한을 정하였다.

3 천하에 칙령을 내려서, 호적이 없이 유리방황하는 사람들에게 내년 말까지 호적에 실리기를 마치도록 하였다.

4 겸(兼)중서시랑[60] 잠문본(岑文本)을 중서시랑으로 삼고 기밀에 관한 일을 오로지 관장[61]하게 하였다.

5 여름, 4월 임자일(27일)에 황상은 간의대부 저수량(褚遂良)에게 말하였다.

"경은 지금도 역시 지기거주(知起居注)[62]이니 쓴 것을 좀 볼 수 있겠소?"

대답하였다.

"사관(史官)이 인군(人君)의 말과 움직임을 써서 잘한 것과 잘못한 것

---

60) 다른 직책에 중서시랑을 겸임하고 있는 것이다. 겸직은 임시 혹은 대리직이다.

61) 중서시랑은 2명인데 잠문용 혼자서 이 일을 맡게 하였다는 뜻이다.

62) 기거주란 황제의 말과 움직임을 기록하는 관직이다. 이에 지(知)란 기거주의 직책을 알아서 처리하는 사람이란 말로 대리직에 해당한다. 따라서 대리 기거주라고 할 수 있다.

을 갖추어 기록하여서 거의 인군이 감히 잘못하지 못하게 하려는 것인
데 아직은 스스로 이것을 가져다가 보았다는 말을 들어보지 못하였습니
다."

황상이 말하였다.

"짐이 좋지 않은 일을 한 것이 있으면 경은 또한 이를 기록하는가?"

대답하였다.

"신의 직책은 당연히 붓으로 기재하는 것이니 감히 기록하지 않으면
안 됩니다."

황문시랑 유기(劉洎)가 말하였다.

"설사 저수량이 기록하지 않아도 천하가 역시 모두 이를 기록합니다."

황상이 말하였다.

"진실로 그러하구나."

6 6월 경인일(6일)에 조서를 내려서 식은왕(息隱王)을 추가로 황태자로
회복시키고, 해릉자왕(海陵刺王) 이원길(李元吉)을 소왕(巢王)으로 추가로
책봉하고63) 시호(諡號)도 옛것대로 하라고 하였다.

7 갑진일(20일)에 조서를 내려서 지금부터 황태자가 부고에 있는 물건
을 꺼내서 사용하는 것을 관할 관서에서 제한하지 말게 하였다. 이에 태
자가 꺼내서 가져가는 것이 절도가 없자 좌서자(左庶子)64) 장현소(張玄
素)가 편지를 올려서 말하였다.

---

63) 당 태종 이세민은 현무문에서 자기의 형이며 동생인 당시의 태자 이건성과 제왕(齊
王) 이원길을 죽였고, 그로 인하여 황제의 자리에 오르게 되었다. 태종 이세민은 자
기가 황제가 된 다음에 태자였던 이건성을 식왕으로, 이원길은 해릉왕으로 하였으며,
죽었으므로 시호를 각기 은왕과 자왕으로 하였던 것이다. 이 사건은 고제 무덕 9년
(626년) 10월에 있었으며, 《자치통감》 권191에 실려 있다.

64) 태자궁인 동궁의 정무에 관한 일을 담당하는 관리이다.

"주(周)의 무제(武帝)65)는 산동(山東)을 평정하였고, 수(隋)의 문제(文帝)는 강남을 통일하고서 부지런하고 검소하며 백성들을 아껴서 모두가 훌륭한 군주가 되었지만, 아들이 불초(不肖)66)하여 끝내는 종사(宗祀)를 망쳤습니다.

성상(聖上)께서 전하를 가지고 보면 친하기로는 부자(父子)이어서 업무로는 집안과 나라를 겸하고 있으니 응당 써야 할 물건은 절제하여 제한해서는 안 되지만, 은혜로운 뜻이 내린 지 60일을 넘지 않아서 쓴 물자가 이미 7만을 넘었으며, 교만하고 사치함이 극에 달하였지만 누가 이것을 지나치다고 말하겠습니까?

하물며 궁궐에 있는 신하로 올바른 인사는 아직 일찍이 곁에 없고, 여러 삐뚤어지고 음란하게 재주 피우는 사람들이 깊은 궁궐에 가까이 있는데서야! 밖에서 우러러 쳐다보아도 이미 이러한 실수가 있는데, 가운데 살면서 감추어지고 비밀스런 것은 차라리 다 계산할 수 있겠습니까?

쓴 약은 병에 이롭고, 쓴 말은 행동에 이로운데, 엎드려 생각하건대 편안한 시기에 있으면서 위태로움이 있을 수 있다는 것을 생각하셔서 하루하루를 신중하게 하십시오."

태자는 그 편지를 싫어하여 집안의 노복으로 하여금 장현소를 엿보다가 이른 아침에 비밀리에 큰 말의 채찍으로 그를 쳐서 거의 죽게 하였다.

8 가을, 7월 무자일(5일)에 장손무기(長孫無忌)를 사도로 삼고, 방현령을 사공으로 삼았다.

---

65) 남북조 시기의 북제 3대 황제인 우문옹(宇文邕)이다.

66) 아버지를 닮지 않은 아들을 말하며, 이는 불효와 같은 뜻이다.

9 경신일(7일)에 제(制)67)를 내렸다.

"지금부터 자신의 몸을 다치게 하거나 불구로 한 사람이 있으면 법에 의거하여 죄를 가중시키며 여전히 부역에 종사하게 한다."

수(隋) 말기에 부역이 무겁고 자주 있게 되자 사람들은 왕왕 스스로 지체(肢體)를 꺾어가지고 이를 '복수(福手)' 또는 '복족(福足)'68)이라고 하였다. 이때에 이르러서도 그 남겨진 풍속이 오히려 남아 있었으니, 그러므로 이를 금지시킨 것이다.

10 특진(特進) 위징이 병이 들자 황상은 수조(手詔)69)를 내려서 묻고서 또 말하였다.

"며칠 동안 만나지 못하니 짐의 허물이 커졌소. 지금 스스로 가보려고 하지만 더욱 수고로워질까 걱정이요. 만약에 듣고 본 것이 있으면 상황을 봉함하여 들여보내시오."

위징이 말씀을 올렸다.

"근래에는 제자가 스승을 능욕하고 노비가 주인을 소홀히 하며 아랫사람이 대부분 윗사람을 가볍게 보니 모두가 한 것이 그렇게 될 만한 것이 있으므로, 점차로 자라나게 해서는 안 됩니다."

또 말하였다.

"폐하께서 조회에 임석하셔서서 항상 지극히 공정함을 가지고 말씀하시는데 물러 나와서 이를 시행하시는 것은 사사롭게 치우치는 것을 면치 못하십니다. 혹은 다른 사람이 알까 두려워하고 가로질러 위엄과 노여움

---

67) 진시황이 종전에 명령이라고 불리던 것을 한 등급 올려서 제조(制詔)라고 하였다. 따라서 제가 법률에 해당한다면 조는 명령에 해당한다고 하겠다.

68) 복 있는 손과 복 있는 발이라는 뜻이지만, 실제로는 부역을 하기 싫어서 쓸 수 없도록 상하게 만든 손이나 발이다. 이 손발은 비록 사용할 수는 없지만 이 때문에 부역을 하지 않게 되었기 때문에 도리어 복이 된다는 뜻으로 사용한 것이다.

69) 황제가 직접 쓴 조서를 말한다.

을 더하시며, 대개 두루 빛나게 하려고 하셔도 끝내 무슨 유익함이 있겠습니까?"

위징의 집에 마루가 없어서 황상은 작은 전각을 짓다가 중지한 재료를 가지고 이를 짓게 명령하여 닷새 만에 완성하였고, 이어서 흰색의 병풍과 흰색의 버선 그리고 궤안과 지팡이 등을 하사하여서 그를 숭상하는 것에 적합하게 하였다. 위징이 감사하는 표문을 올리니 황상은 수조(手詔)로 칭찬하였다.

"경을 처우하는 것이 이에 이르게 한 것은 대개 백성과 국가를 위한 것이지 어찌 한 사람을 위한 것이라고 무엇으로 지나치게 감사하는 것이요?"

11 8월 정유일(14일)에 황상이 말하였다.

"오늘날 국가에는 무슨 일이 가장 급하오?"

간의대부 저수량이 말하였다.

"지금 사방에는 걱정거리가 없습니다만 오직 태자와 제왕(諸王)들에게 분수를 정해 주는 것이 가장 급합니다."

황상이 말하였다.

"이 말은 옳다."

이때에 태자 이승건(李承乾)은 덕을 잃었고, 위왕(魏王) 이태(李泰)가 총애를 받았는데, 여러 신하들은 날로 의심하는 의견을 가졌고, 황상은 이를 듣고 싫어하면서 시중을 드는 신하에게 말하였다.

"바야흐로 지금 여러 신하들은 충성스럽고 곧기에서 위징을 뛰어 넘을 사람이 없으니 내가 파견하여 태자를 가르치게 하여 천하 사람들의 의심을 끊는데 이용하겠다."

9월 정사일(4일)에 위징을 태자태사로 삼았다. 위징은 병이 조금 나아지자 조당(朝堂)에 나아가서 표문을 올려서 사양하니 황상이 수조로 유시(諭示)하였다.

"주(周)의 유왕(幽王)70)과 진(晉)의 헌공(獻公)71)은 적자(嫡子)를 내쫓고 서자(庶子)를 세워서 나라를 위험하게 하고 집안을 망하게 하였소. 한(漢)의 고조는 태자를 거의 폐위시켰다가 사호(四皓)72)에 의지한 연후에 편안해졌소. 내가 지금 공에게 의뢰하는 것은 바로 그러한 뜻이오. 공이 병들었다는 것을 아니 누워서 그를 보호해도 좋소."

위징이 마침내 조서를 받았다.

---

70) 주의 12대 왕이다. 태자를 폐위시키고 포사의 아들을 세웠었다.

71) 춘추시대의 진 19대 제후이다. 세자를 폐위시키고 여희의 아들을 세웠었다.

72) 상산의 네 명의 백발이 성성한 은사들을 말한다. 동원공(東園公), 녹리 선생(甪里 先生), 기리계(綺里季), 하황공(夏黃公)이다. 이에 관한 내용은 《한서(漢書)》 한 고조기에 보인다.

돌굴과 설연타 그리고 고구려

12 계해일(10일)에 설연타(薛延陀)의 진주(眞珠) 가한이 그의 숙부인 사발라(沙鉢羅)의 설니숙(薛泥熟) 기근(俟斤)73)을 파견하여 와서 청혼(請婚)하면서 말 3천과 초피(貂皮) 3만8천 그리고 마뇌경(馬腦鏡)74) 하나를 바쳤다.

13 계유일(20일)에 양주(凉州) 도독 곽효각(郭孝恪)을 행안서(行安西) 도호75) · 서주(西州, 신강성 투루판시의 동쪽) 자사로 삼았다. 고창(高昌, 신강성 투루판시의 동쪽에 있던 왕국)의 옛날 백성과 진수(鎭守)하던 병사, 그리고 죄를 짓고 귀양 간 사람들이 서주에 섞여 살았는데, 곽효각이 정성을 다하고 어루만지며 다스리니 모두 그들의 환심을 얻게 되었다.

14 서돌굴의 을비돌륙(乙毗咄陸) 가한이 이미 사발라엽호(沙鉢羅葉護)76)

---

73) 설연타(薛延陀)의 진주(眞珠) 가한은 설연타의 2대 대가한인 설이남(薛夷男)이고, 숙부 사발라(沙鉢羅)는 부대 이름이고 기근(俟斤)은 장군에 해당한다. 俟는 사와 기 두 발음이 있는데, 호삼성 음주에 俟를 거지(渠之)의 번자라고 하였으므로 '기'로 읽어야 한다.

74) 마노로 만든 거울이다. 마뇌는 영어로 agate라 부르는 광물질이다. 여러 가지 문양을 띠고 있으며 보통은 녹색, 황색, 홍색, 홍갈색, 흰색, 남색 등 여러 색깔을 갖고 있는 옥돌이다.

75) 행직은 임시 또는 대리직이다.

를 살해하고 그의 무리를 합병하였으며 또한 토화라(吐火羅, 아프가니스탄의 북부 하나바드)를 공격하여 그것을 없앴다. 스스로 강대해진 것을 믿고서 드디어 교만해져서 드디어 당의 사자를 억지로 머물게 하고 서역(西域, 신강성과 중앙아시아)을 침략하고 횡포를 부리며, 군사를 파견하여 이주(伊州, 신강성 합밀시)를 노략질하니, 곽효각(郭孝恪)이 경무장을 한 기병 2천을 거느리고 오골(烏骨)에서부터 맞아 쳐서 그들을 패배시켰다.

을비돌육은 또한 처월(處月, 신강성 신원현 경계)과 처밀(處密, 신강성 탑성시 경계) 두 부(部)를 파견하여 천산(天山, 신강성 탁극손현)을 포위하자 곽효각은 그를 쳐서 달아나게 하고 이긴 기세를 타고서 전진하여 처월의 기근이 거주하는 성을 뽑아버리고 뒤쫓아 가서 알색산(遏索山, 천산산맥의 지류인 살아명이산)에 이르렀다가 처밀의 무리들을 항복시키고 돌아왔다.

애초에, 고창(高昌, 신강성 투루판)을 이미 평정시키고 나서 1년에 군사 1천을 발동하여 그 땅에 주둔하며 지켰는데, 저수량이 상소하였다.

"성스러운 제왕이 다스리는 데는 화하족(華夏族)을 먼저 돌보고, 이적(夷狄)을 뒤에 돌봅니다. 폐하께서는 군사를 일으키셔서 고창을 빼앗으시니 여러 군(郡)들이 소연(蕭然)해졌고 여러 해를 회복시키지 못하였습니다.77) 매년 1천여 명을 징발하여 주둔하며 지켰는데 멀리 고향에서 떨어져 있으며, 재산을 깨뜨려서 장비를 장만하였습니다.78)

또한 귀양 간 죄인들은 모두 무뢰(無賴)한 자제(子弟)들이어서 변방 시골을 시끄럽게 하기에 충분하니 어찌 능히 진지를 마련하는데 도움이

---

76) 을비돌륙(乙毗咄陸) 가한은 서돌궐의 8대 가한인 아사나욕곡(阿史那欲谷)이고, 사발라엽호(沙鉢羅葉護)는 서돌궐의 9대 가한인 아사나박포(阿史那薄布)이다.

77) 승평시절을 회복시키지 못했다는 의미이다. 고창지역의 공격이 안정을 가져 오지 못하고 있다는 뜻이다.

78) 당 왕조는 부병제를 실시하고 있었으므로 병사들은 각기 무기와 복장 그리고 먹을 것을 부담해야 하였다.

되겠습니까? 보내진 사람들은 대부분이 다시 도망을 치는데, 헛되이 번거롭게 쫓아가서 체포하고 있습니다. 그 위에 가는 길에서 거치는 곳은 사막은 1천리이고 겨울바람은 에어내는 것 같고, 여름바람은 불에 태우는 것 같아서 다니는 사람은 이런 것을 만나서 대부분이 죽습니다.

설사 장액(張掖, 감숙성 장액시)과 주천(酒泉, 감숙성 주천시)에서 봉수(烽燧)[79]로 경보(警報)를 울리는 것이 있지만 폐하께서 어찌 고창에서 한 명의 지아비나 한 말의 곡식이라도 얻어서 쓰겠으며, 끝내는 마땅히 농우(隴右)에 있는 여러 주의 군사와 먹을 것을 징발하여 가지고 그곳에 보내야 할 뿐입니다. 그러하니, 하서(河西, 감숙성의 하서회랑)라고 하는 것은 중국의 심복(心腹)이고, 고창이라고 하는 것은 다른 사람의 손발인데, 어찌하여 근본적인 것을 황폐하게 하여서 쓸데없는 땅을 섬기려고 하십니까?

또한 폐하께서 돌궐(突厥, 동돌궐 ; 한해 사막)과 토욕혼(土谷渾, 청해성)을 얻었지만 모두 그 땅을 소유한 것은 아니고, 그들을 위하여 군장(君長)을 세워놓고 그들을 위무하였지만 고창(高昌)만이 홀로 그런 것들과 비등하게 할 수 없습니까?

배반하면 그를 잡아버리고, 복종하면 그를 책봉하는 것이 형벌 가운데 더 이상 없는 위엄이고, 덕 가운데 더 이상 없는 두터운 것입니다. 바라건대, 다시 고창의 자제 가운데 세울 만한 사람을 선택하셔서 그 나라에서 군주노릇 하게 하시고 자자손손 커다란 은혜를 지게 하셔서 영원히 당(唐) 황실의 울타리와 보필자가 되게 한다면 안팎이 편안할 것이니, 역시 좋지 아니합니까?"

황상은 듣지 않았다.

서돌궐이 들어와 노략질하게 되자 황상은 이를 후회하고 말하였다.

---

79) 전방과 중앙 사이의 긴급한 상황을 알리기 위해 산꼭대기에 만든 통신시설로 봉수대라 하는데, 연기 또는 불꽃으로 알린다.

"위징과 저수량이 나에게 고창을 회복시키라고 권고하였으나 내가 그 말을 채용하지 않았었는데, 지금 바야흐로 스스로 허물할 뿐이다."

을비돌륙이 서쪽으로 강거(康居, 중앙아시아 사마르칸트)를 공격하면서 길에서 미국(米國)80)을 지나다가 이를 깨뜨렸다. 노획한 것이 아주 많았는데 나누어서 그 아랫사람들에게 주지 아니하니, 그의 장수인 아사나니숙(阿史那泥熟) 철(啜)81)이 갑자기 이것을 탈취하였고, 을비돌륙이 화가 나서 아사나니숙 철을 목 베어 조리 돌리니 무리들이 모두 분노하였다. 아사나니숙 철의 부장(部將)인 호록옥(胡祿屋)이 그를 습격하니, 을비돌륙의 무리들은 흩어져서 달아나서 백수호성(白水胡城, 중앙아시아 시얼하의 침켄트)을 지켰다. 이에 노실필(弩失畢)82)의 여러 부(部)와 을비돌륙이 거느리는 아사나옥리(阿史那屋利) 철(啜) 등이 사자를 파견하여 궁궐에 와서 을비돌륙을 폐위시키고 다시 가한을 세워달라고 청하였다.

황상이 사신을 파견하여 새서(璽書)를 싸가지고 가서 아사나막하돌(阿史那莫賀咄)83)의 아들을 세우니, 을비사궤(乙毗射匱) 가한84)이다. 을비사궤가 이미 세워지자 모든 예의대로 을비돌륙이 억류시켰던 당(唐)의 사자를 돌려보내고, 거느린 사람들을 인솔하고 백수호성에서 을비돌륙을 공격하였다. 을비돌륙이 군사를 내어 그들을 치니, 을비사궤가 대패하였다.

을비돌륙이 사자를 파견하여 그 옛날의 부락들을 부르니, 옛날 부락들이 모두 말하였다.

---

80) 미국은 미말(彌末), 또는 미말하(弭秣賀)라고도 하는데, 그 치소는 말식덕성(末息德城)이며, 북쪽으로 100리 떨어진 곳에 강거가 있다.

81) 부장 또는 지휘관을 일컫는 말이다.

82) 서부 지역을 방위하는 부를 말한다.

83) 4대 가한인 굴리사비대 가한으로 이에 관한 일은 당 태종 정관 2년(628년) 12월에 있었고, 그 내용은 ≪자치통감≫ 권193에 실려 있다.

84) 10대 가한이다.

"우리들 1천 명으로 하여금 싸우다 죽게 하고, 한 사람만 홀로 남는다 하여도 역시 너를 좇지 않겠다."

을비돌륙은 스스로 무리들이 귀부하지 않을 것을 알고 마침내 서쪽으로 가서 토화라(吐火羅, 아프가니스탄 북부)로 달아났다.

15   겨울, 10월 병신일(14일)에 전중감(殿中監)인 영종공(郢縱公) 우문사급(宇文士及)이 죽었다. 황상은 일찍이 나무 아래에서 멈추고서 그를 아꼈는데, 우문사급이 좇으며 이를 영예롭게 생각하기를 그치지 않자, 황상은 정색을 하고 말하였다.

"위징이 항상 나에게 권고하기를 간사한 사람을 멀리하라고 하였는데, 나는 간사한 사람이 누구인지 몰라서 속으로 너일 것이라고 의심하였더니, 지금 보니 과연 틀림없구나."

우문사급이 머리를 조아리며 사죄하였다.

16   황상이 시중을 드는 신하들에게 말하였다.

"설연타가 사막의 북쪽에서 굴강(屈強, 강하게 일어남)하는데, 지금 그들을 통제하여 그치게 하는 데는 두 가지 계책이 있으니, 진실로 군사를 발동하여 그들을 다 없애지 않는다면 그들과 더불어 혼인하여 그들을 위무하는 것뿐이다. 이 두 가지 가운데 어느 것을 좇아야 할까?"

방현령이 대답하였다.

"중국이 새로이 안정되었는데, 무기는 흉한 것이고 싸우는 것은 위험한 것이므로, 신은 화친하는 것이 편리하다고 생각합니다."

황상이 말하였다.

"그렇소. 짐이 백성들의 부모가 되어서 진실로 이들을 이롭게 할 수 있다면 어찌 한 명의 딸85)을 아끼겠는가?"

이보다 먼저 좌령군(左領軍) 장군 글필하력(契苾何力)의 어머니인 고장

(姑藏)부인과 동생인 하란주(賀蘭州)도독 글필사문(契苾沙門)이 모두 양주 (凉州, 감숙성 무위시)에 있었는데, 황상은 글필하력을 파견하여 보내어 돌아가서 부모를 만나고 또한 그 부락 사람들을 위무하게 하였다.86)

이때에 설연타가 바야흐로 강성해지자 글필 부락은 모두 그에게 귀부 하려고 하였는데, 글필하력이 크게 놀라서 말하였다.

"주상의 두터운 은혜가 이와 같은데 어찌하여 급하게 반역한단 말이오?" 그 무리들이 말하였다.

"부인과 도독87)이 먼저 이미 저 사람에게 갔는데, 너는 왜 가지 아니 하는가?"

글필하력이 말하였다.

"글필사문은 부모에게 효도하고 나는 군왕에게 충성하니 반드시 너를 좇지 않을 것이다."

그 무리들이 그를 잡아 가지고 설연타에게 가서 진주(眞珠)의 아장(牙 帳)88) 앞에 놓아두었다. 글필하력은 키처럼 발을 벌리고서 거만하게 패 도를 꺼내가지고 동쪽을 향하여 크게 소리쳐서 말하였다.

"어찌하여 당(唐)의 열사(烈士)가 오랑캐의 왕정(王庭)에서 굴욕을 받 는 일이 있겠는가? 하늘과 땅, 해와 달이시여, 바라건대, 나의 마음을 알 아주시오."

---

85) 한명의 딸이란 설연타에게 자기의 딸인 공주를 말한다. 여기에는 차마 자기의 딸을 설연타에게 시집보내고 싶지 않지만 딸을 가지고 정략적으로 설연타와 결혼시켜서 안정을 꾀하겠다는 뜻이 담겨 있다.

86) 글필하력이 당에 귀부한 것은 태종 정관 6년(632년) 12월의 일이고, 내용은 ≪자치 통감≫ 권194에 실려 있다.

87) 하란주 도독이며 글필하력의 동생인 글필사문이다.

88) 진주란 진주 가한인 설연타의 2대 대가한인 설이남이고, 아장은 아기(牙旗)가 꽂혀 있는 장막이라는 말로 최고 지휘관이 있는 장막을 말한다. 아기는 상아로 된 깃발을 말한다.

이어서 왼쪽 귀를 베어내어 맹세하였다. 진주가 그를 죽이려고 하였으나 그의 처가 간언하여 중지하였다.

황상은 글필하력이 반란하였다는 소식을 듣고 말하였다.

"반드시 글필하력의 뜻은 아닐 것이다."

좌우에서 말하였다.

"융적(戎狄)들의 기질은 서로 비슷하니 글필하력이 설연타에게로 들어간 것은 마치 물고기가 물을 찾아간 것과 같을 뿐입니다."

황상이 말하였다.

"그렇지 않소. 글필하력의 마음은 쇠나 돌과 같아서 반드시 나를 배반하지는 않았을 것이오."

마침 사자가 설연타로부터 돌아와서 그 상황을 다 말하니 황상이 그를 위하여 눈물을 흘리고 좌우에 있는 사람들에게 말하였다.

"글필하력이 과연 어떠하오?"

즉각 병부시랑 최돈례(崔敦禮)에게 명령하여 부절(符節)을 지니고 설연타에게 알아듣게 타이르게 하고 신흥(新興) 공주[89]를 그에게 처로 삼게 하며 글필하력을 보내달라고 요구하게 하였다. 글필하력은 이로 말미암아서 돌아올 수가 있었고 우교위(右驍衛) 대장군으로 삼았다.

17　11월 병진일(4일)에 황상이 무공(武功, 섬서성 무공현 서쪽)에서 교렵(校獵)을 하였다.

18　정사일(5일)에 영주(營州) 도독 장검(張儉)이 주문을 올려서 고려(高麗, 고구려)의 동부대인(東部大人)인 천개소문(泉蓋蘇文)[90]이 그의 왕인 고

---

89) 당 태종 이세민의 딸이다.

90) 중국측 자료에는 대부분 천개소문으로 되어 있다. 이는 당 고조의 이름이 이연(李淵)이여서 연(淵)자를 피휘(避諱)하여 같은 뜻의 천(泉)으로 바꾼 것으로 보인다. 성을

무(高武)91)를 시해하였다고 하였다. 천개소문은 흉포(凶暴)하고 대부분 법을 지키지 아니하여 그 왕과 대신들이 그를 죽이려고 논의하였었다. 천개소문은 비밀리에 이를 알고서 부(部)의 군사를 다 모아 놓고 사열하는 것처럼 하고 아울러 성(城)의 남쪽에 술과 안주를 성대하게 차려 놓고 여러 대신들을 불러서 함께 가서 보다가 군사를 챙겨서 그들을 모두 죽였는데, 죽은 사람이 100여 명이었다.

이어서 말을 달려 궁궐로 들어가서 손수 그 왕을 시해하고 잘라서 몇 동강을 내어 시궁창에 버리고서 왕의 조카인 고장(高藏)92)을 세워서 왕으로 삼았다. 스스로는 막리지(莫離支)가 되었으니, 그 관직은 중국에서의 이부(吏部)상서가 병부(兵部)상서를 겸직한 것과 같다. 이에 멀고 가까운 곳에 호령하고 국가의 일을 오로지 처리하였다.

천개소문의 생긴 모습은 아주 컸으며 의기는 호방하며 몸에 다섯 개의 칼을 차고 다녔는데 좌우에 있는 사람이 감히 우러러 보지 못하였다. 매번 말에 오르거나 내리면서 항상 귀인(貴人)과 무장(武將)으로 하여금 땅에 엎드리게 하고 그를 밟았다. 나갈 때는 반드시 대오(隊伍)를 가지런히 하였고, 앞에서 이끄는 사람에게 길게 소리치게 하니 사람들은 모

연으로 한 것은 스스로 물속에서 나왔다고 하였기 때문이라고 한다. 다른 이름으로 개금(蓋金)이라고 하기도 하는데, 금(金)과 소문(蘇文)은 서로 바꾸어 기록한 것이다. 이는 금(金)은 쇠란 뜻의 한자(漢字)식 표현이고, 소문은 '쇠문' 즉 고구려에서 사용하는 쇠라는 뜻의 고구려 말을 한자(漢字) 발음을 차용하여 적은 것으로 보인다. ≪실록≫에는 동부대인으로 되어 있다. 그런데 ≪삼국사기≫에는 연개소문을 지칭할 때에 성을 연(淵) 혹은 천(泉) 어느 것도 쓰지 않고 다만 개소문으로 기록하고 있다. 다만 그의 열전에 성이 천(泉)이라고 하였다. ≪삼국사기≫를 쓴 것은 고려시기이므로 구태여 이연을 피휘할 것이 없는 점을 고려한다면 ≪삼국사기≫를 저작하면서 이러한 문제를 고려하지 못하고 다만 ≪자치통감≫을 그대로 인용한 것이 아닌가 하는 의구심을 떨칠 수 없다.

91) 고무는 고구려 27대 영류왕이다.

92) 고구려 28대 보장왕이다.

두 달아났는데, 웅덩이나 골짜기를 피하지 아니하니 길에는 다니는 사람이 끊겨서 그 나라 사람들이 이를 심히 고통스럽게 여겼다.

19 임술일(10일)에 황상이 기양(岐陽, 섬서성 기산현의 동북쪽)에서 교렵(校獵)하였는데 이어서 경선궁(慶善宮)에 행차하였고 무공(武功, 섬서성 무공현)에 있는 옛날의 늙은 친구들을 불러서 잔치를 마련하여 주고 아주 즐기고서 끝냈다. 경오일(18일)에 경사로 돌아왔다.

20 임신일(20일)에 황상이 말하였다.

"짐은 억조(億兆)나 되는 백성들의 주인이니 모두 이들을 부귀(富貴)하게 하고 싶다. 만약에 예의(禮義)로 가르치고, 그들로 하여금 젊은 사람이 어른을 공격하게 하고, 지어미가 지아비를 공경하게 한다면 모두가 귀할 것이다. 요역을 가볍게 하고 부렴을 덜 거두어 그들로 하여금 각기 생업을 잘 다스리게 한다면 모두가 부유할 것이다. 만약에 집안에 필요한 것이 공급되고, 사람들에게 쓸 것이 충족하게 된다면 짐은 관현(管絃)을 듣지 않아도 즐거움은 그 속에 있다."

21 박주(毫州, 안휘성 박주시) 자사 배행장(裴行莊)이 주문을 올려서 고려를 정벌하게 해 달라고 청하니, 황상이 말하였다.

"고려왕 고무(高武)[93]는 직책으로 보내오는 공물(貢物)을 끊이지 않다가 적신(賊臣)[94]에게 시해된바 되어서 짐이 이를 애도하는 것이 아주 깊고 진실로 잊지 못한다. 다만 상사(喪事)를 이용하고 혼란한 것을 올라타서 그것을 빼앗는다는 것은 비록 이를 얻는다고 하여도 귀하지 않다. 또한 산동은

---

93) 고구려의 27대 영류왕이다.
94) 연개소문을 말한다.

피폐하였으니 내가 아직 차마 병사를 사용하겠다고 말하지는 못하겠
다."

공신을 마음에 담고 있는 태종

22 고조(高祖)가 관중으로 들어오면서 수(隋)의 무용낭장(武勇郎將)인 풍익(馮翊, 섬서성 대협현) 사람 당인홍(党仁弘)이 병사 2천여 명을 거느리고 포판(蒲阪, 산서성 영제현)에서 고조에게 귀부하였으며, 좇아서 경성(京城, 수도인 대흥)을 평정하여 곧 섬주(陝州, 치소는 하남성 삼문협현) 총관으로 삼았는데, 대군(大軍, 이세민의 대군)이 동쪽95)을 토벌하자 당인홍은 군량미의 운송을 끊기지 아니하게 하였으며 남녕주(南寧州, 치소는 운남성 곡정시)·융주(戎州, 치소는 사천성 남계현의 서쪽)·광주(廣州, 치소는 광동성 광주시) 도독을 거쳤다.

당인홍은 재주와 지략을 가지고 있어서 이르는 곳마다 명성과 업적이 드러나니 황상이 그를 심히 그릇으로 생각하였다.96) 그러나 성품이 탐욕스러워서 광주도독에서 파직되었는데, 다른 사람에게 송사를 당하였고 부정한 재물이 1백여만 전이나 되어서 죄는 사형에 해당하였다.

황상이 시중드는 신하들에게 말하였다.

"내가 어제 대리시(大理寺)97)의 5차 상주문을 보니, 당인홍을 주살하

---

95) 정(鄭)의 황제인 왕세충의 도읍지인 낙양을 말한다.

96) 당인홍은 2년 전인 정관 14년(640년) 3월에도 나두의 요족을 평정하였는데, 이 내용은 《자치통감》 권195에 실려 있다.

97) 당대의 최고 법원에 해당하는 관청이다.

게 되어 있었는데, 그의 머리카락이 희게 되어 죽게 되어 애달픈데, 바야흐로 점심을 먹는 중이어서, 드디어 밥상을 치우라고 명령하였다. 그러나 그를 위하여 살릴 이유를 찾았으나 끝내 얻어내지 못하였다. 지금 법을 구부려서 공 등에게 그의 목숨을 빌고 싶다."

12월 초하루 임오일에 황상은 다시 5품 이상의 관원을 불러서 태극전 앞에 모아놓고 말하였다.

"법이라는 것은 인군(人君)이 하늘로부터 받은 것이니 사사롭게 사용하여 믿음을 잃을 수는 없다. 지금 짐이 당인홍을 사사롭게 대하여 그를 사면하려고 하는데 이는 법을 문란하게 한 것이고 위로는 하늘에 허물을 입는 것이다. 남교(南郊)에서 석고(席藁)98)하려고 하니 하루에 소식(蔬食)99)을 세 번만 올리면서 사흘간 하늘에 사죄할 것이다."

방현령 등이 모두 말하였다.

"살리고 죽이는 칼자루는 인주(人主)가 오로지할 수 있는 것인데, 어찌 스스로 깎아내리고 책망하기를 이처럼 하기에 이르십니까?"

황상이 허락하지 않으니 여러 신하들이 머리를 조아리며 뜰에서 굳게 청하기를 아침부터 시작하여 저녁에 이르자 황상이 마침내 수조(手詔)를 내려서 스스로 말하였다.

"짐(朕)은 세 가지의 죄를 지었다. 사람을 알아보는 것이 밝지 못하였던 것이 첫 번째이고, 사사로움으로 법을 어지럽혔으니 두 번째이며, 선한 것을 선하다고 하면서 상을 주지 못하고 악한 것을 악하다고 하면서 주살하지 아니하였으니 세 번째이다. 공(公) 등이 굳게 간언함으로써 또한 와서 청한 것에 의거하여 처리하겠소."

이에 당인홍을 축출하여 서인으로 삼고, 흠주(欽州, 광서성 흠주시)로 귀

---

98) 짚으로 만든 멍석을 깔고 그 위에 앉아 있는 것으로, 이는 죄를 용서 받기 위한 방법의 하나로 쓰여서 보통은 석고대죄라고 한다.

99) 채소만을 반찬으로 한 음식을 말한다.

양 보냈다.

23　계묘일(22일)에 황상이 여산(驪山, 섬서성 임동현 동남쪽)의 온천탕에 행차하였다. 갑진일(23일)에 여산에서 사냥을 하였다. 황상이 산에 오르다가 울타리에 끊어진 곳100)이 있음을 발견하고 좌우에 있는 사람들을 돌아보고 말하였다.

"내가 그것이 정비되어 있지 않은 것을 보고 형벌을 주지 않으면 군법(軍法)을 타락시키는 것이지만, 이것으로 형벌을 주면 이는 내가 높은 곳에 올라가고 낮은 곳에 가서 다른 사람의 허물을 찾아내는 것이다."

마침내 길이 험하다는 것으로 핑계를 대고서 고삐를 잡아당겨서 이를 피하였다. 을사일(24일)에 궁궐로 돌아왔다.

24　형부(刑部)에서는 '반역죄에 연좌시키는 법률에 형제는 관직을 몰수하도록 되어 있는 것이 가벼우니, 바라건대, 고쳐서 좇아서 사형하도록 하십시오.'라고 하였다. 8좌101)에 칙령을 내려서 이를 논의하게 하였더니, 의논하는 사람들은 말하였다.

"진(秦), 한(漢), 위(魏), 진(晉) 시절의 법에는 반역자는 모두 3족을 이멸(夷滅)하게 되어 있으니, 지금 의당 형부(刑部)의 요청대로 하는 것이 옳습니다."

급사중 최인경(崔仁卿)이 반박하여 말하였다.

"옛날에 아버지와 아들, 형과 동생의 죄도 서로 미치지 않았었는데, 어찌하여 망해 버린 진(秦)의 가혹한 법을 가지고 융성하였던 주(周)의 중전(中典)102)을 변경하고자 하십니까? 또 그의 아버지와 아들을 주살하면

---

100) 사냥터는 울타리를 쳐 놓아 짐승들이 달아나는 것을 막도록 되어 있다. 이러한 사냥을 교렵(校獵)이라고 한다.

101) 수와 당대에 있었던 고위 관직 여덟 개를 말하는데, 6부상서와 좌우복야를 말한다.

그의 마음에 충분히 걱정을 하게하려는 것인데, 이러한 데도 고려하지 않으면 어찌 형제를 아끼겠습니까?"103)

황상이 이를 좇았다.

25 황상이 시중을 드는 신하들에게 물었다.

"옛날부터 혹 군주는 어지럽히지만 신하가 잘 다스리기도 하였고, 혹 군주는 잘 다스리는데 신하가 어지럽히기도 하였는데, 이 두 가지 가운데 어느 것이 더 나은가?"

위징이 대답하였다.

"군주가 잘 다스리면 선악(善惡)과 상벌(賞罰)이 마땅할 것인데 신하가 어찌 이를 어지럽힐 수가 있겠습니까? 진실로 잘 다스리지 않게 되어서 방종하고 포학하며 강퍅(剛愎)하면 비록 훌륭한 신하가 있다고 하여도 장차 어떻게 시행할 수 있겠습니까?"

황상이 말하였다.

"제(齊)의 문선제(文宣帝)는 양준언(楊遵彦)을 얻었으니,104) 군주가 어지럽혔지만 신하가 잘 다스린 것이 아닌가?"

대답하였다.

---

102) 보통으로 시행되는 법률 즉, 태평 시기에는 중등 정도의 법전으로 시행하는 것을 말한다. 《주례(周禮)》의 추관(秋官) 대사구(大司寇)에는 형벌로 나라를 고르게 하는 데는 중전(中典)을 사용한다고 되어 있고, 이는 부자와 형제의 죄는 서로 미치지 않다고 하는 것이 주 때의 법이다.

103) 반역죄를 지은 사람의 아버지 혹은 아들을 연좌시켜서 죽이는 현재의 법률이 있다면 아버지 혹은 아들을 위하여 반역죄를 지을 수 없을 것이다. 이것을 무릅쓰고 반역한다는 것은 아버지 혹은 아들을 돌아보지 않는 마음을 가진 것인데, 형제를 포함시킨다고 해도 대수로 생각하지 않을 것이라는 말이고, 따라서 형제를 포함시킬 필요가 없다는 주장이다.

104) 선문제란 남북조 시기의 북제의 첫 번째 군주인 고양(高洋)이고, 양준언에 관한 내용은 북제 문선제 천보 7년(556년) 6월에 있었고, 그 내용은 《자치통감》 권166에 실려 있다.

"저 사람은 겨우 망하는 것을 구할 수 있었을 뿐이니, 어찌 충분히 잘 다스렸다고 하겠습니까?"

태종 정관 17년(癸卯, 643년)

1　봄, 정월 병인일(15일)에 황상이 여러 신하들에게 말하였다.

"듣건대 밖에 있는 사인(士人)들은 태자에게 발병105)이 있었고, 위왕(魏王)106)은 영특하여 좇아서 유행(遊幸)하는 일이 많게 되었으므로 갑자기 다른 의론이 생기고 요행을 바라는 무리들은 이미 붙어서 모이는 사람이 있다고 한다.

태자는 비록 발에 병을 가졌으나 걷고 신발 신는 일을 폐한 일이 없다. 또한 ≪예기(禮記)≫를 보면 적자(嫡子)가 죽으면 적손(嫡孫)을 세운다고 되어 있으며 태자의 남자 아들은 이미 다섯 살이다. 짐은 끝내 서얼(庶孽)로 적자를 대신하거나 틈을 보아 움직이는 근원을 열어 두지 않겠다."

2　정문정공(鄭文貞公)107) 위징이 병이 들어서 누웠는데, 황상이 사자를 파견하여 묻고 약과 먹을 것을 내려주는 것이 길에서 서로 바라보였다. 또 중랑장 이안엄(李安儼)을 보내어 그 집에서 자면서 동정을 보고하게 하였다. 황상은 다시 태자와 함께 같이 그 집에 갔고, 형산(衡山) 공주를 지적하여 그의 아들인 위숙옥(魏叔玉)의 처(妻)가 되도록 하였다.

무진일(17일)에 위징이 죽으니 백관 가운데 9품 이상은 모두 장례에 가게 하였고, 우보(羽葆)와 고취(鼓吹)108)를 제공하였으며, 소릉(昭陵)에

---

105) 이때 태자인 이승건은 발에 병이 있어서 잘 걷지 못했다.

106) 태자는 이건승을 말하는데, 발을 절었던 것 같으며, 위왕은 이태를 말한다.

107) 위징은 정공이었는데 죽은 후에 시호를 문정공이라 한 것이다.

배장(陪葬)하게 하였다.109)

그의 처인 배(裴)씨가 말하였다.

"위징은 평생 동안 검소하게 살았으며 이번 장례식에서 일품(一品)의 우보를 갖춘 의식을 치르는 것은 죽은 사람의 뜻이 아닙니다."

모두 사양하고 받지 않고 포(布)를 친 수레에 영구(靈柩)를 싣고 가서 장례를 치렀다.

황상은 원서루(苑西樓)에 올라가서 바라보며 곡을 하였는데, 극진하게 애도하였다. 황상은 스스로 비문(碑文)을 만들고 아울러 돌에 썼다. 황상이 위징을 생각하는 것이 그치지 않아서 시중을 드는 신하들에게 말하였다.

"사람은 구리를 가지고 거울을 만들어서 의관(衣冠)을 올바르게 하는데, 옛것을 거울로 삼는다면 흥망을 볼 수 있고, 사람을 거울로 삼으면 잘잘못을 알 수 있는데, 위징이 죽으니, 짐은 한 개의 거울을 잃었도다."

3 호(鄠, 섬서성 호현)의 현위(縣尉)인 유문지(游文芝)가 대주(代州)도독 유란성(劉蘭成)이 반란을 모의한다고 고발하였는데, 무신일110)에 유란성이 죄에 걸려서 요참(腰斬)되었다.

우무후(右武候)장군 구행공(丘行恭)이 유란성의 심간(心肝)을 꺼집어내

---

108) 우보는 의장(儀仗)의 명칭인데 이 의식에는 새의 깃털로 장식을 하였기 때문이고 장례의식에 사용하는 1급 의장이다. 고취는 악대를 말하며 이 또한 의식용인 것이다. 모두 장례식에서 사용하는 1급 의장행렬이다.

109) 소릉은 태종 이세민이 미리 만들어 놓은 자기의 능묘이다. 배장이란 고대에 신하나 처첩의 영구를 제왕이나 혹은 남편의 무덤 옆에 장사지내는 것을 말하므로 태종은 자기가 죽으므로 묻힐 자기 무덤의 옆에 위징의 무덤을 쓰게 한 것이다.

110) 통감필법으로는 정월 무신일일 것인데, 정월 1일이 임자일이므로 정월에는 무신일이 없다. ≪구당서≫에 의거하면 무진일로 되어 있으므로 무신은 무진의 잘못으로 보아야 하며 이날은 17일이다. 그러나 이미 앞에 무진일이 나와 있으므로, 같은 무진일이라면 여기에는 무진을 다시 쓸 필요가 없다. 따라서 착간이 있는 것으로 보인다.

어 이를 먹었는데, 황상이 듣고 그를 나무라며 말하였다.

"유란성이 모반하였어도, 나라에는 항상 하는 형법이 있는데, 어찌하여 이러한 데에 이르렀는가? 만약에 충성심과 효심을 가지고 말한다면 태자나 제왕(諸王)이 먼저 그것을 먹어야 할 것인데, 어찌 경에게까지 이르렀겠는가?"

구행공은 부끄러워하고 절하며 사죄하였다.

4 2월 임오일(2일)에 황상이 간의대부 저수량에게 물었다.

"순(舜)이 칠기(漆器)를 만드는데, 간언을 하는 사람이 10여 명이었다.[111] 이것이 어찌 충분히 간언을 할 만한 일이겠는가?"

대답하였다.

"사치라는 것은 위태로워지고 망하는 것의 근본입니다. 칠기에서 그치지 아니하면 장차 금과 옥으로 이것을 만들 것입니다. 충성스러운 신하가 군주를 아끼는 데는 반드시 그것이 조금씩 퍼져 가는 것을 막는 것이고, 만약에 화란(禍亂)이 이미 형성되고 나면 다시 간언을 할 곳이 없습니다."

황상이 말하였다.

"그렇소. 짐에게 허물이 있으면 경 역시 마땅히 그것이 점점 스며들 것을 간언해야 하오. 짐이 전 시대에 제왕들이 간한 것을 거절하는 것을 보니, 대부분 '업무가 이미 되어버렸소.' 라고 하든가, 혹은 '일은 이미 허가 되었소.' 라든가 하면서 끝내 고치지 않았소. 이와 같으니 위태로워져서 망하지 않기를 바라도 될 수 있겠소?"

이때에 황제의 아들 가운데 도독과 자사가 된 사람은 대부분 어려서

---

111) 《설원》에 나와 있는 이야기이다. 요가 천하를 놓으니 순이 이를 받고서 물 마시는 그릇을 만드는데 나무를 잘라서 이를 깎고 오히려 그것에 까만 칠을 하니 제후들은 사치스럽다 하여 복종하지 않는 사람이 13명이었다고 한다.

저수량이 상소하였다.

"한(漢)의 선제(宣帝)가 말하기를, '나와 더불어 천하를 공동으로 다스리는 사람은 그 오직 이천석 관원들뿐이로다!' 112)라고 하였습니다. 지금 황제의 아들은 어려서 아직 정치할 줄 모르니 또한 경사에 머물게 하고서 경술(經術)로 가르쳤다가 그들이 장성하기를 기다려서 그들을 파견하는 것만 못합니다."

황상이 그렇다고 생각하였다.

5 임진일(12일)에 태자첨사(太子詹事) 장량(張亮)을 낙주(洛州, 하남성 낙양시)도독으로 삼았다. 후군집(侯君集)은 '스스로 공로를 세웠으나 이(吏, 刑吏)에게 내려 보냈다.' 113)고 생각하여 원망하며 다른 뜻을 가지고 있었다.

장량이 나아가서 낙주도독이 되니 후군집이 그를 자극하여서 말하였다.

"어느 사람이 배척하였는가?"

장량이 말하였다.

"공이 아니면 누구겠소?"

후군집이 말하였다.

"나는 한 나라를 평정하고 왔다가 집채만큼 큰 진노를 만났는데, 어찌 우러러 배척할 수 있겠소!"

이어서 소매를 잡아끌면서 말하였다.

"울적하여 특별히 즐겨 살아가지는 아니하오. 공이 반란을 할 수 있겠소? 공과 더불어 반란하리다."

---

112) 이 일은 선제 지절 2년(기원전 68년)에 있었고, 그 내용은 ≪자치통감≫ 권24에 실려 있다.

113) 정관 14년(640년) 12월에 부정축재 혐의로 하옥되었다.

장량이 비밀리에 보고하였다. 황상이 말하였다.

"경과 후군집은 모두 공신인데 말을 할 때에 옆에 다른 사람이 없었고, 만약에 이(吏, 형리)에게 내려 보내도 후군집은 반드시 복종하지 아니할 것이오. 이와 같다면 일을 알 수 없으니, 경은 또한 말을 하지 마시오." 114)

후군집을 대우하는 것이 옛날 같았다.

6 부주(鄜州, 치소는 섬서성 부현)도독인 울지경덕(尉遲敬德)이 표문을 올려서 해골(骸骨)115)하기를 빌었다. 을사일(25일)에 울지경덕을 개부의동삼사로 삼고 닷새에 한 번만 조회에 참석하게 하였다.

7 정미일(27일)에 황상이 말하였다.

"인주(人主)는 오직 한 마음을 가지고 있을 뿐인데 이를 공략하려는 사람116)은 아주 많다. 혹 용기와 힘을 가지고, 혹 말재간을 가지고, 혹 아첨하는 마음을 가지고, 혹 감사함을 가지고, 혹 기호품을 가지고 꼭 메우며 이를 공략하려고 하면서 각기 스스로를 팔아서 총애와 녹봉을 가지기를 구하고 있다. 인주가 조금 게을러서 그 가운데 하나를 받는다면 위태로워져서 망하는 것이 그를 따르는데, 이것이 그 어려운 것이다."

8 무신일(28일)에 황상이 공신인 조공(趙公) 장손무기(長孫無忌) · 조군원왕(趙郡元王) 이효공(李孝恭) · 내성공(萊成公) 두여회(杜如晦) · 정문정공(鄭文貞公) 위징 · 양공(梁公) 방현령 · 신공(申公) 고사렴(高士廉) · 악공(鄂公) 울

---

114) 말만 가지고 반란한 문제를 조사하게 할 수 없다는 뜻이다. 이 시절에도 증거나 증인을 중시하였던 것으로 보인다.

115) 관직에서 그만두는 것을 말한다.

116) 황제를 설득하여 자기를 알아주게 만들려고 하는 것을 표현한 것이다.

지경덕(尉遲敬德)·위공(衛公) 이정(李靖)·송공(宋公) 소우(蕭瑀)·포충장공(襃忠壯公) 단지현(段志玄)·기공(夔公) 유홍기(劉弘基)·장충공(蔣忠公) 굴돌통(屈突通)·운절공(鄖節公) 은개산(殷開山)·초양공(譙襄公) 시소(柴紹)·비양공(邳襄公) 장손순덕(長孫順德)·운공(鄖公) 장량(張亮)·진공(陳公) 후군집(侯君集)·담양공(郯襄公) 장공근(張公謹)·노공(盧公) 정지절(程知節)·영흥문의공(永興文懿公) 우세남(虞世南)·유양공(渝襄公) 유정회(劉政會)·거공(莒公) 당검(唐儉)·영공(英公) 이세적(李世勣)·호장공(胡壯公) 진숙보(秦叔寶) 등을 능연각(凌煙閣)에 그리도록 명령하였다.117)

---

117) 이 가운데는 일찍 죽은 사람도 있고, 산 사람도 있다. 죽은 사람은 시호를 함께 썼으며, 마치 후한 명제 영평 3년(60년) 2월에 운대(雲臺)에 32명의 장수 초상을 그려둔 것과 흡사한 일이었다.

반란을 일으킨 황제의 아들

9   제주(齊州, 치소는 산동성 제남시)도독인 제왕(齊王) 이우(李祐)는 성격
이 경박하고 조급하여 그의 장인인 상승직장(尙乘直長) 음홍지(陰弘智)가
그에게 유세하였다.

"왕의 형제는 이미 많으니, 폐하의 천추만세(千秋萬歲) 뒤에는[118] 의당
장사(壯士)를 얻어서 스스로를 보위하셔야 합니다."
이우는 그렇다고 생각하였다. 음홍지는 이어서 처의 오빠인 연홍신(燕弘
信)을 천거하니 이우가 이를 기뻐하였고, 후하게 금과 옥을 내려 주고
몰래 죽음을 무릅쓸 인사를 모으게 하였다.

황상은 강직(剛直)한 사람을 선발하여 제왕(諸王)을 보필하게 하여 장
사(長史)와 사마(司馬)로 삼고, 제왕이 허물을 갖게 되면 이를 보고하게
하였다. 이우는 여러 소인배와 친하고 가까이하며 수렵을 좋아하니, 장
사 권만기가 차례로 간언을 하였으나 듣지 않았다. 장사(壯士) 구군모(昝
君謨)와 양맹표(梁猛彪)가 이우에게 총애를 받았는데, 권만기가 이들을
모두 탄핵하여 쫓아버렸지만, 이우가 몰래 불러들여서 그들을 총애하는
것이 더욱 두터웠다.

황상이 자주 편지를 써서 이우를 절실하게 책망하니 권만기는 아울러

---

118) 황제가 죽은 다음이라는 의미이다. 황제에게는 죽는다는 표현을 쓰지 않는다.

죄를 받을까 두려워하여 이우에게 말하였다.

"왕께서 살펴서 스스로 새로워지신다면 저 권만기는 바라건대, 들어가 조현하고 이를 말씀드리겠습니다."

마침내 이우의 과실을 조목조목 써서 압박하여 표문을 써서 자수하게 하니, 이우는 두려워서 이를 좇았다.

권만기가 경사에 도착하여 이우는 반드시 개전(改悛)할 수 있다고 말하였다. 황상은 아주 기뻐하며 권만기를 칭찬하고 이우가 전에 지은 허물을 헤아려서 칙서를 내려서 그에게 계고(戒告)하였다. 이우가 이 말을 듣고 크게 화가 나서 말하였다.

"장사(長史, 권만기)가 나를 팔아먹었구나! 나에게 권고한 것을 가지고 스스로의 공로로 삼았으니 반드시 그를 죽일 것이다."

황상은 교위(校尉)인 경조(京兆) 사람 위문진(韋文振)이 삼가고 곧아서 채용하여 이우 왕부(王府)의 전군(典軍)119)으로 삼으니, 위문진이 자주 간언하였는데, 이우는 또한 그를 미워하였다.

권만기의 성격은 좁고 오로지 각박하고 급하게 이우를 얽매어 성문 밖에 나가는 것도 들어주지 않고 매와 개도 다 풀어주어 버리고 구군모와 양맹표를 배척하여 이우를 만나볼 수 없게 하였다. 마침 권만기의 집 안으로 흙덩어리가 밤중에 떨어지자 권만기는 구군모와 양맹표가 자기를 죽이려고 꾀한 것이라고 생각하고 모두 잡아들여 가두고 역마(驛馬)를 발동하여 보고하고 아울러 이우와 함께 공동으로 잘못을 저지른 사람 수십 명을 탄핵하였다.

황상은 형부상서 유덕위(劉德威)를 파견하여 가서 그것을 조사하게 하였는데, 사건에는 자못 증거가 있어서 이우와 권만기에게 조서를 내려서 함께 들어와 조현하게 하였다. 이우는 이미 화가 쌓여서 드디어 연홍신

---

119) 군사문제를 관리하는 직책이다.

의 형인 연홍량(燕弘亮) 등과 더불어 권만기를 죽이기로 꾀하였다.

권만기는 조서를 받들고 먼저 갔고, 이우는 연홍량 등 20여 명의 기병을 파견하여 뒤쫓게 하여 그를 활로 쏘아 죽였다. 이우의 무리들은 함께 위문진을 압박하여 함께 꾀하고자 하였으나 위문진이 좇지 않자 말을 달려 수십 리를 쫓아가서 따라잡고서 그를 죽였다.

요속(僚屬)들은 다리를 떨면서 머리를 조아리고 땅에 엎드리고 감히 올려다보지를 못하였다. 이우는 이어서 사사롭게 상주국(上柱國)과 개부(開府)120) 등의 관직을 임명하고 부고를 열고 물건을 꺼내어 상을 주고 백성들을 몰아서 성으로 들어가게 하여 갑옷과 병기와 망루와 성을 수리하게 하고, 척동왕(拓東王)과 척서왕(拓西王) 등의 관직을 설치하였다.

이민(吏民)들은 처자를 버리고 밤중에 밧줄을 타고 나와서 도망하는 사람이 이어졌지만 이우는 금지시킬 수가 없었다. 3월 병진일(6일)에 병부상서 이세적 등에게 조서를 내려서 회주(懷州)·변주(汴州)·송주(宋州)·노주(潞州), 활주(滑州)·제주(濟州)·운주(鄆州)·해주(海州)의 아홉 주의 군사를 징발하여 그를 토벌하게 하였다.

황상이 이우에게 손수 쓴 칙서를 내려서 말하였다.

"내가 항상 너에게 소인을 가까이하지 말라고 경계하였는데, 바로 이것 때문이었을 뿐이다."

이우는 연홍량 등 다섯 명을 불러서 침실에서 자게하고, 나머지 무리들은 병사의 무리들을 나누어 통솔하게 하면서 성을 순시하며 스스로 지켰다. 이우는 매일 밤에 연홍량 등과 더불어 비(妃)를 마주하고 잔치를 베풀고 술을 마시면서 뜻을 얻은 것으로 생각하였다. 놀고 웃다가 관군(官軍)에 관하여 말이 미치자, 연홍량 등이 말하였다.

"왕께서는 걱정하지 마십시오. 저 연홍량 등이 오른손에 술잔을 잡고,

---

120) 상주국은 훈관이고 개부는 문산관이다. 황제가 줄 수 있는 이러한 관직을 제왕인 이우가 준 것이다.

왼손으로는 왕을 위하여 칼을 휘둘러 그들을 쓸어버리겠습니다."

이우는 기뻐하며 믿고 그렇게 될 것으로 생각하였다. 격문(檄文)121)을 여러 현(縣)에 전하였는데 모두 좇으려고 하지 않았다.

이때에 이세적의 군사가 아직 도착하지 않았으나 청주(靑州)와 치주(淄州) 등 여러 주의 군사들은 이미 그 경계에 모였다. 제왕부(齊王府)의 병조(兵曹)인 두행민(杜行敏) 등이 몰래 이우를 잡으려고 모의하였는데, 이우의 좌우에 있는 사람과 이민(吏民) 가운데 같이 모의하지 않았던 사람 가운데 호응하지 않는 사람이 없었다.

경신일(10일) 밤에 사방에서 북을 두드리는데 그 소리가 수십 리까지 들렸다. 이우의 무리 가운데 밖에 거주하는 사람들이 있었는데, 무리들이 모두 칼을 휘둘러서 그들을 죽였다. 이우가 무슨 소리인가를 묻자 좌우에 있던 사람들은 거짓으로 말하였다.

"영공(英公)122)의 비기(飛騎, 북문의 둔병)가 이미 성에 올라갔습니다."

두행민은 군사를 나누어 담장을 뚫고서 들어갔고, 이우와 연홍량 등은 갑옷을 입고 무기를 들고 방으로 들어가서 문짝을 닫고 항거하며 싸웠는데, 두행민 등 1천여 명이 이를 에워쌌으나 아침부터 점심때까지 이기지 못하였다.

두행민이 이우에게 말하였다.

"왕께서는 옛날에 황제의 아들이었지만 지금은 나라의 도적이니 속히 항복하지 않으면 즉각 불에 타서 재가 될 것입니다."

이어서 땔감을 쌓아 놓게 명령하고 그것을 불태우려고 하였다. 이우는 창문을 사이에 두고 두행민에게 말하였다.

"바로 문짝을 열 것이지만 다만 연홍량 형제가 죽을 것을 걱정하오."

---

121) 일종의 공개된 편지이다.

122) 이세적을 말한다. 영공은 이세적의 작위명이다.

두행민이 말하였다.

"반드시 온전할 것이오."

이우 등이 마침내 나왔다.

어떤 사람이 연홍량의 눈을 후벼 파서 눈알을 땅에다 던지고 나머지는 모두 그의 팔을 때려서 부러뜨려서 그를 죽였다. 이우를 잡아서 아기(牙旗)[123]의 앞에 내놓아 이민(吏民)들에게 보이고 돌아와서 동상(東廂)에다 그를 묶어두니 제주(齊州)는 모두 평정되었다.

을축일(15일)에 이세적 등에게 칙령을 내려서 군사 행동을 그만두게 하였다. 이우가 경사에 도착하니 내시성(內侍省)에서 죽음이 내려졌고, 같은 무리로 목을 베인 자가 44명이었고 나머지는 묻지 않았다.

이우가 처음에 반란하면서 제주 사람 나석두(羅石頭)가 얼굴을 마주하며 그의 죄를 헤아리고서 창을 끄집어가지고 앞으로 나아가서 그를 찌르려고 하다가 연홍량에게 죽었다. 이우는 기병을 인솔하고 고촌(高村, 산동성 제남시 부근에 있는 촌락)을 공격하였는데, 고촌 사람 고군상(高君狀)이 멀리서 이우에게 책망하여 말하였다.

"주상께서는 세 자짜리 칼을 들고서 천하를 빼앗아서 억조(億兆)의 백성들이 은덕을 입어 그를 우러러 보기를 하늘같이 하였소. 왕께서 홀연히 성 안에 있는 사람 수백 명을 몰아서 역난(逆亂)을 일으켜서 임금이신 아버지를 범하고자 하니 한 손으로 태산(泰山)을 흔들고자 하는 것과 다름이 없는데, 어찌 스스로 헤아리지 못함이 심합니까?"

이우가 멋대로 쳐서 그를 포로로 잡았으나 부끄러워서 죽일 수가 없었다. 칙령을 내려서 나석두를 박주(亳州) 자사에 추증하였다. 고군상을 유사(楡社, 산서성 유사현) 현령으로 삼고 두행민을 파주(巴州) 자사로 삼고 남양군공(南陽郡公)에 책봉하였다. 그 가운데 이우를 잡고자 함께 도

---

123) 대장의 깃발이다. 깃대가 상아로 되어 있어서 생긴 말이다.

모한 사람에게는 관직과 상금을 차등 있게 주었다.

황상이 이우 집안의 문서와 상소문을 검토하다가 기실인 겹성(郟城, 하남성 겹현) 사람 손처약(孫處約)이 간하는 편지를 보고 그를 감탄하며 상을 주고 거듭 승진하여 중서사인이 되었다. 경오일(20일)에 권만기에게 제주(齊州)도독을 추증하고 무도군공(武都郡公)으로 작위를 내려주고 시호를 경공이라 하였으며, 위문진(韋文振)을 좌무위(左武衛) 장군으로 삼고 양양현공(襄陽縣公)의 작위를 내렸다.

10 애초에, 태자 이승건(李承乾)은 성색(聲色, 음악과 여색)과 사냥을 좋아하였고, 하는 일이 사치하고 낭비하면서 황상이 이를 알까 두려워하여 궁궐에 있는 신하들에 대하여서 항상 충성과 효도에 관하여 이야기 하고 혹은 눈물을 흘리기에 이르렀으며, 물러나서 궁중(宮中)으로 돌아오면 여러 소인배들과 서로 외설적인 짓을 하였다.

궁궐에 있는 신하 가운데 간언(諫言)을 하고자 하는 사람이 있으면 태자는 먼저 그의 마음을 미루어 헤아려 알고 번번이 맞이하며 절하고 얼굴을 거두고 꼿꼿이 앉아서 허물을 들어서 스스로 책망하는데 말솜씨가 훌륭하여 궁궐에 있는 신하는 절하며 회답하기에 겨를이 없었다. 궁성(宮省)에서는 비밀로 하였고 밖에 있는 사람은 알지 못하였으니, 그러므로 당시의 여론은 처음에는 모두 현명하다고 칭찬하였다.

태자가 여덟 자나 되는 구리로 된 화로와 여섯 개의 격(隔)124)이 달린 정(鼎, 솥)을 만들고, 도망한 노예를 모집하여 백성들의 말과 소를 훔쳐서 친히 가서 삶아서 아끼는 노복과 함께 이를 먹었다. 또 돌굴어와 그들의 복식을 본받기를 좋아하여 좌우에서 모양이 돌굴 사람과 비슷한 사람을 다섯 명을 선발하여 한 개의 낙(落)125)으로 만들고 변발(辮髮)을

---

124) 솥에 단 다리 가운데 굽은 다리를 격(鬲)이라고 하는데, 보통은 다리가 세 개인데 이 경우에 여섯 개나 된다고 하니 대단히 큰 솥이라고 할 수 있다.

하고 양 가죽 옷을 하고 양을 기르게 하였으며, 다섯 개의 이리 머리를 그린 독(纛)과 번기(幡旗)를 만들고 궁려(穹廬)126)를 설치하고 태자 스스로 그곳에 거처하면서 양을 거두어 이를 삶고 패도를 꺼내어 고기를 잘라서 서로 씹었다.

또 일찍이 좌우에 있는 사람들에게 말하였다.

"내가 시험적으로 가한(可汗)으로서 죽은 것처럼 할 것이니, 너희들은 그들의 상례의식을 본받아 해보라."

이에 땅에 뻣뻣하게 누우니 모두가 크게 곡(哭)을 하고 말을 타고 뛰어넘으며 둥글게 돌면서 그의 몸에 다가가서 얼굴을 칼로 그었다.

한참 있다가 태자가 벌떡 일어나서 말하였다.

"어느 날 아침에 천하를 갖게 되면 마땅히 수만 명의 기병을 인솔하고 금성(金城)의 서쪽에서 사냥을 할 것이고, 그런 다음에 머리를 풀고서127) 돌궐 사람이 되어 몸을 이사마(李思摩)128)에게 맡기고, 만약에 한 명의 설(設)129)이 된다면 다른 사람에게 뒤지지 않을 것이다."

좌서자(左庶子) 우지녕(于志寧)과 우서자(右庶子) 공영달(孔穎達)이 자주 태자에게 간언을 하니, 황상은 이를 칭찬하고 두 사람에게 금과 비단을 내려주어 태자를 넌지시 격려하게 하였고, 이어서 우지녕을 첨사(詹事)로 승진시켰다. 우지녕은 좌서자 장현소(張玄素)와 더불어 자주 편지를 올려서 절실하게 간언(諫言)하였더니 태자가 몰래 사람을 시켜서 그들을 죽이려 하였으나 결과를 못 얻었다.

---

125) 북방민족들의 거주하는 곳으로 빠오라는 거주 단위를 말한다.

126) 고대에 돌궐 사람들이 살던 빠오로 가운데가 높고 주변이 낮은 원형의 포장집을 말한다.

127) 중국인들은 머리를 묶는데, 북방 돌궐인들은 머리를 풀어 놓고 있다.

128) 아사나사마를 말한다. 옛날 동돌궐의 16대 대가한이다.

129) 돌궐의 관직으로 장군에 해당한다.

한왕(漢王) 이원창(李元昌, 태종의 동생)이 하는 짓은 대부분 불법이어서 황상이 자주 그를 견책(譴責)하니, 이로 말미암아서 원망하였다. 태자는 그와 친하게 잘 지내서 아침저녁으로 함께 놀았는데, 좌우로 나누어 두 개의 편으로 만들어서 태자와 이원창이 각기 그 한 편씩을 통솔하고 털로 짠 갑옷을 입고 대나무로 만든 창을 휘두르며 진을 펼쳐가지고 큰 소리를 지르며 교전(交戰)하여 치고 찔러서 피를 흘리면서 이를 즐거움으로 삼았다.

어떤 명령을 채용하지 않는 사람이 있으면 나무를 쪼개서 그를 때려서 죽기에 이른 사람도 있었다. 또 말하였다.

"나로 하여금 오늘 천자 노릇을 하게 되었다면 다음날에는 금원(禁苑)에 만인(萬人)의 영(營)을 만들고 한왕과 나누어 거느리며 그들이 싸우는 것을 볼 것이니 어찌 즐겁지 않으랴!"

또 말하였다.

"내가 천자가 되면 마음대로 멋대로 하다가 간언을 하는 사람이 있으면 번번이 그를 죽이면 불과 수백 명만 죽이면 무리들은 스스로 안정될 것이다."

위왕(魏王) 이태(李泰)는 재주와 능력이 많아서 황상에게 총애를 받았는데, 태자의 발에 병이 있는 것을 보고 몰래 적자(嫡子)의 자리를 빼앗을 뜻을 가지고 있어서 절도(節度)를 꺾고 선비들에게 자기를 낮추어 명성과 칭찬을 얻으려고 하였다. 황상은 황문시랑 위정(韋挺)에게 명령하여 이태의 왕부 업무를 관장하게130) 하였고, 그 후에 공부상서 두초객(杜楚客)에게 명령하여 그를 대신하게 하였는데, 두 사람은 모두 이태를 위하여 조정의 인사들과 관계를 엮으려 하였다.

두초객은 혹 금을 가슴에 품고 가서 권력 있고 귀한 사람에게 뇌물로

---

130) 섭직(攝職)이다. 관직명은 섭태부사(攝泰府事)이다. 즉 이태는 위왕(魏王)이므로 위 왕부를 설치하였는데, 그 왕부의 업무를 간섭하고 총괄하도록 한 직책이다.

주었고, 이어서 위왕이 총명하니 마땅히 황상의 후계가 되어야 한다는 것을 가지고 유세하니 문신과 무신들은 각기 붙고 의탁하는 사람을 가지고 있어서 몰래 붕당을 만들었다.

태자는 그들의 압박을 두려워하여 사람을 파견하여 거짓으로 이태의 왕부의 전첨(典籤)131)이 되어 봉사(封事)132)를 올리게 하였으며, 그 속에서는 모두 이태의 죄악을 말하니 칙령으로 그를 체포하게 하였으나 잡지 못하였다.

태자는 사사로이 태상시(太常寺)의 악동(樂童)133)인 칭심(稱心)을 아껴서 그와 더불어 같이 눕고 일어났다. 도사인 진영(秦英)과 위령부(韋靈符)가 좌도(左道)134)를 끼고서 태자에게 총애를 얻었다. 황상이 이 소식을 듣고 크게 화가 나서 칭심 등을 모두 잡아서 죽이니 연좌되어 죽은 사람이 여러 사람이었으며, 태자를 나무라는 것이 아주 심하였다.

태자는 속으로 이태가 이를 알린 것이라고 생각하고 원망하고 노여워하는 것이 더욱 심하였고, 칭심을 생각하는 것이 그치지 아니하여 궁 안에다가 집을 만들어 그 상(像)을 세워놓고 아침저녁으로 친히 전제(奠祭)135)를 드리고 배회하면서 눈물을 흘렸다. 또 궁원(宮苑) 안에다 무덤을 만들고 사사롭게 관직을 추증하고 비석을 세웠다.

황상의 마음에는 조금씩 불쾌한 생각이 스며들었고, 태자 역시 이를 알고 병을 핑계로 조알(朝謁)하려고 움직이지 않은 것이 몇 달에 걸치기

---

131) 문서 수발의 책임을 지는 관직이다.

132) 봉함해서 올리는 상소문이다. 이는 다른 사람이 보지 못하고 오직 황제만이 직접 보게 되어 있다.

133) 여자 아이지만 어리기 때문에 동(童)이라 하였고, 음악을 담당하는 소녀이다. 나이는 대체적으로 10여세이다.

134) 정도가 아닌 참위설, 신선설 같은 따위를 추구하는 도를 말한다.

135) 장례 또는 제사 전에 영전(靈前)에 차려 놓는 음식 따위를 전(奠)이라고 하는 것이므로 이 경우에는 칭심의 무덤 앞에 제물을 차려 놓고 제사를 지낸 것이다.

도 하였는데, 몰래 자객인 흘간승기(紇干承基) 등과 장사 100여 명을 양성하고 위왕이 이태를 죽이기로 모의하였다.

이부상서 후군집(侯君集)의 사위인 하란초석(賀蘭楚石)이 동궁(東宮)의 천우(千牛)136)여서 태자는 후군집이 원망하고 있는 것을 알고 자주 하란초석으로 하여금 후군집을 동궁으로 들어오게 하여 스스로 안전하게 될 방법을 물었는데, 후군집은 태자가 아둔하고 못났으므로 틈을 타서 도모하려고 하면서 이어서 그를 움직여 반란하게 하며 손을 들어 태자에게 말하였다.

"이 훌륭한 손이 마땅히 전하를 위하여 사용될 것입니다."

또 말하였다.

"위왕<이태>은 황상이 아끼고 있으니, 아마도 전하께서는 서인(庶人)이 된 양용(楊勇)의 화(禍)137)를 갖게 될까 걱정입니다. 만약에 칙령이 있어서 부르게 되면 의당 비밀리에 이를 대비해야 합니다."

태자는 아주 그렇게 여겼다.

태자는 후군집과 좌둔위(左屯衛) 중랑장인 돈구(頓丘, 하남성 내황현 동남쪽) 사람 이안엄(李安儼)에게 후하게 뇌물을 주고 황상의 뜻을 엿듣게 하고 움직임을 서로 말하기로 하였다. 이안엄은 전에 은태자(隱太子)138)를 섬겼었는데, 은태자가 실패하였으나 이안엄은 그를 위하여 힘껏 싸웠으므로 황상은 충성스럽다고 생각하였으니, 그러므로 친히 그에게 일을 맡겨서 숙위(宿衛)를 관장하게 하였다. 이안엄이 스스로 깊이 태자에게 의탁하였다.

---

136) 동궁은 황태자가 사는 궁궐이며 천우는 관직이다. 동궁에는 좌우내솔부에 천우가 16명이 있었는데 천우도를 잡고서 좌우에서 태자를 받들었다.

137) 수 문제 양견의 적장자이다. 무고와 모함을 받아서 200년 10월에 서인이 되었다.

138) 현제 황제인 이세민의 형으로 당 고조의 적장자로 태자였던 이건성을 말한다. 현무문의 사건을 통하여 이세민에게 죽었다.

한왕 이원창도 역시 태자에게 반란하라고 권고하며 또한 말하였다.

"최근에 보니 황상 옆에는 미인이 있는데 비파(琵琶)를 잘 타니 일이 성공하면 바라건대 내려 주십시오."

태자를 이를 허락하였다.

양주(洋州, 섬서성 서향현) 자사인 개화공(開化公) 조절(趙節)은 조자경(趙慈景)의 아들이고 어머니는 장광(長廣) 공주이며, 부마(駙馬)도위 두하(杜荷)는 두여회(杜如晦)의 아들인데 성양(城陽) 공주139)를 모시고 살았는데 모두 태자가 친히 가까이하니 그들의 반란 계획에 참여하였다.

무릇 같이 모의한 사람은 모두 어깨를 베어 비단으로 피를 닦아서 태운 재를 술에 섞어서 이를 마시고 생사를 함께 하기로 맹세하고 몰래 군사를 이끌고 서궁(西宮)140)으로 들어가려고 꾀하였다.

두하가 태자에게 말하였다.

"천문을 보면 변고가 있겠으니, 마땅히 속히 발동하시어 이에 호응하는데, 전하께서 다만 갑자기 병이 나서 위독하다고 말하면 주상께서 반드시 친히 오실 것이고 이를 이용하여 뜻을 얻을 수 있습니다."

태자는 제왕 이우가 제주에서 반란하였다는 말을 듣고 흘간승기 등에게 말하였다.

"우리 궁의 서쪽 담장은 대내(大內, 황궁)에서 바로 스무 걸음 떨어져 있을 뿐이고, 경과 더불어 큰일을 하는데 어찌 제왕에 비교하겠는가?"

마침 이우의 반란 사건을 처리하면서 흘간승기에 연관되어 있자 흘간승

---

139) 조자경은 당 고조 무덕 원년(618년) 11월에 하동(河東)을 공격하다가 요군소에게 죽었으며, 장광공주는 현재 황제인 이세민의 누이이다. 부마도위란 당대에는 공주의 남편은 모두 부마도위로 임명하였는데, 부마도위는 다만 공주의 남편만으로 임명하여 부마 또는 부마도위는 공주의 남편이라는 뜻이 되었으며, 성양공주는 현재 황제인 이세민의 딸이다.

140) 태자가 사는 궁궐은 동궁이라고 부르는데 이는 황제가 사는 궁궐의 동쪽에 있어서 붙인 호칭이다. 그러므로 태자가 사는 궁궐인 동궁에서 보면 황제가 사는 궁궐은 그 서쪽에 있으므로 여기서 말하는 서궁은 바로 태종 이방원이 살고 있는 궁궐이다.

기는 대리시의 감옥에 갇혔고 사형으로 판결되었다. *

資治通鑑

자치통감 권197

당(唐)시대 13(643~645년)

고구려 정벌의 실천

고민 속에 태자를 바꾼 태종

태종(太宗) 정관(貞觀) 17년(癸卯, 643년)[1]

1 여름, 4월 초하루 경진일에 흘간승기(紇干承基)는 변고가 있음을 올리면서 태자가 모반하였다고 보고하였다. 장손무기·방현령·소우·이세적에게 칙령을 내려서 대리시(大理寺)·중서성·문하성과 함께 참여하여이를 국문(鞫問)하게 하였더니,[2] 반란의 형태가 이미 갖추어져 있었다.황상이 시중을 드는 신하들에게 말하였다.

"장차 이승건(李承乾, 태자)을 어떻게 처리하여야 하오?"

여러 신하들이 감히 대답하지 못하였는데, 통사사인(通事舍人) 내제(來濟)가 나아가 말하였다.

"폐하께서 자애로운 아버지가 되는 것을 잃지 않고 태자가 천년(天年)을 다할 수가 있다면[3] 훌륭합니다."

황상이 이를 좇았다. 내제는 내호아(來護兒)[4]의 아들이다.

---

1) 정관 17년(643년)에는 사건이 많아서 이 권은 4월부터 기록하고 있다.

2) 당 제도에 의하면 국가적인 큰 옥사에서는 삼사가 자세히 결정하도록 하였다. 삼사란급사중과 중서사인과 어사가 참여하는 국문을 말한다. 그런데 이 경우에는 삼성과 대리시가 국문에 참여하였던 것은 그 일이 중대하였음을 말하는 것이다.

3) 천년이란 사형을 받는 등 인위적으로 죽는 것이 아니라 자연수명을 다한 다음에 죽는것을 말한다. 즉, 형벌만은 내리지 말라는 뜻이다.

을유일(6일)에 조서를 내려서 태자인 이승건을 서인(庶人)으로 하고 우령군부(右領軍府)에 유폐(幽閉)하게 하였다. 황상은 한왕 이원창의 죽음을 면하게 하려고 하였으나, 여러 신하들이 굳게 다투니 마침내 집에서 스스로 목숨을 끝내게 하고, 그의 어머니와 처와 아들을 용서하였다.

후군집(侯君集)·이안엄(李安儼)·조절(趙節)·두하(杜荷) 등이 모두 엎어져 죽었다. 좌서자 장현소(張玄素)·우서자 조홍지(趙弘智)·영호덕분(令狐德棻) 등은 간쟁을 하지 않았다는 것으로 모두 죄에 걸려서 면직되어 서인이 되었다. 나머지 마땅히 죄에 걸려야 할 사람들은 모두 사면하였다.

첨사 우지녕(于志寧)은 자주 간언을 하였으므로 홀로 수고하였다는 칭찬을 받았다. 흘간승기(紇干承基)는 우천부(祐川府, 치소는 감숙성 임조현)의 절충(折衝)도위가 되고 평극현공(平棘縣公)으로 작위를 받았다.

후군집이 잡혔는데, 하란초석(賀蘭楚石)이 다시 궁궐에 가서 그 일을 알리니, 황상이 후군집을 끌어내어 말하였다.

"짐은 도필리(刀筆吏)로 하여금 공(公)을 욕되게 하지 않으려 하오. 그러므로 스스로 공을 국문하는 것뿐이오."[5]

후군집은 처음에 승인하지 않았다. 하란초석을 끌어다가 그 처음부터 끝까지 다 진술하게 하고, 또 이승건에게 보내며 왕래한 것을 가지고 그에게 펼쳐 보이게 하니, 후군집이 말이 궁색해지자 마침내 자복하였다.

황상이 시중을 드는 신하들에게 말하였다.

"후군집은 공로를 세웠으니, 그의 목숨을 구걸하려고 한다면 가능하겠소?"

여러 신하들은 안 된다고 생각하였다. 황상이 마침내 후군집에게 말하였

---

4) 고조 무덕 원년(618년) 3월에 우문화급에게 죽었다.

5) 도필리란 문서를 다루는 하급 관원을 말하는 것이지만 여기에서는 형벌을 다루는 형리(刑吏)를 말한다. 태종은 하급 관원에게 높은 관원이 심문 받는 모욕을 없애려고 스스로 심문한다는 말이다.

다.

"공과 길게 결별하겠소."

이어서 눈물을 떨어뜨렸다. 후군집도 역시 스스로를 땅에 던졌고 마침내 저자에서 그를 참수하였다.

후군집이 형벌을 받게 되면서 형의 집행을 감독하는 장군에게 말하였다.

"나 후군집이 차질(蹉跌)을 빚은 것이 여기에 이르렀다! 그러나 번저 (藩邸)에서 폐하를 섬기면서 두 나라를 쳐서 빼앗았으니,6) 한 명의 아들을 온전하게 하여 제사를 받들게 하여 주기를 비오."

황상은 이에 그의 처와 아들을 용서하고 영남(嶺南, 남령의 남쪽)으로 귀양 보냈다. 그 집안을 적몰(籍沒)하면서 두 명의 미인을 잡았는데, 여려서부터 사람의 젖을 마셔서 다른 것을 먹지 않았다.

애초에, 황상이 이정(李靖)으로 하여금 후군집에게 병법을 가르치게 하였더니, 후군집이 황상에게 말하였다.

"이정이 장차 반란을 일으킬 것입니다."

황상이 그 연고를 물었더니, 대답하였다.

"이정은 다만 신에게 그 조략(粗略)한 것을 가르치고 그 정치(精緻)한 것을 숨기니, 이로써 압니다."

황상이 이정에게 물었더니, 이정이 대답하였다.

"이는 후군집이 반란을 일으키려고 하는 것일 뿐입니다. 지금 제하(諸夏)가 이미 평정되었으므로 신이 가르치는 바로 충분히 사이(四夷)를 제압할 것인데, 군집이 굳게 신이 가지고 있는 술책을 다 요구하는 것은 반란하려는 것이 아니면 무엇이겠습니까?"

강하왕 이도종이 일찍이 조용히 황상에게 말하였다.

---

6) 고창국과 토욕혼한국을 말한다.

"후군집의 뜻은 크지만 지혜는 작으니 스스로 작은 공로를 자부하면서 방현령과 이정의 아래에 있는 것을 수치스럽게 생각하여, 비록 이부상서가 되더라도 그 뜻을 채울 수는 없습니다. 신이 그를 보건대 반드시 장차 난을 일으킬 것입니다."

황상이 말하였다.

"후군집의 재주와 그릇으로는 또한 무엇을 하여도 못하겠소! 짐이 어찌 중요한 지위를 아끼겠소! 다만 아직 차례가 되지 않았을 뿐인데 어찌 미리 헤아려서 망령되게 시기하는 두 마음을 생기게 하시오?"

후군집이 반란으로 주살되기에 이르자, 황상이 이도종에게 말하였다.

"과연 경의 말대로요."

이안엄의 아버지는 나이가 아흔 살 남짓이어서 황상이 그것을 불쌍하게 생각하여 노비를 내려주어 그를 봉양하게 하였다.

태자 이승건이 이미 죄를 얻고 나자, 위왕(魏王) 이태가 매일 들어와서 시봉(侍奉)하니, 황상이 대면하고서 태자로 세우겠다고 허락하였으며, 잠문본과 유기(劉洎)도 역시 그것을 권고하였지만 장손무기는 굳게 진왕(晉王) 이치(李治)를 세우라고 청하였다.

황상이 시중을 드는 신하에게 말하였다.

"어제 청작(靑雀)[7]이 내 품에 들어와서 말하기를, '신이 오늘에야 처음으로 폐하의 아들이 될 수 있었으니 마침내 다시 탄생한 날입니다. 신에게 한 아들이 있는데, 신이 죽는 날에 마땅히 폐하를 위하여 그를 죽이고 자리를 진왕에게 전하겠습니다.' 라고 하였소. 사람이라면 누가 그 자식을 아끼지 않겠소! 짐은 그가 이와 같이 하는 것을 보고 아주 그를 가련하게 생각하였소."

간의대부 저수량이 말하였다.

---

7) 위왕 이태의 어릴 때의 자가 청작이다.

"폐하의 말씀은 크게 실수하신 것입니다. 바라건대, 살피고 생각하시어 그르치지 마십시오. 어찌 폐하께서 만세가 지난 다음8)에 위왕이 천하를 점거하고 나서 그의 아끼는 아들을 죽이고 진왕에게 자리를 전해 주는 일이 있겠습니까?9)

폐하께서 먼젓번에 이승건을 세워서 태자로 삼고, 다시 위왕을 총애하시니, 예의와 순서가 이승건보다 지나치게 되어서 오늘날의 화를 만들게 되었습니다. 전의 일은 먼 옛날이야기가 아니니 충분히 거울이 될 만합니다. 폐하께서 지금 위왕을 세우신다면 먼저 진왕을 조치하시기를 바라며, 그러고 나서야 비로소 안전할 수 있을 뿐입니다."

황상이 눈물을 흘리며 말하였다.

"나는 그렇게 할 수 없다."

이어서 일어나서 궁궐로 들어갔다.

위왕 이태는 황상이 진왕 이치를 세울까봐 두려워하여서 그에게 말하였다.

"너와 이원창은 잘 지내는데 이원창이 이번에 실패하였으니, 걱정거리가 없을 수 있겠는가?"

이치는 이로 말미암아서 안색이 달라진 것이 드러났다. 황상이 이상하게 생각하여 그 연고를 물으니, 이치가 마침내 상황을 알리자, 황상이 어루만지면서 비로소 이태를 세우겠다는 말을 한 것을 후회하였다.

황상이 이승건을 마주하고서 나무라니, 이승건이 말하였다.

"신이 태자였으니, 다시 무엇을 구하였겠습니까? 다만 이태가 도모하려

---

8) 만세는 만년이라는 말로 황제에게는 죽는다는 말을 사용하지 않기 때문에 죽은 다음이라는 말을 만년 후라고 표현한다. 경우에 따라서는 백세후라고 하기도 하지만 같은 뜻이다.

9) 위왕 이태가 자기의 아들을 죽이고 황제의 자리를 동생인 진왕 이치에게 전한다고 하였지만 자기의 아들을 죽이는 것은 인정이 없는 것이고, 인정이 없는 사람은 그 말도 믿을 수 없다고 판단한 것이다.

는 것 때문에 때로는 조정의 신하들과 스스로 편안하게 하려는 술책을
도모하였고, 좋지 않은 사람들이 드디어 신에게 불궤한 짓을 하도록 가
르쳤을 뿐입니다. 지금 만약에 이태를 태자로 삼는다면 이른바 그가 의
도한 속에 떨어지는 것입니다."

이승건이 이미 폐위되고 나서 황상이 양의전(兩儀殿)에 나갔는데, 여
러 신하들이 모두 나갔다. 다만 장손무기·방현령·이세적·저수량을 남
아 있게 하고 말하였다.

"나의 세 아들과 한 명의 동생10)이 한 짓이 이와 같으니, 나의 마음은
진실로 즐겨 의지할 곳이 없소."

이어서 스스로 침상에 몸을 던지니 장손무기 등이 다투어 앞으로 나아
가서 부축하여 붙잡았다. 황상은 또한 패도를 꺼내어 스스로를 찌르려고
하니, 저수량이 칼을 빼앗아서 진왕 이치에게 주었다.

장손무기가 황상이 바라는 것을 말하여 달라고 요청하니, 황상이 말하
였다.

"나는 진왕을 세우고 싶소."

장손무기가 말하였다.

"삼가 조서를 받들겠습니다. 다른 논의를 하는 사람이 있으면 신이 바
라건대 그를 목 베게 하여 주십시오."

황상이 이치에게 말하였다.

"너의 외삼촌이 너를 허락하였으니, 의당 절하며 감사하여야 할 것이다."

이치는 이어서 그에게 절하였다. 황상이 장손무기 등에게 말하였다.

"공 등은 이미 나의 뜻에 동의하였지만 밖에 있는 사람들이 논의하는
것이 어떠한지 모르겠구려."

---

10) 세 아들이란 이우, 이건승, 이태이고, 한 명의 동생이란 이원창을 말하는데, 제왕 이
   우는 먼저 반란을 일으켰었고, 이번에 반란을 일으킨 사람은 태자 이승건과 이원창으
   로 위왕 이태가 그 상대이다.

대답하였다.

"진왕은 어질고 효성스러우며 천하가 마음을 의탁하고 있는 지 오래 되었으니, 빌건대 폐하께서 시험적으로 백관들을 불러서 물어 보시고 만약에 같지 않은 사람이 있다면 신은 폐하께 만 번 죽을죄를 진 것입니다."

황상이 마침내 태극전으로 나아가서 문무관원 가운데 6품 이상을 소집하고 말하였다.

"이승건은 패역(悖逆)하였고, 이태는 또한 음흉하고 사나웠으니, 모두 세울 수가 없다. 짐이 여러 아들 가운데 뽑아서 뒤를 잇게 하려는데 누가 좋겠는가? 경들이 분명하게 이를 말해주시오."

무리들이 시끄럽게 소리 지르듯 말하였다.

"진왕이 어질고 효성스러우니 마땅히 뒤를 이어야 합니다."

황상이 기뻐하였다.

이날에 이태는 100여 명의 기병이 좇게 하고서 영안문(永安門)에 도착하였다. 문사(門司)11)에게 칙령을 내려서 그 기병들을 다 물리치게 하고 이태를 이끌어서 숙장문(肅章門)으로 들어오게 하여 북원(北苑)에 유폐(幽閉)시키게 했다.

병술일(7일)에 조서를 내려서 진왕 이치를 세워서 황태자로 삼고, 승천문루에 나아가서 천하에 사면령을 내리고 사흘 동안 포(酺)12)하게 하였다.

황상이 시중을 드는 신하들에게 말하였다.

"내가 만약에 이태를 세웠다면 태자의 자리는 경영을 하여 얻을 수 있는 것이 된다. 지금부터 태자가 도리를 잃고, 번왕(藩王)이 틈을 엿본다면 두

---

11) 궁궐문을 관장하는 관리이다.

12) 포(酺)란 백성들이 연회를 하고 술을 자유롭게 먹을 수 있는 것을 말한다. 이 포에는 대포(大酺)가 있는데, 이는 엿새 동안을 허락하는 것을 말한다.

사람을 모두 버릴 것이다. 여러 자손에게 이를 전하여 영원히 후대의 법으로 삼으라. 또한 이태가 세워지면 이승건과 이치도 모두 온전하지 못할 것이고, 이치가 세워지면 이승건과 이태는 모두 걱정이 없을 것이다."

신 사마광이 말씀드립니다.

"당 태종은 천하라는 큰 그릇을 그가 아끼는 사람에게 사사로이 주지 아니하였으므로 화란(禍亂)의 근원을 막았으니, 멀리를 꾀하였다고 말할 수 있습니다."

설연타에게 통혼의 약속을 깬 태종

2 정해일(8일)에 중서령 양사도(楊師道)를 이부상서로 삼았다. 애초에, 장광(長廣) 공주13)는 조자경(趙慈景)에게 시집가서 조절(趙節)을 낳았는데, 조자경이 죽자14) 양사도에게 다시 시집갔다. 양사도는 장손무기 등과 더불어 공동으로 이승건의 옥사(獄事)를 국문하였지만 몰래 조절을 위하여 길을 만들었고, 이로 말미암아서 견책을 받았다.

황상이 공주가 있는 곳에 가니 공주가 머리를 땅에 부딪치며 눈물을 흘리면서 아들의 죄를 사과하며 우니, 황상은 역시 절하고 눈물을 흘리면서 말하였다.

"상을 주는 데는 원수를 피하지 않는 것이고, 벌을 주는데도 친척에게 아부하지 않는 것인데, 이것이 천하의 지극히 공정한 도리이어서 감히 어길 수 없는 것이니, 이로써 누나에게 부담을 드렸습니다."

기축일(10일)에 조서를 내려서 장손무기를 태자태사(太子太師)로 삼고, 방현령을 태부(太傅)로 삼으며, 소우(蕭瑀)를 태보(太保)로 삼고,15) 이세적을 첨사(詹事)로 삼았는데, 소우와 이세적은 나란히 동중서문하삼품(同

---

13) 태종 이세민의 누이이다.

14) 조자경은 고조 무덕 원년(618년) 11월에 하동 전투에서 요군소에게 죽었다.

15) 태자태사와 태부 그리고 태보는 동궁에 있는 태자의 스승, 즉 동궁삼사라고 하는데, 모두 태자에 대한 교육을 맡는다.

中書門下三品)16)이 되었다. 동중서문하삼품은 이때부터 시작되었다.

또 좌위(左衛) 대장군 이대량(李大亮)으로 우위솔(右衛率)의 직책을 관장17)하게하고, 전에 첨사(詹事)였던 우지녕(于志寧)과 중서시랑 마주(馬周)를 좌서자로 하고, 이부시랑 소욱(蕭勖)과 중서사인 고계보(高季輔)를 우서자로 삼고, 형부시랑 장행성(張行成)을 소첨사로 삼고, 간의대부 저수량을 빈객으로 삼았다.

이세적이 일찍이 갑작스럽게 병을 얻었는데, 방(方, 藥方文)에서 말하였다.

"수염을 태운 재로 치료할 수 있다."

황상이 스스로 수염을 깎아서 그를 위하여 약에 섞게 하였다. 이세적이 머리를 조아리다가 피를 내고 눈물을 흘리며 감사해하였다. 황상이 말하였다.

"사직을 위한 것이지 경을 위한 것이 아닌데, 어찌 이를 감사할 일이 있다고 하는가?"

이세적이 일찍이 모시고 연회를 여는데, 황상이 조용히 말하였다.

"짐이 여러 신하들 가운데 어린 고아18)를 부탁할 수 있는 사람을 찾았는데 공을 뛰어 넘는 사람이 없는데, 공은 왕년에 이밀(李密)에게는 부담을 지지 않더니19) 어찌하여 짐에게는 부담을 지는가?"

이세적이 눈물을 흘리면서 손가락을 깨물어 피를 내었고, 이어서 술을

---

16) 중서는 중서성의 중서령을 말하는 것이고, 문하는 문하성의 문하시중을 말하는 것이며, 3품은 품계를 말한다. 이 직책은 아직은 혼동된 점이 있지만 후에는 동중서문하평장사라는 정식 관직 명칭이 만들어진다.

17) 영직(領職)으로 본래의 직책을 가지고 있으면서 다른 책책의 업무를 관장하게 하는 관리 임용법이고, 여기에서는 영우위솔이다.

18) 고아란 아버지가 없는 아들을 말한다. 여기서는 당 태종이 죽은 다음에 황제가 되는 자기의 아들인 이치를 말한다.

19) 이 일은 고조 무덕 원년(618년)에 있었고, 그 내용은 《자치통감》 권186에 실려 있다.

마시고 깊이 취하였는데, 황상이 어복(御服)을 벗어서 그에게 덮어 주었다.

계사일(14일)에 조서를 내려서 위왕 이태의 옹주목·상주도독·좌무후대장군을 해직시키고 작위를 내려서 동래군왕으로 하였다. 이태의 왕부에 있던 요속들 가운데 이태가 친하고 가까이하였던 사람들은 모두 영표(嶺表, 남령의 이남)로 귀양 보냈다. 두초객의 형인 두여회는 공로를 세웠으므로 죽음에서 면제되었고 폐출되어 서인으로 삼았다. 급사중 최인사(崔仁師)는 일찍이 비밀리에 위왕 이태를 태자로 세우라고 청하였으므로 홍로시 소경으로 좌천되었다.

경자일(21일)에 태자가 세 분의 스승을 만나는 의례를 정하였다. 전문(殿門)의 밖에서 영접하고 먼저 절하며 세 스승이 답례의 절을 하게 하였다. 매 문을 지날 적마다 세 스승에게 양보하고, 세 스승이 앉아야 태자가 마침내 앉게 하였다. 그가 세 스승에게 편지를 보낼 때에는 앞뒤에 '이름을 쓰고 황공합니다.' 라고 하게하였다.

5월 계유일(25일)에 태자가 표문을 올렸다.

"이승건과 이태의 의복은 몸에 따라다니는 것에 지나지 않고, 마시고 먹는 것은 입에 맞을 수가 없으며 유폐되어 근심하는 것이 불쌍하니, 빌건대, 유사에게 칙령을 내리시어 좀 우대하여 공급하는 것을 더하여 주십시오." 황상이 이를 좇았다.

황문시랑 유기(劉洎)가 말씀을 올렸다.

"태자는 의당 부지런히 배우고 묻고 스승과 벗을 가까이하여야 합니다. 지금 궁궐에 들어와서 시중을 드는데 움직였다하면 열흘이나 반달씩을 넘기게 되어 사보(師保) 이하의 사람들이 마주하는 일이 아주 드뭅니다. 엎드려 바라건대, 조금만 아래로 내려 주시는 사랑을 적게 하시고 원대한 규범을 넓히신다면 해내에서는 아주 다행이라 생각합니다." 황상이 마침내 유기에게 명령하여 잠문본(岑文本)·저수량·마주(馬周)와 더불어 날짜를 바꾸어 동궁(東宮)에 가서 태자와 더불어 노는 곳에서 담론하게 하였다.

3 6월 초하루 기묘일에 일식이 있었다.

4 정해일(9일)에 태상승(太常丞) 등소가 고려(高麗, 고구려)에 사신으로 갔다가 돌아와서 회원진(懷遠鎭, 요녕성 요중현)에 수(戍)자리를 서는 병사를 늘려서 고려를 압박할 것을 요청하였더니, 황상이 말하였다.

" '멀리 있는 사람이 복종하지 않으면 문덕(文德)을 닦아서 그들을 오게 하여야 하는 것' 20)인데, 아직은 100~200명의 수자리 서는 병사가 떨어진 지역에 있는 사람에게 위엄을 보일 수 있다는 말을 듣지 못하였다."

5 정유일(19일)에 우복야 고사렴(高士廉)이 자리를 양보하니 이를 허락하고 그의 개부의동삼사와 공훈으로 봉작된 것은 옛날과 같게 하였으며 여전히 동문하중서삼품으로 정사(政事)를 알아서 처리하게 하였다.21)

6 윤월(윤6월) 신해일(4일)에 황상이 시중을 드는 신하들에게 말하였다.

"짐이 태자를 세우면서부터 사물을 만나면 이것으로 교훈하였는데, 그가 밥 먹는 것을 보게 되면 바로 이르기를 '네가 농사를 짓는 어려움을 안다면 항상 이러한 밥을 갖게 될 것이다.' 22)라고 하였소. 그가 말 타는 것을 보면 바로 이르기를 '네가 그것이 수고하는 것과 편안하게 하는 것을 알아서 그 힘을 다 없애지 않는다면 항상 이것을 탈 수 있을 것이다.' 라고 하였소. 그가 배를 타는 것을 보면 바로 이르기를 '물은 배를 띄우는 것

---

20) ≪논어(論語)≫에 나오는 말이다.

21) 지직(知職)으로 정사를 알아서 처리하는 지정사(知政事)의 직책이다.

22) ≪상서(尙書)≫ <무일(無逸)> 편에 나오는 말이다.

이지만 역시 엎어버리기도 하는 것인데 백성들은 물과 같고 임금은 배와 같다.'23)라고 하였소. 그가 나무 아래에서 쉬는 것을 보면 이르기를 '나무는 먹줄을 거쳐서 올바로 되고,24) 군주는 간언에서부터 성스럽게 되는 것이다.'25)라고 하였소."

7 정사일(10일)에 태자에게 조서를 내려서 좌둔영(左屯營)·우둔영(右屯營)의 병마에 관한 일을 알아서 처리하게 하고,26) 그 대장군 이하의 사람들은 나란히 처분을 받도록 하였다.

8 설연타(薛延陀)의 진주(眞珠) 가한27)이 그의 조카인 돌리(突利) 설(設)28)을 시켜서 와서 폐물(幣物)을 바쳤는데, 말 5만 필·소와 낙타 1만 두(頭)·양 10만 마리를 헌납하였다. 경신일(13일)에 돌리 설이 음식물을 헌상(獻上)하니 황상이 상사전(相思殿)에 나아가서 여러 신하들에게 향연을 베풀면서 10부악(部樂)29)을 진설(陳設)하니 돌리 설은 두 번 절하고 축수하는 술을 올렸고, 하사한 재물도 아주 후하였다.

글필하력(契苾何力)30)이 말씀을 올렸다.

"설연타는 더불어 결혼할 수 없는 사람입니다."

---

23) ≪공자가어≫에 나오는 말이다.

24) 나무를 재목으로 쓸 때 먹줄로 직선을 표시하고 나서 나무를 곧게 자른다.

25) ≪상서(尙書)≫ <설명(說命)> 편에 나오는 말이다.

26) 관직명은 지좌·우둔영병마사(知左·右屯營兵馬使)로 지직(知職)이다. 지직이란 관리 임용 방법의 하나로 칙령으로 특별한 임무를 덧붙여주는 것이다.

27) 설연타는 몽골 서남부에 있던 한국(汗國)이고, 진주 가한은 설연타한국의 2대 대가한이다.

28) 북방족의 관직으로 장군에 해당하는 직책이다.

29) 전 음악을 정리하여 10개의 부로 나눈 것이다. 이전까지는 9부악이었는데 다시 늘려 10부악이 되었으며, 이 일은 정관 14년(640년)에 있었고, ≪자치통감≫ 권195에 실려 있다.

30) 당의 우교위 장군이다.

황상이 말하였다.

"내가 이미 이를 허락하였는데 어찌 천자가 되어 식언(食言)을 할 수 있겠는가?"

글필하력이 대답하였다.

"신은 폐하께서 갑자기 그들을 잘라 버리시기를 바라지 않지만, 바라건 대, 또 그 일을 지연시키십시오. 신이 듣건대 옛날에는 친영(親迎)[31]의 예라는 것이 있었는데, 만약에 설이남(薛夷男)에게 칙령을 내려서 친영을 하게한다면 비록 경사에까지 오지는 않는다고 하여도 역시 영주(靈州, 녕 하성 연무현)까지는 와야 할 것입니다. 저들은 반드시 감히 오지 않을 것 이니 거절하는데 명분을 갖게 할 것입니다.

설이남은 성격이 강하고 흉포하여 이미 성혼이 되지 않게 되면 그 부 하들은 다시 두 마음을 품게 될 것이고, 불과 1~2년 만에 반드시 병들 어 죽을 것이며, 두 아들이 서는 것을 가지고 다툰다면 앉아서도 그들을 제압할 수 있습니다."

황상이 이를 좇아서 마침내 진주 가한의 사자를 불러서 친영하게 하 고, 이어서 장차 영주(靈州)에 행차하여 그와 더불어 만나기로 한다는 조서를 발표하였다. 진주 가한은 크게 기뻐하고 영주로 가려고 하였는 데, 그 신하들이 간하였다.

"만약에 구류(拘留)되기라도 한다면 이를 후회하여도 돌이킬 수 없습 니다."

진주가 말하였다.

"내가 듣기로는 당의 천자는 성스러운 덕을 가졌다고 하는데 내가 몸 소 가서 그를 볼 수 있다면 죽어도 한스러움이 없을 것이다. 또 사막의 북쪽에는 반드시 주군이 있어야 할 것인데, 내가 가는 것이 결정되었으

---

31) 혼례를 치르는 과정 가운데 하나이다. 마지막에 신랑이 친히 신부의 집에 가서 신부 를 맞이하는 절차를 말한다.

니, 다시 많은 말을 하지 마시오."

황상이 사자를 세 번 보내어 그들이 헌납한 여러 가지 가축을 받았다.

설연타에는 원래 창고와 마구간이 없었는데, 진주 가한이 여러 부에서 징발하여 거둬들여 가지고 왕복 1만 리를 가는데 길에는 모래밭을 건너면서 물과 풀이 없어서 소모되어 죽는 것이 곧 반이 되었고 기한을 놓치고 오지 못하였다. 의논하는 사람들 가운데 어떤 사람은 빙례(聘禮)를 치르는 재물이 아직 갖추어지지 않았는데 그들과 통혼을 한다면 장차 융적(戎狄)들로 하여금 중원에 있는 나라32)를 가볍게 여길 것이라고 생각하였고, 황상은 마침내 조서를 내려서 그들의 혼인을 끊는다고 하고, 영주로 가는 것도 중지하면서 세 번 보낸 사신도 뒤쫓아서 돌아오게 하였다.

저수량이 상소문을 올려서 말하였다.

"설연타는 본래 한갓 기근(俟斤)33)인데 폐하께서 사막의 요새를 탕평(蕩平)하자, 만 리가 쓸쓸해지고 나머지 오랑캐들이 물결치듯 달아났으니 반드시 추장이 필요하게 되었고, 새서(璽書)와 고독(鼓纛)34)으로 세워서 가한으로 세웠습니다.

근래에 다시 넓은 사사로움을 내려 주셔서 그들에게 혼인할 것을 허락하시면서35) 서쪽으로는 토번(吐藩, 도읍, 서장의 라사)에게 알리고, 북쪽으로는 아사나사마(阿史那思摩)36)에게도 효유(曉諭)하였고, 중국의 어린

---

32) 원문에서는 중국이라고 하였다. 그러나 이를 바로 중국이라고 할 경우에는 오늘날의 중국으로 이해될 가능성이 있다. 이후로는 '중국' 으로 쓴다. 여기에서는 중원에 자리하고 있는 나라라는 뜻으로 결국은 당 왕조를 가리킨다.

33) 북방민족의 관직명으로 이를 번역하면 총사령관에 해당하는 직책이다.

34) 새서는 황제의 인새를 찍은 편지이고, 고는 북이며, 독은 깃발이다. 이 모두 제왕이 사용하는 의장기물이다. 이 사건은 태종 정관 2년(628년) 12월에 있었던 일이며, ≪자치통감≫ 권193에 실려 있다.

35) 태종 정관 16년(642년) 10월의 일이고, 그 내용은 ≪자치통감≫ 권196에 실려 있다.

36) 새로이 중흥한 동돌궐 한국을 말하며 사막의 남부에 자리 잡고 있었다.

아이들도 이를 모르는 사람이 없습니다.

북문에 행차하셔서 그들이 헌납한 식사를 받으시고 여러 신하들과 사방에서 온 이적들이 연회를 하면서 종일토록 즐겼습니다. 모두가 말하기를 폐하께서 백성들을 편안하게 하고자 하여 한 명의 딸을 아끼시지 않으신다고 말하니, 무릇 살고 있는 사람 가운데 누가 은덕을 품지 않겠습니까?

지금 하루아침에 나가고 물러나려는 뜻이 생기자 고쳐서 후회하는 마음을 갖게 되니 신은 국가를 위하여 이러한 명성 있는 소문을 애석하게 여깁니다. 돌아본 것이 아주 적지만 잃는 것은 특별히 많으며, 혐의하는 틈이 이미 생기면 반드시 변경에 걱정거리가 만들어집니다.

저 나라는 속임을 당하였다는 화를 쌓아둘 것이고, 이쪽 백성들은 약속을 어겼다는 부끄러움을 가슴에 품을 것이니, 아마도 먼 곳에 있는 사람들을 복종시키고, 병사들을 훈육하는 것이 못 될까 걱정입니다. 폐하께서 천하에 군림하신 지 17년인데, 어진 은혜를 가지고 서민들을 연결하셨고 믿음과 의로움으로 융이(戎夷)들을 어루만지시니 기뻐하지 않는 이가 없었습니다. 이를 어기는 것은 처음에 좋고 끝도 좋게 하지 못하는 것이 얼마나 애석합니까?

무릇 용사(龍沙) 이북에서는 부락은 계산할 일이 없어서,37) 중국이 이들을 죽인다고 하여도 끝내 다할 수가 없으니, 마땅히 덕을 가지고 그들을 품어주어 악한 짓을 하는 자는 이적(夷狄)에 있지 중화에 있는 것이 아니고, 신의를 잃는 사람은 저쪽에 있지 이쪽에 있지 않게 한다면 요(堯)·순(舜)·우(禹)·탕(湯)38)도 폐하를 따라오지 못하는 것이 멀 것입

---

37) 용사란 흉노의 왕정이 있는 용성(龍城)을 가리키는 말인데, 용성은 중국 북방에 있는 사막에 있기 때문에 용성이 있는 사막이라는 뜻으로 쓴 것이며, 이 지역에는 부락들이 고정적으로 자리하지 않아서 셀 수가 없다는 말이다.

38) 중국 고대에 있었던 성군들을 말한다.

니다."

황상은 듣지 않았다.

이때에 여러 신하들은 대부분이 말하였다.

"국가는 이미 그에게 혼인할 것을 허락하고 그의 빙례에 따른 예물을 받았으니 융적들에게 신의를 잃어서 다시금 변경지대에 걱정거리를 생기게 해서는 안 됩니다."

황상이 말하였다.

"경들은 모두 옛 것을 알면서 지금의 것을 모르고 있소. 옛날 한(漢) 초기에 흉노들이 강하였고 중국은 약하였으니, 그러므로 자녀들을 꾸미고 금과 비단을 덜어내어 그들에게 먹여 주었던 것이니, 일의 적당함을 얻은 것이오. 지금 중국이 강하고 융적들은 약하여서 나의 보병 1천으로 흉노의 기병 수만을 칠 수 있으니, 설연타가 납작 엎드려서 고개를 조아리는 것은 오직 내가 바라는 바이오. 감히 거만하지 못한 자가 새로이 군장이 되니 여러 가지 성(姓)을 가진 사람들은 그와 같은 종족이 아니어서 중국의 세력을 빌어서 그들을 위엄으로 복종시키고자 하는 것뿐이오.

저들 동라(同羅, 몽골 울란바토르)·복골(僕骨, 몽골의 동부)·회흘(回紇, 몽골 허린걸) 등의 10여개 부(部)에는 병사가 각기 수만인데 힘을 나란히 합쳐서 이를 공격하면 즉각적으로 파멸시킬 수 있으나 감히 발동하지 않는 까닭은 중국이 세웠던 연고요.

지금 딸을 그에게 처로 삼게 한다면 저들은 스스로 큰 나라의 사위라는 것을 믿을 것이니 여러 가지 잡다한 성을 가진 사람들이 누가 감히 복종하지 않겠소? 융적(戎狄)이란 얼굴은 사람이지만 마음은 짐승 같아서 어느 날 아침에 조금이라도 마음대로 되지 않으면 반드시 돌아서서 깨물어서 해를 입힐 것이오.

지금 내가 그들과의 혼사를 잘라 버려서 그들의 예물을 받지 않는다면 여러 가지 잡다한 성을 가진 족속들은 내가 그를 포기하였다는 것을 알아서 얼마 지나지 않아서 장차 오이처럼 나뉠 것이니 경들은 이것을 기억하시오."

신 사마광이 말씀드립니다.

"공자가 말씀하시기를 '먹는 것을 없애고, 군사를 없앨 수는 있지만 신의를 저버릴 수는 없다.' 39)고 하였습니다. 당 태종은 설연타에게 처로 삼게 할 수 없다는 것을 살펴보고 알았다면 처음에 그에게 혼인하는 것을 허락하지 말아야 옳았습니다. 이미 그것을 허락해 놓고 마침내 다시 강하다는 것을 믿고 신의를 버리고 이를 거절하였으니, 비록 설연타를 멸망시켰다고 하여도 수치스러운 일이라고 할 수 있습니다. 제왕 된 사람이 말을 하고 명령을 내면서는 신중하게 하지 않을 수가 있겠습니까?"

---

39) 《논어》에 나오는 말이다.

후사 문제로 고민하는 당 태종

9 황상이 말하였다.

"연개소문(淵蓋蘇文)40)이 그 군주를 시해하고 그 나라의 정치를 오로지하니41) 진실로 참을 수가 없는데, 오늘날의 병력을 가지고 그것을 빼앗는 것은 어렵지 않을 것이지만 다만 백성들을 수고롭게 하고 싶지 않으니, 내가 또 거란(契丹)과 말갈(靺鞨)을 시켜서 그들을 시끄럽게 하고자 하는데, 어떠한가?"

장손무기가 말하였다.

"연개소문은 스스로 죄가 크다는 것을 알고 큰 나라가 토벌할 것을 두려워하여 반드시 엄하게 지키는 방비를 만들었을 것인데, 폐하께서는 조금 이를 위하여 잠자코 참으셔서 저들이 스스로 편안할 수 있게 하시면 반드시 다시 교만하여 게을러져서 더욱 그 악한 짓을 방자하게 할 것입니다. 그런 다음에 그들을 토벌하여도 늦지 않습니다."

황상이 말하였다.

---

40) 원문은 개소문이라고만 되어 있다. 이는 당 고조의 이름이 이연이어서 연(淵) 자를 사용하지 않은 것이며, 성을 쓸 적에는 이때에 연(淵) 자 대신에 같은 의미의 천(泉) 자를 쓰는 경우도 있다. 모두 피휘(避諱)한 것이다.

41) 당 태종 정관 16년(642년) 11월의 일이고, 이 일은 《자치통감》 권196에 실려 있다.

"훌륭하오."

무진일(21일)에 고려왕 고장(高藏)을 상주국(上柱國)·요동군왕(遼東郡王)·고려왕42)으로 삼고, 사자를 파견하여 부절을 가지고 가서 책명(冊命)을 주게 하였다.

10 병자일(29일)에 동래왕(東萊王) 이태를 옮겨서 순양왕(順陽王, 순양군은 지금의 하남성 석천현)으로 삼았다.43)

11 애초에, 태자 이승건이 덕망을 잃어서 황상이 비밀리에 중서시랑 겸 좌서자인 두정륜(杜正倫)에게 말하였다.

"내 아이가 다리가 병든 것은 그래도 좋겠지만 그러나 똑똑하고 훌륭한 사람을 멀리하며 여러 소인배들을 가까이하며 친하게 지내니 경은 이를 살펴 주시오. 과연 가르쳐서 보일 수가 없다면 마땅히 와서 나에게 알리시오."

두정륜이 누차 간언을 하였으나, 듣지 않자 마침내 황상의 말을 가지고 그에게 알렸다.

태자가 항의하는 표문을 올려서 보고하니, 황상이 두정륜을 질책하였고, 대답하였다.

"신은 이것을 가지고 그를 두렵게 하여 그가 착하게 돌아서기를 바랐을 뿐입니다."

황상이 화가 나서 두정륜을 내어 보내어 곡주(穀州, 하남성 의양현 서쪽)

---

42) 상주국은 당 왕조의 훈관(勳官) 1급으로 정2품이며, 요동군왕은 작위를 군왕으로 한 것이고, 고려왕은 고구려왕을 말한다. 고장은 고구려 28대 보장왕의 이름이다.

43) 이태는 태자 이승건과 경쟁하였다는 사실 때문에 태종에게 벌을 받아서 산동지역의 동래왕이 되었었다. 이제 그를 순양왕으로 삼아 하남성으로 옮긴 것은 조금 벌을 풀어 준 것을 의미한다.

자사로 삼았다. 이승건이 실패하기에 이르자, 가을, 7월 신묘일(14일)에 다시 두정륜을 교주(交州, 치소는 베트남 하노이) 도독으로 좌천시켰다.

애초에, 위징이 일찍이 두정륜과 후군집을 천거하여 재상의 재목이라고 하고 후군집을 복야로 삼아 줄 것을 요청하였고, 또 말하였다.

"국가의 안전은 위험해질 수 있는 것을 잊지 않는 것이고 대장이 없을 수 없으니, 여러 호위하는 병마(兵馬)는 의당 후군집에게 위임하여 오로지 처리하게 하십시오."

황상은 후군집은 과장된 것을 좋아한다 하여 채용하지 않았다.

두정륜이 죄를 짓고 쫓겨나고, 후군집은 모반하다가 주살되기에 이르자, 황상은 비로소 위징이 아부하는 무리를 만들었다고 의심하기 시작하였다. 또 어떤 사람이 위징이 스스로 앞뒤에 간언하였던 말을 적어서 기거랑인 저수량에게 보여 주었다는 말을 하자, 황상은 더욱 기뻐하지 않고서 마침내 위숙옥(魏叔玉)이 공주를 모시도록 된 일을 파기하고 지었던 비문44)을 넘어뜨렸다.

12　애초에, 황상은 감수국사(監修國史)45) 방현령(房玄齡)에게 말하였다.

"전 시대에 사관(史官)들이 기록한 것은 모두 인주로 하여금 이를 보지 못하게 하였는데, 왜 그러하오?"

대답하였다.

---

44) 위숙옥은 위징의 아들이고, 공주를 모신다는 말은 결혼한다는 뜻이다. 보통은 남자가 여자를 취(娶)한다고 하지만 여자가 공주인 경우에는 상(尙)이라는 표현을 쓴다. 위징의 아들인 위숙옥에게 결혼을 허락한 일과 위징이 죽자 태종이 직접 위징의 비문을 지었던 일은 정관 17년(643년)이었고, 그 내용은 ≪자치통감≫ 권196에 실려 있다.

45) 역대의 사관은 비서성 저작국에 예속되어 있으며, 저작랑은 모두 국사를 찬수하였다. 북제에서는 위수(魏收)에게 조서를 내려서 역사를 찬술하였고, 또 평원왕(平原王) 고륭지(高隆之)에게 조서를 내려서 이를 총감독하게 하였지만 책의 이름뿐이었다. 정관 3년(629년)에 처음으로 금중(禁中)에 사관(史館)을 설치하고 문하성의 북쪽에 두고, 재상이 국사를 감수(監修)하였는데, 이로부터 저작랑은 처음으로 사직(史職)을 그만 두었다.

"사관은 헛되이 아름답다 아니하고, 악한 것을 숨기지도 않는데, 만약에 인주가 이를 본다면 반드시 화를 낼 것이니, 그러므로 감히 올리지 못합니다."

황상이 말하였다.

"짐이 마음먹은 것은 전 시대 사람들과 다르오. 제왕이 스스로 국사(國史)를 보고자 하는 것은 전날의 악한 일을 알아서 뒷날의 경계로 삼는 것인데 공은 차례를 정하거든 보고할 수 있을 것이오."

간의대부 주자사(朱子奢)가 말씀을 올렸다.

"폐하의 성스러운 은덕은 몸에 가지고 있어서 하는 일에는 허물된 것이 없으니 사관이 기술한 것은 뜻으로 보아 최선으로 기록하였을 것입니다. 폐하께서 혼자만 기거주(起居注)46)를 보신다면 일에서 잃을 것이 없겠지만 만약에 이 법도를 전하여 자손들에게 보이신다면 가만히 생각하건대 증손과 현손의 후예들 가운데 혹 상지(上智)47)가 아니어서 잘못된 것을 수식하고 단점을 보호하려고 한다면 사관은 반드시 형벌을 받아 죽임을 면치 못할 것입니다.

이와 같이 된다면 바람 부는 대로 뜻에 순응하여 자기 몸을 온전히 하고 해로움을 멀리하려고 하지 않는 사람이 없을 것인데, 유유히 흘러서 1천 년을 간다면 어찌 믿을 만하겠습니까? 그러므로 전 시대에는 보지 아니하였던 것은 대개 이 때문입니다."

황상은 이를 좇지 않았다.

방현령이 마침내 급사중 허경종 등과 더불어 ≪고조실록(高祖實錄)≫과 ≪금상실록(今上實錄)≫을 산삭(刪削)하였고, 계사일(16일)에 책이 완성되자 이를 올렸다. 황상이 책에 있는 6월 4일에 있었던 일48)을 보았

---

46) 황제가 움직이는 것을 그대로 기록하여 둔 기록을 말한다.

47) 사람은 그 지혜의 정도에 따라서 제일 높은 사람을 상지(上智)라 하고, 제일 낮은 사람을 하우(下愚)라고 하였다.

는데, 말씨가 대부분 조금 숨기는 것49)이 있자, 방현령에게 말하였다.

"주공이 관숙(管叔)과 채숙(蔡叔)을 주살하여 주(周)를 편안하게 하였고,50) 계우(季友)가 숙아(叔牙)를 독살하여 노(魯)를 남아 있게 하였는데,51) 짐이 한 일은 역시 그러한 것과 비슷할 뿐이며, 사관은 어찌하여 이를 꺼렸단 말이오?"

즉각 들 뜬 말을 깎아 버리고 그 일을 곧이곧대로 쓰게 하였다.

13　8월 경술일(3일)에 낙주(洛州)도독 장량(張亮)을 형부상서로 삼아서 조정의 정치에 참여하게 하고 좌위(左衛)대장군·태자 우위솔(右衛率)인 이대량(李大亮)을 공부상서로 삼았다. 이대량은 자신이 세 개의 직책52)을 가지고 있으면서 두 궁궐을 숙위(宿衛)하였는데, 공손하고 검소하고 충성스럽고 신중하여 숙직을 할 때마다 반드시 앉아서 자는 것을 새벽까지 계속하였다. 방현령이 그를 아주 중히 여겼는데, 매번 이대량은 왕릉(王陵)이나 주발(周勃)과 같은 절개를 가졌으니 마땅히 큰 자리를 담당할 수 있어야 한다고 칭찬하였다.

애초에, 이대량이 방옥(龐玉)의 병조(兵曹)였다가 이밀(李密)에게 잡혔고,53) 같은 무리들은 모두 죽었으나 도적의 우두머리인 장필(張弼)을

---

48) 당 고조 무덕 9년(626년)에 당 태종이 현무문에서 당시의 태자인 이승건과 동생인 이원길을 죽인 사건이고, 이를 통하여 이세민은 태자를 거쳐서 황제가 되었다.

49) 태종이 그 형제인 이승건과 이원길을 죽인 일을 태종의 치부라고 생각하여 이를 적당하게 얼버무리고 직접 죽인 일을 쓰지 않은 것으로 보인다.

50) 주 때에 주공이 그 형제인 관숙과 채숙을 죽였던 것을 말한다.

51) 경보(慶父), 숙아(叔牙), 계우(季友)는 모두 노(魯) 장공(莊公)의 아들인데 장공이 병들자 후사에 관하여 숙아에게 물었더니, 숙아가 대답하기를, '경보가 재주가 있습니다.' 하였다. 다시 계우에게 물었더니, '신은 죽음으로써 반(般)을 받들겠습니다.' 하였다. 드디어 숙아에게 짐독을 먹이고 반을 세웠다.

52) 좌위대장군, 태자우위솔, 공부상서를 겸직하고 있었다.

53) 방옥과 이밀이 낙구에서 싸운 것은 수 공제 의녕 원년(617년) 9월의 일이다.

보고 그를 석방하였고 드디어 더불어 사귀게 되었다. 이대량이 귀하게
되자 장필을 찾아서 그 은덕에 보답하고자 하였는데, 장필은 그때에 장
작승(將作丞)54)이었지만 스스로 숨기고 말하지 않았다.

이대량이 길에서 그를 만나서 이를 알아보고, 장필을 붙잡고 눈물을
흘리고 그 집 재산을 많이 미루어 장필에게 남겨주려고 하니 장필이 거
절하고 받지 않았다. 이대량이 황상에게 말하여 그의 관작을 장필에게
주게 해달라고 비니 황상이 그를 위하여 장필을 발탁하여 중랑장(中郞
將)55)으로 삼았다.

이때의 사람들은 모두 이대량이 은혜를 저버리지 않은 것을 현명하다
하고 장필이 자랑하지 않은 것을 훌륭하다고 하였다.

14　　9월 경진일(4일)에 신라(新羅)에서 사신을 파견하여 '백제(百濟)가
그 나라의 40여 개 성을 공격하여 빼앗고, 다시 고려(高麗, 고구려)와 군
사연합을 하겠다.'고 말하여서 신라 사람들이 들어와서 조현(朝見)하는
길을 끊으려고 모의하였다고 말하고, 군사로 구원해 달라고 빌었다.56)

황상이 사농승(司農丞) 상리현장(相里玄奬)에게 명령하여 새서(璽書)를
싸가지고 가서 고려에 내려주어 말하게 하였다.57)

---

54) 건축 담당 주임 정도의 직위이다.

55) 귀족 징병부의 사령관에 해당하는 직책이다.

56) 이 해는 선덕왕 12년이다. 김부식의 《삼국사기》 권5에는 신라에서 사신을 당에 보
　　내어 고구려와 백제가 신라를 침범한다는 소식을 전하고 군사를 원조해 달라는 부탁
　　을 하고 있다. 다만 신라와 당의 통로를 막는다는 말은 나와 있지 않다. 다만 고구려
　　보장왕 2년(643년)조에는 신라가 당나라에 사신을 보내어 '백제가 우리의 40여개
　　성을 빼앗고 다시 고구려와 더불어 군사를 연합하여 들어와 조공하는 길을 끊으려고
　　모의합니다.'라고 하면서 군사로 구원해 주기를 빌었다는 기록이 있다. 이 두 내용을
　　비교하건대 몇 개의 글자만 바뀌었을 뿐이지 《자치통감》의 내용과 완전히 일치하고
　　있다. 이 내용을 전하는 《삼국사기》의 기록은 신라본기의 기록과 고구려 본기의 기
　　록에 출입이 있다.

"신라는 인질을 국가에 보냈고 조공하는 일을 줄이지 않았으니, 너희는 백제와 더불어 각기 군사를 거두는데, 만약에 다시 이들을 공격한다면 명년에 군사를 발동하여 너희 나라를 칠 것이다."

15   계미일(7일)에 이승건을 검주(黔州, 사천성 창수현)로 옮겼다. 갑오일(18일)에 순양왕(順陽王) 이태(李泰)를 균주(均州, 호북성 단강구시)로 옮겼다. 황상이 말하였다.

"부자의 정리란 자연스럽게 나오는 것이다. 짐이 지금 이태와 산 채로 이별하고 있으니 역시 어떤 마음으로 스스로 지내겠는가? 그러나 짐은 천하의 주인이니 다만 백성들로 하여금 안녕하게 하여야 하지 사사로운 마음은 또한 잘라 내버려야 할 뿐이다."

또한 이태가 올린 표문을 가까운 신하들에게 보이며 말하였다.

"이태는 진실로 뛰어난 인재여서 짐이 마음으로 그를 생각하고 있는 것은 경들도 아는 바이오. 그러나 사직 때문에 부득불 의(義)를 가지고 이를 끊어야 하여서 그로 하여금 밖에 살게 한 것은 두 편58)을 다 온전하게 하기 위한 것이다."

16   이보다 먼저 여러 주(州)의 장관 혹은 상좌(上佐)들이 새해의 첫 머리59)에 친히 공물을 받들어 경사로 들여오며 이를 조집사(朝集使)라고

---

57) 상리현장에서 상리는 복성이다. ≪삼국사기≫에는 당 태종이 고구려에 상리현장을 보낸 것이 보장왕 3년(644년) 정월로 되어 있다. 그러나 상리현장을 통해 고구려에 한 말은 같다. 그러므로 당 태종이 9월에 사신을 보냈고, 고구려에는 1월에 도착한 것으로 보아야 할 것이다.

58) 태자인 이치와 태자가 되기를 바랐던 이태를 말하는 것이다. 이태가 가까이 있으면 왕자 사이의 다툼이 일어나게 되고, 그러면 양쪽이 다 다치게 되기 때문에 이를 미리 막겠다는 것이다.

59) 조집사가 경사에 오는 것은 수(隋) 이래로 있었던 것이며, 이는 연말에 오는 것이므로 연초로 쓴 것은 맞지 않으니 연초는 연말의 잘못으로 보인다.

하고, 또 고사(考使, 고적특사)라고도 하였는데 경사에는 저택이 없어서 대부분 집을 빌리거나 상고(商賈)들과 섞여서 살았다. 황상은 유사에게 명령하여 그들을 위하여 저택을 짓게 하였다.

17 겨울, 11월 기묘일(3일)에 황상이 원구(圜丘)60)에서 제사를 지냈다.

18 애초에, 황상은 은(隱) 태자와 소자왕(巢刺王)61)과는 틈이 있었는데, 밀명공(密明公)으로 사공(司空)에 추증(追贈)된 봉덕이(封德彝)는 속으로 양쪽 끝자락을 잡고 있었다. 양문간(楊文幹)의 반란 때에 상황은 은태자를 폐위하고 황상을 세우려고 하였지만62) 봉덕이가 굳게 간언하여 중지하였다.

그 일은 아주 비밀에 붙여져서 황상이 이를 알지 못하였는데 죽은 다음에 마침내 이를 알았다. 임진일(16일)에 치서어사(治書御史) 당림(唐臨)이 처음으로 그 일을 추후로 탄핵하고 관작(官爵)을 빼앗고 쫓아내기를 청하였다.

황상이 백관들에게 명령하여 이를 논의하게 하였는데, 상서 당검(唐儉)이 논의하였다.

"봉덕이의 죄는 죽은 다음에 폭로 되었고 은혜는 살아 있을 때에 맺었으며 여러 관직을 거친 것이어서 추후로 빼앗을 수는 없으니, 바라건대, 시호를 고쳐서 낮추십시오."

조서를 내려서 그에게 증직된 관직을 박탈하고 시호를 고쳐서 무(繆)63)라

---

60) 하늘에 제사를 지내는 제단을 말하며 원형으로 되어 있으며 제사 시기는 동지이다.

61) 은태자는 고조 때의 태자였다가 태종에게 죽은 이건성이고 소자왕은 그 동생인 이원길이다.

62) 봉덕이는 밀공이었고, 죽은 다음에 신호를 명공이라고 하였으므로 이를 붙여서 밀명공이라고 한 것이며, 이 일은 고제 무덕 7년(624년) 6월에 있었고, 그 내용은 ≪자치통감≫ 권191에 실려 있다.

고 하며 식읍으로 준 실제의 봉읍(封邑)64)을 삭탈하였다.

19 양가(良家)의 딸들을 선발하여 동궁을 채우라고 칙령을 내렸는데, 계사일(17일)에 태자는 좌서자(左庶子) 우지녕(于志寧)을 파견하여 이를 사양하였다. 황상이 말하였다.

"나는 자손이 미천한 곳에서 생겨나는 것을 바라지 않을 뿐이다. 지금 이미 사양하는 말을 하였으니 마땅히 그 뜻에 따르라."

황상은 태자가 어질지만 나약한 것인가를 의심하고 비밀리에 장손무기(長孫無忌)에게 말하였다.

"공께서는 나에게 치노(稚奴)65)를 세우라고 권고하였는데, 치노는 나약하니 아마도 사직을 지킬 수 없을까 걱정인데 어찌 하겠소? 오왕(吳王) 이각(李恪)은 똑똑하고 과단성 있는 것이 나와 비슷하여 내가 그를 세우려고 하는데, 어떠하오?"

장손무기가 굳게 간언하며 안 된다고 생각하였다.

황상이 말하였다.

"공은 이각을 자기의 생질이 아니기 때문에 그러는 것66)이오?"

장손무기가 말하였다.

"태자는 어질고 후덕하며 정말로 수성(守成)하고 문재(文才)가 있는 훌륭한 주군이며, 저부(儲副)67)는 아주 중요한 자리이니, 어찌 자주 바꿀

---

63) 무(繆)란 실제와 명분이 다른 경우, 혹은 어짊을 가리고 현명한 사람을 해쳤을 경우에 내리는 시호이다. 따라서 봉덕이는 원래 밀공이었고, 시호를 명공이라 하여 밀명공이라고 불렸는데, 시호를 바꾸었으므로 밀무공이라고 하게 되었다.

64) 수당대의 왕이나 공후들에게 식읍으로 준 것은 대체로 이름뿐이었다. 그리고 실제적인 식읍은 실봉(實封)이라 하고 이것이 진호(眞戶)였다.

65) 태자 이치의 어릴 적 이름이다.

66) 장손무기는 당 태종의 처남이고, 현재 태자인 이치는 장손무기의 생질이다.

67) 제왕의 후계자 즉 제국에서 두 번째의 자리에 있는 사람을 말한다. 따라서 태자를 말

수가 있겠습니까? 바라건대, 폐하께서 이를 깊이 생각하여 주십시오."
황상이 마침내 중지하였다.

12월 임자일(6일)에 황상은 오왕 이각에게 말하였다.

"부자는 비록 지극히 가깝다고 하지만 그가 죄를 짓게 되면 천하의 법
은 사사롭게 처리할 수 없는 것이다. 한(漢)에서는 이미 소제(昭帝)68)를
세웠는데, 연왕(燕王) 유단(劉旦)이 복종하지 않고 몰래 불궤(不軌)한 짓
을 도모하다가 곽광(霍光)이 동강난 편지를 가지고 그를 주살하였다.69)
신하나 아들이 된 사람은 경계하지 않으면 안 될 것이다."

20　경신일(14일)에 거가(車駕)는 여산(驪山, 섬서성 임동현 동남쪽)의 온
천에 행차하였다가 경오일(24일)에 궁궐로 돌아왔다.

하는 것이다.

68) 전한의 8대 황제인 유불능이다.

69) 한 소제 원봉 원년(기원전 80년)에 있었던 일이고, ≪자치통감≫ 권23에 실려 있다.
　　동강난 편지란 큰 무력을 쓰지 않고 조서나 혹은 간단한 편지로 이 문제를 해결하였
　　다는 말이며, 반란은 간단히 제압되었다는 것을 강조하기 위한 표현이다.

전쟁준비 중에 내린 태종의 인물평

태종 정관 18년(甲辰, 644년)

1 봄, 정월 을미일(20일)에 거가가 종관성(鍾官城, 섬서성 호현의 북쪽)에 행차하였고 경자일(25일)에는 호현(鄠縣, 섬서성 호현)에 행차하였다가 임인일(27일)에 여산(驪山, 섬서성 임동현 동남쪽)에 있는 온천탕에 행차하였다.

2 상리현장(相里玄獎)이 평양(平壤)에 이르렀는데, 막리지(莫離支)[70]는 이미 군사를 거느리고 신라를 쳐서 그 두 개의 성을 깨뜨렸지만 고려왕의 사자가 그를 부르니 마침내 돌아왔다.

상리현장이 신라를 공격하지 말게 하려고 타일렀더니, 막리지가 말하였다.

"옛날에 수(隋) 사람들이 들어와서 노략질하자[71] 신라가 틈을 타고서 우리의 땅 500리를 침략하였는데, 스스로 우리에게 침략하였던 땅을 돌려주지 않으니 아마도 군사조치는 그칠 수 없을 것이오."

---

70) 지난해 9월에 사신인 상리현장이 고구려에 갔으며, 막리지는 고구려의 관직이름이며, 이부와 병부를 총괄하는 직책에 해당하는 것으로 최고의 집정관이고, 이때에 고구려의 막리지는 연개소문이다. 이 내용은 《삼국사기》 권21 고구려 본기 보장왕 3년조에 기록되어 있고, 내용도 《자치통감》의 내용이 거의 그대로 실려 있다.

71) 수가 3차에 걸쳐서 고구려를 침략한 것을 말한다.

상리현장이 말하였다.

"이미 지나간 일인데 어찌하여 추후에 논란을 한단 말이오? 요동(遼
東)에 있는 여러 성의 경우에 본래 모두 중국의 군현(郡縣)들이지만 중
국에서도 오히려 또한 말을 하지 않는데 고려가 어찌하여 반드시 옛날
땅을 요구한단 말이오."

막리지는 끝내 좇지 않았다.

2월 초하루 을사일에 상리현장이 돌아와서 그 상황을 갖추어 말하였
다. 황상이 말하였다.

"연개소문이 그 임금을 시해하고 그 대신들을 해치고 그 백성들에게
잔학하였으며, 지금 또 나의 조명(詔命)을 어기면서 이웃 나라를 침략하
여 폭행하니, 토벌하지 않으면 안 될 것이다."

간의대부 저수량이 말하였다.

"폐하께서 깃발을 휘둘러서 가리키자 중원이 깨끗하고 편안해졌으며,
돌아보니 사방에 있는 이적(夷狄)들이 두려워서 복종하여 위엄과 바라는
것이 큽니다. 지금 마침내 바다를 건너서 멀리 가서 작은 오랑캐를 정벌
하다가 만약에 기한을 정해 놓고 이긴다면 오히려 좋을 것입니다. 만일
에 차질이라도 생긴다면 위엄과 바라는 것에 손상이 되며 또한 분병(忿
兵)[72]을 일으키면 안위(安危)를 헤아리기가 어렵습니다."

이세적이 말하였다.

"전에 설연타가 들어와 노략질하자[73] 폐하께서 군사를 일으켜서 끝까
지 토벌하고자 하였는데, 위징이 간언을 하여 중지하였다가 오늘에 이르
러서 걱정거리가 되었습니다. 이전에 폐하의 계책을 사용하였더라면 북

---

72) 분병이란 작은 이유를 참지 못하고 분노하여 일으킨 군사를 말하며 군사가 분놓게 되
　　면 패한다고 되어 있다.

73) 이는 태종 정관 15년(641년)에 설연타가 돌굴의 아사나사마를 공격한 사건을 가리키
　　는 말이다.

쪽 시골은 편안해졌을 것입니다."

황상이 말하였다.

"그렇소. 이것은 진실로 위징의 실수요. 짐은 곧 그것을 후회하였으나 말하고자 하지 않았던 것은 훌륭한 모의를 막을까 걱정하였기 때문이오."

황상이 스스로 고려를 정벌하고자 하였으나 저수량이 상소하였다.

"천하를 비유하면 오히려 한 몸과 같습니다. 두 개의 서울74)은 마음과 배이고 주와 현은 사지(四肢)이고, 사이(四夷)란 몸 밖에 있는 물건입니다. 고려가 지은 죄는 커서 당연히 토벌해야 하지만 다만 두세 명의 맹장(猛將)에게 명령하여 4만~5만의 무리를 거느리게 하면 폐하의 위엄과 신령함에 의지하여 그것을 빼앗는 것은 마치 손바닥을 뒤집는 것과 같을 것입니다.

지금 태자를 새로이 세우셨는데 나이가 아직 어리고,75) 나머지 번병(藩屛)76)들은 폐하께서 아시는 바인데, 하루아침에 금성탕지(金城湯池)77)의 온전함을 버리시고 요해(遼海)의 험난한 곳을 넘어서 천하의 군주로서 가벼이 멀리까지 가시는 것이니, 모두 어리석은 신하인 저로서 아주 우려합니다."

황상은 듣지 않았다.

이때에 여러 신하들 대부분이 고려를 정벌하는 것을 간언하니, 황상이 말하였다.

"여덟 명의 요(堯)와 아홉 명의 순(舜)이 있어도 겨울에는 파종을 할 수 없고, 들에 있는 지아비와 어린아이도 봄만 되면 파종을 하여 자라게

---

74) 장안과 낙양을 말한다.

75) 새로 세운 태자 이치는 이때에 열일곱 살이었다.

76) 번병을 맡은 친왕을 말하며 이들은 태자보다 더 어리다.

77) 튼튼한 성지(城池)를 말하며 여기서는 장안을 말한다.

하는 것은 적절한 시기를 만난 연고이다. 무릇 하늘은 그 적절한 때를 가지고 있고 사람은 그 공로를 가지고 있는 것이다.

연개소문이 윗사람을 능욕하고 아랫사람을 학대하니, 백성들이 목을 늘여가지고 구해 주기를 기다리니, 이것이 바로 고려가 망할 수 있는 시기인데, 의논하는 것이 분분하지만 다만 이것을 보지 않을 뿐이다."

3 기유일(5일)에 황상이 영구(靈口, 섬서성 임동현의 동북쪽 영구향)에 행차하였다. 을묘일(11일)에 궁궐로 돌아왔다.

4 3월 신묘일(17일)에 좌위(左衛) 장군 설만철(薛萬徹)을 수우위(守右衛) 대장군[78]으로 삼았다. 황상은 일찍이 시중을 드는 신하들에게 말하였다.

"오늘날에 있어서 이름난 장수는 오직 이세적 · 이도종(李道宗) · 설만철 세 사람뿐인데, 이세적과 이도종은 대승(大勝)을 거둘 수는 없지만 역시 대패(大敗)도 하지 않을 것이고, 설만철은 대승을 하지 아니하면 대패를 할 것이오."

5 여름, 4월에 황상이 양의전(兩儀殿)에 나아갔는데, 황태자가 모셨다. 황상이 여러 신하들에게 말하였다.

"태자의 성품과 행동은 밖에 있는 사람들도 이를 알고 있는가?"
사도(司徒) 장손무기가 말하였다.

"태자는 비록 궁궐문을 나가지는 않지만 천하에서 성스러운 덕을 흠모하여 우러러 보지 않는 사람이 없습니다."
황상이 말하였다.

"내가 이치[태자]의 나이였을 때에는 자못 보통의 정도를 좇지 않을 수

---

78) 수직은 임시직이라는 뜻이다. 행수법(行守法)에 의한 것이다.

있었는데, 이치는 어려서부터 관대하고 후덕하였다. 속담에 이르기를, '이리 같은 녀석을 낳아야 하고, 오히려 양 같이 될까 걱정하라.'[79]고 하였으니, 그가 점차로 장성하면서 스스로 같아지지 않기를 바랄 뿐이오."

장손무기가 대답하였다.

"폐하의 신령하신 무덕(武德)은 마침내 난을 잠재우는 재주이시고, 태자의 어질고 용서함은 실제로 문덕(文德)을 지킬 것입니다. 나아가고 숭상하는 것은 비록 달라도 각기 그 몫을 감당하시는 것이니, 이는 마침내 하늘이 위대한 당 왕조에게 복을 내리고 창생(蒼生)들에게 복을 주기 위한 것입니다."[80]

6　신해일(8일)에 황상이 구성궁에 행차하였다. 임자일(9일)에 태평궁에 도착하여 시중을 드는 신하들에게 말하였다.

"신하들 가운데 뜻에 따르는 사람은 많지만 면전에서 직언(直言)을 하는 사람은 적소. 지금 짐은 스스로 그 실수한 것을 듣고자 하니, 여러분은 직언을 하고 숨기지 마시오."

장손무기 등이 모두 말하였다.

"폐하는 실수한 것이 없습니다."

유기(劉洎)가 말하였다.

"최근에 어떤 사람이 편지를 올려서 뜻에 맞지 않은 것이 있었는데, 폐하께서는 모두 면대하고서 끝까지 물으시자, 부끄럽고 두려워하면서 물러나지 않은 사람이 없었으니, 아마도 언로(言路)를 넓히는 것이 되지

---

79) 반소(班昭)의 《여계(女戒)》에 나오는 말이다.

80) 호삼성은 태자 이치에 대한 논평에서 '장손무기가 태자를 보호하는 것이 지극하였는데, 그 뒤에 이르러서 외삼촌의 가까움을 가지고 부인들이 사이에 끼는 바가 되어 그 몸을 보존하고 그 집을 보존할 수 없었으며, 당 역시 거의 제사를 지내지 아니하게 되니, 태자를 넓고 후덕하다고 할 수 없고, 아둔하고 나약하다고 말할 것이다.' 라고 하였다.

못할까 걱정입니다."

마주(馬周)가 말하였다.

"폐하께서 최근에 상을 주시고 벌을 내리시는데 미미하게 즐겁거나 화가 나는 것으로 높이거나 낮추는 일은 있는데, 이것 말고는 그 과실을 찾아보지 못하겠습니다."

황상이 이를 받아들였다.

황상은 문학을 좋아하였고, 말하는 것이 민첩하여서 여러 신하들 가운데 일을 말하는 사람이 있으면 황상은 고금(古今)의 일을 인용해 가면서 이들을 꺾어 놓으니 대부분이 대답하지 못하였다.

유기가 편지를 올려서 간하였다.

"제왕이 된 사람이 보통사람에게 대하여, 그리고 성스러운 철인이 보통 정도의 어리석은 사람에 대하여서는 위아래가 현격하게 차이가 나서 나란히 비교하는 것은 끊어야 합니다. 이는 지극히 어리석은 사람으로 지극히 성스러운 사람을 대하고 극히 비천한 사람으로 지극히 높은 사람을 대하는 경우에 다만 스스로 강하게 하려고 하지만 할 수 없다는 것을 압니다.

폐하께서 은혜로우신 뜻을 내리시고 자비로운 얼굴을 빌리고 면류관(冕旒冠)을 응고(凝固)시키시고 그 말을 듣고81) 가슴을 비워 놓고 그 말을 받아들인다 하여도 오히려 여러 아랫사람들은 아직은 감히 상대하여 쉽게 하지 못할까 걱정인데, 하물며 신기(神機)를 움직이고 천성적인 변론을 종횡으로 움직이며 말을 수식하여 그 이치를 꺾고 옛 것을 인용하여 그 의견을 배척한다면 보통의 서민들로 하여금 어떻게 응답하게 하려고 하십니까?

---

81) 류(旒)란 고대의 제왕이 쓰고 있는 관의 앞뒤로 내려져 있는 구슬을 꿴 줄을 말하고, 면류관은 류(旒)가 달린 관이다. 이 류는 제왕이 움직일 때마다 흔들리게 되어 있는데, 신하의 말을 듣기 위하여 귀를 기울이고 머리를 움직이지 않게 되면 이 줄이 마치 응고된 것 같게 된다. 즉 제왕이 신하들의 말에 긴장하고 귀를 기울인다는 의미인 것이다.

또한 많은 것을 기억한다면 마음을 덜어내게 하며 많은 말을 하면 기운(氣運)을 덜어내는데 심기(心氣)가 안에서 덜어지고 형신(形神)이 밖으로 피로하게 되면 처음에는 비록 깨닫지 못하여도 뒤에 가서는 반드시 지치게 되니, 모름지기 사직을 위하여 스스로를 아끼셔야 하는데 어찌하여 성정(性情)에서 좋아하는 것 때문에 스스로를 손상시키십니까?

진(秦)의 영정(嬴政, 시황제)같은 경우에는 억지로 말을 하여 스스로 자랑하는데서 인심을 잃었습니다. 위(魏)의 문제(文帝, 조비)는 넓은 재주를 가졌으나 헛된 말에서 무리들의 소망을 일그러지게 하였습니다. 이것은 변론에 재주 있는 것이 누(累)가 된 것이니, 비교하여 보면 알 수 있습니다."

황상이 비백(飛白)[82]으로 그에게 답하였다.

"염려를 하지 않으면 아랫사람에게 다가가지 못하고, 말을 하지 아니하면 생각을 풀어내지 못하니, 최근에 담론한 바가 있었고 드디어 번다하게 되었으며 사물을 가벼이 보고 다른 사람에게 교만한 것은 아마도 이러한 데서 말미암을 것이니 형신(形神)과 심기(心氣)는 이것으로 수고로워진 것은 아니요. 지금 곧은 말을 들었으니, 가슴을 비워놓고 고치겠소."

기미일(16일)에 현인궁(顯仁宮)에 도착하였다.[83]

7 황상이 장차 고려를 정복하려고 하여, 가을, 7월 신묘일(20일)에 장

---

82) 초서(草書)를 말한다.

83) 이때에 태종은 피서하기 위하여 구성궁에 갔다가 8월 갑자일(23일)이 되어야 비로소 구성궁에서 장안으로 돌아온다. 그러므로 장안에서 구성궁까지 가는 도중에 이 현인궁이 있어야 논리에 맞다. 그런데 현인궁은 하남 수안현에 있고 이곳은 동도로 가는 도중에 쉬는 곳이므로 구성궁에 행차하는 데는 이곳을 경유하지 않게 되어 있다. 호삼성은 기주 미현에 수나라 시대에 지은 안인궁이 있는데, 아마도 안인궁이 아닌가 생각된다고 하면서 현(顯)은 안(安)의 잘 못으로 보아야 할 것으로 생각하였다.

작대감(將作大監) 염입덕(閻立德) 등에게 칙령을 내려서 홍주(洪州, 강서성
남창시)·요주(饒州, 강서성 파양현)·강주(江州, 강서성 구강시) 세 주(州)
에 가서 배 400척(隻)을 만들어서 군량을 실어 놓게 하였다.

갑오일(23일)에 조서를 내려서 영주(營州, 치소는 요녕성 조양시)도독 장
검(張儉) 등을 파견하여 유주(幽州, 치소는 북경)·영주 두 도독의 군사와 거
란(契丹)·해(奚)·말갈 족속을 인솔하고 요동(遼東)을 공격하여 그 형세
를 관찰하게 하였다.

태상경(太常卿) 위정(韋挺)을 궤운사(饋運使)84)로 삼고, 민부시랑(民部
侍郞) 최인사(崔仁師)로 그를 돕게 하였으며, 하북(河北)의 여러 주(州)에
서부터 모두 위정의 통제를 받아서 편리한 방법으로 일을 좇도록 허락
하였다. 또 태복소경(太僕少卿) 소예(蕭銳)에게 명령하여 하남(河南) 여러
주의 양식을 운반하여 바다로 들어가게 하였다. 소예는 소우(蕭瑀)의 아
들이다.

8 8월 임자일(11일)에 황상은 사도 장손무기 등에게 말하였다.

"사람이란 스스로 그 자신의 허물을 모르는 것에서 괴로워하니, 경은
짐을 위하여 이를 확실하게 말해 주시오."

대답하였다.

"폐하의 무공(武功)과 문덕(文德)은 신 등이 이를 좇는데도 겨를이 없
는데 또 어찌 허물이라고 말할 만하겠습니까?"85)

황상이 말하였다.

"짐이 공에게 나 자기의 허물을 물었는데, 공 등은 마침내 굽혀서 비
위를 맞추어 즐겁게 하려고 하니, 짐은 면전에서 공 등의 잘잘못을 드러

---

84) 후방에서 군량을 운반하는 책임자를 말한다.

85) ≪효경≫에는 '군자가 윗사람을 섬기는 데는 곧 그 아름다움에는 순응하고, 그 악한
    것에서는 고쳐서 구하는 것이다.' 라고 하였다.

내어서 서로 이를 고치게 하려고 하니, 어떠하오?"

모두 절하며 사과하였다.

황상이 말하였다.

"장손무기(長孫無忌)는 혐의(嫌疑)를 잘 피하며 사물에 대하여 신속하게 대응하고 사리를 따라서 결단하는 것에서는 옛사람이 넘어가지 못할 것이지만 그러나 군사를 전체적으로 관리하여 공격하고 싸우는 것은 그가 잘하는 것이 아니요. 고사렴(高士廉)은 옛날과 지금의 일들을 섭렵(涉獵)하여 심술(心術)이 분명하게 통달하였으니 어려운 일을 당하여서도 절개를 고치지 아니하며 관직을 가지고서도 붕당을 만들지 아니하였소. 부족한 것은 뼈 있게 간언을 하는 것일 뿐이오.

당검(唐儉)의 말솜씨는 변론하는 것이 재빠르고 다른 사람과 잘 화해하지만 짐을 30년 간 섬기면서 드디어 헌체(獻替)[86]하는 말에 이른 것은 없었소. 양사도(楊師道)의 성품과 행동은 순수하고 평화로워서 스스로 허물과 어긋나는 것이 없게 하였지만 마음은 실제로 겁이 많고 나약하여 늦추고 급하게 하는데 힘을 얻을 수 없었소.

잠문본(岑文本)의 성질은 두텁고 문장은 화려하고 넉넉하지만 그러나 지론(持論)이 항상 경전에 의거하여 원대하여 스스로 사물에 책임을 짊어지지 아니하오. 유기(劉洎)의 성품은 가장 단단하고 충실하여 이로움이 있지만 그러나 그 마음속은 승낙한 것을 숭상하여 붕우들에게 사사로움이 있소.

마주(馬周)는 일을 보면 민첩하고 빠르며 성품은 아주 곧고 바르고 인물을 헤아려 논평할 때에 곧게 말하여서 짐이 최근에 맡겨서 시켰는데 대부분 마음에 맞을 수가 있었소. 저수량(褚遂良)은 학문에서 조금 뛰어나고 성품도 역시 굳고 바르며 매번 충성스러운 말을 써서 친히 짐에게

---

86) 대체할 만한 정책을 바치는 일이다.

붙이는 것이 비유하자면 마치 나는 새가 사람에 의지한 것 같으니 사람
들이 스스로 그를 가련하게 생각하고 있소."

9 갑자일(23일)에 황상이 경사로 돌아왔다.

고구려 침략전쟁을 일으킨 당 태종

10　정묘일(26일)에 산기상시 유기를 시중으로 삼고, 행중서시랑(行中書侍郎)[87] 잠문본(岑文本)을 중서령으로 삼으며, 태자좌서자ㆍ중서시랑 마주를 수중서령(守中書令)[88]으로 하였다.

잠문본은 이미 임명을 받고서 집으로 돌아갔는데, 걱정하는 기색을 띠었다. 어머니가 그 연고를 물었더니, 잠문본(岑文本)이 말하였다.

"공훈을 세우지 않았고, 옛날부터 아는 사람이 아닌데, 함부로 총애와 영광을 짊어져서 지위는 높고 책임은 무거우니, 그러므로 근심하고 걱정합니다."

친척과 손님들이 와서 축하하는 사람이 있자, 잠문본이 말하였다.

"지금 조문(弔問)으로 받지, 축하로 받지 않겠소."

잠문본의 동생인 잠문소(岑文昭)는 교서랑이었는데, 빈객들을 좋아하니 황상이 이 소식을 듣고 기뻐하지 않았다. 일찍이 조용히 잠문본에게 말하였다.

"경의 동생이 그대를 지나쳐서 교제하고 관계를 맺는데 아마도 경에게

---

87) 행직은 임시직이다. 따라서 임시 또는 대리 중서시랑이라는 말이다.

88) 수직이다. 이것도 임시직이다. 행수법(行守法)이란 임시직을 맡기는 방법을 말하는데, 높은 직책을 가지고 낮은 직책의 업무를 임시로 수행할 경우에는 행직이고 낮은 직책으로 가지고 높은 직책을 수행하는 경우는 수직이다.

누가 될까 걱정이오. 짐은 밖으로 내어 보내어 외관(外官)[89]을 삼고자 하는데, 어떠하오?"

잠문본이 눈물을 흘리며 말하였다.

"신의 동생은 어려서 고아(孤兒)가 되어[90] 늙으신 어머니가 특별히 아끼는데, 아직 일찍이 진실로 좌우를 떠나서 잔 일이 없습니다. 지금 만약에 밖으로 내 보낸다면 어머니는 반드시 근심으로 초췌하게 될 것이며, 만약에 이 동생이 없다면 또한 늙은 어머니도 없게 될 것입니다."

이어서 눈물을 흘리며 흐느끼며 오열(嗚咽)하니, 황상은 그 마음을 민망하게 생각하여 중지하였다. 오직 잠문소를 불러서 엄하게 이를 경계하였더니, 역시 끝내 허물을 짓지 않았다.

11 9월에 간의대부 저수량을 황문시랑으로 삼아 조정의 정치에 참여하게[91] 하였다.

12 언기(焉耆, 신강성 언기현)가 서돌궐에게 두 마음을 품자 서돌궐의 대신인 아사나굴리(阿史那屈利) 철(啜)[92]이 그의 동생을 위하여 언기국왕의 딸을 맞아들이게 하니, 이로 말미암아서 조공하는 일이 대부분 빠졌다. 안서(安西)도호 곽효각(郭孝恪)이 그를 토벌하게 해 달라고 청하였다.

조서를 내려서 곽효각을 서주도(西州道) 행군총관으로 삼고 보병과 기병 3천을 인솔하고 은산도(銀山道, 신각성 탁극손현의 서남쪽)로 나아가서

---

89) 지방관을 말한다.

90) 아버지가 죽어서 없는 경우를 고자(孤子)라고 함으로써 아버지가 일찍 죽었다는 것을 의미한다. 어머니가 없는 경우에는 애자(哀子)라는 말을 쓰는데, 부모가 다 없는 경우는 고애자(孤哀子)인 것이다. 여기서는 아버지가 일찍 돌아가셨다는 뜻이다.

91) 황문시랑은 정4품 상(上)인데, 두 시중의 직책을 관장하니, 무릇 정치를 늦추고 긴장시키는 것과 일의 주고 빼앗는 것에는 모두 참여하였다.

92) 서돌궐의 관직명으로 지휘관에 해당한다.

이를 치게 하였다.

마침 언기왕의 동생인 용힐비(龍頡鼻)의 형제 세 명이 서주(西州, 신강 성 투루판 시 동쪽)에 이르렀는데, 곽효각이 용힐비의 동생인 용율파준(龍 栗婆準)으로 길을 인도하게 하였다. 언기성의 4면은 모두 물이었으므로 험한 것을 믿고 대비하는 것을 마련해 두지 않았다. 곽효각은 길을 배나 빨리 재촉하여 밤낮으로 가서 밤중에 성 아래에 도착하여 장사(將士)들 에게 명령하여 물에 떠서 건너게 하여 새벽녘에 성에 올라가서 그 왕인 용돌기지(龍突騎支)를 잡고, 포로로 잡거나 목을 벤 것이 7천여 급이었으 며, 용율파준을 남겨두어서 그 나라의 일을 처리93)하게 하고 돌아왔다.

곽효각이 떠난 지 사흘 만에 아나사굴리 철이 군사를 이끌고 언기를 구원하러 왔으나 미치지 못하였고 용율파준을 붙잡고 강한 기병 5천 명 을 가지고 곽효각을 추격하여 은산에 도착하였는데, 곽효각이 돌아가서 쳐서 그들을 깨뜨리고 뒤를 쫓아서 수십 리를 갔다.

신묘일(21일)에 황상은 시중을 드는 신하들에게 말하였다.

"곽효각이 근래에 상주문을 올려서 8월 11일에 가서 언기를 공격하고 20일에는 응당 이르러서 반드시 22일에는 그들을 깨뜨린다하였다. 짐은 그가 갈 길을 계산하건대 사자가 오늘쯤에는 도착할 것이다."

말을 아직 마치지 않았는데, 역참의 말이 도착하였다.

서돌궐의 아사나처나(阿史那處那) 철(啜)이 그의 토둔(吐屯)94)으로 하 여금 언기를 관리하게 하고95) 사자를 파견하여 들어와서 공물을 바쳤다. 황상은 그를 책망하며 말하였다.

"내가 군사를 발동하여 언기를 얻었는데, 너희는 어떤 사람들이기에

---

93) 관직명으로는 섭국사(攝國事)이므로 섭직(攝職)을 세운 것이다.

94) 부하 장수에 해당하는 서돌궐의 관직이다.

95) 이것 역시 섭직으로 보인다. 그러나 원문에서는 섭(攝)이라고만 하였지, 섭국사라는 용어를 사용하지는 않았다.

그곳을 점거하는가?"

토둔이 두려워서 그 나라로 돌아갔다. 언기가 용율파준의 사촌형인 용설파아나지(龍薛婆阿那支)를 왕으로 삼으니, 마침내 아사나처나(阿史那處那)96)에게 붙었다.

13 을미일(25일)에 홍려시(鴻臚寺)에서 상주문을 올렸다.

"고려의 막리지97)가 백금(白金)을 공물로 보내왔습니다."

저수량이 말하였다.

"막리지는 그 임금을 시해하고 구이(九夷)98)를 용납하지 않은 바여서 지금 장차 그를 토벌하려고 하는데, 그들의 금을 받는다면 이는 고정(郜鼎)99)과 같은 것이니, 신은 받을 수 없다고 생각합니다."

황상은 이를 좇았다.

황상이 고려의 사자에게 말하였다.

"너희들은 모두 고무(高武)100)를 섬겼고 관작(官爵)을 가지고 있었다. 막리지가 시역(弑逆)을 하였고 너희들은 복수를 할 수 없었는데, 지금 다시 그를 위하여 유세(遊說)하여 큰 나라를 속이려 하니, 죄는 어느 것이 큰가?"

모두 대리시(大理寺)에 위탁하여 처리하게 하였다.

---

96) 아사나처나 철은 역시 서돌궐에 속한 부락의 우두머리이다.

97) 고구려의 막리지인 연개소문을 말한다.

98) 동쪽의 아홉 족속의 이족(夷族)을 말한다. ≪후한서(後漢書)≫에 보면 아홉이란 견이(畎夷), 간이(干夷), 방이(方夷), 황이(黃夷), 백이(白夷), 적이(赤夷), 현이(玄夷), 풍이(風夷), 양이(陽夷)를 가리킨다.

99) 춘추시대(기원전 701년)의 사건이다. 송(宋)이 고(郜)를 멸망시키고 고(郜)의 대정(大鼎)을 송(宋)으로 운반하였는데, 노(魯)의 15대 제후인 환공(桓公)이 송(宋)을 공격하여 고(郜)의 대정을 탈취하여 다시 노(魯)의 사당으로 운반하였다. ≪춘추(春秋)≫에서는 이것이 예의에 맞지 않는다고 평가하고 있다.

100) 고구려 27대 영류왕을 말한다.

14 겨울, 10월 초하루 신축일에 일식이 있었다.

15 갑인일(14일)에 거가(車駕)가 낙양에 행차하였는데, 방현령(方玄齡)에게 경사(京師)에서 유수(留守)하게 하고, 우위(右衛) 대장군·공부상서인 이대량(李大亮)이 그를 돕게 하였다.

16 곽효각이 언기왕 용돌기지와 그의 처자에게 족쇄를 채워서 행재소(行在所)[101]에 이르렀는데 그를 용서하도록 칙령을 내렸다. 정사일(17일)에 황상이 태자에게 말하였다.

"언기왕은 현명한 보필자를 찾지 않고, 충성스러운 꾀를 채용하지 않아서 스스로 멸망하는 것을 가져서 목이 묶이고 손이 묶여서 만 리를 떠돌며 흔들렸다. 사람이 이것을 두렵게 생각한다면 두려운 것을 안다고 할 수 있다."

기사일(29일)에 면지(澠池, 하남성 면지현)의 천지(天池)[102]에서 사냥을 하였고, 11월 임신일(2일)에 낙양에 도착하였다.

전에 의주(宜州, 섬서성 의군현) 자사였던 정원숙(鄭元璹)은 이미 치사(致仕)[103]하였는데, 황상은 그가 일찍이 수(隋) 양제(煬帝)를 좇아서 고려를 정벌하였었음으로[104] 불러서 행재소로 오게 하였다. 그에게 물었더니 대답하였다.

"요동까지의 길은 멀고 양식의 운반도 어렵고 막힙니다. 동이(東夷, 고구려)들은 성(城)을 잘 지켜서 이를 공격하여도 급히 함락시킬 수 없습

---

101) 제왕이 도읍지를 떠나서 머무는 곳을 말한다.

102) 웅이산(熊耳山) 아래에 있는 천지를 말한다. 당시의 사람들은 면지라고 부르는데 이 연못으로 인하여 지명이 생겼다.

103) 나이가 많아서 벼슬을 그만두는 것이다.

104) 정원숙은 수 왕조 때에 우무후대장군으로 군사를 인솔하고 고구려를 정벌하였다.

니다."

황상이 말하였다.

"오늘날은 수(隋)에 비할 바가 아니니105) 공(公)은 다만 이를 듣기만 하시오."

장검(張儉) 등이 요수(遼水)의 물이 불어서 오래 건널 수 없자 황상은 두려워하고 나약하다고 생각하고 장검을 불러서 낙양으로 오게 하였다. 도착하여 산천의 험한 곳과 손쉬운 곳과 물이나 풀이 좋고 나쁜 것을 갖추어 진술하니, 황상이 기뻐하였다.

황상은 명주(洺州, 하북성 영년현 동남쪽) 자사 정명진(程名振)이 용병(用兵)을 잘하니 불러서 방략을 묻고 그의 재주가 민첩한 것을 칭찬하고 그를 위로하고 격려하며 말하였다.

"경은 장상(將相)의 그릇을 가지고 있으니, 짐이 바야흐로 장차 사명을 맡기겠소."

정명진은 실수하여 절하고 감사하지 않았는데, 황상이 시험 삼아 나무라고 화를 내며 그가 하는 것을 보려고 말하였다.

"산동(山東, 효산의 동부)의 시골 녀석이 한 개의 자사 직책을 갖게 되니 부귀(富貴)함이 극에 달하였다고 생각하였는가? 감히 천자 옆에서 말하는 것이 거칠고 또한 다시 절도 하지 않다니!"

정명진이 사죄하며 말하였다.

"거칠고 다듬어지지 않은 신(臣)은 아직 일찍이 친히 성스러운 질문을 받든 적이 없어서 바야흐로 마음속으로 대응할 것을 생각하고 있었습니다. 그러므로 절하는 것을 잊었습니다."

행동거지가 태연자약하였고 응대하는 것은 더욱 분명하게 말하였다.

황상이 이에 감탄하며 말하였다.

---

105) 호삼성은 당 태종이 국가가 크고, 갑병이 강하며, 그들을 경략하기 충분하여 승리를 얻을 수 있다고 계산하고, 적에게 위엄을 보이고자 한 것이라고 해설하였다.

"방현령(方玄齡)은 짐의 좌우에 20여 년 동안 있었는데, 짐이 나머지 사람을 견책하는 것을 보면 매번 안색이 제 모습을 갖지 못하였다. 정명진은 평생 동안 짐을 일찍이 보지도 못하였었는데, 짐이 하루아침에 그를 책망하였지만 일찍이 두렵고 떨리는 기색이 없었고 말의 조리도 잃지 않으니 정말로 기이한 인사로다."

그날로 우교위(右驍衛) 장군으로 임명하였다.

갑오일(24일)에 형부상서 장량(張亮)을 평양도(平壤道) 행군대총관으로 삼고, 강주(江州, 장강 유역)·회주(淮州, 회하 유역)·영주(嶺州, 남령 이남)·협주(峽州, 삼협지구)의 군사 4만을 인솔하고, 장안·낙양에서 모집한 병사 3천과 전함(戰艦) 500척을 인솔하고 내주(萊州, 산동성 내주시)에서 바다에 배를 띄워 평양으로 향하게 하였다. 또한 태자첨사(太子詹事)·좌위솔(左衛率)인 이세적(李世勣)을 요동도(遼東道) 행군대총관으로 삼아 보병과 기병 6만과 난주(蘭州, 감숙성 난주시)·하주(河州, 감숙성 임하시) 두 주에 있는 항복한 호족들을 인솔하고 요동으로 향하게 하였는데, 양군(兩軍)이 세력을 합쳐서 같이 나아가게 하였다.

경자일(30일)에 여러 군대가 유주(幽州, 북경)에서 크게 모여서 행군총관 강행본(姜行本)과 소부소감(少府少監) 구행엄(丘行淹)을 파견하여 먼저 많은 공인(工人)들을 감독하여 안라산(安蘿山, 요녕성 조양시 동남쪽)에서 운제(雲梯)와 충차(衝車)106)를 만들게 하였다. 이때에 멀고 가까이에 있는 용사들 가운데 모집에 호응한 사람과 성곽을 공격하는 기계를 바친 사람은 헤아릴 수가 없이 많았는데, 황상이 모두 친히 덜어내거나 덧붙이며 그 가운데 편리한 것을 선택하였다.

또 손수 조서를 내려서 천하에 유시(諭示)하였다.

"고려의 연개소문이 주군을 시해하고 백성들에게 학대하니 마음으로

---

106) 운제와 충차는 모두 성을 공격할 때 쓰는 공격무기이다. 운제는 긴 사다리로 성으로 올라갈 때 필요하고, 충차는 성을 헐어버릴 때 사용하는 기구이다.

어찌 참을 수가 있겠는가? 지금 유주(幽州)와 계주(薊州)를 순행(巡幸)하며 요동(遼東)과 갈석산(碣石山)107)에서 죄를 묻는데, 지나가는 곳에서 군영을 세우고 주둔하려고 하는 것이며 수고롭게 비용을 들지 않게 할 것이다."

또 말하였다.

"옛날에 수(隋)의 양제(煬帝)는 그 아랫사람들에게 잔인하고 포학하였고, 고려의 왕108)은 그 백성들을 어질게 하고 아끼면서 어지러움을 생각하여서 혼란스러운 군사가 편안하고 화합된 무리들을 공격하는 것을 생각하였으니 그러므로 성공할 수 없었다. 지금 대략 반드시 승리할 수 있는 길에는 다섯 가지가 있음을 말하겠다.

첫 번째로는 큰 나라가 작은 나라를 공격하는 것이고, 두 번째로는 순종하는 것으로 거역하는 것을 토벌하는 것이며, 세 번째로는 잘 다스려진 것으로 혼란한 틈을 타는 것이며, 네 번째로 편안한 상태로 수고로운 것을 맞는 것이며, 다섯 번째로는 기쁜 마음을 가진 것으로 원망하는 것을 감당하는 것이니, 어찌 이기지 못할까를 걱정하겠는가? 백성들에게 널리 알리노니 의심하거나 두려워하지 말라."109)

이에 무릇 주둔하고 머무는데 드는 비용을 갖추는데 줄어든 것이 태반이었다.

17 12월 신축일(1일)에 무양의공(武陽懿公)110) 이대량(李大亮)이 장안에

---

107) 하북성 창여현 서북쪽에 있는 선태산(仙台山)으로 여기에서부터 바다로 나아갈 수 있다.

108) 고구려의 26대 영양왕인 고원(高元)이다.

109) 호삼성은 "당 태종은 고려는 반드시 이길 수 있다고 하였지만 끝내 이기지 못하였으니, 이러한 것은 '늘 이기는 집안은 더불어 적을 고려하기 어렵다.'라는 것이다."라고 하였다.

110) 이대량은 무양공이었는데, 죽은 후에 시호를 의공으로 한 것이다.

서 죽었는데 표문을 남겨서 고려 원정군을 철폐하라고 청하였다. 집안에 남은 것은 쌀 5곡(斛)과 포 30필이었다. 친척들 가운데 일찍이 고아가 되었다가 이대량이 길러 준 사람들이 그를 아버지처럼 상례를 치렀는데 모두 15명이었다.

18 임인일(2일)에 옛날에 태자였던 이승건이 검주(黔州)에서 죽으니, 황상이 그를 위하여 조회를 열지 않고 국공(國公)의 예로 장사를 지냈다.

19 갑인일(14일)에 여러 군대와 신라 · 백제 · 해(奚, 난하 상류의 부족) · 거란(契丹, 요하 상류의 부족)에 조서를 내려서 길을 나누어서 고려를 치게 하였다.

국력을 다 기울인 고구려 공격

20 애초에, 황상은 돌궐의 사리필(俟利苾) 가한을 파견하여 황하를 건너게 하니, 설연타(薛延陀)의 진주(眞珠) 가한111)이 그 부락들이 뒤집혀 움직일까 두려워하여 속으로 이를 아주 싫어하면서 막북(漠北)에 경무장을 한 기병을 예비하여 두었다가 이를 공격하고자 하였다.

황상은 사자를 파견하여 경계하는 칙령을 내리고 서로 공격하지 못하게 하였다. 진주 가한이 대답하였다.

"지극히 높으신 분께서 명령을 내리시니, 어찌 감히 좇지 않겠습니까? 그러나 돌궐은 번복하여 뒤집어 기대하기 어려우니, 그들이 아직 격파되지 않았을 때에는 해마다 중국을 침범하여 사람을 죽인 것은 천만으로 계상됩니다.

신이 지극히 높으신 분께서 이를 이기셨으니 마땅히 잘라서 노비를 삼아 중국 사람들에게 하사하셔야 할 것으로 생각됩니다. 마침내 도리어 그들을 길러서 아들처럼 하시니 그 은덕이 지극하지만 아사나결사솔(阿史那結社率)이 끝내 배반하였습니다.112)

---

111) 사리필(俟利苾) 가한은 아사나사마(阿史那思摩, 李思摩)를 말하며, 이들이 황하를 건넌 것은 정관 15년(641년)이고, 그 내용은 ≪자치통감≫ 권196에 실려 있으며 진주 가한은 설연타한국의 2대 가한인 설이남(薛夷南)이다.

112) 이 일은 태종 정관 13년(639년) 4월에 있었고, 그 내용은 ≪자치통감≫ 권195에

이 족속들의 짐승 같은 마음은 어찌 사람의 이치로 대우하겠습니까? 신은 은혜를 입은 것이 깊고 두터우니, 청하건대, 지극히 높으신 분을 위하여 이들을 죽이게 하여 주십시오."

이로부터 자주 서로 공격하였다.

아사나사리필이 북쪽으로 건너면서 무리 10만과 싸울 수 있는 군사 4만을 가지고 있었는데, 아사나사리필이 어루만져서 통어(通御)할 수가 없으니, 무리들은 즐겨서 복종하지 않았다. 무오일(18일)에 모두가 아사나사리필을 버리고 남쪽으로 와서 하(河, 황하)를 건너서 승주(勝州, 내몽골 탁극탁현)와 하주(夏州, 섬서성 정변현 북쪽 백성자) 사이에서 있게 해달라고 청하였다. 황상은 이를 허락하였다.

여러 신하들이 모두 생각하였다.

"폐하께서는 바야흐로 요하(遼河)의 왼쪽[요동, 고구려]을 원정하시는데 하(河, 황하)의 남쪽에 돌굴을 두시면 경사까지의 거리가 멀지 않으니113) 어찌 후방을 염려하지 않을 수 있습니까? 바라건대, 남아서 낙양을 진수(鎭守)하시고 제장을 파견하여 동방 정벌을 하십시오."

황상이 말하였다.

"이적도 또한 사람일 뿐이니, 그 마음은 중하(中夏)와 다르지 않다. 인주(人主)는 덕택을 입히지 못할까 두려운 것이지 다른 족속을 시기할 필요는 없다. 대개 덕택을 주는 것이 흡족하면 사이(四夷)도 한 집안처럼 부릴 수 있다. 시기하는 것이 많아지면 골육 간에도 원수 같은 적(敵)이 되는 것을 면치 못한다.

양제(煬帝)는 무도(無道)하여 사람을 잃은 지 이미 오래되어서 요동의 전역(戰役)에서 사람들은 모두 손과 발을 끊고서 정벌을 떠나는 병역(兵

실려 있다.

113) 하주에서 장안까지의 직선거리로 400km이다.

役)을 피하였으며 양현감(楊玄感)은 운반하는 졸병들을 가지고 여양(黎陽,
하남성 준현)에서 반란을 일으켰으니114) 융적(戎狄)이 걱정거리가 된 것
이 아니었다.

짐이 지금 고려를 정벌하는데, 모두 가기를 원하는 사람을 뽑았으며,
열 명을 모집하였는데 100명을 얻었고, 100을 모집하면서 천을 얻었으
니, 그 가운데 종군(從軍)할 수 없는 사람들이 모두 분하고 탄식하며 우
울해 하였으니 어찌 수(隋)가 원망하는 병사를 보낸 것에 비교하겠는가?

돌궐은 가난하고 약하여 내가 거두어 그들을 길러주었으니, 그들이 은
혜로 느끼는 것을 계상하면 골수에까지 들어갔는데 어찌 걱정거리가 되
겠는가? 또 저들은 설연타와 좋아하고 바라는 것이 대략 같아서 저들이
북쪽으로 설연타에게 가지 않고 남쪽으로 와서 나에게 귀부한 것으로
그들의 마음을 볼 수 있다."

돌아보고 저수량에게 말하였다.

"너는 기거주(起居注)를 담당하니115) 나를 위하여 이를 기록하라. 지금
부터 15년 동안 돌궐 사람들의 걱정거리는 없을 것을 보장한다."
아사나사리필은 무리들을 잃고 경무장을 한 기병을 데리고 들어와 조현
하니, 황상은 우무위(右武衛) 장군으로 삼았다.116)

태종 정관 19년(乙巳, 645년)

1 봄, 정월에 위정(韋挺)117)이 먼저 가서 조거(漕渠)를 살피지 않은 채,

---

114) 수 양제 대업 9년(613년) 6월의 일이고, 《자치통감》 권182에 실려 있다.

115) 사관(史官)을 말한다. 기거주란 황제의 활동상황을 기록한 책이다.

116) 동돌궐을 다시 만든 것은 태종 정관 13년(639년) 7월이고, 이로부터 6년 만에 다
   시 망한 것이다.

117) 궤운사(饋運使)였다.

쌀을 운반하는 배 600여 척을 노사대(盧思臺) 옆에 가게 하였다가 물이
얕고 막혀서 앞으로 나아갈 수가 없게 한 죄에 걸려서 묶여서 낙양으로
호송되었다. 정유일(28일)에 관적(官籍)에서 제명되었고, 장작소감 이도
유(李道裕)가 이를 대신하게 하였다. 최인사(崔仁師)도 역시 죄에 걸려들
어서 관직에서 면직되었다.

2　창주(滄州) 자사 석변(席辯)이 부정축재로 걸려들었는데, 2월 경자일
(2일)에 조집사(朝集使)[118]들에게 조서를 내려서 다가가서 참관하게하고
그를 죽이게 하였다.

3　경술일(12일)에 황상은 스스로 제장을 거느리고 낙양을 출발하였는
데, 특진(特進) 소우(蕭瑀)를 낙양궁 유수(留守)로 삼았다. 을묘일(17일)
에 조서를 내렸다.
　"짐이 정주(定州)를 출발한 다음에 의당 황태자로 하여금 감국(監國)[119]
하게 하여야 한다."
　개부의동삼사로 치사(致仕)한 울지경덕(尉遲敬德)이 말씀을 올렸다.
　"폐하께서 요동으로 친히 정벌을 떠나는데, 태자는 정주에 있게 되면
장안과 낙양의 심복(心腹) 같은 곳이 텅 비게 되어 아마도 양현감의 변고
같은 일이 있을까 걱정입니다. 또 변방 귀퉁이의 작은 이적(夷狄)[120]은
만승(萬乘)을 수고롭게 하기에는 부족하니, 바라건대 한쪽에 있는 군사를
파견하시어 이를 정벌하셔도 기한을 정해 놓고 없앨 수 있습니다."

---

118) 각 주(州)에서 1년에 한 번 연말에 조공물을 가지고 경사에 와서 1년간의 주의 회
　계를 아울러 보고하는 사자를 말한다.
119) 황제가 수도를 떠나면 태자가 수도에 남아서 국가의 모든 행정을 맡아서 처리하는
　것이다.
120) 여기서는 고구려를 낮추어 지칭한 말이다.

황상은 좇지 않았다. 울지경덕을 좌일마군(左一馬軍)총관으로 삼아 좇아
가게 하였다.

4 정사일(19일)에 조서를 내려서 은(殷)의 태사였던 비간(比干)121)에게
시호를 내려서 충열(忠烈)이라 하고 담당부서에서 그의 묘122)에 봉분을
만들게 하였으며, 봄가을로 소뢰(小牢)123)로 제사를 지내게 하였으며, 부
근에 있는 500호를 딸려 주어서 물 뿌리고 청소하는데 쓰게 하였다.

황상이 경사를 출발하면서 방현령에게 명령을 내려서 편리한대로 일을
처리하고 별도로 주청을 하지 말게 하였다. 어떤 사람이 유대(留臺)124)에
가서 비밀스러운 일이 있다고 말하자 방현령이 비밀리에 모의한 곳을
물었더니, 대답하였다.

"공(公)이 바로 그 사람이오."

방현령은 역참을 통하여 행재소로 압송하였다.

황상은 유수(留守)가 표문을 올려서 비밀을 고발한 사람을 호송하였다
는 보고를 듣자 황상은 화가 나서 사람을 시켜서 앞에서 장도(長刀)를
가지고 있게 한 후에 그를 만나서 고발한 사람이 누구인지를 물었더니,
말하였다.

"방현령이오."

황상이 말하였다.

"과연 그렇군."

나무라며 요참(腰斬)하게 하였다.

새서를 써서 방현령에게 스스로를 믿지 못하는 것을 가지고 나무라며

---

121) 은 때의 비(比)의 주군인 자간(子干)이다.

122) 비간의 묘는 하남성 위휘시에 있다.

123) 양과 돼지를 각기 한 마리씩 잡아서 지내는 제사를 말한다.

124) 제왕이 도읍지를 떠났을 때에 도읍지에 남아서 일을 처리하는 정부를 말한다.

말하였다.

"다시 이와 같은 일이 있으면 전결할 수 있을 것이오."

계해일(25일)에 황상이 업(鄴, 하북성 임장현 서남쪽)에 도착하니 스스로 제문(祭文)을 지어서 위(魏)의 태조[125]에게 제사를 지내어 말하였다.

"위험을 만나서 변화를 제압하시고, 적(敵)을 헤아리고 기이한 계책을 만드시니, 한 장수의 지혜로서는 여유가 있지만 만승으로서의 재주는 부족하였습니다."

이 달에 이세적의 군사가 유주(幽州, 치소는 북경)에 도착하였다.

3월 정축일(9일)에 거가가 정주(定州)에 도착하였다. 정해일(19일)에 황상이 시중드는 신하들에게 말하였다.

"요동(遼東)은 본래 중국의 땅인데, 수(隋)가 네 번 군사를 내었으나 얻을 수가 없었다.[126] 짐이 지금 동방을 정벌하는 것은 중국을 위하여 자제들의 원수를 갚고자 하는 것이며, 고려를 위하여 군부(君父)의 치욕을 갚으려는 것뿐이다.

또 사방의 귀퉁이는 대체적으로 평정되었는데, 오직 이곳만 아직 평정되지 아니하였으니, 그러므로 짐이 아직 늙기에 이르지 않았을 때에 사대부들의 남은 힘을 이용하여 이를 빼앗고자 한다. 짐이 낙양에서 출발하여서부터 오직 다만 고기와 밥만을 먹었을 뿐이고, 비록 봄채소도 역시 올리지 않게 하였으니, 그들이 번거로울까 걱정하기 때문이다."

황상이 병든 병사를 보고 불러서 어탑(御榻, 황제가 앉는 의자) 앞으로 오게 하여 위로하고 주현(州縣)에 보내어 그를 치료하게 하였더니, 사졸들 가운데 감격하고 기뻐하지 않는 사람이 없었다. 정벌군에 이름이 올라 있지 않은 사람이 스스로 사사롭게 장비를 만들어 가지고 종군(從軍)

---

125) 조조를 말한다. 조조는 위왕이면서도 후한의 승상을 지냈다.

126) 수 문제 개황 18년(598년), 양제 대업 8년(612년), 9년(613년), 10년(614년)에 고구려 정벌군을 발동하였다.

하려고 하니, 움직였다 하면 천을 헤아리게 되었는데, 모두 말하였다.

"현관(縣官)127)에게 공훈과 상금을 요구하는 것이 아니라 오직 요동에서 죽음으로 보답하기를 원합니다."

황상은 허락하지 않았다.

황상이 곧 출발하려고 하는데, 태자가 슬피 울며 며칠 동안 눈물을 흘리니, 황상이 말하였다.

"지금 너를 남겨두어서 진수(鎭守)하게 하고 뛰어난 사람으로 보필하게 하여서 천하로 하여금 너의 풍채(風采)를 알게 하려는 것이다. 무릇 나라를 다스리는 요점은 현명한 사람을 올리고 불초한 사람을 물리치며, 선한 사람에게 상을 주고 악한 사람에게 벌을 주되 지극히 공정하고 사사로움이 없어야 하는데 있으니, 너는 마땅히 노력하여 이것을 실천하도록 하여야 하며 슬피 눈물을 흘려서 무엇을 하려는 것이냐?"

개부의동삼사 고사렴(高士廉)에게 명령하여 태자태부의 업무를 총괄하게 하여128) 유기(劉洎)·마주(馬周)·소첨사(少詹事) 장행성(張行成)·우서자 고계보(高季輔)와 더불어 같이 기밀에 속한 업무를 장악하게 하면서 태자를 보필하게 하였다.

장손무기와 잠문본(岑文本)은 이부상서인 양사도(楊師道)와 더불어 출정하게 하였다. 임진일(24일)에 거가는 정주를 출발하여 친히 궁시(弓矢)를 패용하고, 손수 우의를 안장 뒤에 묶었다. 장손무기에게 명령하여 시중의 업무를 총괄하고 양사도는 중서령의 업무를 총괄하게 하였다.129)

이세적의 군사가 유성(柳城, 요녕성 조양시 ; 영주의 치소)을 출발하였는데, 형세를 많이 벌려 놓아서 마치 회원진(懷遠鎭, 요녕성 요중현)으로 나가는 것처럼 하면서 군사를 숨겨서 북쪽으로 용도(甬道)130)로 향하게 하여서

---

127) 황제를 가리키는 말이다.

128) 섭직(攝職)으로 관직명은 섭태자태부이다.

129) 모두 섭직을 준 것인데, 장손무기는 섭시중이고, 양사도는 섭중서령이었다.

고려가 생각하지 못한 곳으로 나아갔다. 여름, 4월 초하루 무술일에 이세적은 통정(通定, 요녕서 신민시 동쪽)에서 요수(遼水)를 건너서 현토(玄菟)에 이르렀다. 고려에서는 크게 놀라서 성읍(城邑)에서 모두 문을 닫고 스스로 지켰다.

임인일(5일)에 요동도(遼東道) 부대총관인 강하왕(江夏王) 이도종(李道宗)이 병사 수천을 거느리고 신성(新城, 요녕성 무순시 북쪽)에 도착하고, 절충(折衝) 도위 조삼량(曹三良)이 10여 기(騎)를 이끌고 곧바로 성문을 압박하니, 성 안에서는 놀라고 시끄러워져서 감히 나오는 사람이 없었다.

영주(營州) 도독 장검(張儉)이 호족(胡族, 흉노) 병사를 거느려서 선봉으로 삼고, 나아가서 요수를 건너서 건안성(建安城, 요녕성 개주시)으로 향하여 고려 병사를 깨뜨리고 목을 벤 것이 수천 급(級)이었다.

5 태자는 고사렴(高士廉)을 이끌어서 탑(榻)131)에 같이 앉아서 일을 보게 하고, 또 다시 고사렴을 위하여 책상을 만들게 하니, 고사렴이 굳게 사양하였다.

6 정미일(10일)에 거가가 유주(幽州)를 출발하였다. 황상은 군대 안에 있는 물자와 양식, 기계와 부서(簿書)를 잠문본(岑文本)에게 위임하자, 잠문본은 밤낮으로 부지런히 힘을 다하면서 몸소 생각하고 분배하며 주판과 붓을 손에서 놓지 아니하니, 정신이 소모하여 다하고, 말하고 움직이는 것이 자못 보통 때와 달랐다.

---

130) 용도는 군사가 가는 길을 담으로 막아 놓은 길을 말하는데, 수 대업 8년(612년) 3월에 요하에다 부교(浮橋)를 만들어서 요하를 건너게 한 것이다.

131) 좁고 길고 낮은 앉거나 눕는 용구이다. 당 때에 처음으로 의자와 같은 앉는 도구가 생겼고 일반적으로는 탑에 앉아서 사무를 보았다.

황상이 이를 보고 염려하며 좌우에 있는 사람들에게 말하였다.

"잠문본과 나는 같이 나왔는데, 아마도 나와 같이 돌아가지 못하겠다."

이 날로 갑작스런 병을 만나 죽었다.

그날 저녁에 황상이 엄고(嚴鼓)132)를 치는 소리를 듣고 말하였다.

"잠문본이 운명하여 죽은 것이어서 차마 듣지 못하겠으니, 명하노니 이를 철회하도록 하라."

이때에 우서자인 허경종(許敬宗)은 정주(定州)에 있었고 고사렴과 함께 기밀사항을 처리하였는데, 잠문본이 죽자 황상은 허경종을 불러서 본관(本官)을 가지고서 중서시랑을 검교(檢校)133)하게 하였다.

7 임자일(15일)에 이세적과 강하왕 이도종이 고려의 개모성(蓋牟城, 요녕성 무순시)을 공격하였다. 정사일(20일)에 거가가 북평(北平, 고북평이고 수대의 북평군, 현재의 평주, 하북성 노룡현)에 도착하였다. 계해일(26일)에 이세적 등은 개모성을 뽑아버리고 2만여 명과 양곡 10여만 석을 얻었다.

장량(張亮)은 수군을 인솔하고 동래(東萊, 내주 ; 산동성 내주시)에서부터 바다를 건너서 비사성(卑沙城, 요동성 대련시)을 습격하였는데, 그 성은 사면이 깎아지른 절벽이었고 오직 서문(西門)으로만 올라갈 수가 있었다. 정명진(程名振)이 군사를 이끌고 밤에 도착하였는데, 부총관 왕대도(王大度)가 먼저 올라갔다. 5월 기사일(2일)에 이를 뽑고 남자와 여자 8천 명을 붙잡았다. 총관 구효충 등을 나누어 파견하여 압록수(鴨綠水)에서 요병(曜兵)134)을 하였다.

---

132) 급하고 빨리 치는 북소리이다. 옛날에 군대에서 긴박하고 급한 일을 전할 때에 사용하는 신호이다.

133) 함께 기밀사항을 처리하는 관직명은 동지기요(同知機要)이었고, 검교는 관리 임용방법의 하나로 어떤 직책의 업무를 감독 관리하는 직책이며, 허경종은 태자우서자로 태자를 도와서 일을 하고 있었는데, 잠문본이 죽자 이 직책을 내놓지 아니하고 중서시랑이라는 업무를 관리하게 한 것이다. 따라서 우서자의 직책은 가지고 있었으나 업무는 일시적으로 중단한 셈이다.

이세적은 나아가서 요동성 아래에 도착하였다. 경오일(3일)에 거가는 요택(遼澤, 요녕성 요양시 서쪽)에 도착하였는데, 진흙벌판이 200여 리여서 사람과 말이 왕래할 수가 없게 되자 장작대장(將作大匠) 염입덕(閻立德)이 흙을 덮어서 다리를 만들어 군사들은 머물러 있지 않고 갔다. 임신일(5일)에 소택지대의 동쪽을 건넜다.

을해일(8일)에 고려의 보병과 기병 4만이 요동(遼東)을 구원하니 강하왕 이도종이 4천의 기병을 거느리고 이들을 맞아 치는데, 군중(軍中)에서는 모두가 무리가 적고 떨어져서 매달려 있는 상태이니 깊이 해자를 파고 성루를 높게 쌓고 거가가 올 때까지 기다리는 것만 같지 못하다고 생각하였다.

이도종이 말하였다.

"도적[135]들은 무리가 많다는 것을 믿고 우리를 가볍게 생각하는 마음을 가졌으니 멀리서 와서 피곤하지만 이들을 쳐서 반드시 패배시킬 것이다. 또 우리들은 선봉부대이니 마땅히 길을 깨끗이 하여 놓고 승여(乘輿)[136]를 기다려야 마땅한데, 마침내 다시 도적들을 군부(君父)에게 남겨둘 것인가?"

이세적도 그렇게 생각하였다.

과의(果毅) 도위 마문거(馬文擧)가 말하였다.

"노략질하는 적군(敵軍)을 만나지 않는다면 어떻게 장사(壯士)임을 드러내겠는가?"

말에 채찍을 치며 적을 향해 달려가는데 가는 곳에서 모두가 쓰러지니 무리들의 마음이 조금씩 편안해졌다.

이미 만나서 전투를 하였는데, 행군총관 장군예(張君乂)가 물러나서

---

134) 군사를 가지고 시위하는 것을 말한다.

135) 고구려를 지칭하여 부른 말이다.

136) 황제가 탄 수레를 말하지만 황제를 가리키는 말이 되었다.

달아나자 당의 군사들은 승리하지 못하였는데, 이도종은 흩어진 병사를 모아서 높은 곳에 올라가서 바라보다가 고려의 진지가 어지러운 것을 보고 교기(驍騎) 수십 기와 더불어 그들에게 부딪치며 좌우에서 들락날락하였다. 이세적이 병사를 이끌고 그를 도우니 고려는 대패하였고 목을 벤 것이 1천여 급이었다.

정축일(10일)에 거가가 요수를 건너서 다리를 치워버리어서 사졸들의 마음을 굳게 하고서 마수산(馬首山, 요녕성 요양시 서쪽)에 진을 치고 강하왕 이도종에게 위로하며 상을 내리고 마문거를 순서를 뛰어 넘어 중랑장으로 임명하였다. 장군예의 목을 베었다.

황상은 스스로 수백의 기병을 거느리고 요동성 아래에 도착하여 사졸들이 흙을 져다가 해자를 메우는 것을 보고, 황상은 그 가운데 무거운 짐을 진 사람의 것을 나누어서 말 위에다 싣게 하였고, 좇았던 관원들도 다투어 흙을 져다가 성 아래로 갔다. 이세적이 요동성을 공격하는데 밤낮으로 쉬지 않기를 열이틀이 되어서 황상이 정예의 병사를 인솔하고 그와 만나서 그 성을 수백 겹으로 포위하였고 북치는 소리는 천지를 뒤흔들었다.

갑신일(17일)에 남풍이 급하게 불자 황상은 정예의 병사를 파견하여 충간(衝竿)137)의 끝에 오르게 하여 그 서남쪽에 있는 누각에 불을 지르게 하니 불꽃이 성 안을 다 태웠다. 이어서 장사(將士)들을 지휘하여 성에 오르게 하니 고려는 힘써 싸웠으나 대적할 수가 없었고 드디어 그곳에서 승리하니 죽인 사람이 1만여 명이고 당장 싸울 수 있는 병사 1만여 명과 남자와 여자 4만여 명을 붙잡고서 그 성을 요주(遼州, 원나라 때대의 요양부)라 하였다.

을미일(28일)에 군사를 백암성(白巖城)으로 진격시켰다. 병신일(29일)

---

137) 대나무로 만든 성에 오르는 도구이다.

에 우위대장군 이사마(李思摩)138)가 강노(强弩)의 화살에 맞자, 황상이 친히 그를 위하여 피를 빨았다. 장사(將士)들이 이 소식을 듣고 감동하지 않은 사람이 없었다.

오골성(烏骨城, 요녕성 봉성시)에서 군사 1만 여를 파견하여 백암성을 성원하자 장군 글필하력(契苾何力)이 강한 기병 800명을 데리고 이들을 쳤는데, 글필하력은 몸을 던져서 그들의 진지에 빠졌다가 창에 허리를 맞으니, 상연봉어(尙輦奉御)139) 설만비(薛萬備)가 단기(單騎)로 달려가서 그를 구하여 글필하력을 많은 무리 속에서 뽑아내어 돌아왔다.

글필하력의 기분은 더욱 분하여져서 상처를 묶고는 싸웠고, 좇는 기병들도 분발하여 쳐서 드디어 고려의 군사를 격파하고 수십 리를 추격하여 목을 벤 것이 1천여 급이었는데, 마침 어두워지자 그만두었다. 설만비는 설만철(薛萬徹)140)의 동생이다. ✽

---

138) 아사나사마를 말한다. 당에 귀부한 이후로 성을 이씨로 바꾸었다.

139) 궁정 총관부의 수레 관리관이다.

140) 설만철에 관한 이야기는 고조 무덕 원년(618년) 12월에 있었다.

資治通鑑

자치통감 권198
당(唐)시대 14(645~648년)

고구려 정벌에 실패한 태종

직접 고구려 침략에 나선 당 태종

태종(太宗) 정관(貞觀) 19년(乙巳, 645년)[1]

1   6월 정유일(1일)에 이세적이 백암성(白巖城, 요녕성 등탑시 서쪽) 서남
쪽을 공격하였는데, 황상이 그 서북쪽에 다가갔다. 성주(城主)[2]인 손대
음(孫代音)이 몰래 그의 심복을 파견하여 항복을 받아 달라고 청하면서
성에 도착하면 칼과 도끼를 던져버리는 것을 신표(信標)로 하겠다고 하
며, 또 말하였다.

   "저 노복은 항복하기를 원하지만 성 안에는 좇지 않으려는 사람이 있
습니다."

   황상은 당의 기치(旗幟)를 그 사자에게 주면서 말하였다.

   "반드시 항복할 것이라면 마땅히 이것을 성 위에다가 꽂으시오."
손대음이 기치를 꽂으니 성 안에 있는 사람들은 당의 군사가 이미 성에
올라온 것으로 여기고 모두 그를 좇았다.

   황상이 요동(遼東)에서 승리하자 백암성에서는 항복을 받아달라고 청
하였는데, 이미 그렇게 하고 나서 도중에 후회하였다. 황상이 그들이 반

---

1) 이 권은 전권에 이어서 정관 19년(645년) 6월부터 시작하고 있다.

2) 한 성의 방위 책임자를 말한다.

복하는 것에 화가 나서 군중(軍中)에다 명령을 내려서 말하였다.

"성을 얻게 되면 마땅히 사람과 물자를 모두 전사(戰士)들에게 상으로 줄 것이다."

이세적은 황상이 그들의 항복을 받아 주는 것을 보고서 갑사(甲士) 수십 명을 인솔하여가지고 가서 청하며 말하였다.

"사졸들이 다투어 화살과 돌을 무릅쓰고 그가 죽는 것을 돌아보지 않는 까닭은 포로와 물건을 획득하려고 탐내는 것뿐입니다. 지금 성이 뽑혀지게 되어 있는데, 어찌하여 다시 그들의 항복을 받아 주셔서 전사들의 마음을 외롭게 하십니까?"

황상이 말에서 내려서 사과하며 말하였다.

"장군의 말이 옳소. 그러나 군사를 멋대로 풀어서 사람을 죽이고 그들의 처자(妻子)를 포로로 잡는 일은 짐은 차마 하지 못하오. 장군의 휘하에 공로를 세운 사람이 있다면 짐이 부고(府庫)에 있는 물건으로 상을 줄 것이니, 바라건대 이러하니 장군은 이 한 성(城)을 대속(代贖)하여 주시오."

이세적이 마침내 물러났다.

성 안에서 남자와 여자 1만여 명을 얻었는데, 황상은 물 가까이에다가 장막을 만들어 놓고 그들의 항복을 받고, 이어서 그들에게 먹을 것을 내려주었으며, 여든 살 이상의 사람들에게는 비단을 차등 있게 내려 주었다. 다른 성의 군사들로 백암성에 있던 사람들에게는 모두 위로하고 효유(曉諭)하면서 양식과 무기를 주고 그들이 가고자 하는 곳을 맡겼다.

이보다 먼저 요동성의 장사(長史)가 부하에게 살해 되어 그 성사(省事)[3]가 처자를 받들어 가지고 백암성으로 도망하여 왔다. 황상은 그가 의로움을 가지고 있다고 생각하고 비단 다섯 필을 하사하고 장사를 위

---

3) 이직(吏職)의 명칭이다. 남북조 시대부터 이러한 명칭이 있어 왔는데, 상서성에 속한 성리로 대부분 실무적인 업무를 처리하는 직책이다.

하여 영여(靈輿)4)를 만들어 그를 평양으로 돌아가게 하였다. 백암성을 암주(巖州)라고 하고 손대음을 자사로 삼았다.

글필하력(契苾何力)의 상처가 심하여서 황상이 스스로 약을 발라주고, 글필하력을 찌른 사람인 고돌발(高突勃)을 조사하여 잡아오게 하고, 글필하력에게 주어서 스스로 그를 죽이게 하였다.

글필하력이 상주하였다.

"저들은 그 주인을 위하여 번득이는 칼날을 무릅쓰고 신을 찔렀으니 충성스럽고 용감한 병사입니다. 그와는 처음에 서로 알지를 못하였으니 원망하고 원수질 일은 아닙니다."

드디어 그를 놓아주었다.

애초에, 막리지가 가시성(加尸城, 평양의 서남쪽)의 700명을 파견하여 개모성(蓋牟城, 요녕성 무순시)을 지키게 하였는데, 이세적이 이들을 모두 포로로 잡으니, 그 사람들이 종군(從軍)하여 스스로 온 힘을 다하게 해 달라고 요청하였다.

황상이 말하였다.

"너희들의 집은 모두 가시성에 있을 것이니 너희가 나를 위하여 싸운다면 막리지는 반드시 너의 처자를 죽일 것인데, 한 사람의 힘을 얻고자 한 집안을 멸망시키는 일은 내가 차마 못하겠다."

무술일(2일)에 모두에게 양식을 주어서 그들을 보냈다.

기해일(3일)에 개모성을 개주(蓋州)라고 하였다.

정미일(11일)에 거가가 요동을 출발하였고 병진일(20일)에 안시성(安市城, 요녕성 해성시)에 도착하여 군사를 내어 보내어 그곳을 공격하였다. 정사일(21일)에 고려의 북부 욕살(褥薩)5)인 고연수(高延壽)와 고혜진(高

---

4) 상여(喪輿)를 말한다.

5) 고구려에는 5부가 있었는데, 각 부에는 욕살을 두었으며, 욕살은 그 부의 도독이나 추장에 해당하는 직책이다. 북부는 후부 또는 절노부라고도 하였다.

惠眞)이 고려와 말갈의 병사 15만 명을 인솔하고 안시성을 구원하였다.

황상이 시중을 드는 신하들에게 말하였다.

"지금 고연수의 계책은 세 가지가 있을 것이다. 군사를 이끌고 곧장 앞으로 나와서 안시성과 이어서 보루를 쌓고 높은 산의 험한 곳을 점거 하고 성 안에 있는 곡식을 먹다가 말갈 사람들을 풀어서 우리들의 소와 말을 약탈하게 하는 것이니 이를 공격하여도 갑자기 떨어뜨릴 수 없을 것이고 돌아가려고 하여도 진흙벌판이 막히게 되어 앉아서 우리 군사를 어렵게 하는 것이니, 제일 좋은 계책이다.

성 안에 있는 무리를 뽑아내어 이들과 더불어 숨어 버리는 것이 중간 정도의 계책이다. 지혜와 능력을 헤아리지 못하고 와서 우리와 싸우는 것이 제일 하급의 계책이다.

경들이 그들을 보건대 반드시 제일 하급의 계책을 낼 것이고, 내 눈 으로 보는 가운데 서로 잡힐 것이다."

고려에는 대로(對盧)⁶⁾라는 직책이 있어서 나이는 많고 일을 잘 익혔 는데, 고연수에게 말하였다.

"진왕(秦王)⁷⁾은 안으로 여러 영웅들을 잘라 버리고 밖으로는 융적들을 복종시키고서 홀로 서서 황제가 되었으니 이는 천명을 받은 인재인데, 지금 해내에 있는 무리를 들어가지고 왔으니 대적할 수 없소.

우리들을 위한 계책이라면 군사를 주둔시켜서 싸우지 않고 날짜를 허 송하게 하여 오래 버티면서 기습병을 나누어 파견하여 그들의 운반로를 잘라 버리는 것과 같은 것이 없으니, 양식이 이미 다 떨어지고 싸우려

---

6) 고구려에 설치한 관직으로 상가(相加) · 대로(對盧) · 패자(沛者)가 있다. 큰 곳은 대대로 라고 하여 1품의 관직으로 국사를 총괄하였다. 관직을 두는데, 대로를 둔 곳에는 패자 를 안 두고, 패자를 둔 곳에는 대로를 두지 않는다. 대로 이하로는 11급이 있고, 주현 을 60개 두었으며 대성(大城)에는 욕살(褥薩)을 두었는데 중국의 도독에 해당하고, 작 은 성에는 운사(運使)를 두는데 자사와 비슷하다.

7) 당 태종 이세민을 말한다. 이세민은 현재 당의 황제이지만 과거에 진왕이었었기 때문 에 이를 깎아서 불렀는데, 과거에 현무문의 사건을 일으키기 전의 작위를 부른 것이다.

해도 싸울 수 없게 되면 돌아가려고 해도 길이 없으니 마침내 승리할 수 있소."8)

고연수는 좇지 않고 군사를 이끌고 곧장 앞으로 나아가서 안시성에서 40리 떨어진 곳까지 갔다.

황상은 오히려 그가 머리를 숙이고 배회하며 오지 않을까 걱정하여 좌위(左衛) 대장군 아사나사이(阿史那社爾)에게 명령을 내려서 돌굴의 1천 기병을 거느리고 그들을 유인하게 하고 군사들이 처음에 접전하다가 거짓으로 도망하게 하였다. 고려 사람들은 서로 말하였다.

"더불어 하기가 쉬울 뿐이군!"

다투듯이 기회를 타니 안시성 동남쪽으로 8리 된 지점에 도착하여 산에 의지하여 진을 쳤다.

황상이 제장을 불러서 계책을 물으니, 장손무기가 말하였다.

"신이 듣건대, 적을 만나서 장차 싸우려고 하면서는 반드시 먼저 사졸들의 마음을 살펴야 한다고 합니다. 신이 여러 진영을 거쳐서 돌아보았는데, 사졸들이 고려 사람들이 도착하였다는 소식을 듣고 모두가 칼을 뽑고 깃발을 묶으며 안색에는 기뻐하는 모습을 띠었으니, 이는 반드시 승리할 군대입니다.

폐하께서는 관례를 아직 치르시기 전인데도 몸소 친히 군진(軍陣)에서 생활하시면서 무릇 기이한 계책을 내어 제압하고 승리하였으니 모두가 황상께서 성스러운 꾀를 내려주시면 제장들은 받들어 처리할 뿐입니다. 오늘날의 일은 폐하께서 쫓아가야 할 것을 지적9)하여 주시기를 빕니다."

황상이 웃으면서 말하였다.

---

8) 이것은 태종이 말한 상책이다.

9) 사냥에 비유한 말이다. 사냥할 때에는 잡아야 될 짐승을 지적하면 사냥개는 쫓아가서 죽이도록 되어 있다.

"여러분이 이렇게 양보하는 모습을 보이시니 짐이 당연히 여러분을 위하여 생각해 보겠소."

마침내 장손무기 등과 더불어 수백의 기병으로 좇게 하면서 높은 곳에 올라가서 그들을 바라보고, 산천형세와 군사가 매복할 수 있는 곳과 들락날락할 곳을 살펴보았다. 고려와 말갈이 군사가 합하여 진을 쳤는데 길이가 40리였다.

강하왕 이도종이 말하였다.

"고려는 온 나라를 다 기울여서 왕사(王師)[10]를 막고 있으니 평양의 수비는 반드시 약할 것입니다. 바라건대, 신에게 정예의 병사 5천 명을 빌려 주어서 그들의 뿌리가 되는 본거지[11]를 뒤집어엎게 한다면 수십만 명의 무리라도 싸우지 않고 항복하게 할 수 있을 것입니다."

황상은 호응하지 않았다.

사신을 파견하여 고연수에게 거짓으로 말하게 하였다.

"나는 너희 나라의 강한 신하가 그 주군을 시해하였으니 그러므로 와서 그 죄를 묻고자 하는 것이고, 교전(交戰)하는데 이르는 것은 나의 본 마음이 아니다. 너희 경계에 들어와서 말의 꼴과 양식이 보급되지 아니하였던 연고로 너희 몇 개의 성을 빼앗았지만 너희 나라에서 신하로서의 예의를 닦는 것을 기다리는 것이며, 잃은 것은 반드시 회복시켜 줄 것이다."

고연수는 이 말을 믿고 다시는 대비하지 않았다.

황상이 밤중에 문무관원들을 불러서 일을 계획하고, 이세적에게 명령하여 보병과 기병 1만5천을 거느리고 서령(西嶺)에 진을 치게 하였다. 장손무기는 정예의 병사 1만1천을 거느리고 기습병으로 삼아서 산의 북

---

10) 왕도를 실천하는 군사를 말한다. 여기에서는 당 군사를 왕사라고 자칭한 것이다.

11) 평양을 가리키는 말이다.

쪽에서부터 좁은 골짜기를 나와서 그들의 배후를 치게 하였다. 황상은 스스로 보병과 기병 4천을 거느리고 전고(戰鼓)와 호각(號角)12)을 가지고 기치를 뉘어서 북쪽 산에 올라갔고, 여러 부대에 칙령을 내려서 전고와 호각 소리를 들으면 일제히 분발하여 치라고 하였다. 이어서 유사에게 명령하여 조당의 옆에다 항복한 사람들을 받아들이는 장막을 치게 하였다.

무오일(22일)에 고연수 등은 다만 이세적이 포진(布陣)한 것만 보고, 군사를 챙겨서 싸우려고 하였다. 황상이 멀리서 장손무기의 군사들이 먼지를 일으키는 것을 바라보고 전고를 치고 호각을 불며 기치를 들어 올리게 명령하니 여러 부대가 전고를 울리며 시끄럽게 하면서 나란히 전진하니 고연수 등은 크게 두려워하여 병사를 나누어 이를 막으려고 하였으나 그 진지는 이미 혼란에 빠졌다.

마침 우레와 번개가 치는데 용문(龍門, 산서성 하진현) 사람 설인귀(薛仁貴)가 기이한 복장을 입고 큰 소리를 지르며 진지를 함락시키니 향하는 곳에서는 대적하는 사람이 없었다. 고려의 병사들은 쓰러지고 대군은 이를 올라타니 고려의 군사들이 크게 무너졌고 목을 벤 것이 2만여 급이었다. 황상이 설인귀를 멀리서 바라보고 불러서 유격장군으로 삼았다. 설인귀는 설안도(薛安都)13)의 6세손이고 이름은 예(禮)인데 자(字)를 사용하며 활동하였다.

고연수 등은 나머지 무리를 거느리고 산에 의지하여 스스로 굳게 지키니, 황상은 여러 군사들에게 그들을 포위하고 장손무기에게는 교량을 모두 철거하여 그들이 돌아갈 길을 막으라고 명령하였다.

기미일(23일)에 고연수와 고혜진은 그들의 무리 3만6천800명을 거느

---

12) 전투를 지휘하는 도구이다. 전고를 치면 공격의 신호이다.

13) 설안도는 장수가 되어 위진시대에 송과 북위 사이에서 용감한 것으로 이름이 나 있었다. 이에 관한 일은 송 문제 원가 23년(446년) 정월에 있었다.

리고 항복을 받아 달라고 청하였고, 군문에 들어와서 무릎으로 기어서 앞으로 나와서 절하고 엎드려서 명령을 내려 달라고 청하였다.

황상이 그에게 말하였다.

"동이(東夷)의 어린아이14)가 바다 근처에서 뛰어들어서 견고한 것을 꺾고 승리를 결판내기에 이르렀으니, 그러므로 마땅히 노인에게 미치지는 아니할 것인데 지금부터 다시 감히 천자와 싸우겠는가?"

모두가 땅에 엎드려서 대답을 할 수 없었다.

황상은 욕살(褥薩) 이하 추장 3천500명을 뽑아서 융질(戎秩)15)을 주고 이들을 내지(內地)로 옮겨버리고 나머지는 모두 놓아주어서 평양으로 돌아가게 하였는데, 모두가 두 손을 들고서 땅에 이마를 대고 환호하니 그 소리가 10리 밖까지 들렸다. 말갈의 3천300명을 붙잡아서 모두 묻어버리고 획득한 말은 5만 필(匹)이고 소는 5만 두(頭)이며 철갑(鐵甲)은 1만 벌이고 다른 기계[무기]도 이와 같았다. 고려에서는 온 나라가 크게 놀랐고 후황성(後黃城)과 은성(銀城)은 모두 스스로 뽑고 숨어 달아나니 수백 리에는 다시 사람과 연기가 나지 없었다.

황상이 역참으로 편지를 써서 태자에게 알리고 이로 인하여 고사렴 등에게도 편지를 보냈다.

"짐이 장수가 되어 이와 같이 하였는데, 어떠한가?"

행차하였던 산16)의 이름을 바꾸어 주필산(駐蹕山)이라고 하였다.

가을, 7월 신미일(5일)에 황상이 군영(軍營)을 안시성의 동쪽 고개로 옮겼다. 기묘일(13일)에 조서를 내려서 전사한 사람의 시신에다 표시를 해두었다가 군대가 돌아갈 때를 기다려서 그것을 가지고 함께 돌아가도록 하였다. 무자일(22일)에 고연수(高延壽)를 홍려경(鴻臚卿)으로 삼고 고

---

14) 고연수를 바닷가에서 까부는 어린아이로 비하하여 말한 것이다.

15) 무관 산직이다. ≪삼국사기≫에는 융질을 주었다는 기록은 없다.

16) 본래의 이름은 육산(六山)으로 요녕성 요양시 서쪽에 있다.

혜진(高惠眞)을 사농경(司農卿)으로 삼았다.17)

장량(張亮)의 군대가 건안성(建安城, 요녕성 개주시) 아래를 지나면서 성벽이나 보루가 아직 견고하지 아니한데 사졸들이 대부분 나가서 풀을 뜯어 말먹이를 준비하니 고려의 군사들이 습격하며 도착하였고, 군대 안에서는 놀라고 소란스러웠다. 장량은 평소에 겁이 많아서 호상(胡床)에 걸터앉아서 곧게 앞을 보면서 말을 하지 아니하였는데, 장사(將士)들은 이를 보고 바꾸어 용감한 것이라고 여겼다. 총관 장금수(張金樹) 등이 북을 치고 군사를 챙겨서 고려를 쳐서 그들을 깨뜨렸다.

8월 갑진일(8일)에 후기(候騎)18)가 막리지19)의 첩자인 고죽리(高竹離)를 붙잡아서 양손을 묶어가지고 군문(軍門)에 데리고 왔는데, 황상이 불러서 보고 결박을 풀어 주면서 말하였다.

"어찌하여 마른 것이 그리 심한가?"

대답하였다.

"숨어가며 샛길을 가다가 먹지 못한 지 며칠이 되었습니다."

그에게 먹을 것을 내려 주게 하고 말하였다.

"너는 첩자이니 의당 속히 돌아가서 보고해야 하겠구나. 나를 위하여 막리지에게 말을 전하는데, 군중(軍中)의 소식을 알고자 한다면 사람을 파견하여 지름길로 내가 있는 곳에 오게 하라. 왜 반드시 샛길로 보내어 고생을 하게하는가?"

---

17) 이 내용을 기록한 ≪삼국사기≫ 보장왕 4년조에는 이 부분을 기록하면서 날짜를 기록하지 않았다. ≪삼국사기≫에 기록된 이 내용은 거의 ≪자치통감≫에서 인용한 것으로 보이는데 왜 날짜를 기록하지 않았는지 알 수 없다. 다만 중국측에 기록된 날짜를 고구려에서는 정확하게 알 수 없었다는 생각에서 김부식이 날짜를 뺀 것인지 알 수 없다.

18) 척후병으로 나갔던 기병을 말한다.

19) 고구려의 막리지인 연개소문을 말한다.

고죽리는 맨발이었으므로 황상은 그에게 짚신을 내려 주고 보냈다.

병오일(10일)에 군영을 안시성의 남쪽으로 옮겼다. 황상은 요하(遼河)의 밖에 있었는데 무릇 군영을 설치하면서 다만 척후(斥候)만을 밝혀두고 참호나 보루를 만들지 아니하였지만 비록 그들의 성에 가까이 갔지만 고려는 끝내 감히 나와서 침구하지 못하여 군사들도 혼자서 중국에서처럼 야숙(野宿)을 하였다.

황상이 고려를 정벌하면서 설연타는 사자를 파견하여 들어와서 공물을 바쳤는데 황상이 그에게 말하였다.

"너의 가한에게 말하라. 지금 우리 부자(父子)는 동쪽으로 가서 고려를 정벌하는데 너희가 침입할 수 있다면 의당 빨리 와야 할 것이다."

진주(眞珠) 가한[20]은 황공하여 사자를 파견하여 사과하며 또한 군사를 발동하여 군사를 돕게 해달라고 청하였지만 황상은 허락하지 않았다.

고려는 주필산에서 패배하자 막리지는 말갈(靺鞨)로 하여금 진주 가한에게 유세하며 많은 이익을 가지고 유혹하였지만 진주 가한은 두려워 복종하면서 감히 움직이지 아니하였다.[21] 9월 임신일(7일)에 진주 가한이 죽자, 황상은 그를 위하여 애도하는 의식을 치렀다.

애초에, 진주 가한은 그의 서장자(庶長子)인 설예망(薛曳莽)을 돌리실(突利失) 가한으로 삼아 동방에 거주하면서 여러 다른 종족들을 통어(統御)하게 하고 적자(嫡子)인 설발작(薛拔灼)을 사엽호(肆葉護) 가한[22]으로 삼아서 서방에 거주하면서 설연타를 통솔하게 해달라고 청하였는데, 조서를 내려서 이를 허락하고 모두 예(禮)를 갖추어서 책명(冊命)을 내렸다.

설예망은 성격이 조급하고 시끄러우며 가볍게 군사를 사용하여 설발

---

20) 설연타국(몽골의 서남부)의 2대 가한인 설이남이다.

21) 이 내용은 삼국사기에 기록되지 않았다. 고구려에서는 당연히 말갈을 통하여 이들과 연계하려고 하였을 것으로 보이지만 삼국사기에는 왜 이것이 누락되었는지 알 수 없다.

22) 돌실리 가한과 사엽호 가한은 모두 소가한이다.

작과 협조하지 아니하였다. 진주 가한이 죽자 와서23) 모여서 상례를 치렀다. 장사를 지내고나서 설예망은 설발작이 자기를 도모할까 두려워서 먼저 거느리는 부(部)로 돌아갔는데, 설발작이 그를 습격하여 죽이고 스스로 힐리구리설사다미(頡利俱利薛沙多彌) 가한24)이 되었다.

---

23) 설연타국의 도읍인 왕정(王庭)을 말하며, 현재 몽골공화국 허린컬에 있다.

24) 설연타한국의 3대 가한이다.

안시성에서 회군한 당군

2 황상이 백암성(白巖城, 요녕성 등탑시 서쪽)에서 이기면서 이세적에게 말하였다.

"내가 듣건대, 안시(安市, 해성시)의 성은 험하고 군사도 날카로우며 그 성주(城主)도 재주와 용기가 있어서 막리지가 어지럽힐 때25)에도 성을 지키면서 복종하지 않자 막리지가 이를 쳤으나 떨어뜨릴 수가 없어서 그래서 그에게 주었다고 한다.

건안(建安, 개주시)의 군사는 약하고 양식도 적어서 만약에 그들이 생각 못한 곳으로 나아가서 이를 공격하면 반드시 이길 것이다. 공(公)은 먼저 건안을 공격할 수 있을 것이고, 건안이 떨어지면 안시는 우리들의 뱃속에 있게 되니 이 병법이 이른바 '성에는 공격하지 아니해야 할 것도 있다.' 26)라고 하는 것이다."

대답하였다.

"건안은 남쪽에 있고 안시는 북쪽에 있으며 우리 군사들의 양식은 요동에 있습니다. 지금 안시를 넘어서 건안을 공격하다가 만약에 도적들이

---

25) 안시성주의 이름은 ≪삼국사기≫에도 적시되지 않았는데, 후에 양만춘(楊萬春)으로 알려지고 있다. 또 막리지가 어지럽혔다는 말은 고구려에서 연개소문이 쿠데타를 일으킨 것을 말하며, 태종 정관 16년(642년) 11월의 일이다.

26) ≪손자병법≫에 나오는 말이다.

우리들의 운송로를 끊게 된다면 장차 어찌합니까? 먼저 안시를 공격하는 것만 같지 못합니다. 안시가 떨어지면 북을 울리며 가서 건안을 빼앗을 뿐입니다."

황상이 말하였다.

"공(公)을 장수로 삼았으니 어찌 공의 계책을 쓰지 않겠소. 나의 일을 그르치지 마시오."

이세적이 드디어 안시를 공격하였다.

안시의 사람들은 황상의 깃발과 차개(車蓋)27)를 멀리서 보기만 하면 번번이 성에 올라가서 북을 두드리며 시끄럽게 떠드니 황상이 화를 내었고, 이세적은 성을 이기는 날에 남자건 여자건 모두 이를 묻어버리게 해달라고 요청하였다. 안시의 사람들이 이 소식을 듣고 더욱 굳게 지키니 공격하기를 오랫동안 하여도 떨어지지 않았다.

고연수(高延壽)와 고혜진(高惠眞)28)이 황상에게 청하여 말하였다.

"소인29)은 이미 몸을 대국(大國)에 맡겼으니 감히 그 정성을 바치지 않을 수 없으며, 천자께서 일찍 위대한 공로를 성취하셔서 소인도 처자와 만나볼 수 있기를 바랍니다.

안시에 있는 사람들도 그 집안을 돌아보고 애석해 생각하여서 사람들이 스스로 싸우니 아직은 쉽게 뽑아버리지 못할 것입니다. 지금 소인은 고려의 10여만의 무리를 가지고서도 깃발을 바라보자 막히고 무너졌고, 나라 사람들의 간담(肝膽)이 깨졌는데, 오골성(烏骨城, 요녕성 봉성시)의 욕살(褥薩)은 늙은이여서 굳게 지킬 수 없을 것이니, 군사를 옮겨서 그

---

27) 황제가 탄 수레의 덮개를 말한다.

28) 백암성에서 당에 항복한 고구려의 장수들이다.

29) 고연수와 고혜진은 포로로 잡힌 사람들이기 때문에 당의 관직을 받았지만 스스로를 가리켜서 노(奴)라는 말을 쓰고 있다. 이는 노복이라는 의미인데 자기 자신을 낮추어 지칭한 것이다. 여기서는 소인으로 번역하였다.

곳에 다가가면 아침에 가면 저녁에 이길 것입니다.

그 나머지 길에서 만나는 작은 성들은 반드시 풍문만 듣고도 달아나고 무너질 것입니다. 그런 다음에 그들의 물자와 양식을 거두어 북을 치고 나아가면 평양은 반드시 지키지 못할 것입니다."

여러 신하들도 역시 말하였다.

"장량(張亮)의 군사가 사성(沙城, 요녕성 대련시)에 있으니 그를 부르면 이틀을 자면 도착할 수 있어서 고려가 흉악스럽고 두려워하는 것을 올라타서 힘을 합하여 오골성을 뽑고 압록수(鴨淥水, 압록강)를 건너서 곧바로 평양(平壤)을 빼앗아버리는 것은 이번 거사에 있습니다."

황상이 곧 이를 좇으려 하는데 홀로 장손무기가 생각하였다.

"천자가 친히 정벌을 나왔으니, 제장이 온 경우와 달라서 위험을 타고서 요행을 바랄 수는 없습니다.30) 지금 건안과 신성에 있는 오랑캐들은 무리가 10만인데 만약에 오골을 향한다면 모두가 우리의 뒤를 밟아 올 것이니, 먼저 안시를 격파하고 건안을 빼앗은 다음에 멀리까지 달려 나아가는 것만 같지 못하니, 이것이 만 가지가 다 안전한 대책입니다."

황상이 마침내 중지하였다.

여러 군사들이 급히 안시를 공격하는데 황상은 성 안에 있는 닭과 돼지의 소리를 듣고서 이세적에게 말하였다.

"성을 포위한 지 오래 되었는데 성 안에서는 연기와 불이 날로 미미해져가고 지금에는 닭과 돼지가 심하게 시끄러우니,31) 이는 반드시 군사들에게 잡아 먹이는 것이고 반드시 밤중에 나와서 우리를 습격하려는 것인데, 의당 군사를 엄히 하여 이를 대비하시오."

이날 밤에 고려의 수백 명이 성에 줄을 매달아 내려왔다. 황상이 이 소

---

30) 안시성을 함락시키지 않고 평양으로 가는 것은 현군(懸軍)이 될 가능성이 있음을 지적한 것이다.

31) 닭이나 돼지를 잡을 때 이 짐승들이 지르는 비명소리로 본 것이다.

식을 듣고 스스로 성 아래에 이르러서 군사를 불러서 급히 쳐서 목을 벤 것이 수십 급(級)이었는데 고려는 물러나서 도망하였다.

강하왕(江夏王) 이도종(李道宗)이 무리를 감독하여 성의 동남쪽 귀퉁이에 토산(土山)을 쌓고 그 성을 조금씩 압박하자 성 안에서도 역시 그 성을 더 높이 쌓아서 이를 막았다. 사졸들이 당번을 나누어서 교대로 싸우는데, 하루에 여섯 번에서 일곱 번 교전하였으며, 충차(衝車)와 포석(礮石)32)으로 그 성루(城樓)에 붙어 있는 성가퀴를 파괴하였더니 성 안에서는 따라서 목책을 세워서 그 부서진 부분을 막았다. 이도종은 발을 다쳤는데 황상이 친히 그를 위하여 침을 놓았다.

토산을 쌓는 일을 밤낮으로 쉬지 않아서 무릇 60일이나 되었는데 공력은 들인 것은 50만 명의 분량이었고, 토산 꼭대기에서 성곽까지는 몇 장(丈) 정도 떨어져 있어서 내려가서 성 안으로 다다르게 하였는데, 이도종이 과의(果毅)인 부복애(傅伏愛)로 하여금 군사를 거느리고 토산 꼭대기에서 적(敵)을 대비하게 하였다.

토산이 무너져서 성을 눌러버리니 성이 무너졌다. 마침 부복애는 사사롭게 거느리는 부대를 떠났었고 고려사람 수백 명이 성이 부서진 곳으로 나와서 싸우고 드디어 토산을 빼앗아 점거하고 참호(塹壕)를 파가지고 이곳을 지켰다. 황상은 화가 나서 부복애를 목 베어서 조리를 돌리고 제장에게 이를 공격하도록 명령하였는데, 사흘 동안에도 이길 수가 없었다.

이도종이 맨발로 깃발 아래까지 가서 죄를 받게 해달라고 청하였더니, 황상이 말하였다.

"너의 죄는 마땅히 사형이다. 그러나 짐은 한(漢)의 무제가 왕회(王恢)를 죽인 것33)은 진(秦) 목공(穆公)이 맹명(孟明)을 채용한 것34)만 같지

---

32) 충차는 성을 허물기 위하여 성에 충격을 주는 무기이고 포석은 돌을 쏘는 대포이다.

33) 한 무제가 대장인 왕회를 죽인 것은 마읍에서 흉노의 선우와 작전하면서 미적미적하여 약한 모습을 보였기 때문이고, 이 내용은 무제 2년(기원전 133년)의 일이고, 그

못하며 또 개모와 요동을 격파한 공로를 가지고 있으니 그러므로 특별히 너를 용서할 뿐이다."

황상은 요좌(遼左, 요동성)는 일찍 추워지고 풀은 마르고 물은 얼어서 병사와 말들이 오래 머물지 못하며 또 양식이 장차 떨어지려 하여서 계미일(18일)에 군사를 회군하도록 칙령을 내렸다. 먼저 요주(遼州, 요녕성 요양시)와 개주(蓋州, 개모성 ; 요녕성 무순시) 두 주(州)의 호구를 뽑아서 요수(遼水)를 건너게 하고 마침내 안시성 아래에서 군사를 시위하면서 선회(旋回)하였는데, 성 안에서는 모두가 흔적을 감추고 나오지 않았다.

성주(城主)35)가 성에 올라가서 절하며 인사하니 황상은 그가 굳게 지킨 것을 칭찬하고 비단 100필을 내려주면서 임금을 섬긴 것을 격려하였다. 이세적과 강하왕 이도종에게 명령하여 보병과 기병 4만을 거느리고 후위(後衛)를 맡게 하였다.

을유일(20일)에 요동(遼東)에 이르렀고 병술일(21일)에 요수(遼水)를 건넜다. 요택(遼澤, 요양의 서쪽 소택지)은 진흙벌판이어서 수레와 말이 통행하지 못하자 장손무기에게 명령하여 1만 명을 거느리고 풀을 잘라서 길에 메우도록 하였고, 물이 깊은 곳에는 수레를 교량으로 삼았는데, 황상은 스스로 나무를 말의 안장걸이에 묶어서 일을 도왔다.

겨울, 10월 초하루 병신일에 황상이 포구(蒲溝, 요택의 소택지)에 이르러서 말을 세우고 도로를 메운 여러 군사들을 독려하여 발착수(渤錯水, 요택을 지나가는 물줄기)를 건너게 하는데, 폭풍 속에 눈이 내리니 사졸들

내용은 ≪자치통감≫ 권18에 실려 있다.

34) 진 목공은 춘추시대의 진(秦) 9대 군주로 맹명을 채용하여 군사를 인솔하여 동방 정벌을 하다가 두 번 진(晉)에 패배하였다. 진 목공이 다시 맹명을 임용하니 맹명은 그 정치를 잘 닦아서 군사를 이끌고 진(晉)를 정벌하였는데 진(晉) 사람들이 감히 나오지 못하여 서융의 패자(覇者)가 되었다.

35) 이 부분에서도 ≪삼국사기≫는 거의 자치통감의 기록을 그대로 옮겨 놓고 있다. 물론 성주의 이름은 기록되지 않았고, 후에 성주의 이름은 양만춘(楊萬春)으로 알려졌다

은 옷이 젖어서 많은 사람이 죽자 칙령을 내려서 길에다 불을 지피면서 그들을 기다렸다.

무릇 고려를 정벌하면서 현토(玄菟)·횡산(橫山)·개모(蓋牟)·마미(磨米)·요동·백암·비사(卑沙)·맥곡(麥谷)·은산(銀山)·후황(後黃)의 열 개의 성36)을 뽑고, 요주·개주·암주(巖州, 백암)의 세 주의 호구를 옮겨서 중국에 들여온 사람이 7만 명이었다. 신성(新城)·건안(建安)·주필(駐驆)에서 있었던 세 번의 큰 전투에서 목을 벤 것이 4만여 급(級)이었고, 전투하다가 죽은 병사가 거의 2천 명이었고, 전마(戰馬)로 죽은 것은 열에 일고여덟 마리였다.

황상은 성공할 수 없었기 때문에 깊이 후회하고 탄식하며 말하였다.

"위징이 만약에 있었더라면 나로 하여금 이번 행동을 하지 않게 하였을 것이다."

역마를 달려서 위징에게 소뢰(小牢)37)의 제사를 지내도록 명령하고 다시 만들었던 비38)를 세우게 하고, 그의 처자를 불러서 행재소로 오게 하여 그들을 위로하고 상을 내렸다.

병오일(11일)에 영주(營州, 요녕성 조양시)에 도착하여서 조서를 내려서 요동(遼東)에서 사망한 사졸들의 해골을 유성(柳城, 영주의 치소)의 동남쪽에 모아 놓게 하고 유사에게 명령하여 대뢰(大牢)39)의 제사를 마련하게 하였고, 황상은 스스로 글을 지어서 그들에게 제사 지내는데 곡(哭)

---

36) 이것들은 모두 현재의 요녕성에 있는 성이었다.

37) 제물로 양과 돼지를 한 마리씩 잡아서 지내는 제사이다.

38) 위징에 대한 비석을 만든 일은 정관 17년(643년)의 일이고, 이 내용은 ≪자치통감≫ 권197에 실려 있다. 그 후에 태종은 위징이 아부하는 무리를 만들었다고 의심하고 또 위징이 스스로 앞뒤에 간언하였던 말을 적어서 기거랑인 저수량에게 보여 주었다는 말을 듣고 자기가 손수 지은 비문을 새긴 비석을 넘어뜨렸던 일은 ≪자치통감≫ 권198에 실려 있다.

39) 돼지, 양, 소를 각기 한 마리씩 잡아서 지내는 제사이다.

을 하게 되자 애도함을 극진히 하였다. 그 부모들이 이 소식을 듣고 말하였다.

"내 아이가 죽었는데 천자가 그에게 곡을 하였다니, 죽었다 하여 어찌 한스러워 할 것인가."

황상이 설인귀에게 말하였다.

"짐의 제장들은 모두 늙었으니 신진(新進)의 날래고 용감한 사람을 얻어서 이를 거느리게 하려고 생각하는데, 경(卿) 만한 사람이 없었으니 짐이 요동을 얻은 것을 기뻐하지 않지만 경을 얻은 것을 기뻐하오."

병진일(21일)에 황상은 태자가 받들어 영접하려고 곧 도착한다는 소식을 듣고 비기(飛騎)40) 3천 명을 좇게 하고서 말을 달려서 임유관(臨渝關, 하북성 무녕현의 동쪽)으로 들어갔고, 길에서 태자를 만났다. 황상이 정주(定州, 하북성 정주시)를 출발하면서 입고 있는 갈포(褐袍)41)를 가리키며 태자에게 말하였다.

"너를 볼 때까지 기다려서야 마침내 이 갈포를 바꾸어 입겠다."

요좌(遼左, 요의 동쪽)에 있으면서 비록 한창 무더워서 땀을 흘렸으나 바꾸어 입지 않았다. 가을이 되어 구멍이 뚫리고 해지니 좌우에서 그것을 바꾸어 입도록 청하였으나 황상이 말하였다.

"군사들의 옷은 대부분 해졌는데 나 홀로 새 옷을 입어야 옳단 말인가?"

이에 이르러 태자가 새 옷을 올리니 마침내 이를 바꾸어 입었다.

여러 군사들이 포로로 잡은 고려의 백성 1만4천 명은 먼저 유주(幽州)에 모았다가 장차 군사(軍士)들에게 상을 주려고 하였지만 황상은 그들이 부자와 부부가 떨어지고 흩어지는 것을 불쌍하게 여겨서 유사에게 명령하여 그들의 값을 매기게 하고 모두 전(錢)이나 포(布)를 가지고 대신주

---

40) 당 황제를 시위하는 군대이다.

41) 갈색으로 된 전포(戰袍), 즉 전투복이다.

고 풀어서 민(民)으로 삼으니 환호하는 소리가 사흘 동안 쉬지 않았다.

11월 신미일(7일)에 거가(車駕)42)가 유주(幽州)에 이르렀더니 고려의 백성들이 성의 동쪽에서 영접하며 절하고 춤추며 환호하였는데, 땅에서 데굴데굴 구르기도 하니 먼지가 바라보였다.

경진일(16일)에 역주(易州, 하북성 역현)의 경계를 통과하는데 사마 진원숙(陳元璹)이 백성들로 하여금 땅을 파고 불씨를 모아 두고서 채소를 심었다43)가 이를 올렸다. 황상이 그가 아첨하는 것을 싫어하여 진원숙의 관직을 면직시켰다.

병술일(22일)에 거가가 정주에 도착하였다.

정해일(23일)에 이부상서 양사도(楊師道)가 채용한 사람의 대부분이 적당한 인재가 아니었다는 죄에 걸려서 공부상서로 좌천되었다.

임진일(28일)에 거가가 정주를 출발하였다. 12월 신축일(7일)에 황상이 종기가 나는 병에 들어 보연(步輦)44)에 올라서 갔는데, 무신일(14일)에 병주(幷州)에 도착하니, 태자가 황상을 위하여 종기를 입으로 빨았으며, 연(輦)을 부축하며 걸어서 좇기를 며칠 동안 하였다. 신해일(17일)에 황상의 병이 나아서 백관들이 모두 경하하였다.

황상이 고려를 정벌하면서 우령군(右領軍) 대장군인 집실사력(執失思力)으로 하여금 돌굴 사람들을 거느리고 하주(夏州, 섬서성 정변현 북쪽 백성자)의 북쪽에 주둔하면서 설연타를 대비하게 하였다. 설연타에서는 다미(多彌)45) 가한이 이미 섰는데, 황상은 출정하였다가 아직 돌아오지 않아

---

42) 황제의 수레라는 말이지만 실제로는 황제를 가리키는 말이다.

43) 북방에는 겨울에 채소를 심을 수가 없어서 절인 것만 먹었다. 황제에게 신선한 채소를 주려고 땅을 파고 불씨를 쌓아 두어 땅을 따뜻하게 하고서 채소를 심은 것이다.

44) 교자(轎子), 즉 가마인데, 말로 끄는 수레가 아니라 사람이 운반하는 것으로 앉는 것이 부드럽게 되어 있다.

45) 설연타의 3대 가한으로 이름은 설발작(薛拔灼)이다.

서 군사를 이끌고 하남(河南)을 노략질하니 황상은 좌무후(左武候)중랑장인 장안 사람 전인회(田仁會)를 파견하여 집실사력과 함께 군사를 합쳐서이들을 치게 하였다.

집실사력은 파리한 모습으로 거짓 퇴각하며 그들을 유인하여 깊이 들어오게 하고, 하주(夏州)의 경내에 들어오게 되자 진을 정비하고 그들을기다렸다. 설연타는 대패하니 뒤좇아서 600여 리를 달려가서 사막의 북쪽에 위엄(威嚴)을 빛내고 돌아왔다.

다미는 다시 병사를 발동하여 하주를 노략질하니 기미일(25일)에 예부상서인 강하왕 이도종에게 칙령을 내려서 삭주(朔州)·병주(幷州)·분주(汾州)·기주(箕州)·남주(嵐州)·대주(代州)·흔주(忻州)·울주(蔚州)·운주(雲州)의 아홉 주(州)46)의 병사를 징발하여 삭주에서 진수하게 하였다. 우위(右衛)대장군인 대주(代州)도독 설만철(薛萬徹)과 좌교위(左驍衛)대장군 아사나사이(阿史那社爾)는 승주(勝州)·하주·은주(銀州)·수주(綏州)·단주(丹州)·연주(延州)·부주(鄜州)·방주(坊州)·석주(石州)·습주(隰州)의 열 주47)의 군사를 징발하여 승주에서 진수하게 하였다. 승주(勝州)도독 송군명(宋君明)과 좌무후(左武候)장군 설고오(薛孤吳)는 영주(靈州)·원주(原州)·녕주(寧州)·염주(鹽州)·경주(慶州)의 다섯 주48)에있는 군사를 징발하여 영주에서 진수하게 하였다. 또 집실사력으로 하여금 영주(靈州)와 승주(勝州)의 돌궐족 군사를 징발하여 이도종 등과 서로호응하게 하였다. 설연타는 요새 아래까지 왔다가 대비하고 있는 것을알고 감히 나오지 아니하였다.

---

46) 이 아홉 주는 모두 지금의 산서성 일대에 있다.

47) 열 주 가운데 하주, 은주, 수주, 단주, 연주, 부주, 방주는 지금의 섬서성에 있고, 석주와 습주는 산서성에 있으며 승주는 내몽골에 있다.

48) 다섯 주 가운데 영주와 원주는 녕하성에 있고, 녕주와 경주는 감숙성에 있으며, 염주는 섬서성에 있다.

여·당전쟁의 마무리

3 애초에, 황상이 시중 유기(劉洎)를 남겨 두어 황태자를 정주(定州)에서 보필하게 하였고, 이어서 겸좌서자(兼左庶子)·검교민부상서(民部尙書檢校)는 이부(吏部)·예부(禮部)·호부(戶部)의 세 상서(尙書)의 업무를 총괄49)하게 하였다.

황상이 곧 출발하려고 하면서 유기에게 말하였다.

"내가 지금 멀리 정벌을 나가면서 너에게 태자를 보필하게 하니, 안전함과 위태로워짐을 기탁하는 것이다. 의당 깊이 나의 뜻을 알도록 하라."

대답하였다.

"바라건대, 폐하께서는 걱정하지 마십시오. 대신 가운데 죄를 짓는 사람이 있으면 신이 삼가 즉각 주살을 시행하겠습니다."

황상은 그의 말이 망령되게 내뱉은 것 때문에 자못 그를 괴이하게 생각하고 경계하여 말하였다.

"경의 성품은 성기고 대단히 강건하여 반드시 이것 때문에 실패할 것이니 깊이 의당 이를 신중히 하시오."

---

49) 이때의 직책은 임시 혹은 대리의 성격을 가진 것이다. 그러나 민부상서를 이미 검교하고 있는데, 이부와 예부, 호부의 업무까지 총괄하게 한다면 4부를 관여하는 것이므로 언뜻 3부라고 한 것은 착간으로 보이지만 다만 《당육전(唐六典)》에는 민부를 호부로 바꾼 것은 정관 23년(649년)이므로 이때에 아직 호부가 없었다고 보아야 되므로 호부는 연자(衍字)로 보아야 할 것이다.

황상이 병들게 되자 유기는 안에서 나와서 얼굴색이 아주 슬프고 두려
워하는 모습으로 같은 반열에 있는 사람에게 말하였다.

"병의 형세가 이와 같으니 성스러우신 몸이 걱정스럽소."

어떤 사람이 황상에게 헐뜯으며 말하였다.

"유기가 말하기를, '국가의 일은 걱정할 만하지 아니하니, 다만 마땅히
어린 주군을 보필하여 이윤(伊尹)과 곽광(霍光)의 고사50)를 수행해야 하
고, 대신 가운데 다른 뜻이 있는 사람이 있으면 이를 주살한다면 <u>스스로</u>
<u>안정될 것이오</u>.' 라 하였습니다."

황상이 그러할 것이라고 생각하였다.

경신일(26일)에 조서를 내려서 말하였다.

"유기는 다른 사람과 몰래 논의하며 만일의 사태를 살피고 조정의 권
한을 잡고 스스로 이윤과 곽광을 자처하려고 모의하였으며, 대신들을 시
기하여 모두 다 죽이려고 하였다. 의당 <u>스스로 목숨을 끊도록 하여야 할
것</u>이고 그의 처자는 면제시키도록 한다."

중서령 마주(馬周)가 이부상서의 업무를 처리하면서51) 사계절에 선발
하는 일52)은 힘이 드니 다시 11월에 선발하여 3월에 이르러서는 마치
도록 하여 줄 것을 청하였다. 이를 좇았다.

4   이 해에 우친위(右親衛) 중랑장 배행방(裴行方)이 무주(茂州, 사천성 무
현)에서 반란을 일으킨 강족(羌族) 황랑농(黃郞弄)을 토벌하여 그를 크게
깨뜨리고, 그 나머지 무리들을 끝까지 몰아서 서쪽으로 걸습산(乞習山,

---

50) 이윤은 춘추시대에 곽광은 전한시대에 제왕을 내쫓기도 하고 세우기도 하면서 정치를
    보필한 사람이다.

51) 섭직이며, 관직명은 섭이부상서이다.

52) 사계절에 다 선발작업을 하기로 한 것은 태종 정관 원년(627년) 12월의 일이며, 그
    내용은 ≪자치통감≫ 권192에 실려 있다.

무현의 서쪽)에 이르고 약수(弱水, 대도하 상류에 있는 대금천)에 갔다가 돌아왔다.

태종 정관 20년(丙午, 646년)

1 봄, 정월 신미일(8일)에 하주(夏州, 치소는 섬서성 정변현 북쪽 백성자)도독 교사망(喬師望)과 우령군(右領軍) 대장군 집실사력 등이 설연타를 공격하여 그를 대파하고 2천여 명을 포로로 잡았다. 다미(多彌) 가한53)의 경무장만을 한 기병이 숨어서 달아났고 부내(部內)에서는 시끄러워졌다.

2 정축일(14일)에 대리경(大理卿) 손복가(孫伏伽) 등 22명을 파견하여 여섯 개의 조항54)을 가지고 사방을 순행하며 살피게 하니, 자사와 현령 이하의 사람들이 대부분 깎이거나 쫓겨났는데, 그 사람들 가운데 궁궐에 와서 억울하다고 하는 사람이 앞뒤로 이어졌다.

황상은 저수량(褚遂良)으로 하여금 상황을 분류하여 보고하게 하고 황상이 친히 나아가서 결재하였는데, 능력으로 보아서 진급시켜 발탁한 사람이 20명이고, 죄 때문에 사형된 사람이 7명이며, 유배되거나 그 이하로 관직에서 면직된 사람은 수백에서 천 명이었다.

3 2월 을미일(2일)에 황상이 병주(幷州, 산서성 태원시)를 출발하였다. 3월 기사일(7일)에 거가가 경사(京師)에 돌아왔다. 황상이 이정(李靖)에게

---

53) 설연타의 3대 가한인 설발작이다.

54) 한대에 관리를 고찰하는 6조의 조령을 말한다. 한 무제는 이천석 관리를 고찰하는 여섯 조항은 강호가 전택의 규정을 어기고 약하고 적은 사람에게 능욕하거나 폭행하는 것, 백성들을 침해하고 물건을 긁어모아서 간사한 짓을 한 것, 의심스러운 의혹 사건을 가볍게 생각하지 않고 형벌을 생각대로 집행하는 것, 아끼는 것에 아부하고 똑똑한 사람을 가리고 둔한 사람을 총애하는 것, 자제들이 세력을 믿고 청탁하는 것, 화폐를 통행시켜서 정령을 손해 끼치는 것이다.

말하였다.

"나는 천하의 무리를 가지고도 작은 이적(夷狄, 고구려)에게 곤란을 받았으니 왜 그러한가?"

이정이 말하였다.

"이것은 이도종이 풀어 줄 것입니다."

황상이 강하왕 이도종을 돌아보면서 물었더니, 주필산에 있을 때에 텅 빈 틈을 타서 평양을 빼앗아야 한다고 하였던 것을 갖추어 진술하였다.55) 황상이 슬퍼하며 말하였다.

"당시에는 총총망망하여 나는 기억을 못한다."

4 황상의 병이 아직 완전히 회복되지 않아서 오로지 보양(保養)만 하려고 하여 경오일(8일)에 군사와 국가의 기밀에 관한 것을 나란히 황태자에게 위임하여 처결한다는 조서를 내렸다. 이에 태자는 하루건너 한 번씩 동궁에서 정치에 관한 사무를 보고 받았고, 이 일이 끝나고 나면 들어와서 약과 음식 먹는 것을 시중들면서 옆을 떠나지 않았다.

황상이 태자에게 잠시 나아가서 놀며 관람하고 명령하였으나 태자는 사양하고 나가기를 원치 아니하였다. 황상은 마침내 침전(寢殿)의 옆에 별원(別院)을 설치하고 태자로 하여금 그곳에 살게 하였다. 저수량이 태자에게 열흘에 한 번씩 동궁으로 돌아가게 하여서 사부(師傅)와 더불어 도의(道義)를 이야기 하라고 청하니 이를 좇았다.

황상이 일찍이 미앙궁(未央宮)에 행차하였는데 벽장(辟仗)56)이 이미

---

55) 이 문제에 관하여 호삼성은 '평양이 텅 빈 틈을 타서 그곳을 빼앗자는 계책을 쓰지 않았을 뿐만 아니라 승리한 기세를 타고 오골성을 빼앗자는 계책도 채용하지 않았다.'고 해설하였다.

56) 황제가 탄 어가가 가는 앞에서 좌우에 있는 사람들을 물러나게 하고 행인들이 가지 못하게 막는 의장대이다. 황제는 군사를 늘어놓아 길을 깨끗이 한 다음에 가는 것으로 되어 있다.

지나갔는데, 홀연히 풀 속에서 한 사람이 횡도(橫刀)57)를 차고 있는 것이 발견되어 이를 따졌더니, 말하였다.

"벽장이 도착하는 소리를 듣고 두려워서 감히 나오지 못하였는데 벽장을 하는 사람도 보이지 아니하여 드디어 엎드려 감히 움직이지 아니하였습니다."

황상이 갑자기 이끌고 돌아와서 태자를 돌아보며 말하였다.

"이 사실이 소문이 퍼져 나가면 몇 사람은 죽어야 할 것이니, 너는 뒤에서 신속하게 그를 놓아서 보내라."

또 일찍이 요여(腰輿)58)를 타고 있는데, 삼위(三衛)59)의 위사(衛士)가 어의(御衣)를 잘못하여 스치게 되었는데, 그 사람은 두려워서 얼굴색이 변하였다. 황상이 말하였다.

"이 사이에는 어사(御史)가 없으니 나는 너에게 죄를 주지 않겠다."

5 섬(陝, 하남성 삼문협시) 사람 상덕현(常德玄)이 '형부상서 장량(張亮)은 양자(養子) 500명을 기르고, 술사(術士) 공손상(公孫常)과 더불어 말하였는데, 이름이 도참(圖讖)에 맞아 떨어진다.' 고 하였으며, 또 술사 정공영(程公穎)에게 물어 말하기를, '나의 어깨에 용의 비늘이 일어나고 있으니 큰 일을 일으키려고 하는데 가능하겠는가?' 라고 물었다고 고발하였다.

황상은 마주(馬周) 등에게 이 사건을 조사하라고 하였지만 장량은 말로

---

57) 옆에 차고 다니는 작은 칼로 패도(佩刀) 라고도 한다.

58) 가마의 이름으로 가마를 타면 가마꾼이 가마를 허리까지 들어 올리도록 되어 있는 가마이며, 탄 다음에 어깨에 올려놓는 가마를 건여라고 한다.

59) 황제를 호위하는 세 종류의 위사로 친위(親衛), 훈위(勳衛), 익위(翊衛)를 말한다. 이들은 황궁에서 숙위하는 일을 맡는다. 이렇게 명칭이 다른 것은 친위는 외척들의 자손으로 구성되어 있고, 훈위는 공훈을 가진 관리의 자제들로 구성되어 있고, 익위는 자사의 자제로 구성되어 있기 때문이다.

자복하지 않았다.

　황상이 말하였다.

　"장량이 양자를 500명이나 가지고 있는데 이들을 길러서 무엇 하려고
하는가? 바로 반역하려고 할 뿐일 것이다."

백관들에게 그의 옥사(獄事)를 논의하도록 명령하였더니 모두가 장량이
반역하는 것이니 마땅히 주살하여야 한다고 말하였다.

　다만 장작소감 이도유(李道裕)가 말하였다.

　"장량의 반란을 일으키려는 형태는 아직 구체화 되지 아니하였으니 죄
는 사형에 해당하지 않습니다."

　황상은 장손무기와 방현령을 파견하여 감옥에 가서 장량과 결별(訣別)
하게 하며 말하였다.

　"법이라는 것은 천하 사람들에게 공평한 것이니 공(公)과 함께 이를
같이 하는 것이오. 공은 스스로 근신(謹愼)하지 아니하여 흉악한 사람과
왕래하였다가 법에 빠져들게 되었는데, 지금 장차 어찌하겠는가? 공은
잘 가시오."

기축일(27일)에 장량과 정공영은 함께 서쪽에 있는 저자에서 목 베어졌
고 그의 집안도 적몰(籍沒)[60]되었다.

　1년여가 지나서 형부시랑 자리가 결원이 되었는데, 황상은 정치를 담
당하는 사람에게 명령하여 그에 적당한 사람을 잘 선택하게 하여 몇 사
람을 의정(擬定)[61]하였으나 모두 뜻에 맞지 않았으며 이미 그러고 나서
말하였다.

　"짐이 그에 적당한 사람을 찾아냈다. 과거에 이도유가 장량의 옥사를 논
의할 적에 말하기를 '반란의 모습이 아직은 구체화되지 않았습니다.' 라고

---

60) 재산과 호적이 몰수되는 것이다. 호적이 몰수되는 것은 노비가 되는 것이다.

61) 잠정적으로 결정하는 것을 말한다. 여기서는 추천된 것이다.

하였는데 이 말은 합당한 것이었다. 짐이 비록 좇지는 않았지만 지금까지 이를 후회한다."

드디어 이도유를 형부시랑으로 삼았다.

6 윤달(윤3월) 초하루 계사일에 일식이 있었다.

7 무술일(6일)에 요주(遼州, 치소는 요녕시 조양시)도독부와 암주(巖州, 백암성, 요녕시 등탑시의 서쪽)를 철폐하였다.62)

8 여름, 4월 갑자일(3일)에 태자태보 소우(蕭瑀)에게서 태자태보를 해제하였으나 여전히 동중서문하삼품(同中書門下三品)이었다.

9 5월 갑인일(23일)에 고려왕 고장(高藏)63)과 막리지 개금(蓋金)이 사자를 파견하여 사죄하고 아울러 두 명의 미녀를 헌상하니 황상이 이를 돌려보냈다. 금(金)은 바로 소문(蘇文)64)이다.

---

62) 고구려를 정벌하여 이 두 주를 얻었으나 이때에 철폐하였다.

63) 고구려 28대 보장왕의 이름이다.

64) 개금과 금, 소문은 모두 연개소문을 말하는 것이다. 그러나 '개금'이라고 쓴 것은 이연을 피휘하여 '연'을 빼고 이름만 쓴 것으로 이해되지만, 연개소문을 단지 '금'과 '소문'이라고 한 것으로 보아서는 '개(蓋)'를 성이라고 볼 수도 있다. 연개소문의 이름과 성에 대한 혼란이 온 자료이다. 또 소문은 금(金)의 고구려 언어로 불리는 원래의 명칭으로 보이며, 금은 '쇠'라는 뜻의 소문을 뜻으로 풀어 한자로 옮긴 것으로 보인다.

공격 받아 멸망하는 설연타국

10 6월 정묘일(7일)에 서돌굴의 을비사궤(乙毗射匱) 가한이 사자를 파견하니 들어와서 공물(貢物)을 바치고 또한 청혼하였다. 황상은 이를 허락하고 또한 구자(龜玆)·우전(于闐)·소륵(疏勒)·주구파(朱俱波)65)·총령(葱嶺, 파밀고원)의 다섯 나라를 베어내어 빙례품(聘禮品)66)으로 보내오도록 하였다.

11 설연타의 다미(多彌) 가한67)은 성품이 치우치고 급하였으며 시기하고 은혜를 베풀지 아니하여 아버지시대의 귀한 신하를 버리고 오로지 자기가 친한 사람들만을 채용하니 그 나라 사람들이 붙어있지 않았다. 다미가 많은 사람을 죽이자 사람들이 스스로 편안하지가 아니하였다.

회흘(回紇)의 추장인 약라갈토미도(藥羅葛吐迷度)가 복골(僕骨)과 동라(同羅)68)와 함께 공동으로 그를 치니 다미가 대패하였다. 을해일(15일)

---

65) 을비사궤(乙毗射匱) 가한은 서돌굴의 10대 가한이고, 구자(龜玆)·우전(于闐)·소륵(疏勒)·주구파(朱俱波) 등 네 왕국은 모두 신강성에 있었다.

66) 결혼할 때에 신랑이 신부 집에 보내는 예물이다. 여기서는 서돌굴에게 그동안 서돌굴에 속하였던 다섯 왕국을 잘라내어 예물로 보내라는 것으로 이 왕국들을 당의 속국으로 하겠다는 말이다.

67) 설연타의 3대 가한인 설발작이다.

68) 약라갈토미도(藥羅葛吐迷度)의 성은 약라갈이고, 복골(僕骨)과 동라(同羅)는 부락의

에 조서를 내려서 강하왕 이도종과 좌위(左衛) 대장군 아사나사이(阿史那社爾)를 한해안무(瀚海安撫) 대사로 삼았다. 또 우령위(右領衛) 대장군 집실사력(執失思力)을 파견하여 돌굴 출신의 군사를 거느리게 하고, 우교위(右驍衛) 대장군 글필하력(契苾何力)은 양주(凉州, 감숙성 무위시)와 호족(胡族, 흉노)의 군사를 거느리며, 대주(代州, 산서성 대현)도독 설만철(薛萬徹)과 영주(營州, 치소는 요녕성 조양시)도독 장검(張儉)은 각기 거느리고 있는 군사를 거느리고 길을 나누어서 나란히 나아가게 하여 설연타를 치게 했다.

황상은 교위(校尉) 우문법(宇文法)을 파견하여 오라호(烏羅護)와 말갈(靺鞨)69)에 가게 하였는데, 설연타의 설아파(薛阿波) 설(設)70)의 군사를 동쪽 경계에서 만나자 우문법이 말갈 사람들을 거느리고 이들을 격파하였다.

설연타 국에서는 놀라서 소란을 피우면서 말하였다.

"당의 군사들이 왔다."

여러 부(部)가 크게 혼란하였다. 다미가 수천 명의 기병을 이끌고 아사나덕시건(阿史那德時健) 부락71)으로 달아나니 회흘(回紇) 사람들이 그를 공격하여 죽이고 그 종족을 거의 다 합병하고 드디어 그 땅을 접거하였다. 여러 기근(俟斤)72)들은 서로 공격하며 다투어 사신을 파견하여 와서 명령에 귀부하겠다고 하였다.

설연타의 나머지 무리들은 서쪽으로 달아났는데 오히려 7만여 명이어

이름이다.

69) 오라호는 내몽골 찰뢰특기(扎賚特旗)에 있는 부락이고, 말갈은 흑룡강 하류에 있던 부족이다.

70) 설연타의 장군에 해당하는 관직이다.

71) 동돌굴에 속한 불과 수백의 봉장(蓬帳)으로 이루어졌는데 운주(雲州, 내몽골 허린걸)에 거주하였다.

72) 각 부락의 책임자에 해당하는 명칭이다.

서 함께 진주(眞珠) 가한73)의 조카인 설돌마지(薛咄摩支)를 세워서 이특물실(伊特勿失) 가한74)으로 하고 그들의 옛 땅으로 돌아갔다. 곧 가한이라는 호칭을 버리고 사자를 파견하여 표문을 올려서 울독군산(鬱督軍山, 몽골 항애산)의 북쪽에 거주하게 해달라고 청하니, 병부상서 최돈례(崔敦禮)로 하여금 그들을 편안하게 모아 놓았다.

칙륵(敕勒)에 속한 9개 성(姓)의 추장들은 그 부락을 가지고 평소에 설연타의 종족에게 복속되어 있어서 설돌마지가 왔다는 소식을 듣고 모두 두려워하자, 조정에서 논의하기를 그들이 사막 북쪽의 걱정거리가 될까 두려워서 마침내 다시 이세적을 파견하여 9성의 칙륵과 더불어 그들을 도모하게 하였다.

황상은 경계하며 말하였다.

"항복한다면 그들을 어루만져 주고, 배반한다면 이를 토벌하라."

기축일(29일)에 황상이 수조(手詔)로 말하였다.

"설연타는 파멸하였으니 그에 속한 칙륵의 여러 부(部) 가운데 어떤 사람은 와서 항복하여 귀부하고 어떤 사람은 아직 귀부하여 복종하지 않는데, 지금 기회를 타지 아니하면 아마도 후회할 일이 생길까 걱정한다. 짐은 마땅히 스스로 영주(靈州, 녕하성 영무현)에 가서 불러서 어루만져야 할 것이다. 그런데 지난해에 요동 정벌에 나섰던 군사는 모두 징발하지 않는다."

이때에 태자가 마땅히 좇아가야 하였는데, 소첨사(少詹事) 장행성(張行成)이 상소문을 올려서 말하였다.

"황태자가 좇아서 영주(靈州)로 행차하는 것은 그로 하여금 감국(監國)하게 하는 것만 같지 못하니, 백관들을 만나서 마주하고 여러 가지 정사

---

73) 설연타의 2대 가한인 설이남이다.

74) 설연타의 4대 가한이다.

를 밝게 익히며, 이미 경사는 중요한 진수(鎭守)할 곳이 되었으니, 또한 사방에 융성한 공덕을 보여야 합니다. 의당 사사롭게 아끼심을 잘라내셔서 굽혀서 공적인 길을 좇으십시오."
황상은 충성스럽다고 생각하고 지위를 올려서 은청(銀靑)광록대부로 삼았다.

12   이세적이 울독군산(鬱督軍山, 일명 烏德犍山, 몽고 杭愛山)에 도착하니 그 추장인 설제진(薛梯眞) 달관(達官)75)이 무리를 인솔하고 와서 항복하였다. 설연타의 설돌마지가 남쪽으로 가서 황량한 골짜기로 달아나자, 이세적은 통사사인(通事舍人) 소사업(蕭嗣業)을 파견하여 가서 불러가지고 위무하게 하였더니, 설돌마지가 소사업에게 가서 항복하였다.

그 부락 사람들은 오히려 양쪽 끝76)을 잡고 있자 이세적은 군사를 풀어서 추격하게 하여 앞뒤로 5천여 급을 목 베고 남자와 여자 3만여 명을 포로로 잡았다. 가을, 7월에 설돌마지가 경사에 도착하니 우무위대장군으로 벼슬을 주었다.

13   8월 갑자일(5일)에 황제의 손자인 이충(李忠)을 진왕(陳王)으로 삼았다.

14   기사일(10일)에 황상이 영주(靈州)에 행차하였다.

15   강하왕 이도종의 군사들이 이미 사막을 넘어갔는데, 설연타의 설아파(薛阿波) 달관의 무리 수만 명이 막으며 싸우는 것을 만나자 이도종이

---

75) 고급행정관의 직책이다.

76) 한쪽은 당나라에 항복하여 귀부하는 것이고, 다른 한쪽은 도망하여 당으로부터 벗어나는 것인데, 이 두 가지를 가지고 결정하지 못하고 눈치를 보는 것이다.

그들을 깨뜨렸는데, 목은 벤 것이 1천여 급이었으며 뒤쫓아서 200리를 갔다. 이도종은 설만철과 더불어 각기 사신을 파견하여 칙륵(敕勒)에 속한 여러 부(部)를 불러서 타이르니, 그 추장들이 모두 기뻐하였고 머리를 조아리며 들어와서 조현(朝見)하게 해달라고 청하였다.

경오일(11일)에 거가가 부양(浮陽, 섬서성 경양현)에 도착하였다. 회흘 · 발야고(拔野古) · 동라(同羅) · 복골(僕骨) · 다람갈(多濫葛) · 사결(思結) · 아질(阿跌) · 글필(契苾), 질결(跌結) · 혼(渾) · 곡설(斛薛)77) 등 11개 성(姓)을 쓰는 부족은 각기 사자를 파견하여 들어와서 공물(貢物)을 바치며 말하였다.

"설연타는 큰 나라를 섬기지 아니하고 포학무도(暴虐無道)하여 소생(小生)78) 등에게 주군이 될 수 없었고, 스스로 패망의 길을 밟다가 죽었으며, 부락들은 새처럼 흩어져서 갈 곳을 모릅니다. 소생 등은 각기 나누어진 땅을 가지고 있었는데, 설연타를 좇아서 가지 않고 천자에게 명령을 돌리려고 합니다. 바라건대, 애달프고 가련하게 생각하시고, 빌건대, 관사(官司)를 설치하고 소생 등을 길러 주십시오."

황상이 크게 기뻐하였다.

신미일(12일)에 조서를 내려서 회흘 등의 사자들에게 연회를 베풀게 하고 상을 내리고 관직을 주었으며, 그들의 추장에게 새서(璽書)를 내리며 우령군중랑장 안영수(安永壽)를 파견하여 회보하는 사신으로 가게 하였다.

임신일(13일)에 황상이 한(漢)의 옛날 감천궁(甘泉宮)에 행차하여서 조서를 내렸다.

"융 · 적(戎 · 狄)은 천지와 함께 살아가면서 상황(上皇)과 나란히 늘어

---

77) 모두 부락의 명칭이고, 몽골과 감숙성에 있었다.

78) 원문에서는 노(奴)라는 말을 쓰고 있다. 노비, 노복이라는 뜻으로 자기를 겸사하여 지칭한 것이다.

서 있었고, 재앙을 흘려보내어 화를 만들어내는 것이 마침내 국운(國運, 당나라 건국운)의 처음부터였다. 짐은 즐겨 일부의 군사에게 명령을 내려서 드디어 힐리(頡利)를 잡았고,79) 처음으로 묘략(廟略)80)을 넓히어 이미 설연타를 멸망시켰다.

철륵의 1백만 호(戶)가 북쪽 사막에 흩어져 있다가 멀리 사자를 파견하여 몸을 맡겨 속으로 소속되어 똑같이 편열(編列)81)되기를 청하여 나란히 주군(州郡)으로 만들었다. 혼원(混元)82) 이후로 특히 전에 들어본 일이 없는 것이니 의당 예를 갖추어 종묘에 알리고 여전히 온 천지에 반포하는 것이다."

경진일(21일)에 경주(涇州, 감숙성 경천현)에 도착하였고, 병술일(27일)에는 농산(隴山, 감숙성과 섬서성의 경계)을 넘어서 서와정(西瓦亭)에 도착하여 말을 먹이는 것을 관람하였다.

9월에 황상은 영주(靈州)에 도착하였고, 칙륵의 여러 부(部)의 기근(俟斤)83)들이 사자를 파견하여 이어져서 영주에 도착한 사람이 수천 명이었는데, 모두 말하였다.

"바라건대, 하늘같은 지존(至尊)께서 소생들의 천가한(天可汗)84)이 되셔서 자자손손 항상 하늘같은 지존의 노복(奴僕)85)이 되게 하시면 죽는

---

79) 동돌굴의 13대 대가한인 아사나돌필을 말하며 그가 당에 잡힌 것은 태종 정관 4년(630년) 3월의 일이다.

80) 묘(廟)는 종묘라는 말이고, 종묘와 왕조는 운명을 같이하는 것이므로 결국은 왕조를 말한다. 따라서 묘략이란 당 왕조의 계략 또는 책략이라는 뜻이다.

81) 당의 백성으로 편호(編戶)하고 같은 열에 서게 하는 것이다. 즉 당의 백성이 되는 것을 말한다.

82) 혼돈하여 나누어지지 않은 상태를 말한다. 이러한 단계에서 천지가 생기고 만물이 생기는 것이므로 천지가 개벽될 때를 말한다.

83) 각 부별 군사책임자이다.

84) 북방족의 우두머리를 가한, 대가한이라고 하는데, 이보다 더 높은 천가한이 되라고 한 것이다.

다 하여도 여한이 없겠습니다."

갑진일(15일)에 황상이 시를 써서 그 일을 서술하였다.

"치욕을 씻어서 백왕(百王)에게 갚아주고, 흉악한 것을 제거하여 천고의 역사에 보답하도다."

공경들이 돌에 새겨 영주(靈州)에다가 둘 것을 청하니, 이를 좇았다.

16 특진(特進)·동중서문하삼품·송공(宋公)인 소우(蕭瑀)는 성품이 강하고 굽히지 아니하여 동료들과 화합하지 못하는 일이 많아서 일찍이 황상에게 말하였다.

"방현령과 중서문하에 있는 여러 신하들은 무리를 짓고 충성하지 아니하며 권력을 잡고 굳게 뭉쳤으나 폐하께서 자세히 모르시는데 다만 아직 배반을 아니 하였을 뿐입니다."

황상이 말하였다.

"경의 말에는 아주 심한 것은 없는 것이오! 인군이 현명한 인재를 선발하여 팔다리와 심장으로 삼는 것인데, 마땅히 미루어서 정성껏 그에게 맡겨야 하는 것이오. 사람은 갖추어진 것을 요구해서는 안 되고, 반드시 그 단점을 버리고 그 장점을 취해야 하는 것이오. 짐이 비록 총명하다고 할 수는 없으나 어찌 잘잘못에 아둔하고 미혹하여 마침내 이런 상태에 이르겠소?"

소우는 속으로 스스로 만족하지 못하여 마침내 자주 뜻을 거슬렀고, 황상도 역시 그것을 악 물었다. 다만 그가 충성스럽고 곧은 것을 가지고 있는 일이 많았으므로 아직은 차마 폐출하지 못하였다.

황상은 일찍이 장량(張亮)에게 말하였다.

"경은 이미 부처를 섬기고 있는데 왜 출가를 하지 않소?"

---

85) 앞의 소생과 이곳의 노복은 모두 노(奴)라고 하였다. 자기 자신을 겸사하여 지칭한 것이다.

소우가 이어서 스스로 출가하게 해달라고 청하였다. 황상이 말하였다.

"역시 공은 본래 상문(桑門)86)을 좋아한다는 것을 아는데, 지금 공의 생각을 어기지 않았구려."

소우가 잠깐 있다가 다시 나아가서 말하였다.

"신은 바로 이를 생각하여 보았는데, 출가할 수 없습니다."

황상이 소우가 여러 신하들이 말을 하는 것에 대하여 반대로 뒤집는 것 때문에 더욱 평정할 수 없었다. 마침 발에 병이 낫다고 조회에 나오지 않고, 혹 조당에 와서도 들어와서 조현하지 않았다. 황상은 소우가 속으로 끝내 불만하고 있다는 것을 알고, 겨울, 10월에 수조(手詔)로 그의 죄를 헤아렸다.

"짐은 불교에 대해서는 속으로 준수하는 것은 아니요. 그 도를 찾는 사람들은 아직 장래에 있을 복을 증명하지 아니하였고, 그 가르침을 닦는 사람들은 과거에 도리어 죄를 받았다. 양(梁) 무제와 같은 경우에 이르러서는 석씨(釋氏)87)에게 마음을 다하였고,88) 간문제(簡文帝)는 법문(法門)에 뜻을 날카롭게 세우고89) 탕장(帑藏)90)을 기울여서 승려(僧侶)에게 공급하였으며, 사람들의 힘을 다하여 탑묘(塔廟)에 제공하였다.91)

삼회(三淮, 강회)에서 물 끓듯 파랑이 일고 오령(五嶺, 남령)에서 연기가 피어오르게 되자, 곰발바닥을 먹는다고 하면서 한숨을 돌리려 하였고,92) 어린 참새가 먹이를 먹을 때93)까지 남은 영혼을 이끌어 가려 하

---

86) 범어로 승려를 말하며 사문(沙門)의 다른 음역이다.

87) 석가모니를 말한다.

88) 남조 양의 무제인 소연을 말한다. 대대적으로 존유숭불을 주장하여 사원을 세웠다.

89) 양 무제의 아들로 소강이다. 아버지 양 무제가 죽은 후 2년 간 황제 노릇을 하였는데, 법문에 마음을 기울였다. 후경에 의하여 술에 취하였다가 흙에 깔려 죽었다.

90) 내탕고(內帑庫)에 있는 물건을 말한다.

91) 이 일은 양 무제 대동 11년(545년) 11월에 있었던 일이다.

니, 자손은 뒤집혀 망하는데도 겨를이 없었고 사직은 잠깐 사이에 폐허가 되었는데, 보시하는 징험(徵驗)이란 그 얼마나 잘못된 것인가?

소우는 뒤집어진 수레가 남긴 궤적을 밟고 망한 나라의 남겨진 풍습을 이었다. 공(公)적인 것을 버리고 사사로움으로 나아가서 감추어지거나 드러나는 때를 아직 밝히지 않았다. 몸은 세속에 두고 입으로는 도를 말하면서 비뚤어졌는지 바른 마음인지를 구별하지 못한다.

누대(累代)에 걸친 재앙의 근원을 닦으며 한 몸이 복의 근원이기를 기원하니 위로는 군주를 어기고 거스르며 아래로 부화(浮華)함을 선동하여 익혔다. 스스로 출가하겠다고 청하였다가 곧 다시 어기고 달리하였다. 한 번 돌고 한 번 의혹하는 것이 순식간에 있었으며 스스로 옳다고 하고 스스로 부정하는 것이 유의(帷扆, 조회하는 곳)에서 바뀌었다.

동량(棟梁)으로서의 체모(體貌)를 어그러뜨렸으니 어찌 앞을 내다보는 도량을 갖추었겠는가? 짐은 숨어서 참으며 오늘에 이르렀는데, 소우는 모두 개전(改悛)하는 마음을 갖지 못하였다. 상주(商州, 섬서성 상주시) 자사로 보내는 것이 좋을 것이고 이어서 그의 봉작을 제거(除去)하라."

17 황상이 고려에서 돌아오자 연개소문94)은 더욱 교만하고 방자하여 비록 사자를 파견하여 표문을 받들었지만 그 말은 대부분 모두 속이고 거짓이었다. 또 당의 사자를 대우하는 데도 거만하여 항상 변경에 틈이 있는지를 살

---

92) 전국시대에 초 태자인 자상신이 궁의 갑사를 가지고 성왕을 포위하자 왕은 곰의 발바닥을 요리하여 먹을 때까지 기다려 달라고 하였으나 들어주지 않았다. 곰의 발바닥은 요리하는 데 시간이 많이 걸리므로 그 동안 밖에서 원조하는 사람이 오기를 기대하였던 것이다.

93) 전국시대의 조 무령왕인 조옹(趙雍)의 일이다. 그는 왕위를 아들에게 물려주고 스스로 주부(主父)라고 하다가 내부분열 속에서 반란이 일어나서 사구에 있는 궁에 갇혔다. 궁에 갇혀서 마치 참새새끼가 어미가 먹이를 물어다 주는 먹이를 기다리다가 굶어 죽은 것처럼 죽었다.

94) 본문에는 개소문이라고 쓰여 있다. 연을 피휘하여 안 쓴 것인지, 성을 개로 본 것인지는 분명하지 않다. 이 내용은 삼국사기에도 대체로 같은 문장으로 기록하였다. ≪삼국사기≫가 ≪자치통감≫을 참고하였던 때문이다.

퍼보았다. 여러 차례 칙령을 내려서 신라를 공격하지 말라고 하였으나 침략하여 능멸하는 것이 그치지 아니하였다. 임신일(14일)에 조서를 내려서 그들의 조공을 받지 말게 하고 다시금 그를 토벌하는 것을 논의하였다.

18 병술일(28일)에 거가가 경사로 돌아왔다.

겨울, 10월 기축일(1일)에 황상이 영주(靈州)에 행차하였다가 돌아오면서 찬바람을 무릅쓰고 피곤하여 새해가 되기 전에 오로지 보양(保養)하는 일을 하려고 하였다.

11월 기축일95)에 조서를 내려서 '제사(祭祀)·표소(表疏)·호객(胡客)·병마(兵馬)·숙위96)·어계급역(魚契給驛)97)·5품 이상의 관리에게 관직을 수여하며, 해제(解除)하는 일·죽을죄를 결정하는 일은 모두 보고하고, 나머지는 나란히 황태자의 처분을 받도록 하라' 라고 하였다.

19 12월 기축일98)에 여러 신하들이 누차 봉선(封禪)99)하기를 청하니

---

95) 11월 1일이 기미일이므로 11월에는 기축일이 없다. 다른 판본에는 을축일로 되어 있는 것도 있는데, 이를 따르면 11월 7일이 된다. 따라서 기(己)는 을(乙)의 잘못으로 보인다.

96) 제사란 교묘(郊廟)와 지직, 명당에 제사 지내는 것이고, 표소는 조정에 있는 신하와 사방에서 올리는 것을 말하고, 호객은 흉노에서 온 손님이라는 말인데 사이(四夷)에서 조공하러 온 손님을 말하고, 병마는 정벌을 하거나 번상(番上)하여 숙위하는 것을 조절하고 보내는 것이다.

97) 어계에서 어(魚)는 동어부(銅魚符)이고, 계(契)는 안팎이 합치는 것을 말하는데, 부보랑(符寶郞)은 천자의 8보(寶)와 나라의 부절(符節)을 관장하며, 그 쓰임을 변별하며, 일이 있으면 안에서 이를 청하고, 이미 일을 마치면 받들어서 이를 넣어 두며, 그 왼쪽을 넣어 두고, 그 오른쪽을 나누어 두어서 안팎이 딱 맞게 하는 것이다. 동어부를 사용하면 군사를 일으키기 위한 것과 수장(守長)을 바꾸는 일에 사용하며, 전부(傳符)는 우역으로 전달하여 제명(制命)이 통(通)하게 하는 것이고, 몸에 어부를 가지고 다니는 것은 귀천(貴賤)을 밝혀 징소에 응하는 것이며, 목계(木契)는 진수(鎭守)를 중히 하고, 출납을 신중하게 하려는 것이며, 정절(旌節)은 훌륭하고 능력 있는 사람에게 일을 위임하고 상벌의 권한을 빌려 주는 것이다. 어부(魚符)의 제도는 따로 정하고 있다.

98) 12월 1일이 기미일이므로 12월에는 기축일이 없다. 만약에 여기서도 기(己)가 을

이를 좇았다. 조서를 내려서 우위(羽衛)를 만들어 낙양궁으로 호송하게
하였다.

20 무인일(20일)에 회흘(回紇)의 기리발(俟利發)100)인 토미도(吐迷度)·복
골(僕骨)의 기리발인 가람발연(歌濫拔延)·다람(多濫)의 기근(俟斤)인 말
(末)·발야고(拔野古)의 기리발인 굴리실(屈利失)·동라(同羅)의 기리발인
시건철(時健啜)·사결(思結)의 추장인 오쇄(烏碎) 그리고 혼(渾)·곡설(斛
薛)·해결(奚結)·아질(阿跌)·글필(契苾)·백습(白霫)101)의 추장들이 모두
와서 조현하였다.

경진일(22일)에 황상이 방란전(芳蘭殿)에서 연회를 베풀고 유사(有司)
에게 □□□□102)을 명령하고, 닷새마다 한 번씩 모이게 하였다.

(乙)의 오자(誤字)라면 이날은 7일이다.

99) 황제가 태산에 가서 제사를 지내는 일을 말한다.

100) 북방의 언어로 군왕이라는 뜻이다. 호삼성은 俟를 거지(渠之)의 번(翻)이라고 하였
으므로 기로 읽어야 한다.

101) 이상의 모든 나라는 대부분 지금의 몽골공화국에 있던 나라와 내몽골와 시베리아에
있던 나라들이다.

102) 다른 판본에는 □□□□ 대신에 후가급대(厚加給待)라고 되어 있다. 이것대로 번역
한다면 후하게 물건을 공급하고 대우하라고 명령한 것이 된다.

접지 않는 고구려 침략 의도

21 계미일(25일)에 황상이 장손무기 등에게 말하였다.

"오늘은 나의 생일이어서 세속(世俗)에서는 모두 즐거워하고 있지만 짐에게 있어서는 거꾸로 아픈 느낌이 드오. 지금 임금이 천하에 군림하며 부유하기로는 사해(四海)를 가졌지만 슬하(膝下)에서 즐거움을 이어받기103)는 영원히 할 수가 없으니, 이는 자로(子路)가 쌀을 짊어지고 한(恨)104)을 가졌던 이유요.

≪시경(詩經)≫에서 이르기를, '슬프고 애달픈 부모님이 나를 낳고 수고로우셨도다.'105)하였는데, 어찌 수고하셨던 날106)에 또한 연회를 열고 즐긴단 말이요?"

이어서 눈물이 여러 줄 흘러내리니 좌우에 있던 사람들이 모두 슬퍼하

---

103) 부모 밑에서 즐거워하는 것을 말한다.

104) ≪공자가어≫에 나오는 말이다. 자로가 공자를 보고 말하였다. '옛날에 제가 양친을 섬길 때에는 항상 여곽(藜藿)의 알맹이를 먹었고 부모를 위하여서 백리 밖에서 쌀을 졌습니다. 부모가 돌아가신 뒤에 남쪽으로는 초로 다니고 나를 따르는 수레가 100 승이나 되며 쌓아 놓은 곡식은 1만 종이나 되며, 자리를 겹으로 깔고 앉았고 솥을 늘어놓고 먹지만 여곽을 먹고자 하고 부모를 위하여 쌀을 짊어지고자 하여도 할 수가 없습니다.' 공자는 이 말을 듣고 '자로는 부모를 섬기기를 살아 있을 때에는 힘을 다하여 섬겼고, 죽은 다음에는 생각을 다하여 섬기고 있다.' 라고 하였다.

105) ≪시경(詩經)≫ 〈소아(蓼莪)〉 편에 나오는 말이다.

106) 생일은 바로 어머니가 해산의 고통을 당한 날이기도 한 것이다.

였다.

22 방현령이 일찍이 미미한 견책을 받아서 집에 돌아가게 하였는데 저수량이 상소하였다.

"방현령은 의로운 깃발을 들기 시작하면서부터 성스러운 공로를 도왔으며, 무덕(武德) 말년에 죽음을 무릅쓰고 정책을 결정하였으며, 정관(貞觀)107) 초기에 현명한 사람을 선발하여 정치를 수립하였으니 신하로서 부지런함은 방현령이 제일입니다. 스스로 용서하지 못할 죄를 지은 것이 아니라면 진신(搢紳)들이 함께 걱정하니, 오래 버리시면 안 됩니다.

폐하께서 만약에 그가 쇠약해지고 늙었기 때문이라면 역시 마땅히 넌지시 일깨워서 그로 하여금 치사(致仕)108)하게 하여 예의에 맞추어 물러나게 해야 마땅합니다. 얕고 적은 허물을 가지고 수십 년 동안 공훈을 세운 옛사람을 버리시면 안 됩니다."

황상이 급히 그를 불러 나오게 하였다. 조금 뒤에 방현령은 다시 자리를 피하여 집으로 돌아갔다.

오래 있다가 황상이 부용원(芙蓉園)에 행차하였는데 방현령이 자제에게 문정(門庭)에 물을 뿌리고 쓸라고 하며 말하였다.

"승여(乘輿)109)가 또 이를 것이다."

조금 있다가 황상이 과연 그 집에 행차하였고, 이어서 방현령을 태워서 궁궐로 돌아갔다.

태종 정관 21년(丁未, 647년)

---

107) 무덕은 당 고조 이연의 연호이고 정관은 당 태종의 연호이다.
108) 벼슬을 그만두는 일이다.
109) 황제의 수레를 말한다.

1 봄, 정월에 개부의동삼사 신문헌공(申文獻公)110) 고사렴(高士廉)의 병이 위독하였다. 신묘일(4일)에 황상이 그 집에 행차하여 눈물을 흘리며 그와 결별(訣別)하였는데, 임진일(5일)에 죽었다. 황상이 장차 가서 그에게 곡(哭)하려고 하니, 방현령은 황상의 병이 바로 전에 겨우 쾌유하였다고 하여 굳게 간하니, 황상이 말하였다.

"고공(高公)은 다만 임금과 신하일 뿐만 아니라 옛날 친구이고 인척을 겸하고 있는데 어찌하여 그가 죽었다는 소식을 듣고 가서 곡을 하지 않을 수가 있소? 공은 다시 말하지 마시오."

좌우에 있는 사람들을 인솔하고 흥안문(興安門)으로 나아가니 장손무기가 고사렴의 빈소(殯所)에 있다가 황상이 곧 도착한다는 소식을 듣고 곡하는 일을 그치고 맞이하며 말머리에서 간하였다.

"폐하께서 금석(金石)을 복용하셨고,111) 방(方, 藥方文)에는 빈소에 갈 수 없다고 하였는데, 어찌하여 종묘(宗廟)와 창생(蒼生)을 위하여 자중(自重)하시지 않습니까? 또 신의 외삼촌112)이 임종하면서 유언을 하였는데, 북수(北首)하고 이금(夷衾)113)한다 하여 갑자기 난가(鑾駕)114)를 굽히게 하지 않기를 깊이 바란다고 하였습니다."

황상은 듣지 않았다.

---

110) 고사렴은 신공이었는데 죽은 후에 시호를 문헌공이라 하였다.

111) 금석은 고대에 방사들이 금석을 제련하여 약으로 사용하였는데 이를 금단(金丹)이라고 한다. 이를 먹으면 장생한다고 되어 있다. 여기서는 반드시 금단을 말하는 것이 아니고 단순히 약을 먹었다는 말이다.

112) 고사렴을 가리키는 말이다. 장손무기는 태종의 처남이고 고사렴은 장손무기의 외삼촌이다. 고사렴은 태종을 어렸을 때부터 알아서 생질녀를 태종에게 처로 삼게 하였다. 그러므로 고사렴은 태종의 처외삼촌인 것이다.

113) 북수(北首)는 시체를 말한다. 사람이 죽으면 머리를 북쪽으로 놓는 풍속이 있어서 이 말이 생겼고 이금(夷衾)은 시체를 덮는 이불을 말한다. 전체로는 사람이 죽은 것을 말한다.

114) 원래는 황제의 수레인데 여기에서 연유하여 황제를 지칭하는 말이 되었다.

장손무기가 길 가운데 엎드려 누우면서 눈물을 흘리고 굳게 간하니 황상은 마침내 돌아와서 동원(東苑)으로 들어가서 남쪽을 바라보며 곡을 하였는데, 눈물이 마치 비 오는 것처럼 흘러 내렸다. 영구(靈柩)가 횡교 (橫橋)115)로 나가니 황상은 장안의 옛날 성에 있는 서북루(西北樓)에 올라가서 그것을 바라보고 통곡하였다.

2 병신일(9일)에 조서를 내려서 회흘부(回紇部)를 한해부(瀚海府)로 삼고, 복골을 금미부(金微府)로 삼고, 다람갈을 연연부(燕然府)로 삼고, 발야고를 유릉부(幽陵府)로 삼고, 동라를 구림부(龜林府)로 삼고, 사결을 노산부(盧山府)로 삼고, 혼을 고란주(皐蘭州)로 삼고, 곡설을 고궐주(高闕州)로 삼고, 해결을 계록주(雞鹿州)로 삼고, 아질을 계전주(雞田州)로 삼고, 글필을 유계주(楡溪州)로 삼고, 사결별부를 대림주(蹛林州)로 삼고, 백습을 전안주(寘顔州)로 삼았다. 각기 그 추장을 도독과 자사로 삼고, 각기에게 금과 은 그리고 비단과 금포(錦袍)를 하사하였다. 칙륵(敕勒) 사람들은 크게 기뻐하며 두드리며 이고 환호하며 절하고 춤을 추었는데, 먼지 속에서 빙글빙글 돌았다. 돌아가게 되자 황상은 천성전(天成殿)에 나아가 연회를 베풀고 10부악(部樂)을 진설하고 그들을 보냈다.

여러 추장들이 상주하였다.

"신 등은 이미 당의 백성이 되어서 천지존(天至尊)116)이 계신 곳을 왕래하면서 마치 부모에게 오는 것처럼 하겠으니, 바라건대, 회흘의 이남과 돌굴의 이북에 길 하나를 열어 주시고 이를 참천가한도(參天可汗道)117)라고 하시며, 68개의 역을 두고 각기 말과 술 그리고 고기를 지나

---

115) 장안의 고성에 있는 횡문 밖에 있는 다리를 말한다.

116) 지존은 가장 높은 사람이라는 의미인데 이에 하늘이라는 뜻을 덧붙인 것이다. 당 태종을 가리키는 말이다.

117) 천가한에게 오는 길이라는 의미이다. 가한은 북방족의 말로 최고지배자를 말하는 것

는 사자에고 공급하게 하시며, 매년 초피(貂皮)를 공물로 바쳐서 조부(租賦)에 충당하겠고, 이어서 능히 글을 쓸 수 있는 사람에게 위촉하여 표문이나 상소문을 쓰게 하시기를 청합니다."

황상은 이를 모두 허락하였다.

이에 북쪽의 황량한 지역이 모두 평정되었지만 그러나 회흘(回紇)의 약라갈토미도(藥羅葛吐迷度)는 이미 사사롭게 스스로 가한이라고 하면서 관직의 호칭을 모두 돌굴의 옛날 것처럼 만들었다.

3   정유일(10일)에 조서를 내려서 '다음해 중춘(仲春)에 태산(泰山)에서 섬길 것이고, 사수산(社首山, 산동성 태안현 서남쪽)에서 선(禪)을 하겠다.' [118]고 하였다. 나머지는 한가지로 15년에 논의한 것[119]에 의거하게 하였다.

4   2월 정축일(20일)에 태자가 국학(國學)에서 석전(釋奠)[120]을 하였다.

5   황상이 곧 다시 고려를 정벌하려고 하니, 조정에서 논의하였다.

"고려는 산에 의지하여 성을 만드니 이를 공격하여도 빨리 뽑아버릴 수가 없습니다. 전에 대가(大駕)가 친히 정벌에 나서자 그 나라 사람들이 밭을 갈고 씨를 뿌릴 수가 없었고, 이긴 성에서는 모두 그 곡식을 거

인데 여기에 하늘이라는 의미인 천(天)을 덧붙여서 당 태종을 부르는 명칭이다.

118) 봉선(封禪)을 말한다. 봉이란 태산의 정상에 올라가서 흙을 북돋우고 하늘에 제사 지내는 것을 말하고, 선이란 사수산의 기슭에 땅을 깎아서 평평하게 하고 지신에게 제사 지내는 것을 말한다. 여기서는 태산에서 섬긴다(事)고 하였는데 이는 봉(封)을 말하는 것이다. 기록에는 주(周) 대의 성왕(成王)이 태산에 봉하고 사수산에 선하였다고 한다.

119) 정관 15년(641년)에 봉선에 관한 절차를 정한 것이 있는데 이것을 말한다.

120) 국학은 국가에서 세운 학교를 말하고, 석전은 공자에게 제사를 지내는 것이다. 전(奠)은 과일 등 음식을 차려 놓고 제사 지내는 것을 말한다.

두었으며, 계속하여 한재(旱災)가 들어서 백성들의 태반이 먹을 것에 주려 있습니다.

지금 만약에 자주 일부의 군사를 파견하여 그들의 강역(疆域)을 바꾸어 가며 시끄럽게 한다면 저들로 하여금 분명(奔命)하는데 피곤하고, 쟁기를 놓고 보루(堡壘)로 들어가게 할 것이니, 몇 년 동안 사이에 천리의 땅에는 쓸쓸해지고 인심은 자연히 흩어져서 압록강의 북쪽은 싸우지 않고도 빼앗을 수 있습니다."

황상이 이를 좇았다.

3월에 좌무위(左武衛) 대장군 우진달(牛進達)을 청구도(靑丘道) 행군대총관으로 삼고, 우무후(右武候) 장군 이해안(李海岸)으로 그를 보좌하게 하여 군사 1만여 명을 발동하여 누선(樓船)[121]을 타고 내주(萊州, 산동성 내주시)에서 바다에 배를 띄워 들어가게 하였다.

또 태자첨사인 이세적을 요동도(遼東道) 행군대총관으로 삼고 우무위(右武衛) 장군 손이랑(孫貳朗) 등이 그를 돕게 하여 군사 3천 명을 거느리고 영주(營州, 치소는 요녕성 조양시) 도독부의 군사를 이용하여 신성도(新城道)에서 들어가게 하였다. 두 부대는 모두 물을 익히고 잘 싸우는 사람들을 뽑아서 그곳에 배치하였다.

6 신묘일(5일)에 황상이 말하였다.

"짐은 융·적(戎·狄)에게 옛날 사람들이 빼앗을 수 없는 것을 빼앗을 수 있었고, 옛날 사람들이 신하로 할 수 없었던 자들을 신하로 삼았던 까닭은 모두 많은 사람이 바라는 바에 순응하였던 연고이다. 옛날에 우(禹)가 9주(州)의 백성들을 인솔하여 산을 뚫고 나무를 잘라서 백 개의 하천을 소통시켜서 바다로 물을 댔는데, 그 수고로움은 심하였지만 백성

---

121) 누각이 있는 배로 큰 전함이다.

들이 원망하지 아니하였던 것은 사람들의 마음을 이용하고 땅의 형세에 순응하였으며 백성들과 더불어 이익을 같이 하였던 연고이다."

7 이 달에 황상은 풍질(風疾, 중풍)을 얻었는데 경사가 무더운 것을 고생스럽게 생각하여서, 여름, 4월 을축일(9일)에 종남산(終南山)에 있는 태화폐궁(太和廢宮)을 수리하여 취미궁(翠微宮)으로 하라고 명령하였다.

8 병인일(10일)에 연연(燕然)도호부를 설치하여 한해(瀚海) 등 여섯 도독과 고란(皐蘭) 등 일곱 주(州)를 통괄하게 하고 양주(揚州)도독부 사마인 이소립(李素立)으로 이를 맡게 하였다. 이소립이 은혜와 믿음으로 어루만져 주니 이적 부락들이 그를 품어주며 함께 말과 소를 이끌고 와서 바쳤다. 이소립은 오직 그들의 술 한 잔을 받고 나머지는 모두 그들에게 돌려주었다.

9 5월 무자일(3일)에 황상이 취미궁으로 행차하였다. 기주(冀州)진사 장창령(張昌齡)이 ≪취미궁송(翠微宮頌)≫[122]을 지어 바치니 황상은 그 글을 아껴서 통사사인 속에 넣어서 받드는 일을 제공하라[123]고 명령하였다.

애초에, 장창령과 진사 왕공치(王公治)는 모두 문장을 잘 지어서 이름이 경사(京師)에서 진동하였는데, 고공원외랑(考功員外郞) 왕사단(王師旦)이 공거(貢擧)하는 일을 책임지고 있으면서[124] 그들을 좇아내니, 온 조

---

122) 취미궁을 칭송하는 노래이다.

123) 호삼성은 장창령의 자격이 낮아서 정관(正官)으로 임명할 수 없어서 통사사인의 반(班)에 집어넣어 받드는 일을 제공하게 하였다는 것이다.

124) 관직명은 지공거(知貢擧)이다. 공거란 인재를 천거하는 것이며, 이 업무를 주관하는 직책이 지공거이다.

정이 그 연고를 알지 못하였다.

급제(及第)한 사람들이 상주하게 되자 황상은 그 두 사람의 이름이 없는 것을 보고 이상하게 생각하여 그에게 힐문(詰問)하니, 왕사단이 대답하였다.

"그 두 사람은 비록 말씨는 화려하지만 그러나 그 몸이 경박하여 끝내는 좋은 그릇을 이루지 못할 것입니다. 만약에 그를 높은 자리에 두게 된다면 아마도 뒤에 나오는 사람들이 그를 본받아서 폐하의 우아한 치도(治道)를 상하게 할까 걱정입니다."

황상이 그 말을 훌륭하다고 하였다.

10 임진일(7일)에 백사(百司, 모든 관서)에 조서를 내려서 예전처럼 황태자에게 일을 보고하게 하였다.

11 경진일125)에 황상이 취미전에 나아가서 시중을 드는 신하들에게 물었다.

"옛날부터 제왕은 비록 중하(中夏, 우수한 문화의 중원)를 평정하였다고 하여도 융·적(戎·狄)을 복종시킬 수는 없었다. 짐의 재주는 옛사람에게 미치지는 않으나 공로를 이룬 것은 이를 넘어섰는데, 스스로 그 연고를 말하지 않겠으니, 여러 공(公)들은 각기 생각을 가다듬어 사실대로 이를 말해 보시오."

여러 신하들이 모두 말하였다.

"폐하의 공덕(功德)은 천지(天地)와 같아서 만물로는 이름을 붙여서 말할 수 없습니다."

---

125) 5월 1일이 병술일이므로 5월에는 경진일이 없다. 그러나 ≪신당서≫에 의하면 이 일이 있은 것은 경술일로 되어 있으며, 경술일은 25일이다. 원문의 경진은 경술의 잘못이다.

황상이 말하였다.

"그렇지 않소. 짐이 여기에 이를 수 있었던 까닭은 단지 다섯 가지 일로부터 말미암았을 뿐이오. 옛날부터 제왕은 대부분 자기보다 나은 사람을 질투하였는데, 짐은 다른 사람이 잘하는 것을 보면 마치 자기가 가지고 있는 것처럼 하였소.

사람의 행동과 능력이라는 것은 겸해서 갖추어 가질 수 없는 것이어서 짐은 항상 그 사람의 단점을 버리고 그 사람의 장점을 취하였소.

인주(人主)는 왕왕 현명한 사람을 올리면 이를 가슴에 품어두려고 하지만 불초한 사람을 물리치면 그를 밀어서 구덩이로 집어넣으려고 하는데, 짐은 현명한 사람을 보면 그를 존경하고, 불초한 사람을 가련하게 생각하여 현명한 사람이든지 불초한 사람이든지 각기 그가 있을 곳을 차지하게 하였소.

인주는 대부분 바르고 곧은 것을 싫어하여 몰래 죽이거나 드러내놓고 주륙(誅戮)하는 일이 어느 시대건 없는 일이 없었지만 짐이 등극한 이래로 바르고 곧은 인사는 조정에서 어깨를 나란히 하였고, 아직 일찍이 한 사람도 좇아내어 책임지우지 않았소.

옛날부터 모두가 중화(中華)를 귀하게 생각하고 이·적(夷·狄)을 천하게 생각하였으나 짐만은 그들을 똑같이 아꼈으니, 그러므로 그들 종족의 부락은 모두 짐에 의지하기를 부모처럼 하고 있소. 이 다섯 가지가 짐이 오늘의 공로를 이룩한 이유요."

돌아보며 저수량에게 말하였다.

"공은 일찍이 사관(史官)이었으니,126) 짐이 말한 것을 본다면 그 사실대로 말한 것 같소?"

대답하였다.

---

126) 저수량은 사관이었다가 정관 18년(644년)에 황문시랑으로 진급하였다.

"폐하의 왕성하신 덕은 다 기록할 수가 없는데 다만 이 다섯 가지만을 가지고 스스로에게 부여하시니 대개 겸손하고 겸손하신 뜻일 뿐입니다."

12 이세적의 군사가 이미 요하를 건너서 남소(南素, 요녕성 서풍현 남쪽) 등 여러 성을 지났는데, 고려127)에서는 대부분 성을 등지고 막으며 싸웠다. 이세적은 그들의 군사를 쳐서 깨뜨리고 그들의 나곽(羅郭, 외곽을 둘러싼 성곽)을 불사르고 돌아왔다.

13 6월 계해일(8일)에 사도(司徒) 장손무기에게 양주(揚州, 치소는 강소성 양주시)도독의 업무를 관장128)하게 하였지만 실제로 임지(任地)에 나아가지 않았다.

14 정축일(22일)에 조서를 내렸다.
"수(隋) 말기에 죽고 혼란스러워지자 변방에 있는 백성들은 대부분 융·적(戎·狄)에게 노략질을 당하였는데,129) 지금 철륵(鐵勒)이 귀화(歸化)하였으니, 의당 사신을 파견하여 연연(燕然) 등 주(州)130)에 가게 하여 도독(都督)과 서로 알고 지내면서 몰락한 사람들을 방문하여 찾아서 재화(財貨)를 가지고서 대속(代贖)하게 하고, 양식을 공급하여 점차로

---

127) 이세적의 군대가 출발한 것은 지난 3월의 일이며, 남소에 관하여서는 ≪전한서≫에 현토군 고구려현에는 남소수가 있으며, 이 강은 서북쪽으로 요새 밖을 경유한다고 설명하고 있다.

128) 영직(領職)이다. 이는 본래의 직책을 가지고 있으면서 다른 업무를 담당하게 한 관리임용법으로 관장하는 업무를 하려고 현장에 가지 않는 것이 일반적이며, 여기서의 관직명은 영양주도독이다.

129) 사람이 잡혀서 노복이 된 것을 말한다.

130) 지난 정월에 이들이 사는 지역에 6개의 부와 7개의 주를 설치하였다.

본관(本貫, 본래의 고향)으로 돌아오게 하라. 그 가운데 실위(室韋, 내몽골 동북부)·오라호(烏羅護, 내몽골 札賚特旗)·말갈(靺鞨, 흑룡강 하류) 세 부(部)의 사람들로 설연타에 노략된 사람들도 역시 대속하여 돌아오게 하라."

15   계미일(28일)에 사농경 이위(李緯)를 호부상서131)로 삼았다. 이때에 방현령이 경사에서 유수(留守)132)하고 있었는데, 어떤 사람이 경사로부터 오자, 황상이 물었다.

"방현령이 무슨 말을 하였는가?"

대답하였다.

"방현령은 이위(李緯)가 상서로 임명되었다는 소식을 듣고 다만 이위의 아름다운 코밑수염과 구레나룻을 말하였을 뿐입니다."

황제는 급히 이위를 낙주(洛州, 하남성 낙양시) 자사로 고쳐서 임명하였다.

16   가을, 7월에 우진달(牛進達)과 이해안(李海岸)이 고려의 경내로 들어가서133) 무릇 100여 차례 싸웠는데 승리를 안 한 일이 없었고, 석성(石城, 요녕성 장하시 북쪽)을 공격하여 이를 뽑았다. 진격하여 적리성(積利城, 요녕성 와방점시) 아래에 도착하였는데, 고려의 군사 1만여 명이 나와서 싸우니 이해안이 이를 쳐서 깨뜨리고 목을 벤 것이 2천 급이었다.

---

131) 다른 판본에는 민부상서로 되어 있는 것도 있다. ≪당육전(唐六典)≫에 민부를 호부로 바꾼 것(649년)이라고 하였으므로 이대로라면 이때에는 호부(戶部)가 없었으므로 민부(民部)여야 맞다.

132) 황제가 경사를 떠나 있을 때에 경사에 남아서 행정업무를 처리하는 직책이다. 이 때에 태종은 경사를 떠나서 취미궁에 가 있었다.

133) 이들이 출발한 것은 정관 20년(646) 3월의 일이다.

17 황상은 취미궁이 험하고 좁아서134) 백관들을 받아들일 수 없자 경자일(16일)에 조서를 내려서 의춘(宜春, 섬서성 의춘현)에 있는 봉황곡(鳳凰谷)에다 다시 옥화궁(玉華宮)을 짓도록 조서를 내렸다. 경술일(26일)에 거가가 궁궐로 돌아왔다.

18 8월 임술일(8일)에 조서를 내려서 '설연타가 새로 항복하였고, 토목공사를 계속 일으켰으며 그 위에 하북(河北)에 수재가 일어났기' 때문에 명년의 봉선(封禪)135)을 중지하게 하였다.

19 신미일(17일)에 골리간(骨利幹, 시베리아 바이칼 호)에서 사신을 파견하여 들어와서 공물을 바쳤다. 병술일136)에 골리간을 현궐주(玄闕州)로 하고 그들의 기근(俟斤)137)을 자사로 삼았다. 골리간은 철륵의 여러 부(部) 가운데 가장 먼 곳이며, 낮이 길고 밤이 짧으며 해가 진 다음에 하늘색이 바로 훤하다가 양의 고기를 삶는 것이 바로 익을 때쯤이면 해가 이미 다시 솟는다.

20 기축일138)에 제주(齊州, 산동성 제남시) 사람 단지충(段志沖)이 봉사(封事)139)를 올려서 황상에게 황태자에게 정치를 넘기라고 청하였다. 태자가 이 소식을 듣고 얼굴에 우려하는 기색을 나타내고 말을 하면서 눈

---

134) 취미궁은 종남산에 있다.

135) 산동성 태안현에 있는 태산에 가서 하늘과 땅에 제사 지내는 일을 말한다.

136) 8월 신미일이 17일이므로 8월에는 그 이후로 병술일이 없다. 만약에 그 달을 넘기면 9월 3일이 된다. 따라서 병술일 앞에 '9월'이란 두 글자가 빠졌다고 보아야 한다.

137) 북방민족의 관직명으로 사령관에 해당하는 직책이다.

138) 앞의 이유로 9월 6일이 된다.

139) 봉함을 한 상주문이다. 제왕이 직접 보도록 되어 있는 상주문이다.

물을 흘렸다. 장손무기 등이 단지충을 주살(誅殺)하라고 청하였다.

황상이 수조(手詔)를 내려 말하였다.

"다섯 개의 큰 산에 진눈깨비가 내리고, 사해는 대지(大地)에 연결되어 있어서 더러운 것을 받아들이고, 병든 것도 감추고 있지만 높거나 깊은데 손해 될 것이 없다.

단지충은 필부(匹夫)로서 천자에게 자리를 해직시키려 하였으니 짐이 만약에 죄를 지었다면 이는 그가 곧다는 것이고, 만약에 죄를 지은 일이 없다면 이는 그가 미쳤다는 것이다. 비유하자면 한 자쯤 되는 안개가 하늘을 가로막아도 큰 것을 일그러지게 하지 못하며, 한 마디쯤 되는 구름이 해에 점을 찍는다 하여도 밝음에는 무슨 손해가 있을 것인가!"

21　정유일(14일)에 황제의 아들인 이명(李明)을 세워서 조왕(曹王)으로 삼았다. 이명의 어머니 양(楊)씨는 초자왕(剿刺王)[140]의 비(妃)였는데 황상에게 총애를 받았다. 문덕황후가 붕어(崩御)하게 되자 세워서 황후로 삼고자 하였다.

위징이 간하였다.

"폐하는 바야흐로 당·우(唐·虞)[141]의 덕에 비교되시는데 어찌하여 진영(辰嬴)[142]으로서 스스로에게 누(累)가 되게 하시렵니까?"

마침내 중지하였다. 얼마 후에 이명으로 이원길(李元吉)의 뒤를 계승하게 하였다.

---

140) 이원길을 말한다. 그가 죽은 다음에 초왕으로 삼고 시호를 자왕으로 하였던 것이다.

141) 요순(堯舜)을 말한다.

142) 진(秦) 목공(穆公)의 딸인 영(嬴)씨이다. 노(魯) 희공(僖公) 22년에 진 회공(晉懷公)인 자어(子圉)에게 시집을 갔기 때문에 회영(懷嬴)이라고 부른다. 노(魯) 문공(文公) 6년에 진 문공(晉文公) 중이(重耳)가 진(秦)에 들어가자 목공(穆公)은 딸 다섯 명을 바쳤는데 이 가운데 회영도 있어서 이를 진영이라고 부르는데, 진영은 두 사람에게 시집을 갔다고 불렀다. 양씨는 이원길의 정처로 당 태종의 제수(弟嫂)인데 그녀를 당 태종이 데려다가 아이를 낳았으므로 진영과 같은 처지인 셈이다.

22 무술일(15일)에 송주(宋州, 하남성 상구현) 자사 왕파리(王波利) 등에게 칙령을 내려서 강남(江南)에 있는 12개 주143)의 공인(工人)들을 징발하여 큰 배 수백 척을 만들게 하여 고려를 정벌하고자 하였다.

23 겨울, 10월 경진일(27일)에 노랄(奴刺)144)의 철(啜)145)인 복기우(匐俟友)가 그가 거느린 부(部)에 속한 1만여 명을 인솔하고 안으로 귀부하였다.

---

143) 선주(宣州), 윤주(潤州), 상주(常州), 소주(蘇州), 호주(湖州), 항주(杭州), 태주(台州), 무주(婺州), 괄주(括州), 강주(江州), 홍주(洪州)이다.

144) 토욕혼과 당항 사이에 거주하였던 부족 이름이다. '라(刺)'는 '래달(來達)의 번(翻)'이라고 호삼성이 음주하였으므로 이는 '랄'이라고 발음하여야 한다. 아마도 '라(喇)'와 같은 발음일 수 있다.

145) 돌궐족의 관직명으로 장군에 해당한다.

태자에게 남긴 ≪제범帝範≫

24　11월에 돌궐의 거비(車鼻) 가한이 사신을 파견하여 들어와서 공물을 바쳤다. 거비의 이름은 아사나곡발(阿史那斛勃)이고 본래 돌궐의 동족(同族)으로 대대로 소가한(小可汗)이었다. 힐리(頡利) 가한146)이 실패하자 돌궐의 남은 무리들이 받들어 대가한으로 삼고자 하였는데, 그때에 설연타(薛延陀)가 바야흐로 강하여서 거비는 감당하지 못하고 그 무리를 인솔하고 그들에게 귀부하였다.

어떤 사람이 설연타에게 유세하였다.

"거비는 귀한 종족이고 용기와 지략을 가지고 있어서 무리들이 붙어서 아마도 뒤에 걱정거리가 될까 두려우니 그를 죽이는 것만 같지 못합니다."

거비가 이를 알고 도망하여 떠났다.

설연타는 수천의 기병을 파견하여 그를 뒤쫓았는데 거비가 군사를 챙겨서 싸워 그들을 대파하고 마침내 금산(金山, 신강성 아미타산)의 북쪽에 아기(牙旗)147)를 세우고 자칭 을주거비(乙注車鼻) 가한이라고 하니, 돌궐의 남은 무리들이 점점 그에게 귀부하였고, 몇 년 사이에 정예의 병사

---

146) 거비(車鼻) 가한은 동돌궐의 15대 대가한이고, 힐리(頡利) 가한은 13대 가한이다.

147) 대장, 지휘부의 깃발이다. 이 깃대는 상아로 만들었다.

3만 명이 되자 때로 나아가서 설연타를 노략질하였다.

설연타가 실패하기에 이르자 거비의 세력은 더욱 팽창하였는데, 그 아들인 아사나사발라(阿史那沙鉢羅) 특륵(特勒)[148]을 파견하여 들어와서 조현하면서 또 몸소 스스로 들어와서 조현하게 해달라고 청하였다. 조서를 내려서 장군 곽광경(郭廣敬)을 파견하여 그를 징소(徵召)하게 하였다. 거비는 다만 좋게 말한 것뿐이어서 처음부터 올 뜻을 가지고 있지 않았고 끝내는 오지 않았다.

25 계묘일(21일)에 순양왕(順陽王) 이태(李泰)를 옮겨서 복왕(濮王)으로 삼았다.

26 임자일(30일)에 황상의 병이 쾌유되어 사흘에 한 번씩 조회(朝會)를 살폈다.

27 12월 임신일(20일)에 서조(西趙, 귀주성 망모현)의 추장인 조마(趙磨)가 1만여 호를 인솔하고 안으로 귀부하니, 그 땅을 명주(明州)[149]라고 하였다.

28 구자왕(龜玆王) 백벌첩(白伐疊)이 죽고 동생 백가려포실필(白訶黎布失畢)이 섰는데, 신하로서의 예의를 점점 더 잃고[150] 이웃 나라를 침략하

---

148) 북방민족들의 귀족에 대한 호칭이다. 공작에 해당한다.

149) 동사(東謝)의 남쪽에 서조(西趙) 만족(蠻族)이 있으며 서쪽 끝에 곤명(昆明)이 있으며, 그 남쪽이 바로 서이하(西洱河)이다. 산의 골짜기가 막히고 깊은데 조씨들이 대대로 추장을 하였다. 여기서 명주는 기미주(羈縻州)이어서 직접 당나라 땅이 된 것은 아니다.

150) 조공을 끊었다는 말이다.

였다.

황상이 화가 나서, 무인일(26일)에 사지절(使持節)·곤구도(崑丘道) 행군총관·좌교위(左驍衛) 대장군인 아사나사이(阿史那社爾)와 부(副) 대총관·좌교위(左驍衛) 대장군인 글필하력(契苾何力) 그리고 안서도호(安西都護) 곽효각(郭孝恪) 등에게 조서를 내려서 군사를 거느리고 그를 치게하였다. 이어서 철륵(鐵勒)에 소속한 13개 주·돌굴·토번(吐蕃, 서장 라사)·토욕혼(吐谷渾, 청해성) 등에게 명령하여 군사를 연합하여 나아가서 토벌하게 하였다.

29 고려왕이 그의 아들인 막리지 고임무(高任武)로 하여금 들어와서 사죄하게 하니, 황상이 이를 허락하였다.

태종 정관 22년(戊申, 648년)

1 봄, 정월 기축일(8일)에 황상은 ≪제범(帝範)≫ 12편을 지어서 태자에게 내려 주었는데, 군체(君體)·건친(建親)·구현(求賢)·심관(審官)·납간(納諫)·거참(去讒)·계영(戒盈)·숭검(崇儉)·상벌(賞罰)·무농(務農)·열무(閱武)·숭문(崇文)151)이었다. 또 말하였다.

"몸을 닦고 나라를 다스리는 것이 모두 그 속에 있다. 어느 날 불휘(不諱)한 일152)이 있다 하여도 다시 말할 것이 없을 것이다."

---

151) 군체는 군주의 본래 모습이고, 건친은 친척을 세우는 일이며, 구현은 똑똑한 사람을 찾는 방법이고, 심관은 관리를 심사하는 일이다. 납간은 간언하는 것을 받아들이는 방법이고, 거참은 참소하는 사람을 쫓아내는 것이며, 계영은 꽉 찬 경우를 경계하는 방법이며, 숭검은 검소함을 숭상하는 태도이며, 상벌은 상을 주고 벌을 내리는 방법이고, 무농은 농사에 힘쓰게 하는 방법이고, 열무는 군사를 사열하는 것이고, 숭문은 문학을 높이는 방법이다.

152) 휘란 죽은 사람의 이름이다. 황제에 대하여서는 죽는다는 말을 입 밖에 내지 않고 다만 다른 말로 이 뜻을 표현한다. 그 가운데 불휘란 말이 있는데, 이는 바로 황제가 죽는 것을 말한다. 여기서는 태종이 자기 자신이 죽는 것을 말한다.

또 말하였다.

"너는 당연히 다시 옛날 밝은 제왕을 찾아서 스승으로 삼아야 할 것이며, 나와 같은 사람은 본받기에는 충분하지 않다. 무릇 상층에 해당되는 사람에게서 모범을 찾으려고 하여도 겨우 그 중간쯤 되는 것을 얻을 것이고, 중간쯤 되는 사람에게서 모범을 찾으려고 하면 하급이 되는 것을 면치 못할 것이다.

내가 자리에 앉은 이래로 잘하지 못한 것이 많지만 비단에 수놓은 것과 주옥(珠玉)이 앞에서 끊이지 않았으며, 궁실과 대(臺)와 정자는 자꾸 지었고, 개와 말 그리고 매가 멀다하여 가져오지 않은 것이 없으며, 사방을 돌아다닐 때에 번거롭고 수고롭게 공급하게 하였는데, 이것이 모두 나의 깊은 허물이니, 옳다고 생각하여 이것을 본받지 마라.

내가 창생을 널리 구제한 것을 돌아보면 그것은 더욱 많은데, 화하(華夏)를 구획(區劃)하는 일을 처음으로 만든 것은 그 공로가 크다. 이로운 일은 많이 하였고 손해되는 일을 적게 하였으므로 사람들이 원망하지 않는다. 공로가 크고 허물이 적었으므로 업적이 떨어지지 않았다. 그러나 이를 진선진미(盡善盡美)한 것에 비한다면 진실로 많이 부끄럽다.

너는 나와 같은 공로와 부지런함을 없이하고 나의 부유함과 귀함만을 이었으니, 힘을 다하여 선하게 한다면 국가는 겨우 편안할 것이다. 교만하고 게으르고 사치하며 방종하게 된다면 한 몸도 보존치 못한다. 또한 성공은 천천히 오고 실패는 속히 오는 것이 나라이고 잃기는 쉽고 얻기는 어려운 것이 자리이니 애석하다 아니할 것이며 신중하게 하지 않을 수 있겠는가?"

2 중서령 겸 우서자인 마주(馬周)가 병이 났는데, 황상이 친히 약을 조제하고서 태자로 하여금 가서 문안하게 하였지만 경인일(9일)에 죽었다.

3 무술일(17일)에 황상이 여산(驪山, 섬서성 임동현 동남쪽)에 있는 온천에 행차하였다.

4 기해일(18일)에 중서사인 최인사(崔仁師)를 중서시랑으로 삼아 기무(機務)에 참여하여 알아서 처리하게153) 하였다.

5 신라왕(新羅王) 김선덕(金善德)이 죽자, 김선덕의 여동생인 김진덕(金眞德)을 주국(柱國)154)으로 삼고 낙랑군왕(樂浪郡王)에 봉하였으며, 사신을 파견하여 책명(冊命)155)하였다.

6 병오일(25일)에 조서를 내려서 우무위(右武衛)대장군 설만철을 청구도(靑丘道)행군대총관으로 삼고, 우위(右衛)장군 배행방을 부관으로 삼아서 군사 3만여 명과 누선(樓船)인 전함(戰艦)을 거느리고 내주(萊州, 산동성 내주시)에서 바다에 배를 띄워 고려를 치게 하였다.

7 장손무기를 검교(檢校)중서령·지(知)상서문하성사로 하였다.156)

8 무신일(27일)에 황상이 궁궐로 돌아왔다.

---

153) 관직명은 참지기무(參知機務)이다.

154) 주국은 훈관(勳官) 2품에 해당하는 것이고, 김선덕은 신라 27대 왕으로 이름은 김덕만(金德曼)이며, 김진덕은 신라 28대 왕이고, 이름은 김승만(金勝曼)이다.

155) 책(冊)에 써서 관직이나 훈직을 임명하는 것이다.

156) 검교와 지(知)는 관직을 임명하는 방법의 하나로, 검교는 검토하고 처리한다는 의미이고, 지는 알아서 처리한다는 의미인데, 검교중서령은 중서령의 업무를 총관한다는 뜻이고 지상서문하성사(知尙書門下省事)는 상서성과 문하성의 업무를 총괄하는 직책이다. 따라서 이 조치는 당 왕조의 권력은 삼성으로 나뉘었는데 장손무기가 삼성, 즉 중서성·문하성·상서성을 다 장악한 것이다.

9 결골(結骨, 시베리아 薩彦嶺 북쪽)은 옛날부터 아직 중국과 왕래하지 않
았었는데, 철륵(鐵勒)에 속한 여러 부(部)들이 모두 복종한다는 소식을 듣
고, 2월에 그 기리발(俟利發)157)인 실발굴아잔(失鉢屈阿棧)이 들어와서 조
현하였다. 그 나라 사람들은 키가 크고 붉은 머리털에 녹색 눈동자를 가
졌으며 검은 머리털을 가진 사람이 있으면 상서롭지 않다고 생각하였다.

황상이 그에게 천성전(天成殿)에서 연회를 베풀었는데, 시중을 들던
신하에게 말하였다.

"옛날에 위교(渭橋)에서 돌굴 사람 세 명의 머리를 베고서 스스로 공
로가 많다고 말하였는데,158) 지금 이 사람이 자리에 있으니 더는 이상하
다고 생각되지는 않는구려!"

실발굴아잔이 관직 하나를 제수(除授)하여 주기를 청하였다.

"홀(笏)159)을 잡고 돌아가면 진실로 백세(百世)의 행복이겠습니다."

무오일(7일)에 결골을 견곤(堅昆)도독부160)로 삼고, 실발굴아잔은 우
둔위(右屯衛) 대장군 · 견곤도독으로 삼고, 연연(燕然)도호에 예속하게 하
였다. 또 아사덕시건(阿史德時健) 기근(俟斤)161)의 부락으로 기련주(祁連
州)를 설치하고 영주(營州)도독에 예속하게 하였다.

이때에 사이(四夷)들의 크고 작은 군장(君長)들이 다투어 사신을 파견
하여 들어와서 물건을 바치고 알현하니 도로에는 사람이 끊이지 않았고,
매 원정(元正, 정월 원단)에 조하(朝賀)할 때마다 항상 수백 명이었다.

신유일(10일)에 황상이 여러 호족(胡族)의 사자를 이끌어 보면서 시중

---

157) 한 부(部)의 우두머리에 해당하는 직위이다.

158) 이 일은 무덕 9년(726년)의 일이고, 힐리 가한이 편교를 범하였을 때의 일이다.

159) 조회할 때에 신하들이 들고 가는 판이다.

160) 실제로 당왕조에 소속한 도독부가 아니라 기미(羈縻)하기 위하여 명칭만 당의 군단
으로 한 것이며 실제로는 독립적인 것이다.

161) 지휘자를 부르는 명칭이다.

을 드는 신하들에게 말하였다.

"한(漢) 무제는 군사를 끝까지 움직이기를 30여 년에 중국을 피폐하게 하였지만 얻은 것이 거의 없었다. 어찌 오늘날처럼 덕으로써 그들을 편안하게 하여 궁발(窮髮)의 땅162)으로 하여금 모두 편호(編戶)163)하게 한 것만 같겠는가?"

10 황상이 옥화궁(玉華宮, 섬서성 의군현 경계)을 짓는데 검약하는데 힘쓰게 하니 오직 거처하는 곳만을 기와로 덮고 나머지는 모두 풀을 덮었다. 그러나 태자궁과 백사(百司)를 설치하여 산과 들에 널려있어서 소비된 것이 이미 거억(巨億)으로 계산되었다. 을해일(24일)에 황상이 옥화궁에 행차하였고, 기묘일(28일)에 화원(華原, 섬서성 요현)에서 사냥을 하였다.

11 중서시랑 최인사(崔仁師)가 합문(閤門)에 와서 엎드려 스스로 호소한 사람이 있었던 것에 걸려들었는데, 최인사는 상주하지 않아서 제명(除名)164)되어 연주(連州, 광동성 연주시)로 유배 되었다.

12 3월 기축일(9일)에 한해(瀚海)도독에 소속된 구라발부(俱羅勃部)를 나누어 촉룡주(燭龍州, 시베리아 치타시)를 설치하였다.

13 갑오일(14일)에 황상이 시중드는 신하들에게 말하였다.

"짐이 젊어서는 군사들 속에서 자랐기에 자못 적을 헤아릴 수 있었다. 지금 곤구(崑丘)165)가 군사를 움직이고, 처월(處月, 신강성 신원현 경계)과

---

162) 한 마디 정도의 풀도 자라지 않는 황무지를 말한다. 모발이라는 글자를 쓴 것은 풀을 머리카락에 비유한 것이다.

163) 민(民)으로 호적에 등재하는 것이다.

164) 관리의 명부에서 제명된 것이다. 다시는 관직을 가질 수 없다는 것을 의미한다.

처밀(處密, 신강성 탑성시 경계) 두 부(部)와 구자(龜玆, 신강성 고차현)의 용사(用事)하는 사람인 갈렵전(羯獵顚)과 나리(那利)는 매번 머리를 내민 쥐새끼 같은 생각을 품고 있지만,166) 반드시 먼저 머리를 줄 것이고, 노실필(弩失畢)167)이 그 다음일 것이다."

14 경자일(20일)에 수(隋) 왕조의 소후(蕭后)168)가 죽으니, 조서를 내려서 그의 직위와 명호를 회복시키게 하여 시호를 민(愍)이라 하였으며, 삼품(三品)의 관원들로 하여금 호위(護衛)하며 장사 지내게 하고, 노부(鹵簿)와 의장대 호위를 갖추어서 강도(江都)로 호송하게 하여 양제(煬帝)와 합장하게 하였다.

15 충용(充容)169)인 장성(長城, 절강성 장흥현) 사람 서혜(徐惠)는 황상이 동쪽으로 고려를 정벌하고, 서쪽으로 구자(龜玆)를 토벌하며, 취미궁과 옥화궁의 건축이 서로 이어지면서 또한 복장과 노리개가 자못 화려하여지자 상소문을 올려서 간하였는데, 그 대략이다.

"다함이 있는 농사짓는 공력(功力)을 가지고 끝이 없는 큰 파도를 메우려 하시는 것이고 아직 얻지 아니한 다른 사람의 무리를 도모하고자 이미 이룩한 우리의 군사를 죽이시는 것입니다. 옛날에 진시황은 여섯 나라를 병탄하고 도리어 속히 위태롭고 망하는 지경에 이르렀고, 진(晉) 무제는 세 방면을 다 얻고170)도 뒤집혀 넘어지고 패하는 업(業)을 만들

---

165) 아사나사이(阿史那社爾)의 군사행동을 말한다.

166) 양다리 작전을 갖는 것이다.

167) 호삼성은 포실필(布失畢)로 서야하면 구자왕(龜玆王)이라고 하였다.

168) 수양제의 황후이다.

169) 9빈(九嬪) 가운데 하나로, 정2품이다.

170) 서진의 사마염이 촉, 오, 위 세 나라를 통일한 것을 말한다.

었습니다. 어찌 공로를 자랑하고 크다는 것을 믿고, 덕(德)을 버리고 이웃을 가벼이 본 것이고, 이익을 도모하려다가 위험을 망각한 것이고, 방자한 마음으로 멋대로 하려고 하여서 이른 것이 아니겠습니까? 이것으로 땅이 넓은 것은 늘 편안하게 하는 방법이 아니고, 사람들의 노고는 마침내 쉽게 어지러워지는 근원이라는 것을 알겠습니다."

또 말하였다.

"비록 다시 풀을 덮어서 검약한 것을 보이려고 하여도 오히려 나무와 돌을 드는 피로함을 일으키고 고용(雇用)하여 사람을 쓰더라도[171] 번거롭고 시끄러운 폐단을 없앨 수 없습니다."

또 말하였다.

"진기한 노리개는 교묘하게 만들어졌지만 마침내 나라를 망치는 도끼일 것이고, 주옥과 수놓은 비단은 실로 마음을 미혹하는 짐독(鴆毒)[172]입니다."

또 말하였다.

"검소한 것에서 모범을 만들어도 오히려 그것이 사치스럽게 될까 두려운데, 사치스러운 것에서 모범을 만들려 하신다면 어떻게 훗날을 통제하시겠습니까?"

황상은 그 말을 훌륭하다고 하여 그에게 아주 예를 갖추어 중하게 여겼다. ✳

---

171) 돈을 주고 사람을 고용하는 것이다.

172) 짐새에서 나오는 독으로 이를 먹으면 죽는다.

資治通鑑

자치통감 권199
당(唐)시대 15(648~655년)

무씨에게 빠진 고종

무武씨1)를 예언한 비기

태종(太宗) 정관(貞觀) 22년(戊申, 648년)2)

1 여름, 4월 정사일(7일)에 우무후(右武侯)장군 양건방(梁建方)이 송외
(松外, 사천성 염변현)의 만족(蠻族)을 공격하여 이를 격파하였다.

애초에, 수주(雟州)도독 유백영(劉伯英)이 말씀을 올렸다.

"송외의 여러 만족들이 잠시 항복하였다가 다시 배반하니, 청컨대, 군
사를 내어 그들을 토벌하여 서이(西洱, 운남성 대리시 동이해)와 천축(天竺,
인도)으로 가는 길이 통하게 하여 주십시오."

양건방에게 칙령을 내려서 파촉(巴蜀)에 있는 13개 주3)의 병사를 발동
하여 그들을 토벌하게 하였다.

만족의 추장인 쌍사(雙舍)가 무리를 인솔하고 막으며 싸우자, 양건방
이 이들을 쳐서 패배시키고 1천여 명을 죽이거나 붙잡았다. 여러 만족들
은 떨며 두려워서 도망하여 산골짜기로 숨었다. 양건방은 사자를 파견하

---

1) 측천무후를 말한다.

2) 이 권은 정관 22년 4월부터 시작하며 정관 22년 1월부터 3월까지의 기사는 전권에
실려 있다.

3) 익주(益州), 미주(眉州), 영주(榮州), 재주(梓州), 이주(利州), 면주(綿州), 수주(遂州),
파주(巴州), 노주(盧州), 거주(渠州), 달주(達州), 집주(集州), 투주(渝州)이다.

여 이해(利害)를 가지고 알아듣게 타이르니 모두가 와서 귀부하였는데, 앞뒤로 온 사람이 70부로, 호구는 10만9천300이었으며, 양건방은 그 추장인 몽화(蒙和) 등을 서명하여 현령으로 삼고, 각기 그 거느린 부(部)를 통솔하게 하니, 기뻐하지 않는 사람이 없었다.

이어서 사신을 파견하여 서이하(西洱河, 운남성 대리시 동이해)에 보내니, 그 우두머리인 양성(楊盛)이 크게 놀라서 배를 갖추어가지고 곧 숨으려고 하였지만 사자(使者)가 위엄과 신의를 가지고 알아듣게 타이르니, 양성은 드디어 항복을 받아 달라고 청하였다.

그 땅에는 양(楊)·이(李)·조(趙)·동(董) 등 수십 개의 성(姓)이 있었는데, 각기 한 개의 주를 점거하였으며, 큰 것은 600호이고 작은 것은 200~300호였고, 대군장(大君長)이 없어서 서로 하나로 통일되지 않았으며 말은 비록 조금 다르지만 그들의 생업과 풍속은 대략 중국과 같았으며, 스스로 본래에는 모두 중화(中華) 사람이라고 하였는데, 그 가운데 다른 것은 12월을 한 해의 첫 달로 삼은 것이었다.

2 기미일(9일)에 거란(契丹)의 욕흘주(辱紇主)4) 곡거(曲據)가 무리를 인솔하고 속으로 귀부하니, 그 땅에 현주(玄州, 기미주, 요녕성 조양시 동쪽)를 설치하고 곡거를 자사로 삼아서 영주(營州, 치소는 요녕성 조양시)도독부에 예속하게 하였다.

3 갑자일(14일)에 오호(烏胡, 발해만 황성도)의 진장(鎭將)인 고신감(古神感)이 군사를 거느리고 바다로 가서 고려를 치는데, 고려의 보병과 기병 5천을 만나서 역산(易山)5)에서 싸워서 그들을 격파하였다. 그날 밤에 고

---

4) 수령에 해당하는 거란 말이다.

5) ≪신당서≫에는 갈산(曷山)으로 되어 있다.

려의 1만여 명이 고신감의 배를 습격하였는데, 고신감이 매복을 두었다
가 또 그들을 격파하고 돌아왔다.

4   애초에 서돌굴의 을비돌륙(乙毗咄陸) 가한[6]이 아사나하로(阿史那賀魯)
를 엽호(葉護)[7]로 삼고 다라사수(多邏斯水, 어얼치스 강)에 살게 하였는데,
서주(西州, 신강성 투루판)의 북쪽으로 1천500리에 있으면서 처월(處月,
신강성 신원현)·처밀(處密, 신강성 탑성시)·시소(始蘇)·가라록(歌邏祿, 중
앙아시아 어얼치스 강 유역)·실필(失畢, 서돌굴의 서부)의 다섯 성(姓)을 가
진 무리들을 통솔하였다.

을비돌륙이 토화라(吐火羅, 아프가니스탄 하나바)로 도망하자 을비사궤
(乙毗射匱) 가한[8]이 병사를 파견하여 그들을 압박하고 쫓으니 부락은 도
망하고 흩어졌다.

을해일(25일)에 아사나하로가 그의 무리 수천 장(帳)[9]을 인솔하고 안
으로 소속하게 하였는데, 조서를 내려서 정주(庭州, 신강성 吉木薩爾현)의
막하성(莫賀城)에 거처하게 하고 좌교위(左驍衛)장군으로 삼았다. 아사나
하로는 당의 군사가 구자를 토벌한다는 소식을 듣고 향도(嚮導)하게 해
달라고 청하니 이어서 수십 기(騎)를 좇게 하고 들어와서 조현하였다.
황상은 곤구도(崑丘道)행군총관으로 삼고 후하게 연회를 베풀어 주고 그
를 보냈다.

5   5월 경자일(20일)에 우위솔(右衛率)의 장사인 왕현책(王玄策)이 제나복

---

6) 서돌굴의 8대 대가한으로 아사나욕곡이다.

7) 서돌굴 용어로 친왕에 해당하는 직위이다.

8) 토화라(吐火羅)에 관한 일은 정관 16년(642년)에 있었고, 그 내용은 ≪자치통감≫ 권196
   에 실려 있으며, 을비사궤(乙毗射匱) 가한은 서돌굴의 10대 가한이다.

9) 파오를 단위로 하는 것이다. 봉장(蓬帳)이다.

제(帝那伏帝)10)의 왕(王)인 아라나순(阿羅那順)을 쳐서 그를 대파하였다.

애초에 중천축(中天竺)의 왕(王)인 시라일다(尸羅逸多)의 군사가 가장 강하여서 네 개의 천축국(天竺國)11)이 모두 그에게 신하 노릇을 하였는데, 왕현책이 받들어 사자가 되어 천축국에 도착하더니 여러 나라가 모두 사자를 파견하여 들어와서 공물을 바쳤다.

마침 시라일다가 죽자 그 나라에서 크게 혼란하였고 그 신하인 아라나순이 스스로 서서 호(胡, 흉노)의 군사를 발동하여 왕현책을 공격하였는데, 왕현책은 좇아간 사람 30인을 인솔하고 더불어 싸웠지만 힘이 부족하여 모두가 잡혔고, 아라나순은 여러 나라의 공물을 모두 약탈하였다.

왕현책은 몸을 빼내어 숨어서 토번(吐蕃, 서장 라사)의 서쪽 경계에 도착하여 편지를 써서 이웃 나라의 병사를 징소(徵召)하니, 토번은 정예의 기병 1천200명을 파견하였고, 니파국(泥婆國, 네팔)은 7천여 명의 기병을 파견하여 그에게 보냈다. 왕현책과 그의 부장인 장사인(蔣師仁)이 두 나라의 군사를 인솔하고 나아가서 중천축국(中天竺國)의 거주지12)인 다박화라성(茶餺和羅城, 옛 인도의 도성)에 이르러서 계속하여 사흘 동안 싸워서 그들을 대파하고 목을 벤 것이 3천여 급이었으며, 물에 빠져서 죽은 사람이 또한 1만 명이었다.

아라나순은 성을 버리고 달아났다가 다시 나머지 무리를 수습하여 돌아와서 장사인과 싸웠는데 또 그들을 격파하고 아라나순을 사로잡았다. 나머지 무리들은 그들의 왕비와 왕자를 받들어가지고 건타위강(乾陀衛江, 인더스 강)에서 막았는데, 장사인이 나아가서 그들을 치니 무리들은 붕궤되어 그들의 왕비와 왕자를 붙잡았고, 남자와 여자 1만2천 명을 사로잡

---

10) 인도에 있던 나라의 이름이다.

11) 동, 서, 남, 북 네 개의 천축국을 말한다.

12) 도읍지를 말한다.

았다.

이에 천축(天竺)에서는 떨게 되었고, 성읍과 취락에서 항복한 것이 580여 곳이었고, 아라나순을 포로로 잡아가지고 돌아왔다. 왕현책을 조산(朝散) 대부로 삼았다.

6 6월 을축일(16일)에 백습부(白霫部)를 거연주(居延州, 내몽골 哲里木盟 북부)로 삼았다.

7 계유일(24일)에 특진(特進)13)인 송공(宋公) 소우(蕭瑀)가 죽었는데, 태상시(太常寺)에서는 시호(諡號)를 논의하여 '덕(德)'이라 하였고, 상서성(尙書省)에서는 시호를 논의하여 '숙(肅)'이라14) 하였다.

황상이 말하였다.

"시호라는 것은 행하였던 흔적이어서 마땅히 그 사실에 맞아야 하니 시호를 '정편공(貞褊公)'15)으로 하는 것이 좋겠다."

아들 소예(蕭銳)가 뒤를 잇고, 황상의 딸인 양성(襄城) 공주를 모시고 살았다.16)

황상이 그를 위하여 집을 지어주려고 하자 공주가 굳게 사양하면서 말하였다.

"지어미란 시어머니를 섬겨야 하고 마땅히 아침저녁으로 옆에서 모시

---

13) 문산관 2급이고 정2품이다.

14) 주공의 시법에 의하면 강한 덕을 가지고 이기며 나아가는 것을 '숙'이라 한다고 하였다.

15) 하침(賀琛)의 《시법》에 의하면 곧은 말을 하며 굽히지 않는 것이 정이고, 검소하고 인색하여 덕을 베풀지 않는 것을 편이라고 하였다. 따라서 소우를 보는 태종의 시각을 볼 수 있다.

16) 남자가 여자를 아내로 맞을 경우에 보통은 취(娶)라는 말을 사용한다. 그러나 공주를 아내로 맞을 경우에는 상(尙)이라는 단어를 사용한다. 그러므로 '모시고 산다'는 의미로 보아야 할 것이다.

는 것인데 만약에 별도의 집에 살게 되면 빠지는 일이 많을 것입니다."
황상이 마침내 바로 소우의 집에다가 그것을 짓게 하였다.

8 황상은 고려가 곤란하고 피폐하였기 때문에 명년에 30만 명의 무리
를 발동하여 한 번에 이를 없애는 것을 논의하였다. 어떤 사람이 대군이
동쪽으로 정벌을 하는 데는 반드시 한 해를 넘길 만큼의 양식이 준비되
어야 하니, 가축으로 실을 수 있는 정도가 아니고 의당 배를 갖추어서
수운(水運)으로 하여야 한다고 생각하였다.

수(隋) 말기에 검남도(劍南道, 사천성 중남부와 운남성)에만 오직 노략질
하는 도적이 없었고,17) 마침 요동의 전역(戰役)을 치를 때18)에도 검남도
에는 다시 영향이 미치지 아니하여서, 그 백성들은 부유하니 의당 그들
로 하여금 배를 만들게 하여야 한다고 하였다. 황상이 이를 좇았다.

가을, 7월에 우령(右領) 좌우부19)의 장사인 강위(强偉)를 파견하여 검
남도에서 나무를 잘라서 배를 만들게 하였는데, 큰 것은 혹 길이가 100
척이고 너비는 그 반이었다. 별도로 사자를 파견하여 물길로 가게 하였
는데, 무협(巫峽, 사천성 무산현 동쪽)에서 강주(江州, 강서성 구강시)와 양
주(揚州, 강소성 양주시)에 도착하여 내주(萊州, 산동성 내주시)로 갔다.

9 경인일(11일)에 서돌궐의 재상인 아사나굴리(阿史那屈利) 철(啜)20)이
거느리는 부속을 인솔하여 구자국(龜玆國, 신강성 고차현) 토벌하는 일을

---

17) 이연이 수의 도읍지인 대흥을 함락시키고 얼마 되지 아니하여 검남에 있는 각 군에
    서는 즉각적으로 귀부하였다. 이 사건은 수 공제 의녕 원년(617년) 12월의 일이고,
    ≪자치통감≫ 권184에 실려 있다.

18) 고구려 정벌 전쟁을 말한다.

19) 영좌우부(領左右府)를 또 나누어 좌우로 하였다. 이는 바로 좌우천우부(左右千牛府)
    를 말한다.

20) 서돌궐의 관직명으로 장군에 해당한다.

좋게 해달라고 청하였다.

10 애초에, 좌무위(左武衛) 장군이자 무련현공(武連縣公)인 무안(武安, 하북성 무안현) 사람 이군선(李君羨)이 현무문에서 당직(當直)을 맡고 있었는데, 그때에 태백성(太白星, 금성)이 여러 번 대낮에 보이자 태사(太史)가 점을 치고 말하였다.

"여자 주군이 창성하리라."

백성들 사이에서는 ≪비기(秘記)≫가 전해지고 있었는데, 거기에 쓰여 있었다.

"당(唐)에는 3세(世) 이후에 여자 주군인 무왕(武王)이 대신 천하를 가질 것이다."

황상은 이를 싫어하였다.

마침 여러 무신들과 궁중에서 연회를 하다가 행주령(行酒令)21)이 각자로 하여금 어릴 때의 이름을 말하게 하였다. 이군선이 스스로 이름이 오랑(五娘)22)이었다고 말하니 황상이 놀라고 이어서 웃으면서 말하였다.

"무슨 여자가 마침내 이처럼 용감하고 건장하단 말이오!"

또 이군선의 관직 명칭과 봉읍(封邑)에는 모두 '무(武)'라는 글자가 들어가 있으므로 이를 깊이 싫어하였고,23) 뒤에 내어 보내어 화주(華州, 섬서성 화현) 자사로 삼았다.

---

21) 술을 마실 때의 일종의 유희이다. 한 사람을 정하여 명령을 내리는 관원으로 정하고 이를 행주령이라고 하는데, 술을 마시는 사람은 그의 명령을 들어야 한다. 이를 어기면 벌을 받게 되어 있다.

22) 낭(娘)은 어머니 또는 아가씨를 의미하는 말이다. 남자 이름에 여자에게 쓰이는 글자를 쓴 것이다.

23) 이군선의 어릴 적 이름이 오랑이라 하여 여자 이름을 사용하였다. 그의 관직은 좌무위(左武衛) 장군으로 무(武) 자가 들어가 있고, 그의 작위는 무련현공(武連縣公)이므로 또 무(武) 자가 들어간 대다가 그의 출신지가 무안(武安)이므로 또 무(武) 자가 들어가 있어서 이군선은 비기에서 말하는 여자주군(女子主君)과 무왕(武王)이라는 예언에 딱 맞아 떨어지는 사람이 된 셈이다.

포의(布衣)24) 가운데 운도신(員道信)이라는 사람이 있었는데, 스스로 곡식을 끊을 수 있고, 불법(佛法)을 깨쳤다고 하자, 이군신은 그를 깊이 존경하고 믿어서 자주 왕래하며 사람들을 물린 채 말을 하였다. 어사(御史)가 이군선이 요사스러운 사람과 왕래하며 불궤(不軌)한 짓25)을 도모한다고 상주문을 올렸다. 임진일(13일)에 이군선이 죄에 걸려서 주살되고, 그 집안은 적몰(籍沒)26)되었다.

황상이 비밀리에 태사령 이순풍(李順風)에게 물었다.

"≪비기(秘記)≫에서 말한 것은 믿을 만하오?"

대답하였다.

"신이 우러러 하늘의 모습을 상고해 보고, 굽어서 역수(曆數)를 살펴보니 그 사람은 이미 폐하의 궁궐 안에 있는데, 친속(親屬)이 되어 있어서 지금부터 30년이 지나지 않아서 마땅히 왕천하(王天下)27)를 하게 될 것이고, 당의 자손을 죽여서 거의 없앨 것이며, 그 징조는 이미 이루어지고 있습니다."

황상이 말하였다.

"비슷하다고 의심되는 사람은 모두 다 죽이면 어떠하오?"

대답하였다.

"하늘이 명령하는 바는 사람이 어길 수 없습니다. 왕자(王者)는 죽지 않으며 다만 죄 없는 사람을 많이 죽일 뿐입니다. 또 지금부터 30년이 지나가면 그 사람은 이미 늙었을 것이고, 거의 자못 자비심을 가진다면 화(禍)가 되는 일이 혹 옅어질 것입니다.

지금 설사 잡아서 그를 죽여도 하늘이 혹 건장한 사람을 낳아서 그의

---

24) 벼슬이 없는 일반 백성을 말한다.

25) 반역모의라는 뜻이다.

26) 재산이 관에 몰수되고, 호적도 몰수되어 천민이 되는 것이다.

27) 천하에서 제왕 노릇을 하는 것이다.

원망하는 독한 짓을 마구하게 하면 아마도 폐하의 자손은 그 비슷한 것도 남지 않을 것입니다."

황상이 마침내 중지하였다.

11 사공(司空)인 양문소공 방현령이 경사에서 유수(留守)하였는데, 병이 들어 심해지자 황상이 불러서 옥화궁에 오게 하니, 견여(肩輿)28)에 올라서 전각으로 들어와서 어좌(御座)의 옆에 이르러서야 내렸는데 서로 마주하고 눈물을 흘렸고, 이어서 궁궐에 머물게 하였으며 그가 조금 나았다는 소식을 들으면 얼굴에 기쁜 모습을 띠었고 심해졌다고 하면 걱정하고 초조해 하였다.

방현령이 여러 아들에게 말하였다.

"내가 주상의 두터운 은혜를 받았으며, 오늘날 천하는 별 일이 없으나 오직 동방 정벌만이 아직 끝나지 않았는데, 여러 신하들은 감히 간언(諫言)을 하지 못하니 내가 알고서 말하지 않으면 죽더라도 남은 책임이 있을 것이다."

마침내 표문을 올려서 간언을 하였다.

"≪노자(老子)≫에서 말하였습니다. '만족한 것을 알면 욕을 당하지 않고, 중지할 줄 알면 위태로워지지 않을 것이다.' 폐하의 공로 있는 명성 그리고 위엄 있는 덕은 또한 만족할 만하며, 땅을 개척한 것도 중지할 만하고, 또 폐하께서는 한 명의 중(重)죄수를 결정할 때마다 반드시 세 번 다시 조사하고, 다섯 차례 상주하도록 하시며, 소찬(素饌)을 올리게 하고, 음악을 중지하게 하신 것29)은 사람의 목숨을 중하게 생각하신 것입니다.

---

28) 어깨까지 올려서 메는 가마이다.

29) 이 일은 정관 5년(631년)의 일이고, 그 내용은 ≪자치통감≫ 권193에 실려 있다.

지금 죄 없는 사졸들을 몰아서 칼날 아래에 맡기시는 것은 간(肝)과 뇌(腦)를 땅에다 바르게 하는 것이니 다만 불쌍히 보기에 충분하지 않습니까?

만약에 고려가 신하로서의 절도를 어기고 잃었다고 하여도 그를 주살하면 될 것입니다. 백성들을 침탈하여 시끄럽게 하였다면 이들을 없애도 좋고 다른 날에 중국의 걱정거리가 될 수 있다면 이들을 제거하여도 좋습니다. 지금에는 이 세 가지 조항으로 중국을 번거롭게 한 허물에 걸려 있지 않은데, 안으로는 전 시대의 치욕을 씻고, 밖으로는 신라를 위하여 원수를 갚는 것이니, 어찌 가지고 있는 것을 적게 생각하고 손해되는 것을 크다 하는 것이 아니겠습니까?

원컨대, 폐하께서 고려가 스스로 새로워지도록 허락하시고, 파도를 헤쳐 갈 배를 불태워 버리시며 모집에 호응한 무리들을 해산하시면 자연스럽게 화하족(華夏族)과 이족(夷族)이 경축하고 의지하며 멀리서는 조용하고 가까이서는 편안하게 됩니다. 신은 또한 아침저녁 사이에 땅에 들어갈 처지지만 만약에 이 슬픈 부르짖음을 받아 주심을 입게 된다면30) 죽어도 또한 썩지 않을 것입니다."

방현령의 아들인 방유애(房遺愛)는 황상의 딸인 고양(高陽) 공주를 모시고 살았는데, 황상이 공주에게 말하였다.

"저 사람이 병이 들어 이토록 위독한데 오히려 능히 나의 국가를 걱정하는구나!"

황상은 스스로 가서 보고 손을 잡고 결별하였는데, 슬픔으로 스스로를 이기지 못하였다. 계묘일(24일)에 죽었다.31)

---

30) 《논어》 태백에 나오는 말이다. 증자가 병이 들자 맹경자가 그를 위문하니 증자가 말하였다. '새가 죽게 되면 그 지저귀는 것이 애달프고, 사람이 죽게 되면 그 말하는 것이 선하다.'

31) 이때에 방현령의 나이는 일흔 살이었다.

유방(柳芳)32)이 말하였습니다.

"방현령(房玄齡)이 태종(太宗)을 보좌하여 천하를 평정하고, 마지막으로 재상의 자리에 이르기까지 무릇 32년이었는데, 천하에서는 현명한 재상이라는 이름이 붙었지만 그러나 찾아볼 만한 흔적이 없다 하여도 덕은 역시 지극하였다. 그러므로 태종은 화란(禍亂)을 평정하였는데, 방현령과 두여회(杜如晦)는 공로를 말하지 아니하였고, 왕규(王珪)와 위징(魏徵)은 간쟁(諫諍)하는 일을 잘하였으나 방현령과 두여회는 그들의 현명함에 양보하였고, 영공(英公)과 위공(衛公)33)은 군사를 잘 거느렸지만 방현령과 두여회는 그 도(道)34)를 실행하였으니, 이치로 보아서 태평한 시대에 이르게 되었고, 선한 것을 인주(人主)에게로 돌렸다. 당의 종신(宗臣)이 되었으니 마땅한 것이로다!"

12 8월 초하루 기유일에 일식이 있었다.

13 정축일(23일)에 월주(越州, 치소는 절강성 소흥시) 도독부와 무주(婺州, 절강성 금화시)·홍주(洪州, 강서성 남창시) 등에 칙령을 내려서 해선(海船)과 쌍방선(雙舫船)35) 1천 1백 척을 건조하게 하였다.

---

32) 당 현종시대에 진사가 되어 영녕위(永寧尉) 직사관(直史館)에서 시작하여서 숙종 때에 오긍(吳兢)이 편찬한 ≪국사(國史)≫ 300편을 함께 편집하였고, 천보(天寶) 후의 일을 서술하면서 버리고 취하는 것을 논하지 않은 것은 사관(史官)이 이를 병으로 생각하였다. 후에 역사관 수찬과 집현전 학사를 역임하였고, ≪당력(唐歷)≫을 편찬하였다.

33) 영공은 이세적(李世勣)의 작위이며, 위공은 이정(李靖)의 작위이다.

34) 문도(文道)를 말한다.

35) 배를 두 개씩 연결해 놓을 수 있는 배이다. 방이란 원래 뗏목이란 뜻이다.

14 신미일(29일)에 좌령군(左領軍) 대장군 집실사력(執失思力)이 금산도 (金山道, 신강성 아미타산)로 나가서 설연타의 남은 도적을 공격하였다.

15 9월 경진일(2일)에 곤구도(崑丘道) 행군대총관 아사나사이(阿史那社爾) 가 처월(處月)과 처밀(處密)을 공격하여 이들을 깨뜨리니 나머지 무리는 모두 항복하였다.36)

16 계미일(5일)에 설만철(薛萬徹) 등이 고려를 치고 돌아왔다. 설만철이 군중(軍中)에 있으면서 기분대로 다른 사람을 능멸하자 배행방(裴行方)37) 이 그가 원망하고 있다고 상주하니, 이 일에 걸려서 제명(除名)되었고 상주(象州, 광서성 상주시)로 유배되었다.

17 기축일(11일)에 신라(新羅)에서 상주문을 올리기를, '백제(百濟)가 공 격하여 그들의 13개의 성이 격파되었다.' 고 하였다.38)

18 기해일(21일)에 황문시랑 저수량(褚遂良)을 중서령으로 삼았다.

19 강위(强偉) 등이 백성들을 징발하여 배를 만드는데, 그 요역(徭役)이 산요(山獠)에게까지 미치자 아주(雅州, 사천성 아안시) · 공주(邛州, 사천성 공래현 동북쪽) · 미주(眉州, 사천성 미산현)의 세 주의 요족(獠族)들이 반란 을 일으켰다. 임인일(24일)에 무주(茂州, 치소는 사천성 무현)도독 장사귀 (張士貴)와 우위(右衛) 장군 양건방(梁建方)을 파견하여 농우(隴右, 감숙성

---

36) 아사나사이가 명령을 받아서 구자를 토벌한 일은 정관 21년(647년) 12월의 일이다.

37) 설만철은 청구도행군대총관이었고, 배행방은 그를 도와서 동방 정벌에 나선 것은 정 관 21년(647년)이었고, 그 내용은 ≪자치통감≫ 권198에 실려 있다.

38) 백제와 고구려가 맹약을 맺고 신라를 공격한 것은 정관 17년(643년) 9월의 일이다.

남부)와 협중(峽中, 사천성 분지)에 있는 병사 2만여 명을 발동하여 그들을 쳤다.

촉인(蜀人)들이 배를 만드는 요역(徭役)을 고생스럽게 생각하여 어떤 사람은 값만큼 돈을 내어서 담주(潭州, 호남성 장사시) 사람을 고용하게 해 달라고 비니, 황상이 이를 허락하였다. 주와 현에서는 독촉하고 압박하는 것이 엄하고 급하니, 백성들은 전택(田宅)과 자녀를 팔아도 공급할 수가 없었고, 곡식의 값이 갑자기 껑충 뛰어 비싸져서 검외(劍外, 검문관 이남, 사천성 중남부와 운남성)에서 시끄러웠다.

황상이 이 소식을 듣고 말하였다.

"촉인(蜀人)들은 취약(脆弱)하고 심한 노동을 참지 못한다. 큰 배를 한 척 만드는데 고용하는 비용이 비단으로 2천236필(匹)이 든다. 산골짜기에서 이미 잘라 놓은 나무는 끌어오는 것을 마치지 못하였는데, 다시 배 만드는 사람을 고용하는 비용을 징수하여 두 가지 일이 함께 모여지면 백성들은 감당할 수 없을 것이니, 의당 휴양하게 하여야 할 것이다."

황상이 마침내 칙령을 내려서 담주에서 배 만드는데 고용된 사람들에게는 관청에서 지급하게 하였다.

20 겨울, 10월 계축일(6일)에 거가가 경사(京師)로 돌아왔다.

21 회흘(回紇)의 약라갈토미도(藥羅葛吐米度)[39]의 조카 약라갈오흘(藥羅葛烏紇)이 그의 숙모를 증(烝)[40]하였다. 약라갈오흘은 구륙막하(俱陸莫賀)의 달관(達官)인 약라갈구라발(藥羅葛俱羅勃)과 함께 모두 돌궐의 거비(車

---

39) 회흘의 기리발 즉 군주이다.

40) 숙모란 약라갈토미도의 정처이며, 증이란 항렬이 아래인 남자가 위 항렬의 여자를 간음한 것을 말한다.

卑) 가한41)의 사위였는데, 서로 모의하여 약라갈토미도를 죽이고 거비에게로 귀부하기로 모의하였다. 약라갈오흘이 밤중에 10여 명의 기병을 이끌고 약라갈토미도를 습격하여 그를 죽였다.

연연(燕然)의 부도호인 원례신(元禮臣)이 사람을 시켜서 약라갈오흘을 유인하여 한해(瀚海, 몽골 허얼커린)도독으로 삼도록 상주문을 올리는 것을 허락하자, 약라갈오흘이 경무장한 기병을 데리고 원례신에게 가서 감사를 하였는데 원례신은 그를 잡아서 목을 베고 보고하였다.

황상은 회흘 부락 사람들이 떨어지고 흩어질까 걱정하여 병부상서 최돈례(崔敦禮)를 파견하여 가서 그들을 안무하게 하였다. 한참 있다가 약라갈구라발이 들어와서 조현(朝見)하니, 황상이 그를 억류하고서 보내지 않았다.

22 아사나사이(阿史那社爾, 곤구도행군대총관)가 이미 처월과 처밀을 격파하고 나자 군사를 이끌고 언기(焉耆, 신강성 언기현)의 서쪽에서부터 구자(龜玆)의 북방 경계로 향하여 달려가서 군사를 나누어 다섯 길로 만들어서 그들이 생각하지 않은 곳으로 나오니, 언기왕 용설파아나지(龍薛婆阿那之)42)가 성을 버리고 구자로 달아나서 그 동쪽 경계를 지켰다.

아사나사이는 군사를 파견하여 추격하여 그를 사로잡아서 목을 베고, 그의 사촌동생인 용선나준(龍先那準)을 세워 언기왕으로 삼아서 직책에 따른 공물 바치는 일을 수행하게 하였다. 구자에서는 크게 놀라서 지키던 장군들은 대부분 성을 버리고 달아났다.

아사나사이가 나아가서 적구(磧口, 사막의 입구)에 주둔하니 그들의 도성에서 300리 떨어졌는데, 이주(伊州, 신강성 하미시) 자사 한위(韓威)를

---

41) 구륙막하(俱陸莫賀)는 회흘족의 부락 명칭이고, 달관(達官)은 귀족에 해당하는 말이며, 거비(車卑) 가한은 동돌궐의 15대 가한이다.

42) 용설파아나지가 왕위를 빼앗은 사건은 태종 정관 18년(644년) 9월의 일이었다.

파견하여 1천여 기병을 거느리고 선봉에 서게 하고, 우위장군 조계숙(曹繼叔)이 그 다음을 맡았다. 다갈성(多褐城, 고차현의 동쪽)에 도착하니 구자왕 백가려포실필(白訶利布失畢)과 그의 재상인 나리(那利)와 갈렵전(褐獵顚)이 무리 5만 명을 거느리고 막으며 싸웠다.

칼날이 부딪치자 한위가 군사를 인술하여 거짓으로 숨었고 구자의 모든 무리가 그를 추격하였는데, 30리를 가다가 조계숙의 군사와 합쳤다. 구자 사람들은 두려워서 곧 퇴각하려고 하는데 조계숙이 이를 타니, 구자는 대패하였고 북쪽으로 80리를 쫓았다.

23 갑술일(27일)에 회흘(廻紇)의 약라갈토미도의 아들이며 전에 좌둔위(左屯衛) 대장군이었던 약나갈파윤(藥那褐婆閏)을 좌교위(左驍衛) 대장군·대기리발(大俟利發)·한해(瀚海) 도독으로 삼았다.

24 11월 경자일(23일)에 거란(契丹, 요하 상류)의 우두머리인 야율굴가(耶律窟哥)와 해(奚)의 우두머리인 가도자(可度者)가 나란히 자기들에게 소속된 무리를 인술하고 내부적으로 귀속하였다. 거란부(契丹部)를 송막부(松漠府)로 하고, 야율굴가를 도독으로 삼았다. 또 그들의 별수(別帥)인 야율달계(耶律達稽) 등의 부(部)를 초락주(峭落州) 등 아홉 주43)로 하고, 각기 그들의 욕흘주(辱紇主)44)를 자사로 삼았다.

해부(奚部)를 요락부(饒樂府)로 하고 가도자를 도독으로 삼았다. 또 그 별수인 아회(阿會) 등의 부속을 약수주(弱水州) 등 다섯 주45)로 만들고,

---

43) 초락주(峭落州), 무봉주(無逢州), 우릉주(羽陵州), 백련주(白連州), 도하주(徒何州), 만단주(萬丹州), 필여주(疋黎州), 적산주(赤山州), 탄한주(彈汗州)이다.

44) 부락 단위의 우두머리를 말한다.

45) 약수주(弱水州), 기려주(祁黎州), 낙양주(洛瓖州), 태로주(太魯州), 갈야주(渴野州)이다.

역시 각기 그들의 욕흘주를 자사로 삼았다. 신축일(24일)에 동이(東夷) 교위관을 영주(營州)에 설치하였다.

25 12월 경오일(24일)에 태자가 문덕(文德) 황후를 위하여 대자은사(大慈恩寺)46)를 지어 완성하였다.

26 구자왕 백가려포실필(白訶黎布失畢)이 이미 실패하고서 도망하여 도성을 지키자, 아사나사이가 군사를 진격시켜서 그를 압박하니 백가려포실필이 경무장을 한 말을 타고 서쪽으로 달아났다. 아사나사이가 그 성을 뽑고 안서도호(安西都護) 곽효각(郭孝恪)으로 하여금 그곳을 지키게 하였다.

사주(沙州, 감숙성 돈황시) 자사 소해정(蘇海政)과 상연봉어(尙輦奉御) 설만비(薛萬備)가 정예의 기병을 인솔하고 백가려포실필을 뒤쫓아서 600리를 가니 백가려포실필이 군색하고 급하여 발환성(撥換城, 신강성 아극소시)을 지켰다. 아사나사이는 군사를 진격시켜서 그곳을 40일간 공격하였으며, 윤달(윤12월) 정축일(1일)에 이곳을 뽑고 백가려포실필과 갈렵전(羯獵顚)47)을 사로잡았다.

나리(那利)48)는 몸을 빼어 달아나서 몰래 서돌궐의 무리를 이끌고 그 나라 군사 1만여 명을 합하여 곽효각을 습격하였다. 곽효각은 성 밖에 영채를 두었는데 구자 사람 가운데 어떤 사람이 이를 알렸지만 곽효각

---

46) ≪서경잡기(西京雜記)≫에 의하면 서경의 외성에 있는 주작가(朱雀街) 세 번째 다리와 황성의 동쪽 첫 번째 거리인 진업방(進業坊)에는 수나라 때에 무루사(無漏寺)가 있었던 터가 있는데, 태자가 바로 그 터에 대자은사를 세우고 그 어머니 문덕황후를 위하여 복을 빌려고 하였는데, 죽목(竹木)이 울창하여 경성지역의 관광지로 제일 좋다고 되어 있다.

47) 구자국의 재상이다.

48) 구자국의 또 다른 재상이다.

은 마음에 두지 않았다.

나리가 갑자기 도착하니 곽효각은 거느린 사람 1천여 명을 인솔하고 곧 성으로 들어가는데, 나리의 무리들은 이미 성에 올라갔고, 성 안에서는 항복하였던 호족(胡族)들이 그들과 더불어 서로 호응하여 함께 곽효각을 공격하니, 화살과 칼이 비처럼 쏟아지자 곽효각은 대적할 수 없어서 곧 다시 나가려고 하다가 서문(西門)에서 죽었다.

성 안에서는 크게 소란스러웠고, 창부(倉部)낭중 최의초(崔義超)는 사람을 불러 모집하여 200명을 얻어서 군수물자를 지키면서, 구자 사람들과 성 안에서 싸웠는데, 조계숙과 한위도 역시 성 밖에 군영을 두고 있다가 성의 서북쪽 귀퉁이로부터 이들을 쳤다. 나리는 하루저녁을 지내고 나서 마침내 물러갔는데, 목을 벤 것은 3천여 급이었고, 성 안은 비로소 안정되었다.

그 후 열흘 남짓 지나서 나리는 다시 산의 북쪽에 있는 구자의 1만여 명을 인솔하고 도성으로 나아갔고, 조계숙(趙繼叔)이 맞아 싸워서 이를 대파하였고 목을 벤 것이 8천여 급이었다. 나리는 혼자 말을 타고 달아났는데, 구자 사람들이 그를 잡아서 군문(軍門)으로 데리고 왔다.

아사나사이는 앞뒤로 그들의 큰 성 다섯 개를 깨뜨리고 좌위낭장(左衛郎將) 권지보(權祗甫)를 파견하여 여러 성에 가서 화가 되는 것과 복이 되는 것을 열어 보여주게 하니, 모두가 서로 인솔하면서 항복을 받아 줄 것을 청하여 무릇 700여 개의 성을 얻고, 남자와 여자 수만 명을 포로로 잡았다.

아사나사이는 마침내 그들의 부로(父老)들을 불러서 나라의 위엄 있는 신령(神靈)을 선포하고 죄지은 것을 치는 뜻을 알아듣게 타이르며 그 왕의 동생인 엽호(葉護)49)를 세워서 왕으로 삼으니 구자 사람들은 크게 기

---

49) 북방민족의 친왕에 해당하는 직위이다.

뻐하였다.

서역(西域)에서는 놀라고 두려워하여 서돌궐(신강성 동북부와 중앙아시아)·우전(于闐, 신강성 호텐)·안국(安國, 중앙 아시아 푸허라)에서 다투어 낙타·말·군량을 공급하니, 아사나사이는 돌에다 공적을 새기고 돌아왔다.

27 무인일(2일)에 곤구도(崑丘道) 행군총관·좌교위(左驍衛) 장군 아사나 하로(阿史那賀魯)를 니복사발라(泥伏沙鉢羅) 엽호로 삼고 북과 독기(纛旗)를 하사하였으며, 서돌궐 가운데 아직 항복하지 않은 사람들을 부르고 토벌하게 하였다.

28 계미일(7일)에 신라의 재상인 김춘추(金春秋)와 그의 아들인 김문왕(金文王)이 들어와서 알현하였다. 김춘추는 김진덕의 동생이다. 황상은 김춘추를 특진(特進)으로 삼고 김문왕을 좌무위(左武衛) 장군으로 삼았다. 김춘추는 장복(章服)을 고쳐서 중국을 좇게 해달라고 청하니, 안에서 겨울 복장을 내어서 그에게 하사하였다.50)

---

50) 장복에서 장은 문장 즉 무늬를 새긴 관복을 말한다. 무늬 가운데는 일월(日月), 성신(星辰), 산룡(山龍), 화충(華虫), 종이(宗彝), 조화(藻火), 분미(粉米), 보불(黼黻), 희숙(希繡) 등이 있는데, 고대에 천자의 면복에는 12장을 새겼다. 그리고 9장, 7장, 5장, 3장을 새긴 구별이 있었다. 면복(冕服)이란 모두 검은 옷에 분홍빛 치마로 되어 있다. ≪삼국사기≫ 권5, 진덕왕 2년 조에는 이 내용이 기록되어 있고, 그 다음해에 '봄 정월에 처음으로 중조(中朝, 당왕조)의 의관을 착용했다'라고 기록하였다.

죽음을 준비한 태종

태종 정관 23년(己酉, 649년)

1 봄, 정월 신해일(6일)에 구자왕 백가려포실필(白訶黎布失畢)과 그의 재
상인 나리(那利) 등이 경사에 도착하였는데,51) 황상은 그를 나무라고 나
서 풀어주고 백가려포실필을 좌무위(左武衛) 중랑장으로 삼았다.

2 서남(西南)의 도막지(徒莫祗) 등의 만족(蠻族)들이 내부적으로 귀부하
여 그들의 땅을 방주(傍州, 운남성 쌍백현) · 망주(望州, 운남성 녹풍현 서
쪽) · 남주(覽州, 운남성 모정현) · 구주(丘州, 운남성 남화현)의 네 주로 하고
낭주(朗州) 도독부에 예속시켰다.

3 황상이 돌굴의 거비(車鼻) 가한52)이 들어와서 조현하지 않음으로써
우교위낭장(右驍衛郎將) 고간(高侃)을 파견하여 회흘(回紇, 몽골 북부)과
복골(僕骨, 몽골 동부) 등의 군사를 징발하여 그들을 습격하게 하였다. 군
사가 그들의 경계에 들어가니 여러 부락(部落)이 서로 이어주며 와서 항

---

51) 포로로 잡혀서 호송되어 도착한 것이다.

52) 15대 대가한이다.

복하였다. 발실밀(拔悉密, 몽골 科布多 분지 북부)의 토둔(吐屯, 총독)인 비라찰(肥羅察)이 항복하니, 그 땅에 신여주(新黎州, 기미주)를 두었다.

4   2월 병술일(11일)에 요지(瑤池, 치소는 신강성 부강현)도독부를 설치하고 안서(安西)도호에게 예속시켰다. 무자일(13일)에 좌위(左衛)장군 아사나하로(阿史那賀魯)를 요지도독으로 삼았다.

5   3월 병진일(12일)에 풍주(豐州, 치소는 내몽골 오원현)도독부를 설치하고 연연(燕然, 치소는 내몽골 오이라트 중기)도호 이소립(李素立)으로 하여금 도독을 겸하게 하였다.

6   지난해 겨울은 가물었는데, 이때에 이르러서 비로소 비가 내렸다. 신유일(17일)에 황상이 힘을 다하여 병(病) 중에도 현도문(顯道門) 밖에 이르러서 천하를 사면하였다. 정묘일(23일)에 금액문(金液門)에서 태자에게 칙령을 내려서 청정(聽政)53)하게 하였다.

7   여름, 4월 을해일(1일)에 황상이 취미궁(翠微宮)에 행차하였다.

8   황상이 태자에게 말하였다.

"이세적은 재주와 지혜가 남아도는데, 그러나 네가 그에게 아무런 은전(恩典)을 주지 않았으니, 아마도 마음속으로 복종하지 않을까 걱정이다. 내가 지금 그를 내좇을 터이니, 만약에 그가 즉각 떠난다면 내가 죽기를 기다렸다가 네가 뒤에 가서 채용하여 복야(僕射)로 삼고 그에게 친히 맡겨라. 만약에 배회하면서 돌아보고 바라보면 마땅히 그를 죽여야

---

53) 정치적 보고를 받고 정무를 살피는 일이다. 실제적으로 정치를 맡은 것이다.

할 뿐이다.”

5월 무오일(15일)에 동중서문하삼품인 이세적을 첩주(疊州)도독으로 삼았다. 이세적은 조서를 받자 집에 가지도 않고 떠났다.

9 신유일(18일)에 개부의동삼사인 위경무공(衛景武公)[54] 이정(李靖)이 죽었다.

10 황상은 이질(痢疾)이 심하여 고생을 하였는데, 태자가 밤낮으로 옆을 떠나지 않고 혹 여러 날 먹지를 않았으며, 머리카락은 흰색으로 변하였다. 황상이 눈물을 흘리며 말하였다.

“네가 능히 효성스럽고 사랑하기를 이와 같이 하니 나는 죽어도 무엇이 한스럽겠는가!”

정묘일(24일)에 병이 심하여져서 장손무기를 불러서 함풍전(含風殿)[55]으로 들어오게 하였다. 황상이 누워서 손을 이끌어 장손무기의 턱을 어루만지니 장손무기는 곡을 하는데 슬픔을 이기지 못하였다. 황상은 끝내 말을 할 수가 없었고 이어서 장손무기로 하여금 나가게 하였다.

기사일(26일)에 다시 장손무기와 저수량(褚遂良)을 불러서 침실로 들어오게 하고 이들에게 말하였다.

“짐은 지금 모두 이후의 일을 공들에게 부탁하고자 한다. 태자가 어질고 효성스러운 것은 공들도 아는 바이니 그를 잘 보필하여 이끌어 주시오.”

태자에게 말하였다.

“장손무기와 저수량이 있으면 너는 천하를 걱정하지 마라.”

또 저수량에게 말하였다.

---

54) 이정은 위공이었으나 죽은 다음에 시호를 경무공으로 하였다.

55) 함풍전은 취미궁에 있는 전각이다.

"장손무기는 나에게 충성을 다하였으니 내가 천하를 갖게 된 것은 대부분 그의 힘이었다. 내가 죽으면 참소하는 사람으로 하여금 그를 이간시키게 하지 마라."

이어서 저수량으로 하여금 유조(遺詔)56)를 초(草)하게 하였다. 조금 있다가 황상이 붕어하였다.57)

태자는 장손무기의 목을 끌어안고 울부짖으며 통곡하는데 곧 기절하려 하자, 장손무기는 눈물을 훔치며 여러 가지 일을 처리하여 안팎을 안정시키도록 청하였으나 태자가 슬피 울부짖는 것을 그치지 않았다. 장손무기가 말하였다.

"주상께서는 종묘와 사직을 전하께 부탁하셨는데, 어찌 필부(匹夫)를 본받아 오직 울기만 하십니까?"

마침내 비밀에 붙이고 국상(國喪)을 발표하지 않았다.

경오일(27일)에 장손무기 등이 태자에게 먼저 돌아가도록 청하였고, 비기(飛騎)와 경병(勁兵)과 옛날 장수들이 모두 좇았다. 신미일(28일)에 태자가 경성에 들어왔다. 대행(大行)은 마여(馬輿)58)에 실었는데, 시위하는 것이 평일과 같았으며 태자의 뒤를 이어서 도착하여 양의전에 머물게 하였다. 태자좌서자 우지녕(于志寧)을 시중으로 삼고, 소첨사 장행성을 겸시중으로 하며, 검교형부상서·우서자·겸이부시랑 고계보를 겸중서령으로 삼았다.

임신일(29일)에 태극전에서 상사(喪事)를 발표하였으며 유조(遺詔)를 선포하고 태자가 즉위하였다. 군사와 국가에 관한 큰일은 중지하거나 빠뜨릴 수 없었지만 평상적인 자잘한 업무는 이를 유사에게 위탁하였다.

---

56) 유언으로 남긴 조서를 말한다.

57) 이때에 당 태종의 나이는 쉰세 살이었다.

58) 대행은 죽었는데 아직 장사 지내지 않은 황제를 가리키는 것이고, 마여는 두 마리의 말 위에 올려놓은 가마를 말한다.

여러 친왕들로 도독과 자사인 사람들은 나란히 분상(奔喪)하는 것을 들어주었는데, 복왕(濮王) 이태(李泰)는 오게 된 사람 속에 들지 않았다.59) 요동(遼東)의 전역(戰役)과 여러 토목공사를 철폐하였다. 사이(四夷)의 사람들 가운데 조정에 들어와서 벼슬하는 사람과 와서 조공하는 사람이 수백 명이었는데, 상사의 소식을 듣고 모두 통곡을 하고 머리를 자르고 얼굴을 칼로 긋거나 귀를 자르니 흐르는 피가 땅을 적셨다.

6월 초하루 갑술일에 고종(高宗)60)이 즉위하고 천하를 사면하였다.

11 정축일(4일)에 첩주(疊州)도독 이적(李勣)61)을 특진 · 검교낙주(檢校洛州)자사 · 낙양궁(洛陽宮)유수(留守)로 삼았다.62)

12 이보다 먼저 태종의 이름 두 글자는 천하 사람들로 하여금 연달아 쓰는 것이 아니면 피(避)하지 말라고 하였다.63) 이에 이르러서 처음으로 관리의 이름이 먼저 돌아가신 황제의 휘(諱)를 범한 것을 고치게 하였다.

---

59) 복왕 이태는 지난 정관 17년(643년) 9월에 균주로 쫓겨 갔다.

60) 고종은 방금 전까지 태자였던 사람이고 그가 죽은 다음에 붙인 묘호이다. 사실 태자가 황제의 자리에 오르면 '상(上, 황상)'이라고 기록하는 것이 일반적이지만 이때에 태종 이세민이 죽은 지 얼마 되지 않는 시점이므로 아버지인 태종인지 아들인 고종인지를 구분하기 위하여 고종이라는 묘호로 기록한 것이다.

61) 원래 이름은 이세적인데, 태종의 이름인 이세민에 들어 가 있는 세(世)자를 쓸 수 없어서 이를 빼버리고 이적이라고 한 것이다.

62) 태종의 말대로 태종 때에 첩주자사로 삼아 지방으로 보냈던 것을 고종이 즉위하자 낙양으로 옮긴 것이다. 고종이 이적에게 은덕을 베푸는 형식을 취하기 위한 정치적 목적 때문에 이루어진 조치이다.

63) 태종이 살아 있을 때에는 태종의 이름인 세민(世民) 두 글자 가운데 세(世) 자나 민(民) 자가 따로 쓰일 경우에는 상관이 없이 사용할 수가 있었다. 그러므로 이세적의 이름에도 세(世) 자가 들어갔지만 계속 사용하였던 것이다. 그러나 태종이 죽은 다음에 세자나 민자 둘 가운데 어느 것이라도 관리들은 이름으로 슬 수 없게 한 것이다. 이 새로운 규정에 의하여 이세적은 이적이라고 기록하게 되었다. 이를 피휘법(避諱法)이라고 한다.

13   계미일(10일)에 장손무기를 태위로 삼고, 검교중서령(檢校中書令)과 지상서 · 문하이성사(知尙書 · 門下二省事)를 겸하게64) 하였다. 장손무기가 지상서성사(知尙書省事)를 굳게 사양하니 황제가 허락하고, 여전히 태위로서 동중서문하삼품(同中書門下三品)65)을 하게 하였다. 계사일(20일)에 이적(李勣)을 개부의동삼사 · 동중서문하삼품으로 삼았다.

14   아사나사이가 구자(龜妓)를 격파하면서 행군(行軍) 장군부의 장사(長史) 설만비(薛萬備)가 군사적 위엄을 가지고 우전왕(于闐王) 복도신(伏闍信)에게 유세하여 들어와서 조현하게 하자고 청하자 아나사사이가 이를 좇았다.

  가을, 7월 기유일(6일)에 복도신이 설만비를 따라서 들어와서 조현하는데, 조서를 내려서 들어와서 재궁(梓宮)66)을 알현하게 하였다.

15   8월 계유일(1일) 밤에 지진이 일어났는데, 진주(晉州, 산서성 임분시)가 더욱 심하여서 깔려 죽은 사람이 5천여 명이었다.

16   경인일(18일)에 문황제(文皇帝)를 소릉(昭陵)에 장사 지내고 묘호(廟號)를 태종(太宗)이라 하였다.

  아사나사이(阿史那社爾)와 글필하력(契苾何力)은 자신을 죽여서 순장(殉

---

64) 태위는 군사에 관한 최고의 관직이며, 검교중서령은 검교직이고, 지상서 · 문하이성사는 지직(知職)으로 상서성과 문하성 두 성의 업무를 처리하는 직책이고, 중서 · 문하 · 상서성이 최고의 기관인 3성인데, 장손무기는 새로 황제에 오른 고종의 외삼촌으로 이 권한을 다 가지게 된 것이다.

65) 3공은 정1품이어서 지위는 높지만 권한은 없으며 신분이 그보다 낮아서 삼품이어야 실질적인 권한을 갖는 것이므로 이러한 관직을 준 것이다.

66) 재는 관목이다. 황제가 죽으면 관을 재목으로 짜는데, 황제가 있는 곳이기 때문에 궁이라고 불러서, 황제가 죽어서 아직 장사하기 전 황제의 시체가 있는 곳을 재궁이라고 한다.

葬)하겠다고 하였으나 황상은 사람을 파견하여 먼저 돌아가신 황제의 뜻을 가지고 허락하지 않았다. 만이(蠻夷)의 군장(君長)으로 먼저 돌아가신 황제에게 사로잡혀 항복한 사람인 힐리(頡利)67) 등 14명은 모두 돌을 쪼아서 그 모습을 새기고 이름을 북사마문(北司馬門) 안에다 새겼다.

17 정유일(25일)에 예부상서 허경종(許敬宗)이 홍농부군(弘農府君)68)의 사당은 응당 헐려야 한다고 상주문을 올리고 신주(神主)를 서협실(西夾室)69)에 모시라고 청하니, 이를 좇았다.

18 9월 을묘일(13일)에 이적을 좌복야로 삼았다.

19 겨울, 10월에 돌궐의 여러 부(部)가 있던 곳에 사리(舍利) 등 다섯 개의 주70)를 설치하고 운중(雲中, 치소는 내몽골 음산 이북)도독부에 예속시키고, 소농 등 여섯 주71)를 정양(定襄) 도독부에 예속시켰다.

20 을해일(4일)에 황상이 대리경(大理卿) 당림(唐臨)에게 갇혀 있는 죄수의 수를 물었더니, 대답하였다.

---

67) 동동궐의 13대 가한으로 아사나돌필(阿史那咄苾)이다.

68) 위(魏) 홍농 태수인 이중이(李重耳)를 말하며, 이는 당 고종 이연의 7세조이다. 유가 법칙에 의하면 황가는 일곱 명의 조상을 사당에 모시도록 되어 있는데, 당 태종 이세민이 죽었으므로 8명이 되어서 맨 윗 항렬인 이중이를 사당에서 제외시키어야 한다는 것이다.

69) 태묘(太廟)에는 태협실(太夾室)과 동서 양쪽에 두 개의 협실을 두었는데, 그 가운데 서쪽에 있는 협실을 말한다.

70) 다섯 개의 주는 사리주(舍利州), 사벽주(思壁州), 아사나주(阿史那州), 작주(綽州), 백등주(白登州)이다.

71) 여섯 개의 주는 소농주(蘇農州), 아덕주(阿德州), 집실주(執失州), 발연주(拔延州), 욱사주(郁射州), 비실주(卑失州)이다.

"현재의 죄수는 50여 명인데 오직 두 사람만이 사형되어야 할 사람입니다."

황상이 기뻐하였다.

황상이 일찍이 갇혀 있는 죄수를 처리하였는데, 전에 경(卿, 대리경)이 처리한 사람들은 대부분 부르짖으면서 억울하다고 말하였지만 당림이 처리한 사람들은 홀로 아무 말이 없었다.

황상이 그 연고를 이상하게 생각하여 물었다. 죄수가 말하였다.

"당경(唐卿, 당림)이 처리한 것은 본래 스스로 억울할 것이 없었습니다."

황상이 탄식하기를 오래 하다가 말하였다.

"옥사(獄事)를 처리하는 사람은 마땅히 이와 같이 해야 하지 않겠는가?"

21　황상이 토번(吐蕃)의 찬보(贊普)[72]인 기종농찬(棄宗弄讚)을 부마도위(駙馬都尉)로 삼고 서해군왕(西海郡王)으로 책봉하였다. 찬보가 장손무기 등에게 편지를 보내서 말하였다.

"천자께서 처음으로 즉위하셨는데, 신하들 가운데 충성하지 않는 사람이 있다면 마땅히 군사를 챙겨서 그 나라로 가서 이를 토벌하여 없애야 할 것입니다."

22　12월에 복왕(濮王) 이태(李泰)에게 조서를 내려서 관부를 열고 요속(僚屬)을 두게 하고, 수레와 복장 그리고 진기한 음식에서 특별히 우대하게 하였다.

---

72)　≪신당서(新唐書)≫ 토번전에 의하면 '그들의 습속에는 강한 남자를 찬(贊)이라 하고, 장부(丈夫)를 보(普)라 한다.'고 하였다. 따라서 찬보란 왕에 해당하는 토번의 명칭이다.

국제사회의 질서를 만드는 당

고종천황대성대홍효황제(高宗天皇大聖大弘孝皇帝) 영휘(永徽) 원년(庚戌, 650년)

1 봄, 정월 초하루 신축일에 기원(紀元)을 고쳤다.[73]

2 병오일(6일)에 비(妃) 왕(王)씨를 세워서 황후로 삼았다. 황후는 왕사정(王思政)[74]의 손녀이다. 황후의 아버지인 왕인우(王仁祐)를 특진·위국공(衛國公)으로 삼았다.

3 기미일(19일)에 장행성(張行成)을 시중으로 삼았다.

4 신유일(21일)에 황상이 조집사(朝集使)를 불러서 말하였다.
  "짐이 처음으로 황제의 자리에 올랐으니, 일하는 가운데 백성들에게 불편한 것이 있으면 모두 마땅히 진술하고, 다하지 못한 것은 다시 봉함

---

73) 전 황제가 죽고 새 황제가 등극하여 바로 연호를 고치는 경우도 있지만 전 황제가 죽은 해의 연말까지는 죽은 황제의 연호를 사용하는 경우도 있다. 특히 황제의 자리가 정상적으로 계승되었을 경우에는 전 황제의 연호는 연말까지 사용하는 것이 일반적이다. 고종 이치도 태종이 죽은 해에 남은 기간 동안은 태종의 연호인 정관을 사용하였다가 해가 바뀌자 연호를 영휘로 바꾼 것이다.

74) 왕사정은 북위시절에 태어나서 동위와 서위로 나뉘는 과정에 활동한 장수이다.

하여 상주하시오.”

이로부터 자사(刺史) 열 명을 이끌어서 합문(閤門)으로 들어오게 하여 백
성들의 질고(疾苦)와 그 정치를 물었다.

낙양 사람으로 이홍태(李弘泰)라는 사람이 있었는데, 장손무기가 모반
하였다고 무고(誣告)하자 황상은 즉각 그를 목 베라고 명령하였다. 장손
무기와 저수량이 같은 마음으로 정치를 보필하니, 황상도 역시 이 두 사
람을 높이고 예우하였으며, 자기를 공손하게 하면서 그 말을 들었으니,
그러므로 영휘시대의 정치는 백성들이 크게 편안하였으며, 정관(貞觀)시
대의 유풍(遺風)도 가지고 있었다.

5 태종의 딸인 형산(衡山)공주는 응당 장손(長孫)씨에게로 시집을 가야
하였는데, 유사는 ‘상복(喪服)은 이미 공식적으로 벗었다.’고 생각하고,
이번 가을에 성혼(成婚)시키려고 하였다.

우지녕이 말씀을 올렸다.

“한(漢)의 문제가 제도를 만든 것75)은 본래 천하의 백성들을 위한 것
이었습니다. 공주는 상복은 본래 참최(斬衰)76)를 입어야 하는데, 설사 상
복은 관례에 따라서 벗었다고 하더라도 어찌 마음도 관례에 따라서 고
치겠습니까? 바라건대, 삼년상이 끝날 때까지 기다렸다가 성혼시키도록
하십시오.”

황상이 이를 좇았다.

6 2월 신묘일(22일)에 황제의 아들인 이효(李孝)를 세워서 허왕(許王)으
로 삼고, 이상금(李上金)은 기왕(杞王)이 되었으며, 이소절(李素節)은 옹

---

75) 한 문제는 상복을 입는 기간을 단축시켰는데, 황제는 장사를 지낸 지 사흘 만에 바로
   상복을 벗도록 한 제도를 말한다.

76) 부모가 돌아가셨을 때에 입는 상복이다.

왕(雍王)이 되었다.

7 여름, 5월 임술일(24일)에 토번의 찬보인 기종농찬이 죽었는데, 그의 적자(嫡子)가 일찍 죽어서 그의 손자를 세워서 찬보로 삼았다.77) 찬보는 어리고 약하여 정사(政事)는 모두 그 나라의 재상인 녹동찬(祿東贊)에게서 결정되었다. 녹동찬의 성품은 맑고 통달하며 엄격하고 무거워서 군사문제를 처리하는데 법도가 있었고, 토번이 강대하여진 까닭과 저(氐)족과 강(羌)족을 위엄으로 복종시킨 것은 모두 그의 꾀였다.

8 6월에 고간(高侃)이 돌굴을 공격하여 아식산(阿息山)에 이르렀다. 거비(車鼻) 가한78)이 여러 부(部)의 군사를 불렀으나 모두 오지 않으니 수백의 기병과 함께 숨어서 갔다. 고간은 정예의 기병을 인솔하고 뒤쫓아가서 금산(金山, 신강성 아미타산)에 도착하여 그를 사로잡아서 돌아오니 그 무리들이 모두 항복하였다.

9 애초에, 아사나사이가 구자왕 백가려포실필(白訶黎布失畢)을 포로로 잡고서 그의 동생을 세워서 왕으로 삼았다.79) 당의 군사들이 돌아오고 나자 그들의 추장이 다투어 서고, 다시 서로 공격하였다. 가을, 8월 임오일(16일)에 조서를 내려서 다시 백가려포실필을 구자왕으로 삼고서 보내어 그 나라로 돌아가게 하며 그 무리들을 위무하게 하였다.

10 9월 경자일(4일)에 고간(高侃)이 거비 가한을 붙잡아가지고 경사에

---

77) 토번의 32대 왕인 기종농찬(棄宗弄瓚)은 아흔네 살에 죽었고, 그의 손자인 망송망찬(芒松芒瓚)이 33대 왕이 된 것이다.

78) 15대 가한인 아사나곡발(阿史那斛勃)이다.

79) 이 일은 태종 정관 22년(648년) 윤12월의 일에 있었다.

도착하여서 그를 풀어주고 좌무위(左武衛) 장군으로 삼고, 그 남은 무리들을 울독군산(鬱督軍山, 몽골 항해산)에 두고, 낭산(狼山, 치소는 몽골 오열개성)도독부를 두어 이를 통솔하게 하였다. 고간을 위(衛) 장군으로 삼았다.

이에 돌굴은 모두 봉토 안에 있는 신하가 되니, 선우(單于, 내몽골 허린걸)와 한해(瀚海, 몽골 합이화림) 두 도호부를 설치하였다. 선우도호부는 낭산·운중(雲中, 내몽골 음산이북)·상건(桑乾, 내몽골 혼선달극사지) 세 도독(都督)과 소농(蘇農) 등 14개 주를 관장하게 하였다. 한해도호부는 한해·금휘(金徽, 몽골, 溫都爾汗市의 북쪽)·신려(新黎, 몽골 烏蘭固木城) 등 일곱 개의 도독과 선악(仙萼, 몽골 額爾登特城) 등 여덟 주를 관장하게 하였다. 각기 그들의 추장을 자사와 도독으로 삼았다.

11 계해일(27일)에 황상이 나아가서 사냥을 하였는데, 비를 만나자 간의대부인 창락(昌樂, 하남성 남락현) 사람 곡나률(谷那律)에게 물었다.
"유의(油衣)80)는 어떻게 하면 새지 않겠는가?"
대답하였다.
"기와로 이것을 만들면 반드시 새지 않을 것입니다."
황상은 기뻐하였고, 이 때문에 수렵을 중지하였다.

12 이적이 굳게 직책에서 풀어 줄 것을 청구하였는데, 겨울, 10월 무진일(3일)에 이적을 좌복야에서 해직시키고 개부의동삼사·동중서문하삼품으로 있게 하였다.

13 기미일81)에 감찰어사인 양무(陽武, 하남성 원양현) 사람 위사겸(韋思謙)

---

80) 비옷을 말한다. 적곡자(炙轂子)는 오직 견유(絹油)으로 만든 것과 모유(帽油)는 진(陳) 시기에 처음으로 있었다고 하였다.

81) 10월에는 기미일이 없다. ≪신당서(新唐書)≫에 의하면 이 기사는 11월에 있었다고

이 중서령 저수량이 억지로 중서성의 통역하는 사람의 땅을 매입하였다고 탄핵하는 상주문을 올렸다. 대리소경(大理少卿) 장예책(張叡冊)은 가격에 맞추었으므로 죄가 없다고 생각하였다.

위사겸이 주문에서 말하였다.

"가격을 만들어둔 것은 국가가 필요로 하는 것에 대비한 것이며, 신하가 교역(交易)을 하면서 어찌 매겨둔 가격으로 정할 수 있습니까? 장예책이 글을 가지고 장난질하여 아랫사람에게 붙고 윗사람을 속이니 그 죄는 사형에 해당합니다."

이날로 저수량을 동주(同州, 섬서성 대협현) 자사로 좌천시키고, 장예책은 순주(循州, 광동성 혜주시) 자사로 삼았다. 위사겸의 이름은 인약(仁約)이었으나 자(字)를 주로 통용하였다.

14 12월 경오일(5일)에 재주(梓州, 사천성 삼태현)도독 사만세(謝萬歲)와 연주(兗州, 산동성 연주시)도독 사법흥(謝法興)이 검주(黔州, 사천성 창수현)도독 이맹상(李孟嘗)과 더불어 염주(琰州, 귀주성 관령현)에서 반란을 일으킨 요족(獠族)을 토벌하였다. 사만세와 사법흥이 굴82)로 들어가서 불러들여 위로하다가 요족에게 피살되었다.

고종 영휘 2년(辛亥, 651년)

1 봄, 정월 을사일(11일)에 황문시랑 우문절(宇文節)과 중서시랑 유석(柳奭)을 나란히 동중서문하삼품(同中書門下三品)으로 하였다. 유석은 유형(柳亨)83)의 조카이고 왕황후의 외삼촌이다.

―――――――――

되어 있는데, 11월 기미일은 24일이다. 그러므로 기미 앞에 11월이 누락 된 것으로 보아야 할 것이다.

82) 요족들이 산에 만들어 놓은 거주지이다.

2 좌교위(左驍衛) 장군·요지(瑤池, 신강성 부강시) 도독인 아사나하로(阿史那賀魯)가 흩어진 사람들을 불러 모으니 여장(廬帳)84)이 점차로 번성하였다. 태종이 붕어(崩御)하였다는 소식을 듣고 서주(西州, 신강성 투루판시 동쪽)와 정주(庭州, 신강성 길목살이현) 두 주를 습격하여 빼앗고자 모의하였다.

정주 자사 낙홍의(駱弘義)가 그가 모의하고 있는 것을 알고 표문으로 이를 말하였는데, 황상이 통사사인(通事舍人) 교보명(橋寶明)을 파견하여 말을 달려가서 위무하게 하였다. 교보명이 아사나하로에게 유세하여 맏아들인 아사나절운(阿史那至運)85)으로 하여금 들어와서 숙위(宿衛)하게 하고 우교위중랑장을 수여하였는데, 곧 다시 돌려보냈다.

아사나절운은 마침내 그 아버지를 설득시켜서 무리를 데리고 서쪽으로 달아나서 을비사궤(乙毗射匱) 가한86)을 쳐서 깨뜨리고 그 무리를 합쳤으며, 쌍하(雙河, 버얼타라강)와 천천(千泉, 중앙아시아 吉爾吉思산의 북쪽)에 아기(牙旗)87)를 세우고 스스로 사발라(沙鉢羅) 가한이라고 불렀다. 돌육(咄陸)의 다섯 철(啜)88)과 노실필(努失畢)의 다섯 기근(俟斤)이 모두 그

---

83) 유형은 서위의 상서좌복야의 손자이고 두연(竇延)의 집안 사위이며, 유형의 처는 바로 양양(襄陽)공주의 딸이다.

84) 북방민족들이 거주하는 빠오 같은 봉장(蓬帳)을 말하는데 인구 또는 가호를 헤아리는 단위이다.

85) 호삼성은 哒에 음주를 달면서 도결(徒結)의 번(翻)이라고 하였으므로 '덜'로 읽어야 하나 덜이란 발음을 일반 용어에서 사용하지 않으므로 '절'로 하였다.

86) 10대 대가한이다.

87) 대장의 깃발을 말한다. 즉 중앙정부를 뜻한다.

88) 호삼성은 啜을 보열(步劣)의 번(翻)이라고 하였으므로 이에 따라서 별로 읽어야 한다. 그러나 자치통감 권 195, 정관 12년 26번 에 大啜이 나오는데, 여기에서는 啜을 척(陟)열(劣)의 번(翻)이라고 하였으므로 철로 읽어야 한다. 이러한 음주는 그 후에도 계속되고 있는 바, 이를 보건대 이 부분의 호삼성 음주는 전사(轉寫)과정에서 척(陟)을 보(步)로 잘 못 쓴 것으로 보아야 한다.

에게 귀부하였고, 정예의 군사가 수십만 명이어서 비을돌육(乙毗咄陸) 가한89)과 군사를 연합하자 처월(處月, 신강성 신원현 경계)과 처밀(處密, 신강성 塔城시 경계) 그리고 서역(西域, 신강성과 중앙아시아)의 여러 나라들이 대부분 그에게 붙었다. 아사나절운을 막하돌(莫賀咄) 엽호(葉護)90)로 삼았다.

3 언기왕(焉耆王)91) 용파가리(龍婆伽利)가 죽으니 그 나라 사람들이 표문을 올려서 다시 옛날에 왕이었던 용돌기지(龍突騎支)92)를 세워달라고 청하였다. 여름, 4월에 조서를 내려서 용돌기지에게 우무위(右武衛) 장군을 덧붙여 주어 보내어 그 나라로 돌아가게 하였다.

4 금주(金州, 섬서성 안강시) 자사인 등왕(滕王) 이원영(李元嬰)93)은 교만하고 사치하며 멋대로 방종하여 양음(亮陰)94) 중에도 수렵을 하고 노는 것이 절도가 없었고, 자주 밤중에 성문을 열어 놓아서 백성들을 수고롭고 시끄럽게 하며, 혹 활을 당겨서 사람을 쏘고 혹 사람을 눈 속에 파묻으며 놀리고 웃었다.

  황상은 편지를 내려서 절실하게 그를 나무라고 또 말하였다.

  "적당한 것을 취하는 방법은 또한 여러 종류여야 하는데, 진(晉)의 영

---

89) 사발라(沙鉢羅) 가한은 11대 대가한이고, 돌육(咄陸)은 동부 방위구를 말하고, 철(啜)은 지휘관에 해당하는 직책이고, 노실필(努失畢)은 서부 방위구를 말하고, 기근(俟斤)은 사령관에 해당하는 직책이고, 비을돌육(乙毗咄陸) 가한은 8대 대가한이다.

90) 친왕에 해당하는 직위이다.

91) 신강성 언기현에 있었던 소왕국이다.

92) 용돌기지가 당에 잡힌 것은 태종 정관 18년(644년) 9월의 일이었다.

93) 현 황제인 고종의 숙부이다.

94) 상복을 입는 기간을 말한다. 이 기간에는 모든 것을 삼가도록 되어 있는데, 이원영은 자기의 형인 태종의 복상기간 중에도 잘못을 하였다는 것이다.

공(靈公)은 황당한 군주였으니 어찌 본받을 만하겠소?95) 짐은 왕이 아주 가까운 처지여서 왕을 법으로 처리하도록 보낼 수가 없어서 지금 왕에게   하(下)의 상(上)이라는 고적(考績)96)을 편지로 보내어 왕의 마음을 부끄럽게 하고자 하오."

이원영과 장왕(蔣王) 이운(李惲)은 모두 거두어 모으기를 좋아하였는데, 황상이 일찍이 여러 친왕들에게 각기 비단 500 단씩을 주면서 오직 이 두 왕에게만은 이르게 하지 아니하며 칙령을 내려서 말하였다.

"등숙(滕叔)과 장형(蔣兄)97)은 스스로 능히 처리할 수 있을 것이니 하사하는 물품이 필요하지 않겠지요. 마(麻) 두 수레를 보내니 돈을 꿰는 것으로 삼으시오.98)"

두 왕은 크게 부끄러워하였다.

5   가을, 7월에 서돌궐의 사발라(沙鉢羅) 가한99)이 정주(庭州, 신강성 지무사리현)를 노략질하여 금령성(金嶺城, 신강성 선선현 서북쪽)과 포류현(蒲類縣, 신강성 기태현 동남쪽)을 공격하여 함락시키고 수천 명을 죽이고 잡아갔다. 좌무후(左武侯) 대장군 양건방(梁建方)과 우교위(右驍衛) 대장군 글필하력(契苾何力)에게 조서를 내려서 궁월도(弓月道) 행군총관으로 삼고, 우교위(右驍衛) 장군 고덕일(高德逸)과 우무후(右武侯) 장군 설고(薛孤) · 오

---

95) 좌전에 기록된 이야기이다. 춘추시대의 진 영공은 대(臺) 위에서 사람을 활로 쏘면서 그들이 화살을 피하는 것을 보았다.

96) 고과성적을 매기는데 상중하와 그 속에서 다시 상중하로 매기는 것이다. 여기서는 하의 상이니까 9등급 가운데 7등급으로 낮은 고적인 것이다.

97) 등숙(滕叔)과 장형(蔣兄)은 각기 이원영과 이운을 가리키는 말이다. 이원영은 등왕이며, 고종에게는 삼촌이어서 등숙이라 한 것이고, 이운은 장왕이며 고종에게는 형이기 때문에 장형이라고 부른 것이다.

98) 돈을 꾸러미로 만들려면 끈으로 꿰어야 하는데, 이것은 마로 꼬게 되어 있다. 그래서 마를 보낸 것이다.

99) 돌궐의 11대 가한이다.

인(吳仁)을 부관(副官)으로 삼아서 진주(秦州, 감숙성 천수시)·성주(成州, 감숙성 예현 남쪽)·기주(岐州, 섬서성 봉익현)·옹주(雍州)의 부병(府兵) 3만 명과 회흘(回紇, 몽골 북부)의 5만의 기병을 발동하여 이들을 토벌하였다.

6 계사일(2일)에 여러 예관학사(禮官學士)들에게 조서를 내려서 명당(明堂) 제도를 논의하게 하여 고조(高祖)를 오천제(五天帝)100)에 배향하게 하였다. 태종은 오제인(五人帝)101)에 배향하였다.

7 8월 기사일(8일)에 우지녕(于志寧)을 좌복야로 삼고, 장행성(張行成)을 우복야로 삼으며, 고계보(高季輔)를 시중으로 삼았는데, 우지녕과 장행성은 여전히 동중서문하삼품이었다.

8 기묘일(18일)에 낭주(郎州, 운남성 곡정시) 백수(白水, 운남성 부원현)의 만족들이 반란을 일으켜서 마주(麻州, 운남성 선위시)를 노략질하니, 좌령군장군 조효조(趙孝祖) 등을 파견하여 군사를 발동하여 이를 토벌하였다.

9 9월 계사일(3일)에 옥화궁(玉華宮)을 폐쇄하여 불교사원으로 만들었다. 무술일(8일)에 구성궁(九成宮)의 이름을 바꾸어 만년궁(萬年宮)으로 하였다.

---

100) 위서(緯書)에서 말한 것인데, 하늘에는 5방으로 제(帝)가 있다는 것이다. 동방창제(東方蒼帝), 남방적제(南方赤帝), 중앙황제(中央黃帝), 서방백제(西方白帝), 북방흑제(北方黑帝)이다.

101) 땅에 있었던 인간이었던 오제(五帝)를 말한다. 동방제(東方帝) 태호(太皡) 복희씨(伏羲氏), 서방제(西方帝) 소호(少皡) 금천씨(金天氏), 남방제(南方帝) 염제(炎帝) 신농씨(神農氏), 북방제(北方帝) 전욱(顓頊) 고양씨(高陽氏), 중앙제(中央帝) 황제(黃帝) 유웅씨(有熊氏)이다.

10 경술일(20일)에 좌무후(左武候) 장군부의 인가(引駕)102)인 노문조(盧文操)가 담장을 넘어서 좌장(左藏, 부고)의 물건을 도적질하였는데, 황상은 인가라는 직책은 규찰(糾察)하고 체포하는 것인데 마침내 스스로 도적질을 하였기 때문에 그를 주살하라고 명령하였다.

간의대부 소균(蕭鈞)이 간언하였다.

"노문조가 한 정실(情實)은 용서하기 어렵습지만 그러나 법으로 보면 사형에 이르지는 않습니다."

황상은 마침내 조문조의 사형을 면제시키고, 시중드는 신하들을 돌아보면서 말하였다.

"이 사람이 진정한 간의대부요."

11 윤달(윤9월)에 장손무기 등이 산정(刪定)한 율령식(律令式)103)을 올리니 갑술일(14일)에 조서를 내려서 이를 사방에 반포하였다.

12 황상이 재상에게 말하였다.

"듣건대, 관사(官司)가 있는 곳에서 일을 처리하는데 오히려 서로 안면(顔面)을 보기 때문에 대부분이 아주 공정을 다하지 않는다고 하오."

장손무기가 대답하였다.

"이러한 일이 어찌 감히 없다고 말씀드리겠습니까? 그러나 정리(情理)를 방자하게 하여 법을 구부리는 것은 실제로 또한 감히 하지 않습니다. 작고 작게 인정(人情)으로 봐주는 일까지는 아마도 폐하께서도 면할 수 없는 일일 것입니다."

---

102) 경비원이다. 좌우무후군은 경사의 치안과 순찰업무를 담당하고 있는데 마치 수도경찰청과 같은 부서이다. 여기에는 인가장삼위(引駕仗三衛) 60명, 인가차비(引駕伏飛) 66명이 있다.

103) 이를 영휘령(永徽令)이라고 한다. 이것으로 정관 11년(637년)에 반포된 정관령(貞觀令)을 대체한 것이다.

장손무기는 큰 외삼촌으로서 정치를 보필하니 무릇 말한 바가 있으면 황상은 즐겨 받아들이지 않는 일이 없었다.

13 겨울, 11월 신유일(2일)에 황상은 남교(南郊)에서 제사를 지냈다.

14 계유일(14일)에 조서를 내렸다.

"지금부터 경관(京官)과 외주(外州)에서 사냥매와 개와 말을 바치는 사람이 있으면 그에게 죄를 주도록 하라."

15 무인일(19일)에 특랑(特浪) 강(羌)족의 추장인 동실봉구(董悉奉求)와 피혜(辟惠) 강(羌)족[104]의 추장인 복첨막(卜檐莫)이 각기 종족 부락 1만여 호를 인솔하고 무주(茂州, 사천성 무현)에 들어와서 속으로 귀부하였다.

16 두주(竇州, 광동성 신의시 남쪽)와 의주(義州, 광서성 잠계시) 만족의 추장인 이보성(李寶誠) 등이 배반하니, 계주(桂州, 치소는 광서성 계림시)도독 유백영(劉伯英)이 이들을 토벌하여 평정하였다.

17 낭주도(郞州道, 운남성 곡정시)총관 조효조(趙孝祖)가 백수(白水, 운남성 부원현)의 만족(蠻族)을 토벌하니 만족의 추장인 독마포(禿磨蒲)와 검미우(儉彌于)가 무리를 인솔하고 험한 곳을 점거하고 막으며 싸웠는데, 조효조가 이들을 모두 쳐서 목을 베었다.

마침 큰 눈이 와서 만족들이 주리고 얼어서 사망하니 대략 다 없어졌다. 조효조가 상주문을 올려서 말하였다.

"정관(貞觀) 연간에 곤주(昆州, 운남성 곤명시)의 오만(烏蠻)족을 토벌하

---

104) 특랑과 피혜 부락은 모두 사천성 문천현의 동남산악의 강족인데, 당 조정에서 이 두 지구에 봉래주 등 32개의 기미주를 설치하고 무주에 예속시켰다.

여 처음으로 청령(靑蛉, 운남성 대요현)과 농동(弄棟, 운남성 요안현)을 열어서 주현(州縣)을 만들었습니다. 농동의 서쪽에는 소발농(小勃弄, 운남성 미도현 북쪽)과 대발농(大勃弄, 운남성 미도현)이라는 두 개의 하천이 있는데, 항상 농동을 선동하고 유인하여 그들로 하여금 반란하게 하였습니다.

그래서 발농(勃弄, 운남성 미도현)의 서쪽은 황과(黃瓜, 운남성 대리시 남쪽)·섭유(葉楡, 운남성 대리시 동북쪽)·서이하(西洱河, 이해)와 이어져 있어서 사람들이 많고 물산이 풍부하여 촉천(蜀川, 사천성)보다 많지만 대추장이 없었고 원수를 맺고 원망하기를 좋아하니, 지금 백수(白水, 운남성 부원현)의 군사를 격파한 것을 이용하여 바라건대 편리한대로 서쪽을 토벌하여 그들을 어루만져서 편하게 하십시오."

칙령으로 그것을 허락하였다.

18 12월 임자일(24일)에 처월(處月, 신강성 신원현 경계)의 주야고주(朱邪孤注)가 초위사(招慰使) 선도혜(單道惠)를 죽이고 돌굴의 아사나하로(阿史那賀魯)105)와 서로 연결하였다.

19 이 해에 백제(百濟)에서 사신을 파견하여 들어와서 공물을 바치니 황상이 그에게 훈계하여 시켰다.

"신라·고려와 서로 공격하지 말 것이다.106) 그렇지 않으면 내가 장차 군사를 발동하여 너희를 토벌할 것이다."

---

105) 11대 대가한인 사발라 가한이다.

106) 백제가 신라를 공격한 것은 태종 정관 22년(648년) 9월의 일이다. ≪삼국사기≫의 자왕 11년(651년)조에는 이 보다 자세한 기록이 있다.

방유애의 반란 사건

고종 영휘 3년(壬子, 652년)

1　봄, 정월 초하루 기미일에 토욕혼(吐谷渾)·신라·고려·백제가 나란
히 사신을 파견하여 공물을 바쳤다.

2　계해일(5일)에 양건방(梁建方)과 글필하력(契苾何力) 등이 처월(處月)
의 주야고주(朱邪孤注)를 뇌산(牢山, 신강성 길목살이현)에서 대파하였다.
주야고주가 밤에 숨으니 양건방이 부총관 고덕일(高德逸)로 하여금 경무
장을 한 기병으로 하여금 그를 추격하게 하였는데, 500여 리를 가서 주
야고주를 산 채로 잡았으며 참수한 것이 9천여 급이었다.

　군사들이 돌아오니 어사는 양건방의 병력이 충분히 뒤좇아 가서 토벌
할 수 있었지만 머뭇거리고 나아가지 않았고, 고덕일은 칙령으로 말을
샀는데, 스스로 좋은 것을 가졌다고 탄핵하는 상주문을 올렸다. 황상은
양건방 등은 공로를 세웠으므로 풀어주고 묻지 않았다.

대리경 이도유(李道裕)가 상주하였다.

　"고덕일이 빼앗은 말은 근력(筋力)이 보통보다 특이하니, 바라건대 중
구(中廏)107)에 채우도록 하십시오."

　황상이 시중드는 신하에게 말하였다.

"이도유는 법관인데 말을 올리는 것은 그의 본직이 아니니, 망령되게 나의 의도에 맞추려고 하는 것이다. 어찌 짐이 한 일108)이 신하들에게 믿는 바가 되지 못하였는가? 짐은 바야흐로 스스로 허물한다. 그러므로 다시 이도유를 쫓아내지 말라."

3 기사일(11일)에 동주(同州, 섬서성 대협현) 자사 저수량을 이부상서 · 동중서문하삼품으로 삼았다.

4 병자일(18일)에 황상은 태묘(太廟)109)에서 제사를 지냈다. 정해일 (29일)에 선농(先農)110)에게 제사를 지내고 몸소 적전(藉田)에서 밭을 갈았다.

5 2월 갑인일(27일)에 황상은 안복문(安福門)111)의 문루에 나가서 백희 (百戱)112)를 관람하였다. 을묘일(28일)에 황상이 시중드는 신하들에게 말하였다.
  "어제 문루에 올라간 것은 사람의 정리와 풍속이 사치한지 검소한지를 보고자 한 것이지 소리와 음악이 아니었다. 짐은 듣건대, 호인(胡人)들이 격국(擊鞠) 놀이113)를 잘하였는데 일찍이 한 번 이것을 보았었다.

---

107) 황실의 마구간이다.

108) 탄핵하는 주문이 올라온 것을 불문에 부치도록 처리한 것에 대하여서 이도유가 다시 이의를 제기한 것이므로 신하들이 황제의 조치를 믿지 못한 것이라고 해석한 것이다.

109) 조상을 모시는 사당이다.

110) 농사신인 신농씨를 말한다.

111) 장안의 황성 서면의 북쪽에 있는 첫 번째 문루이다.

112) 여러 가지 놀이를 말한다.

113) 격국은 국(鞠)을 차는 놀이이다. 국이란 가죽으로 만들었는데, 안에다가 부드러운 물

어제 처음에 문루에 올라가니, 바로 여러 호인들이 격국을 하였는데 속으로 짐이 그것을 아주 좋아하는 것으로 생각하였을 것이다. 제왕이 하는 일이 어찌 의당 쉽겠는가? 짐은 이미 이 국(鞠)을 태워버려서 호인들이 살피고 바라는 마음을 막고 역시 이어서 경계하려고 생각하였다.”

6 3월 신사일(24일)에 우문절(宇文節)을 시중으로 삼고, 유석(柳奭)을 중서령(中書令)으로 하며, 병부시랑인 삼원(三原, 섬서성 삼원현 동북쪽) 사람 한원(韓瑗)을 수황문시랑(守黃門侍郎)[114]·동중서문하삼품으로 하였다.

7 여름, 4월에 조효조(趙孝祖)가 서남의 만족을 대파하고 소발농의 추장인 몰성(歿盛)을 목 베고 대발농의 추장인 양승전(楊承顚)을 사로잡았다. 나머지 사람들은 모두 모여서 험한 곳에 주둔하였는데, 큰 것은 무리가 수만 명이 있었고, 작은 것은 수천 명이었지만, 조효조가 모두 이들을 깨뜨려서 항복시키니, 서남의 만족들은 드디어 평정되었다.

8 갑오일(7일)에 예주(澧州, 호남성 예현) 자사인 팽사왕(彭思王) 이원칙(李元則)[115]이 죽었다.

9 6월 무신일(22일)에 병부상서 최돈례(崔敦禮) 등을 파견하여 병주(幷州, 산서성 태원시)와 분주(汾州, 산서성 분양시)의 보병과 기병 1만여 명을

건을 넣은 것이다.

114) 현직의 높은 직위를 가지고 낮은 직급의 업무를 임시로 관장할 때 이를 행직(行職)이라 하고, 낮은 직급으로 높은 직급의 업무를 임시로 처리할 때에 이를 수직(守職)이라고 한다. 모두 임시 조치이다.

115) 이원칙은 고종의 숙부로 팽왕이었는데, 죽은 후에 시호를 사왕으로 하였다.

거느리고 무주(茂州, 몽골 서남부)로 가게 하였다. 설연타의 나머지 무리를 발동하여 하(河, 황하)를 건너서 거련주(祁連州, 산서성 대동시 북쪽)를 설치하고 그들을 안치하였다.

10 가을, 7월 정사일(2일)에 진왕(陳王) 이충(李忠)을 세워서 황태자로 삼고 천하를 사면하였다. 왕황후에게는 아들이 없었는데 유석(柳奭)이 황후를 위하여 모의하기를 이충의 어머니는 미천한 출신이어서 황후에게 이충을 세워서 태자로 삼으라고 권고하며 그가 자기에게 가까이하도록 기도하였다. 밖으로는 장손무기 등에 넌지시 일러서 황상에게 청하게 하였다. 황상이 이를 좋은 것이다.

을축일(10일)에 우지녕으로 태자소사(太子少師)를 겸하게 하였고, 장행성(張行成)은 소부(少傅)를 겸하게 하였으며, 고계보(高季輔)는 소보(少保)를 겸하게 하였다.

11 정축일(22일)에 황상이 호부상서[116] 고이행(高履行)에게 물었다.
  "지난해에 증가한 호수(戶數)가 얼마요?"
고이행이 상주하였다.
  "지난해에 증가한 호수는 15만입니다."
이에서 수(隋) 시절과 오늘날의 현재 호수를 물으니, 고이행이 상주하였다.
  "수 개황(開皇) 연간 중에는 호수가 870만이었고, 바로 지금의 호수는 380만입니다.[117]"
고이행은 고사렴(高士廉)의 아들이다.

---

116) 호부상서는 민부상서인데 태종의 휘자인 민을 피하기 위하여 민을 호로 바꾼 것이다.
117) 여기서 수 시절의 호구란 수 문제 인수 4년(604년)의 통계이다.

12 9월에 수(守)중서시랑 내제(來濟)를 동(同)중서문하삼품으로 삼았다.

13 겨울, 11월 경인일118)에 홍화장공주(弘化長公主)119)가 토욕혼(吐谷渾, 청해성)에서부터 와서 조현하였다.

14 계사일120)에 복왕(濮王) 이태(李泰)가 균주(均州, 호북성 단강구시 서북쪽)에서 죽었다.121)

15 산기상시 방유애(房遺愛)가 태종의 딸인 고양(高陽)공주를 모시고 살았는데,122) 공주는 교만하고 방자함이 심하였는데, 방현령이 죽자 공주는 방유애를 교사하여 형 방유직(房遺直)과 재산을 달리하게 하고, 이미 그렇게 하고서 도리어 방유직을 참소하였다. 방유직이 스스로 말을 하니 태종이 깊이 공주를 나무랐고 이로 말미암아서 총애하는 것이 줄었고 공주는 화를 내며 기뻐하지 않았다.
   마침 어사가 절도 사건을 조사하다가 부도(浮屠, 승려) 변기(辯機)의

---

118) 통감필법으로 이 기사는 11월로 보아야 하나 11월 1일이 갑인일이므로 11월 중에는 경인일이 없다. 다음기사로 보아 만약에 11이 12의 잘못이라면 이날은 12월 7일이다.

119) 전한 시대에 장공주는 반드시 황제의 책봉을 거쳐야 했으며 반드시 황제의 자매는 아니었다. 한왕조 이후에 황제의 딸을 공주라고 불렀고, 황제의 자매는 장공주라고 하였으며 황제의 고모는 대장공주라고 하였다. 홍화공주는 당 태종 때에 종실의 딸인데 공주로 하여 정관 13년(639년) 12월에 토욕혼의 모용락갈발에게 시집갔고, 그 15년 만에 장안에 온 것이다.

120) 통감필법으로 이 기사는 11월로 보아야 하나 11월에는 계사일이 없다. ≪신당서(新唐書)≫에 의거하면 복왕이 죽은 것은 12월이므로 이날은 12월 10일이고, 따라서 앞의 11은 12의 잘못으로 보아야 한다.

121) 이때에 이태의 나이는 서른다섯 살이었다.

122) 공주와 결혼할 때에는 상(尙)이라고 표현하여 일반적으로 결혼을 취(娶)라고 하는 것과는 다르다.

보침(寶枕)123)을 찾아냈는데, 말하기를 공주가 내려준 것이라고 하였다. 공주와 변기가 사사로이 통정(通情)하고서 억(億)으로 계산할 재물을 남겨준 것이고, 다시 두 명의 여자로 방유애를 모시게 하였던 것이다. 태종은 화가 나서 변기를 요참(腰斬)하고 노비 10여 명을 죽였더니, 공주는 더욱 원망하였는데 태종이 죽자 슬픈 얼굴을 하지 않았다.

황상이 즉위하자 공주는 또 방유애로 하여금 방유직과 다시 서로 소송을 하게하니 방유애는 이에 연루되어 내보내져서 방주(房州, 호북성 방현) 자사가 되고, 방유직은 습주(隰州, 산서성 습현) 자사가 되었다. 또 부도(浮屠)인 지욱(智勗) 등 여러 명이 사사롭게 공주를 시중드니, 공주는 액정령 진현운(陳玄運)으로 하여금 궁성(宮省)의 기상(機祥)124)을 엿보게 하였다.

이보다 먼저 부마(駙馬)도위 설만철(薛萬徹)이 일에 걸려들어서 제명(除名)되고 녕주(寧州, 감숙성 녕현) 자사로 옮겨지자 들어와서 조현하면서 방유애와 더불어 가까이하면서 방유애를 마주하고 원망하는 말을 하고 또 말하였다.

"지금은 비록 발에 병이 났지만 경사에 앉아 있기만 하여도 쥐새끼 같은 무리들은 오히려 감히 움직이지 못할 것이오."

이어서 방유애와 더불어 모의하였다.

"만약에 국가[황제]에 변고가 있게 되면 마땅히 사도인 형왕(荊王) 이원경(李元景)을 받들어 주군으로 해야 하오."

이원경의 딸은 방유애의 동생인 방유칙에게 시집을 갔는데 이로 말미암아서 방유애와 왕래하게 되었다. 이원경이 일찍이 스스로 말하기를 꿈속에서 손으로 해와 달을 잡았다고 하였다.

---

123) 보석으로 만들어진 베개로 궁실에서 사용하는 것이었다.

124) 귀신이나 길흉에 관한 일이다.

부마도위 시령무(柴令武)는 시소(柴紹)의 아들인데, 파릉(巴陵) 공주125) 를 모시고 살면서, 위주(衛州, 하남성 위휘시) 자사로 임명되었고, 공주가 병이 나서 경사에 머무르며 의원을 찾아야 한다는 것을 의탁하고서 이 어서 방유애와 더불어 모의하여 서로 결탁하였다.

고양공주는 방유직을 쫓아내고 그의 봉작을 빼앗고자 모의하여 사람 을 시켜서 방유직이 자기에게 무례한 짓을 하였다고 무고하게 하였다. 방유직도 또 방유애와 공주의 죄를 말하였다.

"죄와 악한 짓이 꽉 차서 아마도 신의 개인 집안에 누가 될까 두렵습 니다."

황상은 장손무기로 하여금 그를 국문(鞫問)하게 하였는데, 다시 방유애 와 공주가 반란하려고 하였던 상황을 얻어내게 되었다.

사공·안주(安州, 호북성 안륙시)도독인 오왕(吳王) 이각(李恪)의 어머니 는 수(隋) 양제의 딸이었다. 이각은 문재와 무재를 가지고 있어서 태종 이 자기와 비슷하다고 항상 생각하여 세워서 태자로 삼으려고 하였는데, 장손무기가 굳게 간하여 중지하였다.126) 이로 말미암아서 장손무기와 서 로 미워하였다.

이각은 명망이 평소에 높아서 사람들의 마음이 향하게 되어 장손무기 는 이를 깊이 꺼려서 사건을 이용하여 이각을 주살하여 무리들의 희망 을 끊고자 하였다. 방유애가 이를 알고 이를 이어서 이각과 더불어 같이 모의하였다고 말하면서 흘간승기(紇干承基)처럼 죽음에서 면죄되기를 희 망하였다.127)

고종 영휘 4년(癸丑, 653년)

---

125) 시소는 고조의 딸인 평양공주를 모시고 살았으며, 파릉공주는 태종 이세민의 딸이다.
126) 이 일은 정관 17년(643년)에 있었고, ≪자치통감≫ 권197에 실려 있다.
127) 이 일은 정관 17년(643년)에 있었고, 그 내용은 ≪자치통감≫ 권197에 실려 있다.

무씨에게 빠진 고종 311

1 봄, 2월 갑신일(2일)에 조서를 내려서 방유애·설만철·시령무는 모두 참수하고, 이원경·이각·고양공주·파릉공주는 나란히 스스로 목숨을 끊게 하였다.

황상이 눈물을 흘리면서 시중을 드는 신하들에게 말하였다.

"형왕은 짐의 숙부이고 오왕은 짐의 형인데,[128] 그들의 죽음을 구걸하려고 하는데, 가능하겠소?"

병부상서 최돈례(崔敦禮)가 안 된다고 생각하여 마침내 그들을 죽였다.

설만철이 형벌을 받은 자리에서 큰소리로 말하였다.

"나 설만철은 일대의 건아(健兒)여서 남아서 국가를 위하여 죽을힘을 다 바쳐야 할 것인데, 어찌 좋지 않게 마침내 방유애의 사건에 연좌되어서 이를 죽여야 하겠는가?"

오왕 이각도 또 죽었는데, 욕을 하며 말하였다.

"장손무기가 위엄과 권력을 훔쳐서 훌륭하고 선한 사람을 얽어서 해치니, 종묘와 사직에 신령이 있다면 족멸을 당하는 것이 오래 남지 않았으리라."

을유일(3일)에 시중인 겸태자첨사 우문절(宇文節)과 특진·태상경인 강하왕(江夏王) 이도종(李道宗)과 좌교위(左驍衛) 대장군인 부마도위 집실사력(執失思力)이 나란히 방유애와 왕래하여 연락하였다는 것에 연좌되어 영표(嶺表)[129]로 유배되었다.

우문절과 방유애는 친하게 잘 지냈는데 방유애가 옥에 갇히자 우문절은 자못 그를 도왔다. 강하왕 이도종은 평소에 장손무기와 저수량과 협력하지 않았으니, 그러므로 모두 죄를 받은 것이다.

무자일(6일)에 이각의 친동생인 촉왕(蜀王) 이음(李愔)을 폐위하여 서

---

128) 형왕이란 고조 이연의 아들인 이원경이며, 오왕이란 태종 이세민의 아들인 이각이다. 그러므로 각기 고종 이치에게는 숙부이고, 형인 것이다.

129) 남령의 이남을 말한다.

인으로 삼아 파주(巴州, 사천성 파중시)에 두게 하였고, 방유직은 벼슬이 깎여 춘주(春州, 광동성 양춘시)의 동릉(銅陵, 양춘시 북쪽)현위(縣尉)가 되고, 설만철의 동생인 설만비는 교주(交州, 베트남 하노이)로 유배되었다. 방현령의 배향(配享)은 철폐되었다.

무씨의 등장과 황후의 교체

2 개부의동삼사 이적(李勣)이 사공이 되었다.

3 애초에, 임읍왕(林邑王, 베트남 중부) 범두리(范頭利)가 죽고 그의 아들인 범진룡(范眞龍)이 섰는데, 대신 가독(伽獨)이 그를 시해(弑害)하고 범씨를 모두 죽였다. 가독이 스스로 섰으나 그 나라 사람들이 좇지 않아서 마침내 범두리의 사위인 파라문(婆羅門)을 세워서 왕으로 삼았다.

그 나라 사람들이 모두 범씨를 생각하여 다시 파라문을 쫓아내고 범두리의 딸을 세워서 왕으로 하였다. 딸이 나라를 다스릴 수는 없었는데, 제갈지(諸葛地)라는 사람이 있었으며 범두리의 고모의 아들로 그 아버지는 범두리에게 죽어서 남쪽으로 가서 진랍(眞臘)130)으로 달아났었다.

대신 가륜옹정(可倫翁定)이 사신을 파견하여 그를 맞이하여 세우고 여왕을 처로 맞게 하니, 무리들이 그런 다음에야 안정되었다.131) 여름, 4월 무자일(7일)에 사자를 파견하여 들어와서 공물을 바쳤다.

4 가을, 9월 임술일(13일)에 우복야인 북평정공(北平定公)132) 장행성(張

---

130) 고대 왕국으로 지금의 간포채(柬埔寨) 국이다.

131) 범씨 정권은 318년 만에 망하였다.

行成)이 죽었다. 갑술일(25일)에 저수량을 우복야로 삼고 동중서문하삼
품은 옛날 그대로 두고 여전히 선발 업무를 관장하였다.[133]

5 겨울, 10월 경자일(22일)에 황상이 여산(驪山)의 온천탕에 행차하였
고, 을사일(27일)에 궁궐로 돌아왔다.

6 애초에, 목주(睦州, 절강성 순안현) 여자인 진석진(陳碩眞)은 요사스러운
말로 무리들을 현혹시키면서 매부(妹夫) 장숙윤(章叔胤)과 더불어 군사를
일으켜서 반란하여 스스로 문가(文佳)황제라고 하고, 장숙윤을 복야로 삼
았다.

  갑자일[134] 밤에 장숙윤이 무리를 인솔하고 동려(桐廬, 절강성 동려현)를
공격하여 이를 함락시켰다. 진석진은 종을 치고 향불을 사르면서 병사 2
천 명을 이끌고 목주와 어잠(於潛, 절강성 인안시 서쪽 어잠진)을 공격하여
함락시키고 나아가서 흡주(歙州, 안휘성 흡현)를 공격하였으나 이기지 못하
였는데, 양주(揚州, 강소성 양주시) 자사 방인유(房仁裕)에게 칙령을 내려서
군사를 발동하여 그를 토벌하게 하였다.

  진석진은 그의 무리인 동문보(童文寶)를 파견하여 4천 명을 거느리고
무주(婺州, 절강성 금화시)를 노략질하게 하니, 자사 최의현(崔義玄)이 군사
를 발동하여 이를 막았다. 백성들 사이에서는 진석진이 신령함을 가져서
그의 군대를 범접하는 사람은 반드시 멸족된다는 유언비어가 돌아서 군
사와 무리들은 흉흉하고 두려워하였다.

  사공참군 최현적(崔玄籍)이 말하였다.

---

132) 장행성은 북평공인데 죽은 후에 시호를 정공으로 하였다.

133) 관직명은 지선사(知選事)이다.

134) 10월 1일이 기묘일이므로 10월에는 갑자일이 없다. ≪구당서(舊唐書)≫와 ≪신당서
    (新唐書)≫에 의거하여 보면 이 사건은 무신일(30일)에 일어났다.

"군사를 일으키면서 순리에 의지하여도 오히려 성공하지 못하는데, 하물며 요망한 것을 의지하다니 그것이 오래 갈 수 있겠는가?"

최의현은 최현적을 선봉으로 삼고 스스로 주의 군사를 거느리고 그 뒤를 이어서 하회(下淮)에 있는 수(戍, 절강성 부양시의 서남)자리에 도착하여 도적을 만나서 서로 싸웠다. 좌우에서 방패로 최의현을 막으니 최의현이 말하였다.

"자사가 화살을 피하면 사람들 가운데 누가 죽으려 하겠는가?"
그것을 치우라고 명령하였다.

이에 사졸들이 일제히 분발하니 도적의 무리들이 크게 무너지고 참수한 것이 수천 급이었다. 그 나머지 무리들이 돌아와 자수하는 것을 들어주었다. 전진하여 목주의 경계에 도착하니 항복하는 사람이 만(萬)을 헤아리었다. 11월 경술일(2일)에 방인유의 군사가 합쳐져서 진석진과 장숙윤을 붙잡아 그를 목 베니 나머지 무리들이 모두 평정되었다. 최의현은 공로로 어사대부에 임명되었다.

7 계축일(5일)에 병부상서 최돈례를 시중으로 삼았다.

8 12월 경자일(23일)에 시중인 조헌공(蓚憲公)135) 고계보(高季輔)가 죽었다.

9 이 해에 서돌궐의 을비류(乙毗咄陸) 가한136)이 죽고 그의 아들인 아사나힐필달도(阿史那頡苾達度) 설(設)이 진주엽호(眞珠葉護)라 부르자 비로소 사발라(沙鉢羅) 가한과 틈이 생겼으며, 다섯 명의 노실필(弩失畢)137)과 함

---

135) 고계보의 작위는 조공이었는데, 죽자 시호를 헌공으로 한 것이다.

136) 8대 가한인 아사나욕곡이다.

137) 설(設)은 장군에 해당하는 돌궐 관직이고, 엽호는 친왕에 해당하는 돌궐 관직이고,

께 사발라를 공격하여 그를 깨뜨리고 목을 벤 것이 1천여 급이었다.

고종 영휘 5년(甲寅, 654년)

1 봄, 정월 임술일(15일)에 강(羌)족의 추장인 동취(凍就)가 속으로 귀부하자 그 땅에 검주(劍州)138)를 설치하였다.

2 3월 무오일(12일)에 황상이 만년궁(萬年宮)에 행차하였다.

3 경신일(14일)에 무덕(武德) 연간의 공신인 굴돌통(屈突通)139) 등 13명에게 관직을 추가로 올려 주었다.

애초에, 왕황후에게는 아들이 없어서 소숙비(蕭淑妃)가 총애를 받는데 왕황후가 이를 질투하였다. 황상이 태자가 되어서 태종에게 들어가서 시중을 들다가 재인(才人)인 무씨(武氏)140)를 보고 그녀를 좋아하였다. 태종이 붕어(崩御)하자 무씨는 무리들을 좇아서 감업사(感業寺)에서 비구니(比丘尼)가 되었다.

기일(忌日)141)에 황상이 절[감업사]에 가서 예불을 하였는데, 그녀를 보게 되었고 무씨가 눈물을 흘리니 황상도 역시 눈물을 흘렸다. 왕황후가 이 소식을 듣고 몰래 무씨로 하여금 머리카락을 기르게 하고 황상에

사발라(沙鉢羅) 가한은 11대 가한인 아사나하로이고, 노실필(弩失畢)은 부락장에 해당하는 직위이다.

138) 강족이 내부적으로 귀부하였다는 것은 형식적으로 중국에 예속한다는 외교적인 조치라고 할 수 있다. 따라서 설치한 검주도 기미주(羈縻州)인 것이다. 위치는 사천성 아패현의 동남쪽이다.

139) 굴돌통은 당의 개국공신으로 장공(蔣公)이었다.

140) 이름은 무조(武照)이고, 재인은 후비 가운데 16급이며, 나중에 측천무후가 되는 사람이다. 무조가 입궁한 것은 정관 11년(637년) 11월이었다.

141) 부모가 죽은 날을 말한다. 이날에 제사를 지낸다.

게 그녀를 후궁으로 받아들이도록 권고하였는데, 숙비에 대한 총애를 갈라놓고자 한 것이었다.

무씨는 기교와 지혜가 있고 권모술수를 많이 가지고 있어서 처음으로 궁궐에 들어와서는 자신을 낮추는 말과 몸을 굽히며 황후를 섬겼다. 황후는 그를 아껴서 자주 황상에게 그녀가 아름답다고 칭찬하였다. 얼마 되지 않아서 크게 총애를 받아서 소의(昭儀)142)에 임명되었고, 황후와 숙비에 대한 총애는 점차로 쇠퇴하였는데, 다시 서로 함께 그녀를 참소하였으나, 황상이 모두 받아들이지 않았다.

소의는 그의 아버지에게 관작을 추증하고 싶었으나 명목이 없었는데, 그러므로 공신을 포상하는 일에 의탁하여 무사확(武士彠)143)의 이름이 들어가게 하였다.

4 을축일(19일)에 황상이 봉천탕(鳳泉湯, 섬서성 미현)에 행차하였다가 을사일(23일)에 만년궁(萬年宮)으로 돌아왔다.

5 여름, 4월에 대식(大食, 아랍제국)에서 군사를 발동하여 파사(波斯, 이란 고원)를 공격하여 파사왕(波斯王) 이사후(伊嗣侯)를 죽이니, 이사후의 아들인 비로사(卑路斯)가 토화라(吐火羅, 아프가니스탄의 하나바드)로 도망하였다. 대식의 병사가 물러나자 토화라에서 군사를 일으켜서 비로사를 세워 파사왕으로 삼고 돌아갔다.

6 윤월(윤5월) 병자일(2일)에 처월부에 금만주(金滿洲, 羈縻州)를 두었다.

---

142) 후궁으로 5급이며 정2품에 해당한다. 이때에 무조는 스물일곱 살이고, 고종은 서른세 살이었다.

143) 무소의의 아버지이다. 다른 판본에는 '편증굴돌통등(偏贈屈突通等)' 이라는 말이 들어간 것도 있는 것으로 보아 굴돌통에게 추증하는 기회를 이용하여 무사확은 추증된 것으로 보인다.

7 정축일(3일) 밤중에 큰 비가 내려서 산에서 내려오는 물이 불어 넘쳐서 현무문을 치니 숙위하는 병사들이 흩어져 달아났다. 우령군낭장(右領軍郎將) 설인귀(薛仁貴)가 말하였다.

"어찌 숙위하는 병사가 천자께서 급한 상황을 만났는데, 감히 죽음을 두려워하는가?"

마침내 문의 가로지른 나무 위에 올라가서 큰 소리를 치면서 궁궐 안에다 경고하였다. 황상은 급히 나와서 높은 곳으로 올라갔는데 잠깐 사이에 물이 침전(寢殿)으로 들어갔고, 물에 빠진 위사와 인유(麟遊, 섬서성 인유현 서쪽)의 사람들 가운데 죽은 사람이 3천여 명이었다.

8 임진일(18일)에 신라의 여왕인 김진덕(金眞德)이 죽으니 조서를 내려서 그의 동생인 김춘추(金春秋)를 신라왕으로 삼았다.144)

9 6월 병오일(2일)에 항주(恒州, 하북성 정정현)에 홍수가 나서 호타하(呼沱河)가 넘치니 표류(漂流)하고 물에 빠진 것이 5천300집이었다.

10 중서령 유석(柳奭)이 왕황후에 대한 총애가 쇠퇴하자145) 속으로 스스로 편안하지가 아니하여 정사(政事)에서 해제시켜 달라고 청하였다. 계해일(19일)에 파직시켜서 이부상서로 하였다.

11 가을, 7월 정유일(24일)에 거가가 경사에 도착하였다.

---

144) 김진덕은 신라의 28대 진덕여왕이고, 김춘추는 신라의 29대 태종무열왕이다. ≪삼국사기≫에는 진덕여왕 8년(654년) 3월에 진덕여왕이 죽은 것으로 기록되어 있다. 김춘추에게 당에서 책명을 보낸 것은 5월로 되어 있다.

145) 유석의 생질녀가 왕황후이다.

12 무술일(25일)에 황상은 5품 이상에게 말하였다.

"종전에 먼저 돌아가신 황제의 좌우에 있었는데, 5품 이상의 관리가 사건을 논의하는 것을 보니 혹 장하(杖下)146)에서 얼굴을 마주하고 진술하였으며, 혹 물러나서는 봉사(封事)147)를 올려서 하루 종일 끊어지지 아니하였다. 어찌하여 오늘날에는 홀로 아무 일도 없다는 말이오? 어찌하여 공들은 모두 말을 아니 하오?"

13 겨울, 10월에 옹주(雍州, 경기) 사람 4만1천 명을 고용하여148) 장안의 외곽(外郭)을 쌓았는데, 30일 만에 끝냈다. 계축일(11일)에 옹주참군 설경선(薛景宣)이 봉사(封事)를 올려서 말하였다.

"한(漢)의 혜제(惠帝)는 장안에 성을 쌓고서 얼마 안 있다가 안가(晏駕)149)하였는데, 지금 다시 성을 쌓으니 반드시 큰 허물이 있을 것입니다."

우지녕 등이 설경선의 말은 불순(不順)한 것이라고 하면서 그를 죽이라고 청하였다. 황상이 말하였다.

"설경선이 비록 미치고 망령되었지만 만약에 봉사를 올린 것 때문에 죄를 얻게 된다면 아마도 언로가 끊어질 것이오."

드디어 그를 사면하였다.

14 고려에서 그들의 장수인 안고(安固)를 파견하여 고려와 말갈(靺鞨,

---

146) 당 제도에서는 조회를 할 때에 항상 위사들이 모두 무기를 들고 서 있었고, 그 아래에 재집(宰執)이나 간관이 일을 상주하였다. 그러므로 장하라고 한 것이다.

147) 군주가 직접 뜯어보도록 내용을 봉하여 올리는 상주문이다.

148) 이때에 동원되는 사람에게는 일정한 임금을 지급한 것이다. 따라서 먹을 것까지 싸가지고 가야하는 징발과는 다르다.

149) 전한 2대 황제인 유영(劉盈)을 말하며 이 사건은 한 혜제 3년(기원전 190년) 정월에 있었고 그 내용은 《자치통감》 권12에 실려 있으며, 안가란 황제가 죽은 것을 말한다.

흑룡강 하류)의 군사를 거느리고 거란(契丹, 요하 상류)을 쳤다. 송막(松漠,
몽골 巴林右旗)도독 이굴가(李窟哥)가 이를 막고, 고려를 신성(新城, 요녕
성 무순시)에게 대패시켰다.150)

15 이 해에 크게 풍년이 들어서 낙주(洛州)의 속미(粟米)가 한 말에 2
전(錢) 반이었고 갱미(秔米)151)는 한 말에 11전이었다.

16 왕황후와 소숙비는 무소의와 다시 서로 참소하니, 황상은 황후와 숙
비의 말을 믿지 않고 오직 소의의 말만 믿었다. 황후는 황상의 좌우에
있는 사람들을 굽히며 잘 다스릴 수가 없었고, 어머니인 위국(魏國)부인
유씨와 외삼촌인 중서령 유석(柳奭)은 들어와 6궁(宮)을 보고서도 또한
예의를 차리지 않았다.

   무소의는 황후가 공경하지 않는 사람을 살펴보고 반드시 마음을 기울
여서 서로 관계를 맺었으며 얻은 상을 나누어서 그들에게 주었다. 이로
말미암아서 황후와 숙비의 움직임은 소의가 이를 알고서 모두 황상에게
보고하였다.

   황후는 비록 총애를 받는 것이 쇠퇴하여도 그러나 황상은 아직 폐위
시킬 생각을 가지고 있지 않았다. 마침 소의가 딸을 낳았는데, 황후가
어여삐 여기고 그를 데리고 놀았고, 황후가 나가자 소의는 그를 몰래 눌
러서 죽이고 이불로 덮어 두었다. 황상이 오자 소의는 겉으로 환영하며
웃다가 이불을 들쳐가지고 보니 딸은 이미 죽었고, 바로 놀라서 울었다.

   좌우에 있는 사람들에게 물으니 좌우에서 모두 말하였다.

   "황후가 바로 이곳에 왔었습니다."

---

150) 이 내용은 ≪삼국사기≫ 권 22, 고구려 보장왕 13년조에 있다. 이 내용을 고구려 입
    장에서 기술하였다.

151) 속미(粟米)는 도정하지 않은 쌀이고, 갱미(秔米)는 멥쌀이다.

황상이 크게 화가 나서 말하였다.

"황후가 내 딸을 죽였구나!"

소의는 이어서 눈물을 흘리면서 그의 죄를 헤아렸다.

황후는 스스로 밝힐 수가 없으니 황상은 이로 말미암아서 폐위시키고 새로 세울 뜻을 갖게 되었다. 또 대신들이 좇지 않을까 두려워하여 마침내 소의와 더불어 태위 장손무기의 집에 행차하여 즐기며 술을 마시고 아주 잘 놀고서 그 자리에서 장손무기가 총애하는 여인의 아들 세 사람에게 모두 벼슬을 주어 조산대부(朝散大夫)로 삼고, 이어서 금과 보배와 비단 10여 수레를 실어다가 장손무기에게 내려주었다.

황상은 이어서 조용히 황후에게는 아들이 없음을 장손무기에게 넌지시 말하였더니 장손무기는 다른 말로 대꾸하였고, 끝내 뜻에 따르지 않으니 황상과 소의는 모두 기뻐하지 않으면서 자리를 끝냈다. 소의는 또 어머니 양(楊)씨로 하여금 장손무기의 집에 가서 여러 번 기원하고 청하였지만 장손무기는 끝내 허락하지 않았다. 예부상서 허종경이 역시 자주 장손무기에게 권고하였으나 장손무기는 성난 기색으로 이를 꺾어버렸다.

고종 영휘 6년(乙卯, 655년)

1 봄, 정월 초하루 임신일에 황상이 소릉(昭陵)152)을 배알하고, 갑술일(3일)에 궁궐로 돌아왔다.

2 기축일(18일)에 수주도(舊州道, 사천성)행군총관 조계숙(曹繼叔)이 호총(胡叢)·현양(顯養)·차로(車魯) 등의 만족(蠻族)을 사산(斜山, 사천성 회

---

152) 고종의 아버지인 태종 이세민의 능이다. 이때에 고종 이치는 스물여덟 살이었다.

리현 서쪽)에서 격파하고 10여 개의 성을 뽑았다.

3 경인일(19일)에 황제의 아들인 이홍(李弘)을 세워서 대왕(代王)으로
삼고, 이현(李賢)을 노왕(潞王)으로 삼았다.

4 고려는 백제와 말갈의 군사와 연합하여 신라의 북쪽 경계를 침입하
여 33개의 성을 빼앗았다. 신라왕 김춘추는 사신을 파견하여 도와주기
를 청구하였다. 2월 을축일(25일)에 영주(營州)도독 정명진과 좌위(左衛)
중랑장 소정방(蘇定方)을 파견하여 군사를 발동하여 고려를 쳤다.153)

5 여름, 5월 임오일(14일)에 정명진 등이 요수(遼水)를 건너니 고려에
는 그 군사가 적은 것을 보고, 문을 열고 귀단수(貴端水, 무순시의 서북쪽)
를 건너서 맞아 싸웠는데, 정명진(程名振)이 분발하여 쳐서 그들을 대파
하고 죽이고 붙잡은 사람이 1천여 명이었고 그들의 외곽과 촌락을 불태
우고 돌아왔다.

6 계미일(14일)에 우둔위(右屯衛)대장군 정지절(程知節)을 총산도(葱山
道)행군대총관으로 삼고서 서돌궐의 사발라(沙鉢羅) 가한154)을 토벌하게
하였다.

7 임진일(23일)에 한원(韓瑗)을 시중으로 삼고 내제(來濟)를 중서령으로
삼았다.

---

153) 이 내용은 ≪삼국사기≫ 권5, 태종무열왕 2년조에 기록되어 있는데, 소정방의 관직
    을 좌우위(左右衛)중랑장으로 하여 우(右)자가 더 들어갔다.

154) 11대 가한인 아사나하로이다.

8   6월에 무소의는 왕후(王后)와 그의 어머니인 위국부인 유씨(柳氏)가 염승(厭勝)155)하였다고 무고하니 황후의 어머니인 유씨는 궁궐에 들어올 수 없게 하라는 칙령을 내렸다. 가을, 7월 무인일(10일)에 이부상서 유석(柳奭)156)을 깎아 내려서 수주(遂州, 사천성 수녕시) 자사로 삼았다.

유석은 떠나서 부풍(扶風)에 도착하였는데, 기주(岐州, 섬서성 봉상현)장사(長史) 우승소(于承素)가 뜻에 영합하여 유석이 금중(禁中)에서 있었던 말을 누설하였다고 상주문을 올리자 다시 깎여서 영주(榮州, 사천성 영현) 자사가 되었다.

당은 수(隋)의 제도를 이어받아서 후궁에는 귀비(貴妃)·숙비(淑妃)·덕비(德妃)·현비(賢妃) 등이 있었는데 모두 1품으로 보았다. 황상은 특히 신비(宸妃)를 두어 무소의로 이것을 삼고자 하니, 한원과 내제가 간하면서, 고사에는 그러한 것이 없었다고 하여 마침내 이를 중지하였다.

중서사인인 요양(饒陽, 하북성 요양현) 사람 이의부(李義府)는 장손무기가 싫어하는 사람이어서 벽주(壁州, 사천성 통강현)사마로 좌천되었다. 칙령이 아직 문하성에 이르지 않았는데, 이의부가 이를 비밀리에 알고 중서사인인 유주(幽州) 사람 왕덕검(王德儉)에게 계책을 물었더니, 왕덕검이 말하였다.

"황상께서 무소의를 황후로 삼고자 하지만 오히려 미루면서 결단을 내리지 못하는 것은 바로 재신(宰臣)들이 다른 논의를 할까 두려워하는 것 뿐입니다. 그대는 계책을 세워서 이를 수립한다면 화가 변하여 복이 될 것이오."

이의부가 그러할 것으로 여겼다.

---

155) 厭자는 어엽(於葉)의 번, 혹은 일염(一琰)의 번이라고 호삼성은 말하고 있으므로 이를 엽승 또는 염승으로 읽을 수 있다. 이는 고대의 미신으로 저주하는 것을 통하여 이길 수 있도록 하는 비방을 말한다.

156) 왕황후의 외삼촌이다.

이날 왕덕검을 대신하여 숙직을 하였는데, 합문(閤門)에서 머리를 조아리고 표문을 올려서 '황후 왕씨를 폐위시키고 무소의를 세워서 억조나 되는 백성들의 마음을 만족시켜 주기'를 청하였다. 황상은 즐거워하여 불러서 보고 더불어 말을 하고서 구슬 1말을 주고 옛날 직책에 그대로 머물러 있게 하였다.

소의는 또 비밀리에 사자를 파견하여 그를 위로하고 격려하고 잠시 후에 뛰어넘어서 중서시랑으로 벼슬을 주었다. 이에 위위경(衛尉卿) 허종경·어사대부 최의현(崔義玄)·중승(中丞) 원공유(袁公瑜)는 모두 몰래 무소의에게 마음을 깔아 놓았다.

9 을유일(17일)에 시중 최돈례(崔敦禮)를 중서령으로 삼았다.

10 8월 상약봉어(常藥奉御) 장효장(蔣孝璋)을 원외(員外)157)로 특별히 두었는데, 이로부터 정원(正員)과 같이 보게 하였다.

11 장안(長安) 현령 배행검(裴行儉)이 장차 무소의를 세워서 황후로 삼는다는 소식을 듣고, 국가의 화(禍)는 반드시 여기에서부터 시작된다고 하여 장손무기·저수량과 더불어 사사롭게 그 일을 논의하였다.

원공유가 이를 듣고 소의의 어머니인 양(楊)씨에게 알려 배행검을 서주(西州)도독부 장사로 좌천시켰다. 배행검은 배인기(裴仁基)158)의 아들이다.

12 9월 무진일(1일)에 허종경을 예부상서로 삼았다.

---

157) 원외는 정원 외의 관직을 말한다.

158) 배인기는 수의 장수로 이밀에게 귀부하였다가 왕세충에게 죽었는데, 이 일은 당 고조 무덕 2년(619년) 5월의 일이다.

황상이 하루는 조회를 물리고 장손무기·이적·우지녕·저수량을 불러서 내전으로 들어오게 하였다. 저수량이 말하였다.

"오늘 부른 것은 대부분 중궁을 위한 것인데 황상의 뜻이 이미 결정되었으니 이를 거역하면 반드시 죽을 것이오. 태위는 큰 외삼촌이시고 사공은 공신이시니 황상으로 하여금 외삼촌과 공신을 죽였다는 이름을 갖게 해서는 안 됩니다.

저 저수량은 초모(草茅)159)에서 일어나서 땀 흘리는 말 같은 수고를 함이 없이 지위가 여기에 이르게 되었으며 또한 돌아보아 달라는 부탁을 받았으니 죽음으로써 이를 다투지 않는다면 어찌 지하에 내려가서 먼저 돌아가신 황제를 뵙겠습니까?"

이적은 몸에 병이 났다고 하면서 들어가지 않았다. 장손무기 등이 내전에 도착하니, 황상이 장손무기를 돌아보고 말하였다.

"황후에게는 아들이 없고 무소의에게는 아들이 있는데, 지금 소의를 세워서 황후로 삼고자 하는데, 어떠하오?"

저수량이 대답하였다.

"황후는 명망 있는 집안의 사람이고, 먼저 돌아가신 황제께서 폐하를 위하여 아내로 맞게 하였습니다. 먼저 돌아가신 황제께서 붕어하면서 폐하의 손을 잡고 신에게 말씀하시기를, '짐의 예쁜 아들과 예쁜 며느리를 지금 경에게 부탁하노라.' 라고 하셨습니다. 이는 폐하께서도 들으신 것으로 말씀이 오히려 귀에 쟁쟁합니다.

황후께서는 아직 허물을 지었다는 말씀을 듣지 못하였는데 어찌하여 가벼이 폐위시킬 수 있습니까? 신은 감히 폐하에게 굽혀 좇아서 위로 먼저 돌아가신 황제의 명령을 어기지 않겠습니다."

황상이 기뻐하지 않고서 중지하였다.

---

159) 풀로 지은 집에서 살았다는 말로 귀족이 아니라는 의미이다.

다음날 또 이것을 말하니, 저수량이 말하였다.

"폐하께서 반드시 황후를 바꾸시려고 하신다면 엎드려 바라건대 천하에 빛나는 족속 가운데서 묘하게 택하여야지 어찌 반드시 무씨입니까? 무씨가 먼저 돌아가신 황제를 섬겼다는 것을 무리들이 모두 아는 것이니 천하의 귀와 눈을 어떻게 가릴 수 있습니까?

만대(萬代)가 지난 다음에160) 폐하를 어떻다고 하겠습니까? 바라건대, 머물러 세 번 생각하십시오. 신은 지금 폐하의 뜻을 거슬렀으니, 죄는 사형에 해당합니다."

이어서 홀(笏)161)을 전각의 계단에 놓고 수건을 풀어놓고 머리를 조아려서 피를 흘리며 말하였다.

"폐하께 홀을 돌려 드리오니 빌건대 내쫓아 시골로 돌아가게 하여 주십시오."

황상은 크게 화가 나서 끌어내라고 하였다.

소의가 발을 친 속에서 큰 소리로 말하였다.

"어찌하여 이 요족(獠族)162)을 박살(撲殺)내지 않습니까?"

장손무기가 말하였다.

"저수량은 먼저 조정의 고명(顧命)163)을 받았는데, 죄가 있더라도 형벌을 줄 수가 없습니다."

우지녕은 감히 말하지 아니하였다.

---

160) 황제 혹은 윗사람에게 죽는다는 말을 사용하지 않고 먼 훗날이라는 의미의 단어를 사용하는데, 이 경우도 같다.

161) 홀판은 관직을 가진 사람이 증표로 가지고 다니는 것이다.

162) 저수량의 선조는 원래 하남성 양적현 사람이다. 그런데 진(晉) 초기에 강남으로 이주하였으므로 그 집안은 강남에서 3세기를 살았다. 그리하여 이때에 남방 사람들을 깎아서 말할 때 요족이라고 하였는데, 무씨가 저수량을 깎아서 표현한 것이다.

163) 원래는 ≪상서(尚書)≫의 편명이다. 여기에서 황제가 임종 시에 명령하는 뜻으로 사용한다.

한원은 틈을 이용하여 사건을 상주하면서 눈물을 흘리며 지극하게 간언을 하였으나 황상은 받아들이지 않았다. 다음날 또 간언을 하다가 슬픔을 스스로 이기지 못하자 황상은 끌어내라고 명령하였다.

한원이 또 상소문을 올려서 간언하였다.

"필부(匹夫)와 필부(匹婦)도 오히려 서로 선택을 하는데 하물며 천자인 경우에야! 황후는 어머니로서 만국(萬國)의 모범이 되어서 선악(善惡)은 이로부터 말미암는 것이니, 그러므로 모모(嫫母)164)는 황제(黃帝)를 보좌하였고, 달기(妲己)165)는 은왕(殷王)을 기울여 엎어버렸으니 ≪시경(詩經)≫166)에서는 말하기를, '빛나고 빛나는 으뜸 되는 주(周)는 포사(褒姒)가 이를 멸망시켰다.'고 하였습니다. 전에 있었던 옛일을 볼 적마다 항상 탄식함이 일어났는데, 오늘날 성스러운 시대를 더럽힐 것으로 생각하지 아니하였습니다.

하는 것이 모범을 보이지 않는다면 뒤를 잇는 사람이 무엇을 보겠습니까? 바라건대, 폐하께서 이를 자세히 살피시어 뒷사람들의 웃음거리가 되지 말게 하십시오.

신들로 하여금 나라를 이롭게 하는 일이 있게 하기도 하지만 젓 담가지는 죽임도 신의 몫입니다! 옛날에 오왕(吳王)은 오자서(伍子胥)의 말을 채용하지 않아서 미록(麋鹿)이 고소(姑蘇, 소주)에서 거닐게 되었습니다. 신은 아마도 해내에서는 희망을 잃고 가시덤불은 궁궐의 뜰에서 자라며 종묘(宗廟)에서는 혈식(血食)167)을 받지 못하는 일이 기한을 정해 놓게 될 날이 있을까 두렵습니다."

---

164) 황제(黃帝)의 비(妃)이다. 사람은 비록 못생겨도 품덕이 좋아서 황제가 그녀를 총애하였고, 황제를 보좌하였다.

165) 은 주(紂)의 왕비로 사람은 비록 미인이었으나 마음이 나빠서 은을 망쳤다.

166) ≪시경(詩經)≫ <소아> 정월 편에 나오는 말이다.

167) 희생을 갖춘 제사를 말한다.

내제(來濟)가 표문을 올려서 간하였다.

"제왕 된 사람은 황후를 세우는데 위로 건곤을 본받는 것이어서 반드시 예로 교육받은 명문 집안에서 그윽하고 고요하며 맑고 깨끗한 사람을 택하여 사해(四海)의 사람들의 바람에 부응하여야 신기(神祇)의 뜻에 맞습니다.

이러한 연고로 주(周)의 문왕(文王)은 배를 만들어 태사(太姒)를 영접하자 <관저(關雎)>168)에 나타난 교화를 일으켜 백성들이 복을 입었습니다. 효성황제169)는 멋대로 바라는 대로 하여 비녀(婢女)를 황후로 하였다가 황통을 망하여 끊어지게 하고 사직이 기울어지게 하였습니다. 주(周)의 융성이 이미 저와 같고 위대한 한(漢)의 화(禍)가 또 이와 같은데 오직 폐하께서 자세히 살피십시오."

황상이 모두 받아들이지 않았다.

다른 날 이적이 들어가 알현하니, 황상이 이에 관하여 물었다.

"짐이 무소의를 황후로 세우고자 하는데 저수량이 고집하며 안 된다고 하였소. 저수량은 이미 고명대신인데 일은 마땅히 중지해야 하오?"

대답하였다.

"이는 폐하의 집안일인데 어찌하여 반드시 다시 밖의 사람에게 물으십니까?"

황상은 드디어 뜻을 결정하였다.

허종경이 조회에서 선언하였다.

"농사를 짓는 영감도 대부분 10곡(斛)의 곡식을 거두게 될 정도면 오히려 지어미를 바꾸고자 하는데, 하물며 천자가 황후를 세우고자 함에 어찌 여러 사람에게 일을 맡겨서 망령되게 다른 의견이 일어나게 할 것

---

168) 시경의 편명이다.

169) 전한 시대의 12대 황제로 조비연을 황후로 맞이한 일을 말한다.

인가?"

소의는 좌우에 있는 사람들로 하여금 보고하게 하였다. 경오일(3일)에
저수량을 담주(潭州, 호남성 장사시) 도독으로 깎아내렸다. ✳

資治通鑑

자치통감 권200

당(唐)시대 16(655~662년)

무후의 등장과 동서로의 정벌

황후와 태자를 바꾼 고종

고종(高宗) 영휘(永徽) 6년(乙卯, 655년)

1 겨울, 10월 기유일(13일)에 조서를 내려서 말하였다.

"왕황후와 소숙비는 짐독(鴆毒)[1]을 시행하려고 모의하였으니 폐위시켜서 서인(庶人)으로 삼고, 어머니와 형제들은 나란히 제명(除名)하여 영남(嶺南)으로 유배시키라."

허종경이 주문을 올렸다.

"옛날에 특진(特進)이었고 증사공(贈司空)인 왕인우(王仁祐)의 고신첩(告身帖)[2]이 여전히 남아 있으니, 역란을 일으킨 후손들로 하여금 오히려 음직(蔭職)을 얻을 수 있게 하는 것입니다. 나란히 제명하여 삭제하기를 청합니다."

이를 좇았다.

을묘일(19일)에 백관들이 표문을 올려서 중궁을 세우자고 청하니, 마침내 조서를 내려서 말하였다.

---

1) 짐새에서 나오는 독으로 독성이 강하여 이것을 먹으면 죽는다.

2) 왕인우는 왕황후의 아버지이고, 고신첩은 관리의 이름을 적은 임명장에 해당하는 문서이다. 음직은 5품 이상 관원의 자제 가운데 성년이 되면 자동으로 관직을 주는 제도이며, 제왕이 고급 관료들의 충성을 받아내려는 제도이고, 이에 관한 일을 정관 2년(628년)에 있었다.

"무(武)씨의 가문은 저명하고 공훈도 쓸 만하며 출신은 화려하고 과거에 재주와 품행으로 뽑혀서 후궁에 들어와서 칭찬이 초위(椒闈, 황족)에 거듭났고, 덕은 난액(蘭掖, 후궁)에서 빛났다. 짐이 저이(儲貳)3)에 있으면서 먼저 돌아가신 분4)의 은혜를 특별히 입어서 항상 모시고 따를 수 있었고, 아침저녁으로 떨어지지 아니하였는데, 궁궐 안에서 항상 스스로 몸소 조심하여 빈장(嬪嬙)들 사이에서 아직 일찍이 눈에 거스르는 일이 없게 하였더니, 성스러운 마음으로 모든 것을 살펴보시고 드디어 무씨를 짐에게 내려 주셨는데, 일은 왕정군(王政君)5)과 같으니 세워서 황후로 삼을 수 있다."

정사일(21일)에 천하를 사면하였다. 이날 황후가 표문을 올려서 말하였다.

"폐하께서 전에 첩을 신비(宸妃)로 삼으시려고 하자, 한원과 내제가 면전에서 꺾으며 다투었으니,6) 이렇게 하는 것은 이미 일로 보아 아주 어려운 것이었는데, 어찌 깊은 마음으로 나라를 위하지 아니하였겠습니까? 빌건대 포상을 더하여 주십시오."

황상이 한원 등에게 표문을 보여주니 한원 등이 두루 걱정하고 두려워하여 여러 번 사직하겠다고 청하였으나, 황상은 허락하지 않았다.

11월 초하루 정묘일에 임헌(臨軒)하여 사공 이적에게 명령하여 새수(璽綬)7)를 싸가지고 황후인 무씨를 책봉하게 하였다. 이날로 백관들은

---

3) 제왕의 후계자 즉 2인자(二人者)를 말한다.

4) 고종의 아버지인 태종 이세민을 말한다.

5) 이에 관한 일은 한 선제 감로 3년(기원전 51년)에 있었고, 그 내용은 ≪자치통감≫ 권27에 실려 있다.

6) 이 일은 영휘 5년(654년)에 있었고, 그 내용은 ≪자치통감≫ 권199에 실려 있다.

7) 임헌은 헌(軒)에 간다는 말로, 황제가 정좌(正座)에 나아가지 않고 전각(殿閣)의 앞에 있는 평대(平臺)에 직접 나가는 것을 말하고, 새는 도장이고 수는 도장에 달린 끈을 말한다.

숙의문(肅義門)에서 황후에게 조현(朝見)하였다.

옛날의 황후인 왕씨와 옛날의 숙비인 소씨는 나란히 별원(別院)에 갇혔으며, 황상은 일찍이 그들을 생각하여 사이 길로 그들이 있는 곳으로 이르러서는 그 집이 봉쇄되어 폐쇄되어 아주 비밀스러웠는데, 오직 벽에 난 구멍으로 식기(食器)만이 통하게 되어 있는 것을 보고 그들을 측은하게 생각하고 마음 아파서 불렀다.

"황후와 숙비는 어디 있는가?"

왕씨가 눈물을 흘리며 대답하였다.

"첩 등은 죄를 지어서 궁궐의 비녀(婢女)가 되었는데, 어찌 다시 높은 칭호를 가질 수 있겠습니까?"

또 말하였다.

"지존(至尊)[8]께서 만약에 과거를 생각하신다면 첩들로 하여금 다시 해와 달을 보게 하시며, 빌건대 이 원(院)을 이름 붙여서 회심원(回心院)으로 삼아 주십시오."

황상이 말하였다.

"짐이 바로 조치하겠다."

무후(武后)가 이 소식을 듣고 크게 화가 나서 사람을 파견하여 왕씨와 소씨에게 각기 곤장 100대를 치게 하고, 손과 발을 잘라서 술 항아리 속에 집어넣고 말하였다.

"두 할멈으로 하여금 뼈까지 술에 취하게 하라."

며칠이 지나서 죽었는데, 또 그를 목 베었다.

왕씨는 처음에 칙령을 선포된다는 소식을 듣고 두 번 절하고 말하였다.

"바라건대, 대가(大家)[9]께서 만세를 사시고, 소의께서는 은혜를 입으시

---

8) 지극히 높은 분이라는 말로 황제를 가리킨다.

며, 죽는 것은 스스로 나의 몫입니다."

숙비는 욕을 하여 말하였다.

"아무(阿武)10)가 요사하고 교활하여 마침내 이 지경에 이르렀소. 바라건대, 다른 세상에서는 내가 고양이가 되고 아무는 쥐가 되게 하여 주셔서 생생토록 그의 목구멍을 잡게 하소서."

이로부터 궁중에서는 고양이를 기르지 않았다.

조금 있다가 또 왕씨의 성을 고쳐서 망(蟒)씨로 하였고, 소씨를 효(梟)씨라고 하였다.11) 무후는 왕씨와 소씨가 수(祟)12)가 된 것을 자주 보았는데, 머리를 풀어 헤치고 피를 묻히고 있는 것이 마치 죽을 때의 모습과 같았다. 뒤에 봉래궁(蓬萊宮)으로 옮겼으나 다시 이를 보았다. 그러므로 대부분 낙양에 있었고 죽을 때까지 장안으로 돌아오지 않았다.

기사일(3일)에 허종경이 상주문을 올렸다.

"영휘(永徽) 연간이 시작되면서 국가의 근본13)이 아직 태어나지 아니하여 임시로 혜성(彗星)을 끌어다가 뛰어넘어 밝은 두 개에 오르게 하였습니다.14) 근자에 원비께서 탄신하셨으니 정윤(正胤)이 강신(降神)한 것이며, 두 개의 빛이 날로 융성하니 횃불 같은 빛은 의당 꺼져야 합니다.15)

---

9) 큰 분이라는 뜻으로 역시 황제를 지칭한다.

10) 아(阿)는 일종의 애칭이다. 성이나 이름 앞에 아를 넣어 부른다. 그러므로 여기서는 무조를 말한다.

11) 망(蟒)은 이무기, 또는 왕뱀을 말하고 효(梟)는 올빼미를 말한다. 이 두 글자의 발음이 모두 왕과 소에 가깝다.

12) 빌미를 말한다. 예컨대 귀신이 화를 입히는 것이다. 흔히 죽은 사람이 귀신이 되어 나타나서 화를 가져오는 것이 이것이다.

13) 국가란 황제를 지칭하는 것이고 근본이란 적자(嫡子)를 말한다.

14) 고종 영휘 3년(652년) 7월에 진왕 이충을 황태자로 삼은 것을 말한다. 밝은 두 개란 해와 달 즉 정통의 태자를 말하는 것이다. 이는 ≪주역≫ 이괘(離卦)의 대상(大象)에 나오는 말로, '두 개를 밝혀 이(離)를 만드는데, 대인은 명(明)을 계승하여 사방을 비춘다.'고 되어 있다.

어찌하여 줄기와 가지가 거꾸로 심겨서 오랫동안 천정(天庭)에서 자리를 바꾸게 할 수 있겠으며, 의상을 거꾸로 입어서 진위(震位)16)에서 방향을 어기게 하겠습니까? 또 아버지와 아들의 관계는 다른 사람이 말하기 어려운 것이어서 일이 혹 비늘을 범접하게 되면 반드시 엄격한 법을 목에 걸게 될 것17)이어서 솥에서 기름에 끓여지게 되어도 신은 달게 받겠습니다."

황상이 불러서 보고 그 뜻을 물었더니, 대답하였다.

"황태자는 나라의 근본인데, 근본이 오히려 아직 올바르지 아니하니, 만국(萬國)에서는 마음을 둘 곳이 없습니다. 또 동궁에 있는 사람은 출신이 본래 미천(微賤)하니18) 지금 국가가 이미 올바른 적자(嫡子)를 가진 것을 알게 된다면 반드시 스스로 불안할 것입니다. 자리를 훔쳐가져도 스스로 의심을 품게 될 것이어서 종묘의 복이 아닐까 두려우니, 바라건대, 폐하께서 이에 대하여 깊이 계책을 세우십시오."

황상이 말하였다.

"이충(李忠)은 이미 스스로 양보하였다."

대답하였다.

"태백(太伯)19)이 될 수 있을 것이니, 바라건대, 속히 그것을 좇으십시오."

2   서돌궐의 아사나힐필달도(阿史那頡苾達度) 설(設)20)이 자주 사자를 파

---

15) 근본이 태어났다는 것은 무후가 아들을 낳은 것을 말하며, 지금 태자인 이충은 횃불에 해당하고 무후가 낳은 이홍(李弘)은 해와 달에 해당한다는 말이다.

16) 진은 맏아들을 말하는데 종묘와 사직을 지킴으로써 제주(祭主)가 되는 것이다.

17) 용의 목에 있는 비늘에 부딪치면 죽는 것을 의미하는 말이다.

18) 이충의 어머니는 평민 출신이었다.

19) 주 고공단보의 맏아들로 나라를 계력에게 양보하고 주나라의 태백이 되었다. 여기서는 이충이 태자를 양보하였으므로, 주의 태백처럼 훌륭한 명성을 얻게 된다는 말이다.

20) 설은 돌궐의 관직으로 장군에 해당하는 직위이며, 이 사람은 2년 전에 진주친왕이 되

견하여 군사를 요청하며 사발라(沙鉢羅) 가한21)을 토벌하게 해달라고 하였다. 갑술일(8일)에 풍주(豊州)도독 원례신(元禮臣)을 파견하여 아사나힐필달도 설을 가한으로 책봉하여 벼슬을 주었다.

원례신이 쇄엽성(碎葉城, 중앙아시아 토크마크성)에 도착하니 사발라가 군사를 발동하여 이를 막아서 나아갈 수가 없었다. 아사나힐필달도 설의 부락은 대부분 사발라에게 병탄되었고 나머지 무리들은 적고 약하여 여러 성(姓)을 가진 사람들이 귀부하지 아니하여 원례신은 끝내 책봉하여 벼슬을 주지 못하고 돌아왔다.

3 중서시랑 이의부(李義府)가 참지정사(參知政事)가 되었다. 이의부는 용모가 온화하고 공손하며 다른 사람과 말하면서 반드시 즐겁게 기쁘게 미소 지었으나 교활하고 음험하며 투기하고 각박하니, 그러므로 당시의 사람들은 이의부의 미소 속에는 칼이 들어 있다고 생각하였다. 또 그의 부드러움으로 다른 사람을 해치니 그를 이묘(李貓)22)라고 하였다.

고종 현경 원년(丙辰, 656년)

1 봄, 정월 신미일(6일)에 황태자 이충을 양왕·양주(梁州, 섬서성 한중부)자사로 삼고, 황후의 아들인 대왕 이홍을 세워서 황태자로 삼았는데, 난 지 4년이었다. 이충이 이미 폐위되고 나자 그의 관속들은 모두 죄를 받을까 두려워하여 도망하여 숨고 감히 나타나려는 사람이 없었다. 우서자 이안인(李安仁)만이 홀로 이충을 모시다가 눈물을 흘리며 절을 하고

있다.

21) 11대 대가한이다.

22) 별명이다. 이는 이의부의 성이고, 묘는 고양이, 살쾡이라는 말이므로 이의부는 살쾡이 같은 사람이라는 뜻의 별명인 셈이다.

인사를 하고 떠났다. 이안인은 이강(李綱)23)의 손자이다.

2 임신일(7일)에 천하를 사면하고 기원(紀元)을 고쳤다.

3 2월 신해일(17일)에 무사확(武士彠)24)을 사도에 추증하고 작위를 하사하여 주국공으로 하였다.

4 3월에 탁지(度支)시랑 두정륜(杜正倫)을 황문시랑 · 동삼품(同三品)25)으로 삼았다.

5 여름, 4월 임자일(18일)에 구주(矩州, 귀주성 귀양시) 사람 사무령(謝無靈)이 군사를 일으켜서 반란하니, 검주(黔州, 사천성 팽수현) 도독 이자화(李子和)가 이를 토벌하여 평정하였다.

6 기미일(25일)에 황상이 시중드는 신하들에게 말하였다.

"짐이 사람을 기르는 도리를 생각하였으나 아직 그 요체를 얻지 못하였으니, 공(公) 등이 짐을 위하여 이를 진술하시오."

내제(來濟)가 대답하였다.

"옛날에 제(齊)의 환공(桓公)26)이 나아가서 노는데, 늙었는데 주리고 추위에 떠는 사람을 보자, 그에게 먹을 것을 내려 주도록 명령하였더니 노인이 말하기를, '바라건대, 온 나라의 굶은 사람에게 내려 주십시오.' 라

---

23) 이강은 수 · 당 시기에 절개가 있는 것으로 이름이 나 있었다. 이강이 죽은 것은 태종 정관 5년(631년) 6월이었다.

24) 무황후의 아버지이다.

25) 동중서문하삼품을 말한다. 이 해(656년)에 호부를 탁지로 고쳤다.

26) 춘추시대의 제나라 16대 군주이다.

고 하였습니다. 그에게 옷을 내려 주니 이르기를, '바라건대 온 나라의 추위에 떠는 사람에게 내려 주십시오.' 라고 하였습니다.

공이 말하기를, '과인(寡人)의 늠부(廩府)로 어찌 한 나라의 주리고 추위에 떠는 사람을 두루 두루 만족시킬 수 있겠소?' 하자, 노인이 말하였습니다. '임금이 농사지을 시기를 빼앗지 않으면 나라 안의 사람들은 모두 먹고 사는데 여유가 있을 것입니다. 누에 칠 때를 빼앗지 않으면 나라 안의 사람들은 입고 사는데 여유가 있을 것입니다.'

그러므로 임금이 사람을 양육하는 데는 요역에 동원하는 것을 줄이는 데 있을 뿐입니다. 지금 산동(山東)27)에서 부역에 나온 장정들은 매해에 수만 명이고, 이를 부리게 되면 사람들은 크게 수고하게 되고, 고용하는 비용을 내게 하면 사람들은 크게 비용이 들어갑니다. 신이 바라건대 폐하께서 공가(公家)에서 필요한 것 이외의 것을 헤아려서 나머지를 모두 면제시키십시오."

황상이 이를 좇았다.

7 6월 신해일(18일)에 예관(禮官)이 태조(太祖)와 세조(世祖)28)를 배향(配享)하여 제사 지내는 것을 중지하고, 고조(高祖)를 원구(圜丘)에서 호천(昊天)29)의 자리에 배향하고, 태종(太宗)을 명당(明堂)에서 오제(五帝)30)의 자리에 배향하라고 상주문을 올리니, 이를 좇았다.

---

27) 효산(崤山)을 중심으로 그 동쪽을 말한다.

28) 당 왕조의 태조는 고조 이연의 할아버지인 이호(李虎)이고, 세조는 고조 이연의 아버지인 이병(李昞)을 말한다.

29) 원구(圜丘)는 고대에 하늘에 제사를 지내는 제단을 원형으로 만들었는데, 그래서 이를 원구단이라고 한다. 호천(昊天)은 다섯 천제(天帝)를 말하는데, 다섯 색깔, 즉 청, 적, 백, 흑, 황색에 각기 배치하여 배향하는 다섯 하늘의 제왕을 말한다.

30) 명당(明堂)은 고대에 제왕이 정교(政敎)를 펼치는 곳이다. 조회, 제사, 경축, 시상, 인재 선발, 양노, 교육에 관한 의식을 거행하는 곳이고, 오제(五帝)는 동서남북, 중앙에 각기 배치하여 배향하는 다섯 인제(人帝)를 말한다.

8 가을, 7월 을축일(3일)에 서이(西洱, 운남성 이해 부근)의 만족(蠻族) 추장인 양동부(楊棟附)와 현화(顯和, 운남성 경내)의 만족 추장인 왕랑기(王郎祁)와 낭주(郎州, 운남성 곡정시)·곤주(昆州, 운남성 곤명시)·이주(黎州, 운남성 화녕시)·반주(盤州, 귀주성 홍의시)의 네 주의 추장인 왕가충(王伽衝) 등이 무리를 인솔하고 안으로 귀부하였다.

9   계미일(21일)에 중서령 최돈례(崔敦禮)를 태자소사·동중서문하삼품으로 삼았다.
8월 병신일(4일)에 고안소공(固安昭公)[31] 최돈례가 죽었다.

10   신축일(9일)에 총산도(葱山道) 행군총관 정지절(程知節)이 서돌궐을 공격하였는데, 가라(歌邏, 중앙아시아 Ertix 강 유역)와 처월(處月, 신강성 신원현 경내) 두 부(部)와 더불어 유모곡(楡慕谷, 신강성 Jeminay 현 북쪽)에서 싸워서 이들을 대파하였는데, 목을 벤 것이 1천여 급이었다.
부총관 주지도(周智度)가 돌기시(突騎施, 이리하 중하류)와 처목곤(處木昆, 신강성 액민현) 등의 부(部)를 인성(咽城, 액민현)에서 쳐서 이를 뽑았는데, 목을 벤 것이 3만 급이었다.

11   을사일(13일)에 구자(龜玆, 신강성 고차현) 왕 백가려포실필(白訶黎布失畢)이 들어와서 조현하였다.

12   이의부(李義府)가 총애를 믿고 용사(用事)하였다. 낙주(洛州)에 사는 부인인 순우씨(淳于氏)는 미인으로 대리시(大理寺)의 감옥에 갇혔는데, 이의부는 대리시승(大理寺丞) 필정의(畢正義)에게 부탁하여 법을 구부려

---

31) 고안공 최돈례는 죽은 다음에 시호를 소공이라 하였다.

그녀를 내보내게 하고 장차 받아들여서 첩으로 삼고자 하니, 대리경 단보현(段寶玄)이 이를 의심하고 상주문을 올렸다.

황상은 급사중 유인궤(劉仁軌)에게 명령을 내려서 이를 국문(鞫問)하게 하니, 이의부는 그 사실이 누설될까 두려워서 필정의를 압박하여 옥중에서 스스로 목을 매게 하였다. 황상이 이를 알았지만 이의부의 죄를 용서하고 묻지 않았다.

시어사인 연수(漣水, 강소성 연수현) 사람 왕의방(王義方)이 이를 탄핵하여 상주문을 올리려고 하면서 먼저 그의 어머니에게 말하였다.

"저 왕의방은 어사가 되어서 간신을 보고서 규명하지 않으면 충성스럽지 않은 것이고, 이를 규명하려고 하니 몸이 위험해지고, 걱정거리가 부모에게 미쳐서 불효를 하게 될 터인데, 두 가지는 스스로 결정할 수 없으니, 어떻게 할까요?"

어머니가 말하였다.

"옛날에 왕릉(王陵)의 어머니는 자기 자신을 죽여서 아들의 명성을 이룩하였다. 네가 충성을 다하여 임금을 섬길 수 있다면 나는 죽어도 한스러워 하지 않는다."

왕의방이 마침내 상주문을 올렸다.

"이의부는 연곡(輦轂)32)의 아래에서 6품(品)의 시승(寺丞)을 멋대로 죽였습니다. 바로 이르기를 필정의가 자살하였다고 하였는데, 역시 이의부의 위세를 두려웠고 자신을 죽여서 입을 없애려고 하였음으로 말미암은 것입니다. 이와 같다면 살리고 죽이는 위세는 황상으로부터 나오지 않는 일이 점점 자랄 것이니, 청컨대 다시 조사하게 해주십시오."

이에 의장대(儀仗隊)를 마주하고서 이의부를 질책(叱責)하여 내려가도록 하였는데, 이의부는 돌아보고 물러나지 않기를 원하였다. 왕의방이

---

32) 제왕의 수레이다. 여기에서 황제 또는 경사라는 뜻으로 사용한다.

세 차례 질책하였지만, 황상은 이미 아무 말도 없었고, 이의부가 비로소 빠른 걸음으로 나가자 왕의방은 마침내 탄핵하는 글을 읽었다.

황상은 이의부를 석방하고 묻지 않고는 왕의방은 대신을 헐뜯고 욕보였고 말씨도 공손하지 않았다고 생각하고 벼슬을 깎아서 내주(萊州, 산동성 내주시)사호(司戶)로 삼았다.

13 9월에 괄주(括州, 절강성 여수시)에 폭풍이 불고 해일(海溢)이 일어나서 4천여 가구가 물에 빠졌다.

14 겨울, 11월 병인일(6일)에 생강(生羌)[33]의 추장인 낭아리파(浪我利波) 등이 무리를 인솔하고 안으로 귀부하니 그 땅에 자주(柘州, 사천성 흑수현 서남쪽)와 공주(栱州, 사천성 아패현 동남쪽) 두 주를 설치하였다.

15 12월에 정지절(程知節)이 군사를 이끌고 응사천(鷹娑川, 카이두 하 상류)에 이르러 서돌궐의 2만의 기병을 만났는데, 별부(別部)[34] 서니시(鼠尼施) 등 2만여 기병이 계속 도착하니, 선봉군 총관 소정방(蘇定方)이 500의 기병을 인솔하고 말을 달려서 가서 이를 쳤는데, 서돌궐이 대패하고 달아나자 20리를 뒤쫓아서 죽이고 사로잡은 것이 1천500여 명이고, 노획한 말과 기계(器械)는 산과 들에 실처럼 이어져 있어서 다 헤아릴 수가 없었다.

부대총관 왕문도(王文度)가 그[35] 공로를 해치려고 정지절에게 말하였다.

---

33) 생(生)이란 중국화 되지 않은 것을 말한다. 따라서 강족 가운데서도 전혀 중국문화를 받아들이지 않은 족속들을 말한다.

34) 서돌궐의 본류가 아닌 별도의 지파를 말한다.

35) 왕문도(王文度)는 정지절이 대총관이고 그 밑에 있는 부대총관이니 차장에 해당하며, 그란 소정방을 말한다.

"지금 이에 비록 도적을 깨뜨렸다고 하지만 관군 역시 죽거나 다친 사람이 있고 위험한 것을 타고서 가볍게 벗어난 것이니, 마침내 성공하는 것과 패배하는 것의 법도가 어찌 급하게 이렇게 되었는지요! 지금부터는 항상 방진(方陣)36)을 치고 치중(輜重)을 그 안에 두고 적을 만나면 싸우는데, 이것이 만전을 기하는 정책입니다."

또 별도로 지의(旨意)37)를 받았다고 꾸며서 말하였는데, '정지절은 용감한 것을 믿고 적을 가볍게 보니 왕문도에게 위임하여 그를 통제하도록 하였다.'고 하며 드디어 군사를 거두고 깊이 들어가는 것을 허락하지 아니 하였다. 사졸들은 하루 종일 말을 타고 갑옷을 입고 진지를 연결하니, 피로하고 둔함을 이기지 못하였고, 말들은 대부분 말라서 죽었다.

소정방이 정지절에게 말하였다.

"군사를 출동시킨 것은 도적을 토벌하려고 한 것인데, 지금 마침내 스스로 지키면서 앉아서 스스로 곤혹스럽게 지치고 있으니, 만약에 도적을 만나면 반드시 패배할 것입니다. 나약하고 겁을 먹은 것이 이와 같으니 어떻게 공로를 세웁니까?

또한 주상은 공(公)을 대장으로 삼았는데, 어찌 다시금 군부(軍副)38)를 파견하여서 그 호령을 오로지할 수가 있겠으며, 일은 반드시 그렇지 않을 것입니다. 바라건대, 왕문도를 가두시고 표문을 비보(飛報)39)하여서 보고하십시오."

정지절은 좇지 않았다.

항독성(恒篤城)40)에 도착하니 여러 호족(胡族)들이 귀부하자 왕문도가

---

36) 진지를 구축하는 방법 가운데 하나이다. 네모반듯하게 진지를 구축하는 것이다.

37) 황제의 뜻을 말한다.

38) 부대총관을 말한다. 즉 왕문도이다.

39) 대단히 급한 문건을 빠르게 전달하는 방법이다.

말하였다.

"이들은 우리가 군사를 돌리는가를 엿보다가 돌아서서 다시 도적이 될 것이니 이들을 모두 죽이고 그들의 자산과 재물을 빼앗는 것만 같지 못하다."

소정방이 말하였다.

"이와 같이 한다면 바로 스스로 도적이 되는 것일 뿐인데, 무슨 명목으로 반란한 사람들을 정벌하겠습니까?"

왕문도는 끝내 그들을 죽이고 그 재물을 나누었는데 소정방만은 홀로 받지 않았다. 군사가 돌렸는데 왕문도는 조서를 고쳤다는 죄에 걸려서 사형을 당해야 하였으나 특별조치로 제명(除名)만 되었다. 정지절 역시 머뭇거리며 머물러 있다가 적을 뒤쫓았으나 따라잡지 못한 죄에 걸렸는데, 사형에서 감형되어 관직에서 면직되었다.

16 이 해에 태상경(太常卿)인 부마(駙馬)도위 고이행(高履行)41)을 익주(益州) 장사(長史)로 삼았다.

17 한원(韓瑗)이 상소문을 올려서 저수량을 위하여 억울함을 호소하여 말하였다.

"저수량은 나라를 몸으로 생각하고 집안을 잊으면서 몸을 덜어내거나 다른 사람에게 바치면서 그 절조(節操)를 풍상(風霜)처럼 하였고, 그 마음을 쇠나 돌처럼 하였으며, 사직의 옛 신하이며 폐하의 현명한 보좌역입니다. 죄를 지은 상황이 들리지 않았는데 조정에서 제척되어 떠났으니, 안팎에 있는 맹려(甿黎, 일반 백성)들이 모두 탄식하며 거동하고 있습니다.

---

40) ≪신당서≫에는 달독성(怛篤城)으로 되어 있다.

41) 부마란 공주의 남편을 말하는데, 고이행은 당 태종 이세민의 딸인 동양공주에게 장가들었다.

신이 듣건대 진(晉)의 무제는 도량이 넓고 여유가 있어서 유의(劉毅)에게 죽음을 내리지 않았고, 한조(漢祖)는 깊고 어질어서 주창(周昌)[42]이 곧은 것에 화를 내지 않았습니다.

저수량은 좌천되어 이미 추위와 더위를 겪었는데,[43] 폐하의 뜻을 거스른 것으로는 그 벌로 마감을 하였습니다. 엎드려 바라건대, 그가 죄 없음을 면밀히 살펴보셔서 그의 죄 없음에 대하여 점차 관대하게 하시어 죄를 주지 아니하고, 미미한 정성을 굽어 살펴 주셔서 사람들의 마음에 순응하십시오."

황상이 한원에게 말하였다.

"저수량의 마음은 짐도 역시 이를 안다. 그러나 그가 패역하고 사납게 윗사람을 범접하는 것을 좋아하니 그러므로 이것으로 그에게 책임지우는 것인데 경은 어찌하여 말하는 것이 그리 깊으시오?"

대답하였다.

"저수량은 사직의 충신인데 아첨하는 사람에게 헐 뜯김을 당하였습니다. 옛날에 미자(微子)가 떠나자 은(殷) 나라는 멸망하였고, 장화(張華)[44]가 있게 되자 기강은 어지럽지 않게 되었습니다. 폐하께서 아무런 연고 없이 옛날의 신하를 쫓아버리시니 아마도 국가의 복이 되지 아니할까 두렵습니다."

황상이 받아들이지 않았다. 한원은 말한 것이 채용되지 않자 전리(田里)로 돌아갈 것을 빌었지만 황상은 허락하지 않았다.

---

42) 진 무제는 사마염이고, 유의에 관한 일은 태강 3년(282년)에 있었고, 그 내용은 《자치통감》 권81에 실려 있고, 한조는 한의 고조 유방인데, 주창에 관한 일은 한 고조 10년(기원전 197년)에 있었다.

43) 한 번의 더위와 추위를 겪었다는 말은 결국 1년이라는 말이다.

44) 서진시대의 대신으로 진 왕실의 정통을 보호하여 가후 등 각파에서 정권을 쟁탈하려는 것을 반대하였다. 장화에 관한 일은 《자치통감》 권82에서 권83에 실려 있으며, 구체적으로는 진 혜제 영평 원년(291년) 6월에 있었다.

18 유기(劉洎)의 아들이 그 아버지의 억울함을 호소하여 '정관(貞觀) 말년에 저수량에게 참소되어 죽었다.[45]' 고 하자, 이의부가 다시 그를 도왔다. 황상이 가까이에 있는 신하들에게 물으니 여러 사람들은 이의부의 뜻에 부합하려고 모두가 그의 억울함을 말하였다.

급사중인 장안(長安) 사람 낙언위(樂彦瑋) 만이 홀로 말하였다.

"유기는 대신으로 인주(人主)가 잠시 불편함을 갖게 되었는데, 어찌 갑자기 스스로를 이윤(伊尹)과 곽광(霍光)[46]에 비교한단 말입니까? 지금 유기의 죄를 씻어준다면 먼저 돌아가신 황제가 형벌을 내리신 것이 마땅하지 않았다는 말입니까?"

황상은 그 말을 그러할 것이라고 하고 드디어 그 일을 묵혀 두었다.

---

45) 이 일은 정관 19년(645년) 12월의 일이고, 그 내용은 ≪자치통감≫ 권198에 실려 있다.

46) 이윤은 은 초기의 대신으로 은의 왕인 태갑을 방축하였다가 7년 뒤에 복벽시켰고, 곽광은 전한 대에 소제가 죽은 뒤에 창읍왕을 황제로 받아들였다가 방축한 사람이다.

소정방의 서역 정벌

고종 현경 2년(丁巳, 657년)

1 봄, 정월 계사일47)에 가라록48) 부(哥邏祿部, 중앙아시아 Ertix 강 하류)를 나누어 음산(陰山, 치소는 중앙아시아 아라호 북쪽)과 대막(大漠, 치소는 신강성 복해현) 두 개의 도호부를 설치하였다.

2 윤월(윤정월) 임인일(13일)에 황상이 낙양에 행차하였다.

3 경술일(21일)에 좌둔위(左屯衛)장군 소정방을 이려도(伊麗道)행군총관으로 삼고 연연(燕然, 치소는 내몽골 오이라트중기)도호인 위남(渭南, 섬서성 위남시) 사람 임아상(任雅相)과 부도호 소사업(蕭嗣業)을 인솔하여 회흘(回紇) 등의 군사를 발동하여 북도에서부터 서돌궐의 사발라(沙鉢羅) 가한49)을 토벌하게 하였다. 소사업은 소거(蕭鉅)50)의 아들이다.

---

47) 정월 1일이 경신일이므로 정월에는 계사일이 없다. ≪당회요≫에 의하면 이날은 계유일이며, 정월 14일이다. 그렇다면 계사는 계유의 잘못으로 보이며, 유(酉)가 사(巳)로 오자(誤字)가 생긴 것이다.

48) 앞의 현경 원년의 기록에는 록(祿)이 빠져서 '가라'라고만 되어 있다. 그러나 그 후로 모두 가라록으로 기록되어 있는 것으로 보아서 현경 원년(656년)조에 기록된 가라는 가라록의 잘 못이다.

애초에, 우위(右衛) 대장군 아사나미사(阿史那彌射)와 그 친척 형인 좌둔위(左屯衛) 대장군 아사나보진(阿史那步眞)은 모두 서돌궐의 추장이었는데, 태종이 다스리던 시절에 무리를 인솔하고 와서 항복하였다. 이때에 이르러서 조서를 내려서 아사나미사와 아사나보진을 유사도(流沙道, 신강성 타클라마칸 사막 주위) 안무(按撫) 대사로 삼고, 남도(南道)에서부터 옛날의 무리들을 불러 모으게 하였다.

4 2월 신유일(3일)에 거가(車駕)가 낙양궁에 도착하였다.

5 경오일(12일)에 황제의 아들인 이현(李顯)을 세워서 주왕(周王)으로 삼았다. 임신일(14일)에 옹왕(雍王) 이소절(李素節)을 옮겨서 순왕(郇王)으로 삼았다.

6 3월 갑진일(25일)에 담주(潭州, 치소는 호남성 장사시) 도독 저수량을 계주(桂州, 치소는 광서성 계림시) 도독으로 삼았다.

7 계축일(25일)에 이의부(李義府)에게 중서령을 겸하게 하였다.

8 여름, 5월 병신일(9일)에 황상이 명덕궁(明德宮, 낙양의 경계)으로 행차하여 더위를 피하였다. 황상은 즉위하면서부터 매일 일을 살폈는데, 경자일(13일)에 재상이 상주하기를 천하에 걱정거리가 없으니 하루걸러 한 번씩 일을 보도록 청하자, 이를 허락하였다.

---

49) 11대 가한인 아사나하로이다.

50) 소거에 관한 일은 수 양제 대업 6년(610년) 정월에 있었고, 그 내용은 《자치통감》 권181에 실려 있다.

9 가을, 7월 초하루 정해일에 황상이 낙양궁으로 돌아왔다.

10   왕현책(王玄策)이 천축(天竺, 인도 갠지스 강의 중류)을 격파하면서51) 방사(方士) 나라이파사매(那羅邇娑婆寐)를 얻어가지고 돌아왔는데, 스스로 장생(長生)하는 술법(術法)이 있다고 말하자, 태종(太宗)이 자못 이를 믿고서 깊이 예(禮)로 대하고 공경하면서 장생약을 합성(合成)하게 하였다.

사자를 발동하여 사방으로 기이한 약과 이상한 돌을 찾게 하였으며, 또 사자를 발동하여 파라문(婆羅門, 인도 반도)의 여러 나라에 가서 약을 채취하게 하였다. 그가 말하는 것은 대부분 모두가 우활(迂闊)하고 거짓이며 알맹이가 없었고 진실로 세월을 늘리고자 하며, 약은 끝내 이룩하지 못하자 마침내 놓아서 돌아가게 하였다.

황상이 즉위하고서 다시 장안에 도착하였지만 또 보내어 돌아가게 하였다. 왕현책은 그때에 도왕(道王)52)의 친구였는데 신해일(25일)에 상주문을 올려서 말하였다.

"이 파라문(婆羅門)53)은 실제로 능히 장생약(長生藥)을 합성할 수 있어서 스스로 반드시 완성하겠다고 책임지었는데, 지금 보내어 돌아가게 하여 그를 잃어버리는 것이 애석하다 할 것입니다."

왕현책이 물러나니, 황상이 시중드는 신하들에게 말하였다.

"예부터 어찌 신선(神仙)이 있었겠는가? 진시황과 한 무제가 이를 찾느라고 살아 있는 백성들을 피폐하게 하였다가 끝내 성공한 바가 없으니, 과연 죽지 않는 사람이 있다면 지금 모두 어디에 있는가?"

이적이 대답하였다.

"진실로 성스러운 말씀과 같습니다. 이 파라문(婆羅門)이 지금 다시 왔

---

51) 이 일은 정관 22년(648년) 5월에 있었고, 그 내용은 ≪자치통감≫ 권199에 실려 있다.

52) 이연의 아들인 이원경이다.

53) 파라문은 국명이지만 여기서는 파라문국에 사는 사람을 말한다.

는데 얼굴은 쇠잔하고 머리카락은 희어져서 이미 전과 달라졌는데 어찌 능히 장생할 수 있겠습니까? 폐하께서 그를 보내니 내외가 모두 기뻐하였습니다."

나라이사파매(那羅邇沙婆寐)는 끝내 장안에서 죽었다.

11 허종경(許宗敬)과 이의부(李義府)는 황후의 뜻에 맞추려고 무고하는 주문을 올려서, 시중 한원(韓瑗)·중서령 내제(來濟)·저수량(褚遂良)이 몰래 불궤(不軌)한 짓을 도모하는데 계주(桂州, 광서성 계림시)는 무력을 사용하는 지역이라 하여 저수량에게 계주도독을 맡겨 밖에서 도움을 주는 것으로 삼으려 한다고 하였다.

8월 정묘일(11일)에 한원이 죄에 걸려서 진주(振州, 해남성 삼아시 서쪽) 자사로 깎이고, 내제는 태주(台州, 절강성 임해시) 자사로 깎으며 죽을 때까지 조근(朝覲)하는 것을 허락하지 않았다. 또한 저수량을 깎아내려서 애주(愛州, 베트남 청화시) 자사로 삼고, 영주(榮州, 사천성 영현) 자사 유석(劉奭)을 상주(象州, 광서성 상주현) 자사로 삼았다.

저수량이 애주에 도착하여 표문을 올려서 스스로 진술하였다.

"과거에 복왕(濮王)과 이승건(李承乾)[54]이 서로 다툴 때에 신은 죽기를 돌아보지 아니하며 마음을 폐하께 돌렸습니다. 그때에 잠문본(岑文本)과 유기(劉洎)가 상주문을 올려서 이르기를 '이승건이 악행을 한 상황이 이미 드러나서 몸은 다른 장소에 있게 하였으니, 그래서 동궁(東宮)[55]은 잠시라도 비워 둘 수 없는 것이므로, 바라건대, 또 복왕을 파견하여 동궁에 살게 하십시오.' 라고 하였습니다. 신은 또한 항의하는 말로 굳게 다투었던 것은 모두 폐하께서 보신 바입니다.

---

54) 복왕(濮王)은 태자였던 이승건과 경쟁을 벌인 이태를 말하고, 이승건(李承乾)은 태자였다가 쫓겨나서 항산왕이 되었다.

55) 태자가 사는 궁을 말한다.

끝내는 장손무기 등 4명과 더불어 같이 큰 계책을 확정하였습니다.56) 먼젓번의 조정이 대점(大漸)57)하시게 되자 다만 신이 장손무기와 더불어 같이 유조(遺詔)를 받았습니다.58) 폐하께서 초토(草土)59)에 계시면서 애통함을 이기지 못하자, 신이 사직을 가지고 넓게 하시라고 비유하니, 폐하께서 손수 신의 목을 안으셨습니다.

신과 장손무기는 여러 가지 일을 구분하여 처리하였는데, 모두가 못 쓸 것이나 빠진 것이 없어서 며칠 동안에 안팎이 편안해졌습니다. 힘은 적고 책임은 무거워서 움직이면 허물이 생겼으니, 개미와 같은 남은 삶60)을 빌건대 폐하께서 가련하게 생각해 주십시오."

표문이 상주되었으나 살펴보지 않았다.

12 기사일(13일)에 예관이 상주문을 올렸다.

"사교(四郊)에서 정기(精氣)를 영접하고 태미(太微)의 오제(五帝)61)에게 제사 지내는 것을 보존하십시오. 남교(南郊)와 명당(明堂)에 제사 지내면서 위서(緯書)에 나오는 육천(六天)62)에 제사 지내야 한다는 뜻을 버리

---

56) 이 일은 정관 17년(643년) 3월의 일이고, 그 내용은 ≪자치통감≫ 권197에 실려 있다.

57) 조정은 태종 이세민의 조정을 말하며, 점은 없어진다는 뜻으로 대점이므로 황제가 죽는 것을 표현한 것이며, 태종 이세민의 죽음을 가리킨 말이다.

58) 이 일은 정관 23년(649년) 5월의 일이고, 그 내용은 ≪자치통감≫ 권199에 실려 있다.

59) 상중(喪中)에 있는 것을 말한다.

60) 저수량의 자기를 낮추어 한 말이다.

61) 태미는 성관명(星官名)이다. 즉 태미원인 것이다. 이 성관(星官)은 안에 10개의 별이 있는데, 오제의 자리가 중추이며 울타리의 형상을 이루고 있다. 오제는 이곳에 있는 오제의 자리를 말하며 또한, ≪위서(緯書)≫에서 말하고 있는 천상의 오방(五方)에 있는 제 즉, 동방의 창제, 남방의 적제, 중앙의 황제, 서방의 백제, 북방의 흑제를 말하며, 이를 오천이라고도 한다.

62) 남교(南郊)와 명당(明堂)은 모두 하늘에 제사 지내는 곳으로 황제가 매년 동짓날에 원구단에서 제사를 지내며, 육천(六天)은 위서에서 허구로 만들어 놓은 여섯 개의 천제를 말하는데, 앞에서 말한 오제와 천황대제를 합하여 말한 것이다.

십시오. 그 방구(方丘)에서 땅에 제사 지내는 것 외에 별도로 신주(神州)63)를 가지고 있지만 역시 바라건대 합하여 한 번만 제사를 지내십시오."
이를 좇았다.

13 신미일(15일)에 예부상서 허경종(許敬宗)을 시중·겸탁지(兼度支)상서로 삼았으며, 두정륜(杜正倫)을 겸중서령(兼中書令)으로 삼았다.

14 겨울, 10월 무술일64)에 황상이 허주(許州, 하남성 허창시)에 행차하였다. 을사일(21일)에는 치수(滍水, 사하)의 남쪽에서 사냥을 하였다. 임자일(28일)에는 사수곡(氾水曲)65)에 도착하였다. 12월 초하루 을묘일에 거가가 낙양궁으로 돌아왔다.

15 소정방이 서돌굴의 사발라(沙鉢羅) 가한을 치는데, 금산(金山, 신강성 알타이 산)의 북쪽에 도착하여 먼저 처목곤(處木昆, 신강성 화포극새이현)부(部)를 쳐서 그들을 대파하자, 그들의 기근(俟斤)인 난독록(嬾獨祿) 등이 1만여 장(帳)66)을 거느리고 와서 항복하니 소정방이 그들을 위무하고 그들에게서 1천여 기병을 뽑아서 함께 하였다.
　우령군(右領軍)낭장 설인귀(薛仁貴)가 말씀을 올렸다.

---

63) 방구(方丘)는 지신에 제사 지내는 네모형의 제단이고, 신주(神州)는 북교에 땅에 제사를 지내는 곳이다.

64) 10월 1일은 을사일이므로 10월에는 무술일이 없는데, ≪신당서≫에는 이 사건은 11월에 일어난 것으로 되어 있으므로 11월 무술일은 11월 14일이다. 그러므로 무술 앞에 있는 10월은 11월의 잘못이며, 이후의 날짜도 이에 따라서 이해해야 할 것이다.

65) 사수는 하남성 신정현을 거쳐 흐르는데, 그곳에 굽은 곳이 있다. 이곳을 사수곡이라고 한다.

66) 사발라(沙鉢羅) 가한은 11대 가한인 아사나하로이고, 기근(俟斤)은 군사령관에 해당하는 직위이고, 장(帳)은 북방민족들이 생활하는 주거 단위이다.

"니숙(泥孰)의 부(部)는 본래 아사나하로에게 복종하지 않아서 아사나하로에게 격파되었고 그들의 처자는 포로로 잡혔습니다. 지금 당의 병사들 가운데 아사나하로의 여러 부(部)를 격파하고 니숙의 처자를 얻은 사람들이 있으면 의당 그들을 돌려보내야 하며 이어서 재물을 상으로 덧붙여 내려서, 저들로 하여금 아사나하로는 도적이고 위대한 당은 그들에게 부모가 된다는 것을 분명히 알게 한다면 사람들은 그들이 죽음에 이른다 하여도 힘을 남겨두지 않을 것입니다."

황상이 이를 좇았다. 니숙은 기뻐하며 종군(從軍)하여 함께 아사나하로를 치게 해달라고 청하였다.

소정방이 예질하(曳咥河, 중앙아시아 어얼치스 강)에 도착하자 사발라(沙鉢羅)는 열 개의 성(姓)[67]으로 구성된 군사 10만을 인솔하고 와서 막으며 싸웠다. 소정방은 당의 군사와 회흘(回紇)의 1만 여를 거느리고 이들을 쳤다.

사발라는 소정방의 군사가 적다는 것을 가볍게 여기고 곧바로 나와서 이들을 둘러쌌다. 소정방은 보병으로 하여금 남쪽 들판을 점거하게 하고, 삭(矟, 삼지창)을 한군데에 모아서 밖을 향하게 하며 자신은 기병을 거느리고 북쪽 들판에 진을 쳤다.

사발라는 먼저 보병을 공격하였는데 세 번 부딪쳐 보았으나 움직이지 않았고, 소정방이 기병을 이끌고 그들을 공격하니 사발라는 대패하였고, 30리를 추격하여 목을 베고 붙잡은 것이 수만 명이었다. 다음날 군사를 챙겨서 다시 전진하였다.

이에 호록옥(胡祿屋) 등 다섯 명의 노실필(弩失畢)의 모든 무리들이 와서 항복하였고, 사발라 혼자서 처목곤굴률(處木昆屈律) 철(啜)의 수백 기병과 더불어 서쪽으로 달아났다. 이때에 아사나보진(阿史那步眞)이 남쪽

---

67) 동부에 있는 돌륙(咄陸) 등 다섯 개의 철(啜)과 서부에 있는 노실필(弩失畢) 등 다섯 기근(俟斤)이 거느린 부락을 말한다.

길로 나왔는데, 다섯 돌륙(咄陸) 부락68)에서는 사발라가 패배하였다는 소식을 듣고 모두가 아사나보진에게 가서 항복하였다.

소정방은 마침내 소사업(蕭嗣業)과 회흘의 약라갈파윤(藥羅葛婆閏)에게 명령하여 호족(胡族) 군사를 거느리고 야라사천(邪羅斯川)으로 가서 사발라를 뒤쫓으라고 하고 소정방은 임아상(任雅相)69)과 더불어 새로 귀부한 무리들을 거느리고 그 뒤를 이어주었다.

마침 큰 눈을 만났는데, 평지에 2척(尺)이나 되자 군대 안에서는 모두가 맑기를 기다렸다가 나아가자고 청하였지만, 소정방이 말하였다.

"오랑캐들은 눈이 깊다는 것을 믿고 내가 전진할 수 없을 것이라고 생각하고 반드시 군사와 말들을 쉬게 할 것이니, 빨리 이들을 뒤쫓으면 따라잡을 수 있을 것이고, 만약에 이를 늦추면 저들은 숨어 들어가서 점점 멀어져서 다시는 뒤쫓을 수 없을 것이니, 날짜를 줄여서 두 배의 공로를 세우는 것은 이때에 있다."

이에 눈을 밟으며 밤낮으로 배나 빠르게 전진하였다.

지나는 곳에서는 그들의 부(部)에 속한 무리들을 거두면서 쌍하(雙河, 버얼타라 강)에 도착하여 아사나미사(阿史那彌射)와 아사나보진과 합쳤는데, 사발라가 사는 곳과는 200리 떨어졌으며 진을 치고 멀리까지 달려가서 지름길로 간 사람들은 그들의 아장(牙帳)70)에 도착하였다.

사발라와 그 무리들은 장차 사냥을 하려고 하는데, 소정방이 그들이 대비하지 않은 틈을 엄습(掩襲)하여 군사를 풀어서 그들을 치니, 목을 베고 붙잡은 것이 수만 명이었고 그들의 고독(鼓纛)71)을 얻었는데, 사발

---

68) 노실필(弩失畢)은 사령관에 해당하는 관직이고, 철(啜)은 지휘관, 장군에 해당하는 관직이고, 돌륙(咄陸) 부락은 동부에 있는 다섯 부락을 말한다.

69) 연연 총독이다.

70) 대장이 머물고 있는 장막이다.

71) 지휘할 때에 사용하는 북과 깃발이다.

라와 그의 아들인 절운과 사위인 염(閻) 철(啜)72) 등은 벗어나 달아나서 석국(石國, 중앙아시아 타시켄트)으로 갔다.

소정방은 이에 군사를 쉬게 하고 여러 부(部)는 각기 살던 곳으로 돌아가게 하였으며 도로를 통하게 하며 우역(郵驛)을 설치하고 해골(骸骨)들을 파묻고 병들고 고생스러워하는 사람들을 위문하였다. 강역(疆域)을 획정하고 생업을 다시 일으키게 하고, 무릇 사발라에게 붙잡혀 온 사람들은 모두 이를 돌려보내니 열 개의 성을 가진 사람들은 옛날처럼 안도하게 되었다. 마침내 소사업에게 명령을 내려서 군사를 거느리고 사발라를 뒤쫓게 하고 소정방은 군사를 이끌고 돌아왔다.

사발라는 석국(石國, 타쉬겐트)의 서북부에 있는 소돌성(蘇咄城)에 도착하였는데, 사람과 말이 모두 주리고 지쳐서 사람을 파견하여 진기한 보배를 싸들고 성에 들어가서 말을 사게 하니, 성주인 이저(伊沮) 달관(達官)73)이 거짓으로 술과 밥을 가지고 나와서 영접하며 그들을 유인하여 들어오게 하고서 문을 닫고 그들을 잡아서 석국으로 호송하였다. 소사업이 석국에 이르니 석국 사람들이 사발라를 그에게 내주었다.

을축일(11일)에 서돌궐의 땅을 나누어서 몽지(濛池, 鹹海와 이사이크호의 사이)와 곤릉(崑陵, 카자흐스탄의 발하쉬호와 이리강의 사이) 두 개의 도호부를 설치하고 아사나미사(阿史那彌射)를 좌위대장군·곤릉도호·흥석망(興昔望) 가한74)으로 삼아서 다섯 돌륙 부락을 감독하게 하였다. 아사나보진을 우위대장군·몽지도호·계왕절(繼往絶) 가한으로 삼아서 다섯 노실필 부락을 감독하게 하였다.

광록경 노승경(盧承慶)을 파견하여 부절을 가지고 책명을 내리고 이어서 아사나미사와 아사나보진에게 명령을 내려서 노승경과 더불어 여러

---

72) 장군에 해당하는 관직이다.

73) 귀족에 해당하는 칭호이다.

74) 12대 가한이다.

성씨를 가진 항복한 사람들을 점거하여 그 부락의 크고 작기와 지위와 명망의 높고 낮음을 기준으로 삼아서 자사 이하의 관직을 주게 하였다.

16 정묘일(13일)에 낙양궁을 동도(東都)[75]로 삼고, 낙주(洛州)의 관리들의 품계를 나란히 옹주(雍州)의 경우와 같게 하였다.

17 이 해에 조서를 내렸다.

"지금부터 승려와 니승(尼僧)은 부모와 높은 사람으로부터 예배(禮拜)를 받을 수 없고, 담당부서에서는 분명하게 법률제도를 만들어서 금지하여 시행하라."

---

75) 동도라는 명칭은 고조 무덕 6년(623년) 9월에 취소되었었다.

몰락하는 당 태종의 공신들

18 이부시랑 유상도(劉祥道)를 황문시랑으로 삼고 여전히 이부(吏部)의 선발하는 일을 관장하게[76] 하였다. 유상도가 생각하였다.

"지금 선발을 맡은 관사(官司)에서 인재를 뽑는 것이 상(傷)하고 남용되고 있어서 매년 '입류(入流)[77]'하는 수는 1천400을 넘고 있는데, 잡색(雜色)으로서 입류[78]하는 사람은 일찍이 가려 뽑은 일이 없었습니다.

금일의 안팎에 있는 문무관 가운데 1품에서 9품까지는 무릇 1만3천465명인데, 대략 30년을 기준으로 삼는다면 1만3천 명은 대략 다 없어집니다. 만약에 매년 별도로 입류하는 사람을 500명으로 한다면 필요한 숫자를 충족시킬 수 있습니다. 희망하건대 개혁하여야 합니다."

이미 이렇게 하였는데 두정륜(杜正倫)이 또 입류하는 사람이 대단히 많다고 말하였다. 황상은 두정륜과 유상도에게 명령을 내려서 자세히 논의하게 하였으나 대신들이 고치는 것을 꺼려서 이 일은 드디어 낮잠을 자게 되었다. 유상도는 유임보(劉林甫)[79]의 아들이다.

---

76) 관직명은 지이부선사(知吏部選事)이다.

77) 9품 이내에 속하는 관리를 말한다.

78) 사류에 속하지 않고 등록된 여러 직업을 말하는 잡색(雜色)으로 관직에 보임되는 사람을 유외관(流外官)이라 하고, 이들이 다시 내관으로 들어와서 품계가 정해지면 이를 입류라고 한다.

고종 현경 3년(戊午, 658년)

1　봄, 정월 무자일(5일)에 장손무기 등이 편수(編修)한 새로운 예의(禮
儀)80)을 상주하니, 조서를 내려서 이를 안팎에 시행하게 하였다. 이보다
먼저 논의하는 사람들은 정관(貞觀)시대의 예절문(禮節文)이 아직은 완비
되지 않았다고 생각하였고, 그러므로 장손무기 등에게 명령하여 이를 편
수하게 하였었다.

이때에 허경종(許敬宗)과 이의부(李義府)가 용사(用事)하였는데, 덜어내
고 더하는 것을 대부분 뜻81)에 맞추려고 하였지만 학자들은 이를 잘못이
라 하였다. 태상박사 소초재(蕭楚材) 등은 흉사(凶事, 喪事)를 미리 준비하
는 것은 신하들이 마땅히 말할 것이 아니라고 생각하였다. 허종경과 이의
부는 이를 깊이 그러할 것이라고 여겨서 드디어 <국휼(國恤)>이라는 한
편을 태워버리니, 이로부터 흉례(凶禮)는 드디어 빠지게 되었다.

2　애초에, 구자왕(龜玆王) 백가려포실필(白訶黎布失畢)의 처인 아사나씨
(阿史那氏)와 그들의 재상인 나리(那利)가 사사롭게 통정하였는데, 백가
려포실필이 금지시킬 수가 없었으니, 이로부터 임금과 신하는 서로 시기
하며 방해하였고 각기 따르는 무리를 갖게 되어 서로 와서 어려움을 알
렸다.

황상은 두 사람을 불렀는데, 이미 도착하고 나서 나리를 가두고 좌령
군(左領軍) 랑장 뇌문성(雷文成)을 파견하여 백가려포실필을 호송하여 그

---

79) 정관 초기에 이부시랑을 지냈는데, 이 사람은 인재를 사시(四時)로 선발하도록 하였
고, 이에 관한 일은 태종 정관 원년(627년) 12월에 있었다.

80) 이것이 <현경례(顯慶禮)>이다.

81) 덜어내고 더하는 것이란 정관례 가운데서 뺄 것과 덧붙일 것을 말한다. 황제인 고종
이치(李治)의 뜻을 말한다.

나라로 돌아가게 하였다. 구자국의 동쪽 경계에 있는 니사성(泥師城, 고차현의 동쪽)에 도착하자 구자의 대장인 갈렵전(羯獵顚)이 무리를 발동하여 이를 막고, 이어서 사자를 파견하여 서돌굴의 사발라(沙鉢羅) 가한82)에게 항복하였다.

백가려포실필은 성을 점거하고 스스로 지키면서 감히 나아가지 못하였다. 좌둔위대장군 양주(楊冑)에게 조서를 내려서 군사를 발동하여 그들을 토벌하게 하였다. 마침 백가려포실필이 병들어 죽자 양주는 갈렵전과 싸워서 그들을 대파하고 갈렵전과 그 무리를 사로잡아서 그들을 모조리 죽이고, 마침내 그 땅에 구자도호부를 두었다. 무신일(25일)에 백가려포실필의 아들인 백소계(白素稽)를 세워서 구자왕 겸 도독으로 삼았다.

3 2월 정사일(4일)에 황상이 동도를 출발하였고, 갑술일(21일)에 경사에 도착하였다.

4 여름, 5월 계미일(2일)에 안서(安西)도호부를 구자(龜玆, 신강성 고차현)로 옮기고 옛날의 안서를 다시 서주(西州)도독부로 하고 고창(高昌)의 옛 땅83)에서 진수하게 하였다.

5 6월에 영주(營州, 치소는 요녕성 조양현)도독 겸 동이(東夷)도호 정명진(程名振)과 우령군(右領軍) 중랑장 설인귀(薛仁貴)가 군사를 거느리고 고려(高麗, 고구려)의 적봉진(赤烽鎭, 요녕성 무순시의 동쪽)을 공격하여 이를 뽑았는데, 목을 벤 것이 400여 급이었고 포로로 잡은 것이 100여 명이었

---

82) 11대 가한인 아사나하로이다.

83) 신강성 투루판현의 동쪽에 있었다.

다. 고려에서는 그들의 대장인 두방루(豆方婁)를 파견하여 무리 3만을 거느리고 이를 막았는데, 정명진은 거란(契丹)으로 맞아서 치게 하여 그들을 대파하였는데, 목을 벤 것이 2천500여 급이었다.

6 가을, 8월 갑인일(4일)에 파라애(播羅哀, 광동성 신의시 일대)의 요족(獠族)의 추장인 다호상(多胡桑) 등이 무리를 인솔하고 속으로 귀부하였다.

7 겨울, 10월 경신일(11일)에 토번(吐蕃)의 찬보(贊普)84)가 와서 결혼관계를 맺자고 청하였다.

8 중서령 이의부(李義府)가 황상에게 총애를 받았는데, 여러 아들 가운데 품에 안긴 자들도 나란히 깨끗하고 귀한 자리에 늘어서 있었다. 이의부는 탐욕스럽게 법을 어기며 만족하는 일이 없으며, 어머니와 처 그리고 여러 아들과 사위들도 관직을 팔고 송옥(訟獄)사건을 팔아먹으니 그들의 문은 저자와 같았고 대부분 붕당을 심어서 조야(朝野)를 기울이고 움직였다.

중서령 두정륜(杜正倫)은 매번 먼저 진출한 사람으로 자처하였는데, 이의부는 은총을 믿고 그 밑에 들어가지 않으려고 하니 이로 말미암아서 틈이 생겼고, 이의부와 더불어 황상 앞에서 다투었다. 황상은 대신들이 불화(不和)하자 양쪽으로 이들을 나무랐다.

11월 을유일(6일)에 두정륜을 깎아내려서 횡주(橫州, 광서성 횡현) 자사로 삼고, 이의부를 보주(普州, 사천성 안악현) 자사로 삼았다. 두정륜은 얼마 뒤에 횡주에서 죽었다.

---

84) 토번에서 군장을 부르는 말이다.

9 아사나하로(阿史那賀魯)가 이미 붙잡히고 나서85) 소사업(蕭嗣業)에게 말하였다.

"나는 본래 죽어야 할 포로인데 먼저 돌아가신 황제께서 살려 두셨고,86) 먼저 돌아가신 황제께서는 나를 후하게 대우하셨는데 나는 그에게 잘못하였으니, 오늘의 패배는 하늘이 노한 것이다.

내가 듣기로는 중국에서는 반드시 저자에서 사람에게 형벌을 준다고 하는데, 바라건대, 소릉(昭陵)의 앞에서 나에게 형을 주어서 먼저 돌아가신 황제께 사과하게 해주시오."

황상은 소식을 듣고 그를 가련하게 생각하였다.

아사나하로가 경사에 도착하자 갑오일(15일)에 소릉(昭陵)에 바쳐졌다.87) 칙령을 내려서 그의 사형을 면제해 주고 그들의 종족 부락을 나누어 여섯 개의 도독부88)로 하였다. 그에게 부속된 여러 나라들은 모두 주부(州府)를 설치하니, 서쪽으로는 파사(波斯, 이란고원)까지 갔는데, 나란히 안서(安西)도호부에 예속시켰다. 아사나하로는 얼마 안 되어 죽었고, 아사나힐리(阿史那頡利)89)의 무덤 옆에 장사 지냈다.

10 무술일(19일)에 허경종(許敬宗)을 중서령으로 삼고 대리경 신무장(辛茂將)을 겸시중으로 삼았다.

11 개부의동삼사인 악충무공(鄂忠武公)90) 울지경덕(尉遲敬德)이 죽었다.

---

85) 아사나하로(阿史那賀魯)는 서돌궐의 11대 가한인 사발라 가한이고 이 사람이 붙잡힌 것은 고종 현경 2년(657년) 12월의 일이다.

86) 이 일은 정관 22년(648년) 4월의 일이고, 그 내용은 《자치통감》 권199에 실려 있다.

87) 당의 2대 황제인 이세민의 능묘인데, 포로를 잡을 경우에 이를 능묘에 가서 잡은 사람을 고하는 것이다.

88) 폭연, 온록, 염박, 쌍하, 응사, 결산 등 여섯 도독부이다.

89) 동동궐의 13대 대가한인 아사나돌필이다.

울지경덕은 만년에 한가하게 살면서 연년술(延年術)[91]을 배우고 연못과 누대(樓臺)를 짓고 장식하면서 청상악(淸商樂)[92]을 연주하며 스스로 봉양하고 빈객들과 교통하지 않기를 무릇 16년이나 하다가 나이 일흔네 살에 병으로 끝맺으니, 조정의 은혜와 예우가 아주 두터웠다.

12 이 해에 애주(愛州, 베트남 탄호아시) 자사 저수량이 죽었다.

13 옹주(雍州)의 사사(司士, 7품 관직)인 허의(許禕)는 내제(來濟)와 사이가 좋았고, 시어사 장륜(張倫)과 이의부(李義府)는 원한 관계를 가지고 있어서, 이부상서 당림(唐臨)은 허의를 강남도(江南道, 장강 이남)순찰사로 삼고, 장륜을 검남도(劍南道, 사천성 중남부와 운남성)순찰사로 삼으라고 주문(奏文)을 올렸다.

이때에 이의부는 비록 밖에 있었으나 황후가 항상 그를 보호하였고, 당림이 사사로운 생각을 가지고 사람을 뽑아준 것으로 생각하였다.

고종 현경 4년(己未, 659년)

1 봄, 2월 울축일(18일)에 당림의 관직을 면직시켰다.

2 3월 임오일(5일)에 서돌궐의 흥석망(興昔亡) 가한이 진주(眞珠)엽호(葉護)[93]와 쌍하(雙河, 보거타 강)에서 싸워서 진주엽호를 목 베었다.

---

90) 울지경덕의 작위는 악공이었는데 죽은 다음에 시호를 충무공이라 한 것이다.

91) 목숨을 연장하는 방술이다.

92) 6조(朝) 이후에 중원에 있던 옛날 노래와 강남의 오가(吳歌), 형초(荊楚)의 사성(四聲)을 합쳐서 청상이라고 한다.

93) 흥석망(興昔亡) 가한은 12대 가한인 아사나미사이고, 엽호(葉護)는 친왕에 해당하는 직위이다. 진주엽호는 아사나힐필달도인데, 이에 관한 일은 영휘 4년(653년) 12월에

3 여름, 4월 병진일(10일)에 우지녕(于志寧)을 태자태사(太子太師)·동중
서문하삼품으로 삼고, 을축일(19일)에 황문시랑 허어사(許圉師)를 참지정
사(參知政事)로 삼았다.

4 무(武) 황후는 태위인 조공(趙公) 장손무기(長孫無忌)가 무거운 하사
품을 받았으나94) 자기를 돕지 않자 그를 깊이 원망하였다. 왕황후를 폐
출하는 것을 의논하기에 이르면서 연공인 우지녕(于志寧)은 중간에 서서
말을 하지 않아서95) 무황후는 또한 기뻐하지 않았다. 허경종(許敬宗)이
누차 이해를 가지고 장손무기에게 유세하였으나 장손무기는 매번 면대
하고 이를 끊어 버리니 허경종도 역시 원망하였다.

　무황후가 이미 세워지고 나자 장손무기는 내심 스스로 편안하지가 아
니하였는데, 황후는 허경종으로 하여금 그 틈을 엿보다가 그를 모함하게
하였다.

　마침 낙양 사람 이봉절(李奉節)이 태자선마(太子洗馬) 위계방(韋季方)과
감찰어사 이소(李巢)의 붕당에 관한 일을 알리니, 허경종과 신무장(辛茂
將)에게 칙령을 내려서 이들을 국문(鞫問)하게 하였다. 허경종은 그것을
급하게 처리하니 위계방은 스스로 찔렀으나 죽지 않는데, 허경종은 이
를 이용하여 위계방이 '장손무기와 더불어 충신과 가까운 친척을 모함
하여 권력을 장손무기에게로 돌려보내게 하고 틈을 보아 모반하려고 하
였으나 오늘 일이 발각되니 그런 연고로 자살하였다.'고 무고(誣告)하여
주문을 올렸다.

　황상이 놀라서 말하였다.

　"어찌 이런 일이 있겠는가? 외삼촌은 소인들에게 이간질을 당하였을

　　있었고, 그 내용은 《자치통감》 권199에 실려 있다.

94) 이 일은 영휘 5년(654년) 10월에 있었고, 그 내용은 《자치통감》 권199에 실려 있다.

95) 이 일은 영휘 6년(655년) 9월에 있었고, 그 내용은 《자치통감》 권199에 실려 있다.

것이고, 조금 의혹하고 막히는 일이 있었겠지, 어디 반란하는데 이르렀겠는가?"

허경종이 말하였다.

"신이 처음부터 끝까지 미루어 추적해 보니, 반란할 상황은 이미 드러났는데 폐하께서 오히려 의심하시니, 아마도 사직(社稷)의 복이 되지 않을까 걱정입니다."

황상이 눈물을 흘리며 말하였다.

"우리 집안은 불행하게도 친척들 사이에서 자주 다른 뜻을 가진 사람이 있으니, 과거에는 고양공주와 방유애가 반란을 모의하더니[96] 지금에는 으뜸가는 외삼촌이 다시 그러하였소. 짐으로 하여금 천하 사람들을 보기가 부끄럽게 하는구려. 이 일이 만약 사실이라면 어찌해야 하오?"

대답하였다.

"방유애(房遺愛)는 젖 냄새 나는 어린아이이고 한 여자와 모반하였으니, 형세가 어찌 이루어지겠습니까? 장손무기와 먼저 돌아가신 황제는 모의하여 천하를 빼앗았으며 천하 사람들은 그의 지혜에 복종하였습니다. 재상 노릇한 지가 30년이어서 천하 사람들이 그의 위엄을 두려워하고 있는데, 만약에 어느 날 가만히 드러낸다면 폐하께서 누구를 파견하여 그를 감당하게 하겠습니까? 지금 종묘의 신령함에 의지하고 황천(皇天)이 미워하고 아파하여 이 때문에 적은 일을 조사하다가 큰 간사한 일을 얻게 되었으니, 실로 천하 사람들의 경사스러운 일입니다.

신은 가만히 생각하건대 아마도 장손무기가 위계방이 스스로 찌른 것을 알고 군색하여 급히 모의한 것을 발동하여 소매를 걷어붙이고 한 번 불러대면 같은 악당들이 구름처럼 모여들어 반드시 종묘(宗廟)의 근심거리가 될까 두렵습니다.

---

96) 이 일은 영휘 3년(652년)에 있었고, 그 내용은 《자치통감》 권199에 실려 있다.

신은 옛날에 우문화급(宇文化及)과 그 아버지인 우문술(宇文述)은 양제(煬帝)가 가까이 하여 일을 맡겼던 사람이고 혼인관계를 맺고 조정의 정치를 위임하였던 것을 보았습니다. 우문술이 죽고 우문화급이 다시 금병(禁兵)을 관장하자 하룻저녁에 강도(江都)에서 난을 일으키고 먼저 자기에게 붙지 않는 사람을 죽여서 신의 집안도 역시 그 화를 입었으니,97) 이에 대신 소위(蘇威)와 배구(裴矩)의 무리들은 모두 그 말 머리에서 춤을 추었고, 오직 따라잡지 못할까만을 걱정하였으니, 날이 밝자 드디어 수(隋) 왕실을 기울게 하였습니다.98) 전에 일어났던 일은 먼 것이 아니니, 바라건대, 폐하께서 속히 이를 결정하십시오."

황상이 허경종에게 명령을 내려서 더욱 다시 깊이 살피게 하였다.

다음날 허경종이 다시 주문을 올리며 말하였다.

"어젯밤에 위계방이 이미 장손무기와 더불어 같이 반란하기로 하였다고 승인하였습니다. 신이 또한 위계방에게 물었습니다. '장손무기는 나라의 지친(至親)이고, 여러 조대(朝代)에서 총애를 받고 일을 맡았는데 무슨 원한으로 반란을 일으킨단 말이냐?'

위계방이 대답하였습니다. '한원이 일찍이 장손무기에게 말하기를 '유석과 저수량이 공(公)에게 양왕(梁王, 이충)을 태자로 세우라고 권고하였지만 지금에는 양왕이 이미 폐위되었지만 황상이 역시 공을 의심하니, 그러므로 고이행(高履行, 장손무기의 외종)을 밖으로 쫓아낸 것입니다.' 이로부터 장손무기는 근심하고 두려워하다가 점차로 스스로 편안하게 할 계책을 세웠습니다.

후에 장손상(長孫祥)이 또 나가고 한원(韓瑗)은 죄를 얻는 것을 보니,99) 밤낮으로 위계방 등과 더불어 모반하였습니다.' 신이 말을 한 상

---

97) 허경종의 아버지인 허선심은 고집부리고 우활하여 고종 무덕 원년(618년) 3월에 죽었다. 그러나 억울하게 죽은 것은 아니다.

98) 이 일은 고조 무덕 원년(618년)의 일이고, 그 내용은 《자치통감》 권186에 실려 있다.

황을 참고하고 조사하니 모두가 서로 부합하였으며, 바라건대, 체포하여 법대로 처리하십시오."

황상이 또 눈물을 흘리며 말하였다.

"외삼촌이 만약에 과연 이와 같다 하여도 짐은 결코 차마 그를 죽이지 못할 것이지만 천하 사람들이 장차 짐을 무엇이라고 할 것이며,100) 후대의 사람들이 장차 짐을 무엇이라고 하겠소?"

허경종이 대답하였다.

"박소(薄昭)는 한(漢) 문제(文帝)의 외삼촌이었으며, 문제가 대(代)에서 부터 오는데 박소도 역시 공로를 세웠습니다마는 연좌된 것은 사람을 죽인 것에 그쳤지만 문제는 백관들로 하여금 소복을 입고 곡을 하게하고 그를 죽였는데101) 지금에 이르러서 천하는 문제를 밝은 군주라고 합니다.

지금 장손무기는 두 조정의 큰 은혜를 잊고 사직을 옮기려고 모의하였으니 그 죄는 박소와는 같은 것으로 말할 수 없습니다. 다행히 간사한 상황이 스스로 드러났고 반역하는 도당들이 이끌어 자복하였는데 폐하께서 어찌 의심하시면서 오히려 일찍 결론내리지 않습니까?

옛날 사람이 한 말이 있습니다. '마땅히 잘라야 될 것을 자르지 않는다면 도리어 그 혼란을 받는다.' 안전과 위험의 기틀에선 사이에 터럭 하나도 용납하지 못하는 것입니다. 장손무기는 지금의 간사한 것들의 영웅이고 왕망(王莽)과 사마의(司馬懿)102)와 같은 무리입니다. 폐하께서 조

---

99) 고이행(高履行)이 밖으로 나간 것은 고종 현경 원년(656년) 11월의 일이고, 한원(韓瑗)이 죄를 얻은 것은 현경 2년(657년) 8월의 일이다.

100) 이 부분에 다른 판본에는 '만약에 그를 죽인다면'이라는 구절이 들어가 있다.

101) 문제 10년(기원전 170년)에 있었던 일이다.

102) 왕망(王莽)은 전한을 뒤집어엎고 신(新)을 세운 사람이고, 사마의(司馬懿)는 위를 뒤집어엎고 진(晉)을 세우는데 기초를 만든 사람이다.

금이라도 다시 미루신다면 신은 아마도 변란이 겨드랑이에서 발생할까 걱정이니, 후회해도 돌이킬 수 없습니다."

황상이 그러하다고 생각하고 끝내 장손무기를 불러서 묻지 않았다.

무진일(22일)에 조서를 내려서 장손무기의 태위와 봉읍을 삭탈하고 양주(揚州)도독으로 삼고, 검주(黔州, 사천성 팽수현)에 안치(安置)[103]하고 일품(一品)에 준하는 물품을 공급하였다. 장손상(長孫祥)은 장손무기의 당질인데 이보다 앞서 공부상서에서 쫓겨나서 형주장사가 되었으니, 그러므로 허경종은 이것으로 그를 무고하였다.

허경종이 또 주문을 올렸다.

"장손무기가 반역할 것을 모의한 것은 저수량(褚遂良)·유석(柳奭)과 한원(韓瑗)이 선동하였음으로 말미암아서 이루어진 것입니다. 유석은 이로 인하여 몰래 궁액(宮掖)과 왕래하며 짐독(鴆毒)을 시행할 모의를 행하였고, 우지녕은 역시 장손무기에게 무리로 붙었습니다."

이에 조서를 내려서 저수량의 관작을 추후로 삭탈하고, 유석·한원의 이름을 제거하였으며 우지녕의 관직을 면직시켰다. 사자를 파견하여 길에서 군사를 징발하여 장손무기를 검주로 호송하여 가게 하였다. 장손무기의 아들이자 비서감인 부마도위 장손충(長孫沖) 등도 모두 제명(除名)되어 영표(嶺表)로 유배되었다.

저수량의 아들인 저언보(褚彦甫)와 저언충(褚彦沖)은 애주(愛州, 베트남 탄호아)로 유배되었는데, 길에서 그들을 죽였다. 익주(益州)장사 고이행(高履行)은 누차 벼슬이 깎여 홍주(洪州, 치소 강서성 남창시)도독이 되었다.

---

103) 연금 상태에 두는 것이다.

측천무후에게로 돌아간 정치

5 5월 병신일(20일)에 병부상서 임아상(任雅相)과 탁지상서 노승경(盧承慶)이 나란히 참지정사(參知政事)가 되었다. 노승경은 노사도(盧思道)[104]의 손자이다.

6 양주(凉州, 감숙성 무위시) 자사 조지만(趙持滿)은 힘이 많고 활을 잘 쏘았으며 임협(任俠)을 좋아하였는데, 그의 이모가 한원의 처였으며, 그의 외삼촌인 부마(駙馬)도위 장손전(長孫銓)은 장손무기의 친척 동생이어서 장손전이 장손무기의 죄에 연루되어서 수주(巂州, 사천성 서창시)로 유배되었다.

허종경은 조지만이 어렵게 만들까 두려워하여 무고하여 이르기를 장손무기와 같이 반란하였다고 하여 우역(郵驛)에 있는 수레를 통하여 경사로 오게 하여 옥에 가두어 신문하고 고문하는 것을 다 갖추어 놓아도 끝내 다른 말이 나오지 않고, 말하였다.

"몸이야 살해될 수 있겠지만 말이야 바꿀 수가 없소."

관리는 어찌하지 못하고 마침내 대신 옥사(獄辭)[105]를 만들어서 결론을

---

104) 수 왕조의 산기상시이다.

105) 감옥에서 죄인을 심문하고 대답한 조서를 말한다.

내려서 주문을 올렸다. 무술일(22일)에 그를 죽이고 성의 서쪽에 시체를 내놓으니 친척들도 감히 보지를 못하였다.

친구 왕방익(王方翼)이 탄식하며 말하였다.

"난포(欒布)가 팽월(彭越)의 죽음에 곡하였으니106) 의로운 일이었다. 문왕(文王)은 바싹 마른 뼈를 묻어주었으니107) 어진 일이었다. 밑에서는 의로움을 잃지 않았고, 위에서는 어짊을 잃지 않았으니, 또한 옳지 아니하였는가?"

마침내 거두어서 그를 장사 지냈다.

황상은 이 소문을 들었으나 죄를 주지 않았다. 왕방익은 폐위된 황후의 사촌오빠였다. 장손전(長孫銓)이 유배된 곳에 도착하니 현령이 뜻에 맞추어 그를 때려 죽였다.

7   6월 정묘일(22일)에 조서를 내려서 ≪씨족지(氏族志)≫를 ≪성씨록(姓氏錄)≫이라 하게하였다.

애초에, 태종이 고사렴(高士廉) 등에게 ≪씨족지≫를 편찬하라고 명령하였는데,108) 올리고 내리고 버리거나 넣는 것109)이 당시에는 온당하였다고 칭찬하였다.

이때에 이르러서 허종경 등은 그 책에 무씨(武氏)가 본래 망족(望族)110)이라고 서술되어 있지 아니하였기에 이를 고치자고 주청하였고,

---

106) 한 고조 11년(기원전 196년) 3월의 일이고, ≪자치통감≫ 권12에 실려 있다.

107) ≪신서잡사(新序雜事)≫ 제5에 실려 있는 내용이다. 주의 문왕이 영대(靈臺)의 연못을 만들 때에 땅을 파니 죽은 사람의 뼈가 나왔다. 문왕은 관리들로 하여금 염습하고 관을 마련하여 묻어 주게 하였다.

108) 이 일은 정관 12년(638년) 정월에 있었고, 그 내용은 ≪자치통감≫ 권195에 실려 있다.

109) 성씨별로 명망 있는 순서에 따라서 정리하는 과정을 말한다.

110) 사회적으로 명망 있는 가계라는 말이다.

마침내 예부낭중 공지약(孔志約) 등에게 명령하여 같은 것을 비교하여 올리거나 내렸고, 황후의 족속을 제일등으로 하였고, 그 나머지는 모두 당의 관품이 높고 낮음을 기준으로 하여 무릇 아홉 등급으로 하였다.

이에 사졸들은 군사적인 공로를 가지고 지위가 5품에 이르면 사류(士類)에 집어넣으니, 당시의 사람들은 이를 '훈격(勳格)'이라고 하였다.

8 허종경이 봉선(封禪)의 의식을 논의하다가 기사일(24일)에 주문을 올려서 말하였다.

"바라건대, 고조와 태종은 모두 호천상제(昊天上帝)에 배향하시고 태목(太睦)과 문덕(文德)111) 두 황후는 모두 황지기(皇地祇)112)에 배향하십시오."

이를 좇았다.

9 가을, 7월에 어사에게 명령하여 고주(高州, 광동성 고주시 동북쪽)로 가서 장손은(長孫恩)을 뒤쫓고, 상주(象州, 광서성 상주현)로 가서 유석(柳奭)을 뒤쫓으며, 진주(振州, 해남성 삼아시 서쪽 애성진)로 가서 한원(韓瑗)을 뒤쫓아서 나란히 형틀과 족쇄(足鎖)를 채워서 경사로 오게 하였으며, 이어서 주와 현에 명령을 내려서 그 집안을 기록하게 하였다. 장손은은 장손무기의 집안 동생이다.

임인일(27일)에 이적·허종경·신무장(辛茂藏)과 임아상(任雅相)·노승경(盧承慶)에게 명령을 내려서 장손무기의 사건을 다시 함께 조사하라고 하였다. 허종경은 또 중서사인 원공유(袁公瑜) 등을 파견하여 검주(黔州, 사천성 팽수현)로 가서 다시 장손무기의 반역한 상황을 국문(鞫問)하게 하니, 도착하여서는 장손무기를 압박하여 스스로 목매어 죽게 하였다.

---

111) 태목은 당 고조 이연의 정비인 두(竇)태후이며, 문덕은 태종 이세민의 정비인 장손태후이다.

112) 황지 즉 땅의 신령을 말한다.

조서를 내려서 유석과 한원은 도착한 곳에서 참수(斬首)하도록 판결하였다. 사자가 유석을 상주에서 죽였다. 한원은 이미 죽었기에 시체를 꺼내어 조사하여 가지고 돌아왔다. 세 집안을 적몰(籍沒)[113]하였고, 가까운 친척은 모두 영남(嶺南, 남령의 이남)으로 유배시켜 노비로 삼았다. 상주자사 장손상(長孫祥)은 장손무기와 편지를 주고받았다는 죄에 연좌되어 교수형(絞首刑)에 처해졌다. 장손은(長孫恩)은 단주(檀州, 북경 밀운현)로 유배되었다.

10 8월 임자일(8일)에 보주(普州) 자사 이의부(李義府)를 겸이부상서 · 동중서문하삼품으로 삼았다. 이의부는 이미 귀하게 되자 스스로 본래 조군(趙郡) 출신으로 여러 이(李) 씨[114]와는 소목(昭穆)[115]으로 서열에 올라 있다고 말하였다. 무뢰(無賴)한 무리들은 그의 권세에 의지하려고 절하며 엎드려 형이나 삼촌이 된 사람이 아주 많았다.

급사중 이숭덕(李崇德)은 처음에 같은 가보(家譜)에 들어가 있었으나 이의부가 내쫓겨서 보주 자사가 되자[116] 즉각 그를 제거하였다. 이의부가 이 소식을 듣고 이를 악 물었는데 다시 등용이 되자 사람을 시켜서 그의 죄를 무고하여 얽어매어 하옥시키니, 자살하였다.

11 을묘일(11일)에 장손씨(長孫氏)와 유씨(柳氏) 가운데 장손무기와 유석으로 연결되어 벼슬이 깎이거나 강등된 사람이 13명이었다. 고이행(高

---

113) 호적을 없애고 재산을 몰수하는 것이다. 노비의 신분으로 되는 것을 말한다.

114) 남북조시대에 북위의 국성(國姓)이었다.

115) 고대 종법제도에서 종묘에 올리는 차례를 말한다. 시조는 중앙에 놓고 조부의 위패를 차례대로 놓는데 왼쪽에 놓는 것을 소라 하고 오른쪽에 놓는 것을 목이라 하였다. 여기에서 소목은 일반적으로 종족을 범칭하는 말로 사용하고 있다.

116) 이 사건은 지난해(658년) 11월에 있었던 사건이다.

履行)은 영주(永州, 호남성 영주시) 자사로 깎였다. 우지녕(于志寧)은 영주
(榮州, 사천성 영현) 자사로 깎였으며, 우씨 가운데 깎인 사람이 9명이었
다. 이로부터 정치는 중궁(中宮)117)으로 돌아갔다.

12 9월에 조서를 내려서 석(石, 중앙아시아 타시겐트)·미(米, 중앙아시아
줌보이)·사(史, 중앙아시아 사리사브)·대안(大安, 중앙아시아 부카라)·소안
(小安, 중앙아시아 나보이)·조(曹, 중앙아시아 이시트칸)·읍달(悒怛, 아프가
니스탄 마자이샤리프)·소륵(疏勒, 신강성 카스시)·주구반(朱駒半, 신강성 엽
성현) 등의 나라에 주·현부(州·縣府)118) 127개를 설치하였다.

13 겨울, 10월 병오일(3일)에 태자에게 원복(元服)119)을 입혔고, 천하
를 사면하였다.

14 애초에, 태종은 산동(山東)의 사인(士人)들이 스스로 자기들의 문벌
지위를 자랑하면서 혼인할 때에 자산과 재물을 많이 요구하는 것을 싫
어하여 ≪씨족지≫를 편찬하면서 한 등급씩을 내리도록 명령하였다. 왕
비(王妃)·공주와 혼인한 사위는 모두 공훈을 세운 신하들의 집안에서
찾았고, 산동의 족속들과 논의하지 않았다.
   그러나 위징·방현령·이적의 집안은 모두 이들과 더불어 혼인하는
일을 많이 하여 항상 이들을 옆에 두었으므로 이로 말미암아서 옛날부
터 있던 명망 있는 집안은 줄지 않았다. 혹 한 성(姓) 가운데에서도 어

---

117) 황후가 거처하는 곳으로 동궁과 서궁과 별도로 있는데, 황후를 지칭하는 말이 되고
    있다.
118) 주나 현에 설치한 관부라는 말이지만 여기서는 군사주둔지를 말한다.
119) 원은 으뜸이므로 머리를 가리키는 말이다. 머리에 입히는 모자란 관(冠)을 말하는
    것이므로 관례를 치렀다는 말이다.

느 방(房)·어느 권(眷)120)으로 나누니 높고 낮은 것이 현격(懸隔)하였다.

이의부는 그의 아들을 위하여 혼인을 요구하였다가 얻어내지 못하자 이를 한스럽게 생각하였으니, 그러므로 먼저 돌아가신 황제의 뜻을 가지고 황상에게 그 폐단을 고치도록 권고하였다.

임술일(19일)에 조서를 내려서 후위(後魏)시대의 농서(隴西, 감숙성 농서현) 사람 이보(李寶)·태원(太原, 산서성 태원현) 사람 왕경(王瓊)·형양(滎陽, 하남성 형양현) 사람 정온(鄭溫)·범양(范陽, 하북성 탁주시) 사람 노자천(盧子遷)과 노혼(盧渾)과 노보(盧輔)·청하(淸河, 산동군 임청시) 사람 최종백(崔宗伯)과 최원손(崔元孫)·전연(前燕)시대의 박릉(博陵, 하북성 안평현) 사람 최의(崔懿)·진(晉)시대의 조군(趙郡, 하북성 고읍현) 사람 이해(李楷) 등의 자손은 스스로 혼인할 수 없게 하였다.121) 이로 인하여 천하에서 시집가는 여자는 재물을 받는 수량과 배문재(陪門財)122)를 받을 수 없도록 확정하였다.

그러나 집안에 명망이 있게 되면 때에 따라서 숭상하는 바가 되니, 끝내는 금지할 수가 없었고, 혹은 여자를 실어서 지아비의 집으로 훔쳐 보내고, 딸을 늙히면서도 시집을 보내지 않아서123) 끝내 다른 성(姓)과는 혼인하지 않았다. 그들 가운데 쇠퇴한 집안은 가보(家譜)에서 떨어져 나가고 소목(昭穆)에서 맞지 않는 사람은 왕왕 도리어 스스로 금혼가(禁婚

---

120) 같은 성 안에서도 지파를 나누거나, 정처의 자손이나 첩실의 자손이냐를 구분하는 것을 말한다. 예컨대 서자의 자손은 적자의 자손보다 못하며, 첩실의 자손은 정실의 자손보다 못하다고 하는 것을 말한다.

121) 이들 좋은 집안사람들은 서로 마음대로 혼인 관계를 맺지 못하고 허락을 받게 한 것이다.

122) 여자 집안의 명망이 높지 않고 혼인하는 집안에 맞지 않게 되면 그에 해당하는 만큼의 재물을 남자의 집안에 보내는 것을 말한다.

123) 지체가 낮은 집안과 혼인하지 않는 풍조를 말한다.

家)124)라고 칭하여 더욱 값을 늘리고 후하게 하였다.

15 윤월(윤10월) 무인일(5일)에 황상은 경사를 떠나면서 태자로 하여금 감국(監國)을 하게 하였다. 태자가 사모하는 것125)을 그치지 않으니 황상이 이 소식을 듣고 급히 불러서 행재소(行在所)126)에 오게 하였다. 무술일(25일)에 거가가 동도(東都)에 도착하였다.

16 11월 병오일(4일)에 허어사(許圉師, 황문시랑)를 산기상시 · 검교시중(檢校侍中)으로 삼았다.

17 무오일(16일)에 시중 겸 좌서자(左庶子)인 신무장(辛茂將)이 죽었다.

18 사결(思結, 몽골 巴彦洪戈爾시)의 기근(俟斤)인 도만(都曼)이 소륵(疏勒) · 주구파(朱俱波) · 알반타(謁般陀) 세 나라127)를 인솔하여 반란을 일으켜서, 우전(于闐, 신강성 화전 일대)을 쳐서 깨뜨렸다. 계해일(21일)에 좌교위(左驍衛) 대장군인 소정방을 안무(安撫) 대사로 삼아 그를 토벌하게 하였다.

---

124) 법률로 명문집안이라 하여 혼인에 허락을 받아야 하는 집안이라고 지정되었기 때문에 그러한 점에서 금혼가인 것이다. 따라서 마음대로 결혼관계를 맺을 수 없을 만큼 지체 높은 집안이라는 것을 정부가 지정한 셈이 되는 것이다.

125) 감국이란 황제가 도성을 떠났을 때 도성에 머무르며 국가의 모든 행정을 감독하는 업무이인데 이때에 태자 이홍의 나이는 겨우 7살이었으므로 사실상 감국할 수 없었는데 명목상 감국을 명한 것이며. 태자는 나이가 어려서 부모인 황제와 황후를 떨어지기 싫어한 것이다.이홍은 그 후에 죽어서 황제에 오르지 못했다.

126) 황제가 궁성을 떠나서 머무르는 곳을 말한다.

127) 기근(俟斤)은 군사령관에 해당하는 직책이고, 도만(都曼)이 인솔한 소륵(疏勒) · 주구파(朱俱波) · 알반타(謁般陀) 세 나라는 모두 신강성에 위치하였다.

19 노승경(盧承慶)을 중서문하삼품으로 삼았다.

20 우령군(右領軍) 중랑장 설인귀(薛仁貴) 등이 고려의 장수인 온사문(溫沙門)과 횡산(橫山, 요녕성 요양시)에서 싸워서 그를 깨뜨렸다. 128)

21 소정방의 군대가 업엽수(業葉水, 신강성 사만현을 거쳐 감)에 도착하니 사결(思結)은 마두천(馬頭川, 신강성 윤태현 서쪽 300리)을 지키고 있었다. 소정방이 정예의 병사 1만과 기마(騎馬) 3천 필을 선발하여 달려가서 그를 습격하게 하니, 하루 밤낮으로 300리를 가서 아침이 될 즈음에 성 아래에 도착하였는데, 도만(都曼)이 크게 놀랐다.

성 밖에서 싸웠는데, 도만이 패배하였고 물러가서 그 성을 지켰다. 저녁이 되자 여러 군사들이 계속 뒤를 이어 와서 드디어 그곳을 포위하자 도만이 두려워서 나와 항복하였다.

---

128) 이 부분은 ≪삼국사기≫ 권22 고구려본기 보장왕 하에도 기록되어 있다. 그런데 ≪삼국사기≫에 실린 문장은 고려(高麗)를 아(我)라고 바꾼 것 외에는 ≪자치통감≫의 이 부분과 완전히 같다. 그런데, ≪삼국사기≫에서 주어를 ≪자치통감≫과 같이 설인귀로 했는지 모르겠다. 우리 입장에서 역사를 기록한다면 비록 ≪자치통감≫의 자료를 인용한다고 하더라도 주어를 온사문으로 하고, 온사문이 패배한 것으로 구성해야 옳다. 그런데도 불구하고 설인귀가 고려를 격파했다고 써서 설인귀의 전적을 올리는 느낌을 갖도록 한 결과를 초래하였다. ≪삼국사기≫에는 이러한 부분이 자주 눈에 띈다.

당의 한반도 침략

고종 현경 5년(庚申, 660년)

1 봄, 정월에 소정방이 건양전(乾陽殿)에서 포로를 바쳤다. 법사(法司)129)
가 도만을 주살할 것을 주청하였다. 소정방이 청하였다.

 "신이 죽이지 않을 것을 허락하였으니, 그러므로 나와서 항복한 것입
니다. 바라건대, 그의 여생을 살려 주십시오."

황상이 말하였다.

 "짐은 법을 구부려서 경의 신의(信義)를 온전하게 하겠소."

마침내 그를 사면하였다.

2 갑자일(23일)에 황상이 동도를 출발하였다. 2월 신사일(10일)에 병주
(幷州, 산서성 태원시)에 도착하였다. 3월 병오일(5일)에 황후가 친척들과
옛날 친구들과 이웃 마을 사람들에게 조당(朝堂)에서 연회를 베풀고, 부
인들에게는 내전(內殿)에서 베풀었는데, 나누어 내려 준 것이 차등이 있
었다.130)

---

129) 법을 담당한 부처이다.

130) 황후인 무조(武照)는 병주 문수(산서성 무수현) 사람으로 금의환향한 것이다.

조서를 내려서 말하였다.

"병주에 사는 부인으로 나이 여든 살 이상은 모두 군군(郡君)으로 판수(版授)131)한다."

3 백제는 고려가 원조할 것을 믿고 자주 신라를 침략하였는데, 신라왕 김춘추(金春秋)는 표문을 올려서 구원하여 주기를 요구하였다. 신해일(10일)에 좌무위(左武衛) 대장군 소정방(蘇定方)을 신구도(神丘道) 행군대총관으로 삼아 좌교위(左驍衛) 장군 유백영(劉伯英) 등을 인솔하고 수군과 육군 10만으로 백제를 정벌하게 하였다. 김춘추를 우이도(嵎夷道) 행군총관으로 삼아서 신라(新羅)의 무리를 거느리고 그와 세력을 합치게 하였다.

4 여름, 4월 병인일(8일)에 황상이 병주(幷州)를 출발하였는데 계사일(23일)에 동도(東都)에 도착하였다. 5월에 합벽궁(合璧宮)을 짓고 임술일(22일)에 황상이 합벽궁에 행차하였다.

5 무진일(23일)에 정양(定襄, 내몽골 錫林郭勒盟의 북부)도독 아사덕추빈(阿史德樞賓)과 좌무후(左武候) 장군 연타제진(延陀梯眞)과 거연(居延, 내몽골 哲里木盟)도독 이합주(李合珠)가 나란히 냉천도(冷岍道) 행군총관이 되어 각기 소속부대의 병사를 거느리고 반란을 일으킨 해(奚, 요하 상류)를 토벌하게 하였고, 이어서 상서우승 최여경(崔餘慶)에게 명령하여 3부의 병사를 전체적으로 감호(監護)하는 업무에 충임하니, 해는 얼마 후에 바로 사자를 파견하여 항복하였다.

다시 아사덕추빈을 사전도(沙磚道) 행군총관으로 삼아서 거란(契丹)을 토벌하고 거란의 송막(松莫, 내몽골 巴林右旗)도독인 야율아복고(耶律阿卜

---

131) 여자에게 주는 작위를 군(君)이라고 하는데, 군군(郡君)은 정4품과 종4품, 정5품이 있으며, 판수(版授)는 관직이나 봉함을 실제로는 주지 않고 명목만 주는 것을 말한다.

固)를 사로잡아 동도로 호송하였다.

6   6월 초하루 경인일에 일식이 있었다.

7   갑오일(25일)에 거가가 낙양궁으로 돌아왔다.

8   방주(房州, 호북성 방현) 자사인 양왕(梁王) 이충(李忠)은 나이가 점점 들면서 자못 스스로 편안하지 아니하여 혹 사사롭게 부인들의 복장을 입고 자객에 대비하면서 또 자주 스스로 길흉(吉凶)을 점쳐 보았다.

어떤 사람이 그러한 일을 고발하자, 가을, 7월 을사일(6일)에 이충을 폐위시켜서 서인(庶人)으로 삼고, 검주(黔州, 사천성 팽성현)로 귀양 보내어 이승건(李承乾)132)의 옛날 집에 가두었다.

9   정묘일(28일)에 탁지상서 · 동중서문하삼품인 노승경(盧承慶)이 과조(科調)133)에서 실수한 것에 연루되어 면직되었다.

10   8월에 토번(吐蕃)의 녹동찬(祿東贊)이 그의 아들인 기정(起政)을 파견하여134) 군사를 거느리고 토욕혼(吐谷渾)을 공격하였는데, 토욕혼이 내부적으로 귀부하였던 연고였다.

11   소정방이 군사를 이끌고 성산(成山, 산동성 영성시 동북쪽 성산각)에서

---

132) 이충은 전에 태자였다가 폐위되었으며, 이때에 열여덟 살이 되었고, 이승건의 사건은 태종 정관 17년(643년) 9월에 있었다.

133) 특산물을 부과하는 것이다. 대부분 임시로 부과하는 조세를 말한다.

134) 녹동찬은 토번의 재상이며, 태종 정관 14년(640년) 윤10월에 당에 사신으로 온 적이 있다.

부터 바다를 건너니, 백제는 웅진강(熊津江, 금강) 입구를 점거하고 이를 막았다. 소정방이 진격하여 그들을 깨뜨리니 백제의 죽은 사람이 수천 명이고 나머지는 모두 무너져서 달아났다. 소정방은 바다와 육지로 일제히 나아가서 곧바로 그들의 도성(都城)135)으로 나아갔다.

아직 다다르기에 20여 리가 못 미친 지점에서 백제는 나라를 기울여서 와서 싸웠지만 그들을 대파하고 1만여 명을 죽이고 도망하는 사람들을 뒤좇아 가서 그 성곽으로 들어갔다. 백제왕 부여의자(扶餘義慈)와 태자 부여융(扶餘隆)이 북쪽 경계로 도망하니, 소정방은 나아가서 그 성을 포위하였다. 의자의 두 번째 아들인 부여태(扶餘泰)가 스스로 서서 왕이 되어 무리를 거느리고 굳게 지켰다.

부여융의 아들인 부여문사(扶餘文思)가 말하였다.

"왕과 태자가 모두 있는데, 숙부께서 갑자기 군사를 가지고 스스로 왕이 되니, 설사 당의 군사를 물리친다고 하여도 우리 부자는 반드시 온전하지 아니할 것입니다."

드디어 좌우에 있는 사람들을 거느리고 성을 넘어 와서 항복하였고 백성들은 모두 그를 좇았는데 부여태는 멈추게 할 수가 없었다.

소정방이 군사들에게 명령하여 성에 올라가 깃발을 꽂게 하니 부여태는 군색하고 급박하여 성문을 열고 명령을 듣게 해달라고 청하였다. 이에 부여의자와 부여융과 여러 성주들이 와서 모두 항복하였다.136)

백제는 옛날에 다섯 부(部)를 가지고 있었는데, 37개의 군과 200개의 성, 76만 호로 나누어 통치하였다. 조서를 내려서 그 땅에 웅진(熊津) 등 다섯 개의 도독부137)를 설치하고 그들의 추장을 도독과 자사로 삼았

---

135) 《북사》를 보면, 백제는 구발성(俱拔城)에 도읍하였는데, 고마성(固麻城)이라고도 하였다. 그 외에 다섯 개의 성이 있었는데, 중방에는 고사성(古沙城), 동방에는 득안성(得安城), 남방에는 구지하성(久知下城), 서방에는 도선성(刀先城), 북방에는 웅진성(熊津城)이 있다고 하였다.

136) 백제는 건국한 지 31왕 678년 만에 망하였다.

다.

12 임오일(14일)에 좌무위(左武衛) 대장군 정인태(鄭仁泰)가 군사를 거느리고 사결(思結)·발야고(拔也固, 내몽골 呼倫湖 서쪽)·복골(僕骨, 몽골 동부)·동라(同羅, 몽골 울란바토르)의 네 부(部)를 토벌하였는데, 세 번 싸워서 모두 승리하고서 도망하는 것을 쫓아서 100리를 가서 그들의 추장을 목 베고 돌아왔다.

13 겨울, 10월에 황상은 처음에 바람으로 아찔하고 머리가 무거운 것으로 고생하다가 눈으로 볼 수 없게 되자,138) 백사(百司, 모든 관청)에서 일에 관하여 상주하면 황상이 때로는 황후로 하여금 이를 결재하도록 하였다. 황후는 성품이 밝고 민첩하였으며 문학과 역사를 두루 섭렵하여 일을 처리하였는데 모두가 황제의 뜻에 맞았다. 이로 말미암아서 비로소 정사(政事)를 위임하여 권력이 인주(人主)와 같아졌다.

14 11월 초하루 무술일에 황상이 측천문(則天門, 남쪽 성문)의 문루(門樓)에 행차하여 백제의 포로들을 받아가지고 그 왕인 부여의자부터 그 이하를 모두 풀어 주었다. 소정방은 앞뒤로 세 나라139)를 멸망시켜서 모두 그 주군을 산 채로 잡아왔다. 천하를 사면하였다.

15 갑인일(17일)에 황상이 허주(許州, 하남성 허창시)에 행차하였다. 12

---

137) 호삼성은 당이 백제지역에 설치한 다섯 도독부를 웅진(熊津), 마한(馬韓), 동명(東明), 금련(金連), 덕안(德安)이라고 하였는데, ≪삼국사기≫에는 금련을 금련(金漣)이라고 하였다.

138) 고종의 이러한 병세를 현재 대체적으로 고혈압과 당뇨병으로 판단하고 있다.

139) 서돌궐의 사발라 가한인 아사나하로(657년)와 사결 부락의 우두머리인 도만(659년), 그리고 백제왕인 부여의자를 말한다.

월 신미일(5일)에 장사(長社, 허주의 치소)에서 사냥을 하였다. 기묘일(13일)에 동도(東都)로 돌아왔다.

16   임오일(16일)에 좌교위(左驍衛) 대장군 글필하력(契苾何力)을 패강도(浿江道) 행군대총관으로 삼고, 좌무위(左武衛) 대장군 소정방을 요동도(遼東道) 행군대총관으로 삼으며, 좌교위(左驍衛) 장군 유백영(劉伯英)을 평양도(平壤道) 행군대총관으로 삼고, 포주(蒲州) 자사 정명진(程名振)을 누방도(鏤方道) 총관으로 삼아 군사를 거느리고 길을 나누어서 고려(高麗)를 치게 하였다.

청주(靑州) 자사 유인궤(劉仁軌)는 바닷길의 운송을 감독하다가 배가 뒤집혔던 것에 연좌되어서 백의를 입고[140] 종군(從軍)하면서 스스로 힘을 바쳤다.

고종 용삭(龍朔) 원년(辛酉, 661년)

1   봄, 정월 을묘일(19일)에 하남(河南)과 하북(河北)과 회남(淮南)의 67개 주의 군사를 모집하여 4만4천여 명을 얻어서 평양과 누방(鏤方)에 있는 행영(行營)으로 가게 하였다. 무오일(22일)에 홍려경(鴻臚卿) 소사업(蕭嗣業)을 부여도행군총관으로 삼고 회흘(回紇) 등의 여러 부(部)의 군사를 인솔하여 평양으로 가게 하였다.

2   2월 그믐 을미일에 기원(紀元)을 고쳤다.

3   3월 초하루 병신일에 황상이 여러 신하와 외이(外夷)와 더불어 낙성

---

140) 관복을 입지 않고 평민의 옷을 입고 직무를 수행한 것이다.

문(洛城門)에서 연회를 베풀면서 둔영(屯營)에서 새로 가르친 무용(舞踊)을 관람하였는데, 이를 <일융대정악(一戎大定樂)>141)이라고 하였다. 이때에 황상은 고려를 친히 정벌하려고 하여 무력의 위세를 사용하는 것을 상징하였다.

4 애초에, 소정방이 이미 백제를 평정하고 나서 낭장 유인원(劉仁願)을 남겨두어 백제의 부성(府城)142)을 지키게 하였고, 또한 좌위중랑장 왕문도(王文度)를 웅진도독으로 삼아 그 남은 무리들을 어루만지게 하였다.

왕문도는 바다를 건너다가 죽으니, 백제의 승려인 도침(道琛)과 옛날 장수였던 복신(福信)이 무리를 모아서 주류성(周留城, 한산성)을 점거하고 옛날 왕의 아들인 부여풍(夫餘豐)을 왜국(倭國)에서 영접하여서 그를 세우고 군사를 이끌고 유인원을 부성(府城)에서 포위하였다.

조서를 내려서 유인궤(劉仁軌)를 발탁하여 검교(檢校) 대방주(帶方州, 사리원성) 자사로 하여143) 왕문도의 무리를 거느리고 편리한대로 길을 가서 신라의 군사를 징발하여 유인원을 구원하게 하였다. 유인궤는 기뻐서 말하였다.

"하늘이 꼭 이 늙은이를 부귀하게 하겠구나!"

주사(州司)에서 <당력(唐曆)>과 묘휘(廟諱)144)를 요구하고서 떠나면서

---

141) 한 명의 군인이 대평정을 한다는 의미이다. 이 음악을 연주하고 무용을 하는데 무용하는 사람이 140명이고, 무용을 할 때 몸에는 오색의 갑옷을 입고 손에는 창을 들었다. 또 무용할 때에 전고를 치니 그 소리가 100리 밖까지 들렸고 기세가 대단히 웅장하였다. 그리하여 사람들로 하여금 피가 끓어오르게 하는 것이다.

142) 웅진도독부가 있는 성 즉, 사비성을 말한다.

143) 원래 유인궤는 청주자사인데, 현재는 백의종군하고 있는 상태였다. 검교란 현재 가지고 있는 직책의 지위를 가지고 새로운 직책의 업무를 수행하도록 한 관직임명 방식이다. 후에 검교직이 많아졌다. 유인궤는 청주자사의 지위를 가지고 대방자사의 업무를 수행하게 된 것이다.

144) 유인궤가 청주 자사였다가 백의종군하고 있으므로 주사란 청주부를 말하는 것이고,

말하였다.

"내가 동이(東夷)를 쓸어 평정하고 위대한 당(唐)의 정삭(正朔)을 해외에 반포할 것이오."

유인궤는 군사를 통제하는 것이 엄정하였고, 돌아다니며 싸우면서 나아갔는데, 향하는 곳은 모두가 떨어졌다.

백제가 웅진강(熊津江, 금강) 입구에 두 개의 목책을 세우니, 유인궤가 신라 군사들과 합쳐서 공격하여 이를 깨뜨렸는데, 죽이거나 물에 빠져 죽은 사람이 1만여 명이었다. 도침은 마침내 부성(府城)의 포위를 풀고 물러나서 임존성(任存城, 대흥성)을 보존하였는데, 신라도 양식이 다하자 군사를 인솔하여 돌아갔다.

도침은 스스로 영군(領軍)장군이라고 하고, 복신은 스스로 상잠(霜岑)장군이라고 하면서 무리들을 불러 모으니, 그 형세는 더욱 많아졌다. 유인궤의 무리는 적어서 유인원과 군사를 합쳐가지고 사졸들을 쉬게 하였다.

황상은 신라에 조서를 내려서 출병하게 하자 신라왕 김춘추는 조서를 받들고 그의 장수인 김흠(金欽)을 파견하여 군사를 거느리고 유인궤를 구원하게 하였는데, 고사(古泗, 고부)에 이르니 복신이 맞아 쳐서 그를 패배시켰다. 김흠은 갈령도(葛嶺道)에서 숨어서 신라로 돌아갔고 다시 감히 나오지 못하였다. 복신은 얼마 있다가 도침을 죽이고 그 나라의 군사를 오로지 다스렸다.

5 여름, 4월 정묘일(3일)에 황상이 합벽궁(合璧宮)에 행차하였다.

6 경진일(16일)에 임아상(任雅相)을 패강도(浿江道) 행군총관으로 삼고,

<그力>은 당 황실에서 사용하는 역서(曆書)이며, 묘휘는 당의 종묘에 모신 황제들의 이름을 말한다.

글필하력을 요동도행군총관으로 삼고, 소정방을 평양도행군총관으로 삼았으며, 소사업(蕭嗣業)145)과 여러 흉노 병사들 무릇 35개의 군대와 더불어 육지와 바다로 길을 나누어서 나란히 나아가게 하였다.

황상은 스스로 대군(大軍)을 거느리고 그 뒤를 이으려고 하였다. 계사일(29일)에 황후가 반대하는 표문을 올려서 고려를 친히 정벌하는 것을 간(諫)하였다. 조서를 내려서 이를 좇았다.

7 6월 계미일(19일)에 토화라(吐火羅, 아프가니스탄 하나바드) · 엽달(嚈噠, 아프가니스탄 마자이사리프) · 계빈(罽賓, 아프가니스탄 카불) · 파사(波斯, 이란고원) 등 16개 나라146)에 도독부 8개, 주(州) 76개, 현(縣) 110개, 군부(軍府) 126개를 설치하고 나란히 안서(安西)도호부에 예속시켰다.

8 가을, 7월 갑술일(11일)에 소정방이 고려를 패강에서 깨뜨리고 여러 번 싸워서 모두 승리하고 드디어 평양성을 포위하였다.

9 9월 초하루 계사일에 특진(特進)인 신라왕 김춘추가 죽었다. 그의 아들인 김법민(金法敏)147)을 낙랑군왕 · 신라왕으로 책봉하였다.

10 임자일(20일)에 노왕(潞王) 이현(李賢)을 옮겨서 패왕(沛王)으로 삼았다. 이현은 왕발(王勃)이 문장을 잘 쓴다는 소식을 듣고 불러서 수찬(修撰)으로 삼았다. 왕발은 왕통(王通)148)의 손자이다.

---

145) 부여도행군총관이다.

146) 이상의 네 나라 외에 가달라지국, 해소국, 골돌국, 범연국, 석간나국, 호시건국, 달몰국, 오라갈국, 다륵건국, 구밀국, 호밀국, 구월득건국 등이다. 대체적으로 중앙아시아와 아프가니스탄에 있던 나라들이었다.

147) 김춘추는 신라 29대 무열왕이고, 김법민은 신라 30대 문무왕이다.

이때에 여러 친왕들이 투계(鬪雞)를 하였는데, 왕발이 '격주왕계문(檄周王雞文)' 149)이라는 글을 써서 놀렸다. 황상이 이를 보고 화가 나서 말하였다.

"이것은 마침내 서로 바꾸어 가며 얽어매는 일을 점차로 나타나게 할 것이다."

왕발을 배척하여 패왕부에서 쫓아냈다.

11 고려(高麗)150)의 연개소문은 그의 아들인 연남생(淵男生)151)을 파견하여 정예의 병사 수만을 가지고 압록수(鴨綠水)를 지키게 하여서, 여러 군사들은 건널 수가 없었다. 글필하력(契苾何力)이 도착하였는데 마침 물이 얼어서 크게 합쳐지자 글필하력은 무리를 이끌고 얼음을 타고 물을 건너서 북을 울리며 나아가니 고려는 크게 무너졌고 달아나는 것을 쫓아서 수십 리를 갔는데, 목을 벤 것이 3만 급이었고, 나머지 무리들은 모두 항복하였다. 연남생은 겨우 몸만 죽음을 면하였다. 마침 군사를 회군시키라는 조서가 있어서 마침내 돌아왔다.

12 겨울, 10월 정묘일(5일)에 황상이 육혼(陸渾, 사남성 숭현)에서 사냥

---

148) 왕통은 수 말기에 대유(大儒)였고, 이에 관한 일은 정관 4년(630년) 9월에 있었다.

149) 중종이 영왕(英王) 시절에 패왕 이현(李賢)은 이미 태자였으므로 마땅히 주왕(周王)이라고 해야 할 것이다.

150) 고구려를 지칭한다. 이 자료에서는 고구려를 고려로 표기하고 있다.

151) 연개소문의 성이 연(淵)인가 연개(淵蓋)인가에 대한 이설이 있다. ≪자치통감≫의 작자 입장에서는 성을 연(淵)으로 본 것으로 보인다. 연개소문을 말할 때에 천개소문(泉蓋蘇文)이라고 하여 연(淵)만을 피휘(避諱)하였으며, 그 후에는 계속하여 개소문(蓋蘇文)이라고 하여 성(姓)을 빼고 기록하였다. 성을 빼고 기록하는 것은 통감필법에서 흔히 있는 일이므로 개소문이라고 한 것은 성을 뺀 것으로 보아도 될 것이다. 이 부분에서의 원문은 역시 개소문과 그 아들인 남생으로 기록하였으므로 모두 성을 뺀 기록으로 보았다. 만약에 이 부분에서 연개소문의 성을 기록한 것으로 본다면 성은 개(蓋)가 되고 연개가 되지 않는다.

을 하였고, 무신일152)에 비산(非山, 하남성 이천현 서쪽)으로 갔다가 계유일(11일)에 궁궐로 돌아왔다.

13 회흘(回紇)의 추장인 낙라갈파윤(樂羅葛波閏)이 죽고, 조카인 낙라갈비속독(樂羅葛比粟毒)이 대신 그 무리를 거느리고 동라(同羅), 몽골, 울란바토르의 북쪽)·복고(僕固, 몽골 동부)와 더불어 변경을 침범하니, 좌무위대장군 정인태(鄭仁泰)에게 조서를 내려서 철륵도(鐵勒道) 행군대총관으로 삼고, 연연(燕然 ; 내몽골 오이라트) 도호 유심례(劉審禮)와 좌무위장군 설인귀(薛仁貴)를 부장(副將)으로 삼고, 홍려경 소사업(蕭嗣業)을 선악도(仙蕚道) 행군총관으로 삼고, 우둔위장군 손인사(孫仁師)를 부장(副將)으로 삼아 군사를 거느리고 이를 토벌하게 하였다. 유심례는 유덕위(劉德威)153)의 아들이다.

고종 용삭 2년(壬戌, 662년)

1 봄, 정월 신해일(21일)에 파사(波斯, 이란 짜볼)도독 비로사(卑路斯)를 세워서 파사왕으로 삼았다.

2 2월 갑자일(4일)에 백관의 명칭을 고쳤다. 문하성을 동대(東臺)라 하고, 중서성을 서대(西臺)라 하고, 상서성을 중대(中臺)라 하고, 시중을 좌상(左相)이라 하고, 중서령을 우상(右相)이라 하며, 복야를 광정(匡政)

---

152) 통감필법으로 보아 무신일은 10월인데, 10월 1일이 계해일이므로 10월 중에는 무신일이 없다. 다만 ≪신당서≫에는 이 일이 무진일에 있었다고 기록하였고, 무진일이면 6일이다. 다음에 오는 계유일도 날짜의 순서에 잘 맞으므로 무신은 무진의 잘못으로 보인다.

153) 유덕위에 관한 일은 태종 정관 11년(637년) 정월에 있었고, 그 내용은 ≪자치통감≫ 권154에 실려 있다.

이라 하고, 좌 · 우승을 숙기(肅機)라 하고, 상서를 태상백(太常伯)이라 하고, 시랑을 소상백(少常伯)이라 하였다. 그 나머지 24개의 사(司) · 어사대(御史臺) · 9시(寺) · 7감(監) · 16위(衛)도 나란히 뜻과 해석으로 그 명칭을 바꾸었으며, 직책과 임무는 예전과 같게 하였다.

3　갑술일(14일)에 패강도대총관 임아상(任雅相)이 군대에서 죽었다. 임아상이 장군이 되어가지고는 아직 일찍이 친척이나 옛날에 자기 부속이었던 사람을 주청하여 종군하게 한 일이 없었고, 모두 관할 관사(官司)에 공문을 이송하여 보직을 주었고 다른 사람에게 말하였다.

"관리란 크고 작고를 관계없이 모두 국가의 공적인 그릇이니, 어찌 억지로 그 사사로운 것을 편리한대로 하겠는가?"

이로 말미암아서 군대 안에서는 상을 주는 것과 벌을 주는 것이 공평하여 사람들이 그의 공정함에 복종하였다.

4　무인일(18일)에 좌교위장군이며 백주(白州, 광서성 박백현) 자사인 옥저도(沃沮道)총관 방효태(龐孝泰)가 고려와 사수(蛇水, 합정강)에서 싸우다가 군사가 패하니 그의 아들 13명과 함께 모두 전사하였다. 소정방은 평양을 포위하고 오래 되어도 떨어뜨리지 못하였고 마침 큰 눈이 내리자 포위를 풀고 돌아왔다.

5　3월에 정인태(鄭仁泰) 등이 천산(天山, 몽골 항애산)에서 철륵을 패배시켰다.

철륵에 있는 아홉 개의 성(姓)을 가진 부락들은 당의 군사가 곧 도착한다는 소식을 듣고 무리 10여만을 합쳐서 이를 막았는데, 날래고 건장한 사람 수십 명을 뽑아서 싸움을 걸자, 설인귀가 세 발의 화살을 쏘아서 세 명을 죽이니 나머지는 모두 말에서 내려서 항복하였다.

설인귀는 그들을 모두 땅에 파묻어 버리고 적북(磧北)을 건너서 그들의 나머지 무리를 쳐서 엽호의 형제 세 명을 붙잡아서 돌아왔다. 군대 안에서는 이를 노래하였다.

"장군이 세 개의 화살로 천산을 평정하니 장사들은 길게 노래하며 한관(漢關)으로 들어가네."

사결(思結)과 다람갈(多濫葛, 몽골 울란바토르) 등의 부락이 먼저 천산(天山)을 지키다가 정인태가 곧 도착한다는 소식을 듣고 모두 영접하며 항복하였다. 정인태 등은 군사를 풀어서 그들을 치고 그들의 집을 약탈하여 군사들에게 상으로 주었다.

오랑캐들은 서로 이끌어 주면서 멀리 숨어버리니 장군 양지(楊志)가 그들을 추격하였다가 오랑캐들에게 패배하였다. 척후에 나갔던 기병이 정인태 등에게 알렸다.

"오랑캐의 치중(輜重)154)이 가까운 곳에 있으니 가서 빼앗을 수 있습니다."

정인태는 경무장한 기병 1만4천을 거느리고 배나 빠른 속도로 그들에게로 가서 드디어 대사막을 넘어서 선악하(仙蕚河, 몽골 色楞格下)에 도착하였지만 오랑캐는 보이지 않았는데 양식이 다 떨어져서 돌아왔다. 마침 큰 눈을 만나서 사졸들은 주리고 얼어서 갑옷과 무기를 버리고 말을 잡아서 이를 먹었고, 말이 다하자 사람이 서로 잡아먹다가 요새로 들어올 때쯤에는 남은 병사는 겨우 800명이었다.

군사가 돌아오자 사헌대부 양덕예(楊德裔)가 탄핵하는 주문을 올렸다.

"정인태(鄭仁泰)155) 등은 이미 항복한 사람들을 주살하여 오랑캐들로

---

154) 군사에 쓸 무거운 물자를 운반하는 수레를 말한다. 무거운 무기나 양식, 마초 같은 것들이 실려 있다.

155) 대만의 세계서국본 ≪자치통감≫에서는 문태(文泰)로 되어 있지만 이는 분명한 오식(誤植)이어서 인태(仁泰)로 바로잡는다.

하여금 도망하여 흩어지게 하였으며 사졸들을 어루만져 주지 아니하고 물자와 양식을 계산하지 아니하여 드디어 해골이 들을 덮게 만들고 갑옷을 버려서 도적들의 물자가 되게 하였습니다.

성스러운 조정이 개창된 이후로 오늘과 같이 죽고 실패한 사람은 아직 없었습니다. 설인귀는 감독하며 간 곳에서는 탐욕과 음란함이 멋대로 자행하여 비록 얻은 것을 자랑하지만 잃은 것을 메우지는 못합니다. 나란히 법사에 붙여서 해당 죄로 추문(推問)하십시오."

조서를 내려서 공로를 가지고 죄를 대속하니, 모두 이를 석방하였다.

우교위대장군 글필하력을 철륵도안무사로 삼고, 좌위장군 강각(姜恪)을 그 부장으로 삼아서 그 나머지 무리들을 편안히 조치하게 하였다. 글필하력은 정예의 기병 500명을 가려 뽑아서 말을 달려서 아홉 개의 성을 가진 부락으로 들어가니 오랑캐들이 크게 놀라자 글필하력이 마침내 말하였다.

"국가는 너희들이 모두 협박을 받아 좇았다는 것을 알고 너희들의 죄를 용서하며 죄는 추장에게 있으니 그를 잡으면 그칠 것이다."

그들의 부락에서는 크게 기뻐하며 함께 그들의 엽호(葉護)와 설(設)156) 그리고 특륵 등 200여 명을 잡아서 글필하력에게 주자, 글필하력이 그들의 죄를 헤아리고 목을 베었더니, 아홉 개의 동성 부락들은 드디어 안정되었다.

6 갑오일(5일)에 거가가 동도를 출발하여 신해일(22일)에 포주(蒲州, 산서성 영제현)에 도착하였다가 여름, 4월 초하루 경신일에 경사(京師)에 도착하였다.

---

156) 엽호는 친왕이고, 설은 장군이며, 특륵은 공작에 해당하는 서역인의 관작이다.

7   신사일(22일)에 봉래궁(蓬萊宮, 대명궁)을 지었다.

8   5월 병신일(8일)에 허어사(許圉師)를 좌상으로 삼았다.

9   6월 을축일(7일)에 처음으로 승려 · 비구니157) · 도사(道士) · 여관(女官)으로 하여금 부모에게 경의를 드리게 하였다.

10   가을, 7월 초하루 무자일에 천하를 사면하였다.

11   정사일(30일)에 웅진도독 유인원과 대방주(帶方州) 자사 유인궤가 백제를 웅진의 동쪽에서 크게 깨뜨리고 진현성(眞峴城)을 뽑았다.

애초에, 유인원과 유인궤 등은 웅진성에 주둔하였는데, 황상이 그들에게 칙서를 보내었다.

"평양의 군사들이 돌아오면 한 개의 성만으로는 홀로 굳게 할 수가 없으니 의당 발을 빼서 신라로 가야 할 것이오. 만약에 김법민(金法敏)158)이 경에게 남아서 진수하기를 빌거든 의당 또한 그곳에 머물러 있어야 할 것이고, 만약에 그들이 필요 없다고 한다면 즉시 의당 바다에 배를 띄워서 돌아와야 할 것이오."

장사들은 모두가 서쪽으로 돌아가고자 하였다.

유인궤가 말하였다.

"다른 사람의 신하는 공적인 집안의 이익을 위하여 목숨을 바치며 죽음이 있을지언정 다른 것은 없는데 어찌하여 먼저 사사로운 것을 생각할 수가 있겠는가? 주상께서 고려를 멸망시키고자 하니 그러므로 먼저

---

157) 승려와 비구니는 각기 불교의 남녀 전문종교인이고, 도사와 여관은 도교의 남녀 전문종교인이다.

158) 신라 30대 문무왕이다.

백제를 주멸한 것이고 군사를 머물게 하여 이를 지켜서 그들의 심복들을 제압해야 한다. 비록 남아 있는 오랑캐가 가득하여 배척하고 지키는 방비도 아주 엄하다 하더라도 의당 무기를 버리고 말에게 먹이를 주어 그들이 뜻하지 않을 곳을 치면 이치로 보아 못 이길 것이 없다.

이미 승리한 다음에는 사졸들의 마음이 편안해질 것이고, 그러한 다음에 군사를 나누어서 험한 곳을 지키고 형세를 열어 벌려 놓고 표문을 날려 보고하면서 다시 군사를 더해 줄 것을 요구할 것이다.

조정에서는 그것이 성공한 것이 있음을 알고 반드시 명령을 내려서 곧 군사를 내보내어 성원하는 것이 겨우 이어지기만 하더라도 흉악하고 더러운 녀석들159)은 스스로 섬멸된다. 다만 성공한 것을 버리지 않는 것뿐만이 아니고 실제로 또한 영원히 해외를 깨끗하게 하는 것이다.

지금 평양에 있던 군사들은 이미 돌아갔는데 웅진에서도 또 발을 빼면 백제의 타다 남은 것들은 해가 다하기 전에 다시 일어나니 고려의 도망하는 적들은 어느 때에 멸망시킬 수 있겠는가? 또 지금 한 성의 땅을 가지고 적들의 중앙에 있는데, 만약에 혹 발을 움직이기만 하면 바로 잡혀서 포로가 될 것이며, 설사 신라로 들어간다고 하여도 또한 고삐에 매인 손님이니, 만약에 뜻과 같이 되지 아니하면 후회하여도 뒤쫓을 수가 없다.

하물며 복신은 흉악하고 패역하며 잔학하여 군신(君臣)이 시기하고 흩어져서 서로 도륙하는 일을 행하고 있는 경우에서이랴! 바로 의당 굳게 지키면서 변화하는 것을 살펴보다가 편리한 기회를 틈타서 이를 빼앗을 것이니 움직일 수는 없다."

무리들이 이를 좇았다.

이때에 백제왕인 부여풍과 복신 등은 유인원 등이 외로운 성에서 원

---

159) 백제의 저항군을 비하하여 말한 것이다.

조를 받는 일도 없자 사신을 보내어 그들에게 말하였다.

"대사(大使)들께서는 어느 때에 서쪽으로 돌아가려 하시는지, 마땅히 재상을 파견하여 전송하겠소."

유인원과 유인궤는 그들이 방비하는 것이 없음을 알고 홀연히 나아가서 그들을 쳐서 그들의 지라성과 윤성(尹城)·대산(大山)·사정(沙井) 등의 성책(城柵)을 뽑고 죽이고 포로로 잡은 것이 아주 많았는데 군사를 나누어서 이를 지켰다.

복신 등은 진현성이 험한 요새이어서 군사를 보태어 그곳을 지켰다. 유인궤는 그들이 조금 풀어진 틈을 엿보다가 신라의 군사를 이끌어서 밤중에 성 아래에 가까이 가게하고 풀을 밟고 올라가서 밝을 때쯤에는 그 성으로 들어가서 점거하여 드디어 신라의 양식 운반로를 열었다.

유인원은 마침내 주문을 올려서 군사를 더 보태 줄 것을 청하니 조서를 내려서 치주(淄州, 산동성 치박시)·청주(青州, 산동성 청주시)·내주(萊州, 산동성 내주시)·해주(海州, 강소성 연운항시)의 군사 7천 명을 발동하여 웅진에 가게 하였다.

복신은 권력을 오로지하여 백제왕 부여풍과 더불어 점차로 서로 시기하였다. 복신이 병이 들었다고 하면서 굴실(窟室)에 누어서 부여풍이 병문안 오기를 기다렸다가 그를 죽이고자 하였다. 부여풍은 이를 알고 친히 믿는 사람들을 인솔하여 복신을 습격하여 죽이고, 사신을 파견하여 고려와 왜국에 보내어 군사를 보내달라고 하면서 당의 군사를 막았다.＊

資治通鑑

자치통감 권201

당(唐)시대 17(662~670년)

고구려의 정복과 무후의 활동

실각하는 무측천을 믿은 권력자

고종(高宗) 용삭(龍朔) 2년(壬戌, 662년)[1]

1 8월 임인일(16일)에 허경종(許敬宗)을 태자소사·동동서대삼품(同東西臺三品)·지서대사(知西臺事)[2]로 삼았다.

2 9월 무인일(22일)에 처음으로 8품과 9품 관리들로 하여금 벽색(碧色)의 옷을 입게 하였다.

3 겨울, 10월 정유일(11일)에 황상이 여산(驪山, 섬서성 임동현)에 있는 온천탕에 행차하니 태자가 감국(監國)[3]하였는데, 정미일(21일)에 궁궐로 돌아왔다.

---

1) 용삭 2년은 전권에 이어 계속되는데, 이 권에서는 8월부터 시작한다.

2) 동동서대삼품(同東西臺三品)은 과거에 동중서문하삼품의 바뀐 명칭이다. 중서성이 동대로 문하성이 서대로 바뀌었다. 1급의 실질적인 재상이고, 지서대사(知西臺事)에서 서대는 과거의 중서성을 말하는 것이다. 즉 서대의 업무를 알아서 관장하는 사람이라는 의미의 직책이다. 동동서대삼품(同東西臺三品)에서 동(同) 몇 사람이 함께 참여하는 직책이고, 지서대사(知西臺事)에서 '지***사'의 관직은 ***관서의 업무를 알아서 처리하는 지직(知職)이다.

3) 황제가 수도를 떠났을 때에 수도에 남아서 나라의 행정을 책임지는 업무를 수행하는 일이다.

4 경술일(24일)에 서대(西臺)시랑인 섬(陝, 하남성 삼문협시) 사람 상관의 (上官儀)를 동동서대삼품으로 하였다.

5 계축일(27일)에 조서를 내려서 '4년 정월에 태산에서 제사 지내는 일4)을 가지고 이에 따라서 내년 2월에 동도(東都)로 행차하겠다.' 고 하였다.

6 좌상 허어사(許圉師)의 아들인 봉연직장(奉輦直長) 허자연(許自然)이 사냥을 하다가 다른 사람의 전지(田地)를 침범하였는데, 전지의 주인이 화를 내자 허자연이 명적(鳴鏑)5)으로 그를 쏘았다. 허어사는 허자연에게 장(杖) 100대를 치고 보고하지 않았다.

전지의 주인이 사헌부에 가서 이를 소송하니 사헌부의 대부(大夫) 양덕예(楊德裔)는 처리하지 아니하였다. 서대(西臺) 사인(舍人) 원공유(袁公瑜)가 사람을 파견하여 이름을 바꾸어 봉사를 올려서 이를 고발하니, 황상이 말하였다.

"허어사는 재상이 되어 백성을 침범하여 깔아뭉개고 숨기고 말을 하지 않았으니, 어찌 위엄을 세우고 복을 주는 것6)이 아니겠는가?"

허어사가 사죄하며 말하였다.

"신은 중추 기구에 올라 있으면서 곧은길로 폐하를 섬기고 있어서 여러 사람의 마음을 모두 만족시킬 수는 없으니 그러므로 다른 사람의 공격과 비방을 받는 것입니다. 위엄을 만들어내고 복을 만들어내는 것이란

---

4) 4년이란 이 해가 용삭 2년이므로 용삭 4년(664년)을 말하는 것인데, 2년 뒤의 일이며, 일이란 봉선을 말한다.

5) 화살을 쏘면 소리가 나도록 되어 있는 화살이다.

6) 마음대로 복을 주고 싶으면 주고, 위엄을 보이려면 위엄을 보일 수 있는 사람을 말하며, 이는 황제만이 할 수 있는 것이다.

혹 손수 강한 군사를 장악하거나 혹 중요한 진수지(鎭守地)에 있는 경우이며, 신은 문관 관리로서 성스럽고 밝으신 분을 받들어 모셔서 오직 문을 닫고 스스로의 입장을 지키는 것만을 알뿐인데 어찌 감히 위엄을 만들고 복을 만들겠습니까?"

황상이 화가 나서 말하였다.

"너는 군사를 가지고 있지 못한 것을 한스럽게 생각하는구나!"

허경종이 말하였다.

"신하 된 사람이 이와 같다면 죄는 주살하여도 용서 못할 것입니다."

급히 끌어내게 하였다. 조서를 내려서 특별히 면직시켰다.

7　계유일7)에 황제의 아들인 이욱륜(李旭輪)을 은왕(殷王)8)으로 삼았다.

8　12월 무신일(23일)에 조서를 내려서 바야흐로 고려와 백제를 토벌하면서 하북(河北)의 백성들이 정벌전쟁에서 수고하여서 그 태산에 봉선(封禪)하는 일과 동도(東都)로 행차하는 일을 나란히 정지시켰다.

9　일해도(颶海道) 총관 소해정(蘇海政)이 조서를 받고 구자(龜玆)를 토벌하는데, 흥석망(興昔亡)과 계왕절(繼往絕)9) 두 가한에게 칙령을 내려서 군사를 발동하여 이들과 더불어 함께하라고 하였다.

흥석망의 경계에 도착하였는데, 계왕절은 평소에 흥석망과 원망하는

---

7) 통감필법으로는 계유일은 10월 계유일이어야 한다. 그러나 10월 1일이 정해일이므로 10월에는 계유일이 없다. 다만 ≪신·구당서≫에 의거하면 이 일이 있은 날은 11월 계유일로 되어 있고 이날은 11월 18일이므로 여기에서는 계유 앞에 '11월' 석 자가 빠진 것으로 보아야 한다.

8) 이 사람은 뒤에 이름을 단(旦)이라고 고쳤고 예종(睿宗)이 된 사람이다.

9) 흥석망(興昔亡)의 말의 뜻은 옛날 망하였던 것을 일으킨다는 것이고, 이것을 가한의 명칭으로 삼았는데, 이는 12대 가한인 아사나미사이고, 계왕절(繼往絕)은 13대 가한인 아사나보진인데, 그 명칭의 뜻은 과거에 끊어진 것을 잇는다는 것이다.

것10)이 있어서 비밀리에 소해정에게 말하였다.

"아사나미사(阿史那彌射, 흥석망 가한)가 반란을 일으키려고 모의하였으니, 바라건대, 그를 주살하게 하여 주십시오."

이때에 소해정의 군사는 겨우 수천이었으므로 군리(軍吏)를 모아서 모의하여 말하였다.

"아사나미사가 만약에 배반하였다면 우리들은 살아남지 못할 것이니 먼저 그를 죽이는 것만 같지 못하다."

마침내 거짓으로 칙령이라고 하며 대총관으로 하여금 비단 수만 단(段)11)을 싸가지고 가한과 여러 추장에게 하사하게 하니, 흥석망은 그 무리들을 인솔하고 하사품을 받았는데 소해정이 그들을 모두 잡아서 목 베었다.

그 가운데 서니시(鼠尼施)와 발색간(拔塞幹) 두 부(部)는 도망하여 달아나니, 소해정은 계왕절과 더불어 쫓아가서 토벌하여 이를 평정하였다. 군사들이 돌아오다가 소륵(疏勒)에 도착하였는데, 남궁월(南弓月) 부(部)가 다시 토번의 무리들을 인솔하고 와서 당의 군사들과 싸우려고 하였다. 소해정은 군사들이 오래 되어서 감히 싸우려고 하지 않자, 군사 물자를 토번에 뇌물로 주고 화평하게 지낼 것을 약조하고 돌아왔다.

이로 말미암아서 여러 부락들은 모두 흥석망을 원망하여 각기 떨어져 갈 마음을 가졌다. 계왕절도 얼마 되지 않아서 죽어서 열 개의 성(姓)12)들에게 주군(主君)이 없어지니 아사나도지(阿史那都支)와 이차복(李遮匐)이 그 나머지 무리를 거두어 토번에게 귀부하였다.

10 이 해에 서돌굴이 정주를 노략질하자 자사 내제(來濟)가 군사를 거

---

10) 이 일은 고종 현경 2년(657년) 12월에 있었고, 그 내용은 ≪자치통감≫ 권200에 실려 있다.

11) 1단은 4필이다.

12) 부락 단위로 한 개의 성을 사용하므로 열 개의 부락을 의미한다.

느리고 이를 막았는데, 그 무리들에게 말하였다.

"나는 오래 전에 마땅히 죽어야 하였지만13) 다행하게도 살아 온전함을 입으며 오늘에 이르렀으니, 마땅히 몸으로 나라에 보답하여야 할 것이다."

드디어 갑주(甲冑)를 벗지 않고 적진으로 갔다가 죽었다.

고종 용삭 3년(癸亥, 663년)

1 봄, 정월에 좌무위(左武衛)장군 정인태(鄭仁泰)가 철륵(鐵勒, 몽골)의 배반한 사람들 가운데 나머지 종족(種族)을 토벌하여 이를 모두 평정하였다.

2 을유일14)에 이의부를 우상(右相)으로 삼고, 이로 인하여 인재를 선발하는 일을 알아서 처리하게15) 되었다.

3 2월에 연연(燕然)도호부를 회흘(回紇, 몽골 서남부)로 옮기고 이름을 한해(瀚海)도호로 바꾸었다. 옛날의 한해도호를 운중(雲中)의 옛날 성으로 옮기고 이름을 운중도호라고 바꾸었다.16) 사막을 경계로 하여 적북(磧北)에 있는 주와 군은 모두 한해에 예속시키고, 적남(磧南)은 운중에

---

13) 무황후의 뜻을 범하였던 것을 말하며, 이 일은 고종 영휘 6년(655년) 6월에 있었다.

14) 통감필법으로는 정월 을유일이어야 하지만 정월 1일이 을묘일이므로 정월에는 을유일이 없다. 다만 《신·구당서》에 의하면 이 일이 있은 날은 을축일로 되어 있고, 을축일은 1월 11일이다. 그러므로 을유는 을축의 잘못으로 보인다.

15) 관직명은 지선사(知選事)이다.

16) 연연도호를 설치한 것은 정관 21년(647년)이고, 그 내용은 《자치통감》 권198에 실려 있고, 한해도호를 설치한 것은 영휘 원년(650년)이고, 그 내용은 《자치통감》 권199에 실려 있다.

예속시켰다.

4 3월에 허어사(許團師)는 다시 벼슬이 깎여 건주(虔州, 강서성 감주시)
자사가 되었고, 양덕예(楊德裔)는 아당(阿黨)17)이라 하여 정주(庭州, 신강
성 지무살현)로 유배되었으며, 허어사의 아들인 허문사(許文思)와 허자연
(許自然)은 나란히 관직에서 면직되었다.

5 우상(右相)인 하간군공(河間郡公) 이의부(李義府)는 선발업무를 주관하
였는데, 중궁의 세력을 믿고 오로지 관직을 파는 것을 일로 삼았는데,
전형(銓衡)은 종합적으로 아무런 순서가 없게 되어 원망하는 것이 길에
가득하니, 황상이 이 소식을 듣고 부드럽게 이의부에게 말하였다.
  "경의 아들과 사위가 자못 부지런하지 않고 많은 불법적인 일을 하지
만 내가 오히려 경을 위하여 덮어두겠으니 경은 의당 그들을 경계해야
할 것이오."
  이의부는 발끈하며 얼굴색이 변하고 목과 턱이 모두 긴장하더니, 말하
였다.
  "누가 폐하에게 알렸습니까?"
황상이 말하였다.
  "다만 내가 이와 같이 말하는데, 어찌하여 반드시 나에게 그것을 어디
에서 얻었는지를 찾으려고 하시오?"
이의부는 특히 허물을 끌어내지 않고 천천히 걸어서 떠났다. 황상은 이
로 말미암아 기뻐하지 않았다.

---

17) 지난해에 재상 허어사(許團師)의 아들인 허자연(許自然)이 사냥을 하면서가 다른 사
  람의 전지(田地)를 침범하고 또 그 주인을 명적(鳴鏑)으로 그를 쏘았다. 전지의 주인
  이 사헌부에 이를 소송하였지만 사헌부 대부(大夫) 양덕예(楊德裔)는 처리하지 아니
  하여 죄인을 비호하였었다.

기상(氣象)을 보는 사람18)인 두원기(杜元紀)가 '이의부가 사는 집에 감옥의 기운이 있다고 말하고, 의당 20만 전을 쌓아서 이를 엽승(厭勝) 해야 한다.'고 하니, 이의부가 이를 믿고 긁어모으는데 더욱 급하게 하였다.

이의부가 모친상을 당하여 삭망(朔望)19)에 곡(哭)을 하는 휴가를 주었는데 번번이 미복(微服)20)을 하고 두원기와 더불어 성의 동쪽으로 나가서 옛날 무덤에 올라가 기색(氣色)을 바라보았는데, 어떤 사람이 이의부가 재앙(災殃)이 생기는지를 점치면서 속으로 다른 의도를 가지고 있다고 고발하였다.

또 그의 아들인 우사의랑 이진(李津)을 파견하여 장손무기의 손자인 장손연(長孫延)을 불러서 그의 돈 700민(緡)을 받고서 장손연을 사진감으로 제수(除授)하였는데, 우금오(右金吾)인 창조(倉曹) 참군 양행영(楊行穎)이 이를 고발하였다.

여름, 4월 을축일21)에 이의부를 감옥에 내려 보내고, 사형태상백(司刑太常伯) 유상도(劉祥道)를 파견하여 어사(御史)와 상형(祥刑)과 함께 그를 국문(鞫問)하게 하였고, 이어서 사공 이적(李勣)에게 감독하라고 명하였다. 사건은 모두 실제로 있었던 일이었다.

무자일(5일)에 이의부에게 조서를 내려서 제명(除名)하고 수주(巂州, 사천성 서창시)로 유배시켰으며, 이진은 제명되어 진주(振州, 해남성 삼아시)로 유배되었고, 여러 아들과 사위도 나란히 제명되어 정주(庭州)

---

18) 천문을 보고 길흉을 점치는 사람이다.

19) 초하루와 보름을 말한다. 부모상을 당하면 초하루와 보름에 곡을 하고 상식(上食)을 한다.

20) 자기의 신분을 감추려고 일반인의 옷을 입는 것이다.

21) 4월 1일이 갑신일이므로 4월에는 을축일은 없다. 만약에 을축이 을유일의 잘못이라면, 4월 2일일 것이다.

로 유배되었다. 조야(朝野)에서 경사가 났다고 하지 않는 사람이 없었다.

어떤 사람이 하간도(河間道) 행군원수 유상도(劉祥道)가 동산(銅山)의 큰 도적인 이의부를 격파하였다는 노포(露布)22)를 지어서 이를 거리의 모퉁이에 붙였다. 이의부는 다른 사람의 노비를 많이 빼앗았는데 실패하게 되자, 각기 흩어져서 그의 집으로 돌아갔으니 그러므로 그 노포에서 말하였다.

"노비가 섞였으나 어지럽게 놓아주니 각기 집을 알아보고 다투듯 들어갔다."

6 을미일(12일)에 신라국에 계림(鷄林) 대도독부를 설치하고 김법민(金法敏)23)으로 그것을 삼았다.

7 병오일(23일)에 봉래궁(蓬萊宮)의 함원전(含元殿)이 완성되니, 황상이 비로소 의장(儀仗)을 옮기고 여기에 거처하고 옛날 궁궐을 '서내(西內)'라고 명명하였다. 무신일(25일)에 비로소 자신전(紫宸殿)에 나아가서 정치 보고를 들었다.

8 5월 임오일(30일)에 유주(柳州, 관서성 유주시)에 사는 만족의 추장인 오군해(吳君解)가 반란을 일으켰다. 기주(冀州, 하북성 대명현) 장사(長史) 유백영(劉伯英)과 우무위(右武衛) 장군 풍사홰(馮士翽)를 파견하여 영남(嶺南, 남령 이남)의 군사를 발동하여 이를 토벌하게 하였다.

---

22) 봉함을 하지 않은 문서이다. 격문이나 첩보 혹은 기타 긴급한 문서에 사용한다.

23) 신라의 30대 문무왕이다.

9　토번(吐蕃)과 토욕혼(吐谷渾)이 서로 공격하고, 각기 사신을 파견하여 표문을 올려서 잘잘못을 논하고 다시 와서 도와주기를 요구하였지만 황상은 모두 허락하지 않았다.

토욕혼의 신하인 소화귀(素和貴)가 죄를 짓고서 토번으로 달아나서 토욕혼의 허실(虛實)을 갖추어 말하였다. 토번에서 군사를 일으켜서 토욕혼을 공격하여 그들을 대파하니, 토욕혼의 가한인 갈발(曷鉢)24)과 홍화(弘化) 공주가 수천 개의 장(帳)을 인솔하여 나라를 버리고 달아나서 양주(凉州, 감숙성 무위시)에 의탁하고서 내지로 옮겨와 살게 해달라고 청하였다.25)

황상은 양주(凉州) 도독 정인태(鄭仁泰)를 청해도(青海道) 행군대총관으로 삼고 우무위장군 독고경운(獨孤卿雲)과 신문릉(辛文陵) 등을 거느리고 나누어 양주(凉州)와 선주(鄯州) 두 주에 머물면서 토번에 대비하게 하였다. 6월 무신일(26일)에 또 좌무위(左武衛) 대장군 소정방(蘇定方)을 안집(安集) 대사로 삼아 여러 군대를 통제하여 토욕혼의 후원(後援)이 되게 하였다.

토번(吐蕃)의 녹동찬(祿東贊)이 청해에 주둔하고서 사자(使者)인 논중종(論仲琮)을 파견하니 들어와서 조현하면서 표문을 올려서 토욕혼의 죄를 진술하고 또한 화친하기를 청하였다. 황상은 허락하지 않았다. 좌위랑장(左衛郎將) 유문상(劉文祥)을 파견하여 토번에 사신으로 가게 하고 새서(璽書)26)를 내려서 그를 책망하여 나무랐다.

---

24)　토욕혼의 19대 가한인 굴호려오감두(趉胡呂烏甘豆) 가한이고 이름은 모용락갈발(慕容諾曷鉢)이다.

25)　토욕혼한국은 진 무제 태강 6년(285년)에 건립하여 19명의 가한을 거쳐서 이 해(663년)에 망하니 378년간 존재하였다.

26)　황제의 편지로 옥새를 찍은 것이다.

10 가을, 8월 무신일(27일)에 황상은 해동(海東)에서 여러 해 계속하여 전쟁27)을 하여서 백성들이 정조(征調, 정벌에 따른 공물의 징수)로 곤궁해졌고, 사졸들은 싸우다가 물에 빠져 죽은 사람이 아주 많으니, 조서를 내려서 36개의 주에서 배 만드는 일을 철폐하게 하고 사원태상백(司元太常伯)28) 두덕현(竇德玄) 등을 파견하여 열 개의 도(道)로 나누어 가서 사람들의 질고(疾苦)를 묻게 하고 관리들을 내쫓거나 승진시켰다. 두덕현은 두의(竇毅)29)의 증손이다.

---

27) 백제 공격을 말한다.

28) 중앙정부의 재정을 담당하는 책임자에 해당하는 직책이다.

29) 당 고조 이연의 장인이다.

보급 받지 못하는 백제 점령군

11 9월 무오일(8일)에 웅진도(熊津道) 행군총관 · 우위위(右衛威) 장군인 손인사(孫仁師) 등이 백제의 남은 무리와 왜병(倭兵)을 백강(白江)에서 깨뜨리고 그들의 주류성(周留城, 백제의 임시 도읍지)을 뽑았다.

애초에, 유인원(劉仁願)과 유인궤(劉仁軌)가 이미 진현성(眞峴城)에서 이겼는데, 손인사에게 조서를 내려서 군사를 거느리고 바다로 가서 그를 도우라고 하였다. 백제왕 부여풍(扶餘豐)은 남쪽으로 가서 왜인(倭人)을 이끌고 당의 군사를 막았는데, 손인사는 유인원 · 유인궤와 더불어 군사를 합쳐서 형세가 크게 떨쳤다.

제장들이 가림성(加林城)은 수륙(水陸)의 요충지였으므로 먼저 그곳을 공격하려고 하였으나, 유인궤가 말하였다.

"가림성은 험하고 견고하니 급하게 공격하면 사졸들을 다치게 할 것이고, 이를 늦추면 날짜를 공허하게 보내어 오래갈 것이다. 주류성은 오랑캐30)들의 소굴이어서 여러 흉악한 무리들이 모인 곳이니 악한 사람을 제거하고 근본적인 일에 힘쓰려면 의당 먼저 이곳을 공격해야 하고, 만약에 주류성을 이기고 난다면 여러 성은 스스로 떨어질 것이다."

이에 손인사와 유인원은 신라왕 김법민(金法敏)이과 더불어 육군을 거

---

30) 당의 입장에서만 한 말이므로 백제의 유민을 말한다.

느리고 나아갔고, 유인궤와 별장(別將)인 두상(杜爽)과 부여융(扶餘隆)은
수군과 양곡을 실은 배를 거느리고 웅진(熊津)에서부터 백강(白江, 금강의
입구)으로 들어가서 육군과 만나서 함께 주류성을 향하였었다.

왜병(倭兵)을 백강 입구에서 만나서 네 번 싸워서 모두 이기고, 그들
의 배 400척을 불사르니, 연기와 불꽃이 하늘을 빛냈고 바닷물은 모두
붉게 되었다. 백제왕 부여풍은 몸을 빼내어 고려로 달아났고 왕자인 부
여충승(扶餘忠勝)과 부여충지(扶餘忠志) 등은 무리를 인솔하고 항복하니
백제가 모두 평정되었는데, 오직 별수(別帥)인 지수신(遲受信)만이 임존
성(任存城, 대흥성)을 점거하여 떨어지지 않았다.

애초에, 백제의 서부(西部) 사람인 흑치상지(黑齒常之)는 키가 7척(尺)
이 넘었고, 날래고 용감하며 지략도 가지고 있어서, 백제에서 벼슬을 하
여 달솔(達率) 겸(兼) 군장(郡將)이 되었는데 중국의 자사 같은 것이
다.31) 소정방이 백제를 이기고 나자 흑치상지는 거느리고 따르던 무리를
인솔하고 항복하였다.

소정방은 그 왕자와 태자를 잡아서 가두고, 군사들을 풀어놓아 겁탈
하거나 약탈하게 하니, 건장한 사람들로 죽은 사람이 많았다. 흑치상지
는 두려워서 주위에 있던 10여 명과 더불어 숨어서 본부로 돌아가서 도
망하여 흩어진 사람들을 거두어 모아서 임존성(任存城)을 지키면서 목책
을 묶어서 스스로 견고하게 하였는데, 열흘에서 한 달 사이에 귀부한 사
람이 3만여 명이 되었다.

소정방이 군사를 파견하여 이를 공격하였고 흑치상지는 막으며 싸웠
는데 당의 군사들이 이기지 못하였다. 흑치상지가 다시 200여 개의 성
을 빼앗자 소정방은 이길 수가 없어서 돌아왔다. 흑지상지와 별부의 장

---

31) 호삼성은 백제의 관직은 대체로 신라와 비슷하다고 하면서 신라의 관직을 설명하였
다. 신라의 관직은 16품으로 되어 있는데, 좌평이 1품이고, 달솔이 2품이다. 5방(方)
에는 각기 방령(方領) 한 사람이 있고, 달솔로 이를 삼았으며, 방에는 10군이 있고,
군에는 장수 3인이 있었으며, 덕솔(德率)로 이를 삼고, 덕솔은 4품이다.

수인 사차상여(沙吒相如)는 각기 험한 곳을 점거하고 부여복신(扶餘福信)에게 호응하였는데, 백제가 이미 패배하고 나자 모두 무리를 인솔하고 항복하였다.

유인궤는 흑치상지와 사차상여로 하여금 스스로 그 무리를 거느리고 임존성을 빼앗게 하고 이어서 양식과 무기를 그에게 원조하였다. 손인사가 말하였다.

"이들은 짐승 같은 마음을 가졌는데, 어찌 믿을 수 있겠소?"

유인궤가 말하였다.

"내가 두 사람을 보니 모두 충성스럽고 용맹하며 꾀를 가지고 있고, 믿음을 돈독히 하고 의를 중하게 생각하고 있소. 다만 전에는 부탁하였으나 그 적당한 사람을 얻지 못하였지만32) 지금에는 바로 그가 감격하여 보답을 하려고 하는 때이므로 의심할 것은 없소."

드디어 그들에게 양식과 무기를 주고 군사를 나누어서 그들을 따르게 하여 임존성을 공격하여 뽑으니, 지수신(遲受信)은 처자를 버리고 고려로 달아났다.

유인궤에게 조서를 내려서 군사를 거느리고 백제에서 진수(鎭守)하게 하고, 손인사와 유인원을 불러서 돌아오게 하였다. 백제는 병화(兵火)를 받은 나머지 즐비하던 가옥이 파괴되었으며 시체가 들에 가득 차니 유인궤는 비로소 해골들을 매장하게 하고 호구를 정리하고 촌락을 다스리고 관서의 우두머리를 임명하고 도로를 통하게 하며, 다리를 놓고 제방을 보수하게 하고, 저수지를 다시 만들고 농사하고 길쌈하도록 부과하였고, 가난하고 궁핍한 사람을 진휼하고 고아와 노인을 길러주며 당의 사직(社稷)을 세우고 정삭(正朔)과 묘휘(廟諱)33)를 반포하니, 백제는 크게

---

32) 소정방을 가리키는 말이다.

33) 정삭은 올바른 역법이라는 말이지만 당의 연호를 쓰는 것을 말하고, 묘휘란 먼저 죽
　　은 황제들의 이름에 들어가는 글자를 쓰지 않도록 하는 것을 말한다.

기뻐하고 그 경계에서는 각기 그들의 직업에서 편안하게 생활하였다. 그러한 다음에 둔전(屯田)을 실시하고 양식을 저축하고 사졸들을 훈련시키면서 고려(高麗)를 도모하려 하였다.

유인원이 경사(京師)에 이르니, 황상이 그에게 물었다.

"경이 해동에 있으면서 전후로 상주하였던 일은 모두 기회에 적합하였으며 또한 문장의 이치도 있었소. 경은 본래 무인(武人)인데 어떻게 능히 이와 같을 수 있었소?"

유인원이 말하였다.

"이는 모두 유인궤가 한 것이고, 신이 미칠 수 있는 것이 아니었습니다."

황상이 기뻐하며 유인궤에게 여섯 급의 품계를 올려 주었고, 바로 대방(帶方) 자사로 임명하고 장안에 집을 짓게 하였으며, 그의 처자에게 후하게 상을 내려 주었고, 사자를 파견하여 새서(璽書)를 가지고 가서 그들을 위로하게 하였다.

상관의(上官儀)가 말하였다.

"유인궤는 쫓겨나 관직을 삭탈 당하였으니 충성을 다할 수 있었고, 유인원은 통제권을 쥐고서 현명한 사람을 추천할 수 있었으니 모두가 군자라고 할 만합니다."

12 겨울, 10월 초하루 신사일에 태자에게 조서를 내려서 매달 5일에 광순문(光順門) 안에서 여러 관청에서 상주하는 일을 보라고 하였는데, 그 업무 가운데 작은 것은 모두 태자에게 위임하여 이를 결정하게 하였다.

13 12월 경자일(21일)에 조서를 내려서 내년부터 기원(紀元)을 고치게 하였다.34)

14　임인일(23일)에 안서(安西)도호 고현(高賢)을 행군총관으로 삼아서 군사를 거느리고 궁월(弓月, 신강성 곽성현)을 쳐서 우전(于闐, 신강성 화전시)을 구하게 하였다.

15　이 해에 대식(大食)이 파사(波斯)와 불말(拂茉)을 쳐서 이를 깨뜨렸다. 남쪽으로 가서 파라문(婆羅門)을 침범하여서 여러 호족(胡族)들을 집어 삼키거나 없애니, 승군(勝軍)이 40여 만이었다.35)

고종 인덕(麟德) 원년(甲子, 664년)

1　봄, 정월 갑자일(16일)에 운중(雲中)도호부를 고쳐서 선우(單于)대도호부36)로 하고 은왕(殷王) 이욱륜(李旭輪)37)을 선우대도호로 삼았다. 애초에, 이정(李靖)이 돌굴을 격파하면서38) 운중성(雲中城, 내몽골 허린걸)으로 300장(帳)을 옮기고 아사덕씨(阿史德氏)를 그 우두머리로 삼았다.

　이때에 이르러서 부락이 점차 많아지자 아사덕씨가 궁궐에 와서 흉노의 법(法)대로 친왕을 가한으로 삼아서 이를 통괄하게 해달라고 청하였다. 황상이 그를 불러 보고 말하였다.

　"지금의 가한은 옛날의 선우이다."

그러므로 다시 선우(單于)도호부로 바꾼 것이고 은왕(殷王)으로 하여금

---

34) 강주(絳州)에서 기린(麒麟)이 보였고, 또 함원전 앞에서 기린의 발자국이 보였다. 이 때문에 다음해에 연호를 인덕(麟德)으로 고친다.

35) 대식국은 아랍제국이고, 파사는 이란고원에 있었으며, 불말은 동로마제국이고, 파라문은 인도반도에 있는 왕국이다.

36) 당 왕조의 관례로 황제의 아들이 도호를 맡을 때에는 대(大) 자를 앞에 붙였다.

37) 후에 이름을 이단(李旦)으로 고쳤다.

38) 이 일은 태종 정관 4년(630년) 정월과 2월에 있었는데, 그 내용은 《자치통감》 권193에 실려 있다.

멀리서 이를 관장하게 하였다.

2 2월 무자일(10일)에 황상이 만년궁(萬年宮)에 행차하였다.

3 여름, 4월 임자일39)에 위주(衛州) 자사인 도효왕(道孝王)40) 이원경(李元卿)이 죽었다.

4 병오일(29일)에 위주 자사인 순공(郇公) 이효협(李孝協)이 뇌물을 받은 죄에 걸려서 죽음이 내려졌다. 사종경(司宗卿)인 농서왕(隴西王) 이박예(李博乂, 고조 이연의 조카)가 '이효협의 아버지인 이숙량(李叔良)이 죽음으로 왕의 일을 하였고 이효협에게 형제가 없어서 아마도 후사가 끊어질 것을 염려한다.' 는 상주문을 올렸다.
　황상이 말하였다.
　"하나로 규획된 법률인데, 가깝다거나 멀다는 이유로써 다르게 될 수 없는 것이고, 진실로 백성들을 해쳤다면 비록 황태자라고 하여도 역시 사면할 수 없는 것이다. 이효협은 아들 하나를 두고 있는데, 어찌 제사가 끊길 것을 근심하는가?"
이효협은 끝내 집에서 자진(自盡, 자살)하였다.

5 5월 초하루 무신일에 수주(遂州, 서천성 수녕시) 자사인 허도왕(許悼王) 이효(李孝)가 죽었다.41)

---

39) 4월 1일은 무인일이므로 4월에는 임자일이 없다. 그러나 ≪신당서≫에 의하면 이 사건이 난 날짜는 임오일로 되어 있으며, 임오일은 5일이다. 따라서 임자는 임오의 잘못으로 보인다.

40) 이원경은 고조 이연의 아들로 원래 도왕이었는데, 죽은 후에 시호를 효왕으로 하였다.

41) 이효는 고종 이치의 아들로 허왕이었는데, 죽은 뒤에 시호를 도왕으로 하였다.

6 을묘일(8일)에 곤명(昆明, 운남성 곤명시)의 농동천(弄楝川, 운남성 요안현 분지)에 요주(姚州)도독부를 설치하였다.

7 가을, 7월 초하루 정미일에 조서를 내려서 3년 정월에 대종(岱宗)에서 일을 처리하라[42]고 하였다.

8 8월 병자일(1일)에 거가가 경사로 돌아왔고 옛날 저택[43]에 행차하여서 이레간 머무르다가 임오일(7일)에 봉래궁(蓬萊宮)으로 돌아왔다.

9 정해일(12일)에 사열태상백(司列太常伯) 유상도(劉祥道)에게 우상(右相)을 겸하게 하고, 대사헌 두덕현(竇德玄)을 사원태상백(司元太常伯)·검교좌상(檢校左相)[44]으로 삼았다.

10 겨울, 10월 경진일(6일)에 검교웅진(檢校熊津)도독 유인궤가 말씀을 올렸다.

"신이 엎드려 보건대 남아 있는 수병(戍兵)은 파리하고 마른 사람이 많고 용감하고 건장한 사람은 적으며, 의복은 찌들어 해어졌고 오직 서쪽으로 돌아갈 생각만 하고 있으며 본보기를 펼쳐 보일 마음을 가지고 있지 않습니다.

신이 묻기를, '가다가 해서(海西, 바다의 서쪽, 즉 중국을 말함)에서 백성들은 사람마다 응모하는 것을 보니 다투어서 군대에 나가려고 하면서

---

42) 3년이란 인덕 3년(666년)을 말하는 것이므로 2년 뒤의 계획이고, 대종은 태산을 말하며 봉선의식을 거행하겠다는 뜻이다.

43) 중종이 진왕이었을 때의 거주지를 말한다.

44) 사열태상백(司列太常伯)은 이부상서의 개칭된 관명이고, 사원태상백(司元太常伯)은 호부상서의 개정된 명칭이며, 검교는 어떤 직책의 업무를 관장하는 것이다.

어떤 사람은 스스로 의복과 양식을 준비하겠다고 하여 이를 의정(義征)45)이라고 하였는데, 어찌하여 오늘날의 사졸들은 이와 같소?' 라고 하였더니, 모두가 말하였습니다. '오늘날의 관부(官府)는 지난날과는 다르며 사람의 마음도 또한 다릅니다. 지난 시절에는 동쪽으로 서쪽으로 정벌 전쟁을 나가서 왕의 일을 위하여 몸이 죽으면 나란히 칙사가 조문하고 제사 지내는 것을 받게 되었고, 관작(官爵)을 추가로 올려 주고 혹 죽은 사람의 관작을 자제에게 돌려주며, 무릇 요해(遼海)를 건너는 사람은 모두 공훈을 한 바퀴 돌려 하사하였습니다.

현경(顯慶) 5년46) 이래로 정벌을 떠난 사람이 누차 바다를 건너갔지만 관청에서는 기록을 하지 않았고, 그 가운데 죽은 사람이 역시 누구인가를 묻는 사람도 없었습니다. 주와 현에서는 매번 백성을 징발하여 병졸로 삼았지만 그 가운데 건장하고 부유한 사람은 쫓는 사람에게 돈을 쓰니 면제를 받았고, 가난한 사람은 몸이 비록 늙고 약하지만 발견되는 대로 바로 끌려 나가게 되었습니다.

최근에 백제를 깨뜨리고 평양에 이르면서47) 고전하게 되자 당시에 장수들이 호령하여 공훈과 상을 내리겠다고 허락하니 이르지 않은 것이 없었습니다. 서쪽 해안에 도달하자 오직 족쇄를 채우고 밀어서 감금하며 하사한 것을 빼앗고 공훈을 찢어 버렸고 주와 현에서 추가로 불러들이니 스스로 살아남지 못하여 공사(公私) 간에 곤란하고 폐단이 생긴 것은 다 말할 수 없습니다.

이리하여서 해서를 출발하는 날 이미 도망하여 스스로 자기 몸을 상하게 한 사람이 있으니 해외(海外)에 이르러서 그러할 뿐만이 아닙니다.

---

45) 의롭게 정벌을 떠나는 군사라는 의미이다. 태종 정관 19년(645년) 3월의 일을 참조하시오.

46) 고종의 연호로 백제가 멸망한 해로 서기 660년이다.

47) 2년 전에 백제와 고구려를 격파한 사건이다.

또 본래는 정벌 전쟁으로 인하여 얻은 공훈의 급수는 영광스럽고 총애를 받는 것이지만, 그러나 최근에 출정하여서는 모두가 공훈을 세운 관원으로 하여금 수레를 끌게 하였으니, 노고는 백정(白丁)과 다름이 없어서 백성들이 종군(從軍)하려 하지 않는 것은 대체적으로 모두 이로 말미암았습니다.'

신이 또 물었습니다.

'지난날에는 사졸들은 진수(鎭守)에서 5년을 머물러 있어도 오히려 지탱하며 견뎠는데, 지금 너희들은 비로소 1년을 지냈는데, 어찌하여 이와 같이 간단하고 드러나 있는가?' 48)

모두 말하였습니다.

'처음에 집을 출발하는 날 오직 1년분의 물자와 장비를 갖추게 하였을 뿐입니다. 지금 이미 2년인데도 아직 돌아갈 기한이 아직 아닙니다.'

신은 군사들이 남겨 놓은 의복을 검사하여 비교하여 보니 이번 겨울에는 겨우 일을 충당할 수 있으나 오는 가을 후에는 기준에 맞출 것이 전혀 없습니다. 폐하께서는 그들을 해외에 남겨두어 고려와 백제를 없애려고 하지만 고려의 옛날 사람들이 서로 무리를 지어 돕고 왜인(倭人)은 비록 멀리 있지만 역시 함께 영향을 주고 있는데, 만약에 진수하는 병사를 없애면 다시 한 개의 나라를 이룰 것입니다.

지금 이미 수자리를 서서 지키는 사람들을 밑천으로 하고, 또 둔전을 설치하시고 등록되어 있는 사졸들이 같은 마음과 같은 덕성(德性)을 가지고 있지만 무리들 속에 이러한 논의가 있다면 어찌 성공하기를 바라겠습니까?

스스로 경장(更張)하는 바를 가지고 후하게 수고하는 것을 위로하며 상주는 일을 분명히 하고 벌주는 일을 무겁게 하여서 병사들의 마음을

---

48) 당 왕조는 부병제를 썼기 때문에 병사들은 모든 물자를 스스로 해결하였다.

일으키지 않고서 만약에 단지 오늘 이전에 조치하였던 것과 같이 하는
데 머무른다면 아마도 병사들의 무리는 대단히 피로하여져서 효과를 볼
날이 없을 것입니다. 귀에 거슬린 일은 혹 아무도 폐하를 위하여 말씀을
다 드리는 사람이 없을 것입니다. 그러므로 신이 간담(肝膽)을 꺼내놓고
죽음을 무릅쓰고 진술하는 말을 올립니다."

황상은 깊이 그 말을 받아들이고 우위위(右威衛) 장군 유인원을 파견
하여 병사를 거느리고 바다를 건너서 옛날부터 진수하였던 병사들을 대
신하게 하고, 이에 이어서 유인궤에게 칙령을 내리고 모두 돌아오게 하
였다.

유인궤가 유인원에게 말하였다.

"국가의 현군(懸軍)49)이 해외에 있는 것은 고려를 경략하고자 하는 것
이지만 그 일은 쉽지 않습니다. 지금 수확이 아직 끝나지 않았는데 군리
(軍吏)와 사졸들이 일시에 대신하고 떠난다면 군대의 장관(將官)50)도 또
돌아갈 것입니다. 이적(夷狄)인 사람들은 새로이 항복하여 무리들의 마
음은 아직 편안하지가 않아서 반드시 장차 변고가 생길 것입니다.

또 옛날의 병사들을 남겨두었다가 점차로 수확하게 하고 물자와 양식
을 다 갖추고 절차에 따라서 돌려보내는 것만 같지 못합니다. 군대의 장
관(將官)들도 또한 진압하거나 위로해야 하지 아직은 돌아가서는 안 됩
니다."

유인원이 말하였다.

"내가 전에 바다를 건너 서쪽으로 돌아갔다가51) 크게 참소와 비방을
만났는데, '내가 병사의 무리를 많이 남겨두어서 해동(海東, 한반도)을

---

49) 적지로 깊이 들어가 있는 군사를 말하며, 이는 보급로에 문제가 생길 수 있는 위험을
    안고 있다.

50) 지휘관 급의 장교를 말한다.

51) 백제 원정을 마치고 당으로 돌아갔을 때를 말한다.

점거하려고 꾀한다.'고 하여 거의 화를 면치 못하게 되었습니다. 오늘에는 다만 칙령을 준수하는 것만 알지 어찌 감히 멋대로 행동할 수 있겠습니까?"

유인궤가 말하였다.

"다른 사람의 신하가 되어서 진실로 나라에 이로움이 있다면 못할 것이 없는 줄로 아는데, 어찌 그 사사로움을 아끼십니까?"

마침내 표문을 올려서 편리하고 마땅한 것을 진술하고 스스로 해동에서 머물러 있겠다고 요청하니, 황상이 이를 좇았다. 이어서 부여융(扶餘隆)을 웅진(熊津) 도위로 삼고 그들의 남은 무리들을 모으도록 시켰다.

무황후의 전면 등장과 봉선封禪

11 애초에, 무후(武后)는 몸을 굽혀서 치욕을 참았고 황상의 뜻을 받들고 순종하였으니, 그러므로 황상이 여러 사람들의 논의를 물리치고 그를 세웠다. 뜻을 얻게 되자 위엄을 가지고 복 주는 일을 오로지하니, 황상이 하고 싶은 것이 있어서 움직이면 황후가 통제하자 황상이 그 분함을 이기지 못하였다.

도사(道士) 곽행진(郭行眞)이라는 사람이 있었는데, 금중(禁中)에 출입하여 일찍이 엽승(厭勝)의 법술52)을 시행하니, 환자(宦者) 왕복승(王伏勝)이 이를 들추어냈다. 황상이 크게 화가 나서 비밀리에 서대(西臺)시랑·동동서대삼품(同東西臺三品)인 상관의(上官儀)를 불러서 이를 논의하였다.

상관의는 이로 인하여 말하였다.

"황후는 오로지 방자하여 해내에서는 더불어할 수 없으니, 바라건대, 그를 폐위시키십시오."

황상은 역시 그러하다고 여기고 즉각 상관의에게 조서의 초안(草案)을 잡으라고 명령하였다.

좌우에 있던 사람들이 바삐 황후에게 알리니, 황후가 급하게 황상에게

---

52) 어떤 목표가 있는데 비방(秘方)을 통하여 이를 달성하려고 하는 경우를 말한다. 예컨대 인형을 묻는다든가 그렇지 않으면 바늘 같은 것으로 인형을 찌른다든가 하는 방법으로 사람을 해치려고 하는 것이다.

가서 스스로 호소하였다. 조서의 초안은 아직도 황상이 있는 곳에 있었는데, 황상은 부끄럽고 위축됨을 참지 못하고 다시 그를 처음과 같이 대우하였다. 오히려 황후가 원망하고 노여워할까 걱정하고 이어서 그에게 속여 말하였다.

"나는 처음에 이러한 마음을 가지고 있지 않았는데 모두 상관의가 나를 가르친 것이오."

상관의는 이보다 먼저 진왕(陳王)의 자의(諮議)가 되었는데, 왕복승(王伏勝)과 더불어 같이 옛날 태자였던 이충(李忠)53)을 섬겼다. 황후는 이에 허종경으로 하여금 상관의와 왕복승이 이충과 함께 대역(大逆)을 모의하였다고 무고하는 주의(奏議)를 올리게 하였다.

12월 병술일(13일)에 상관의는 감옥에 갇혔다가 그의 아들인 상관정지(上官庭芝)와 왕복승과 함께 모두 죽었고 그의 집안은 적몰(籍沒)되었다. 무자일(15일)에 이충에게 유배된 장소에서 죽으라는 명령을 내렸다. 우상(右相) 유상도(劉祥道)는 상관의와 잘 지냈다는 죄에 연루되어 정사(政事)에서 파직되어 사례태상백(司禮太常伯)이 되었고, 좌숙기(左肅機)54) 정흠태(鄭欽泰) 등 조정의 인사들 가운데 유배되고 벼슬이 깎인 사람이 아주 많았는데, 모두 상관의와 왕래하였던 연고였다.

이로부터 황상이 일을 보면 매번 황후는 발을 늘어뜨리고 뒤에 앉아서 정치 가운데 크고 작은 것들은 모두 함께 이를 보고 받았다. 천하의 대권은 모두 중궁으로 돌아갔고, 내쫓고 승진시키는 일과 죽이고 살리는 일은 그의 입에서 결정되었으니, 천자는 팔짱을 끼고 있을 뿐이어서 내외에서는 이들을 이성(二聖)이라고 말하였다.

---

53) 이충은 진왕으로 있다가 태자에 책봉되었다.

54) 비서에 해당하는 직책이다.

12 태자 우중호(右中護)·검교서대시랑(檢校西臺侍郞) 낙언위(樂彦瑋)·서
대시랑 손처약(孫處約)은 나란히 동동서대삼품(同東西臺三品)이 되었다.

고종 인덕 2년(乙丑, 665년)

1 봄, 정월 정묘일(24일)에 토번(吐蕃)에서 사신을 파견하여 들어와서
조현하였는데, 다시 토욕혼(吐谷渾)과 화친하게 해달라고 청하면서 이어
서 적수(赤水)55)에서 목축을 하게 해달라고 요구하였으나, 황상은 허락
하지 않았다.

2 2월 임오일(10일)에 거가(車駕)가 경사를 출발하여 정유일(25일)에
합벽궁(合璧宮)에 이르렀다.

3 황상이 말을 하다가 수 양제(隋 煬帝)에 이르자 시중을 드는 신하들
에게 말하였다.
  "양제는 간하는 말을 거절하다가 망하였는데, 짐은 항상 이를 경계하
고 있어서 마음을 비워놓고 간언해 주기를 구하지만 그러나 끝내 간언
하는 사람이 없으니, 어찌 된 것이오?"
  이적(李勣)이 대답하였다.
  "폐하께서 하시는 일은 모두 훌륭하니 여러 신하들은 간언할 것이 없
습니다."56)

---

55) 황하가 청해성 홍해현을 경유하여 흐르는데 이 근처를 말한다.

56) 지난해에 상관의가 간언을 하였다가 많은 사람이 죽고 유배되었는데, 간언을 하라고
    한 것이나, 이에 대하여 잘하고 있다는 대답에서 이미 정치가 공허해진 것을 찾아 볼
    수 있다.

4 3월 갑인일(12일)에 겸사융(兼司戎) 태상백 강각(姜恪)을 동동서대삼사로 삼았다. 강각은 강보의(姜寶誼)57)의 아들이다.

5 동도(東都)의 건원전(乾元殿)이 완성되었다. 윤월(윤3월) 초하루 임신일에 거가가 동도에 도착하였다.

6 소륵(疏勒, 신강성 커스시)의 궁월(弓月, 신강성 곽성현)이 토번(吐蕃, 서장)을 이끌고서 우전(于闐, 신강성 화전시)을 공격하니 서주(西州, 신강성 투루판시 동쪽)도독 최지변(崔知辯)과 좌(左)무위장군 조계숙(曹繼叔)에게 칙령을 내려서 군사를 거느리고 그들을 구하게 하였다.

7 여름, 4월 무진일(27일)에 좌시극(左侍極) 육돈신(陸敦信)을 검교우상(檢校右相)으로 하였고, 서대(西臺)시랑 손처약·태자 우중호·검교서대시랑 낙언위(樂彦瑋)는 나란히 정사(政事)에서 파직되었다.

8 비각랑중(秘閣郎中) 이순풍(李淳風)은 부인균(傅仁均)의 ≪무인력(戊寅曆)≫을 가지고 조금씩 해석을 붙이고, 마침내 유작(劉焯)의 ≪황극력(皇極曆)≫58)을 늘리거나 줄여서 다시 ≪인덕력(麟德曆)≫을 편찬하였다. 5월 신묘일(20일)에 이를 시행하였다.

9 가을, 7월 기축일(19일)에 연주(兗州)도독 등강왕(鄧康王)59) 이원유

---

57) 고조 이연이 태원에서 함께 군사를 일으켰을 때 이연을 좇았고, 이 일은 소 공제 의년 원년(617년) 6월에 있었다.

58) ≪무인력(戊寅曆)≫은 당 고조 무덕 2년(619년)에 시행된 달력이고, ≪황극력(皇極曆)≫은 수의 유작이 지은 ≪갑자원력(甲子元曆)≫을 말하는데, 장빈이 배척하여 시행되지 않았다.

59) 이원유는 당고조 이연의 17번째 아들로 등왕이었는데, 죽은 다음에 시호를 강왕이라

(李元裕)가 죽었다.

10 황상이 웅진도위 부여융과 신라왕 김법민에게 명령을 내려서 옛날에 있었던 원한 관계를 풀어 버리라고 하였는데 8월 임자일(13일)에 웅진 성에서 동맹을 맺었다. 유인궤는 신라·백제·탐라(耽羅, 제주도)·왜국의 사자를 바다에서 배를 태워 서쪽<당나라>으로 돌아오게 하였는데, 마침 태산(泰山)에 제사 지내는 일에 모이게 하였고, 고려에서도 태자 고복남 (高福男)을 파견하여 와서 제사를 지내는데 시중들게 하였다.

11 겨울, 10월 계축일(15일)에 황후가 표문을 올려서 말하였다.

"봉선(封禪)의 옛날 의식에는 황지(皇地)에 제사 지내면서 태후(太后) 가 소배(昭配)하는데60) 공경(公卿)들로 하여금 일을 진행하게 하는 것은 예(禮)로 보아 편안하지 아니하니,61) 그날이 되어서 첩이 바라건대 안팎 의 명부(命婦)들을 인솔하고 전(奠)62)을 드리겠습니다."

조서를 내려서 말하였다.

"사수(社首, 산동성 태안현 서남쪽)에서 선(禪)63)을 행하면서 황후를 아 헌(亞獻)으로 하고 월국(越國)의 태비(太妃)인 연씨(燕氏)64)를 종헌(終

한 것이다.

60) 봉선의식은 하늘에 제사하는 봉과 땅에 제사하는 선(禪)이 있으며 선은 여자를 상징 하는 것이다. 소배란 종묘에 신주를 배열하는 순서를 말하는데, 여기서는 선제를 올리 는 차례를 말한다.

61) 여자에 상관된 제사를 남자들이 주관하는 것은 예에 맞지 않는다는 뜻이다.

62) 명부(命婦)란 관직을 가진 사람의 부인을 말하고 전(奠)은 영단(靈壇)에 제물을 올려 놓는 것이다.

63) 봉선은 하늘에 제사를 지내는 봉(封)과 땅을 깎아서 지신에게 지내는 선(禪)이 있다. 따라서 선은 땅을 깎아 터를 잡고 그곳에서 지신(地神, 后土)에게 제사를 지내는 것 이다.

64) 태종 이세민의 후궁으로 현재 연왕인 이정의 어머니이며 이세민의 후궁으로 살아 있

獻)65)으로 하라."

임술일(24일)에 조서를 내렸다.

"봉선(封禪)하는 단(壇)에 설치한 상제(上帝)와 후토(后土)의 자리는 먼저 번에는 고갈(藁秸)과 도포(陶匏)를 사용하였으나, 나란히 의당 고쳐서 인욕(茵褥)과 뇌작(罍爵)66)을 사용하며 그 가운데 여러 교사(郊祀)에서도 의당 이것을 기준으로 하라."

또 조서를 내렸다.

"지금부터 교묘(郊廟)와 향연(享宴)에서 문무(文舞)로는 ≪공성경선(功成慶善)의 음악≫을 사용하고, 무무(武舞)로는 ≪신공파진(神功破陳)의 음악≫67)을 사용하라."

병인일(28일)에 황상이 동도를 출발하였는데, 거가를 따르는 문무의 의장(儀仗)이 수백 리를 끊이지 않았다. 영채(營寨)와 천막(天幕)을 벌려 놓은 것이 들에 가득 펼쳐져 있었다. 동쪽으로는 고려에서부터 서쪽으로는 파사(波斯, 이란고원)와 오장(烏長, 인도 서북부)의 여러 나라에 이르기까지 조현하려고 모인 사람은 각기 그 부속하는 호종(扈從)을 인솔하고 양탄자로 천막을 쳤고, 소와 양, 낙타들이 도로를 메웠다. 이때에는 매

는 유일한 사람이다.

65) 제사를 지낼 때에 잔을 올리는 순서로, 처음 잔을 올리는 사람을 초헌, 두 번째로 올리는 사람을 아헌, 마지막으로 올리는 사람을 종헌이라고 한다.

66) 고갈(藁秸)은 마른 짚으로 만든 자리를 말하고, 도포(陶匏)는 도자기로 된 술잔이고, 인욕(茵褥)은 수레 안에 까는 자리로 인(사철쑥)으로 만든 것이고, 뇌작(罍爵)은 술잔이다. 앞에서는 포로 되어 있고 여기서는 작으로 되어 있는데 그 술잔의 모양이 다르다.

67) 문무(文舞)는 문관의 춤을 상징한 것으로 춤추는 사람이 왼손에 고적(古笛)을 쥐고 오른손에는 들닭의 꼬리를 잡고 춤을 춘다. ≪공성경선(功成慶善)의 음악≫은 음악의 명칭으로 공로를 이루어 그 선정(善政)을 경축하는 의미를 지닌 것이고, 무무(武舞)는 무인의 춤을 상징한 것으로 춤추는 사람이 왼손에 방패를 잡고 오른손으로 도끼를 잡고서 춤을 추고, ≪신공파진(神功破陳)의 음악≫은 음악의 종류로 신령한 공로로 적진을 격파한 내용을 음악화한 것이다.

년 풍년이 들어서 쌀은 한 말에 5전(錢)에 이르렀고 보리와 콩은 저자에 늘어놓지도 못하였다.

11월 무자일(20일)에 황상이 복양(濮陽, 하남성 복양시)에 도착하였는데, 두덕현(竇德玄)의 기병이 좇았다. 황상이 물었다.

"복양을 제구(帝丘, 황제의 언덕)라고 하는데, 왜 그렇소?"

두덕현은 대답을 할 수 없었다. 허경종(許敬宗)이 뒤에서부터 말을 달려서 앞으로 나와 말하였다.

"옛날에 전욱(顓頊)68)이 이곳에서 살았습니다. 그러므로 이를 제구라고 하는 것69)입니다."

황상이 훌륭하다고 칭찬하였다.

허경종이 물러나서 다른 사람에게 말하였다.

"대신은 무학(無學)일 수가 없는 것이다. 내가 두덕현이 대답할 수 없는 것을 보고 마음으로 실로 이를 부끄럽게 생각하였다."

두덕현이 이 말을 듣고 말하였다.

"사람이란 할 수 있는 것이 있고 할 수 없는 것이 있는데, 나는 알지 못하는 것을 억지로 대답하지 아니하였는데, 이것은 내가 할 수 있는 것이다."

이적이 말하였다.

"허경종은 많은 것을 들어 알고 있으니, 아름답다고 하겠지만 두덕현의 말 또한 훌륭하오."

수장(壽張, 산동성 양산현 서북쪽) 사람 장공예(張公藝)는 아홉 세대(世代)가 함께 살았는데, 제(齊, 북제)·수(隋)·당(唐)이 모두 그의 집안을 정표(旌表)70)하였다. 황상이 수장을 지나가다가 그 집에 행차하였는데,

---

68) 황제(黃帝) 왕조의 3대 황제인 현제(玄帝)이다.

69) 제구는 지명이지만 뜻을 풀면 황제의 언덕이라는 말이 된다.

70) 정은 천자의 깃발이고 표는 드러내는 것이므로 천자의 표창을 받는 것이다.

함께 살 수 있는 이유를 물었더니, 장공예가 참을 인(忍) 자를 100여 번 써서 올렸다. 황상은 이를 훌륭하다고 하여 비단을 하사하였다.

12월 병오일(9일)에 거가가 제주(齊州, 산동성 제남시)에 도착하여 열흘간 머물렀다. 병진일(19일)에 영암돈(靈巖頓, 산동성 장청현 동남쪽)을 출발하여 태산(泰山) 아래에 도착하였는데, 유사(有司)가 산의 남쪽에 원단(圓壇)을 만들고 산 위에는 등봉단(登封壇)을 만들고, 사수산(社首山) 위에는 강선방단(降禪方壇)71)을 만들었다.

고종 건봉(乾封) 원년(丙寅, 666년)

1 봄, 정월 초하루 무진일에 황상이 태산의 남쪽에서 호천상제(昊天上帝)72)에게 제사를 지냈다. 기사일(2일)에 태산에 올라가서 옥첩(玉牒)을 봉(封)하는데, 상제책(上帝冊)은 옥으로 만든 상자에 넣고, 배제책(配帝冊)은 금(金)으로 만든 상자에 넣었으며 모두 금으로 된 줄로 묶고 금니(金泥)73)로 봉함하고 옥새(玉璽)로 도장을 찍어서 돌로 된 상자에 넣었다.

경오일(3일)에 내려가서 사수산에서 선(禪)을 하였는데, 황지(皇地)의 신에게 제사를 지냈다. 황상이 초헌(初獻)을 마치니, 일의 집행을 맡은

---

71) 봉선(封禪)은 봉(封)과 선(禪)이라는 두 개의 의식을 치른다. 봉은 태산의 꼭대기에 흙을 돋우고[封], 제사를 지내는 것이다. 그러므로 봉에 오르는 단을 만든 것이고, 하늘에 제사를 지내는 단은 원형이어서 태산에는 원형의 제단을 만든 것이다. 선은 땅을 깎고 제단을 만들어 지신에게 제사를 지내는 것이므로 네모난 단을 만든 것이다. 역대의 봉선을 보면 봉은 태산에서 하였지만 선은 양보산(梁父山), 숙연산(肅然山), 사수산으로 조금씩 달랐다.

72) 하늘에 있는 황제 즉, 천신을 말한다.

73) 옥첩(玉牒)은 옥에 쓴 문서로 이는 고대에 제왕이 봉선할 때에 사용한 문서이고, 상제책(上帝冊)은 호천상제에게 드리는 옥책을 말하고, 배제책(配帝冊)은 호천상제에 배향된 옥책으로 이는 고조 이연을 말하고, 금니(金泥)는 수은과 금가루를 섞어서 진흙처럼 만들어서 옥첩을 봉인하는데 사용하는데, 봉선(封禪) 때에 쓴다.

사람이 모두 따라서 내려갔다. 환자(宦者)가 휘장을 잡으니 황후가 단에 올라가서 아헌(亞獻)을 하였는데, 휘장과 장막은 모두 비단에 수놓은 것으로 만들었다. 술잔에 술은 따르고 조두(俎豆)를 가득 채우며 단에 올라가 노래하는 것은 모두 궁인(宮人)을 사용하였다.

임신일(5일)에 황상이 조근단(朝覲壇)에 나아가서 조하(朝賀)를 받고 천하를 사면하고 기원(紀元)을 고쳤다. 문관과 무관으로 삼품 이상에게는 작위를 한 등급씩 하사하고 4품 이하의 사람들에게는 한 계급씩을 덧붙여 주었다. 이보다 앞서서는 계급은 전체적으로 덧붙여 주는 일이 없었고 모두 수고한 것을 가지고 서품(敍品)을 고려하였으며, 5품이나 3품에 이르면 이어서 올릴 것인지 중지시킬 것인지를 상주하였는데, 이에 이르러서 비로소 전체적으로 계급을 올려 주는 일이 있게 되었다. 말년에 이르러서는 비색(緋色)의 옷을 입은 사람이 조정에 가득하였다.

이때에 크게 사면하였는데 오직 장기 유배형(流配刑)을 받은 사람만은 돌아오는 것이 허락되지 않아서, 이의부(李義府)는 걱정하고 분해하다가 병이 나서 죽었다. 이의부가 유배(流配)된 다음부터 조정의 인사들은 날로 그가 다시 들어올까를 걱정하였는데, 그가 죽었다는 소식을 듣게 되자 여러 사람들의 마음은 마침내 편안해졌다.

병술일(19일)에 거가는 태산을 출발하였다. 신묘일(24일)에는 곡부(曲阜, 산동성 곡부시)에 도착하여서 공자에게 태사(太師)를 추증(追贈)하고 소뢰(小牢)[74]로 제사를 지냈다. 계미일[75]에 박주(亳州)에 도착하여 노군묘(老君廟)[76]를 배알하고 존호(尊號)를 올렸는데, 태상현원황제(太上玄元

---

74) 제물로 돼지와 양을 각 한 마리씩을 잡아서 지내는 제사이다.

75) 계미일은 통감필법으로 보면 정월 16일이 되는데 그렇다면 태산을 출발하기 전의 일이 되기 때문에 논리적으로 맞지 않는다. ≪양당서≫에 근거하면 2월 기축일로 되어 있고, 이날은 22일로 되어 있다.

76) 노자를 모시는 사당이다. 당 왕조의 황족 성은 이씨이고 노자의 성명이 이이(李耳)이므로 당의 황족 성과 일치하여 특별히 사당을 세웠고 또 황제로 추존한 것이다.

皇帝)라고 하였다. 정축일77)에 동도에 도착하여 엿새 동안 머물렀다. 갑신일에 합벽궁에 행차하였고, 여름, 4월 갑진일(8일)에 경사에 도착하여 태묘(太廟)를 배알하였다.

___

77) ≪책부원구≫ 권113에 의거하면 3월 11일이다.

연개소문의 죽음과 고구려의 분열

2 경술일(14일)에 좌시극(左侍極) 겸 검교우상(檢校右相)인 육돈신(陸敦信)이 늙고 병들었다고 사직하니 벼슬을 주어 대사성(大司成)으로 하고, 좌시극을 겸직하면서 정사(政事)를 보지 않게 하였다.

3 5월 경인일(25일)에 '건봉천보(乾封泉寶)' 전(錢)을 주조하였는데, 1개가 10에 해당하도록 하였고[78] 1년이 되기를 기다렸다가 구전(舊錢)은 폐지하게 하였다.

4 고려의 천개소문(泉蓋蘇文)이 죽었고 맏아들인 연남생(淵男生)[79]이 대신 막리지(莫離支)[80]가 되었다. 처음 국정을 처리하게 되자 나가서 여러 성을 순시하면서 그의 동생인 연남건(淵男建)과 연남산(淵男産)으로

---

78) 새로 주조하는 전폐(錢幣) 건봉천보 한 개가 예전에 쓰던 '개원통보'의 열 개에 해당하도록 한 것이다.

79) 천개소문(泉蓋蘇文)은 연개소문(淵蓋蘇文)인데 당 고조가 이연이어서 그 이름자를 사용하지 않는 피휘법(避諱法)에 의거하여 연을 천으로 바꾸어 기록한 것이고, 연남생(淵男生)은 본래의 성이 연이므로 연남생으로 번역하였다. 연개소문의 경우 본문에 피휘법에 의하여 천개소문으로 하였으므로 원문대로 썼지만 그의 아들들은 원문에서 성을 기록하지 않았으므로 번역에서는 원래의 성을 썼다. 이 이후도 같다.

80) 고구려의 관직으로 군사와 정치에 관한 최고의 장관으로 병부상서와 중서령을 겸한 지위이다.

하여금 남아서 후사(後事)를 처리하게 하였다.[81]

어떤 사람이 두 동생에게 말하였다.

"연남생은 두 동생이 압박하는 것을 싫어하여 속으로 제거하려고 하니 먼저 계책을 세우는 것만 못하다."

두 동생은 이를 믿지 않았다. 또 어떤 사람이 연남생에게 알렸다.

"두 동생은 형이 돌아와서 그들의 권력을 빼앗을까 두려워하여 형을 막고 받아들이지 않으려고 한다."

연남생은 몰래 가까이 하는 사람을 파견하여 평양에 가서 이를 살펴 보게 하였는데, 두 동생이 잡아서 이를 알고 마침내 왕명으로 연남생을 불렀다. 연남생은 두려워서 감히 돌아가지 못하니, 연남건은 스스로 막 리지가 되어 군사를 내어 그를 토벌하였다. 연남생은 달아나서 별성(別 城)을 지키면서 그 아들인 연헌성(淵獻誠)으로 하여금 궁궐[82]에 와서 구 원해주기를 청구하게 하였다.

6월 임인일(7일)에 우교위(右驍衛) 대장군 글필하력(契苾何力)을 요동도 (遼東道) 안무(安撫) 대사로 삼아서 군사를 거느리고 그를 구원하게 하였 는데 연헌성을 우무위(右武衛) 장군으로 삼아서 길을 인도하게 하였다. 또 우금오위(右金吾衛) 장군 방동선(龐同善)과 영주(營州, 요녕성 조양시) 도독 고간(高侃)을 행군총관으로 삼아서 함께 고려를 토벌하게 하였다.

5 가을, 7월 초하루 을묘일에 은왕(殷王) 이욱륜(李旭輪)을 옮겨서 예왕 (豫王)으로 삼았다.[83]

대사헌 겸 검교태자좌중호(檢校太子左中護)인 유인궤를 우상(右相)으로

---

81) 이들에게 맡겨진 직책은 지유후사(知留後事)이다.

82) 여기서 궁궐이라 함은 당나라의 궁궐을 말한다. 연남생이 아들을 당나라에 보내어 자 기를 구원해 달라고 부탁한 것이다.

83) 고종 이치의 8번째 아들이다.

삼았다.

애초에, 유인궤가 급사중이 되어서 필정의(畢正義)의 사건을 조사하자[84] 이의부(李義府)가 이를 원망하여 내보내어 청주(靑州) 자사로 삼았다. 마침 백제를 토벌하게 되자 유인궤는 바다에 배를 띄워서 군량을 운반하게 되었는데, 그때에 아직 갈 수가 없었지만 이의부가 그를 독촉하자 바람을 만나서 배를 잃고 정부(丁夫) 가운데 빠져 죽은 사람이 아주 많았으므로 감찰어사 원이식(袁異式)에게 명령하여 그를 국문(鞫問)하게 하였다.

이의부가 원이식에게 말하였다.

"그대가 일을 처리할 수 있다면 관직이 없어질 걱정은 없을 것이오."

원이식이 도착하여 유인궤에게 말하였다.

"그대는 조정의 어떤 사람과 원수관계를 맺었는지, 의당 일찍이 스스로 계책을 세워야 하였을 것이오."

유인궤가 말하였다.

"나 유인궤는 관직을 담당하고서 직책에 맞지 아니하였으며 나라에는 항상 형벌이 있는 것이니, 공이 법을 가지고 이를 죽인다면 도망칠 목숨은 없소. 만약에 갑자기 스스로 자결하여 원수 된 사람을 즐겁게 하게 한다면 가만히 아직은 달콤하게 하지 않을 것이오."

마침내 옥사(獄辭)를 다 갖추어 보고하였다.

원이식이 곧 떠나가려고 하면서 이어서 스스로 그의 자물쇠를 잠갔다.[85] 옥사가 올라가니, 이의부가 황상에게 말하였다.

"유인궤를 목 베지 않으면 백성들에게 사죄할 수 없을 것[86]입니다."

---

84) 당 고종 현경 원년(656년) 8월의 사건이며, 이 일은 《자치통감》 권200에 실려 있다.

85) 자기가 떠난 뒤에 사사로이 열지 못하게 한 것이다.

86) 많은 사람이 바다에 빠져 죽었기 때문이다.

사인(舍人) 원직심(源直心)이 말하였다.

"바다에 바람이 갑자기 불었는데, 사람의 힘으로 미칠 수 있는 것은 아닙니다."

황상은 마침내 그를 제명(除名)하고 백의를 입고 종군(從軍)하여 스스로 보답하도록 명령하였다.87) 이의부는 또 유인원에게 넌지시 일러서 그를 해치게 하였는데 유인원은 차마 죽이지 못하였다. 대사헌이 되자 원이식은 두려워서 스스로 편안하지가 아니하였는데, 유인궤가 술잔을 붓고서 그에게 말하였다.

"나 유인궤가 만약에 과거의 일을 기억하고 있다면, 이 술잔과 같이 될 것이오."

유인궤가 이미 지정사(知政事)가 되고 나자 원이식은 곧 첨사승(詹事丞)으로 승진하였다. 그때에 논의가 분분하였지만 유인궤가 이 소식을 듣고 급히 천거하여 사원(司元) 대부가 되게 하였다. 감찰어사 두이간(杜易簡)이 사람들에게 말하였다.

"이것이 이른바 잘못된 것을 고쳐서 바로 잡았다는 것이오."

6 8월 신축일(8일)에 사원태상백 겸 검교좌상(檢校左相)인 두덕현(竇德玄)이 죽었다.

7 애초에, 무사확(武士彠)은 상리씨(相里氏)를 맞아서 아들인 무원경(武元慶)과 무원상(武元爽)을 낳았다. 또 양씨(楊氏)를 맞아서 세 딸을 낳았는데, 장녀는 월왕부(越王府)의 법조(法曹)인 하란월석(賀蘭越石)에게 출가하였고, 다음이 황후이고, 그 다음은 곽효신(郭孝愼)에게 출가하였다.

무사확이 죽자 무원경과 무원상 그리고 무사확의 조카인 무유량(武惟

---

87) 이 일은 현경 5년(660년) 12월의 일이고, 그 내용은 ≪자치통감≫ 권200에 실려 있다.

良)과 무회운(武懷運)은 모두 양씨에게 예의를 차리지 아니하니 양씨는 이를 깊이 악물었다. 하란월석과 곽효신 그리고 곽효신의 처는 나란히 일찍 죽었는데, 하란월석의 처는 하란민지(賀蘭敏之)와 한 명의 딸을 낳고서 과부가 되었다.

황후가 이미 되고 나자 양씨는 영국(榮國)부인으로 호칭되었고, 하란월석의 처는 한국(韓國)부인88)으로 불렸으며, 무유량은 시주(始州, 사천성 검각현)장사에서 순서를 뛰어넘어 사위소경(司衛少卿)이 되고, 무회운은 영주(瀛州, 하북성 하간시)장사에서 치주(淄廚, 산동성 치박시) 자사로 승진하였으며, 무원경은 우위랑장(右衛郎將)에서 정종소경(正宗少卿)이 되고, 무원상은 안주(安州) 호조(戶曹)에서 여러 번 승진하여서 소부소감(少府少監)이 되었다.

영국부인은 일찍이 술자리를 마련하고 무유량 등에게 말하였다.

"자못 옛날의 일을 기억하는가? 오늘날의 영광과 존귀함은 또 어떠한 가?"

대답하였다.

"저 무유량 등은 다행스럽게도 공신의 자제로서 일찍이 환적(宦籍)89) 에 올랐지만 분수와 재주를 헤아리고 귀하게 되기를 원하지 않았는데, 어찌 속으로 황후로 인하여 조정의 은혜를 굽혀지도록 하겠습니까? 밤낮으로 근심하고 걱정하여 영광되지가 않습니다."

영국부인은 기뻐하지 않았다.

황후는 마침내 상소문을 올려서 무유량 등을 멀리 떨어져 있는 주(州) 의 자사로 삼게 하니, 겉으로는 겸손하여 억누르는 모습을 보였지만 실제로는 그들을 미워한 것이었다.

---

88) 영국부인이나 한국부인 같은 국부인은 정1품이다.

89) 관직에 오른 사람들의 명적을 말한다.

이에 무유량은 검교시주(檢校始州) 자사로 삼고, 무원경을 용주(龍州, 사천성 평무현 동남쪽) 자사로 삼으며, 무원상을 호주(濠州, 안휘성 봉양현 동북쪽) 자사로 삼았다. 무원경은 주(州)에 도착하였다가 걱정 끝에 죽었다. 무원상은 일에 연루되어 진주(振州, 해남성 삼아시 서쪽)로 유배되어 죽었다.

한국부인과 그의 딸은 황후 때문에 궁중에 출입하다가 모두 황상에게 총애를 받았다. 한국부인은 곧 죽었지만 그의 딸에게는 위국(衛國)부인의 칭호가 내려졌다. 황상은 위국부인을 내직(內職)으로 삼으려 하였지만 마음으로 황후를 곤란하게 생각하여 결정하지 못하였는데 황후가 이를 싫어하였다.

마침 무유량과 무회운이 여러 주의 자사들과 더불어 태산(泰山)에 가서 조근(朝覲)하였다가 좇아서 경사(京師)에 왔고, 무유량 등은 먹을 것을 바쳤다. 황후는 비밀리에 젓갈 가운데 독을 넣어두고 위국부인으로 하여금 이를 먹게 하였는데, 갑자기 죽으니, 이로 인하여 무유량과 무회운에게 죄를 씌우고 정미일(14일)에 그들을 죽이고, 그들의 성을 고쳐서 복씨(蝮氏)로 하였다.

무회운의 형인 무회량은 일찍 죽었고, 그의 처 선씨는 더욱 영국부인에게 예의를 지키지 아니하니, 무유량 등의 죄에 연좌되어 액정(掖庭)으로 몰입되었고, 영국부인은 황후로 하여금 다른 일을 가지고 가시나무를 묶어서 그를 회초리로 치게 하니 살은 다 없어져서 뼈가 드러났다가 죽었다.

8   9월에 방동선(龐同善)이 고려의 군사를 대파하였는데 천남생(泉男生)[90]이 무리를 인솔하고 방동성과 합하였다. 조서를 내려서 연남생[91]을

---

90) 원문대로 쓴 것이다. 연개소문의 큰 아들인 연남생을 말하는 것인데, 연 자가 당 고조 이연의 피휘자이기 때문에 천으로 고쳐 썼다.

특진(特進) · 요동(遼東) 대도독으로 삼고, 평양도(平壤道) 안무대사로 삼으며, 현토군공(玄菟郡公)으로 책봉하였다.

9 무자일(25일)에 금자(金紫) 광록대부의 벼슬을 그만두었던 광평선공(廣平宣公) 유상도(劉祥道)가 죽었는데, 그 아들인 유제현(劉齊賢)이 뒤를 이었다. 유제현은 사람됨이 반듯하고 올바른 사람이어서 황상이 그를 아주 중하게 여기어 진주(晉州, 산서성 임분현)사마로 삼았다.

장군 사흥종(史興宗)이 일찍이 황상을 좇아서 금원(禁苑)에서 수렵을 하였는데 이어서 진주에서 질 좋은 요(鷂)92)가 산출된다고 말하고, '유제현이 지금 사마이니 그것을 잡게 하라.'고 청하였다. 황상이 말하였다.

"유제현이 어찌 요를 잡을 사람이겠는가? 경은 어찌하여 이렇게 그를 대접하는가?"

10 겨울, 12월 기유일(18일)에 이적을 요동도(遼東道) 행군대총관으로 삼고, 사열소상백(司列少常伯)인 안륙(安陸, 호북성 안륙시) 사람 학처준(郝處俊)을 부관으로 삼아 고려를 치게 하였다.

방동선과 글필하력(契苾何力)은 나란히 요동도행군부대총관 겸 안무대사는 예전과 같게 하였다. 그들의 수륙(水陸)제군총관이며 아울러 운량사(運糧使)인 두의적(竇義積) · 독고경운(獨孤卿雲) · 곽대봉(郭待封) 등은 나란히 이적의 지휘를 받게 하였다. 하북(河北)에 있는 여러 주의 조부(租賦)는 모두 요동으로 보내어 군사용으로 공급하였다. 곽대봉은 곽효각(郭孝恪)93)의 아들이다.

이적은 그의 사위인 경조(京兆) 사람 두회공(杜懷恭)과 함께 가서 공훈

---

91) 본문에 남생이라는 이름만 썼기 때문에 번역의 원칙에 따라서 성을 추가한 것이다.

92) 매의 일종이다.

93) 곽효각은 태종을 섬겼으며, 태종 정관 22년(648년) 12월에 구자에서 전사하였다.

을 세우는 효과가 있기를 바랐다. 두회공은 가난하기 때문에 이를 사양하자 이적이 이를 부담하였는데, 다시 노복과 말이 없다고 사양하자 또 이를 부담하였다. 두회공은 끝까지 사양하고 마침내 기양산(岐陽山, 섬서성 기양현) 속으로 도망하여 숨으면서 사람들에게 말하였다.

"공께서는 나를 가지고 법을 세우려 할 뿐이다."[94]

이적이 이 소식을 듣고 눈물을 흘리면서 말하였다.

"두랑(杜郎, 두회공)은 성격이 소략하고 방임적이어서 이런 생각을 혹 가졌겠구나."

마침내 중지하였다.

---

94) 전투에 나갔다가 군령을 엄하게 세울 필요가 있을 때에 자기 사위의 목을 베어서 다른 사람에게 엄격함을 보이려고 한다는 의미이다.

최후를 맞는 고구려의 평양성

고종 건봉 2년(丁卯, 667년)

1 봄, 정월에 황상이 적전(藉田)에서 밭을 가는데 유사가 뇌사(耒耜)95)
를 올리면서 조각과 수식을 하였다. 황상이 말하였다.
 "뇌사란 농부들이 잡는 것인데 어찌 의당 이와 같이 화려하여야 하겠소?"
그것을 바꾸라고 명령하였다. 이미 그렇게 하고 나서야 밭을 갈았는데,
구추(九推)96)하고서야 마침내 중지하였다.

2 건봉천보전(乾封泉寶錢)97)을 시행하고 나서부터 곡식과 비단의 값이
뛰어 올라 상고(商賈)들이 다니지를 아니하니, 계미일(22일)에 조서를 내
려서 이를 혁파(革罷)하였다.

3 2월 정유일(6일)에 부릉도왕(涪陵悼王) 이음(李愔)98)이 죽었다.

---

95) 밭을 가는 보습과 쟁기들이다.

96) 황제가 적전을 가는 의식이다. 월령(月令)과 정현은 ≪주례(周禮)≫를 해설하면서 모
 두 천자는 세 번 민다고 하였는데, 노식은 ≪주례(周禮)≫를 해설하면서 천자가 적전
 을 갈 때에는 한 번에 뇌사를 아홉 번 미는 것이라고 하였다. 이 경우는 노식의 설을
 따라서 천자가 아홉 번 밭가는 형식을 취한 것이다.

97) 1년 전 5월에 새로 만들어 사용하게 한 화폐이다.

4 신축일(10일)에 다시 만년궁(萬年宮)을 구성궁(九成宮)으로 하였다.99)

5 생강족(生羌族)100)이 사는 12개 주(州, 羈縻州)가 토번에게 격파되자 3월 무인일(18일)에 이를 모두 철폐하였다.

6 황상이 여러 차례 시신(侍臣)들에게 현명한 사람을 뽑아 올리지 않는다고 책망하니, 무리들 가운데 감히 대답하는 사람이 없었다. 사열소상백(司列少常伯) 이안기(李安期)가 대답하였다.

"천하에는 일찍이 현명한 사람이 없었던 일은 없었고, 또 여러 신하들이 감히 현명한 사람을 감추어 두는 것도 아닙니다. 최근에 공경들 가운데 추천하여 이끌어온 사람이 있었는데, 참소하는 사람들이 이미 붕당(朋黨)이라고 지적하니, 적체되어 가려 있는 사람은 아직 늘려 펼치지 못하고, 자리를 차지하고 있는 사람은 먼저 죄를 얻으니, 이리하여 각기 입을 다무는데 힘쓸 뿐입니다.

폐하께서 과연 지극한 정성으로 미루며 이를 기대하신다면 그 누가 아는 사람을 추천하는 것을 원하지 않겠습니까? 이것은 폐하에게 달린 것이고, 여러 신하들에게 달린 것이 아닙니다."
황상은 깊이 그렇다고 생각하였다. 이안기는 이백약(李百藥)101)의 아들이다.

---

98) 현 황제인 이치의 형으로 부릉왕이었는데, 죽은 다음에 시호를 도왕이라 하였다.

99) 원래 구성궁이었던 것을 만년궁이라고 고친 것은 고종 영휘 2년(651년) 9월의 일이었다.

100) 생강이란 강족(羌族) 가운데 중국화 되지 않은 족속을 말하는데, 중국화 된 강족은 숙강(熟羌)이라고 한다.

101) 이백약은 이덕림의 아들이고, 그에 관한 일은 고조 무덕 원년(618년) 9월에 있었다.

7 여름, 4월 을묘일(25일)에 서대(西臺)시랑 양홍무(楊弘武) · 대지덕(戴
至德) · 정간(正諫)대부 겸 동대(東臺)시랑인 이안기(李安期) · 동대 사인
(舍人)인 창락(昌樂, 하남성 남락현) 사람 장문관(張文瓘) · 사열소상백 겸
정간대부인 하북(河北) 사람 조인본(趙仁本)이 나란히 동동서대(同東西臺)
삼품이 되었다. 양홍무는 양소(楊素)의 조카이고, 대지덕은 대주(戴胄)의
조카이다.102)

당시에 봉래 · 상양 · 합벽 등의 궁궐을 지었고, 사이(四夷)를 정벌하는
일이 잦아서 외양간에는 말이 1만 필이나 되어 창고는 점점 텅텅 비어
가자 장문관이 간하였다.

"수(隋)의 거울이 먼 곳에 있지 않으니,103) 바라건대, 백성들로 하여금
원망하는 마음을 낳게 하지 마십시오."
황상은 그 말을 받아들이고 외양간의 말을 수천 필 줄였다.

8 가을, 8월 초하루 기축일에 일식이 있었다.

9 신해일(23일)에 동대시랑 · 동동서대(同東西臺)삼품인 이안기가 밖으로
나아가서 형주(荊州)장사(長史)가 되었다.

10 9월 경신일(3일)에 황상이 오래 병을 앓고 있어서 태자 이홍(李弘)
에게 감국(監國)104)을 하라고 명령하였다.

---

102) 양소(楊素)에 관한 일은 수 양제 대업 2년(606년) 7월에 있었고, 대주(戴胄)에 관
한 일은 고제 무덕 2년(619년) 정월에 있었다.

103) 은감불원(殷鑑不遠)에서 나온 말이다. 수가 망하였던 역사가 그리 오래 전 일이 아
니라는 뜻이다.

104) 제왕이 일이 있거나 도읍을 떠날 때 국가 행정에 대한 모든 일을 감독하며 처리하게
하는 것이다.

11 신미일(14일)에 이적(李勣)이 고려의 신성(新城, 요녕성 무순시)을 뽑고 글필하력(契苾何力)으로 하여금 이를 지키게 하였다. 이적은 처음으로 요하(遼河)를 건너서 제장들에게 말하였다.

"신성은 고려의 서쪽 변두리의 요충지이니, 먼저 이를 얻지 아니하면 나머지 성들은 쉽게 빼앗지 못할 것이다."

드디어 그곳을 공격하였는데, 성에 사는 사람인 사부구(師夫仇) 등이 성주(城主)를 결박하고 성문을 열고 항복하였다. 이적은 군사를 이끌고 진격하여 16개의 성을 모두 떨어뜨렸다.

방동선(龐同善)과 고간(高侃)은 아직도 신성에 있었는데 천남건(泉男建)[105]이 군사를 파견하여 그 군영을 습격하자 좌무위장군 설인귀가 그를 공격하여 깨뜨렸다. 고간이 나아가서 금산(金山, 요녕서 강평현 동쪽)에 이르러서 고려와 싸우다가 승리하지 못하자, 고려는 이긴 기세를 타고서 북쪽으로 쫓아왔고, 설인귀는 군사를 인솔하여 가로질러 쳐서 그들을 대파하였는데, 목을 벤 것이 5만여 급(級)이었고, 남소(南蘇)·목저(木底)·창암(蒼巖)의 세 성을 뽑고 천남생의 군사와 합쳤다.

곽대봉(郭待封)이 수군(水軍)을 데리고 다른 길로 가서 평양으로 향하니 이적은 별장 풍사본(馮師本)을 파견하여 양식과 무기를 싣고 그에게 대주었다. 풍사본의 배가 깨지고 시기를 놓치니, 곽대봉의 군대 안에서는 주리고 군색해졌고 편지를 써서 이적에게 보내려고 하였으나 오랑캐들이 얻어 보고 그들의 허실(虛實)을 알까 두려워하여 마침내 이합시(離合詩)[106]를 써서 이적에게 보냈다.

이적이 화가 나서 말하였다.

---

105) 연개소문의 아들인 연남건이다. 연(淵) 자는 당 고조 이연의 휘자를 피하기 위하여 연과 간을 같은 뜻의 천으로 고친 것이다.

106) 잡시(雜詩)의 일종이다. 시구 가운데 글자를 두 개 또는 세 개로 나누어서 그 의미를 비유하는 것인데, 필요한 경우에 이 글자를 합하면 글자가 되어 그 뜻을 찾아 볼 수 있는 것이다. 비밀스럽게 뜻을 전달할 수 있는 방법이다.

"군사는 바야흐로 급한데 어찌 시를 썼는가? 반드시 그를 목 베리라."
행군관기(行軍管記)의 통사사인(通事舍人)인 원만경(元萬頃)이 그 뜻을 해석하니 이적이 마침내 다시 양식과 무기를 보내어 그에게 가게 하였다.

원만경이 '격고려문(檄高麗文)'을 지어서 말하였다.

"압록강(鴨綠江)의 험한 곳을 지키는지 모르겠다."107)

천남건이 보고하여 말하였다.

"삼가 명령을 듣겠습니다."

바로 군사를 옮겨서 압록진(鴨綠津, 압록강 나루)을 점거하니 당의 군사들이 건널 수가 없었다. 황상이 이 소식을 듣고, 원만경을 영남(嶺南)으로 유배 보냈다.

학처준(郝處俊)이 고려의 성 아래에 있었지만 아직 열(列)을 제대로 이루지 못하였는데, 고려가 갑자기 이르니 군대 안에서 크게 놀랐지만 학처준은 호상(胡床)에서 바야흐로 마른 음식을 먹고 있다가 몰래 정예의 병사를 뽑아서 그들을 쳐서 물리치니, 장사(將士)들은 그의 대담함과 지략에 복종하였다.

12 겨울, 12월 갑오일(8일)에 조서를 내렸다.

"지금부터 호천상제(昊天上帝)·오제(五帝)·황지기(皇地祇)·신주지기(神州地祇)에 제사를 지내면서 나란히 고조(高祖)와 태종(太宗)을 배향하고 이어서 명당(明堂)에서 호천상제와 오제를 합쳐서 제사하라."

13 이 해에 해남(海南, 해남성)의 요족(獠族)이 경주(瓊州, 해남성 정안현)를 함락시켰다.

───────

107) 원만경이 고구려는 압록강의 나루를 방어할 줄도 모른다는 말을 격문 속에 집어넣었으므로 고구려에서 이 지역이 험요한 곳이라는 사실을 알게 되었던 것이다. 아마도 원만경은 고구려를 얕잡아 보아서 비웃는 태도로 쓴 것인데 결과적으로 고구려에게 정보를 제공한 것이었다.

고종 총장(總章) 원년(戊辰, 668년)

1 봄, 정월 임자일(28일)에 우상 유인궤(劉仁軌)를 요동도(遼東道) 부(副) 대총관으로 삼았다.

2 2월 임오일(6일)에 이적(李勣) 등이 고려의 부여성(扶餘城, 길림성 사평시)을 뽑았다. 설인귀(薛仁貴)가 이미 고려를 금산(金山, 요녕성 강평현 동쪽)에서 격파하고 나자, 이긴 기세를 타고서 3천 명을 거느리고 장차 부여성을 공격하려 하였는데, 제장들은 그들의 군사가 적어서 이를 중지시켰다.

설인귀가 말하였다.

"군사란 많은데 있는 것이 아니고 그것을 어떻게 사용하는가를 돌아보아야 할 뿐이다."

드디어 선봉이 되어서 나아가서 고려와 싸워서 그들을 대파하였고, 죽이거나 사로잡은 것이 1만여 명이었으며, 드디어 부여성을 뽑은 것이다. 부여천(扶餘川)에 있는 40여개의 성이 모두 풍문을 듣고는 항복을 받아달라고 청하였다.

시어사인 낙양 사람 가언충(賈言忠)이 사신(使臣)의 업무를 받들어 처리하고 요동에서 돌아오자 황상이 군사에 관하여 물었더니, 가언충이 대답하였다.

"고려는 반드시 평정될 것입니다."

황상이 말하였다.

"경이 그것을 어떻게 아는가?"

대답하였다.

"수 양제가 동쪽 정벌을 떠나서 이기지 못하였던 것은 사람들의 마음이 떠나고 원망하였던 연고입니다. 먼저 돌아가신 황제께서 동쪽 정벌을 가셨다가 이기지 못한 것은 고려에 아직은 틈새가 생기지 않았었습니다.

지금 고장(高藏)[108]은 미약(微弱)하고 권력을 가진 신하들이 명령을 멋대로 부리며 연개소문이 죽자 연남건의 형제들이 안에서 서로 공격하고 빼앗으며, 연남생이 마음을 기울여서 속으로 귀부하여 우리를 위하여 길을 인도하니,[109] 저들의 사정과 속임수는 이를 모르는 것이 없습니다.

폐하의 성스러우신 밝음으로 국가는 부강하고 장사(將士)들은 힘을 다하고 있으며 고려의 혼란함을 틈타고 있으니 그 형세는 반드시 이기게 되어 있고 다시 군사를 일으킬 것을 기다리지 않을 것입니다.

또 고려에는 몇 년 동안 계속하여 기근이 들고 요이(妖異)한 일들이 여러 번 내려와서 사람들의 마음은 위태롭고 놀라고 있으니, 그들이 망하는 것은 발뒤꿈치를 들고서도 기다릴 수 있습니다."

황상이 또 물었다.

"요동의 제장들 가운데 누가 현명하오?"

대답하였다.

"설인귀가 용감하기로는 삼군(三軍)에서 으뜸이고, 방동선은 비록 전투를 잘하지 못하나 군사를 유지하는 것이 엄정합니다. 고간은 부지런하고 절약하는 것으로 자처(自處)하며 충성스럽고 과단성이 있고 지모(智謀)도 있습니다. 글필하력은 침착하고 의연하며 단안을 내릴 수 있으니, 비록 자못 앞에 나간 사람을 꺼린다 하여도 통솔하는 재주를 가지고 있습니다. 그러나 밤낮으로 조심하며 자기 몸을 잊고서 나라를 걱정하는 데서는 모두 이적을 따라잡지는 못합니다."

황상은 깊이 그 말을 그러하다고 생각하였다.

천남건(泉男建)[110]은 다시 군사 5만 명을 파견하여 부여성을 구원하며

---

108) 고구려의 마지막 왕인 보장왕의 이름이다.

109) 연개소문의 맏아들인 연남생은 당에 귀부하였고, 그의 동생인 연남건이 막리지가 되어 고구려를 책임지고 있다.

이적 등과 더불어 설하수(薛賀水, 요녕성 봉성시를 경유하는 하천)에서 합쳐 싸워서 그들을 대파하고 목 베고 사로잡은 것이 3만여 명이었고 나아가서 대행성(大行城, 요녕성 단동시)을 공격하여 이를 뽑았다.

3 조정에서 명당(明堂)제도를 논의하여 대략 확정하고, 3월 경인일(6일)에 천하를 사면하고 기원을 고쳤다.111)

4 무인일112)에 황상이 구성궁(九成宮)에 행차하였다.

5 여름, 4월 병진일(2일)에 혜성(彗星)이 오거(五車)113)별자리에 보였다. 황상이 정전(正殿)을 피하고, 보통 때보다 음식을 줄이며, 음악도 철폐하였다.

허경종 등이 상주하였다.

"혜성이 동북쪽에 나타났으니 장차 고려가 멸망될 징조입니다."

황상이 말하였다.

"짐이 부덕(不德)하여 하늘에 견책을 보였는데, 어찌 작은 이적(夷狄)114)

---

110) 연개소문의 아들인 연남건으로 고구려의 막리지이다. 연(淵)이 당 고조의 휘자와 같아서 이를 천(泉)으로 바꾼 것이다. 번역문에서 연남건이라고 쓴 부분은 이름만 기록되었으므로 성을 밝힌다는 원칙에 의거하여 본래의 성인 연자를 넣어 번역한 것이고 천(泉)을 넣은 것은 원문을 살린 것이다.

111) 연(年)을 헤아리는 기원인 연호를 총장으로 고친 것이다.

112) 통감필법으로 보면 무인일은 3월 무인일이어야 하지만 3월 1일이 을유일이므로 3월 중에는 무인일이 없다. 다만 ≪신·구당서≫에 의하면 이 사건은 2월 경자일로 되어 있는데, 이날은 2월 24일이다. 그렇다면 연호를 고친 기사와 황상이 구성궁으로 온 기사가 앞뒤로 바뀐 것으로 보아야 한다.

113) 오거는 5성(星)이고, 이는 오제(五帝)의 수레를 넣어 두는 곳 또는 오제가 있는 자리인데, 천자의 오병(五兵)을 주관하므로 혜성이 이곳을 범하면 천자에게 불리한 것으로 알려져 있다.

114) 고구려를 작은 이적이라 한 것이다.

에게 허물을 돌리겠는가? 또 고려의 백성도 역시 짐의 백성이다."
허락하지 않았다. 무진일(14일)에 혜성이 소멸되었다.

6 신사일(27일)에 서대(西臺) 시랑·동동서대(同東西臺)삼품인 양홍무(楊弘武)가 죽었다.

7 8월 신유일(9일)에 비열도(卑列道)의 행군총관·우위위장군인 유인원이 고려의 정벌에서 머뭇거렸다는 죄에 연좌되어 요주(姚州, 운남성 요안현)로 유배되었다.

8 계유일(21일)에 거가가 경사로 돌아왔다.

9 9월 계사일(12일)에 이적이 평양을 뽑았다. 이적은 이미 대행성(大行城, 요녕성 단동시)에서 이기고 나자 여러 군사들 가운데 다른 길로 나갔던 사람들이 모두 이적과 만나서 나아가서 압록책(鴨綠柵)에 이르니, 고려에서는 군사를 내어 막으며 싸웠는데 이적 등이 분발하여 쳐서 그들을 대파하고 도망하는 것을 200여 리를 뒤쫓았고, 욕이성(辱夷城, 평양 근처)을 뽑으니, 여러 성에서는 숨어서 도망하여 항복하는 사람들이 서로 이었다.

글필하력이 먼저 군사를 이끌고 평양성 아래에 도착하고, 이적의 군사가 그를 이어서 평양을 포위하고 한 달여를 있었는데, 고려왕 고장이 천남산(泉男産)115)을 파견하여 수령 98명을 인솔하고 백기(白旗)를 들고 이적에게 와서 항복하게 하니 이적이 그들을 예의로 접대하였다.

천남건(泉男建)은 오히려 문을 닫고 막고 지키며 자주 군사를 파견하

---

115) 연개소문의 세 아들 가운데 셋째아들인데, 성을 천으로 한 것은 당 고조의 휘를 피하려고 연을 천으로 고친 것이다.

여 나와서 싸웠지만 모두 패배하였다. 연남건116)은 군사를 승려인 신성 (信誠)에게 위임하니 신성은 비밀리에 사람을 파견하여 이적에게 가게 하여 안에서 호응하게 해달라고 청하였다. 닷새 후에 신성은 문을 열었고, 이적은 군사를 풀어서 성에 올라가서 북을 울리고 성을 태우는데, 넉 달117)이나 걸렸다. 연남건은 스스로 찔렀으나 죽지 않았고 드디어 그를 사로잡았다. 고려는 모두 평정되었다.

---

116) 천남건은 앞에서 설명한대로 원문에서 성인 연을 천으로 바꾼 것이다. 그 뒤에 연남
　　건이라고 한 부분은 본문에서는 앞에서 성을 썼으므로 성을 생략하고 이름만 '남
　　건' 이라고 하였으므로 번역에서 원래의 성을 살려 연남건으로 하였다.

117) 원문은 사월(四月)로 되어 있는데, 호삼성은 그 음주에서 월(月)을 각(角)이나 혹은
　　주(周)로 써야 한다고 하였다. 4월로 한다면 평양성을 넉 달간이나 태운 것인데 이
　　는 상황을 본다면 좀 지나치다. 호삼성의 말대로 각(角)으로 보면 네 귀퉁이를 태운
　　것이고, 주(周)로 보면 사방을 태웠다는 것이 되어서 보다 합리적이라고 생각된다.

어려워진 경제, 확정된 전선銓選 절차

10 겨울, 10월 무오일(7일)에 오도국(烏荼國, 인도의 남부)의 파라문(婆羅門, 고승) 노가일다(盧迦逸多)를 회화(懷化) 대장군으로 삼았다. 노가일다는 스스로 죽지 않는 약을 배합할 수 있다고 말하여 황상이 곧 그것을 먹으려 하였다.

동대(東臺)시랑 학처준(郝處俊)이 간하였다.

"목숨이 길고 짧은 것은 명(命)에 있는 것이고, 약으로 연장시킬 수 있는 것은 아닙니다. 정관(貞觀) 말년에 먼저 돌아가신 황제께서 나라이사파매(那羅邇娑婆寐)의 약을 복용하였지만 끝내 효험이 없었습니다.

대점(大漸)118)하는 시기에 이름 난 의원은 어찌 할 바를 모르고, 논의하는 사람은 죄를 나라이사파매에게 돌려서 장차 드러내 죽이려고 하였으나 아마도 융적들의 비웃음을 살까 두려워하여 중지하였습니다.119) 전에 있었던 거울 될 만한 일이 먼 데 있는 것이 아니니 바라건대 폐하께서 깊이 살피십시오."

황상이 마침내 중지하였다.

---

118) 황제가 임종하는 것을 말한다.

119) 이 일은 현경 2년(657년)에 있었고, 그 내용은 ≪자치통감≫ 권200에 실려 있다.

11 이적이 곧 도착하려고 하였는데, 황상이 먼저 고장(高藏) 등을 소릉(昭陵, 당 태종의 능)에 바치라고 명령하여 군용(軍容)을 갖추고 개선가를 연주하면서 경사에 들어와서 태묘(太廟)에 바쳤다.

12월 정사일(7일)에 황상은 함원전(含元殿)에서 포로를 받았다. 고장이 처리한 정치는 자기에게서 나온 것이 아니므로 사면하여 사평(司平)의 태상백·원외동정(員外同正)으로 삼았다. 천남산을 사재(司宰)의 소경(少卿)으로 삼고, 승려 신성(信誠)은 은청(銀靑)광록대부로 삼으며, 천남생은 우위(右衛) 대장군으로 삼았다. 이적 이하에게는 봉작과 상금을 준 것이 차등이 있게 하였다.

천남건은 검중(黔中, 호남성 서부와 귀주성)으로 유배되었고, 부여풍은 영남(嶺南)으로 유배되었다. 고려의 5부(部), 176개의 성, 69만여 호를 나누어 9개의 도독부와 42개 주, 100개 현으로 만들고 안동도호부를 평양에 설치하여 이들을 통치하게 하였으며, 그들의 우두머리 가운데 공로를 세운 자를 발탁하여 도독·자사·현령으로 삼고, 화인(華人)이 참여하여 처리하게 하였다. 우위위(右威衛) 대장군 설인귀를 검교안동도호로 하고, 군사 2만 명을 총괄하여 이들을 누르고 위무하게 하였다.

정묘일(17일)에 황상이 남교에서 제사를 지내고 고려를 평정한 것을 고하였는데, 이적을 아헌(亞獻)으로 하였다. 기사일(19일)에 태묘를 배알하였다.

12 위남(渭南) 현위(縣尉)인 유연우(劉延祐)가 약관(弱冠)에 진사에 올랐는데 정사(政事)에 있어서 기현(畿縣)120) 가운데 제일이었다. 이적이 그에게 말하였다.

"족하(足下)는 춘추가 어리신데 갑자기 큰 명성을 갖게 되니 의당 조

120) 경기에 있는 현이다.

금씩 스스로를 깎고 억눌러야 하고, 홀로 다른 사람보다 위로 나가는 일을 없게 하시오.”

13 이때에 칙령을 내려서 요동 정벌을 떠난 군사 가운데 도망한 사람이 기한 안에 자수하지 않거나 자수하였다가 다시 도망한 사람은 목을 베고 그 처자식은 적몰(籍沒)121)하게 하였다.

태자가 표문을 올렸다.

“이와 같이 한 사람은 그 수가 아주 많습니다. 혹 병을 만나서 대오(隊伍)를 따라잡지 못하고 두려워 도망한 사람도 있고, 혹 나무를 베러 갔다가 적에게 약탈된 사람도 있으며, 혹 바다를 건너다가 빠져 죽은 사람도 있고, 혹 도적의 안마당까지 깊이 들어갔다가 다치거나 죽은 사람도 있습니다.122)

군법(軍法)은 엄정하고 무거워서 같은 부대에 있는 사람들이 나란히 죄를 받을까 두려하는데 바로 거론하면 도망한 것으로 여기고, 군대가 행군하는 도중에 마땅히 조사할 여가가 없다 하여서 곧바로 급하게 대사(隊司)123)가 상황에 관하여 관계된 것을 보고한 것에 근거하여 처자를 관서로 몰입한다면 사정은 실제로 애달픕니다.

≪서경(書經)≫에 말하기를, ‘죄 없는 사람을 죽이느니 차라리 비상(非常)한 것을 잃을 것이다.’ 라고 하였습니다. 엎드려 바라건대, 도망한 사람의 집안사람들은 유배시키거나 적몰하는 것을 면제시켜 주십시오.”
이 말을 좇았다.

14 갑술일(24일)에 사융(司戎) 태상백인 강각(姜恪)이 검교좌상(檢校左

---

121) 호적에서 이름을 빼버리는 것으로 노비가 되는 것을 말한다.
122) 도적은 고구려를 지칭한다.
123) 부대를 관장하는 직책이다.

相)을 겸하게 하고, 사평(司平) 태상백인 염입본(閻立本)은 우상(右相)의 직책을 지키게124) 하였다.

15 이 해에 경사(京師)와 산동(山東) · 강(江) · 회(淮)에 가뭄과 기근이 있었다.

고종 총장 2년(己巳, 669년)

1 봄, 2월 신유일(12일)에 장문관(張文瓘)을 동대(東臺) 시랑으로 삼고, 우숙기(右肅機)125) · 검교태자중호(檢校太子中護)인 초(譙, 안휘성 박주시) 사람 이경현(李敬玄)을 서대(西臺) 시랑으로 삼고 나란히 동동서대(同東西臺)삼품으로 삼았다. 이보다 먼저에는 동삼품은 관함(官銜)에 들지 않았는데, 이때에 이르러서 비로소 관함에 넣었다.

2 계해일(14일)에 옹주(雍州) 장사 노승경(盧承慶)을 사형(司刑) 태상백으로 삼았다. 노승경은 항상 안팎의 관직을 평정(評定)하였는데 어떤 한 관원이 독운(督運)126)을 하다가 바람을 만나서 쌀을 잃어버리니, 노승경이 이를 평정하고 말하였다.

"감운(監運)하다가 양곡을 손해 보게 하였으니 중하(中下)로 평정한다." 그 사람의 용모와 안색이 태연자약하고 말없이 물러났다.

노승경이 그 아량(雅量)을 중히 여겨서 부주(附註)하는 글을 고쳐서 말하였다.

"힘으로 미치는 바가 아니니, 중중(中中)으로 평정한다."

---

124) 수직(守職) 즉 임시직이다. 관직명은 수우상이다.

125) 정부의 우비서실장에 해당하는 직책이다.

126) 양곡 등의 운반책임을 맡은 직책이다.

이미 그리하였는데도 기뻐하는 얼굴을 하지 아니하며 부끄럽다는 말도 없었다. 또 고쳐서 말하였다.

"총애를 받거나 욕된 일을 만나도 놀라지 않으니 중상(中上)으로 평정한다." 127)

3 3월 병술일(8일)에 동대시랑 학처준(郝處俊)이 동동서대(同東西臺)삼품이 되었다.

4 정해일(9일)에 조서를 내려서 명당(明堂)제도를 확정하였다. 그 터는 8각형으로 하고, 그 집은 위를 둥글게 하며 맑고 빛나는 옥의 잎으로 덮고, 그 문과 담장, 계단, 창틀, 문설주, 대들보, 기둥, 처마는 모두 천지음양과 율역(律曆)의 수(數)를 본받게 하였다. 조서를 내린 다음에 여러 사람들이 논의하여 오히려 아직 결정하지 아니하였는데, 또다시 마침 기근을 만나서 끝내 결과적으로 세우지 못하였다.

5 여름, 4월 초하루 기유일에 황상이 구성궁(九成宮)에 행차하였다.

6 고려의 백성들 가운데 이반(離叛)하는 사람이 많아서 칙령을 내려서 고려의 호구 3만8천200을 장강과 회수의 남쪽과 산남(山南)과 경서(京西)에 있는 여러 주(州)의 텅 빈 땅으로 옮기도록 하고 그들 가운데 가난하고 약한 사람들을 남겨서 안동(安東)을 지키게 하였다.

7 6월 초하루 무신일에 일식이 있었다.

---

127) 평정이 중하이면 1급이 강등되고 아울러 벌로 3개월 감봉처분을 받고, 중중이면 1계급이 올라가고 녹봉은 그대로이며, 중상은 두 계급을 올리고 녹봉 3개월분이 가산된다.

8 가을, 8월 초하루 정미일에 조서를 내려서 10월에 양주(涼州)에 행차한다고 하였다. 이때에 농우(隴右)는 텅 비고 소모되어 논의하는 사람들은 대부분이 놀려고 행차하는 것이 마땅하지 않다고 여겼다.

황상이 이 소식을 듣고, 신해일(5일)에 연복전(延福殿)에 나가서 5품 이상을 불러서 말하였다.

"예부터 제왕(帝王)은 순수(巡守)를 아니한 일이 없으니, 그러므로 짐이 먼 곳의 습속을 순시(巡視)하고자 하는 것이다. 만약에 과연 옳지 않은 것이라면 어찌하여 면대(面對)하고 진술하지 않고 물러가서 뒤에서 말을 하는 것은 무엇인가?"

재상 이하가 감히 대답하지 못하였다.

상형(詳刑) 대부 내공민(來公敏)이 홀로 나아가서 말하였다.

"순수가 비록 제왕이 늘 하는 일이기는 하지만 그러나 고려가 새로이 평정되었지만 나머지 오랑캐들이 오히려 아직도 많고 서부의 변경 경략도 아직은 군사를 멈추지 않았습니다.

농우의 호구는 피폐하여 난여(鑾輿)128)가 이르는 곳이면 공급하는 것이 여러 가지인데 진실로 쉽지가 않습니다. 밖에서는 실제로 가만히 논의를 하고 있습니다마는 다만 밝으신 제(制)129)가 이미 시행되었으니, 그러므로 여러 신하들은 감히 논의한 것을 펴 놓지 못할 뿐입니다."

황상은 그의 말을 훌륭하다고 하고, 이 때문에 서부 순수를 그만두게 하였다. 얼마 되지 아니하여 내공민을 발탁하여 황문시랑으로 삼았다.

9 갑술일(28일)에 한해(瀚海, 몽골 컬커린)도호부를 고쳐서 안북(安北)도호부로 하였다.

---

128) 황제가 타는 가마를 말한다.

129) 황제의 명(命)을 말한다. 종전에 명령이라고 하던 것을 진 시황이 황제제도를 만든 이후로 이를 제조(制詔)로 하였다.

10 9월 초하루 정축일에 조서를 내려서 토욕혼(吐谷渾) 부락을 옮겨서 양주(凉州)의 남산으로 가게 하였다. 논의하는 사람들은 토번(吐蕃)이 침략하여 횡포를 부리면 스스로 살아남지 못할까 걱정하여 먼저 군사를 발동하여 토번을 치려고 하였다. 우상(右相) 염입본(閻立本)은 지난해에 기근과 흉년이 들어서 아직은 군사를 일으킬 수가 없다고 하였다. 논의를 오래하였으나 결정하지 못하고, 끝내는 옮기지 아니하였다.

11 경인일(14일)에 큰 바람이 불고 해일이 일어나서 영가(永嘉, 절강성 온주시)와 안고(安固, 절강성 서안시)에 있는 6천여 가구를 휩쓸었다.

12 겨울, 10월 정사일(12일)에 거가(車駕)가 경사로 돌아왔다.

13 11월 정해일(12일)에 예왕(豫王) 이욱륜(李旭輪)130)을 옮겨서 기왕(冀王)으로 삼고 이름을 이륜(李輪)이라고 고쳤다.

14 사공·태자태사·영정무공(英貞武公)131)인 이적(李勣)이 병들어 누우니 황상이 그의 자제들 가운데 밖에 있는 사람들을 모두 불러서 돌아와서 병간호를 하게 하였다. 황상과 태자가 내려 준 약은 이적이 이를 먹었는데, 자제들이 그를 위하여 의원을 맞은 것은 모두 들여보내오는 것을 들어주지 않고 말하였다.
  "나는 본래 산동에 살던 농부였는데, 성스럽고 밝은 분을 만나서 자리는 삼공(三公)에 이르렀고 나이는 곧 여든이 되니 어찌 천명(天命)이 아니겠는가? 길고 짧은 것은 기한이 있는 것이니 어찌 다시 의원에게 가

---

130) 현 황제인 고종 이치의 아들이다.

131) 이적은 원래 영공이었고, 죽은 후에 시호를 정무공이라 하였다.

서 살기를 구할 수 있겠는가?"

어느 날 아침에 홀연히 그의 동생인 사위(司衛) 소경이 이필(李弼)[132]에게 말하였다.

"내가 오늘 조금 나아졌으니 함께 술자리를 마련하고 즐겨볼 수 있을 것이다."

이에 자손들이 모두 모였고, 술이 다 비워지자 이필에게 말하였다.

"내가 스스로 헤아려 보니 반드시 일어나지 못할 것이니, 그러므로 너희들과 결별할 뿐이다. 너희들은 슬피 울지 말고 나의 약속(約束)을 들어라. 나는 방현령(房玄齡)과 두여회(杜如晦)가 평생 부지런하고 고생하여서 겨우 문호를 세울 수 있었지만 불초한 자식을 만나서 뒤집어엎어서 남은 것이 없게 된 것을 보았다.

나에게 있는 이 자손을 지금 모두 너에게 맡긴다. 장사를 마치거든 너는 즉시 나의 집으로 옮겨와서 고아들을 어루만지고 기르며 부지런히 이들을 살펴라. 그 가운데 뜻과 기개가 고르지 아니하여 옳지 않은 부류와 왕래하며 노는 사람이 있다면 모두 먼저 때려죽이고 그런 다음에 보고하라."[133]

이로부터 다시는 말하지 아니하였다.

12월 무신일(3일)에 죽었다. 황상이 이 소식을 듣고 슬피 눈물을 흘리고 장사 지내는 날 미앙궁(未央宮)에 행차하여 누대(樓臺)에 올라가서 이거(轜車)[134]를 바라보고 통곡하였다. 무덤을 만드는데 음산(陰山)·철산(鐵山, 음산의 북쪽)·오덕건산(烏德鞬山, 울독군산, 몽골의 항애산)처럼 만들어서

---

132) 이적은 원래 성이 서씨이고 이름이 세적이었는데, 당 황실의 성인 이씨로 사성을 받았고, 세자는 태종 이세민의 휘자여서 이를 피하느라고 빼버린 것이다. 따라서 이필도 원래의 이름은 서세필이어야 할 것이다.

133) 이러한 유언이 있음에도 중종 사성 원년(684년) 11월에 전 가족이 다 죽는 참화가 있었다.

134) 상여(喪輿)를 말한다.

그가 돌궐(突厥)과 설연타(薛延陀)를 격파한 공로를 기리게 하였다.135)

이적이 장군이 되어서는 꾀를 가지고 있었고 결단도 잘 내렸다. 다른 사람들과 일을 논의하면서도 좋은 것을 좇는 것이 마치 물 흐르듯 하였다. 전투에서 승리하면 공로를 아랫사람에게 돌리고 얻은 금백(金帛, 금품과 비단)은 모두 장사(將士)들에게 흩어 주었으니, 그러므로 사람들은 죽기에 이를 것을 생각하여 가는 곳마다 승리하였다.

일을 만나서 장수를 선발하는데, 반드시 그 형상과 모습을 보고 두텁고 후덕한 사람을 보냈다. 어떤 사람이 그 연고를 물으면 이적이 말하였다.

"박명(薄命)136)한 사람은 공로와 명성을 이룩하기에는 부족하오."

집안에서는 화목하였지만 엄격하였다. 그의 누이가 일찍이 병이 들었는데, 이적은 이미 복야가 되어 있었지만 친히 그를 위하여 죽을 끓였는데 바람이 되돌아 와서 그의 수염을 태웠다. 누이가 말하였다.

"노복과 비첩(婢妾)들이 아주 많은데, 어찌하여 스스로 고생하는 것이 이와 같소?"

이적이 말하였다.

"부릴 사람이 없는 것은 아니지만 누이가 늙은 것을 돌아보면 나도 역시 늙을 것이니 비록 오래도록 누이를 위하여 죽을 끓이려고 하여도 그것은 될 수 있겠습니까?"

이적이 항상 사람들에게 말하였다.

"나의 나이 열두세 살 시절에 무뢰배(無賴輩) 도적이 되어서 사람을 만나면 죽였다. 열네다섯 살에는 감당하기 어려운 도적이 되어서 기분

---

135) 이적이 돌궐을 격파한 것은 정관 4년(630년)이고 그 내용은 《자치통감》 권193에 실려 있고, 설연타를 격파한 것은 20년(646년)이고 그 내용은 《자치통감》 권198에 실려 있다.

136) 목숨이 길지 않은 사람을 말한다.

좋지 않게 되면 사람을 죽였다. 열 일고여덟 살에는 훌륭한 도적이 되어서 진지(陣地)에 나아가서야 마침내 사람을 죽였다. 스무 살에는 대장이 되어서 군사를 사용하여서 사람의 죽음을 구하였다."

이적의 큰 아들인 이진(李震)이 일찍 죽어서 이진의 아들인 이경업(李敬業)이 작위를 세습하였다.

15 당시에는 평화의 시기가 길어져서137) 사람을 뽑는 일이 더욱 많아졌는데, 이 해에 사열(司列) 소상백인 배행검(裴行儉)이 처음으로 원외랑 장인의(張仁禕)와 함께 장명성역방(長名姓歷榜)138)을 두고, 전주(銓注)139)를 인용하는 방법을 만들었다. 또 주현(州縣) 관리의 승급과 강등·관리 자질의 높고 낮은 표준을 정하였다. 그 후에 드디어 영제(永制)140)가 되어서 이를 고칠 수가 없었다.

대략 당시대의 선거방법은 사람을 뽑으면서 신·언·서·판(身·言·書·判)141)으로 하였지만 자질과 업적을 계산하여서 관직을 의정(擬定)하였다. 처음에 모여서 시험을 치고, 그의 글씨와 판단력을 보고, 이미 시험하고서 저울질 하고 나서는 그 몸과 언변을 살폈다. 이미 저울질 하여 자세히 기록하고, 그가 잘하는 것을 물어 보고, 자세히 기록하고서는 불러서 무리를 모아 놓고 이를 알린다.

그런 다음에 분류하여 갑(甲)으로 하여 먼저 복야에게 가리게 하고,

---

137) 태종 이세민이 등극한 이후로 이때까지 44년이 되었다.

138) 장명방이라고도 한다. 방(榜)을 붙이는데 거기에는 시험성적의 앞뒤에 따라서 이름을 늘어놓아 공포하는 것이고 자질에 따라서 서용되게 하는 것이며 이것으로 유사가 자기 마음대로 관직에 보임되는 순서를 결정할 수 없도록 한 것이다.

139) 시험의 성적과 그 내용에 관한 자세한 설명을 말한다.

140) 영구적인 제도이다.

141) 신은 그 사람의 신체 모습 혹은 기질을 말하고, 언은 말씨를 보는 것이며, 서는 글씨이며, 판은 판단력을 보는 문장을 말한다.

마침내 문하성에 올려서 급사중이 읽고, 시랑이 살펴보고 시중이 이를 심사하여 마땅하지 않은 것은 박하(駁下)142)한다. 이미 심사를 하고 나면 그런 다음에 황상에게 보고하며 주관하는 사람은 성지(聖旨)를 받들어서 받들어 시행하고 각기 부호(符號)를 주는데, 이를 고신(告身)143)이라고 하였다.

병부(兵部)에서 무인(武人)을 선발하는 것도 역시 그러하였다. 시험을 부과하는 방법은 말 타고 활을 쏘는 것과 교관(翹關)과 부미(負米)144)하는 것으로 하였다. 사람들 가운데 자격의 제한에 아직 이르지 못한 사람은 문장 세 편을 쓴 것으로 시험 칠 수가 있는데 이를 굉사(宏詞)라고 하였으며, 세 조목을 판단하는 것을 시험하였는데 이를 발췌(拔萃)라고 하며, 등수 안에 드는 사람은 제한하지 아니하고 수여한다.

그 중에 검중(黔中, 호남성 서부와 귀주성)·영남(嶺南, 광동성, 광서성, 해남성, 베트남 북부)·민중(閩中, 복건성)에 있는 현(縣)의 관리는 이부(吏部)를 거치지 아니하고 도독에게 위임하여 토착민을 선발하여 보충하여 수여하게 하였다. 무릇 관직에 있는 사람은 해마다 고핵(考覈)하고 6품 이하의 관리들은 네 번 고핵하는 것을 만기(滿期)로 하였다.145)

고종 함형(咸亨) 원년(庚午, 670년)

1 봄, 정월 정축일(3일)에 우상(右相) 유인궤가 치사(致仕)146)하게 해달

---

142) 앞의 결정에 대하여 반박하고서 다시 판단하도록 내려 보내는 것이다.

143) 관리의 임명장에 해당하는 것이다.

144) 교관은 무거운 나무를 가지고 시험하는 것인데 나무통의 길이가 1장7척이고 직경이 3촌 반인 것을 열 번 들어 올리는데 두 손의 거리는 1척을 넘어서는 안 되게 되어 있다. 부미는 등에 5곡(斛)을 지고 20보를 가는 것을 시험하는 것이다.

145) 승진이 가능하다는 것이다.

146) 나이가 많아서 벼슬을 그만두는 것이다.

라고 청하니, 이를 허락하였다.

2 3월 초하루 갑술일에 한재(旱災)로 천하를 사면하고 기원(紀元)을 고 쳤다.

3 정축일(4일)에 봉래궁(蓬萊宮)을 고쳐서 함원궁(含元宮)이라 하였다.

4 임진일(19일)에 태자소사 허경종(許敬宗)이 치사(致仕)하게 해달라고 청하니 이를 허락하였다.

5 돌궐(突厥) 추장의 자제들에게 칙령을 내려서 동궁(東宮)을 모시게 하 였다. 서대사인(西臺舍人) 서제담(徐齊聃)이 상소문을 올렸다.

"황태자는 마땅히 문학을 공부하고 단정하고 훌륭한 인사를 이끌어다 가 좌우에 두어야 하는데 어찌하여 융적(戎狄)의 추(醜)한 부류들로 하 여금 헌달(軒闥)147)에 들어오게 할 수 있습니까?"

또 상주하였다.

"제 헌공(齊獻公)은 즉 폐하의 외조부(外祖父)이신데 비록 자손 가운 데 범법을 하였다 하여도148) 어찌 응당 조상의 사당에까지 이어져 올라 가야 하겠습니까? 지금 주 충효공(周忠孝公)149)의 사당은 아주 수리를 하였지만 제헌공의 사당은 헐어서 폐지하였으니 폐하께서 어떻게 해내 (海內)에 내려 보내시어 효도하는 이치의 기풍을 드러내려고 하는지 살 펴볼 수 없습니다."

---

147) 궁궐의 문이다.

148) 제 헌공은 장손황후의 아버지인 장손성(長孫晟)이다. 장손무기가 죄를 지었다고 하 여 죽였다.

149) 황후 무조의 아버지인 무사확이다.

황상이 모두 이를 좇았다. 서제담은 충용(充容)150)의 동생이다.

6 여름, 4월에 토번(吐蕃, 티베트 라사)이 서역에 있는 18개 주를 함락시키고 또한 우전(于闐, 신강성 화전시)과 더불어 구자(龜玆, 신강성 고차현)의 발환성(撥換城, 신강성 아극소시)을 습격하여 이를 함락시켰다. 구자·우전·언기(焉耆)·소륵(疏勒)에 있는 네 개의 진(鎭)을 철폐하였다.
    신해일(9일)에 우위(右衛) 대장군 설인귀를 나사도행군대총관으로 삼고 좌위원외(左衛員外) 대장군 아사나도진(阿史那道眞)과 좌위(左衛) 장군 곽대봉(郭待封)을 부장으로 삼아서 토번을 토벌하게 하고 또 토욕혼(吐谷渾)을 도와 호송하여서 옛날 땅으로 돌려보냈다.

7 경오일(28일)에 황상이 구성궁(九成宮)에 행차하였다.

8 고려의 추장인 검모잠(劍牟岑)이 반란을 일으키고 고장(高藏)151)의 외손자인 안순(安舜)을 세워 주군으로 삼았다. 좌감문(左監門) 대장군 고간(高侃)을 동주도(東州道) 행군총관으로 삼고, 군사를 발동하여 이를 토벌하게 하였다. 안순이 검모잠을 죽이고 신라(新羅)로 달아났다.

9 6월 초하루 임인일에 일식이 있었다.

10 가을, 8월 정사일(17일)에 거가가 경사로 돌아왔다.

11 곽대봉은 먼저 설인귀(薛仁貴)와는 같은 반열에 있었는데, 토번(吐蕃)

---

150) 12급의 후궁으로 서제담의 누이가 후궁에 들어와서 충용이 되었다.

151) 고구려의 마지막 임금인 28대 보장왕이다.

을 정벌하게 되면서 그 밑에 있게 된 것을 수치스럽게 생각하여 설인귀
가 말한 것은 곽대봉이 대부분 이를 어겼다.

군사가 대비천(大非川, 청해호의 남쪽)에 이르러서 곧 오해(烏海, 청해성
다마현의 고해)로 향하여 가려고 하면서 설인귀가 말하였다.

"오해는 험하고 먼 곳이어서 군사들이 가는데 심히 어려우니, 치중(輜
重)을 스스로 가지고 간다면 이롭게 되기가 어렵소. 의당 2만 명을 남겨
두어 대비령(大非嶺, 청해호의 남쪽) 위에다 두 개의 목책을 세우고 치중
을 모두 목책 안에다 두고, 우리들은 경무장의 정예를 인솔하여 배나 빠
른 속도로 밤낮으로 가서 그들이 대비하지 않은 것을 습격하면 그들을
격파하는 것은 분명하오."

설인귀는 부하들을 인솔하고 앞서 가서 하구(河口, 積石하구)에서 토번
을 쳐서 그들을 대파하여 목을 베고 붙잡은 것이 아주 많았으며 나아가
서 오해에 주둔하고서 곽대봉을 기다렸다. 곽대봉은 설인귀의 계책을 채
용하지 않고서 치중을 인솔하고 천천히 나아갔다. 아직 오해에 이르지
못하였는데 토번의 20여만을 만나서 곽대봉의 군사들은 대패하여 돌아
서 달아나며 치중을 모두 버렸다.

설인귀는 물러나서 대비천에 주둔하였는데 토번의 재상인 논흠릉(論欽
陵)이 군사 40여만을 거느리고 와서 그를 치니, 당의 군사는 대패하고
죽거나 다쳐서 거의 다 없어졌다. 설인귀·곽대봉은 아사나도진(阿史那道
眞)과 함께 몸을 빼내어 죽음을 면하였고 논흠릉과 화의를 약속하고 돌
아왔다. 대사헌 낙언위(樂彦瑋)에게 칙령을 내려서 군부대로 가서 그 패
배한 상황을 조사하게 하고 묶어서 경사로 호송하게 하였는데, 세 사람
은 모두 죽음에서 면제되고 제명되었다.

논흠릉은 녹동찬(祿東贊)152)의 아들인데, 동생 찬파(贊婆)와 실다(悉

---

152) 녹동찬에 관한 일을 태종 정관 14년(640년) 윤10월에 있었고, 그 내용은 ≪자치통
감≫ 권195에 실려 있다.

多), 우발론(于勃論)153)은 모두 재주와 지략을 가지고 있었다. 녹동찬이 죽자 논흠릉이 그를 대신하였고, 세 동생은 군사를 거느리고 밖에 있으니 이웃들이 그를 두려워하였다.

12 관중(關中)에 한재가 들고 기근이 들자, 9월 정축일(7일)에 조서를 내려서 명년 정월에 동도(東都)에 행차하겠다고 하였다.

13 갑신일(14일)에 황후의 어머니 노국충열(魯國忠烈)154)부인 양씨(楊氏)가 죽었는데, 칙령을 내려서 문무관원으로 9품 이상과 외명부(外命婦)들은 나란히 그 댁에 가서 조문하고 곡하게 하였다.

14 윤월(윤9월) 계묘일(3일)에 황후는 오랜 가뭄으로 황후의 자리를 피(避)하게 해 달라155)고 청하였으나 허락하지 않았다.

15 임자일(12일)에 사도인 주충효공(周忠孝公) 무사확(武士籲)156)에게 증작하여 태위·태원왕(太原王)을 덧붙이고 부인을 왕비로 하였다.

16 갑인일(14일)에 좌상 강각(姜恪)을 양주도(涼州道) 행군대총관으로 삼아서 토번(吐蕃, 티베트)을 막게 하였다.

17 겨울, 10월 을미일(26일)에 태자우중호(太子右中護)·동동서대(同東西臺)삼품인 조인본(趙仁本)을 좌숙기(左肅機)로 삼고 정사에서 그만두게

---

153) 어떤 판본에서는 우발론(于勃論)을 간발론(干勃論)으로 쓰고 있다.

154) 황후 무조의 어머니는 노국부인이었는데, 죽은 다음에 시호를 충열부인으로 한 것이다.

155) 황후에서 물러나겠다는 뜻이다.

156) 현황후인 무조의 아버지인 무사확은 주공이었는데 시호를 충효공으로 하였다.

하였다.

18 　경인일157)에 조서를 내려서 '관명(官名)을 모두 복구시키라' 158)고
하였다. ＊

---

157) 통감필법으로는 경인일은 10월이어야 한다. 그러나 ≪구당서(舊唐書)≫와 ≪신당서
(新唐書)≫의 <직관지>에 의거하면 이 사건은 12월 경인일 즉 12월 21일에 일어났
다. 따라서 경인 앞에 12월이 빠진 것으로 보아야 한다.

158) 관직명을 전면적으로 개명한 것은 고종 용삭 2년(662년) 2월의 일이며, 그 내용은
≪자치통감≫ 권200에 실려 있는데, 고쳐진 이름은 9년간 사용하였다.

資治通鑑

자치통감 권202

당(唐)시대 18(671~681년)

천후에 올라간 무조

정치 참여를 기도하는 무후

권력을 장악해 가는 무후

서역 정벌과 돌굴 세력의 흥기

또 태자를 바꾼 무측천

정치 참여를 기도하는 무후

고종 함형(咸亨) 2년(辛未, 671년)

1 봄, 정월 갑자일(26일)에 황상이 동도(東都)에 행차하였다.

2 여름, 4월 갑신일(18일)에 서돌궐(西突闕)의 아사나도지(阿史那都支)를 좌교위(左驍衛)대장군 겸 복연(匐延, 신강성 和布克賽爾현)도독으로 삼고 오돌륙(五咄陸)[1]의 무리들을 편안하게 모으게 하였다.

3 애초에, 무원경(武元慶)[2]이 이미 죽고 나자 황후는 주문을 올려서 그 언니의 아들인 하란민지(賀蘭敏之)를 무사확(武士彠)[3]의 후사로 삼고 작위인 주공(周公)을 이어받고 성을 무(武)씨로 고치게 해달라고 하였는데, 계속하여 승진하여 홍문관학사·좌(左)산기상시가 되었다.

---

1) 돌륙은 부락을 일컫는 말이다. 그러므로 동부방위에 있는 다섯 부락을 말한다. 서돌궐은 10개의 성을 가진 부락으로 이루어졌는데, 나누면 다섯 개의 노실필부와 다섯 개의 돌륙부이다. 노실필부에는 부락마다 대기근을 두었고, 돌륙부에는 다섯 명의 대철을 두었다.

2) 황후인 무조의 배다른 오빠로 건봉 원년(666년) 8월에 죽었으며, 그 일은 《자치통감》 권201에 실려 있다.

3) 황후인 무조의 아버지이다.

위국(衛國)부인이 죽자4) 황상이 무민지(武敏之)5)를 보고 슬피 눈물을 흘리면서 말하였다.

"조금 전에 내가 나아가서 조회를 처리하면서도 오히려 근심거리가 없어서 조회에서 물러나왔는데 이미 구하지 못하게 되었으니 어찌 급작스럽기가 이와 같은가?"

무민지는 큰 소리로 울면서 대답하지 아니하였다. 황후가 이 소식을 듣고 말하였다.

"이 아이가 나를 의심하는구나."

이로부터 그를 미워하였다.

무민지는 용모가 아름다웠는데, 태원왕비(太原王妃)를 증(烝)6)하였는데, 왕비의 거상(居喪) 기간에 체질(衰絰)7)을 벗어버리고 기녀(妓女)와 음악을 연주하였다. 사위(司衛)소경 양사검(楊思儉)의 딸은 특별히 미인이어서 황상과 황후가 스스로 골라서 태자비로 삼았고, 혼인 날짜를 정하였는데도 무민지는 압박하여 그를 간음하였다.

황후는 이에 표문을 올려서 무민지가 앞뒤로 지은 죄악을 말하고 귀양 보내어 쫓아내기를 청하였다. 6월 병자일(11일)에 칙령을 내려서 뇌주(雷州, 관동성 뇌주시)로 유배시키고 그 본래의 성을 회복하게 하였다.8) 소주(韶州, 광동성 소관시)에 도착하였는데, 말고삐로 목매어 죽었다. 조정에 있던 인사 가운데 무민지와 교유(交遊)하였던 일에 연좌되어 영남(嶺南)으로 유배된 사람이 아주 많았다.

---

4) 황후 무조의 여동생으로 건봉 원년(666년) 8월에 죽었다.

5) 하란민지가 성을 바꾸었기 때문에 무민지가 된 것이다.

6) 태원왕비란 무사확의 처인데, 무사확을 추증하여 왕에 책봉되었기 때문에 태원왕비로 불린 것이고, 그녀는 무민지에게는 외조모가 된다. 증은 아래 항렬의 사람이 손위 여자를 간음하는 것을 말한다.

7) 상복을 말한다. 무민지에게 태원황후는 외조모이므로 상복을 입어야 하였다.

8) 무씨로 고쳤던 것을 원래의 성인 하란씨로 회복시킨 것이다.

4 가을, 7월 초하루 을미일에 고간(高侃, 동주도행군총관)이 고려의 남은 무리들을 안시성(安市城)에서 격파하였다.

5 9월 병신일(2일)에 노주(潞州) 자사인 서왕(徐王) 이원례(李元禮, 고종 이치의 숙부)가 죽었다.

6 겨울, 11월 초하루 갑오일에 일식이 있었다.

7 거가가 동도(東都, 낙양)에서 허주(許州, 하남성 허창시)와 여주(汝州, 하남성 여주시)에 행차하였다. 12월 계유일(10일)에 섭현(葉縣)에서 교렵(校獵)9)을 하였고, 병술일(23일)에 동도로 돌아왔다.

고종 함형 3년(壬申, 672년)

1 봄, 정월 신축일(8일)에 태자좌위부솔(太子左衛副率) 양적수(梁積壽)를 요주도(姚州道, 운남성 요안현)행군총관으로 삼고 군사를 거느리고 만족(蠻族)을 토벌하게 하였다.

2 경술일(17일)에 곤명(昆明, 운남성 동부)의 만족(蠻族) 14개 성(姓), 2만 3천 호가 안으로 귀부하자, 은주(殷州, 운남성 목천현)·돈주(敦州, 운남성 염진향 동남쪽)·총주(總州, 운남성 염진현) 세 주를 설치하였다.

3 2월 경오일(8일)에 토욕혼을 선주(鄯州, 청해성 낙도현)의 호미수(浩亹水, 대통하) 남쪽으로 옮겼다. 토욕혼은 토번이 강한 것을 두려워하여 그

---

9) 울타리를 쳐 놓고 그 안에서 사냥하는 것이다.

거처가 편안하지 않고, 또 선주의 땅은 좁아서 얼마 후에 영주(靈州, 녕하성 영무현)로 옮기고 그 부락을 안락주(安樂州, 녕하성 중녕현, 기미주)에 설치하고 가한(可汗) 낙갈발(諾曷鉢)을 자사로 삼았다. 토욕혼의 옛날 땅은 모두 토번으로 들어갔다.

4 기묘일(17일)에 시중인 영안군공(永安郡公) 강각(姜恪)이 죽었다.

5 여름, 4월 경오일(9일)에 황상이 합벽궁(合璧宮)으로 행차하였다.

6 토번(吐蕃, 티베트 라싸)에서 대신인 중종(仲琮)을 파견하여 공물을 가지고 들어왔는데, 황상이 토번의 풍속을 물었더니, 대답하였다.

"토번의 땅은 척박하고 기온은 찬데 풍속은 소박하고 아둔하다. 그러나 법령은 엄정하여 위아래 사람들이 한 마음이고, 일을 논의하는 것은 항상 아래에서부터 시작하고, 다른 사람이 이익 되는 것으로 이를 시행하니, 이것이 능히 오래 지탱할 수 있는 이유입니다."

황상이 토욕혼을 삼켜 없애고, 설인귀를 패배시켰으며,10) 양주(涼州)를 침략하여 압박한 일을 힐난(詰難)하니, 대답하였다.

"신은 명령을 받고 공물을 바칠 뿐이며, 군사에 관한 일은 들은 바가 없습니다."

황상이 그에게 후하게 내려 주어서 보냈다. 계미일(22일)에 도수(都水)사자인 황인소(黃仁素)를 파견하여 토번에 사자로 가게 하였다.

7 가을, 8월 임오일(24일)에 특진(特進)11)인 고양군공(高陽郡公) 허경종

---

10) 토욕혼을 삼킨 일은 용삭 3년(663년) 6월이고, 설인귀를 패배시킨 일은 함형 원년(670년) 8월이며, 그 내용은 모두 ≪자치통감≫ 권201에 실려 있다.

11) 문산관 2급, 정2품이다.

(許敬宗)이 죽었다. 태상박사 원사고(袁思古)가 논의하였다.

"허경종은 큰 아들을 황막한 먼 곳에 버렸고,12) 작은 딸을 이맥(夷貊)에게 시집을 보냈습니다. ≪시법(諡法)≫을 살펴보면 '이름과 실제가 맞지 않으면 무(繆)라고 한다.' 하였으니, 바라건대, 시호를 무공이라고 하십시오."

허경종의 손자이고 태자사인인 허언백(許彦伯)이 다투는 글을 올려서 '원사고는 허씨와 원한 관계가 있다.' 하고 시호를 고쳐 달라고 청하였다.

태상박사 왕복치(王福峙)가 논의하였다.

"잘잘못은 하루아침의 일이지만, 영광스러움과 욕됨은 천년을 가는 것이오. 만약에 틈이 벌어진 의혹이 사실이라면 마땅히 법에 근거하여 기준대로 밀고 나가야 하지만, 만약에 그것이 그러하지 않다면 뜻으로 보아서 빼앗을 수 없습니다."

호부상서 대지덕(戴至德)이 왕복치에게 말하였다.

"고양공(高陽公)의 책임과 대우가 이와 같은데, 어찌하여 그에게 시호를 무(繆)라고 한단 말이오?"

대답하였다.

"옛날에 진(晉)의 사공인 하증(何曾)은 이미 충성스럽고 또 효성스러웠지만 다만 하루의 식비가 1만 전 어치여서 진수(秦秀)가 그에게 시호를 무(繆)라 하였습니다.13) 허경종의 충성과 효성이 하증에 미치지 못하고, 마시고 먹는 것과 남녀의 누(累)가 되었던 일은 이를 지나쳤으니 그에게 시호를 무(繆)라고 하는 것은 허씨들에게 빚지게 될 것이 없습니다."

---

12) 허경종의 정처인 배씨는 아주 일찍 죽었는데 배씨 좌우에 있던 비녀가 자태와 용모가 아름다워서 허경종이 그를 아껴서 후처로 삼고 성을 우(虞)라고 하였다. 그러나 큰 아들인 허앙이 그녀와 계속 간통하였고, 서모가 된 뒤에도 여전하자 허경종이 우씨를 내쫓고 아들은 불효를 저질렀다 하여 영남으로 귀양 보내 달라고 주청하였다.

13) 이 일은 진 무제 함녕 4년(278년) 12월의 일이고, 그 내용은 ≪자치통감≫ 권80에 실려 있다.

조서를 내려서 5품 이상을 모아서 다시 논의하도록 하니 예부상서 양사경(陽思敬)이 논의하였다.

"≪시법≫을 상고하건대 이미 허물을 지었지만 고칠 수 있었다면 공(恭)이라 하였으니 바라건대 시호를 공(恭)이라 하십시오."

조서를 내려서 이를 좇았다.

허경종은 일찍이 그의 아들인 허앙(許昻)을 영남으로 유배시키라고 상주하였고, 또 딸을 만족의 추장인 풍앙(馮盎)의 아들에게로 시집보내고 그의 재물을 많이 받았으니, 그러므로 원사고의 논의가 여기에 이른 것이다. 왕복치는 왕발(王勃)14)의 아버지이다.

8   9월 계묘일(15일)에 패왕 이현(李賢)을 옹왕으로 삼았다.

9   겨울, 10월 기미일(2일)에 태자에게 조서를 내려서 감국(監國)15)하게 하였다.

10   임술일(17일)에 거가가 동도를 출발하였다.

11   11월 초하루 무자일에 일식이 있었다.

12   갑진일(17일)에 거가가 경사에 도착하였다.

13   12월에 고간(高偘)이 고려의 남은 무리들과 백수산(白水山)에서 싸

---

14) 왕발은 당대의 이름 있는 작가이고, 그에 관한 일은 용삭 원년(661년) 9월에 있었고, 그 내용은 ≪자치통감≫ 권200에 실려 있다.

15) 국가의 행정을 감독하는 것을 말한다. 제왕이 도읍을 떠날 때에 주로 내리는 명령이다. 주로 태자에게 내린다.

위서 이들을 격파하였다. 신라에서 군사를 파견하여 고려를 구원하니 고간이 이를 쳐서 깨뜨렸다.16)

14 계묘일17)에 좌서자(左庶子) 유인궤(劉仁軌)를 동중서문하(同中書門下) 삼품으로 삼았다.

15 태자가 궁중에 있는 신하를 아주 드물게 접견하니, 전선승(典膳丞)인 전초(全椒, 안휘성 전초현) 사람 형문위(邢文偉)가 번번이 제공하는 선식(膳食)을 줄이고 아울러 편지를 올려서 태자에게 간언(諫言)을 하였다. 태자가 회답하는 편지를 써서 질병이 많고 입시(入侍)하느라고 틈을 내지 못하여서 그렇다고 사과하고 그의 뜻을 즐거이 받았다.

얼마 후에 우사(右史)가 결원이 되자, 황상이 말하였다.

"형문위가 내 아들을 섬기면서 능히 선식(膳食)을 거두면서 간언을 올렸으니 이 사람은 곧은 선비이다."

발탁하여 우사로 삼았다.

태자가 연회의 모임을 이용하여 궁신(宮臣)들에게 '척도(擲倒)18)'하라고 명령하였는데, 차례가 좌봉유솔(左奉裕率) 왕급선(王及善)에 이르렀더니, 왕급선이 말하였다.

"척도란 영관(伶官)19)이 하는 일인데, 신이 만약에 명령을 받든다면 아마도 전하를 우익(羽翼)하기 위한 것이 아닐까 걱정입니다."

---

16) 이 기록은 《삼국사기》에는 9월에 일어난 일로 되어 있다.

17) 12월 1일이 무오일이므로 12월에는 계묘일이 없다.

18) 당대에 산악(散樂)에는 무반기(舞盤伎), 무륜기(舞輪伎), 장교기(長蹻伎), 도령기(跳鈴伎), 척도기(擲倒伎), 도검기(跳劍伎), 탄검기(呑劍伎)가 있다. 척도는 거꾸로 서서 가면서 발로 춤을 추는 것처럼 움직이는 일종의 기예이다.

19) 전문적으로 기예를 닦아 놀이에서 기예를 펼치는 사람이다.

태자가 이를 사과하였다. 황상이 이 소식을 듣고, 왕급선에게 겸(縑) 100필을 하사하고 곧 좌천우위(左千牛衛) 장군으로 승진시켰다.

고종 함형 4년(癸酉, 673년)

1 봄, 정월 병진일(29일)에 강주(絳州, 산서성 신강현) 자사인 정혜왕(鄭惠王) 이원의(李元懿)20)가 죽었다.

2 3월 병신일(10일)에 유인궤(劉仁軌) 등에게 조서를 내려서 국사(國史)를 고쳐 쓰게 하였는데 허경종 등이 기록한 것이 대부분 부실(不實)하였던 연고였다.

3 여름, 4월 병자일(21일)에 거가(車駕)가 구성궁에 행차하였다.

4 윤5월21)에 연산도(燕山道) 총관인 우령군(右領軍) 대장군 이근행(李謹行)이 고려의 반란한 사람들을 호로하(瓠蘆河)의 서쪽에서 대파하였는데, 포로로 수천 명을 잡았고 나머지 무리들은 모두 신라로 도망하였다.

당시에 이근행의 처인 유(劉)씨는 벌노성(伐奴城, 평양 부근)에 남았는데, 고려에서 말갈(靺鞨)을 이끌고 이를 공격하니 유씨가 갑옷을 입고 무리를 인솔하여 성을 지켰고, 한참 있다가 오랑캐는 물러갔다. 황상은 그의 공로를 기뻐하여 연국(燕國) 부인에 봉하였다. 이근행은 말갈 사람인 돌지계(突地稽)22)의 아들인데, 무예와 힘이 뛰어나서 많은 이적(夷

---

20) 고종 이치의 숙부이며 정왕이었는데, 죽은 다음에 시호를 혜왕으로 한 것이다.

21) ≪자치통감≫에서는 보통 '윤월'이라고만 기록하는데, 이 경우에는 5월이 앞에 나오지 않았으므로 '윤월'이라고만 기록하면 혹 윤4월로 오해할 수 있기 때문에 '윤5월'로 기록한 것이다.

22) 돌지계에 관한 일은 고조 무덕 4년(621년) 3월에 있었고, 그 내용은 ≪자치통감≫

狄)들이 꺼리는 바였다.

5 가을, 7월에 무주(婺州, 절강성 금화시)에 홍수가 나서 물에 빠져 죽은
사람이 5천 명이었다.

6 8월 신축일(19일)에 황상이 학질(瘧疾)에 걸려서 태자로 하여금 연복
전(延福殿)에서 여러 관사(官司)에서 올리는 일을 받도록 하였다.

7 겨울, 10월 임오일(1일)에 중서령 염입본(閻立本)이 죽었다.

8 을사일(24일)에 거가가 경사(京師)로 돌아왔다.

9 12월 병오일(25일)에 궁월(弓月, 신강성 곽성현)과 소륵(疏勒, 신강성 객
십시)의 두 왕(王)이 와서 항복하였다. 서돌궐의 흥석망(興昔亡) 가한의
시대에 여러 부(部)들은 떨어지고 흩어지자 궁월과 아실길(阿悉吉)23)이
모두 배반하였다. 소정방이 서방을 토벌하면서24) 아실길을 붙잡아 가지
고 돌아왔다.

궁월이 남쪽으로 토번(吐蕃)과 결탁하고, 북쪽으로는 열면(咽麪, 巴爾喀
什호 동쪽)을 불러서 함께 소륵을 공격하여 이를 항복시켰다. 황상은 홍
려경(鴻臚卿) 소사업(蕭嗣業)을 파견하여 군사를 발동하여 그들을 토벌하
였다. 소사업의 군사가 아직 도착하지 않았는데, 궁월은 두려워서 소륵

권189에 실려 있다.

23) 흥석망(興昔亡) 가한은 서돌궐의 12대 가한이고, 아실길(阿悉吉)은 노실필(弩失畢)의
다섯 기근(俟斤) 가운데 하나이다.

24) 이 일은 현경 2년(657년) 12월에 있었고, 그 내용은 ≪자치통감≫ 권200에 실려
있다.

과 모두 들어와 조현하였고, 황상은 그들의 죄를 사면하고 그 나라로 돌아가게 하였다.

고종 상원(上元) 원년(甲戌, 674년)

1 봄, 정월 임오일25)에 좌서자(左庶子)·동(同)중서문하삼품인 유인궤(劉仁軌)를 계림도(鷄林道)대총관으로 삼고, 위위경(衛尉卿) 이필과 우령군(右領軍)대장군 이근행(李謹行)을 부총관으로 삼아 군사를 발동하여 신라(新羅)를 토벌하게 하였다.

이때에 신라왕 김법민(金法敏, 30대 문무왕)은 이미 고려의 배반한 무리들을 받아들이고, 또 백제의 옛 땅을 점거하고 사람을 시켜서 이를 지키게 하였다. 황상은 크게 화가 나서 조서를 내려서 김법민의 관작(官爵)을 삭탈하고, 그의 동생인 우교위원외(右驍衛員外)대장군·임해군공(臨海郡公)인 김인문(金仁問)이 경사에 있었는데, 세워서 신라왕으로 삼고, 귀국하게 하였다.

2 3월 초하루 신해일에 일식이 있었다.

3 하란민지(賀蘭敏之)가 이미 죄를 얻으니, 황후는 상주문을 올려서 무원상(武元爽)의 아들인 무승사(武承嗣)를 영남(嶺南)에서 불러서 주공(周公)의 작위를 이어받게 하고 상의봉어(尙衣奉御)26)를 제수하게 하였다.

---

25) 이 해 정월 1일은 신해일이므로 정월에는 임오일이 없다. 다만 ≪신·구당서≫의 <본기>에는 각기 2월 임오라고 되어 있고 이날은 2일이므로, 여기의 정월은 2월의 잘못으로 보인다.

26) 무원상은 건봉 원년(666년 6월)에 진주로 유배되었고, 주공(周公)은 황후인 무조의 아버지인 무사확이며. 그의 작위가 주공이고 상의봉어(尙衣奉御)는 궁정의 복식을 담당하는 직위이다.

여름, 4월 신묘일(12일)에 종정경(宗正卿)으로 승진시켰다.

4 가을, 8월 임진일(15일)에 선간공(宣簡公)을 추존하여 선(宣)황제로 삼고 비(妣)인 장(張)씨를 선장(宣莊)황후로 하였다. 의왕(懿王)을 광(光)황제로 하고 비(妣)인 가(賈)씨를 광의(光懿)황후로 하고, 태무(太武)황제를 신요(神堯)황제로 하고, 태목(太穆)황후를 태목신(太穆神)황후라 하였다. 문(文)황제27)를 태종문무성(太宗文武聖)황제로 하고, 문덕(文德)황후를 문덕성(文德聖)황후로 하였다.

황제를 천황(天皇)이라 부르고 황후를 천후(天后)라고 불러서 먼저 돌아가신 황제와 먼저 돌아가신 황후라는 명칭을 피하였다.28) 기원(紀元)을 고치고 천하를 사면하였다.

5 무술일(21일)에 칙령을 내렸다.

"문무 관원으로 3품 이상은 자색(紫色) 복장을 입고 금옥대(金玉帶)를 하고, 4품은 심비색(深緋色) 복장을 입고 금대(金帶)를 하며, 5품은 천비색(淺緋色) 복장을 입고 금대(金帶)를 하며, 6품은 심록색(深綠色) 복장을 입고, 7품은 천록색(淺綠色) 복장을 입고 나란히 은대(銀帶)를 한다. 8품은 심청색(深靑色) 복장을 입고, 9품은 천청색(淺靑色) 복장을 입고 나란히 유석대(鍮石帶)를 하고, 서인(庶人)은 황색 복장을 입고 동철대(銅鐵帶)를 한다. 서인이 아닌 사람29)부터는 황색 옷을 입는 것을 허락하지

---

27) 선간공(宣簡公)는 이희(李熙)로 당 고조 이연의 고조이고, 의왕(懿王)은 이천사(李天賜)로 이연의 증조부이고, 태무(太武)황제는 당 고조 이연이며, 문(文)황제는 당 2대 황제인 태종 이세민이다.

28) 명목상으로는 먼저 돌아가신 황제를 선제(先帝)라 하고, 돌아가신 황후를 선후(先后)라고 부르기 때문에 고종과 무후도 선제, 선후로 불려야 하므로 이를 피하기 위한 것이라는 말이다. 그러나 이는 자기 스스로를 높이려는 것에 지나지 않는다고 평가하고 있다.

않는다."30)

6 9월 계축일(7일)에 조서를 내려서 장손성(長孫晟)과 장손무기(長孫無忌)의 관작을 추가로 회복시키고 장손무기의 증손자인 장손익(長孫翼)으로 조공(趙公)의 작위를 세습하게 하였고 장손무기의 영구가 돌아오는 것을 허락하여 소릉(昭陵)31)에 배장(陪葬)하게 하였다.32)

7 갑인일(8일)에 황상이 상난각(翔鸞閣)에 나아가서 대포(大酺)33)를 관람하였다. 음악을 나누어 동서(東西) 두 패로 하고 옹왕(雍王) 이현(李賢)으로 하여금 동쪽 패의 주장이 되게 하고, 주왕(周王) 이현(李顯)은 서쪽 패의 주장이 되어 경쟁하여 승리하려는 것으로 즐겼는데, 학처준(郝處俊)이 간하였다.

  "두 왕의 춘추가 아직 어리고 뜻하는 것이 아직 정해지지 않았으니, 마땅히 배를 밀어주고 대추도 양보하게 하여 서로 한 몸처럼 친하게 해야 할 것입니다.

  지금 두 패로 나누어 점점 과시하고 경쟁하게 되면 배우(俳優)들은 소인이라 말씨에 법도가 없으니 아마도 바꾸어 가며 승부를 다투게 되고 비방하여 예법을 잃을까 걱정이니, 예의를 숭상하며 돈독하게 화목하기를 권고하는 것이 아닙니다."

---

29) 공업이나 상업 또는 잡업에 종사하는 사람들을 말한다.

30) 관복으로 그 사람의 신분을 알게 한 것이다. 높은 신분의 사람들이 입는 옷의 색깔은 자색, 비색 등 붉은 계통이고, 그 다음으로는 녹색과 청색, 황색의 순서로 내려간다. 진한색이 높고 옅은 색이 낮다.

31) 태종 이세민의 능묘이다. 장손무기는 사사된 지 16년 만에 회복된 것이다.

32) 장손무기가 관작이 박탈되어 죽은 것은 현경 4년(659년) 7월의 일이고, 이 내용은 ≪자치통감≫ 권200에 실려 있는데, 장손무기가 죽은 지 16년 만에 회복된 것이다.

33) 모여서 술을 마시는 것이다.

황상이 놀라서 말하였다.

"경이 멀리를 내다보는 것은 보통사람들이 미칠 수 없는 것이구려."

급히 이를 중지시켰다.

이날 위위경(衛尉卿) 이필(李弼)이 연회 장소에서 갑자기 죽었으며 이 때문에 대포는 하루로 그쳤다.

8 겨울, 11월 초하루 병오일에 거가가 경사를 출발하였다. 기유일(4일)에 화산(華山, 섬서성 화음시)의 곡무원(曲武原)에서 교렵(校獵)[34]을 하였고 무진일(23일)에 동도(東都)에 이르렀다.

9 기주(箕州)의 녹사참군(錄事參軍)인 장군철(張君澈) 등이 자사인 장왕(蔣王) 이운(李惲)과 그의 아들인 여남군왕(汝南郡王) 이위(李煒)가 반역을 모의하였다고 무고하였는데, 통사사인(通事舍人) 설사정(薛思貞)에게 칙령을 내려서 말을 달려 전거(傳車)로 가서 그것을 조사하게 하였다.

12월 계미일(8일)에 장왕 이운이 황공하고 두려워하여 스스로 목을 매어 죽었는데 황상은 그가 죄를 짓지 않았음을 알고 깊이 그를 아파하며 애석하게 생각하고 장군철 등 4명을 참수(斬首)하였다.

10 무자일(13일)에 우전왕(于闐王) 울지복도웅(尉遲伏闍雄)이 와서 조현하였다.

11 신묘일(16일)에 파사왕(波斯王, 이란 고원) 비로사(卑路斯)가 와서 조현하였다.

---

34) 울타리를 쳐 놓고 사냥하는 것이다.

12 임인일(27일)에 천후(天后)가 표문을 올렸다.

"국가의 성스러운 실마리는 현원(玄元) 황제35)로부터 나왔으니, 바라건 대, 왕공 이하로 하여금 모두가 ≪노자(老子)≫를 익히게 하고, 매년 명 경(明經)에서는 ≪효경(孝經)≫과 ≪논어(論語)≫에 준하여 책시(策試)36) 를 하십시오."

또 청하였다.

"지금부터 아버지가 살아 있을 경우에는 어머니를 위하여 자최(齊衰) 3년 상복을 입게 하시고 또 경관으로 8품 이상의 관리에게는 의당 봉록 (俸祿)을 헤아려 늘려 주어야 합니다."

그 나머지에 있어서는 편의대로 하게하니 모두 12조목이었다. 조서를 내려서 그 아름다움을 칭찬하고 모두 이를 시행하게 하였다.

13 이 해에 유효(劉曉)라는 사람이 상소문을 올려서 선거(選擧)에 관하 여 평론하였다.

"지금 선조(選曹)에서는 검감(檢堪)을 공도(公道)라고 생각하고, 서판 (書判)37)으로 적합한 사람을 얻는다 하는데, 특별히 그 덕행과 재능이 있는지를 고찰하는 것을 모릅니다. 하물며 서판에서 다른 사람의 것을 빌리는 사람이 많음에서야!

또 예부(禮部)에서 인사를 뽑으면서 전적으로 문장을 가지고 갑을(甲 乙)38)을 결정하니, 그러므로 천하의 선비들은 모두 덕행을 버리고 문예

---

35) 국가는 황제를 말하고, 현원(玄元) 황제는 노자인 이이를 말한다. 당 황실은 이이를 자기들의 조상으로 확정한 것이 고종 현경 5년(666년) 정월의 일이었다.

36) 명경(明經)은 경을 외워 쓰게 하는 과거 시험의 한 과목이고 책시(策試)는 대책을 시 험하는 것이다.

37) 선거는 인재를 선발하는 일이고, 선조(選曹)는 인재의 선발을 담당한 부서이고, 검감 (檢堪)은 공과(功過)를 판단하는 일이고, 서판(書判)은 글씨를 가지고 판단하는 일 이다.

를 따르고, 아침에 갑과(甲科)에 올랐다가 저녁에 형벽(刑辟)³⁹⁾에 빠지는 사람이 있고, 비록 하루에 1만 마디를 외운다고 하여도 이체(理體, 정치를 하는 도리)와 무슨 상관이 있겠습니까?

문장을 완성하는 것이 일곱 걸음 걷는 동안에 한다⁴⁰⁾고 하여도 아직은 사람을 충분히 교화하지는 못합니다. 하물며 꽃이나 나무 사이에서 마음을 다하고 연기 자욱한 안개가 낄 때를 지극한 필치로 그려내어 이것으로 풍속이 된다면 어찌 커다란 잘못이 아니겠습니까?

무릇 사람이 명성을 사모하는 것은 물이 아래로 내려가는 것 같고, 윗사람이 좋아하는 것이 있으면 아래에서는 반드시 더 심하게 됩니다. 폐하께서 만약에 인재를 뽑는데 덕행을 먼저로 삼고, 문예를 끝으로 삼으신다면 많은 인재들이 우렛소리처럼 달려들어서 사방에 바람이 일 것입니다."

---

38) 갑등, 을등 등 우열을 가리는 것이다.

39) 죄를 범하여 형벌을 받는 것이다.

40) 삼국 시대 위의 조식은 일곱 걸음을 걸을 동안에 문장을 완성하였다고 한다.

권력을 장악해 가는 무후

고종 상원 2년(乙亥, 675년)

1 봄, 정월 병인일(21일)에 우전국(于闐國, 신강성 화전시)을 비사(毗沙)
도독부로 만들고, 그 경내를 나누어 10개 주로 만들었으며, 우전왕 울
지복도웅을 비사도독으로 삼았다.

2 신미일(26일)에 토번(吐蕃)에서 그 대신인 논토혼미(論吐渾彌)를 파견
하여 와서 화의하기를 청하였고, 또 토욕혼과 선린우호관계를 회복시키
기를 청하였으나, 황상이 허락하지 않았다.

3 2월 유인궤가 신라의 무리들을 칠중성(七重城, 積城)에서 대파하였다.
또 말갈(靺鞨)로 하여금 바다로 가서 신라의 남쪽 경계를 경략하게 하
여 목을 베고 붙잡은 것이 아주 많았다. 유인궤의 군사가 돌아왔다. 41)
  조서를 내려서 이근행을 안동진무(安東鎭撫) 대사로 삼고 신라의 매초

---

41) 《삼국사기》 신라본기 문무왕 15년조의 기록을 보면 '劉仁軌破我兵於七重城 仁軌
引兵還 詔以李謹行爲安東鎭撫大使 以經略之 王乃遣使 入貢且謝罪 帝赦之 復王官爵 金仁問
中路而還 改封臨海郡公'이라고 되어 있다. 이는 《자치통감》의 기록을 적의 편집한 것
으로 보인다.

성(買肖城)에 주둔하여 이를 경략하게 하였는데, 세 번 싸워서 모두 승리하자 신라는 마침내 사신을 파견하여 들어와서 공물을 바치고 또 사죄하였다. 황상은 이를 사면하고 신라왕 김법민의 관작(官爵)을 회복시켰다. 김인문이 중도(中途)에서 돌아오니 임해군공(臨海郡公)으로 고쳐서 책봉하였다.

4 3월 정사일(13일)에 천후(天后)가 망산(邙山, 낙양성의 북쪽)의 남쪽에서 선잠(先蠶)42)에게 제사를 지냈는데, 백관과 조집사(朝集使)43)가 모두 자리에 배석하였다.

5 황상은 바람과 현기증이 심한 것으로 고생하였는데, 천후로 하여금 국정(國政)을 섭정하게 하는 것을 논의하였다.44) 중서시랑이며 동삼품인 학처준(郝處俊)이 말하였다.

"천자가 밖의 일을 처리하고 후(后)가 안의 일을 처리하는 것은 하늘의 도입니다. 옛날에 위(魏) 문제(文帝, 조비)가 명령을 내려서 비록 어린 주군이 있었지만 황후가 조당에 나오는 것을 허락하지 아니하였는데, 화란(禍亂)의 싹을 막기 위함이었습니다.45) 폐하께서 어찌하여 고조

---

42) 고대 중국의 전설 가운데 백성들에게 양잠을 가르쳐준 신이다. 이것이 전해져서 주대에는 왕후가 선잠에게 제사를 지냈으며, 후대의 왕조에서도 황후가 선잠에게 제사를 지냈다.

43) 한대에는 각 군에서 재정을 관리하는 관리를 파견하여 경사에 와서 정치정세와 1년간의 수입상황을 보고하였는데, 이를 상계사자라고 하였다. 당은 한대의 제도를 이어받아서 매년 사자를 파견하여 경사에서 모이게 하여 황제를 알현하게 하였는데 이를 조집사라고 하였다.

44) 공식명칭은 섭지국정(攝知國政)이다. 섭과 지는 모두 관직을 임용하는 방법의 하나인데, 섭직과 지직은 모두 대리의 의미를 갖고 있다.

45) 이에 관한 일은 위 문제 황초 3년(222년) 9월에 있었고, 그 내용은 《자치통감》 권69에 실려 있다.

와 태종의 천하를 자손에게 전해 주지 아니하고 천후에게 이를 맡기시려고 하십니까?"

중서시랑인 창락(昌樂, 하남성 남락현) 사람 이의염(李義琰)이 말하였다.

"학처준의 말은 지극히 충성스러우니 폐하께서는 의당 이를 들어 주셔야 합니다."

황상이 마침내 중지하였다.

6 천후는 문학을 공부한 인사인 저작랑(著作郎) 원만경(元萬頃)과 좌사(左史) 유의지(劉禕之) 등을 많이 이끌어 주었는데, 그들로 하여금 ≪열녀전(烈女傳)≫·≪신궤(臣軌)≫·≪백료신계(百僚新戒)≫·≪악서(樂書)≫를 찬술하게 하니, 무릇 1천여 권이었다.

조정에서 있었던 주의(奏議)와 모든 관서에서 올린 표문과 상소문은 당시에 비밀리에 참여하여 결정하도록 하여 재상의 권한을 나누었으니 이때에 사람들은 이들을 북문학사(北門學士)46)라고 하였다. 유의지는 유자익(劉子翼)47)의 아들이다.

7 여름, 4월 경진일(6일)에 사농(司農)소경 위홍기(韋弘機)를 사농경으로 삼았다. 위홍기는 지동도영전(知東都營田)을 겸하였는데, 조서를 받아서 궁원(宮苑)을 완전히 수리하였다. 어떤 환자(宦者)가 궁원에서 범법을 하자, 위홍기가 그에게 곤장을 치고 그런 다음에 상주하여 보고하였다. 황상은 유능하다고 생각하여 견(絹) 수십 필을 하사하고 말하였다.

"다시 범한 사람이 있다면 경은 바로 그에게 곤장을 치는데 반드시 상

---

46) 북문이란 황후의 처소가 있는 곳을 말하므로 이 인사들은 황후가 관장한다는 것을 의미하며, 문학관을 설치한 일은 당 태종이 황제가 되기 전인 고조 무덕 4년(621년) 10월에 설치한 일이 있었는데, 이는 다만 문학을 토론하는 것이었지 정치적 목적을 가진 것은 아니었다.

47) 유자익에 관한 일은 태종 정관 원년(627년)에 있었다.

주할 필요가 없다."

8 애초에, 좌천우(左千牛) 장군인 장안(長安) 사람 조괴(趙瓌)는 고조의 딸인 상락(常樂) 공주를 아내로 모시고 살았는데, 낳은 딸이 주왕(周王) 이현(李顯)의 비(妃)가 되었다. 공주는 자못 황상에게 후대를 받았지만 천후는 그를 미워하였다.

신사일(7일)에 비(妃)는 죄에 연좌되어서 폐위되어 내시성(內侍省)에 유폐(幽閉)되었는데, 먹을 재료를 날것으로 공급하고, 지키는 사람은 그 굴뚝에 연기를 내는가를 살피게 하였는데,[48] 이미 며칠이 지나 연기가 나오지 않자 열고서 보니 죽어서 부패하였다.

조괴가 정주(定州, 하북성 정주시) 자사에서 괄주(栝州, 절강성 여수시) 자사로 좌천되면서 공주로 하여금 그를 따라서 관부로 가게하고 이어서 그가 조알(朝謁)하는 것을 끊어버렸었다.

9 태자 이홍(李弘)은 어질고 효성스러우며 겸손하고 삼가니 황상이 그를 아꼈다. 예의로써 사대부를 접대하니 안팎에서 마음을 위촉하였다. 천후는 바야흐로 그 뜻을 굳게 하고 있었는데, 태자가 주청하는 것이 자주 뜻을 거스르니 이로부터 천후에게서 아낌을 잃었다.

의양(義陽)과 선성(宣城) 두 공주는 소숙비(蕭淑妃)의 딸인데, 어머니가 죄를 얻은 것에 연좌되어 액정(掖庭)에 유폐되어서 나이가 서른이 넘었는데도 시집을 가지 못하였다. 태자가 이를 보고 놀라고 측은하게 생각하여 갑자기 내보내어 출가시키도록 주청하니 황상이 이를 허락하였다.

천후는 화가 나서 그날로 공주를 당번이 되어 올라와 있는 익위(翊衛)[49]인 권의(權毅)와 왕수고(王遂古)에게 배당하였다. 기해일(25일)에

---

48) 날것을 주고 그 안에서 끓여 먹게 한 것이다.

태자가 합벽궁에서 죽었는데, 당시 사람들은 천후가 그에게 짐독(鴆毒)을 주었다고 생각하였다.

임인일(28일)에 거가가 낙양궁으로 돌아왔다. 5월 무신일(5일)에 조서를 내렸다.

"짐이 바야흐로 황태자에게 선위(禪位)50)하려고 하였는데, 병이 갑자기 들어 일어나지 못하였으니 의당 지난번의 명령을 펼쳐서 존명(尊名)51)을 덧붙여 주니 시호를 효경(孝敬) 황제라고 할 수 있겠다."52)

6월 무인일(5일)에 옹왕(雍王) 이현(李賢)을 세워서 황태자로 삼고 천하를 사면하였다.53)

10 천후는 자주(慈州, 산서성 길현) 자사인 기왕(杞王) 이상금(李上金)을 미워하였는데, 유사(有司)가 그 뜻에 맞추어 그의 죄를 상주하였더니, 가을, 7월에 이상금은 연루되어 관직에서 해직되고 예안(澧安, 호남성 예현)에 안치되었다. 54)

11 8월 경인일(19일)에 효경황제를 공릉(恭陵, 하남성 언사현)에 장사 지

---

49) 금위관의 명칭이다. 친위와 훈위와 더불어 같이 숙위의 일을 담당하는데 익위는 경·감·자사 이상의 자손에게 이를 맡기는 것이다. 이들은 윤번으로 전폐(殿陛)에서 당번을 선다.

50) 황제의 자리를 물려주는 것이다.

51) 높은 이름인데, 이는 황제라는 명호를 말한다.

52) 황태자가 황제에 즉위하지 않고 죽은 경우에도 황제의 칭호를 준 것은 이것이 시작이다.

53) 죽은 태자 이홍은 고종과 무측천 사이에서 첫 번째로 태어난 아들이고, 이현은 그 둘째 아들이다. 그러나 이현 역시 후에 폐서인이 된다.

54) 이상금은 당 고종의 셋째 아들로 그 생모는 궁인 유(劉)씨이다. 고종이 즉위하고 보로 기왕에 책봉되었고, 후에 수주자사, 녹주자사를 거쳤다. 무후가 그의 생모 유씨를 미워하면서 무후의 뜻에 영합하는 인사들이 그의 잘못을 찾아 낸 것이다.

냈다.

12　무술일(27일)에 대지덕(戴至德)을 우복야로 삼고 경자일(29일)에 유인궤(劉仁軌)를 좌복야로 삼았는데, 나란히 동중서문하삼품은 예전과 같게 하였다. 장문관(張文瓘)을 시중으로 삼고, 학처준(郝處俊)을 중서령으로 삼고, 이경현(李敬玄)을 이부상서 겸좌서자로 삼고, 동중서문하삼품은 옛날과 같게 하였다.

유인궤와 대지덕은 날짜를 바꾸어서 첩소(牒訴)55)를 받았는데, 유인궤는 항상 아름다운 말로 이를 허락하였으나, 대지덕이 반드시 이치에 근거하여 어렵게 물으니, 아직 일찍이 주거나 빼앗지는 아니하면서 실제로 원망을 맺는 사람이 많아서 비밀리에 주청하였다. 이로 말미암아서 당시에 칭찬은 모두 유인귀에게 돌아갔다.

어떤 사람이 그 연고를 물으니, 대지덕이 말하였다.

"위엄과 은덕을 베푸는 것은 인주(人主)의 권한인데 신하 된 사람이 어찌 이를 도적질할 수가 있겠는가?"

황상이 이 말을 듣고 그를 깊이 중히 여겼다.

어떤 노파가 유인궤에게 가서 소장을 진술하려고 하였는데 잘못하여 대지덕에게로 갔다. 대지덕이 이것을 보면서 아직 다 끝내지 않았는데 노파가 말하였다.

"본래 일을 해결해 주는 복야라고 생각하였는데, 일을 해결하지 않는 복야로군! 나의 첩지(牒紙)56)를 돌려주시오."

대지덕이 웃으면서 그것을 주었다. 그 당시의 사람들은 그를 어른스럽다고 칭찬하였다.

---

55) 고소하는 문서를 말한다.

56) 고소장이다.

장문관이 당시에 대리경(大理卿)을 겸하고 있었는데, 죄수들은 관직이 바뀔 것이라는 소식을 듣고 모두가 통곡을 하였다. 장문관은 성격이 엄정하여 여러 관사(官司)에서 의견을 상주하면 대부분이 꼬집어서 반박하니 황상은 아주 그에게 위임하였다.

고종 의봉(儀鳳) 원년(丙子, 676년)

1 봄, 정월 임술일(23일)에 기왕(冀王) 이륜(李輪, 고종의 아들)을 옮겨서 상왕(相王)으로 삼았다.

2 납주(納州, 사천성 서영현)에 사는 요족(獠族)이 반란을 일으키니 검주(黔州, 사천성 팽수현) 도독에게 칙령을 내려서 군사를 발동하여 그를 토벌하게 하였다.

3 2월 갑술일(6일)에 안동도호부를 요동(遼東)의 옛날 성으로 옮겼다. 이보다 먼저 어떤 화인(華人)으로 동관(東官)57)을 맡았던 사람이 있었는데, 모두 이를 파직시켰다. 웅진(熊津) 도독부를 건안(建安, 요녕성 개주시)의 옛날 성으로 옮겼는데 그 가운데 백제의 호구로 먼저 서주(徐州)와 주연(兗州) 등의 주로 옮겼던 사람들은 모두 건안에 두었다.

4 천후(天后)는 황상에게 중악(中嶽, 하남성 양성현)에서 봉선(封禪)을 거행하게 권고하였고, 계미일(15일)에 조서를 내려서 이번 겨울에 숭산(嵩山, 중악)에서 제사를 지낸다고 하였다.

---

57) 동부 즉 한반도에서 관리 노릇하는 사람을 말한다.

5 정해일(19일)에 황상은 여주(汝州, 하남성 여주시)의 온천에 행차하였
다.

6 3월 계묘일(5일)에 황문시랑 내항(來恒)과 중서시랑 설원초(薛元超)가
나란히 동중서문하삼품이 되었다. 내항은 내제(來濟)의 형이고, 설원초는
설수(薛收)58)의 아들이다.

7 갑진일(6일)에 황상이 동도(東都)로 돌아갔다.

8 윤월(윤3월)에 토번(吐蕃)이 선주(鄯州, 청해성 낙도현)·곽주(廓州, 청해
성 화륭현)·하주(河州, 감숙성 임하시)·방주(芳州, 감숙성 질부현 동남쪽)
등의 주를 노략질하니, 좌감문위(左監門衛) 중랑장(中郎將) 영호지통(令狐
智通)에게 칙령을 내려서 흥주(興州, 섬서성 약양현)·봉주(鳳州, 섬서성 봉
현) 등 주(州)의 병사를 발동하여 이를 막게 하였다.
　기묘일(11일)에 조서를 내려서 토번이 요새를 침범하였기 때문에 중
악(中嶽)에 봉선하는 것을 중지한다고 하였다. 을유일(17일)에 낙주목(洛
州牧)인 주왕(周王) 이현(李顯)을 도주도(洮州道) 행군원수(行軍元帥)로 삼
고 공부상서 유심례(劉審禮) 등 12명의 총관을 거느리게 하고, 병주(幷州)
대도독인 상왕 이륜(李輪)을 양주도(凉州道) 행군원수로 삼아서 좌위(左衛)
대장군 글필하력(契苾何力) 등을 거느리고서 토번을 토벌하게 하였다. 두
왕은 모두 가지 않았다.

9 경인일(22일)에 거가가 서쪽으로 돌아왔다.

---

58) 내제는 충성을 다하다가 또 봉강(封疆)에서 죽었고, 이에 관한 일은 당 고종 용삭 2
　년(662년) 12월에 있었고, 설수는 잠저 시절부터 태종을 섬겼으며, 그에 관한 일은
　고종 용삭 원년(661년) 3월에 있었다.

10 갑인일59)에 중서시랑 이의염(李義琰)을 동중서문하삼품으로 하였다.

11 무오일60)에 거가가 구성궁에 도착하였다.

12 6월 계해일(27일)에 황문시랑인 진릉(晉陵, 강소성 상주시) 사람 고지주(高智周)가 동중서문하삼품이 되었다.

13 가을, 8월 을미일61)에 토번이 첩주(疊州, 감숙성 일부현)를 노략질하였다.

14 임인일(7일)에 칙령을 내렸다.

"계주(桂州, 광서성 계림시)·광주(廣州, 광동성 광주시)·교주(交州, 베트남 하노이)·검주(黔州, 사천성 팽수시) 등의 도독부에서는 최근에 와서 토착인들을 주의(注擬)62)하였는데, 가려 뽑는 것이 아직은 면밀하지 않으니 지금부터 매 4년마다 5품 이상의 깨끗하고 올바른 관리를 파견하여 사자(使者)에 충당하고 이어서 어사로 하여금 함께 가서 주의(注擬)하게 하라."

당시 사람들은 이를 남선(南選)63)이라고 불렀다.

---

59) 원문의 상태로 보면 윤3월 갑인일이다. 그러나 윤3월에는 갑인일이 없고, ≪신·구당서≫에는 이 일이 일어난 것은 4월 갑인일이며, 4월 갑인일은 4월 17일이다. 따라서 갑인일 앞에 4월이 누락된 것으로 보아야 한다.

60) 앞의 예와 마찬가지로 이날은 4월 무오일이며, 이날은 4월 21일이다.

61) ≪신당서≫에 의하면 이 사건은 7월 을미일(29일)이므로 8월은 7월의 잘못이다.

62) 당대에 관리를 선발하는데 먼저 상서성에서 선발할 사람을 등록하고, 다시 시험을 거치고, 그런 다음에 재능에 의하여 그 관직을 의정(擬定)하는데, 이를 주의(注擬)라고 하였다.

63) 변방의 관리는 중앙에서 파견하는 것이 아니고, 책임자가 당지 사람들 가운데서 적당한 사람을 물색하여 임명하였는데, 이것은 고종 총장 2년(669년) 12월부터 시작하였

15 9월 임신일(7일)에 대리(大理)에서 '좌위위대장군 권선재(權善才)와
좌감문중랑장 범회의(范懷義)가 잘못하여 소릉(昭陵, 태종 이세민의 능)의
측백나무를 찍었으니 죄는 제명(除名)64)에 해당한다.'고 상주하였다. 황
상이 특히 그들을 죽이라고 명령하였다.

대리승(大理丞)인 태원(太原, 산서성 태원시) 사람 적인걸(狄仁傑)이 상
주하였다.

"두 사람의 죄는 사형에 해당하지는 않습니다."
황상이 말하였다.

"권선재 등은 능(陵)의 측백나무를 찍었으니 내가 죽이지 않으면 불효
한 사람이 된다."

적인걸을 고집하여 그치지 않으니, 황상이 얼굴색을 지으면서 나가게
하자 적인걸이 말하였다.

"용안을 범하고 직접 간언을 드리는 것은 예로부터 어렵다고 생각하였
습니다. 신은 걸(桀)·주(紂)를 만나면 어려워지고, 요(堯)·순(舜)을 만
나면 쉬어진다고 생각합니다.

지금 법으로는 사형에 이르지 않았는데, 폐하께서 특히 그를 죽인다면
이는 법이 사람들에게 믿겨지지 아니합니다. 사람이 어떻게 그 손발을
움직이겠습니까? 또 장석지(張釋之)65)가 한 말이 있습니다. '설사 장릉
의 한 잔 정도의 흙을 훔쳤다면 폐하께서 어떻게 이를 처리하실 것입니
까?'66)

다.

64) 관리들의 명부에서 이름이 제거되는 것이다. 이는 앞으로 관직에 나아가지 못한다는
것을 의미한다.

65) 전한시대의 사람으로 이와 관계된 사건은 기원전 177년의 일이다.

66) 이 일은 한 문제 3년(기원전 177년)에 있었고, 그 내용은 ≪자치통감≫ 권14에 실려
있다.

지금 한 그루의 측백나무 때문에 두 명의 장군을 죽인다면 후대에 폐하를 어떠하다고 하겠습니까? 신은 감히 조서를 받들지 못하는 것은 아마도 폐하를 부도(不道)에 빠뜨리고 또 지하에 가서 장석지를 보고 부끄러울까 두렵기 때문입니다."

황상이 화가 난 것이 조금 풀어지고 두 사람은 영남(嶺南)으로 유배 보냈다. 그 뒤 며칠이 지나서 적인걸을 발탁하여 시어사로 삼았다.

애초에, 적인걸은 병주(幷州)의 법조였는데, 동료 정숭질(鄭崇質)이 절역(絕域)으로 사자로 가야 하였다. 정숭질의 어머니는 늙고 병들었는데, 적인걸이 말하였다.

"저 사람의 어머니가 이와 같은데 어찌하여 그로 하여금 만 리 밖으로 가야하는 걱정거리를 있게 할 수 있겠는가?"

장사 인인기(藺仁基)에게 가서 그를 대신하여 가게 해달라고 청하였다. 인인기는 평소 사마 이효렴(李孝廉)과 더불어 불화하였고 이로 인하여 서로 말하였다.

"우리들은 어찌 스스로 부끄럽지 않을 수 있겠는가?"

드디어 서로 화목하게 되었다.

16 겨울, 10월에 거가가 경사로 돌아왔다.

17 정유일(3일)에 태묘(太廟)에 협사(祫祀)67)를 지내는데, 태학박사 사찬(史璨)이 논의한 것을 채용하여 체사(禘祀)68)를 지낸 다음에 3년이 되어 협사를 지내고, 협사를 지낸 후 2년 만에 체제를 지낸 것이다.

---

67) 고대의 제사 명칭인데, 원근에 있는 조상신을 태묘에 모아서 함께 제사를 지내는 것이다.

68) 고대의 제사 명칭인데, 이 제사에는 교제(郊祭)의 체(禘)와 은제(殷祭)의 체, 그리고 시제(時祭)의 체가 있는데, 이는 은제의 체를 가리키는 것이고, 이는 제왕이 종묘에서 지내는 대제(大祭)는 협제와 더불어 은제라고도 부른다.

18 순왕(鄩王) 이소절(李素節)은 소숙비(蕭淑妃)의 아들인데, 기민하고 공부하기를 좋아하였다. 천후가 이를 미워하여 기주(岐州, 섬서성 봉상현) 자사에서 좌천시켜서 신주(申州, 하남성 신양시) 자사69)로 삼았다. 건봉(乾封) 초년70)에 칙서를 내려서 말하였다.

"이소절은 이미 옛날부터 병을 가지고 있으니 반드시 들어와서 조현할 필요는 없다."

그러나 이소절은 실제로 질병이 있는 것은 아니었는데, 스스로 오랫동안 들어와서 조근(朝覲)할 수 없었기 때문에 마침내 <충효론(忠孝論)>을 지었다. 왕부의 창조(倉曹) 참군 장간지가 사자를 통하여 몰래 그 논(論, 충효론)을 봉함하여 바쳤다. 천후가 이를 보고 뇌물을 받았다고 무고하여 병오일(12일)에 파양왕(鄱陽王)으로 깎아서 책봉하고 원주(袁州, 강서성 의춘시)에 안치하였다.

19 11월 임신일(8일)에 기원(紀元)을 고치고 천하를 사면하였다.

20 경인일(26일)에 이경현(李敬玄)을 중서령으로 삼았다.

21 12월 무오일(25일)에 내항(來恒)을 하남도(河南道) 대사로 삼고, 설원초(薛元超)를 하북도(河北道) 대사로 삼으며, 상서좌승인 언릉(鄢陵, 하남성 언릉현) 사람 최지제(崔智悌)와 국자사업(國子司業) 정조현(鄭祖玄)을 강남도(江南道) 대사로 삼아 길을 나누어서 순무(巡撫)하게 하였다.

---

69) 이때에 3만 호 이상 되는 주는 상주, 2만호 이상은 중주, 2만호 이하의 주는 하주라고 하였으며, 신주는 중주이다.

70) 건봉은 고종의 연호로 실제로 2년간 사용하였으며, 그 원년은 666년이므로 이 사건은 10여 년 전의 일이다.

고종 의봉 2년(丁丑, 677년)

1 봄, 정월 을해일(12일)에 황상이 적전(藉田)에서 밭을 갈았다.

2 애초에, 유인궤(劉仁軌)가 군사를 이끌고 웅진(熊津)에서 돌아오자71) 부여융(扶餘隆)72)은 신라의 압박을 두려워하여 감히 머물러 있지 아니하고 얼마 후에 역시 조정으로 돌아왔다. 2월 정사일(24일)에 공부상서 고장(高藏, 고구려의 보장왕)을 요동주(遼東州) 도독으로 삼고, 조선왕(朝鮮王)으로 책봉하여 요동으로 돌아가게 하여 고려의 남은 무리들을 안무(安撫)하게 하였다. 고려의 먼저 여러 주에 있던 사람들은 모두 보내어서 고장과 함께 돌아가게 하였다.

또 사농경 부여융을 웅진(熊津) 도독으로 삼고, 대방왕(帶方王)에 책봉하여 또한 돌아가서 백제(百濟)의 남은 무리들을 안무하게 하며 이어서 안동(安東) 도호부를 신성으로 옮겨서 그들을 통괄하게 하였다.

이때에 백제는 황폐화 되고 부서져서 부여융에게 명령하여 고려의 경계에 우거(寓居)하도록 하였다. 고장이 요동에 이르자 반란을 하기로 모의하고 몰래 말갈(靺鞨) 사람들과 내통하였는데, 불러서 돌아오게 하여 공주(邛州, 사천성 공래현)로 옮겼더니 죽었으며, 그 사람들을 하남(河南, 황하 이남)과 농우(隴右, 농산의 서쪽)에 있는 여러 주에 흩어서 옮기게 하고 가난한 사람은 안동성의 옆에 머물게 하였다.

고려의 옛날 성은 신라에 병합되고 나머지 무리들은 흩어져서 말갈과 돌궐(突厥)로 들어갔고, 부여융 역시 끝내 감히 옛날 땅으로 돌아가지 못하니 고씨(高氏)와 부여씨73)는 드디어 망하였다.

---

71) 이 일은 인덕 2년(665년) 8월에 있었고, 그 내용은 《자치통감》 권201에 실려 있다.
72) 당에서 세웠던 웅진에 있던 웅진도위이다.

3 3월 초하루 계해일에 학처준(郝處俊)과 고지주(高智周)를 나란히 좌서
자로 삼았고, 이의염(李義琰)은 우서자가 되었다.

  여름, 4월에 좌서자 장대안(張大安)은 동중서문하삼품이 되었다. 장대
안은 장공근(張公謹)74)의 아들이다.

4 조서를 내려서 하남과 하북에 가뭄이 들었으므로 어사중승(御史中丞)
최밀(崔謐) 등에게 길을 나누어 파견하여 위문하고 진휼(賑恤)하여 주게
하였다. 시어사인 녕릉(寧陵, 하남성 녕릉현) 사람 유사립(劉思立)이 상소
문을 올렸다.

  "지금 보리가 익고 누에는 성숙하여서 농사짓는 일거리는 바야흐로
많은데 칙사(敕使)가 위무하려고 순행하면 사람들은 모두 흥분하여 손
뼉을 치고 그들이 해야 할 가업(家業)을 잊고서 이 하늘같은 은혜를 기
다리며 모여서 참석하고 영접할 것이니 방해하고 버리는 것이75) 적지
않습니다.

  이미 진휼하는 것을 나누어 주려고 한다면 반드시 부서(簿書)를 만들
어야 하니 본래는 편안하게 사는지 살피도록 하려고 한 것이지만 다시
는 번거롭고 시끄럽게 될 것입니다. 바라건대, 또 주와 현에다가 진휼하
여 주는 것을 맡기시고 가을이 되어 일이 한가하기를 기다려서 사신을
내 보내어 상을 주거나 깎아 내리십시오."

상소문이 올라가자 최밀 등은 드디어 가지 않았다.

5 5월에 토번(吐蕃)이 부주(扶州, 사천성 남평현) 임하진(臨河鎮)을 노략

---

73) 고씨는 고구려왕의 성이고, 부여는 백제왕의 성이다. 이는 곧 고구려와 백제가 완전
    히 멸망한 것을 말한다.

74) 장공근에 관한 일은 태종 정관 6년(632년) 4월에 있었다.

75) 농사짓는 일을 버린다는 뜻이다.

질하고 진장(鎭將) 두효승(杜孝昇)을 사로잡아서 편지를 싸가지고 가서
송주(松州, 사천성 송번현)도독 무거적(武居寂)으로 하여금 항복하라고 유
세하게 하였는데, 두효승이 고집부리며 좇지 않았다. 토번의 군사들이
돌아가면서 두효승을 내버리고 가니 두효승이 다시 무리를 인솔하고 막
으며 지켰다. 조서를 내려서 두효승을 유격(游擊)장군으로 삼았다.

6 가을, 8월에 주왕(周王) 이현(李顯, 고종의 일곱째아들)을 옮겨서 영왕
(英王)으로 삼고 이름을 이철(李哲)로 고쳤다.

7 유인궤에게 명령하여 도하군(洮河軍, 청해성 낙도현)76)에서 진수하게
하였다. 겨울, 12월 을묘일(27일)에 조서를 내려서 군사를 크게 발동하
여 토번을 토벌하게 하였다.

8 조서를 내려서 현경(顯慶) 시절의 새로운 예(禮)77)는 대부분이 옛것
을 본받지 않았으므로 그 가운데 오례(五禮)는 아울러 ≪주례(周禮)≫에
의거하여 일을 시행하게 하였다. 이로부터 예관들은 더욱 의거하여 지키
는 것이 없었고 매번 대례(大禮)가 있을 적마다 그때에 가서 만들어 정
하였다.

고종 의봉 3년(戊寅, 678년)

1 봄, 정월 신유일(4일)에 백관들과 만이(蠻夷)의 추장들이 광순문(光順

---

76) 군(軍)이란 당대에 군대를 두어 수자리를 서서 지키는 곳을 말한다. 군(軍), 수(守),
   착(捉), 진(鎭), 수(戍) 가운데 큰 것은 군(軍)이라 하고, 작은 것은 수(守), 착(捉),
   진(鎭), 수(戍)라고 하였다.
77) 당 고종 현경 3년(658년) 정월에 반포한 신례 즉, <현경례>를 말하며, 이 내용은
   ≪자치통감≫ 권200에 보인다.

門)에서 천후(天后)를 조현하였다.

2   유인궤(劉仁軌)가 도하(洮河, 선주성 안)에서 진수하면서 매번 주청할 때마다 대부분이 이경현(李敬玄)에게 눌리니 이로 말미암아서 그를 원망하였다. 유인궤는 이경현이 장수로서의 재주를 가지고 있지 않아서 그를 중상하려고 하여 상주문을 올려서 말하였다.

"서변(西邊)을 진수하는 일은 이경현이 아니면 안 될 것입니다."

이경현이 굳게 사양하였다.

황상이 말하였다.

"유인궤가 짐을 필요로 한다면 짐도 역시 스스로 갈 것인데, 경은 어찌하여 사양할 수 있단 말이오?"

병자일(19일)에 이경현을 유인궤를 대신하여 도하도대총관 겸 안무(安撫)대사로 삼고, 이어서 선주(鄯州, 청해성 낙도현)도독의 업무를 검교(檢校)[78]하게 하였다.

또 익주(益州)대도독부의 장사인 이효일(李孝逸) 등에게 명령하여 검남(劍南, 사천성 중남부와 운남성)과 산남(山南, 호북성, 사천성 동북부와 섬서성 남부)의 군사를 징발하여 그곳으로 가게 하였다. 이효일은 이신통(李神通)[79]의 아들이다.

계미일(26일)에 금오(金吾)장군 조회순(曹懷舜) 등을 파견하여 나누어 하북과 하남으로 가서 용맹한 병사를 모집하게 하였는데, 포의(布衣)인지 사환(仕宦)인지를 묻지 말게 하였다.

---

78) 관직명은 검교선주도독이다. 검교직은 관리 임용방법의 하나인데, 남북조시대에는 다른 관직을 갖고 있는 사람에게 칙령을 내려서 업무를 처리하게 하였다. 당대에는 어떤 관직을 대리한다는 뜻이 있고, 또 중앙부서의 관함을 가지고 지방에 가서 업무를 처리하는 경우가 있다.

79) 고조 이연의 사촌동생이고, 그에 관한 일은 수 공제 의년 원년(617년) 9월에 있었다.

3 여름, 4월 무신일(22일)에 천하에 사면령을 내리고 오는 해에 기원을
고쳐서 통건(通乾)으로 하게하였다.

4 5월 임술일(7일)에 황상은 구성궁으로 행차하였다. 병인일(11일)에
산중(山中)에 비가 내리고 크게 추워서 따르던 병사들 가운데는 얼어 죽
는 사람이 있었다.

5 가을, 7월에 이경현이 용지(龍支, 청해성 낙도현 남쪽)에서 토번을 격파
하였다고 상주하였다.

6 황상이 처음에 즉위하면서 차마 파진악(破陣樂)80)을 관람하지 못하고
이를 철폐하라고 명령하였다. 신유일(7일)에 태상소경 위만석(韋萬石)이
주문을 올렸다.
　"오랫동안 잠재워 놓고 연주하지 아니하여서 폐지되거나 빠져 버릴까
두렵습니다. 바라건대, 지금부터 큰 연회 때에는 다시 이를 연주하게 하
십시오."
황상이 이를 좇았다.

7 9월 신유일(7일)에 거가가 경사로 돌아왔다.

8 황상은 장차 군사를 발동하여 신라를 토벌하려고 하니, 시중 장문관
(張文瓘)이 병들어서 집에 누워 있다가 가마를 타고 들어와 알현하고 간
하였다.
　"지금 토번이 노략질하여 바야흐로 군사를 발동하여 서방을 토벌하고

---

80) 적진을 격파한 것을 음악으로 만든 것으로 당 태종 정관 6년(632년) 정월의 일이다.

있습니다. 신라가 비록 순종하지 않는다고 말하나 아직은 변경을 침범하지는 아니하였으니, 만약에 또 동방 정벌을 한다면 신은 아마도 공적이건 사적이건 그 폐단을 이기지 못할까 두렵습니다."

황상이 마침내 그쳤다. 계해일(9일)에 장문관이 죽었다.

서역 정벌과 돌굴 세력의 흥기

9 병인일(12일)에 이경현(李敬玄)이 군사 18만을 거느리고 토번(吐蕃)의 장수인 논흠릉(論欽陵)과 청해(青海)에서 싸웠는데, 군사가 패배하여 공부상서·우위(右衛) 대장군인 팽성희공(彭城僖公)[81] 유심례(劉審禮)가 토번의 포로가 되었다.

이때에 유심례는 선봉군을 거느리고 깊이 들어가서 호소(濠所)에 주둔하였다가 오랑캐에게 공격받았고, 이경현은 나약하고 겁을 먹어 군사를 누르고 구원하지 않았다. 유심례가 싸우다 몰입되었다는 소식을 듣고 낭패(狼狽)하여 돌아서서 달아나서 승풍령(承風嶺, 청해성 낙도현)에 주둔하며 진흙으로 된 도랑으로 막으며 스스로 굳게 하였는데, 오랑캐는 높은 지대에 주둔하고서 이들을 압박하였다.

좌령군(左領軍) 원외장군인 흑치상지(黑齒常之)가 밤에 결사대의 병사 500명을 인솔하고 오랑캐의 영채를 습격하니 오랑캐의 무리들이 무너지고 혼란하여지자, 그들의 장수인 발지(跋地)설(設)은 군사를 이끌고 숨어서 달아났으며 이경현은 마침내 남은 무리를 수습하여 선주(鄯州, 청해성 낙군현)로 돌아왔다.

유심례의 여러 아들이 스스로 결박지어가지고 대궐에 이르러서 토번

---

81) 유심례는 팽성공이었는데, 죽은 후에 시호를 희공이라 하였다.

에 들어가서 그의 아버지를 대속(代贖)해 오게 해달라고 청하니 칙령을 내려서 둘째아들 유이종(劉易從)이 토번에 가서 그를 살피는 것을 허락하였다. 도착할 때쯤에 유심례가 병들어 죽으니 유이종은 밤낮으로 통곡을 하면서 그치지 아니하였는데, 토번에서는 그것을 애달프게 여겨서 그 시체를 돌려주었고, 유이종은 맨발로 이를 짊어지고 돌아왔다.

황상은 흑치상지의 공로를 가상하게 여겨서 발탁하여 좌무위(左武衛) 장군으로 삼고 하원군(河源軍, 청해성 서녕시)의 부사(副使)로 충임하였다.

이경현이 서역 정벌을 하면서 감찰어사인 원무(原武, 하남성 원양현 서쪽)사람 누사덕(婁師德)은 맹사(猛士)[82]의 모집에 응모하여 종군하였는데, 패배하자 누사덕에게 칙령을 내려서 흩어져 도망하는 사람들을 거두어 모으라고 하니, 군사들은 마침내 다시 떨쳤다.

이어서 토번에 사자(使者)로 가라고 명령하니 토번의 장수인 논찬파(論贊婆)가 적령(赤嶺, 청해성 공화현 동쪽)에서 그를 맞았다. 누사덕은 황상의 뜻을 알리며 이끌어주고 화가 되는 것과 복이 되는 것을 알아듣게 타일렀더니, 논찬파는 대단히 기뻐하였고 이 때문에 몇 년간은 변새(邊塞)를 침범하지 않았다. 누사덕은 전중어사(殿中御史)로 승진하고 하원군(河源軍)사마(司馬)에 충임(充任) 되었으며 지영전사(知營田事)[83]를 겸하게 하였다.

황상은 토번이 걱정거리가 되어 시신(侍臣)들을 다 불러서 이를 모의하게 하니 어떤 사람은 화친(和親)하여 백성들을 휴식시키고자 하였고, 어떤 사람은 엄하게 수비(守備)를 설치하여 공사간(公私間)에 부유하고 알차게 되기를 기다렸다가 이를 토벌하고자 하였다. 어떤 사람은 일찍 군사를 발동하여 이를 치자고 하였다. 논의는 끝내 결정짓지 못하였으나

---

82) 용맹한 병사라는 말로 특별 부대를 말한다.

83) 둔전업무를 총괄하는 직책이다.

먹을 것을 하사하여 돌려보냈다.

태학생인 송성(宋城, 하남성 상구현) 사람 위원충(魏元忠)이 봉사(封事)[84]를 올려서 토번을 막을 계책을 말하였다.

"국가를 다스리는 요체는 문(文)과 무(武)에 달려 있습니다. 지금 문(文)을 말하는 사람은 언사(言辭)가 화려한 것을 첫 머리에 내놓지만 경륜(經綸)하기에는 미치지는 못합니다. 무(武)를 말하는 사람은 말 타고 활 쏘는 것을 우선으로 하지만 방략에는 이르지 못합니다. 이는 모두 어지러운 것을 다스리는데 무슨 이익이 되겠습니까?

그러므로 육기(陸機)는 <변망(辨亡)>의 이론을 저술하였지만 하교(河橋)의 실패[85]를 구원하지 못하였고, 양유기(養由基)는 활을 쏘아 일곱 겹의 갑옷을 뚫었지만 언릉(鄢陵, 하남성 언릉현)에서 군사에 도움이 되지 못하였으니,[86] 이것은 이미 그러한 것이 분명한 본보기입니다.

옛사람의 말에 이런 것이 있습니다. '사람들에게 늘 지니는 습속이 없지만, 정치에는 잘 다스려지는 것과 혼란한 것이 있고, 군사에는 강약의 구분이 없지만 장수는 교묘한 사람과 바보 같은 사람이 있다.' 그러므로 장수를 고르는 것은 지략을 근본으로 삼아야 하며 용기와 힘을 맨 끝으로 고려해야 합니다.

지금 조정에서 사람을 채용하는 것은 장군 집안의 자제와 목숨을 바

---

84) 상주문을 봉함하여 중간에서 보지 못하고 제왕이 직접 보게 한 것이다.

85) 육기는 서진시대의 대신으로 오가 멸망하자 변망론을 지었는데 진에서 벼슬하여 낭중령에 이르렀고, 8왕의 난이 일어나자 성도왕 사마영에게 의지하였는데 후에 참소를 받아서 사마영에게 죽었다. 하교의 실패는 진 혜제 태안 2년(303년) 10월에 있었고, 그 내용은 ≪자치통감≫ 권85에 실려 있다.

86) ≪좌전≫에 있는 말이다. 춘추시대(기원전 575년)에 진(晋)과 초(楚)가 언릉(鄢陵)에서 싸웠는데, 초의 대장인 양유기와 반당(潘黨)이 일곱 겹으로 된 갑옷을 세워 놓고 활로 쏘아 뚫어 가지고 초왕에게 자랑하였다. '그대는 두 신하를 가졌으니, 어찌 전쟁을 걱정하시오?' 그때에 초왕은 화가 나서 말하였다. '크게 나라에 욕을 먹이는구나! 조정을 힐난하는데, 네가 소면 기예는 죽는다.' 초왕은 그들이 실패할 것을 예견하였고 결과도 역시 실패하였다.

친 일을 한 집안 사람을 분류하여 뽑는데, 저들은 모두 용열한 재주를 가진 사람들뿐이니, 어찌 곤외(閫外)에 있는 일을 충분히 감당하겠습니까?

이좌거(李左車)·진탕(陳湯)·여몽(呂蒙)·맹관(孟觀)은 모두 가난하고 천한 집안에서 나왔지만87) 특수한 공로를 세웠고, 아직 그 집안에서 대대로 장수가 되었다는 말을 듣지 못하였습니다.

무릇 상과 벌이라는 것은 군사와 국가에서 절실하게 힘써야 할 것이니 진실로 공로를 세웠는데 상을 주지 않거나 죄를 지었는데 주살하지 않으면 비록 요(堯)·순(舜)이라도 가지런하게 다스릴 수 없습니다.

의논하는 사람들은 말을 합니다. '근래에 정벌하면서 헛되게 상을 준다는 격식은 있었지만 실질적인 것은 없었다.' 대개 적은 재주를 가진 관리는 커다란 몸통을 모르고 다만 공훈을 주는 것을 애석하게 생각하며 창고가 빌까를 걱정합니다. 병사가 목숨을 걸지 않으면 그 손해 보는 것이 얼마인지를 모르는 것입니다.

검은 머리88)를 한 사람들은 비록 미미한 존재라도 속일 수는 없습니다. 어찌 믿을 수 없는 명령을 걸어 놓고 헛되이 상을 준다는 조목만 설치하고서 그들이 공로를 세우기를 기대할 수 있겠습니까?

소정방이 요동을 정벌89)하고서부터 이적(李勣)이 평양(平壤)을 격파90)하였는데 상을 주는 일이 끊어져서 시행하지 않으니 공훈은 여전히 꽉

---

87) 이좌거에 관한 일은 한 고조 3년(기원전 204년)의 일로 ≪자치통감≫ 권10에 실려 있고, 진탕에 관한 일은 한 원제 건소 3년(기원전 36년)에 있었고 ≪자치통감≫ 권29에 실려 있다. 또 여몽에 관한 일은 후한 헌제 때(201년)에 있었고 ≪자치통감≫ 권65에서 권68 사이에 실려 있고, 맹관에 관한 일은 진 혜제 원강 9년(299년)의 일로 ≪자치통감≫ 권83에 실려 있다.

88) 벼슬을 못한 일반 백성을 말한다.

89) 이 일은 용삭 원년·2년(661년·662년)의 일이고, 그 내용은 ≪자치통감≫ 권200에 실려 있다.

90) 고구려의 도읍지인 평양을 함락시킨 것은 총장 원년(668년) 9월의 일이고, 그 내용은 ≪자치통감≫ 권201에 실려 있다.

밀려 있어서 한 명의 대랑(臺郎)을 목 베었다거나 한 명의 영사(令史)를 죽여서 공로를 세운 사람에게 사과하였다는 소식을 듣지 못하였습니다.

대비천(大非川, 청해 호의 남쪽)에서 패배하였지만 설인귀와 곽대봉 등은 즉각적으로 중하게 주살하지 아니하였으니,[91] 가령 일찍 설인귀 등을 주살하였다면 나머지 제장들이 어찌 감히 뒤에 가서 실패하였겠습니까? 신은 아마도 토번을 평정하는 것이 아침이나 저녁에 기대할 수 있는 것이 아닐까 두렵습니다.

또 군사를 내는 중요한 것은 모두 말의 힘에 의지합니다. 신이 청하건대 말 기르는 것을 금지하는 조항을 열어서 백성들로 하여금 모두가 말을 기를 수 있게 하십시오. 만약에 관군이 크게 일어나서 주와 현의 장리(長吏)에게 위임하여 관전(官錢)을 가지고 늘린 값으로 이것을 구입한다면 모두는 관청에서 갖게 되는 것입니다.

저들 흉노 오랑캐들은 말의 힘을 믿고서 강하다고 생각하는데, 만약에 사람들에게 중간에 이것을 매매하고 기르는 것을 허락하여준다면 마침내 이는 저들의 강한 것을 덜어내어 중국의 이로움으로 삼는 것입니다."

이보다 먼저 백성들이 말 기르는 것을 금지하였는데 그러므로 이원충이 이것을 말하였다. 황상은 그의 말을 훌륭하다고 생각하여 불러서 보고 중서성에서 당직을 서게 하고 장내공봉(仗內供奉)[92]하게 하였다.

10 겨울, 10월 병오일(23일)에 서주(徐州) 자사인 밀정왕(密貞王)[93] 이원효(李元曉)가 죽었다.

---

91) 이 일은 함형 원년(670년) 8월의 일이고, 그 내용은 《자치통감》 권201에 실려 있다.

92) 조회 때에 백관을 좇아서 들어와서 알현하는 것이다.

93) 이원효는 고종의 숙부로 밀왕이었는데, 죽은 후에 시호를 정왕이라 하였다.

11 11월 임자일94)에 황문시랑 · 동중서문하삼품인 내항(來恒)이 죽었다.

12 12월에 조서를 내려서 내년을 통건(通乾)이라고 부르기로 한 것을 정지하게 하였는데, 반어(反語)로 본다면 좋지 않았기 때문이었다.95)

고종 조로(調露) 원년(己卯, 679년)96)

1 봄, 정월 기유일(28일)에 황상이 동도(東都)에 행차하였다.

사농경 위홍기(韋弘機)가 숙우(宿羽) · 고산(高山) · 상양(上陽) 등 세 궁(宮)을 만들었는데, 제작한 정도가 웅장하고 화려하였다. 상양궁은 낙수(洛水)에 닿아 있는데, 긴 회랑이 1리(里)에 걸쳐 있었다. 궁궐이 완성되자 황상이 이사하여 그곳으로 갔다.

시어사 적인걸(狄仁傑)이 '위홍기가 황상을 인도하여 대단히 사치하도록 이끌었다.'고 탄핵하는 상주문을 내니, 위홍기는 이에 걸려서 면직되었다. 좌사랑중(左司郎中) 왕본립(王本立)이 은총을 믿고 일을 용사(用事)하니, 조정에서는 그를 두려워하였다.

적인걸은 그가 간사하다고 상주하여 법사(法司)에 회부시키도록 청하였는데, 황상이 특별히 그를 용서하였는데, 적인걸이 말하였다.

---

94) 11월 1일이 갑인일이므로 11월 중에는 임자일이 없다. 다만 ≪신당서≫에 의거하면 이 사건은 윤11월 임자일로 되어 있는데, 이는 윤11월 30일이다. 따라서 11월은 윤11월로 윤(閏)이 탈루된 것으로 보인다.

95) 호삼성은 통건(通乾)의 반어는 천궁(天窮)이라고 하였다. 천궁이라면 불길한 뜻을 포함하고 있는 것이므로 이를 연호로 사용하는 것을 중지시킨 것이다. 통건의 정상적인 반절법을 사용하면 턴(천, 天)이 되고, 또 통건을 거꾸로 하여 건통(乾通)의 반절은 궁(窮)이 되는 것이다. 이는 당대의 일종의 은어인 셈이다. 하늘이 궁색해진다는 말이므로 불길하다고 보는 것이다. 지난여름, 4월 22일에 다음 해의 연호를 통건이라고 하기로 하였었다.

96) 당 초에 통건이라는 연호를 사용하기로 하였던 것을 중지시켰으므로 앞에서 쓰던 연호인 의봉을 6월까지 계속 사용하였고, 6월 13일부터 조로라는 연호를 사용하였다.

"국가는 비록 영재가 결핍하다고 하여도 어찌 왕본립 같은 무리가 적 겠습니까? 폐하께서는 어찌 죄지은 사람을 아끼셔서 왕법(王法)을 이지 러트리십니까? 반드시 구부려 왕본립을 사면하려고 하시면 바라건대 신 을 아무도 살지 않는 곳에다 버리셔서 충성스럽고 곧은 사람을 위하여 장래의 경계97)로 삼으십시오."

왕본립은 끝내 죄를 얻었다. 이로 말미암아서 조정은 숙연하여졌다.

2 경술일(29일)에 우복야·태자빈객(太子賓客)인 도공공(道恭公) 대지덕 (戴至德)이 죽었다.

3 2월 임술일(11일)에 토번의 찬보(贊普)98)가 죽고 그 아들인 기노실농 (器弩悉弄)99)이 섰는데 낳은 지 8년 되었다. 이때에 기노실농은 그의 외 삼촌인 국살약(麴薩若)과 함께 양동(羊同)100)에게 가서 군사를 발동하였 는데, 동생이 여섯 살이었고 논흠능(論欽陵)의 군대 안에 있었다. 그 나 라 사람들은 논흠능이 강한 것을 두려워하여 그를 세우려고 하였으나 논흠릉이 안 된다고 하고 국살약과 공동으로 기노실농을 세운 것이다.

황상은 찬보가 죽었다는 소식을 듣고 배행검(裴行儉)에게 명령하여 틈 을 타고 이를 도모하라고 하니, 배행검이 말하였다.

"논흠릉이 정치를 하고 대신들이 모여 화목하니 아직은 도모할 수 없 습니다."

마침내 중지하였다.

---

97) 충성스럽고 곧으면 귀양간다는 것을 알리라는 뜻이다.

98) 토번의 33대 군주인 망송망찬이다.

99) 토번의 34대 제왕이다.

100) 옛날 종족의 이름인데 강족의 한 지파이다.

4 여름, 4월 신유일(12일)에 학처준(郝處俊)을 시중으로 삼았다.

5 언사(偃師, 하남성 언사현) 사람 명숭엄(明崇儼)은 부적·주술(呪術)·환술(幻術)을 가지고 황상과 천후(天后)에게 중히 여김을 받아서 관직이 정간대부에 이르렀다.

　5월 임오일(3일)에 명숭엄이 도적에게 죽었는데 도적을 찾으려 하였지만 끝내 붙잡지 못하였다. 명숭엄을 시중(侍中)으로 증직(贈職)하였다.

6 병술일(7일)에 태자에게 감국(監國)101)을 하도록 하였는데, 태자가 일을 처리하는 것이 분명하고 신중하여서 당시의 사람들이 이를 칭찬하였다.

7 무술일(19일)에 면지(澠池, 하남성 면지현)의 서쪽에 자계궁(紫桂宮)을 만들었다.

8 6월 신해일(3일)에 천하를 사면하고, 기원(紀元)을 고쳤다.

9 애초에, 돌궐의 십성(十姓) 가한102)인 아사나도지(阿史那都支)와 그의 별수(別帥)인 이차복(李遮匐)이 토번과 연합하여 안서(安西)를 침입하여 압박하였는데, 조정에서 논의하여 군사를 발동하여 그들을 토벌하고자 하였다.

　이부시랑 배행검(裴行儉)이 말하였다.

　"토번이 노략질하고 유심례가 복멸(覆滅)되었으며 전쟁이 아직 쉬지

---

101) 제왕이 어떤 일로 직접 국정을 챙길 수 없을 때에 국정을 감독하고 챙기게 하는 것이다.

102) 돌궐의 14대 가한이다.

않는데 어찌 다시 군사를 서방으로 낸단 말입니까? 지금 파사왕(波斯
王)103)은 죽고 그 아들인 니원사(泥洹師)가 인질이 되어 경사에 와 있으
니, 의당 사자를 파견하여 그 나라로 돌아가도록 보내어야 하는데, 길로
는 두 오랑캐를 지나가게 되어 있어서 편리한대로 그들을 빼앗으면 될
것이며, 피를 칼에 묻게 하지 않고도 사로잡을 수 있습니다."

황상이 이를 좇아서 배행검에게 명령하여 파사왕을 책립(冊立)하게 하
고 이어서 대식을 안무하는 사자로 삼았다. 배행검은 숙주(肅州) 자사
왕방익(王方翼)을 자기의 부사(副使)로 삼아 달라고 주청하였는데, 여전
히 안서도호의 업무를 검교(檢校)104)하게 하였다.

10 가을, 7월 초하루 기묘일에 조서를 내려서 금년 동지에 숭산(崇山,
중악, 하남성 등봉현)에서 제사를 지내라고 하였다.

11 애초에, 배행검은 일찍이 서주(西州, 중앙아시아 타크마크) 장사(長史) 여
서105) 사신으로 가라는 명령을 받들어 서주를 지나가는데, 관리와 백성
들이 교외에서 영접하였고, 배행검은 그곳 호걸의 자제 1천여 명을 모
두 불러서 스스로 따르게 하고 또한 겉으로는 때가 바야흐로 더우니 먼
곳까지 갈 수 없을 것이고 조금 서늘해지기를 기다려서 서쪽으로 갈 것
이라고 말하였다.

아사나도지(阿史那都支)는 이를 엿보았지만 드디어 대비하지 않았다.
배행검은 천천히 사진(四鎭)106)에 있는 여러 호족(胡族)의 추장들을 불러

___
103) 이란 고원 일대에 있는 왕국의 왕인 비로사(卑路斯)이며 고종 상원 원년(674년) 12
월에 죽었다.
104) 관직명은 검교안서도호이다.
105) 이 일은 영휘 5년(655년) 8월에 있었고, 그 내용은 ≪자치통감≫ 권199에 실려
있다.

서 말하였다.

"옛날에 서주에서 멋대로 사냥을 하는 것이 아주 즐거웠는데, 지금 옛날에 감상하던 것을 찾아보려고 하는데, 누가 나를 좇아서 수렵할 수 있는 사람이 있겠소?"

여러 호족(胡族)의 자제들이 다투어 좇아가려고 하니 근 1만 명이 되었다.

배행검은 겉으로 사냥을 하는 것으로 하면서 부오(部伍)를 교열(校閱)하고 챙겼다. 며칠 지나서 드디어 배나 빠른 속도로 서쪽으로 달려갔다. 아사나도지의 부락에서 10여 리 떨어진 곳에서 먼저 아사나도지가 가까이하는 사람을 파견하여 그의 안부를 묻고 겉으로 한가하게 쉬는 것으로 보이면서 마치 토벌하거나 습격하지 않는 것처럼 하며 계속하여 만나 보기를 재촉하였다.

아사나도지는 먼저 이차복과 약속하기를 가을에는 한(漢)의 사자를 거절하기로 하였는데, 갑자기 군대가 도착하였다는 소식을 듣고, 계책을 낼 곳이 없어서 그의 자제를 인솔하고 영접하였고, 드디어 그를 잡았다. 이어서 그의 계전(契箭)[107]을 전하고 모두 여러 부의 추장을 부르게 하여 잡아서 쇄엽성(碎葉城, 중앙아시아 타크마크)으로 호송하였다.

그들 가운데 정예의 기병을 가려 뽑아서 보따리를 가볍게 하고 주야로 나아가서 이차복을 습격하였는데, 도중에 아사나도지의 돌아가는 사자와 이차복의 사자가 함께 오는 것을 붙잡았다. 배행검은 이차복의 사자를 풀어주고 먼저 이차복에게 가서 아사나도지가 이미 붙잡혔다는 것을 가지고 타이르게 하니, 이차복도 역시 항복하였다.

이에 아사나도지와 이차복을 가두어서 돌려보내고 파사왕은 스스로

---

106) 구자·비사·언기·소륵의 네 도독부를 말하는 것이다.

107) 돌궐에는 문자가 없어서 수령이 사용하는 화살을 가지고 신표로 삼았는데 이 신표를 가진 사람이 입으로 명령을 전달하였다.

그 나라로 돌아가게 하였으며, 왕방익(王方翼)을 안서에 남아 있게 하여
쇄엽성을 쌓게 하였다.

12 겨울, 10월에 선우(單于)대도호부의 돌궐인 아사덕온부(阿史德溫傅)와
아사덕봉직(阿史德奉職)의 두 부(部)가 모두 반란하여 아사나니숙복(阿史那
泥熟匐)을 세워 가한(可汗)이라 하니,108) 24개 주의 추장이 모두 배반하
여 그에 호응하였는데, 무리는 수십만이었다.109)

홍려경과 선우(單于)대도호부 장사(長史)인 소사업(蕭嗣業)·우령군(右
領軍)위장군 화대지(花大智)·우천우(右千牛)위장군 이경가(李景嘉) 등을
파견하여 군사를 거느리고 그를 토벌하게 하였다.

소사업 등은 먼저 싸워서 누차 승리였는데, 이 때문에 방비를 만들어
놓지 아니하였다가 마침 큰 눈을 만나자 돌궐이 밤중에 그들의 군영을
습격하니 소사업은 낭패하여 군영을 뽑아 가지고 달아났고, 무리들은 드
디어 크게 혼란하였으며, 오랑캐에서 패배하여 죽은 사람은 헤아릴 수가
없었다.

화대지와 이경가는 보병을 이끌고 가다가 한편으로 싸우면서 선우도
호부에 들어갈 수 있었다. 소사업은 사형에서 감형되어 계주(桂州, 광서성
계림시)로 유배되었고, 화대지와 이경가는 나란히 관직에서 면직되었다.

돌궐이 정주(定州, 하북성 정주시)를 노략질하였는데, 자사인 곽왕(霍
王) 이원궤(李元軌)110)가 문을 열고 깃발을 뉘어 놓으니, 오랑캐들은 복
병이 있는 것으로 의심하고 두려워서 밤중에 도망하였다. 그 주에 사는
사람인 이가운(李嘉運)이 오랑캐와 내통하고 모의하다가 일이 누설되니

---

108) 동돌궐은 없어졌다 세워졌다 하였는데, 아사나니숙복은 16대 대가한이다.

109) 동돌궐에 24부의 기미주를 설치한 것은 영휘 원년(650년) 9월이고, 그 내용은 ≪자치
통감≫ 권199에 실려 있다.

110) 고조 이연의 14번째 아들이다.

황상은 이원궤로 하여금 그 무리들을 끝까지 찾도록 하였다.

이원궤가 말하였다.

"강한 오랑캐가 경내(境內)에 있어서 사람들의 마음이 불안한데 만약에 연루된 사람을 많이 체포하면 이는 그들을 몰아서 반란하게 하는 것입니다."

마침내 다만 이가운만 죽이고 나머지는 묻지 아니하니, 이어서 스스로 명령을 어겼다는 것으로 탄핵하였다.

황상이 표문을 보고 크게 기뻐하며 사자(使者)에게 말하였다.

"짐도 역시 이를 후회하는데, 만약에 왕이 없었다면 정주(定州)를 잃었을 것이다."

이로부터 조정에 큰 일이 있으면 황상은 대부분이 비밀리에 칙령을 내려서 그에게 물었다.

13 임자일(5일)에 좌금오(左金吾) 위장군 조회순(曹懷舜)을 파견하여 정형(井陘, 하북성 녹천시에 있는 태행산맥 중에 있음)에 주둔하게 하고, 우무위(右武衛) 장군 최헌(崔獻)을 용문(龍門)에 주둔하게 하여 돌궐에 대비하게 하였다.

돌궐은 해(奚, 난하의 상류)와 거란(契丹, 요하 상류)을 선동하고 유혹하여 영주(營州, 요녕성 조양시)를 침략하게 하고 도독 주도무(周道務)는 호조(戶曹)인 시평(始平, 섬서성 흥평시) 사람 당휴경(唐休璟)을 파견하여 군사를 거느리고 이를 격파하게 하였다.

14 경신일(13일)에 조서를 내려서 돌궐이 배탄(背誕)111)하였기 때문에 숭산(崇山)에서의 봉선(封禪)을 취소하게 하였다.

---

111) 명령을 위반하고 방종하면서 통제를 받지 않고 멋대로 행동하는 것을 말한다.

15 계해일(16일)에 토번의 문성(文成)공주는 그의 대신인 논색조방(論塞
調傍)을 파견하여 와서 상사(喪事)를 알렸으며112) 아울러 화친하기를 청
하였는데, 황상은 낭장(郎將) 송령문(宋令文)을 파견하여 토번에 가서 찬
보(贊普)의 장례에 참석하게 하였다.

16 11월 초하루 무인일에 태자좌서자·동중서문하삼품 고지주(高智周)
를 어사대부로 삼고 정사(政事)를 처리하는 일113)을 그만두게 하였다.

17 계미일(6일)에 황상은 배행검(裵行儉)에게 연회를 베풀고 그에게 말
하였다.

"경은 문무(文武)의 자질을 겸하여 갖추었으니 이제 경에게 두 개의
직책을 주겠소."

마침내 예부상서 겸 검교우위(檢校右衛)대장군을 제수(除授)하였다.

갑진일(27일)에 배행검을 정양도(定襄道)행군대총관으로 삼아서 군사
18만을 거느리게 하고, 나란히 서군(西軍)의 검교풍주(檢校豊州)도독인
정무정(程務挺)과 동군(東軍)의 유주(幽州)도독인 이문간(李文暕)이 30여
만 명을 모아서 돌굴을 토벌하게 하였는데, 나란히 배행검의 통제를 받
게 하였다. 정무정은 정명진(程名振)114)의 아들이다.

고종 영륭(永隆) 원년(庚辰, 680년)

---

112) 문성공주는 당 태종 정관 15년(641년) 정월에 토번으로 시집갔고, 토번의 33대 찬
보인 망송망찬을 말한다.

113) 직책명은 지정사(知政事)이다.

114) 정명진은 정관과 영휘 연간에 공로를 세웠는데, 그에 관한 일은 고종 현경 5년(660년)
12월에 있었다.

1 봄, 2월 계축일(8일)에 황상이 여주(汝州, 하남성 여주시)의 온천에 행차하였다. 무오일(13일)에 숭산(崇山)에 사는 처사(處士)[115]인 삼원(三原, 섬서성 삼원현 동북쪽) 사람 전유암(田遊巖)의 사는 곳에 행차하였다. 기미일(14일)에 도사(道士)인 종성(宗城, 하북성 위현의 동쪽) 사람 반사정(潘師正)이 사는 곳에 행차하였는데, 황상과 천후·태자가 모두 그에게 절하였다. 을축일(20일)에 동도(東都)로 돌아왔다.

2 3월에 배행검이 돌굴을 흑산(黑山, 내몽골 포두산 서북쪽)에서 대파하고 그 추장인 아사덕봉직(阿史德奉職)을 사로잡았다. 가한인 아사나니숙복(阿史那泥熟匐)[116]은 그의 부하에게 살해되었는데, 그의 수급을 가지고 와서 항복하였다.

애초에, 배행검이 삭천(朔川, 산서성 삭주시)에 도착하여 그 부하들에게 말하였다.

"군사를 사용하는 도(道)에서 병사를 어루만지는 데는 정성스러운 것을 귀하게 여기고 적을 제압하는 데서는 속이는 것을 귀하게 여긴다. 전날에 소사업이 양식을 운반하다가 돌굴에게 약탈당하여서 사졸들이 얼고 주렸으니, 그런 고로 패배하였다. 지금 돌굴은 반드시 다시 이 꾀를 사용하려 할 것이니 의당 그들을 속여야 할 것이다."

마침내 양식운반 수레 300량을 거짓으로 만들고 매 수레마다 장사 다섯 명씩을 숨기고 각기 맥도(陌刀)와 경노(勁弩)[117]를 갖게 하고 파리한 병사 수백 명으로 이를 돕게 하고, 또한 정예의 병사를 험한 요새에 숨겨서 그들을 기다리게 하였다.

---

115) 관직을 갖지 않은 사람 혹은 관직을 갖기를 원치 않는 사람을 말한다.

116) 돌굴의 16대 대가한이다.

117) 맥도는 보병이 가지고 다니는 긴 칼인데, 고대에는 참마검이라고 하였던 것이다. 한 번에 몇 명씩을 벨 수 있는 큰 칼이고, 경노는 강한 쇠뇌를 말한다.

오랑캐가 과연 도착하였고, 파리한 군사들은 수레를 버리고 흩어져 달아났다. 오랑캐는 수레를 몰아서 수초(水草)가 있는 곳으로 가서 안장을 풀어 놓고 말에게 먹이고 식량을 빼앗으려고 하자 장사들이 수레 안에서 뛰쳐나와서 그들을 치니 오랑캐들은 놀라서 달아났지만 다시 복병에게 맞닥뜨려서 죽거나 잡힌 것이 거의 없어지니, 이로부터 양곡을 운반해 가는 데는 오랑캐가 감히 가까이 오지 못하였다.

군대가 선우부(單于府, 내몽골 허린걸현)의 북쪽에 도착하니 저녁때가 되어 군영을 내리고 참호도 좌우에 다 파 놓았는데, 배행검이 갑자기 높은 지대로 옮기라고 명령하였다. 제장들은 모두 사졸들이 이미 안도(安堵)하고 있으니 다시 움직일 수 없다고 말하였으나 배행검은 좇지 않고 옮기도록 재촉하였다.

이날 밤에 바람이 불고 비가 갑자기 닥치니 전에 숙영(宿營)하려 하였던 곳은 물의 깊이가 1장(丈)이 넘었다. 제장들이 놀라서 탄복하고 그 연고를 물었더니, 배행검이 웃으면서 말하였다.

"지금부터 다만 나의 명령만 좇으라. 그것을 알게 된 연유는 묻지 마라."

아사덕봉직이 이미 사로잡히고 나자 나머지 무리들은 낭산(狼山, 음산)으로 달아나서 지켰다. 호부상서 최지제(崔知悌)에게 조서를 내려서 역전의 말을 달려서 정양(定襄)에 가서 장사(將士)들을 위로하게 하고 또 나머지 오랑캐들을 구별하여 처리하게 하니 배행검은 군사를 이끌고 돌아왔다.

3 여름, 4월 을축일(21일)에 황상은 자계궁(紫桂宮)에 행차하였다.

4 무진일(24일)에 황문시랑인 문희(聞喜, 산서성 문희현) 사람 배염(裴炎)·최지온(崔知溫)과 중서시랑인 경조(京兆) 사람 왕덕진(王德眞)이 나란히 동중서문하삼품이 되었다. 최지온은 최지제[118]의 동생이다.

5 가을, 7월에 토번(吐蕃)이 하원(河源, 청해성 서녕시)을 노략질하니 좌무위(左武衛) 장군 흑치상지(黑齒常之)가 이를 쳐서 물리쳤다. 흑치상지를 발탁하여 하원군경략대사(河源軍經略大使)로 삼았다.

흑치상지는 하원이 요충지이므로 군사를 증가시켜서 이를 지키려고 하였으나, 돌려서 수송하는 길이 험하고 멀어서 마침내 널리 봉수(烽戍)119) 70여 곳을 설치하고 둔전(屯田) 5천여 경(頃)을 열어 1년에 5백여만 석을 거둬들이니 이로부터 싸우고 수비하는 것이 갖추어졌다.

이보다 먼저 검남(劍南, 사천성 중남부와 운남성)은 무주(茂州, 사천성 무현)에서 군사를 모집하여서 서남쪽에 안융성(安戎城)을 수축하고, 토번이 만족과 연락하는 길을 끊었다. 토번은 생강(生羌)120)을 향도(嚮導)로 삼아서 그 성을 공격하여 함락시키고 군사로 그곳을 점거하니, 이로부터 서이(西洱, 운남성 대리시)에 사는 여러 만족들은 모두 토번에 항복하였다.

토번은 양동(羊同, 서장 서북부)·당항(党項, 사천성 서북부)과 여러 강족(羌族)들이 사는 땅을 다 점거하니 동쪽으로는 양주(凉州, 감숙성 무위시)·송주(松州, 사천성 송반시)·무주(茂州)·수주(巂州, 사천성 서창시) 등의 주(州)와 닿게 되었고, 남으로는 천축과 이웃하였으며, 서쪽으로는 구자(龜玆, 신강성 고차현)·소륵(疏勒, 신강성 객십시) 등의 네 진(鎭)을 함락시켰고, 북쪽으로는 돌궐에 맞닿아 있어서 땅은 사방으로 1만여 리이니, 여러 호족(胡族)들이 강성하여도 이에 비교할 바가 안 되었다.

6 병신일(24일)에 정주(鄭州, 하남성 정주시) 자사인 강왕(江王) 이원상(李元祥, 고종의 숙부)이 죽었다.

---

118) 최지제에 관한 일은 고종 의봉 원년(676년) 12월에 있었다.

119) 봉화를 설치하고 수자리를 서는 곳을 말한다.

120) 강족 가운데 한화(漢化)되지 않은 사람들을 말한다. 한화된 강족을 숙강(熟羌)이라고 한다.

7 돌굴의 나머지 무리들이 운주(雲州, 산서성 대동시)를 포위하니, 대주
(代州)도독 두회철(竇懷悊)과 우령군(右領軍)중랑장 정무정(程務挺)이 군
사를 거느리고 이를 쳐서 깨뜨렸다.

8 8월 정미일(5일)에 황상이 동도(東都)로 돌아왔다.

9 중서령(中書令)·검교선주(檢校鄯州)도독인 이경현(李敬玄)은 군사가
이미 패배하고 나자[121] 여러 번 병이 들었다고 하면서 돌아오기를 청하
니, 황상이 이를 허락하였다. 이미 도착하고 나서는 병이 없어서 중서성
에 나아가서 일을 보았는데, 황상은 화가 나서 정사일(15일)에 형주(衡
州) 자사로 깎아내렸다.

---

121) 토번에게 패배한 것이 고종 의봉 3년(678년) 9월의 일이다.

또 태자를 바꾼 무측천

10   태자 이현(李賢)이 궁중에서 몰래 논의하는 것이 있다는 소식을 들었는데, 이현은 천후의 언니인 한국(韓國)부인의 소생이라 하니 속으로 스스로 의심하고 두려워하였다.

명숭엄(明崇儼)이 엽승(厭勝)122)하는 술책으로 천후에게 신임을 받았는데, 항상 비밀리에 말하였다.

"태자는 승계하는 일을 감당하지 못하며, 영왕(英王, 李顯)의 모습이 태종(太宗)과 흡사합니다."

또 말하였다.

"상왕(相王, 李輪)의 상(相)123)이 제일 귀합니다."

천후는 일찍이 북문(北門)학사124)에게 명령하여 ≪소양정범(少陽正範)≫125)과 ≪효자전(孝子傳)≫을 편찬하도록 명령하여 태자에게 하사하였으며, 또한 자주 편지를 써서 그를 나무라니, 태자는 더욱 스스로 편안하지가 않았다.

---

122) 고대의 미신 가운데 하나로, 저주를 해서 이기려는 방술이다.

123) 얼굴이나, 손, 발의 모습으로 운명을 판단하는 것이다. 관상, 족상, 수상으로 불린다.

124) 천후인 무조에게 이용된 어용학자이다.

125) 태자의 지위를 소양으로 보는 것이므로 태자가 지켜야 할 올바른 규범을 적어 놓은 책이다.

명승엄이 죽기에 이르렀으나 도적<범인>이 잡히지 않자 천후는 태자가 한 짓으로 의심하였다. 태자는 자못 성색(聲色)을 좋아하여 호노(戶奴)126)인 조도생(趙道生) 등과 친하였고 그에게 금과 비단을 많이 내려 주었다. 사의랑(司議郎) 위승경(韋承慶)이 편지를 올려서 간하였으나 듣지 않았다.

천후는 사람을 시켜서 그 일을 고발하게 하였다. 설원초(薛元超)와 배염(裴炎)에게 조서를 내려서 어사대부 고지주(高智周) 등과 더불어 섞어서 그를 추국(推鞫)하게 하자 동궁의 마방(馬房)에서 조갑(皁甲) 수백 건(件)을 찾아내었는데, 반란하려는 도구라고 생각하였다. 조도생은 또한 자복하여 이르기를 태자가 조도생으로 하여금 명승엄을 죽이게 하였다고 하였다.

황상은 평소에 태자를 아꼈으므로 미적미적하면서 그를 용서하려고 하였는데, 천후가 말하였다.

"다른 사람의 아들이 되어서 역적모의를 하니 하늘과 땅이 받아들이지 않는 것입니다. 커다란 의로움이란 친한 관계를 끊는 것인데, 어찌 사면할 수 있겠습니까?"

갑자일(22일)에 태자 이현(李賢)을 폐위하여 서인으로 삼고, 우감문(右監門) 중랑장 영호지통(令狐智通) 등을 파견하여 이현을 호송하여 경사(京師)로 가게 하여127) 별도의 장소에 유폐하였고, 그 무리들은 모두 주살되었으며 이어서 그 갑옷은 천진교(天津橋)의 남쪽에서 불태워서 병사와 백성들에게 보였다. 위승경은 위사겸(韋思謙)128)의 아들이다.

을축일(23일)에 좌위(左衛) 대장군 · 옹주목(雍州牧)인 영왕(英王) 이철

---

126) 집안에서 부리는 노복을 말한다.

127) 이현은 낙양에 있었는데, 장안으로 불러온 것이다.

128) 위사겸에 관한 일은 고종 영휘 원년(650년) 10월에 있었고, 그 내용은 ≪자치통감≫ 권199에 실려 있다.

(李哲)129)을 황태자로 삼고 기원(紀元)을 고치고 천하를 사면하였다.

태자선마(太子洗馬) 유눌언(劉訥言)은 항상 ≪배해집(俳諧集)≫130)을 찬술하여 이현(李賢)에게 바쳤는데, 이현이 실패하자 그것을 찾아냈다. 황상이 화가 나서 말하였다.

"≪육경(六經)≫으로 사람을 가르쳐도 오히려 교화되지 않을까 두려운데, 마침내 배해(俳諧)하는 비속한 설(說)을 바쳤으니 어찌 보도(輔導)하는 뜻이었는가?"

유눌언을 진주로 유배시켰다.

좌위장군 고진행(高眞行)의 아들인 고정(高政)은 태자의 전선승(典膳丞)인데 일로 이현과 연루되자 황상이 그의 아버지에게 보내어 스스로 훈계하고 책망하게 하였다. 고정이 문에 들어서자 고진행은 패도(佩刀)로 그의 목을 찔렀고, 고진행의 형인 호부시랑 고심행(高審行)도 또 그 배를 찔렀으며, 고진행의 조카인 고선(高琁)은 그 머리를 잘라서 이를 길가운데다 버렸다.

황상이 이 소식을 듣고 기뻐하지 않고 고진행을 목주 자사로 깎아 내렸고 고심행을 유주 자사로 삼았다. 고진행은 고사렴(高士廉)131)의 아들이다.

좌서자·중서문하삼품인 장대안(張大安)은 태자에게 아부하였다는 죄에 걸려서 보주(普州, 사천성 안악현) 자사로 좌천 되었다. 그 나머지 궁료(宮僚)들은 황상이 모두 그 죄를 풀어주고 복위(復位)하게 하였는데 좌서자 설원초(薛元超) 등은 모두 춤을 추면서 은혜에 절하였다. 우서자 이의염(李義琰)은 홀로 허물을 인용하면서 눈물을 흘리니, 당시에는 그것을

---

129) 원래의 이름은 이현(李顯)이었는데, 이름을 이철로 바꾼 것이다.

130) 해학에 관한 내용을 모아 놓은 책이다.

131) 고사렴은 고종 이치의 어머니인 장손황후의 외삼촌이며, 이에 관한 일은 태종 정관 21년(647년) 정월에 있었다.

아름답다고 평론하였다.

11 9월 갑신일(13일)에 중서(中書) 시랑 · 동중서문하삼품인 왕덕진(王德眞)을 상왕부(相王府, 상왕은 李旦)의 장사로 삼고, 정사(政事)를 보는 것에서 파직하였다.

12 겨울, 10월 임인일(1일)에 소주(蘇州, 강소성 소주시) 자사인 조왕(曹王) 이명(李明)과 기주(沂州, 산동성 임기시) 자사의 후사(後嗣)인 장왕(蔣王) 이위(李煒)는 모두 옛날 태자 이현(李賢)의 무리라는 죄에 연좌되었는데,132) 이명은 영릉군왕(零陵郡王)으로 강등되어 검주(黔州, 사천성 창수현)에 안치(安置)133)되었다. 이위는 제명되어 도주(道州, 호남성 도현)에 안치되었다.

13 병오일(5일)에 문성(文成) 공주134)가 토번(吐蕃)에서 죽었다.

14 기유일(8일)에 거가(車駕)가 서쪽으로 돌아갔다.135)

15 11월 초하루 임신일에 일식이 있었다.

고종 개요(開耀) 원년(辛巳, 681년)

---

132) 이위는 고종의 조카이며 그의 아버지인 장왕[1세] 이운(李惲)이 자살한 사건은 674년 12월에 있었다.

133) 일정한 장소에 있게 하고 이를 감시하도록 한 조치이다.

134) 문성공주는 태종 정관 15년(641년)에 토번으로 출가하였는데 그때에 열여덟 살이었으며, 이 해에 쉰일곱 살이었다.

135) 동도인 낙양에서 서쪽에 있는 장안으로 간 것이다.

1 봄, 정월에 돌굴이 원주(原州, 녕하성 고원현)와 경주(慶州, 감숙성 경양현) 등의 주를 노략질하였다. 을해일(5일)에 우위(右衛) 장군 이지십(李知十) 등을 파견하여 경주(涇州, 감숙성 경천현)와 경주(慶州) 두 주에 주둔하며 돌굴에 대비하게 하였다.

2 경진일(10일)에 처음 태자를 세웠음으로 백관들과 명부(命婦, 작위를 받은 관리들의 부인)에게 선정전(宣政殿)에서 잔치를 베풀라고 칙령을 내리고, 구부기(九部伎)와 산악(散樂)136)을 선정문(宣政門)에서부터 이끌고 들어왔다.

태상박사 원리정(袁利貞)이 상소문을 올렸다.

"정침(正寢)은 명부들이 연회하는 곳이 아니며, 노문(路門)137)은 창우(倡優)138)들이 들어오는 장소가 아니니, 청컨대 명부들은 별전(別殿)에서 모이고, 구부기는 동서(東西)에 있는 문으로 들어오게 하고, 그 산악은 엎드려 바라기는 정지시키어 생략하십시오."

황상이 마침내 다시 인덕전(麟德殿)에서 잔치를 벌이라고 명령하였다. 잔치를 베푸는 날에 원리정에게 백(帛) 100단(段)을 하사하였는데. 원리정은 원앙(袁昂)의 증손이다.

원리정의 친척 손자인 원의(袁誼)는 소주 자사인데 스스로 그의 선조는 송(宋)의 태위였던 원숙(袁淑) 이래로 황실에 대하여 충성을 다하였으므로139) 낭야(琅邪) 왕씨(王氏)가 비록 여러 대에 걸쳐서 태정(台鼎)이

---

136) 구부기(九部伎)은 당대에 중국 전체의 음악을 모아서 구부악을 만든 것이고, 산악(散樂)은 여러 가지 잡기와 오락을 말한다.

137) 정침은 제왕이 항상 거주하며 정치하는 장소이며, 노문(路門)정침 앞에 있는 문이다.

138) 광대 또는 놀이를 하는 사람이다.

139) 원씨 집안의 원숙이 충성을 다하다가 죽은 것이 송 문제 원가 2년(452년) 2월이고, 원의(袁顗)는 송 명제 태시 2년(466)년 8월이다. 또 원찬(袁粲)은 남조 송(宋)을 위하다가 주살된 것이 송 순제 승명 원년(477년) 12월이고, 원앙(袁昂)은 성을 지

었고, 역대에 좌명(佐命)하였다140)고 하여도141) 더불어 비교하는 것을 수치로 생각하여 일찍이 말하였다.

"명문 집안에서 귀하게 여기는 것은 그 집안이 대대로 충성과 곧음을 다하는 것이고 재주와 행동으로 옛것을 이어나가는 것이다. 저들142)이 혼인을 매매하고 녹봉과 이로운 것을 구하는 것을 또한 어찌 귀하다고 할 만하겠는가?"

당시의 사람들은 그 말을 옳다고 생각하였다.

3 배행검의 군사가 이미 돌아왔는데,143) 돌궐의 아사나복념(阿史那伏念)144) 이 다시 자립하여 가한(可汗)이 되어 아사덕온부(阿史德溫傅)와 더불어 군사를 연합하여 노략질을 하였다. 계사일(23일)에 배행검을 정양도(定襄 道)대총관으로 삼고 우무위(右武衛)장군 조회순과 유주(幽州)도독 이문간 (李文暕)을 부총관으로 삼아서 군사를 거느리고 이들을 토벌하게 하였다.

4 2월에 천후가 표문을 올려서 기왕(杞王) 이상금(李上金)과 파양왕(鄱 陽王) 이소절(李素節)의 죄를 사면해 줄 것을 청하였다. 이상금을 면주

키면서 항복하지 않은 것이 제 화제 중흥 원년(501년) 12월이며, 원헌(袁憲)이 진 숙보(陳叔寶)의 반려가 된 것은 수 문제 개황 18년(589)년 1월이었다.

140) 태정은 삼공의 지위에 오른 것이며 좌명은 천명을 도운 공신을 말한다.

141) 왕씨가 좌명한 것은, 왕도가 먼저 진(晉) 왕조를 보좌한 것이 진 화제 영가 2년(307년) 9월이었지만 그 후손 가운데 왕홍(王弘)이 유유(劉裕)를 도와서 진(晉)을 찬탈한 것이 동진 안제 의희 12년(416년) 11월이었고, 왕검(王儉)이 소도성(蕭道成)을 도와서 남조 송(宋)을 찬탈한 것이 송 순제 승명 2년(478년) 9월이었으며, 왕량(王亮)이 소연(蕭衍)을 도와서 남조 제(齊)를 찬탈한 것이 양 무제 천감 원년(502년) 4월이었다. 또 왕극(王克)은 후경(侯景)을 도와서 남조 양(梁)을 찬탈한 것이 양 무제 보통 3년(522년) 3월이었다.

142) 낭야 왕씨를 가리키는 말이다.

143) 지난해 3월의 일이다.

144) 아사나힐리의 조카이고 17대 가한이다.

(沔州, 호북성 무한시 한수 남쪽) 자사로 삼고, 이소절을 악주(岳州, 호남성 악양시) 자사로 삼았지만 여전히 조회에 모이는 것을 허락하지 않았다.

5 3월 신묘일(22일)에 유인궤(劉仁軌)에게 태자소부(太子少傅)를 겸하게 하고, 나머지145)는 옛날과 같게 하였다. 시중 학처준(郝處俊)을 태자소보(太子少保)로 삼고 정사(政事)에서는 그만두게 하였다.

소부감(小府監) 배비서(裴匪舒)는 이익 남기는 일을 잘하였는데, 원(苑)146)에 있는 말의 분뇨(糞尿)를 팔면 1년에 전(錢)으로 2백만 민(緡)을 얻을 수 있다고 주문을 올렸다. 황상이 유인궤에게 물었더니, 대답하였다.

"이익은 두텁습니다마는 아마도 후대에 당 황실에서 말의 분뇨를 팔았다고 불리게 되면 좋은 명성이 아니 될까 걱정입니다."

마침내 중지하였다.

배비서는 또 황상을 위하여 경전(鏡殿)147)을 만들었고 완성되자 황상과 유인궤가 이를 관람하였는데, 유인궤가 놀라서 빠른 걸음으로 전각 아래로 내려갔다. 황상이 그 연고를 물었더니, 대답하였다.

"하늘에는 두 개의 해가 없는 것이고, 땅에는 두 분의 제왕이 없는 것인데,148) 사방 벽에 몇 명의 천자가 있으니, 상서롭지 못한 것이 얼마나 심합니까?"

황상이 급히 헐어버리게 하였다.

---

145) 유인궤는 이보다 먼저 상서좌복야와 동중서문하삼품의 직책을 가지고 있었다.

146) 황실에서 전용으로 사용하는 동산이다.

147) 거울을 사방에 단 전각이다.

148) 맹자의 말로 '천무이일(天無二日), 토무이주(土無二主)'이다. 거울을 사방에 달았으므로 황제가 가자 그 거울이 비추어서 황제가 여러 명이 있는 것으로 보였던 것이다.

6 조회순(曹懷舜)과 비장(裨將) 두의소(竇義昭)가 선봉군을 거느리고 돌굴을 쳤다. 어떤 사람이 알렸다.

"아사나복념(阿史那伏念)과 아사덕온부(阿史德溫傅)는 흑사(黑沙, 음산의 북쪽)에 있는데, 그 좌우에는 겨우 20명이 안 되는 기병만이 있으니 지름길로 가서 잡을 수 있습니다."

조회순 등이 이를 믿고 호노박(瓠蘆泊, 상건하의 지류로 하북성 울현의 북쪽을 경유)에 늙고 약한 사람을 남겨두고 경무장한 정예의 병사를 인솔하고 배나 빠른 속도로 나아가서 흑사에 도착하니 보이는 것이 없어서 사람과 말이 피곤하여 머물러 있다가 마침내 군사를 이끌고 돌아왔다.

마침 설연타(薛延陀) 부락이 서쪽으로 가서 아사나복념에게 가고자 하다가 조회순의 군사를 만나자 이어서 항복을 받아 달라고 청하였다. 조회순 등은 군사를 이끌고 천천히 돌아와서 장성의 북쪽에 도착하였는데, 아사덕온부를 만나서 작은 전투를 하고 각기 군사를 이끌고 갔다. 횡수에 도착하여 아사나복념을 만나자 조회순과 두의소는 이문간(李文暕)과 비장 유경동(劉敬同)과 더불어 네 개의 군대가 합쳐서 방진(方陣)[149]을 치고 싸우다가 또 가고는 하였다. 하루를 지나자 아사나복념이 편리한 바람을 타고서 이들을 공격하니 군대 안에서는 소란스러워 졌고 조회순 등은 구사를 버리고 달아났으며 군대는 드디어 대패하였고 죽은 사람도 헤아릴 수가 없었다.

조회순 등은 흩어진 병졸을 수습하고 금과 비단을 거두어서 아사나복념에게 뇌물로 주고 그와 더불어 화의하기로 약속하고 소를 잡아서[150] 맹약을 하였다. 아사나복념이 북쪽으로 가자 조회순 등은 마침내 돌아올 수가 있었다.

---

149) 사방으로 향하게 군사를 배치하고 네모로 친 진을 말한다.

150) 맹약을 할 때에 짐승을 잡아서 이 피를 입에 묻히는 의식으로 맹서하는 것이다. 이를 삽혈이라고 한다.

여름, 5월 병술일(18일)에 조회순은 사형에서 면제되어서 영남(嶺南)으로 유배를 갔다.

7 기축일(21일)에 하원도(河源道) 경략대사(經略大使)인 흑치상지(黑齒常之)가 군사를 거느리고 토번의 논찬파(論贊婆)를 양비천(良非川)에서 공격하여 이를 깨뜨리고, 그들의 양식과 가축을 거두어서 돌아왔다. 흑치상지는 군대에서 7년 동안 있었는데 토번에서 깊이 그를 두려워하여 감히 변경을 범하지 아니하였다.

8 애초에, 태원왕비(太元王妃)가 죽으면서 천후는 태평(太平)공주를 여관(女官)으로 삼아서 추복(追福)151)하게 하였다. 토번이 화친을 요구하며 태평공주를 아내로 모시게 해달라고 청하기에 이르자, 황상이 마침내 태평관(太平觀)을 세우고 공주를 관주(觀主)152)로 삼고서 이를 거절하였다.

이때에 이르러 비로소 광록경인 분음(汾陰, 산서성 만영현 서남쪽 영하진) 사람 설요(薛曜)의 아들인 설소(薛紹)를 선발하여 아내로 모시게 하였다. 설소의 어머니는 태종의 딸인 성양(城陽)공주153)이다.

가을, 7월에 공주는 설씨에게 시집을 갔는데, 흥안문(興安門)의 남쪽에서 선양방(宣陽坊)의 서쪽에 이르기까지 횃불이 이어져서 길을 사이에 둔 괴목(槐木)들이 대부분 죽었다. 설소의 형인 설의(薛顗)는 공주 때문에 총애를 많이 받자 깊이 이를 걱정하였는데 집안의 할아버지인 호부랑중 설극구(薛克構)에게 물었더니, 설극구가 말하였다.

---

151) 태원왕비(太元王妃)는 천후인 무조의 어머니이고 죽은 것은 고종 함형 원년(670년) 9월이었고, 태평(太平)공주는 천후인 무조의 외동딸이며, 여관(女官)은 여자 도사이고, 추복(追福)은 명복을 비는 것이다.

152) 태평관(太平觀)은 도교 사원이고 관주(觀主)는 도관의 주인을 말한다.

153) 성양공주는 태종 정관 17년(643년) 3월에 두하(杜荷)에게 시집갔으나 두하가 주살되자 다시 설요에게 시집갔다.

"황제의 생질이 공주를 아내로 모신 것은 국가에 옛날에도 있었던 일이니, 진실로 공손하고 신중하게 행동하면 또한 무슨 해될 것이 있겠는가? 그러나 속담에 말하기를, '며느리를 취할 적에 공주를 얻게 되면 아무 일 없어도 관부(官府)를 끌어들이게 된다.'고 하였으니 이것 때문에 걱정하지 않을 수 없구나."

천후는 설의의 처인 소(蕭)씨와 설의의 동생인 설서(薛緖)의 처 성(成)씨는 귀족이 아니어서 이를 내보내려고 하여 말하였다.

"나의 딸이 어찌 농부의 딸과 동서(同壻)가 될 수 있게 한단 말이오?"

어떤 사람이 말하였다.

"소씨는 소우(蕭瑀)의 조카 손녀이니 국가의 옛 인척(姻戚)이었습니다."154)

마침내 중지하였다.

9 하주(夏州, 섬서성 정변현 북쪽 백성자)의 군목사(羣牧使)인 안원수(安元壽)가 상주문을 올렸다.

"조로(調露) 원년[679년] 9월 이후로 말을 죽인 것이 18만여 필이고 감목(監牧)155)의 이졸로 오랑캐에게 살해되거나 약탈 된 사람이 800여 명입니다."

10 설연타의 달혼(達渾, 기미주) 등 다섯 주(州)의 4만여 장(帳)156)이 와서 항복하였다.

11 갑오일(27일)에 좌복야 겸 태자소부·동중서문하삼품인 유인궤가 군

---

154) 소우의 아들인 소예(蕭銳)는 태종의 딸인 양성(襄城)공주를 아내로 삼은 것이 태종 정관 22년(648년) 6월의 일이다.

155) 군목사(羣牧使)는 말을 키우는 책임자이고 감목(監牧)은 말을 키우는 사람을 말한다.

156) 봉장(蓬帳)을 말한다. 유목민족이 함께 거주하는 단위이다.

게 복야의 직책을 해제시켜 달라고 청하여 이를 허락하였다.

12 윤7월157)정미일(11일)에 배염(裴炎)을 시중으로 삼고, 최지온(崔知溫)과 설원초(薛元超)를 나란히 수중서령(守中書令)158)으로 하였다.

13 황상이 전유암(田遊巖)159)을 징소하여 태자선마(太子洗馬)로 삼았는데 동궁에서 규제하거나 이익이 되는 바가 없었다. 우위부솔(右衛副率) 장엄 (蔣儼)이 편지를 써서 그를 책망하여 말하였다.

"족하는 소부(巢父)와 허유(許由)의 절조를 짊어지고 당·우(唐·虞)160) 의 성스러운 주군을 오만하게 바라보며 명성이 구우(區宇)를 벗어나고 이름은 해내에 두루 흘러 다니고 있소.

주상께서 만승(萬乘)이라는 지중한 몸을 굽히시고 삼고(三顧)161)하는 영광을 펴서 그대를 상산(商山)의 손님162)으로 대우하였고, 그대를 신

---

157) 통감필법으로 '윤월'이라고 해야 한다. 앞에 7월이 이미 나와 있으므로 윤월이라고 하여도 윤7월로 알 수 있기 때문이다. 그런데 여기서 '윤7월'이라고 한 것은 통감 필법에 맞지 않는다. 아마도 '7'이 연자(衍字)로 보인다.

158) 수직(守職)이다. 이는 낮은 관직을 가진 사람이 높은 관직의 일을 임시로 수행하게 하는 것을 말한다.

159) 경조 삼원 사람이다. 고종 영휘 연간에 태학생이었다고 그만두고 돌아갔다. 어머니와 처를 데리고 촉에서 형초지역을 거쳐서 이릉의 청계를 좋아하여 그 옆에 움막을 지 었다. 장사인 이안기가 그의 재주를 표문으로 올리자 불러서 경사에 왔으나 아프다 고 하면서 기산으로 들어가서 허유를 모시는 사당 근처에서 살면서 스스로 허유동린 이라고 불렀다.

160) 소부(巢父)와 허유(許由)는 고대의 전설에 절조가 높아서 요가 왕의 자리를 주려고 해도 거절하고 받지 않았던 사람들이라고 전해지고, 당·우(唐·虞)는 선양한 임금 으로 요와 순을 말한다.

161) 유비가 제갈량을 세 번 찾아간 것을 말하는데, 고종은 전유암을 고종 영융 원년 (680년) 2월에 찾아 갔으므로 이를 유비의 삼고초려와 비슷한 것으로 말하였다.

162) 전한시대에 상산에 은거하던 뛰어난 인재 네 명을 말하며, 이에 관한 일은 한 고조 11년(기원전 196년) 7월에 있었다.

하로서의 예절을 지키지 않는 조건으로 대하면서 저이(儲貳, 태자)를 장차 보도하게 하여 지란(芝蘭)163)을 점차 물들게 하였을 뿐이오.

황태자의 춘추가 왕성하신데 성스러운 도(道)는 아직 두루 갖추지 못하여서 나는 재주가 없는 사람으로서 오히려 궁정에서 쟁간(諍諫)하는 일에 참여하는데 족하는 조절(調節)하고 보호(保護)하라는 부탁을 받았으니 이는 말해야 할 시기인데, 예 예 하면서 한 마디 말도 없고 유유하게 1년을 끝냈습니다.

만약에 주(周)의 곡식으로 밥 짓지 않았다면164) 내가 어찌 감히 말하겠습니까? 녹봉은 부모에게까지 미쳤는데 어떻게 갚거나 메우겠소? 생각해 보아도 통달하지 못하여 삼가 편지로 그대에게 보냅니다."

전유암은 끝내 대답하지 않았다.

14 경신일(24일)에 황상은 약을 복용하면서 태자로 하여금 감국(監國)하게 하였다.

15 배행검(裴行儉)이 대주(代州)의 형구(陘口, 산서성 대현의 서북쪽 구주산 입구)에서 진을 치고 반간을 많이 풀어 놓으니 이로 말미암아서 아사나복념(阿史那伏念)과 아사덕온부(阿史德溫傅)는 조금씩 서로 시기하고 의심하였다. 아사나복념은 처자와 치중을 금아산(金牙山, 동돌궐의 왕정이 있는 곳)에 남겨두고 경무장한 기병을 가지고 조회순(曹懷舜)을 습격하였다.

배행검은 비장 하가밀(何迦密)을 파견하여 통막도(通漠道, 산서성 대동시 남쪽)에서부터 가고, 정무정(程務挺)은 석지도(石地道, 대동시 북쪽)에서 가서 습격하여 그곳을 빼앗게 하였다. 아사나복념은 조회순과 화의하기

---

163) 향기가 가득한 풀로 교양이 깊은 것을 말한다.

164) 백이숙제는 주의 곡식을 먹지 않겠다고 수양산에 들어가서 고사리로 연명하였던 것을 말하는 것이다.

로 약속하고 돌아가다가 금아산에 이를 즈음에 그들의 처자와 치중을 잃어버리고 사졸들은 대부분 역질(疫疾)을 앓아서 마침내 군사를 이끌고 북쪽으로 가서 세사(細沙)에 도착하니 배행검은 또 부총관 유경동(劉敬同)과 정무정 등으로 하여금 선우부(單于府)의 군사를 거느리고 그 뒤를 밟게 하였다.

아사나복념은 아사덕부온을 잡아가지고 스스로 보답하게 해달라고 청하였으나 오히려 미적미적하였고, 또 스스로 길이 멀다는 것을 믿고 당의 군사는 반드시 올 수 없을 것이라고 하여 다시 대비를 만들어 두지 않았다. 유경동 등이 군사가 도착하니 아사나복념은 낭패하여 그들의 무리를 정돈할 수 없어서 드디어 아사덕온부를 잡아가지고 샛길로 배행검에게 와서 항복하였다.

망을 보는 기병이 먼지가 하늘에 닿게 하면서 오고 있다고 보고하니, 장군과 병사들은 모두 놀라서 두려워하였는데, 배행검이 말하였다.

"이는 마침내 아사나복념이 아사덕온부을 잡아가지고 와서 항복하는 것이지 다른 도적은 아니다. 그러나 항복하는 것을 받는 것도 적(敵)을 맞이하는 것과 같은 것이니 방비를 없앨 수 없다."

마침내 엄하게 대비하라고 명령하고 단 한 명의 사자를 파견하여 앞으로 가서 그를 위로하게 하였다. 얼마 안 있다가 아사나복념이 추장을 인솔하고 아사덕온부를 결박하여가지고 군문(軍門)에 와서 죄를 받겠다고 청하였다. 배행검은 돌굴의 남은 무리들을 다 평정하고 아사나복념과 아사덕부온을 데리고 경사로 돌아왔다.

16 겨울, 10월 초하루 병인일에 일식이 있었다.

17 임술일에 배행검 등이 정양(定襄, 내몽골 화림격이, 선우총독 소재지)에서 포로로 잡은 사람들을 바쳤다. 을축일에 기원을 고쳤다.[165] 병인일(1

일)에 아사나복념과 아사덕온부 등 54명을 큰 저자거리에서 목 베었다.

애초에, 배행검이 아사나복념에게 죽이지 않겠다고 하였고, 그러므로 항복한 것이었다. 배염(裴炎)은 배행검의 공로를 질투하여 상주문을 올려서 말하였다.

"아사나복념은 부장(副將) 장건욱(張虔勗)과 정무정(程務挺)이 압박을 받았고, 또 회흘(回紇) 등이 사막의 북쪽에서 남으로 향하며 그들을 압박하자 군색해져서 항복하였을 뿐입니다."

드디어 그들을 죽였다.

배행검이 탄식하여 말하였다.

"왕혼(王渾)과 왕준(王濬)이 공로를 가지고 다툰 것166)은 옛날이나 오늘날이나 수치스러운 것이다. 다만 항복한 사람을 죽여서 다시는 올 사람이 없을까 걱정이다."

이어 질병이 있다고 하고서 나오지 않았다.

18 정해일(22일)에 신라왕 김법민(金法敏)이 죽었다. 사자를 파견하여 그의 아들인 김정명(金政明)167)을 세웠다.

19 11월 계묘일(8일)에 옛날의 태자였던 이현(李賢)을 파주(巴州, 사천성 파중시)로 옮겼다. *

---

165) 배열로 보아 10월 임술일과 을축일로 보이나, 10월에는 임술일과 을축일이 없고, 《신당서》에 의거하면 이 사건은 9월 임술일과 을축일에 일어난 사건이다. 이날은 각각 9월 27일과 30일이다. 따라서 '임술일에 배행검 등이 정양(定襄)에서 포로로 잡은 사람들을 바쳤다.' 부분은 16번 기사의 '일식' 앞부분으로 가야하는데, 생각해보면 이것은 일식 기사와 뒤바뀌어 배열된 것으로 보인다.

166) 진(晉) 때의 이야기로 진 무제 태강 원년(280년)의 일로, 그 내용은 《자치통감》 권81에 실려 있다.

167) 김법민(金法敏)은 신라 30대 문무왕이고, 김정명(金政明)은 신라 31대 신문왕이다.

資治通鑑

자치통감 권203

당(唐)시대 19(682~686년)

무후의 집권과 저항

배행검의 안목과 왕방익王方翼의 사람됨

고종(高宗) 영순(永淳) 원년(壬午, 682년)

1 봄, 2월에 남전(藍田, 섬서성 남전현)에 만천궁(萬泉宮)을 지었다.

2 계미일(19일)에 기원(紀元)을 고치고 천하를 사면하였다.[1]

3 무오일[2]에 황손인 이중조(李重照)[3]를 책립하여 황태손(皇太孫)으로 삼았다. 황상은 관부를 열고 관속을 설치하라는 명령을 내리려고 하여 이부낭중(吏部郎中)[4] 왕방경(王方慶)에게 물어보니, 대답하였다.

"진(晉)과 제(齊)도 일찍이 태손(太孫)을 세웠는데,[5] 그 태자부(太子

---

1) 2월에 황손인 이중조(李重照)가 태어난 것을 경축하려고 연호를 고치고 사면령을 내린 것이다.

2) 통감필법으로 보면 2월 무오일이지만 2월 1일이 을축일이므로 2월에는 무오일(戊午日)이 없다. 그러나 ≪신당서(新唐書)≫에 의하면, 이 사건은 3월 '무오일(戊午日)'로 되어 있고, 이날은 25일이다. 그러므로 무오일 앞에 3월이 누락된 것으로 보아야 한다.

3) 태자 이철(李哲, 李顯), 즉 후의 중종(中宗)의 아들이다.

4) 상서성(尚書省)에 소속되어 있는 이부(吏部)의 관속으로, 주로 문관(文官) 선발에 관한 업무를 관장하며, 정원은 1명이고, 품계는 9품(九品)이다.

5) 서진(西晉)의 제2대 혜제(惠帝)는 영강(永康) 원년(300년) 5월에 사마장(司馬臧)을,

府)의 관속이 바로 태손부(太孫府)의 관속이 되었으니, 태자가 동궁(東宮)에 살고 있는 가운데 다시 태손을 세웠다는 것을 아직 들어본 적이 없습니다."

황상이 말하였다.

"나부터 시작하여 옛것이 되고자 하는 것이 가능하겠는가?"

대답하였다.

"세 분의 왕들도 서로 예의를 답습해가지 아니하였는데,6) 어찌 불가능하다고 하겠습니까?"

마침내 주문(奏文)을 올려서 사부(師傅; 太孫太師와 太孫太傅) 등의 관속들을 설치해야 한다고 하였다. 이미 그리하였으나 황상은 그것이 법도가 아니라고 의심하여 끝내 보임하여 임명하지 않았다. 왕방경은 왕부(王褒)의 증손자이다. 원래의 이름은 왕침(王綝)인데, 자(字)7)를 가지고 세상에서 사용하였다.

4 서돌궐(西突厥)의 아사나차박(阿史那車薄)8)이 십성(十姓)9)을 거느리고

영녕(永寧) 원년(301년) 5월에는 사마상(司馬尙)을 각각 태손(太孫)으로 세운 적이 있고, 남제(南齊)의 제2대 무제(武帝)는 영명(永明) 11년(493년) 11월에 소소업(蕭昭業)을 태손으로 세운 적이 있다.

6) 세 분의 왕은 중국 상고 시대의 하(夏), 은(殷), 그리고 주(周), 3왕조의 왕들을 가리키며, 서로 예의를 답습해 가지 아니하였다는 말은 전한(前漢) 고조의 치세에 소하(蕭何) 등과 함께 한의 여러 문물과 의례(儀禮) 등을 제정한 숙손통(叔孫通)이 한 말이다.

7) 왕부(王褒)에 대하여 호삼성(胡三省)은 '왕포(王褒)'라고 표기해야 한다고 하였다. 아울러 왕포가 양 승성 3년(554년)에 서위의 남침으로 남조 양(梁)의 강릉(江陵)이 함락되었을 때, 강제로 북방으로 이사되어 지금의 섬서성 함양(咸陽) 사람이 되었다고 주석하고 있고, 왕포(王褒)의 자(字)가 바로 방경(方慶)이다.

8) 서돌궐(西突厥) 차비시부(車鼻施部)의 수령이다. 682년(당 고종 永淳 원년)에 서돌궐 제부(諸部)를 거느리고 궁월성(弓月城, 신강위구르자치구 霍城縣의 서북쪽)을 포위하였으나, 당의 안서도호부(安西都護府, 본영은 碎葉城으로 지금의 중앙아시아 키르키즈스탄공화국 Tokmak)의 부도호(副都護)인 왕방익(王方翼)이 거느린 구원군에게 이려수(伊麗水, 伊犁河, 일리강 중국 신강위구르자치구의 天山山脈에서 발원하여 서북쪽으로 흘러서 중앙아시아 카자흐스탄공화국의 발하쉬 호수로 흘러들어감) 유역에서 패하

배반하였다.

5 여름, 4월 초하루 갑자일에 일식이 일어났다.

6 황상은 관중(關中, 섬서성 중부)에 기근이 발생하여 곡식이 한 말[斗]10)
에 300전(錢)이나 되자 장차 동도(東都, 하남성 洛陽市)로 가려고 하였다.
병인일(3일)에 황제는 경사(京師)를 출발하면서 태자를 남도록 하여 감
국(監國)하도록 하고, 유인궤(劉仁軌)·배염(裴炎)·설원초(薛元超)를 시켜
서 그를 보좌하도록 하였다.
　당시 떠나는 것이 갑작스러운 것이어서 호종하는 병사들 중에는 도중에
굶어죽는 자도 발생하였다.11) 황상은 도로에 초절(草竊)12)이 많은 것을

　여 병사 1천여 명이 전사하는 패배를 당하였다. 이후 삼성(三姓, 서돌궐 계통의 3씨족
으로 이루어진 정치적 집단세력)의 군장인 아사나인면(阿史那咽麵)과 연합하여 병사
10만여 명을 거느리고 다시 왕방익과 열해(熱海, 지금의 키르키즈스탄공화국의 이식호
수) 호반(湖畔)에서 싸웠으나 패하여 달아났다. 이후 그의 소식은 전해지지 않았다.

9) 서돌궐(西突厥) 10부(部)의 별명(別名)이다. 중국사서에서는 '십전(十箭)', '십설(十
設)', 그리고 '십성돌궐(十姓突厥)'로도 기록되어 있고, 몽골의 오르홍강(Orkhon
R.)유역에 서있는 돌궐비문(突厥碑文)에는 '온-옥(On Oq)'으로 기재되어 있다. 돌
궐제일가한국(突厥第一可汗國, 552~630년)의 시조인 토문(土門, Turmen), 이릭 카
간(Ilig Qaghan), 이리 가한(伊利可汗, '국가를 보유하는 카간'이란 뜻으로 재위기간
은 552~553년)의 아우인 실지불로스[(Silzibulous=디자불로스(Dizabulous)=실점밀
(室点密, 悉点密), 슬제미(瑟帝米), 이스테미 카간(Istemi Qaghan)]는 10명의 대수
령, 즉 10개의 씨족, 즉 십성(十姓)을 거느리고 에프탈(Ephtal, 厭噠)을 멸망시키고
사산조페르시아를 무찌르면서 중앙아시아에서 독립 세력을 형성하고(서돌궐가한국,
567~657년) 스스로 카간이라 칭하였다. 따라서 10성이란 카간 씨족인 아사나씨(阿
史那氏)가 다스리고 있던 10개의 중요한 씨족(부족)집단을 가리킨다. 그리고 7세기
중반 서돌궐 가한국이 멸망한 이후에 '십성돌궐(十姓突厥)'이란 명칭은 옛 서돌궐
가한국의 영역에서 계속 거주하고 있던 5씨족(부족) 돌륙부(咄陸部)와 5씨족(부족)
노실필부(弩失畢部)를 더한 것, 즉 10집단의 씨족(부족)을 통칭하는 말이다.

10) 당대의 1두(斗)는 대두(大斗)로는 6리터, 소두(小斗)로는 2리터이다.

11) 이 시기에 당 왕조는 징병제도를 시행하였는데, 징발의 명령을 받은 병사들은 먹을
양식을 스스로 준비해야 했다. 갑작스럽게 징발의 명령이 내려와서 많은 병사들이 군
대생활을 하는 동안 먹어야 할 양식을 구할 틈이 없었기 때문에 이러한 사태가 발생

염려하여 감찰어사(監察御史)13) 위원충(魏元忠)에게 명령을 내려서 황제의 거가(車駕) 앞과 뒤를 검교(檢校)하도록 하였다.

위원충은 조서를 받자 곧바로 적현(赤縣, 장안의 만년현 또는 京縣)에 있는 감옥을 검열하다가 도둑 1명을 발견하였는데, 그는 정신과 몸체, 그리고 말하는 것이 나머지 무리들과 달라서, 위원충은 그의 착고를 풀어주고 관복을 입도록 하고 역마(驛馬)를 타고 따르도록 하며 그와 더불어 먹고 자면서 도둑들을 분별해달라고 부탁하니, 그 사람은 웃으며 허락하였다. 동도(東都)에 도착할 즈음에는 병사들과 말들이 수만이어도 1전(錢)도 잃어버린 것이 없었다.

7 신미일(8일)에 예부상서(禮部尙書)인 문희헌공(聞喜憲公)14) 배행검(裴行儉)을 금아도(金牙道) 행군대총관으로 삼아 우금오(右金吾)장군15) 염회단(閻懷旦) 등 3명의 총관을 거느리게 하여 길을 나누어 가서 서돌궐(西突厥)을 토벌하도록 하였다. 군대가 아직 출발하지 않았는데 배행검이 죽었다.

배행검은 사람을 알아보는 안목이 있었는데, 애초에, 이부시랑(吏部侍

하였을 것이다.

12) 초적(草賊)이라고도 불렀다. 사방으로 돌아다니면서 도둑질하는 수가 적은 좀도둑에 해당한다.

13) 주로 백관(百官)을 나누어 관찰하고, 군현(郡縣)을 안무(按撫)하며, 형옥(刑獄)을 살펴보고, 조의(朝儀)를 정숙(整肅)하며, 육부(六部)를 나누어 관찰하고, 창고(倉庫)를 감독하는 일 등을 관장하는 어사대(御史臺)의 속관으로, 정원은 10명이고, 품계는 정팔품(正八品) 상(上)으로 어사대의 여러 어사(御史) 중에서 품계가 가장 낮다.

14) 배행검은 문희공이었는데, 죽은 후에 시호를 헌공이라 한 것이다.

15) 정확하게는 우금오위장군(右金吾衛將軍)이다. 좌·우금오위(左·右金吾衛)는 금군(禁軍)의 하나이다. 통수(統帥)인 정삼품(正三品)의 대장군(大將軍) 혹은 상장군(上將軍) 1명, 부통수(副統帥)인 종삼품(從三品)의 장군(將軍) 2명, 그리고 각각 수 명의 중낭장(中郞將)과 낭장(郞將) 등의 계급이 있었다.

郞)이 되어, 이전에 진사(進士)였던 왕거(王勮)와 함양(咸陽, 섬서성 함양시) 현위16)인 난성(欒城, 하북성 난성현) 사람 소미도(蘇味道)는 모두 아직 이름이 알려지지 않았지만, 배행검은 한 번 보고는 그들에 대하여 말하였다.

"두 분은 후에 마땅히 서로 차례로 전형(銓衡)의 업무17)를 담당할 것입니다. 저에게 유약(幼弱)한 자식이 있으니, 바라건대 잘 부탁합니다."

이때 왕거의 아우인 왕발(王勃)은 화음(華陰, 섬서성 화음시) 사람 양형(楊烱)·범양(范陽, 하북성 涿州市) 사람 노조린(盧照鄰)·의오(義烏, 절강성 의오시) 사람 낙빈왕(駱賓王)과 함께 모두 문장으로 이름을 날렸으며, 사렬소상백(司列少常伯)18) 이경현(李敬玄)이 그들을 더욱 중하게 여겼으므로, 반드시 높이 될 것이라고 생각하였다.

배행검이 말하였다.

"사대부가 먼 곳까지 이르려면 마땅히 그릇과 식견(識見)을 우선으로 하고, 재능과 기예를 다음으로 하여야 한다. 왕발 등은 비록 문장은 화려하지만 들뜨고 조급하며, 천박함이 밖으로 드러나니, 어찌 작위와 봉록을 누릴 그릇이 되겠는가? 양자(楊子)19)는 조금씩 침착하고 조용하므로 응당 현령이나 현장에 이르러야 할 것이지만 나머지는 현령을 얻는

---

16) 수대(隋代)에는 현정(顯正)이라 불렸다. 현의 장관인 현령(縣令) 또는 현장(縣長)을 보좌하면서 주로 현의 군사에 관한 업무를 관장하였다. 당대(唐代)에는 통상적으로 진사(進士) 출신이 처음으로 임명되는 관직이었다. 품계는 종팔품(從八品) 하(下)에서 종구품(從九品) 하(下)까지로 각 현의 사정에 따라서 달랐다. 단 경기(京畿)의 현위는 지방의 현위보다 품계가 높았다.

17) 일반적으로 관료지망자나 관료들을 평가하여 선발하거나 승진 또는 좌천시키는 업무를 말한다.

18) 당 고종 용삭(龍朔) 2년(662년)에 백관의 명칭을 고칠 때 이부(吏部)는 사렬(司列)로 바뀌었고, 소상(少常)은 태상시소경(太常寺少卿)의 별칭(別稱)이다.

19) 성(姓) 바로 뒤에 '자(子)'란 글자가 붙은 형태는 '***선생님'이란 뜻으로, 한 분야에서 일가(一家)를 이룬 남자에 대한 존칭이다. 양자(楊子)는 당연히 양형(楊烱)을 가리킨다.

다면 끝내 다행일 것입니다."

이미 그렇게 말하였는데 왕발은 바다를 건너다가 물에 빠져 죽었고, 양형은 영천(盈川, 절강성 衢州市의 동북쪽) 현령(縣令)이 되었으며, 노조린은 나쁜 병에 걸려서 낫지 않자 물에 뛰어들어 죽었고, 낙빈왕은 모반을 일으켰다가 주살되었으나, 왕거와 소미도는 모두 관리 선발을 관장하였으니, 배행검이 말한 바와 같았다.

배행검이 장수가 되어 인솔하는 편장이나 비장들 예컨대, 정무정(程務挺) · 장건욱(張虔勗) · 왕방익(王方翼) · 유경동(劉敬同) · 이다조(李多祚) · 흑치상지(黑齒常之)20)와 같은 사람들은 후에 대부분 명장이 되었다.

배행검이 항상 좌우에 있는 사람들에게 서각(犀角)과 사향(麝香)21)을 가지고 다니도록 명령하였지만, 그것을 잃어버렸다. 또 황제가 칙령을 내려서 말과 안장을 하사하였는데, 영사(令史, 禮部令史)가 갑자기 말을 타고 달리다가 말이 고꾸라져서 안장이 파손되었다. 두 사람이 모두 도망치자, 배행검은 사람을 시켜서 소환하여 말하였다.

"너희들이 모두 잘못을 저질렀는데, 어찌하여 그러한 것들을 가볍게 여기는 것이 그렇게 심한가?"

이전과 같이 그들을 대하였다.

아사나도지(阿史那都支)22)를 격파하고 마뇌반(馬腦盤)을 얻었는데,23)

---

20) 백제 서부 출신이다. 고종 순경 5년(660년) 백제가 나당(羅唐)연합군의 공격으로 멸망한 후 부흥운동을 벌이다가 고종 용삭 3년(663년)에 당에 항부(降付)하여 번장(蕃將)이 되었다. 돌궐과 토번(吐蕃) 등과의 수많은 전투에서 전공을 세웠다. 그러나 중종 사성 6년(689년) 윤9월에 주흥(周興) 등에 의해 그가 모반을 일으키려고 하였다는 모함을 받아서 하옥된 후 이 해 10월에 옥중에서 목을 매고 자살하였다.

21) 서각은 무소의 뿔로서 탄력이 있는 활을 만드는데 중요한 재료이고, 사향은 약재와 향수의 재료이다. 두 품목 모두 구입하기 어려운 귀중품이다.

22) 서돌궐의 처목곤부(處木昆部)의 군장(君長)으로, 생몰연대는 ?~679년이다. 서돌궐가한국(西突厥可汗國, 567~657년)의 초대 가한인 실점밀(悉点密, 재위 ; 567~576년)의 5세손으로, 대대로 막하돌엽호(莫賀咄葉護, 바아투르 야부구; Baatur Yabugu, '용감한 야부구'란 뜻, 야부구는 관직 이름)를 세습한 돌궐의 가한 씨족 출신으로, 당에

그 너비가 2자가 넘어서 그것을 장교와 병사들에게 보이려고 하자 군리 (軍吏) 왕휴렬(王休烈)이 마뇌반을 받들고 계단을 오르다가 넘어져서 그 것을 깨뜨렸으며, 그는 두려워하면서 머리를 조아리어 피를 흘렸다.

배행검은 미소 지으며 말하였다.

"네가 고의로 한 것이 아닌데 어찌 이에 이르겠느냐?"

다시는 미련을 두고 아까워하는 기색을 보이지 않았다. 황제가 조서를 내려 아사나도지 등의 재물과 금 그릇 3천여 점과 많은 각종 가축들을 그만큼 내려주었으나 나란히 친척, 친구 그리고 편장과 비장들에게 나누 어주니 며칠 만에 다 없어졌다.

8 아사나차박(阿史那車薄, 서돌궐의 우두머리)이 궁월성(弓月城, 신강위구르 霍城縣 서북쪽)을 포위하자, 안서도호 왕방익(王方翼)[24]이 군대를 거느리

귀부하여 당 고종 현경 2년(657년) 10월에 당으로부터 흥석망(興昔亡) 가한에 책봉 된 아사나미사(阿史那彌射, ?~662년)의 휘하에 있었으나, 고종 용삭 2년(662년)에 아사나미사가 계왕절(繼往絶) 가한 아사나보진(阿史那步眞)과 틈이 생겨서 그에게 모함을 받은 결과, 이전에 율해총관으로서 이들을 거느리고 구자(龜玆, 신강위구르자 치구 庫車; Kucha) 정벌에 나섰던 소해정(蘇海政)에게 참살되자, 아사나도지는 아사 나미사의 무리를 수습하여 별부(別部)의 추장인 이차복(李遮匐) 등과 함께 당에 등 을 돌리고 스스로 십성(十姓) 가한에 즉위하였다. 그는 토번에 귀부한 후 정주(庭州) 를 공격하여 그 자사를 죽였다. 그러나 671년(고종 咸亨 2년)에 당에 귀부하여 좌효 위대장군(左驍衛大將軍) 겸 복연도독(匐延都督)에 임명되었지만, 항상 당의 안서사진 (安西四鎭)을 위협하고 있었기 때문에, 고종 조로 원년(679년)에 당은 이부시랑인 배행검을 서쪽으로 파견하면서 사산조페르시아의 왕자를 호송하여 귀국시키기 위하 여 이곳으로 온다고 속였다. 배행검은 서주(西州, 신강, Turfan)에 도착한 후 안서사 진에 살고 있는 여러 서역 사람들을 모아서 함께 아사나도지를 공격한 결과 그를 사 로잡을 수 있었다. 그는 당의 수도인 장안으로 보내졌다. 이에 관한 일은 조로 원년 (679년) 7월에 있었고, 그 내용은 ≪자치통감≫ 권202에 실려 있다.

23) 마뇌반은 마뇌로 만든 대야를 말한다. 마뇌는 마노(瑪瑙)라고도 하는데, 석영의 일종 으로 색이 곱기 때문에 다듬어서 귀금속 또는 장식품으로 사용된다. 이는 조로 원년 (679년)의 일이고, 그 내용은 ≪자치통감≫ 권202에 실려 있다.

24) 당시 당 왕조의 안서도호부(安西都護府)의 도호였던 왕방익은 안서사진(安西四鎭)의 하나인 쇄엽성(碎葉城, Suy-ab), 현재 이식-쿨(Issyk Kul) 호수로 흘러 들어가는 추강(Chu River, 당대의 이름은 쇄엽천) 유역에 있는 키르키즈스탄 령의 토크마크

고 가서 이를 구원하고 이려수(伊麗水, 伊犁河, 일리강, Illi R.)에서 오랑캐의 무리를 격파하니 머리를 벤 것이 1천여 급이었다.

잠시 후에 삼성(三姓)25)의 아사나인면(阿史那咽麪)이 아사나차박과 군사를 합하여 왕방익에게 항거하니, 왕방익은 그들과 열해(熱海, 이식-쿨, Issyk Kul, 이식호수)유역에서 싸웠는데, 떠도는 화살이 왕방익의 어깨를 관통하자 왕방익은 차고 있던 패도(佩刀)로 그것을 잘라내어 그 좌우에 있는 사람들은 알지 못하였다.

거느리고 있던 호병(胡兵)26)들이 왕방익을 붙잡아서 아사나차박에게 호응하려고 도모하였으나, 왕방익이 그 사실을 알고 모두 회의를 소집하여, 겉으로는 군용물품을 꺼내어 그들에게 주고 차례로 유인하여 밖으로 나오게 하여 그들의 머리를 베었는데, 그때 마침 큰바람이 불자 왕방익은 쇠로 만든 북을 진동시켜서 그 소리로 어지럽게 하며 70여 명을 주살하여서 그 무리들은 그것을 알아차릴 수 없었다.

이미 그렇게 하고서 왕방익은 비장(裨將)들을 나누어 파견하여 아사나차박과 아사나인면을 습격하여 그들을 대파하고 그 추장 300명을 사로잡으니 서돌굴은 마침내 평정되었다. 염회단(閻懷旦)은 끝내 가지 않았다.

왕방익은 얼마 지나지 않아서 하주(夏州, 치소는 섬서성 靖邊縣 북쪽의 白城子)도독으로 옮겼고, 징소 되어 조정에 들어가서는 변경의 업무를 평의(評議)하였다. 황상은 왕방익의 옷에서 피의 흔적이 있음을 보고 그것에 관하여 물으니, 왕방익이 열해(熱海)에서 고전(苦戰)하였던 상황을

(Tokmak) 시에 진을 치고 있었다.

25) 투르크계의 3개의 씨족이 연합하여 하나의 정치적 혹은 군사적 세력을 형성한 집단을 가리킨다.

26) 당의 안서도호인 왕방익의 지휘 아래에 있던 서역(西域) 출신의 이민족, 즉 이란계 및 투르크계의 병사들로 이루어진 부대를 가리킨다.

갖추어 대답하자 황상은 상처를 보고 탄식하였지만, 왕방익은 폐위된 황후[27]와 가까운 친척이어서 채용될 수 없어서 돌아갔다.[28]

9 을유일(22일)에 거가(車駕)가 동도(東都, 하남성 낙양시)에 도착하였다.

---

27) 후궁인 무조(武曌, 후의 측천무후) 일파의 모함으로 폐위된 왕(王)황후를 가리킨다. 왕(王)황후의 폐위는 고종 현경 4년(659년) 5월의 일로 ≪자치통감≫ 권200에 실려 있고, 왕방익은 왕황후의 육촌오빠이다.

28) 왕방익이 돌아간 곳은 하주(夏州)이다.

돌굴의 재흥

10　정해일(24일)에 황문시랑인 영천(潁川, 하남성 許昌市) 사람 곽대거 (郭待擧) · 병부시랑　잠장천(岑長倩) · 비서원외소감(秘書員外少監)이고　검 교중서시랑(檢校中書侍郞)인　고성(鼓城, 하북성 晉州市)　사람　곽정일(郭正 一) · 이부시랑인　고성　사람　위현동(魏玄同)에게　나란히　중서문하동승수 진지평장사(中書門下同承受進止平章事)를　주었다.29)

　　황상은 곽대거 등을 등용하려고 위지온(韋知溫, 守中書令)에게 말하였다.

---

29) 황문시랑은 문하성(門下省) 소속으로 문하시랑(門下侍郞), 동대시랑(東臺侍郞) 그리 고 난대시랑(鸞臺侍郞)으로 불릴 때도 있었다. 주로 황제 가까이에서 시종하는 환관 (宦官) 등을 장악하거나 황궁의 안과 밖을 연락하는 임무를 수행한다. 품계는 정사품 (正四品) 하(下)이다. 비서원외소감(秘書員外少監)은 궁중에 있는 도서(圖書)와 비기 (秘記)에 관한 업무를 관장하는 관서의 장관인 비서감(秘書監)을 보좌하는 관직이 비서소감(秘書少監)이다. '원외(員外)'란 정원(正員) 외에 증가된 인원에 해당되기 때문에 붙여졌고, 검교중서시랑(檢校中書侍郞)은 중서시랑을 대리로 담당한다는 말이 다. 중서시랑은 중서성(中書省)의 2명의 차관으로 품계는 정사품(正四品) 상(上)이 다. 장관인 중서령(中書令)을 보좌하고 큰 정무(政務)에 참여하여 의견을 제시하며 황제의 조지(詔旨) 작성을 돕고 널리 알리는 것이 주 업무이다. 시기에 따라서 서대 시랑(西臺侍郞), 봉각시랑(鳳閣侍郞), 그리고 자미시랑(紫微侍郞)으로 불리기도 하였 다. 중서문하동승수진지평장사(中書門下同承受進止平章事)는 관직명으로, 평장(平章) 이란 논의하여 처리한다는 뜻이다. 당 초기에 삼자(三者)의 장관(長官)이 명목상 재 상이었고, 나머지 사람들도 다른 관직을 가지고 재상의 업무를 분담하는 사람에게는 동중서문하삼품(同中書門下三品)이란 명칭을 덧붙여 주었다. 고종 때에 비로소 동중 서문하평장사(同中書門下平章事)라는 명칭이 생겼는데, 중서령(中書令)과 문하시중 (門下侍中)이 공동으로 국사를 논의하여 처리한다는 뜻이며 줄여서 '동평장사(同平 章事)'라고 칭하기도 한다. 실질적으로 재상(宰相)의 자격을 지니고 있다.

"곽대거 등은 자질이나 직임은 아직 얕은데, 또 정사를 보고받는데 참여시키려고 하지만 아직은 경(卿) 등과 동등한 관직 칭호를 줄 수는 없겠다."

이때부터 외사(外司, 지방 관서)의 4품 이하로서 지정사(知政事)인 사람들도 처음으로 평장사(平章事)란 명칭을 사용하였다. 잠장천은 잠문본(岑文本)30)의 조카이다.

이에 앞서 위현동이 이부시랑이었는데, 인재 선발 방법의 폐단에 관하여 말씀을 올렸다.

"군주의 본래 모습은 마땅히 업무를 위임하고 성공할 것을 책임지우는 것이며, 위임한 자가 마땅하다면 쓰인 자도 자연히 면밀하게 하였을 것입니다. 옛날에 주(周) 목왕(穆王)은 백경(伯冏)에게 명령하여 태복정(太僕正)으로 삼고, '신중하게 속료(屬僚)들을 뽑으라.'31)라고 하였습니다. 이는 여러 관사(官司)로 하여금 각각 그 소리(小吏)를 구하게 하였으나, 천자에게는 그의 대신(大臣)을 임명하는 것입니다.

마침내 한씨(漢氏, 한대)에 이르러 인재를 얻은 것은 모두 주현(州縣)에서부터 보충하여 임명하였고, 5부(府, 太僕府, 太尉府, 司徒府, 司空府, 大將軍府)에서 벽소하였으며 그런 후에 천조(天朝, 천자의 조정)로 올라갔고, 위·진(魏·晉) 이후에는 비로소 오로지 선발하는 부서(部署)에 위임하였습니다.

무릇 천하가 크고 사대부도 많지만, 이를 몇 사람의 손에 맡기고 도필(刀筆)32)을 채용하여 재주를 헤아리고 부서(簿書, 장부)를 조사하여 덕행

---

30) 당 태종 치세의 대신(大臣)이다. 극양(棘陽, 지금의 하남성 新野) 사람으로, 생몰연대는 595~645년이다. 태종이 고구려 정벌을 계획하였을 때 그 준비와 작전 등을 그에게 맡겼다. 후에 고구려 친정에 나선 태종을 따라서 유주(幽州, 북경시)까지 왔으나 그곳에서 병이 들어서 죽었다.

31) ≪서경(書經)≫ <경명(冏命)> 편에 나오는 '신간내료(愼簡乃僚)'란 구절이다.

32) 원래의 뜻은 대쪽에 글씨를 쓰는 붓과 잘못된 글씨를 깎아내는 칼을 의미하지만, 일

을 살피므로, 설사 공평하기가 저울과 같고 밝기가 물과 거울과 같다고 해도 오히려 능력에는 끝이 있고 비추어 보는 것에도 한계가 있는데, 하물며 위임된 사람이 그에 적합하지 않다면 어리석고 어둡고 아부하고 사사로운 이익을 추구하는 폐단이 생길 것입니다. 바라건대, 대략 주·한(周·漢)의 규범에 의지하시어 위·진의 실패를 구하시오"

소문(疏文)을 올렸으나 받아들이지 않았다.

11 5월33)에 동도(東都, 하남성 洛陽시)에 장맛비가 내렸다. 을묘일(23일)에 낙수(洛水, 낙양성 안에서 흐르는 강)가 넘쳐서 민가 천여 집을 빠뜨렸다. 관중(關中, 섬서성 西安 일대)에서는 먼저 수해가 들고 다음에 가뭄과 황충(蝗蟲)의 피해가 있었고, 이어서 전염병이 나돌아서 쌀 한 말[斗]에 400이 되니, 양경(兩京, 長安과 洛陽) 사이는 죽은 자가 도로에서 서로를 베개로 삼았고, 사람들은 서로 잡아먹었다.

12 황상은 태산(泰山, 산동성 泰安시의 북쪽)에서 봉선(封禪)을 거행한 후, □□34)에서 두루 봉선을 거행하려 하였으므로, 가을, 7월에 숭산(崇山, 하남성 登封縣 북방)의 남쪽에 봉천궁(奉天宮)을 지었다.

감찰어사리행(監察御使裏行)35) 이선감(李善感)이 간언하였다.

반적으로 하급 관리의 사무란 의미로 사용되고 있다.

33) 다른 판본에는 5월 다음에 병오가 들어가 있는 것도 있는데, 이날은 14일이다. 만약에 원래 병오가 없다면 이 기사는 5월의 맨 뒤에 배치해야 옳은 것인데, 을묘 앞에 배치한 것으로 보아서 병오가 탈루된 것으로 보아야 한다.

34) 일부 학자들은 고대로부터 중국인이 숭상해온 '오악(五嶽)'이란 단어가 빠진 것으로 추정하고 있다. 오악은 중악(中嶽)인 숭산(崇山, 하남성 登封縣 북방), 북악(北嶽)인 항산(恒山, 하북성 曲陽縣 북방), 남악(南嶽)인 형산(衡山, 호남성 형산현 남방), 서악(西嶽)인 화산(華山, 섬서성 華陰市남방), 그리고 동악(東嶽)인 태산(泰山)을 가리킨다.

35) 이행(裏行)이란 관리 임용방법의 하나로, 자격이 아직 모자라서 견습 중인 관직을 가

"폐하께서 태산에서 봉선을 거행하며 천하가 태평하여 많은 상서로운 일이 발생하였음을 알렸으니, 삼황(三皇)·오제(五帝)와 비교해도 융성한 것입니다. 근래 몇 년 동안 콩과 조가 익지 않아서 굶어죽은 사람들이 서로 바라보이고, 사방의 오랑캐들은 교대로 침략해 와서 군용 수레가 해마다 운행되고 있습니다. 폐하께서는 의당 공손하고 침묵하며 도리를 생각하여 재난의 꾸지람에 제사를 지내야 하는데, 마침내 바꾸어 넓게 궁실을 만들어서 노역(勞役)은 쉬지 않게 되어 천하에는 실망하지 않는 사람이 없습니다. 신은 분에 넘치게 국가[황제]의 귀와 눈이 되었기에 가만히 이러한 것을 걱정합니다."

황상은 비록 그의 간언을 받아들이지 않았지만 역시 그를 우대하고 관용하였다.

저수량(褚遂良)과 한원(韓瑗)이 죽으면서부터36) 안팎에서는 말하는 것을 꺼려서 감히 뜻을 거스르면서 직간(直諫)하는 자가 없어진 지 거의 20년이 되었다. 이선감에 이르러서 처음으로 간언하니, 천하에서는 모두 기뻐하여 그를 '봉명조양(鳳鳴朝陽)37)' 이라 불렀다.

13 황상이 환관을 파견하여 강(江, 양자강) 연변(緣邊)에 있는 기이한 대

리키는데, 여기서는 아직 정식으로 감찰어사를 제수하지 않고, 감찰어사와 같은 일을 하게하는 것이다.

36) 두 사람은 모두 왕황후(王皇后)를 폐립하고 무소의(武昭儀), 즉 측천무후(則天武后)를 황후로 책립하려는 고종에 대하여 극력 반대의 직언(直言)을 서슴지 않았다. 두 사람은 후에 무후(武后)의 핍박을 받아서 좌천된 후 마음고생으로 고종 현경 3~4년 (658~659년)에 죽었다. 이 내용은 《자치통감》 권200에 실려 있다.

37) '봉명조양(鳳鳴朝陽)' 이란 말은 《시경(詩經)》 대아(大雅)-생민지십(生民之什)-권아(卷阿)에 나오는 '봉황명의, 우피고강, 오동생의, 우피조양(鳳凰鳴矣, 于彼高岡, 梧桐生矣, 于彼朝陽; 봉황새 소리높이 울어 대도다, 저기 저 높다란 언덕에서, 오동나무 한 그루 자라 있는 곳, 아침햇살 눈부시게 비추는 곳)' 의 구절을 인용하여 생긴 말이다. 즉 이선감(李善感)의 직간으로 "봉황(鳳凰, 황제)이 조양(朝陽, 山東)에서 울었다" 란 의미라고 할 수 있을 것이다.

나무를 옮겨서 원(苑, 황궁의 식물원) 안에 심으려고 하였다. 환관은 배를 우묵하게 하여 대나무를 실으면서 가는 곳마다 멋대로 폭행을 저지르면서 형주(荊州, 치소는 호북성 江陵縣)를 지나자 형주장사(長史)38) 소량사(蘇良嗣)가 그들을 가두고 상소문을 올려서 간절하게 간언하였다.

"먼 곳의 기이한 물건이 있는 곳에 가게 되면 도로변을 귀찮게 하고 어지럽히므로 아마도 성인(聖人, 황제)이 사람들을 아끼는 마음이 아닐까 걱정됩니다. 또 소인(小人, 환관)은 위세와 복덕(福德)을 훔쳐서 희롱하고 황제의 밝음을 훼손하였습니다."

황상이 천후에게 말하였다.

"나는 단속하는 것이 엄하지 않으니 과연 소량사에게 이상하게 되었습니다."

황제는 수조(手詔)로 소량사를 위로하며 타일렀고 대나무를 강에 버리도록 하였다. 소량사는 소세장(蘇世長)39)의 아들이다.

14 검주(黔州, 치소는 사천성 彭水縣) 도독 사우(謝祐)가 천후의 뜻을 바라보고 영릉왕(零陵王) 이명(李明)을 압박하여 그로 하여금 스스로 죽도록

---

38) 장사(長史)란 대체로 16위(衛), 6군(軍), 동궁부(東宮府), 친왕부(親王府)의 제조(諸曹)에 설치되었다. 그리고 주(州)의 장관인 자사(刺史) 바로 아래에 있는 부관(副官)으로 자사가 부재중(不在中)이거나 유고시(有故時)에 그를 대신하였다. 아울러 이러한 관서의 속리(屬吏)의 최고 책임자이기 때문에 장사의 지위와 임무가 매우 중요하였다. 당 중기 이후에는 여러 종류의 막직(幕職)이 생기면서 점차 한직(閑職)으로 변하게 되었다. 품계는 정칠품(正七品) 상(上)에서 종칠품(從七品) 상(上)까지로 일정하지 않았다.

39) 소세장은 북주(北周)~수(隋) 시대에도 관직에 있었고, 당대에 들어와서 고조에 의해 간의대부(諫議大夫)로 발탁되었다. 황제에게도 서슴없이 직간(直諫)함으로써 황제도 그의 말을 중시하였다. 태종의 정관(貞觀) 연간 초에 돌궐에 사신으로 가서 힐리 가한(頡利可汗)과 예법(禮法)을 다투었다. 후에 사건에 연루되어 파주(巴州, 치소는 魚腹縣, 지금의 사천성 奉節縣의 동쪽) 자사로 좌천되었다가 그곳에서 죽었다. 그에 관한 일은 고조 무덕 4년(621년)에 있었고, 그 내용은 ≪자치통감≫ 권188에 실려 있다.

하니,40) 황상이 이를 깊이 애석해 하였는데, 검주부의 관속(官屬)들도 모두 연루되어 관직에서 파면되었다.

사우가 후에 평각(平閣)에서 잠을 자면서 비첩(婢妾) 10여 명과 한 곳에 있었으나 그날 밤에 그 머리를 잃어버렸다.41) 수공(垂拱, 측천의 연호) 연간에 이명의 아들인 영릉왕(零陵王) 이준(李俊)과 여국공(黎國公) 이걸(李傑)이 천후에게 살해되었는데, 유사가 그 집을 적몰하다가 사우의 머리를 찾아내게 되었고, 칠을 하여 예기(穢器, 요강)로 사용하면서, 제자(題字)가 사우(謝祐)라고 적혀 있어서 마침내 이명의 아들이 자객을 시켜서 그것을 가져갔다는 사실이 알려지게 되었다.

15 태자가 경사(京師, 長安)를 유수(留守)하면서 자못 돌아다니면서 사냥하는 것을 좋아하자, 설원초(薛元超)42)가 상소하여 모범으로 간언하였다. 황상이 그 소식을 듣고 사자(使者)를 파견하여 설원초를 위로하고 이어서 그를 불러서 동도(東都, 낙양)로 오게 하였다.

16 토번(吐蕃)의 장수인 논흠릉(論欽陵)43)이 자주(柘州, 치소는 사천성 黑

---

40) 이명은 당 태종의 14번째 아들인데, 그가 검주로 옮겨진 것은 영륭 원년(680년) 10월이고, 그 내용은 ≪자치통감≫ 권202에 실려 있다.

41) 머리가 잘려 없어졌다는 뜻이다.

42) 태자궁에서 정치적인 업무를 총관장하는 태자좌서자(太子左庶子)란 관직에 있었다.

43) 론친링(Blon khri hbrin, 論欽陸)은 갈(Mgar, 噶)씨족 출신으로, 토번왕국의 발전기인 송쩬감포(Sron btsan sgam po, 松贊干布) 짠포(贊普, 토번 군주의 칭호)의 치세(620년~650년)에 대론(ta-lun, 大論, 大相)이었던 갈동쩬(Mgar ston rtsan, 噶東贊, 祿東贊)의 맏아들로서 대론을 이어받았다. 송쩬감포 짠포를 이은 망송망쩬(Man sron man btsan, 芒松芒贊) 짠포(재위 ; 650년~679년)가 죽고, 치두송 짠포(Khri hdus sron, 赤都松) 도송망포(都松芒布, 재위 ; 679년~703년)가 즉위하였으나, 그가 나이가 어렸기 때문에 그를 대신하여 대내적으로 권력을 휘두르고, 대외적으로는 당(唐)과 돌궐(突厥)을 공격하여 전공은 세움으로써 그의 권위는 더욱 올라가게 되었다. 그러나 중종 사성 15년(698년)에 치두송 짠포의 공격으로 그의 일당 2천여 명이 피살되자 자살하였다. 이후 토번에서 갈씨족의 세력은 쇠퇴하였다.

水縣 남방)·송주(松州, 치소는 사천성 松潘縣)·익주(益州, 치소는 사천성 茂縣 서북방) 등의 주를 침입하여 노략질하였다. 좌교위랑장(左驍衛郎將) 이효일(李孝逸)과 우위랑장(右衛郎將)44) 위포산(衛蒲山)에게 조서를 내려서 진주(秦州, 치소는 감숙성 天水市)와 위주(渭州, 치소는 감숙성 隴西縣) 등의 주(州)에 있는 병사들을 징발하여 길을 나누어 그들을 막도록 하였다.

17 겨울, 10월 병인일(7일)에 황문시랑 유경선(劉景先)을 동중서문하평장사(同中書門下平章事)로 삼았다.

18 이 해에 돌굴(突厥)의 남은 무리 아사나골독록(阿史那骨篤祿)과 아사덕원진(阿史德元珍)45) 등이 도망쳐서 흩어졌던 무리들을 불러 모아서 흑

---

44) 좌교위랑장(左驍衛郎將)에서 좌·우교위(左·右驍衛)는 금군(禁軍)의 하나이다. 통수(統帥)인 정삼품(正三品)의 대장군(大將軍) 혹은 상장군(上將軍) 1명, 부통수(副統帥)인 종삼품(從三品)의 장군(將軍) 2명, 그리고 각각 수 명의 중낭장(中郎將)과 낭장(郎將) 등의 계급이 있었다. 우위랑장(右衛郎將)에서 좌·우위(左·右衛)는 금군(禁軍)의 하나이다. 통수(統帥)인 정삼품(正三品)의 대장군(大將軍) 혹은 상장군(上將軍) 1명, 부통수(副統帥)인 종삼품(從三品)의 장군(將軍) 2명, 그리고 각각 수 명의 중낭장(中郎將)과 낭장(郎將) 등의 계급이 있었다.

45) 아사나골독록(阿史那骨篤祿)은 당의 기미 지배 시기(630~679년)에 운중도독부(雲中都督府, 치소는 내몽골자치구 허린걸현) 서북의 토성자(土城子)에서 토둔(吐屯, 투둔, Tudun)이었던 아사나골독록(阿史那骨篤祿, 骨咄祿, Qutlugh)은 아사덕원진(阿史德元珍), 즉 돈욕곡(暾欲谷, 빌게 톤육쿡(Bilge Tonyuquq))과 함께 당으로부터의 독립운동을 전개하여 당 고종 연순 원년(682년)에 마침내 돌굴제이가한국(682~744년)을 건국하는데 성공한다. 이어 중종 사성 3, 4년(686~687년)에 고비사막을 건너 북방으로 진격하여 돌굴제일가한국(突厥第一可汗國, 552~630년)의 본거지인 외튀캔산을 탈환하고, 철륵(鐵勒)의 여러 부족을 차례차례 정복한 후, 톤육쿡의 추대로 가한(可汗, 카간, Qaghan)위에 올라서 스스로 일테리쉬 카간(Ilterish Qaghan ; 여러 부족을 모은 카간, 재위 ; 682~691년)이라 칭하였다. 아사덕원진(阿史德元珍)은 돌굴의 아사덕(阿史德) 씨족은 가한(可汗)을 배출하는 아사나(阿史那) 씨족과 혼인관계를 유지하는 인척씨족으로, 아사나 씨족과 함께 돌굴의 지배계층을 이루고 있었다. 돌굴제일 가한국(突厥第一可汗國, 혹은 동돌굴(東突厥, 552~630년)이 태종 정관 4년(630년)에 당과 설연타의 협공으로 멸망한 이후, 많은 돌굴족은 고종 조로 원년(679년)까지 약 50년 동안 당의 기미지배(羈縻支配) 아래에 놓여 있었다. 그리고 마침내 고종 연순 원년(682년)부터 아사덕원진은 아사나골독록(阿史那骨篤祿, 骨咄祿, Qutlugh)의 참모로서 그와 힘을 합하여 돌굴부흥운동을 전개한 끝에 당의 지배에서 독립된 돌굴제이가한국

사성(黑沙城, 음산산맥 북쪽 기슭)46)을 점거하고 반란을 일으키고, 병주(幷州, 치소는 산서성 太原市)와 선우부(單于府, 선우도호부의 치소는 내몽골 허린걸)의 북방 경계로 들어와서 노략질하고, 남주(嵐州, 치소는 산서성 嵐縣) 자사 왕덕무를 죽였다.

우령군위장군(右領軍衛將軍)·검교대주도독(檢校代州都督, 대주; 산서성 代縣)인 설인귀가 군사를 거느리고 운주(雲州, 치소는 산서성 大同市)에서 공격하였는데, 오랑캐가 당의 대장이 누구냐고 물으니, 그에게 응답하였다.

"설인귀다."

오랑캐가 말하였다.

"나는 설인귀가 상주(象州, 치소는 광서장족자치구 상주현)로 유배되어 죽은 지 오래되었다고 들었는데,47) 어찌하여 나를 속이는가?"

설인귀가 투구를 벗고 그에게 얼굴을 내보이자, 오랑캐는 서로 쳐다보면서 놀라서 안색이 변하고, 말에서 내려와서 줄을 지어서 절을 하고는

(突厥第二可汗國, 혹은 후돌굴(後突厥, 682~744년)을 세우는데 성공한다. 즉 그는 돌굴제이가한국 건국의 일등공신이라고 할 수 있다. 아울러 현재 학계에서는 대체로 아사덕원진(阿史德元珍, ?~711년)이 ≪구당서(舊唐書)≫ 돌궐전(突厥傳) 등에 보이는 '돈욕곡(暾欲谷, 즉 720~725년 경에 몽골의 Bain Tsokto)에 돌굴문자로 주인공의 공적을 새겨놓은 <톤욕쿡(Tonyuquq)비문> 안에 등장하는 '빌개 톤욕쿡(Bilga Tonyuquq)'과 동일한 인물로 간주하고 있다.

46) 한문 기록에는 총재산(總材山)의 흑사성(黑沙城)으로 기록되어 있는데, 돌굴문자로 새겨진 <톤욕쿡비문>과 대조하면 총재산(總材山)은 초가이-쿠지(Coghai quzi)에 해당되고, 흑사성(黑沙城)은 카라-쿰(Qara Qum)에 해당한다.

47) 설인귀는 원래 가난한 농민이었으나, 정관(貞觀) 연간 말에 태종이 고구려 친정에 나섰을 때 장군 장사귀(張士貴)의 휘하에 들어가서 전투에서 용감성을 발휘하여 태종에 의해 유격장군(游擊將軍)에 임명되면서 관계에 들어갔다. 이후 고구려, 거란, 철륵 등과의 전쟁에서 전공(戰功)을 세워서 마침내 우무위대장군(右武衛大將軍)에 임명되고 평양군공(平陽郡公)에 책봉되었다. 그러나 고종 함형(咸亨) 원년(670년)에 토번(吐蕃) 정벌에 나섰다가 지금의 청해성(淸海省)에서 패하여 파면되었다. 얼마 지나지 않아서 고구려 유민들이 부흥운동을 일으켰을 때 계림도총관(鷄林道總管)으로 복귀하였다. 그러나 사건에 연루되어 상주(象州, 지금의 광서장족자치구 상주) 자사로 좌천되었다. 마침내 개요(開耀) 원년(681년)에 과주(瓜州, 치소는 감숙성 安西縣)장사(長史)로 재기하였다. 그리고 이때 우령군위장군(右領軍衛將軍) 검교대주도독(檢校代州都督)으로서 돌굴을 토벌하기 위하여 출정하였던 것이다.

점차 병사들을 거느리고 물러났다. 설인귀는 이를 이어서 떨쳐서 공격하여 그들을 대파하니, 참수한 것이 1만여 급이었고 포로로 잡은 것이 2만여 명이었다.

19 토번(吐蕃)이 하원군(河源軍, 치소는 청해성 西寧市)을 공격하므로, 군사(軍使) 누사덕(婁師德)이 병사들을 거느리고 백수간(白水澗, 청해성 大通縣)에서 그들을 격파하였는데, 여덟 번 싸워서 여덟 번 이겼다. 황상은 누사덕을 비부원외랑(比部員外郞)48) · 좌교위낭장(左驍衛郞將) · 하원군경략부사(河源軍經略副使)로 삼으면서 말하였다.

"경은 문과 무를 두루 갖춘 재목이니 사양하지 마라."

---

48) 비부(比部)는 법률과 회계 등을 담당하는 부서이다. 상서성(尙書省) 소속의 육부(六部) 아래 24개의 사(司)가 있고, 각 사(司)에는 1명씩의 낭중(郞中)과 원외랑(員外郞) 등이 있어 실질적인 업무를 처리하였다. 원외랑의 품계는 종육품(從六品) 상(上)이다.

고종의 죽음과 중종의 즉위

고종 홍도(弘道) 원년(癸未, 683년)[49]

1 봄, 정월 초하루 갑오일에 황상이 봉천궁(奉天宮, 하남성 登封縣)으로 행차하였다.

2 2월 경오일(12일)에 돌궐이 정주(定州, 치소는 하북성 정주시)에 노략질하니, 자사인 곽왕(霍王) 이원궤(李元軌)[50]가 그들을 공격하여 퇴각시켰다. 을해일(17일)에 돌궐이 다시 규주(嬀州, 치소는 하북성 懷來縣)에 노략질하였다. 3월 경인일(2일)에 아사나골독록(阿史那骨篤祿)과 아사덕원진(阿史德元珍)이 선우도호부(單于都護府, 치소는 내몽골 허린걸)를 포위하고 사마(司馬) 장행사(張行師)를 잡아서 죽였다.

승주(勝州, 치소는 내몽골 托克托縣) 도독 왕본립(王本立)과 하주(夏州, 치소는 섬서성 靖邊縣 북방) 도독 이숭의(李崇義)를 파견하여 군사를 거느리고 길을 나누어 나아가서 그곳을 구원하도록 하였다.

---

49) 백철여가 군사를 일으키고 광명성황제를 자칭하였으므로 광명성황제 백철여 원년이다. 태종 이후로 황제를 지칭한 첫 번째의 사례이다.

50) 이원궤는 당 고조 이연의 14번째 아들이며, 그 어머니는 장미인(張美人)이다.

3　태자우서자(太子右庶子) · 동중서문하삼품(同中書門下三品)인 이의염(李義琰)이 부모를 개장(改葬)하면서 그 장인을 시켜서 이전에 만든 묘를 옮기도록 하였다. 황상이 그 소식을 듣고 성을 내며 말하였다.

　"이의염이 권세에 의지하여 마침내 그 장인의 집안을 능멸하였으니, 다시는 그에게 정사를 처리하게 할 수가 없다."

　이의염이 그 소식을 듣고 스스로 편치 않아서 다리의 병을 핑계로 해골(骸骨)하기를 빌었는데, 경자일(12일)에 이의염을 은청광록대부(銀靑光祿大夫)로 삼아 치사(致仕)하도록 하였다.

4　계축일(25일)에 수중서령(守中書令) 최지온(崔知溫)이 죽었다.

5　여름, 4월 기미일(2일)에 황제가 동도(東都, 낙양)로 돌아갔다.

6　수주(綏州, 치소는 섬서성 綏德縣)의 보락계(步落稽)[51]의 백철여(白鐵余)가 땅 속에 구리로 만든 불상(佛像)을 파묻었다가 오래되어 그 위에서 풀이 돋아나자 그의 고향 사람들을 속이며 말하였다.

　"나는 여기에서 자주 부처님이 발산하는 빛을 보았다."

　날짜를 잡아서 무리를 모으고 땅을 팠는데, 과연 그것을 찾아내자 이어서 말하였다.

　"성스러운 불상을 본 사람은 어떤 병이든 모두 치유됩니다."

먼 곳과 가까운 곳에서 그에게로 왔다.

　백철여는 각종 색깔로 된 주머니를 수십 겹으로 불상을 장식하고, 후하게 시주하는 사람이 있게 되면 한 개의 주머니를 떼어 주었다. 수 년

---

51)　남흉노(南匈奴) 계통의 종족으로서 산호(山胡) 또는 계호(稽胡)라고도 불렀다. 남북조시대에는 지금의 산서성과 섬서성 북부의 산간지대에서 거주하고 있었다. 농업에 종사하면서 한인(漢人)들과 섞어 살았다. 수 · 당시대부터 점차 한족(漢族)과 서로 융합되었다.

사이에 귀의하고 믿는 자들이 많아지니, 마침내 반란을 일으키려고 계획하였다. 성평현(城平縣, 섬서성 淸澗縣 동쪽)을 점거하고, 스스로 광명성황제(光明聖皇帝)라 칭하며 백관들을 두고, 나아가서 수덕(綏德, 섬서성 淸澗縣 동북방)과 대빈(大斌, 섬서성 子洲縣) 두 현을 공격하여 관리를 죽이고 민가를 불살랐다.

우무위(右武衛) 장군 정무정(程務挺)과 하주(夏州, 치소는 섬서성 靖邊縣 북방 白城子) 도독 왕방익(王方翼)을 파견하여 그들을 토벌하였는데, 갑신일(27일)에 공격하여 그 성을 뽑고 백철여를 사로잡으니 잔당들이 모두 평정되었다.

7 5월 경인일(3일)에 황상이 방계궁(芳桂宮, 하남성 澠池縣)에 행차하였는데, 합벽궁(合璧宮, 낙양시 경역)에 도착하여 큰비를 만나서 돌아갔다.

8 을사일(18일)에 돌궐의 아사나골독록(阿史那骨篤祿, 동돌궐의 18대 가한) 등이 울주(蔚州, 치소는 산서성 靈丘縣)를 노략질하여 울주 자사 이사검(李思儉)을 죽이니, 풍주(豐州, 본영은 내몽골 五原市) 도독 최지변(崔智辯)이 군사를 거느리고 조나산(朝那山, 내몽골 固陽縣 동쪽)의 북방에서 그들을 맞이하여 싸웠으나 군대는 패하고 오랑캐에게 사로잡혔다.

조정에서 의론하여 풍주(豐州, 치소는 내몽골 五原市)를 철폐하고 그곳의 백성을 영주(靈州, 치소는 영하 靈武縣)와 하주(夏州)로 옮기려 하였다. 풍주의 사마(司馬)인 당휴경(唐休璟)이 말씀을 올렸는데, 그는 생각하였다.

"풍주는 황하로 가로막혀서 견고하여 적들을 막는데 요충지가 되어 진·한(秦·漢) 이래로 군현(郡縣)을 늘어놓았는데, 토지는 농경과 목축에 적합합니다. 수(隋) 말기에 죽고 혼란하게 되니 백성들을 영주(寧州, 치소는 감숙성 영현)와 경주(慶州, 치소는 감숙성 慶陽縣) 두 주로 옮겼지만,

호족(胡族) 오랑캐가 깊숙이 침입하게 하여 영주(靈州, 치소는 영하 靈武縣)와 하주는 변경(邊境)이 되었습니다.

정관(貞觀, 태종의 연호) 연간의 말년에 사람들을 모집하여 그곳을 채우자 서북이 비로소 안정되었습니다. 지금 그곳을 철폐하면 하(河, 황하) 유역은 다시 도적들의 소유가 될 것이므로, 영주(靈州)와 하주(夏州) 등 주의 백성들은 편안히 생업을 꾸려갈 수 없을 것이니 국가의 이익이 아닙니다."

이에 계획을 중지하였다.

9 6월에 돌궐의 별부(別部)가 남주(嵐州, 치소는 산서성 남현)를 침입하여 노략질하자, 편장(偏將) 양현기(楊玄基)가 그들을 공격하여 달아나게 하였다.

10 가을, 7월 기축일(4일)에 황제의 손자인 이중복(李重福, 태자 李哲의 아들)을 책립하여 당창왕(唐昌王)으로 삼았다.

11 경진일(7일)에 황제가 금년 10월에 숭산(崇山, 中嶽, 하남성 登封縣 북쪽)에서 일[봉선]이 있을 것이라고 조서를 내렸다. 얼마 지나지 않아서 황상이 즐겁지 않아서[병이 듦] 고쳐서 오는 해의 정월로 하였다.

12 갑진일(19일)에 상왕(相王) 이륜(李輪, 李旭倫)을 옮겨서 예왕(豫王)으로 삼고 이름도 이단(李旦)52)으로 고쳤다.

---

52) 이단은 고종과 무측천 사이에서 출생한 사람으로 그는 이 후로 일생에 두 번 황제의 자리에 올랐고, 두 번 황제의 자리를 양보한 사람이다. 사람이다. 첫 번째는 그의 어머니 무조에게 양위했고, 두 번째는 아들 현종 이율기에게 양위했다.

13 중서령(中書令) 겸 태자좌서자(太子左庶子) 설원초(薛元超)가 말을 하지 못하는 병이 들어 해골(骸骨)을 빌자 그것을 허락하였다.

14 8월 기축일(10일)에 장차 숭산(崇山)에서 봉선하려고 하면서 태자를 불러서 동도(東都, 낙양)로 오도록 하였다. 당창왕 이중복에게는 남아서 경사를 지키게 하고, 유인궤(劉仁軌)로 그를 돕게 하였다. 겨울, 10월 기묘일(26일)에 태자가 동도에 도착하였다.

15 계해일(10일)에 거가가 봉천궁(奉天宮)으로 행차하였다.

16 11월 병술일(3일)에 조서를 내려서 오는 해의 숭산(崇山)의 봉선을 철폐하도록 하였는데 황상의 병이 심하였던 연고이다. 황상이 머리가 무거워서 고통을 받고, 볼 수도 없어서 시의(侍醫) 진명학(秦鳴鶴)을 불러서 진찰하도록 하였는데, 진명학이 머리를 찔러서 피를 내어서 치유할 수 있게 해달라고 청하였다.

천후(天后)가 발(簾) 안쪽에 있다가 황상의 병이 치유되지 않게 하려고 화를 내서 말하였다.

"이 자는 목을 베어도 좋은데, 마침내 천자의 머리에다 찔러서 피를 내려 하는구나!"

진명학은 머리를 조아리면서 목숨을 살려달라고 요청하였다.

황상이 말하였다.

"다만 찌르는 것뿐이니 아직은 반드시 나쁘지는 않은 것이오."

마침내 백회(百會)와 뇌호(腦戶)53) 두 곳의 혈(穴)을 찔렀다. 황상이 말

---

53) 침구학(鍼灸學)에서 말하는 머리의 특정 부분을 가리킨다. 백회는 머리 정수리에서 앞으로 반촌(半寸) 되는 곳이고, 뇌호는 베개에 닿는 뼈의 뒤로 반촌(半寸)에 있는 곳이다.

하였다.

"내 눈이 밝아진 것 같다."

황후가 손을 들어서 이마를 쓰다듬으며 말하였다.

"하늘이 내려준 것입니다."

스스로 비단 100필(匹)을 짊어지고 와서 진명학에게 내려 주었다.

17 무술일(15일)에 우무위(右武衛) 장군 정무정(程務挺)을 선우도(單于道) 안무대사54)로 삼아서 아사나골독록 등을 불러들여서 치도록 하였다.

18 조서를 내려서 태자에게 감국(監國)하도록 하고, 배염(裴炎)·유경선 (劉景先)·곽정일(郭正一)을 동동궁평장사(同東宮平章事)55)로 삼았다.

19 황상이 봉천궁(奉天宮)에 가면서부터 병이 심해져서 재상은 모두 알현할 수 없었다. 정미일(24일)에 황상이 동도(東都, 낙양)로 돌아오자 모든 관료들이 천진교(天津橋)의 남쪽에서 알현하였다.

20 12월 정사일(4일)에 기원(紀元)을 고치고, 천하를 사면하였다. 황상은 측천문(則天門) 위에 있는 누각(樓閣)으로 가서 사면령을 선포하려 하였으나, 기운(氣運)이 거꾸로 흘러서 말을 탈 수 없었기 때문에 마침내 백성들을 불러서 대전(大殿) 앞으로 들어오도록 하여 이를 선포하였다.

---

54) 선우도(單于道)는 지금의 내몽골자치구 음산(陰山)산맥의 북방 지대로서, 돌궐 세력을 견제하기 위하여 설치되었다.

55) '평장(平章)' 이란 말은 '의논하여 처리하다' 란 의미이다. 따라서 이 관직은 동궁부(東宮府)의 업무를 원래 동궁부에서 업무를 보고 있던 관료들과 함께 의논하여 처리하는 관직이라고 할 수 있다. 아울러 배염(裴炎), 유경선(劉景先), 그리고 곽정일(郭正一)이 동궁부에 겸임하여 배속되었다는 것은 동궁부의 업무가 많아졌다는 것을 의미하며, 이는 고종이 태자에게 조서를 내려 동궁을 감독하도록 한 것과 연결되는 것이다.

이날 밤에 배염을 불러서 들어가서 정치를 보필하라는 유조(遺詔)를 받았는데 황상은 정관전(貞觀殿)에서 붕어하였다.[56] 유조에서 태자는 황제의 영구(靈柩) 앞에서 즉위하고, 군대와 국가의 중대한 일 중에서 결정하지 않은 것이 있으면 천후(天后)의 의견을 아울러 듣고 계속 진행하거나 중지하도록 하였다. 만천(萬泉)·방계(芳桂)·봉천(奉天) 등의 궁(宮)을 폐쇄하였다.

경신일(7일)에 배염이 주문을 올려서 태자가 아직 즉위하지 않았으니 응당 칙령을 선포해서는 안 되며, 속히 처분해야 하는 것이 있다면 중서성과 문하성에서 천후(天后)가 명령을 바라고 선포하여 이를 시행해야 한다고 하였다.

갑자일(11일)에 중종(中宗, 李哲)[57]이 즉위하여 천후를 높여서 황태후로 삼았는데, 정사(政事)는 모두 가져다가 결재하였다. 태후는 택주(澤州, 치소는 산서성 晉城市) 자사인 한왕(韓王) 이원가(李元嘉)[58] 등이 지위가 높고 명망이 중하여 그들이 변란을 일으킬까 두려워하여 나란히 삼공(三公) 등의 관직을 더해주어 그들의 마음을 위무하였다.

21　갑술일(21일)에 유인궤(劉仁軌)를 좌복야로 삼고, 배염(裴炎)을 중서령

---

56) 이때 고종(高宗) 이치(李治)의 나이는 쉰여섯 살이었다.

57) ≪자치통감≫에서는 중종은 황제이므로 당연히 상(上) 또는 제(帝)라는 용어를 사용하여야 하지만 중종은 곧 폐위되기 때문에 중종이라는 묘호를 사용하고 있다.

58) 이원가는 당 고조 이연의 11번째 아들이며 그 어머니는 우문소의이다. 고조가 즉위하고 나서 우문소의를 황후로 삼고자 하였으나 사양하고 받지 않았지만 특히 이연에게 총애를 받았다. 무측천이 통치할 때에 그 아들 등이 무측천을 반대하는 군사를 일으켰다가 실패하자 자살하도록 하였고, 성도 훼씨(虺氏)로 바꾸게 했다. 그후 중종의 복벽을 거쳐서 다시 성을 이씨로 회복할 수 있었다.

으로 삼았고, 무인일(25일)에 유경선(劉景先)을 시중으로 삼았다.

고사(故事)에는 재상이 문하성에서 일을 의논하여서 이를 정사당(政事堂)이라고 불렀고, 그 때문에 장손무기(長孫無忌)를 사공으로 삼았고, 방현령(房玄齡)을 복야로 삼았으며, 위징(魏徵)을 태자태사로 삼았지만, 모두 지문하성사(知門下省事)였다. 배염이 중서령으로 승진하자 처음으로 정사당을 중서성(中書省)으로 옮겼다.

22   임오일(29일)에 좌위위(左威衛) 장군 왕과(王果) · 좌감문(左監門) 장군 영호지통(令狐智通) · 우금오(右金吾) 장군59) 양현검(楊玄儉) · 우천우(右天牛) 장군 곽제종(郭齊宗)을 파견하여 나누어서 병주(幷州, 치소는 산서성 太原市) · 익주(益州, 치소는 사천성 成都市) · 형주(荊州, 치소는 호북성 江陵市) · 양주(揚州, 치소는 강소성 양주시)의 네 대도독부로 가서 군부(軍府)의 관리들과 함께 진수하는 일을 알아서 처리하도록 하였다.

23   중서시랑 · 동평장사인 곽정일(郭正一)을 국자좨주(國子祭酒)60)로 삼고 정치하는 일을 그만두게 하였다.

---

59) 정확히는 우금오위장군(右金吾衛將軍)이다. 좌 · 우금오위(左 · 右金吾衛)는 금군(禁軍)의 하나이다. 통수(統帥)인 정삼품(正三品)의 대장군(大將軍) 혹은 상장군(上將軍) 1명, 부통수(副統帥)인 종삼품(從三品)의 장군(將軍) 2명, 그리고 각각 수 명의 중낭장(中郎將)과 낭장(郎將) 등의 계급이 있었다.

60) 당대(唐代)의 국립대학이라고 할 수 있는 국자감(國子監)의 장관으로, 국자감과 함께 태학(太學), 광문학(廣文學), 사문학(四門學), 율학(律學), 서학(書學), 그리고 산학(算學)의 업무도 모두 관장하였다.

황제의 폐립과 무후의 칭제稱制

측천순성황후(則天順聖皇后)[61] 광택(光宅) 원년(甲申, 684년)[62]

1 봄, 정월 초하루 갑신일에 기원(紀元)을 사성(嗣聖)으로 고치고 천하를 사면하였다.

2 태자비 위씨(韋氏)를 황후로 하고, 황후의 아버지인 위현정(韋玄貞)을 발탁하여 보주(普州, 치소는 사천성 安岳縣) 참군에서 예주(豫州, 치소는 하남성 汝南縣) 자사로 삼았다.

3 계사일(10일)에 좌산기상시인 두릉(杜陵, 섬서성 西安市 동남방) 사람 위홍민(韋弘敏)을 태부경(太府卿)·동중서문하삼품으로 삼았다.

4 중종(中宗)이 위현정을 시중으로 삼으려 하고 또 유모(乳母)의 아들에

---

61) 이제 등극한 황제는 중종이므로 당연히 중종이라고 하여야 하나, 중종 이철은 측천무후에 의하여 폐위되어 유폐되고, 예종 이단이 황제에 올랐지만 별전에서 기거하며, 정치에 관여할 수 없다가 태후에게 황제를 올려 바쳤다. 그러나 아직 황제에 오른 것이 아닌데도 기년의 기준을 무후로 하고, 《자치통감》에서는 '측천순성황후'라고 하고 있다.

62) 이 해에 연호가 자주 바뀌었다. 사성과 문명으로 하였다가 광택으로 바꾸었다.

게 5품 관직을 주려고 하자, 배염(裴炎)이 고집스레 다투니, 중종은 화를 내며 말하였다.

"나는 천하를 위현정과 함께 다스리려고 하는데 어찌하여 할 수 없다는 것인가? 도리어 시중 자리도 아낀단 말인가?"

배염이 두려워서 황태후에게 아뢰면서 몰래 폐립(廢立)63)을 계획하였다.

2월 무오일(6일)에 태후가 건원전(乾元殿)64)에서 모든 관료들을 모으니, 배염이 중서시랑 유의지(劉褘之) · 우림장군 정무정(程務挺) · 장건욱(張虔勖)과 더불어 군사를 챙겨서 궁으로 들어오고 태후의 명령을 선포하고, 중종을 폐위하여 여릉왕(廬陵王)으로 삼고, 그를 부축하여 대전(大殿)을 내려가게 하였다.

중종이 말하였다.

"내가 무슨 죄를 지었는가?"

태후가 말하였다.

"너는 천하를 위현정(韋玄貞)과 함께 다스리려고 하였는데, 어찌 죄를 지은 것이 없다고 할 수 있는가?"

마침내 다른 곳에 유폐(幽閉)시켰다.

기미일(7일)에 옹주목(雍州牧)인 예왕(豫王) 이단(李旦)을 세워 황제로 삼았다. 정사(政事)는 태후에게서 결재되었고, 예종(睿宗)65)을 별전(別殿)에 거주하도록 하였기 때문에 정사에는 간여할 수 없었다. 예왕의 왕비인 유씨(劉氏)를 세워서 황후로 삼았다. 황후는 유덕위(劉德威)66)의 손녀이다.

---

63) 현 황제를 폐위하고 다른 사람을 황제로 세우는 일을 말한다.

64) 동도(東都)인 낙양(洛陽)에 있는 대전(大殿)이다.

65) 옹주목은 수도를 둘러싸고 있는 경기(京畿)의 경비를 책임지는 사령관에 해당하는 중요한 자리이고, 이단은 황제가 되었으므로 종전의 관례로 보아 상(上) 또는 제(帝)로 표현하여야 하나, 실제로 정치를 할 수 없게 되었으므로 그의 묘호인 예종이라 쓰고 있다.

66) 수 양제(煬帝) 대업(大業) 연간 말엽에 배인기(裴仁基)를 따라서 도적들을 토벌하다

동네의 거리에서 술을 마시고 있던 비기(飛騎)67) 10여 명이 있었는데, 한 사람이 말하였다.

"이전부터 별다른 훈상(勳賞)이 없을 것이라고 알고는 있었지만, 여릉왕(廬陵王, 폐위된 이철)을 받드는 것만 같지 못하다."

한 사람이 일어나서 북문(北門)68)으로 가서 그를 고발하였다.

술자리가 해산되기 전에 모두 체포되어 우림군(羽林軍)의 감옥에 갇히게 되었다. 말을 꺼낸 자는 목이 베어졌고, 나머지는 반역을 알고 있으면서 알리지 않았기 때문에 모두 교수형에 처해졌다. 고발한 자는 5품의 관직에 제수되었다. 밀고(密告)하는 실마리는 여기에서부터 일어났다.

5   임자일69)에 영평군왕(永平郡王) 이성기(李成器)를 황태자로 삼았는데, 예종의 맏아들이다. 천하를 사면하고 기원(紀元)을 문명(文明)으로 바꾸었다.

경신일(8일)에 황태손 이중조(李重照)를 폐위하여 서인(庶人)으로 삼고, 유인궤(劉仁軌)에게는 지서경유수사(知西京留守事)만 전담하도록 하였다. 위현정(韋玄貞)을 흠주(欽州, 치소는 광서장족자치구 흠주시)로 귀양 보냈다.

가 후에 이밀(李密)에게 귀부하였다가 다시 이밀과 함께 당 고조 이연에게 항부하여 좌무후장군에 임명되고 등현공(滕縣公)에 책봉되었다. 태종의 정관 연간에는 관직이 형부상서에까지 올랐다. 시호는 양공(襄公)이다.

67) 당대의 황제를 시위(侍衛)하는 군사들을 가리킨다. 태종 정관(貞觀) 12년(638년)에 좌·우둔영비기(左·右屯營飛騎)를 두었는데 여러 위장(衛將)들에 의해 통솔되었다. 비기를 둔 것은 《자치통감》 권195에 실려 있다.

68) 당대에 북아금군(北衙禁軍) 중의 하나인 좌·우우림군(左·右羽林軍)이 주둔하고 있던 현무문(玄武門)을 가리킨다.

69) 통감필법으로는 임자일은 2월 임자일이어야 하나 2월 1일이 계축일이므로 2월에는 임자일이 없다. 다만 《신당서》에 의하면 이 사건은 기미일에 일어났고 2월 기미일은 7일이다. 따라서 임자는 기미의 잘못으로 보아야 한다. 기미일이 앞에 한 번 나왔으므로 임자는 연자(衍字)로 보아도 좋다.

　태후가 유인궤에게 편지를 주어 말하였다.

　"옛날에 한(漢)은 관중(關中, 장안을 중심으로 한 섬서성 중부)의 일을 소하(蕭何)에게 맡겼는데,70) 지금 공에게 맡긴 것 역시 이와 같소."

유인궤는 상소하여서 노쇠하여 그곳에 거주하면서 지켜내는 일을 감당하지 못한다고 사임하고, 이어서 여후(呂后)가 재화(災禍)로 패망한 일71)을 진술하여 규계(規戒)를 펼쳤다.

　태후는 비서감(秘書監) 무승사(武承嗣)72)를 시켜서 새서(璽書)를 보내어 그를 위로하고 타이르며 말하였다.

　"지금 황제는 양암(諒闇)73) 중이어서 말을 하지 아니하여 묘신(眇身)74)이 잠깐 대신 친정(親政)하고 있는데, 멀리서 수고스럽게도 권계(勸戒)를 주고 다시 쇠약하고 병들었음을 이유로 사직하였소. 또 '여씨(呂氏)는 후대의 사람들로부터 비웃음을 받았고, 여록(呂祿)과 여산(呂産)은 한(漢) 왕조에게 재화(災禍)를 남겨 주었다.' 75)고 말하였는데, 인용한 비유는 훌륭하고 깊기에 부끄러움과 위로가 서로 교차하여 모입니다.

　공(公)의 충성스럽고 곧은 절조(節操)는 처음부터 끝까지 변하지 않고, 굳세고 정직한 풍모는 예나 지금이나 비교할 만한 것이 드뭅니다. 처음 이 말을 들으면서 그럴 것이 없는 것이 아닐 수 있으나, 조용하게 그것을 생각해보니 그것은 귀감(龜鑑)이 되었소.

　하물며 공(公)은 이전의 조정에서 오래도록 덕망을 쌓아서 먼 곳과 가

---

70) 이 일은 ≪한고제기(漢高帝紀)≫와 ≪자치통감≫ 권9에 보인다.

71) 이 사건은 ≪한서≫ <고후기>에 기록되어 있다. 이는 무측천에게 여태후의 길을 걷는 것이라는 의미를 주고 있는 것이었다.

72) 황태후인 무조(武照)의 조카이다.

73) 황제가 죽은 후 복상 기간이 아직 끝나지 않은 상황을 말한다.

74) 애꾸눈을 가진 몸이라는 말로 자신을 낮추어서 겸손하게 칭하는 말이다.

75) 여후에 관한 일은 ≪한서(漢書)≫ <한고후기(漢高后紀)>에 실려 있다.

까운 곳을 모두 굽어볼 수 있으니, 바라건대, 바로잡고 구원하는 것을
가슴에 품고, 연로하다고 사직하겠다는 청원은 하지 않도록 하시오."

6 신유일(9일)에 태후는 좌금오장군 구신적(丘神勣)에게 명령하여 파주
(巴州, 치소는 사천성 巴中市)로 가서 검교고태자현택(檢校故太子賢宅)76)으
로 하여 밖으로부터 있을 걱정거리를 대비하게 하였지만, 실제로 그를
죽이라고 넌지시 시킨 것이다. 구신적은 구행공(丘行恭)77)의 아들이다.

7 갑자일(12일)에 태후가 무성전(武成殿)으로 나가자, 황제가 왕공(王公)
이하 모든 대신들을 거느리고서 존호(尊號, 높이는 칭호, 결국 황제라는 칭
호임)를 올렸다. 정묘일(15일)에 태후가 평대(平臺)에 올라가서 예부상서
무승사(武承嗣)를 파견하여 황제(皇帝)를 이어받도록 책봉하였다.78) 이때
부터 태후79)는 항상 자진전(紫宸殿)에 나가서 엷은 자주색의 휘장을 치
고 정사를 처리하였다.

8 정축일(25일)에 태상경(太常卿)·검교예왕부장사(檢校豫王府長史)인 왕
덕진(王德眞)을 시중으로 삼고, 중서시랑·검교예왕부사마(檢校豫王府司
馬)80)인 유의지(劉禕之)를 동중서문하삼품으로 삼았다.

---

76) 임시로 만든 관직명이다. 이를 풀면 옛날 태자였던 이현(李賢)의 집을 검교(檢校)하
는 직책인 것이다.

77) 구행공은 장수로 고조와 태종을 섬겼는데, 그에 관한 일은 수 공제 의녕 원년(617년)
9월에 있었다.

78) 당시 황제는 이단(李旦, 묘호는 睿宗)이다. 그런데 태후에게 존호(尊號)를 올렸다는 말
은 황제의 명호를 올렸다는 말이지만 태후가 이를 그대로 받아 황제의 자리에 오르지
는 않고 다만 황제의 업무를 수행한 것이다.

79) 실제로 태후였던 무조는 황제의 자리에 올랐다면 황제 또는 황상이라고 호칭하여야
하지만 ≪자치통감≫에서는 줄곧 '태후'라고 호칭하고 있다.

80) 검교예왕부장사(檢校豫王府長史)와 검교예왕부사마(檢校豫王府司馬)에서 예왕이란 황

9 3월 정해일(5일)에 기왕(杞王) 이상금(李上金, 고종의 둘째아들)을 필왕
(畢王)으로 삼고, 파양왕(鄱陽王) 이소절(李素節, 고종의 넷째아들)을 갈왕
(葛王)으로 삼았다.

10 구신적(丘神勣)은 파주(巴州, 치소는 사천성 巴中市)에 도착하자, 이전에
태자였던 이현(李賢)을 별실에 유폐하고 그를 압박하여 자살하도록 하였
다. 태후는 마침내 구신적에게 죄를 뒤집어씌우고, 무술일(16일)에 현복
문(顯福門)에서 애도(哀悼)를 거행하고, 구신적을 좌천시켜서 첩주(疊州,
치소는 감숙성 迭部縣) 자사로 삼았다. 기해일(17일)에 이현을 추봉(追封)
하여 옹왕(雍王)으로 삼았다. 구신적은 얼마 지나지 않아서 다시 수도로
들어오게 되어 좌금오(左金吾)장군이 되었다.

11 여름, 4월에 개부의동삼사 · 양주(梁州, 본영은 섬서성 漢中市)도독인
등왕(滕王) 이원영(李元嬰, 高祖 李淵의 스물셋째 아들)이 죽었다.

12 신유일(10일)에 필왕(畢王) 이상금(李上金)을 옮겨서 택왕(澤王)으로
삼아 벼슬을 주어서 소주(蘇州, 치소는 강소성 소주시) 자사로 하고, 갈왕
(葛王) 이소절은 허왕(許王)으로 삼아서 벼슬을 주어 강주(絳州, 치소는 산
서성 新絳縣) 자사로 하였다.

13 계유일(22일)에 여릉왕(廬陵王)[81]을 방주(房州, 치소는 호북성 방현)로
옮겼다가 정축일(26일)에는 또 균주(均州, 치소는 호북성 丹江口市 서북)에
있는 옛날에 복왕(濮王)이 살던 집으로 옮겼다.

  제였던 예종 이단의 원래 작호를 말한다.

81) 지난 2월에 태후[則天武后]에 의해 폐위된 중종(中宗) 이철(李哲)을 가리킨다.

14 5월 병신일(15일)에 고종(高宗)의 영구(靈柩)가 서쪽으로 돌아갔다.[82]

15 윤월(윤5월)에 예부상서 무승사(武承嗣)를 태상경(太常卿)·동중서문 하삼품으로 삼았다.

16 가을, 7월 무오일(9일)에 광주(廣州, 본영은 광동성 광주시) 도독 노원 예(路元叡)가 곤륜(崑崙, 임읍의 남쪽) 사람에게 살해되었다. 노원예는 아 둔하고 나약하며, 소속된 관리들은 방자하고 전횡하였다. 상선(商船)이 도착하게 되면 소속 관리들의 침탈이 그치지 않았기에 상인인 호족(胡 族)들이 노원예에게 호소하였더니 노원예는 그들을 형틀에 묶어서 가두 어 처리하려고 하였다.

  여러 호족들은 분노하였는데, 어떤 곤륜 사람이 소매에 칼을 넣고 곧 바로 청사로 올라가서 노원예와 그의 좌우에 있는 10여 명을 죽이고 가 버렸으나 감히 가까이 다가가는 자가 없었고, 배를 타고 바다로 나아가 서 그를 추격하였으나 따라잡지 못하였다.

17 온주(溫州, 치소는 절강성 온주시)에 큰비가 내려서 4천여 집이 떠내 려갔다.

18 돌궐의 아사나골독록(阿史那骨篤祿, 동돌궐의 18대 가한) 등이 삭주(朔 州, 치소는 산서성 삭주시)를 노략질하였다.

19 8월 경인일(11일)에 건릉(乾陵, 섬서성 乾縣 서북)에 천황대제(天皇大 帝)[83]를 장사 지내고 묘호(廟號)는 고종(高宗)이라 하였다.

---

82) 낙양(洛陽)에서 장안(長安)으로 간 것이다.

20 애초에, 상서좌승(尚書左丞)84) 풍원상(馮元常)에게 고종이 일을 맡겼는데, 고종은 만년(晩年)에 병이 많아서 매번 말하였다.

"짐의 몸이 좋지 못한 상태에 있으니 풍원상과 의논하여 처리한 후에 보고하도록 하라."

풍원상은 일찍이 비밀리에 말하였다.

"중궁(中宮)의 위세와 권력이 너무나 무거우니 의당 조금씩 억눌러서 줄여야 합니다."

고종은 시행할 수는 없었지만 깊이 그 말이 그러하다고 여겼다.

태후가 칭제(稱制)85)하게 되자, 사방에서 다투어 부서(符瑞)를 말하였는데, 숭양(崇陽, 하남성 登封縣) 현령 번문(樊文)이 상서롭다는 돌을 바치자 태후가 조당(朝堂)86)에서 모든 관료들에게 보이라고 명령하였는데, 풍원상이 주문을 올렸다.

"상황은 아첨이나 속이는 것에 연결되었으나 천하를 속이지는 못합니다."

태후는 기뻐하지 아니하고 내보내어서 농주(隴州, 치소는 섬서성 농현)자사로 삼았다. 풍원상은 풍자종(馮子琮)87)의 증손자이다.

21 병오일(27일)에 태상경 · 동중서문하삼품인 무승사(武承嗣)가 파직되

---

83) 고종의 본래 명칭인 '천황대성대홍효황제(天皇大聖大弘孝皇帝)'를 줄인 것이다.

84) 우승(右丞)과 함께 상서성(尚書省)에 소속되어 있다. 관위는 장관인 상서령(尚書令)과 차관인 복야(僕射)의 아래로서, 품계는 정사품(正四品) 상(上)이다. 우승은 병부(兵部), 형부(刑部), 공부(工部) 소속의 12사(司)를 총괄하였고, 좌승은 이부(吏部), 호부(戶部), 예부(禮部) 소속의 12사(司)를 총괄하였다.

85) 제(制)는 황제의 명(命)이고 법과 같은 것이며, 황제의 권한이다. 황제가 아닌 사람이 황제의 권한을 사용하는 것을 말한다.

86) 황제가 대신들과 조회(朝會)하는 방으로, 당대(唐代)에는 금란보전(金鑾寶殿)이라 하였다.

87) 풍원종은 고씨의 북제를 섬겼으며, 그에 관한 일은 진(陳) 선제 태건 3년(571년) 8월에 있었다.

어 예부상서가 되었다.

22 괄주(桰州, 치소는 절강성 麗水市)에 홍수가 나서 2천여 집이 떠내려갔다.

23 9월 갑인년(6일)에 천하를 사면하고 기원(紀元)을 고쳤다.[88] 기치(旗幟)는 모두 금색(金色)을 따르도록 하였다. 8품 이하의 관리들은 이전에 청색(靑色)의 복장을 입었는데 벽색(碧色)[89]의 복장으로 바꾸게 하였다. 동도(東都, 하남성 낙양시)를 고쳐서 신도(神都)로 하고, 궁궐의 이름은 태초(太初)라 하였다.

또 상서성(尙書省)을 고쳐서 문창대(文昌臺)로 바꾸고, 좌·우복야는 좌·우상(左·右相)으로 하고, 육조(六曹)는 천·지(天·地)와 4계절[春·夏·秋·冬]을 붙인 육관(六官)으로 하였다. 문하성은 난대(鸞臺)라고 하고, 중서성은 봉각(鳳閣)이라 하였으며, 시중은 납언(納言)이라 하고, 중서령은 내사(內史)라고 하였다. 어사대는 좌숙정대(左肅政臺)로 하고, 우숙정대(右肅政臺)를 더하여 설치하였다. 그 나머지 성(省)·시(寺)·감(監)·솔(率)이란 글자가 붙은 명칭은 모두 그 의미와 종류를 가지고 이를 바꾸었다.

24 좌무위(左武衛) 대장군 정무정(程務挺)을 선우도(單于道) 안무대사[90]로 삼아서 돌궐에 대비하였다.

25 무승사가 태후에게 그 조상들을 왕(王)으로 추봉(追封)하고 무씨칠묘

---

88) 이전에는 연호가 '문명(文明)'이었고, 이 이후에는 '광택(光宅)'이다.

89) 벽색은 청색보다 좀 더 깊은 색깔이다.

90) 선우도(單于道)는 지금의 내몽골자치구 음산(陰山)산맥의 북방 지대로서, 돌궐 세력을 견제하기 위하여 설치되었다.

(武氏七廟)⁹¹⁾를 세울 것을 요청하자, 태후가 그의 의견을 따랐다. 배염(裴炎)이 간언하였다.

"태후께서는 어머니로서 천하의 사람들에게 다가가시면서 마땅히 지극히 공적(公的)인 모습을 보여야 하며, 가까운 사람에게 사사로워서는 안 됩니다. 홀로 여씨(呂氏)의 실패를 보지 못하셨습니까?"

태후가 말하였다.

"여씨는 권력을 살아있는 사람들에게 맡겼으니, 그러므로 실패하기에 이르렀다. 지금 내가 죽은 사람들을 추존(追尊)하는데 무엇을 다치겠는가?"

대답하였다.

"일이란 것은 마땅히 사소한 것을 막고 조금씩 늘어나는 것을 막아서 자라날 수 없게 할 뿐입니다."

태후가 따르지 않았다.

기사일(21일)에 태후의 5대 할아버지인 무극기(武克己)를 추존하여 노정공(魯靖公)으로 하고, 할머니는 부인(夫人)으로 하고, 고조(高祖) 무거상(武居常)은 태위(太尉)·북평공숙왕(北平恭肅王)으로 하고, 증조(曾祖) 무검(武儉)은 태위·금성의강왕(金城義康王)으로 하고, 할아버지 무화(武華)는 태위·태원안성왕(太原安成王)으로 하고, 아버지 무사확(武士彠)은 태사(太師)·위정왕(魏定王)으로 하고 할아버지의 부인들은 모두 비(妃)로 하였다. 배염은 이로 말미암아서 죄를 얻었다. 또 문수(文水, 산서성 문수현)에 5대 조상들의 사당을 세웠다.

이때에 여러 무씨(武氏)들이 용사(用事)하자 당의 종실들은 스스로 위태로워졌고, 무리들의 마음은 분하여 한탄하였다. 마침 미주(眉州, 치소는 사천성 眉山縣) 자사인 영공(英公) 이경업(李敬業)⁹²⁾과 그 아우인 주질(鷙

---

91) 조상의 사당을 세울 수 있는 숫자로 황제는 7묘를 세울 수 있고, 제후는 5묘를 세운다. 따라서 무씨7묘를 세우는 것은 측천무후가 황제로서 그 조상의 사당을 세우는 것을 말하며, 이는 이미 이씨의 당 왕조와는 다른 왕조인 셈이다.

屋, 섬서성 周至縣) 현령 이경유(李敬猷)·급사중(給事中) 당지기(唐之奇)·장안(長安)주부(主簿) 낙빈왕(駱賓王)·첨사사직(詹事司直) 두구인(杜求仁)은 모두 일에 연루되었는데, 이경업은 유주(柳州, 치소는 광서장족자치구, 유주시)사마(司馬)로 좌천되었고, 이경유는 관직에서 면직되었으며, 당지기는 깎여서 괄창(栝蒼, 절강성 麗水市) 현령으로 되고, 낙빈왕은 깎여서 임해(臨海, 절강성 임해시) 현승(縣丞)으로 되었으며, 두구인은 깎여서 이현(黟縣, 안휘성 이현) 현령으로 되었다. 두구인은 두정륜(杜正倫)[93]의 조카이다.

주질(盩厔, 섬서성 周至縣) 현위(縣尉) 위사온(魏思溫)은 일찍이 어사(御史)였으나 다시 쫓겨났다. 모두 양주(揚州, 치소는 강소성 양주시)에 모여서 각각 자신이 직책을 잃은 것을 원망하고 마침내 반란을 일으키기로 계획하였는데, 여릉왕(廬陵王, 폐위된 中宗)을 바르게 복벽(復辟, 물러났던 임금이 제 자리로 돌아 오는 것)시키는 것으로 삼았다.

위사온이 그들의 모의를 주도하는 사람이 되어, 그의 무리인 감찰어사 설중장(薛仲璋)으로 하여금 강도(江都, 揚州, 치소는 강소성 양주시)로 명령을 받들어 사신으로 갈 것을 조정에 요청하도록 하고, 옹주(雍州, 수도 長安) 사람 위초(韋超)를 시켜서 설중장에게 가서 변란이 발생하였음을 알리도록 하여, '양주(揚州) 장사 진경지(陳敬之)가 반란을 획책하였습니다.' 라고 말하였다.

설중장은 진경지를 체포하여 감옥에 가두었다. 며칠이 지나서 이경업(李敬業)이 전거를 타고 도착하여 양주(揚州)사마가 그곳으로 와서 관부로 온다고 속여서 말하였다.

"밀지(密旨)를 받들어서 고주(高州, 치소는 광동성 고주시 동북)에 거주하

---

92) 원래 성이 '서(徐)'였으나 공훈을 세워서 당 왕실의 성인 '이(李)'를 사성(賜姓) 받았다.

93) 두정륜이 깎인 것은 고종 현경 3년(658년) 11월의 일이다.

는 추장(酋長) 풍자유(馮子猷)가 반란을 획책하여서 군대를 발동하여 그들을 토벌한다."

이에 부고를 열고, 사조참군(士曹參軍) 이종신(李宗臣)에게 전방(錢坊, 돈을 주조하는 곳)에 가서 죄수(罪囚)와 장인(匠人, 노역에 종사하는 기술자)들을 내몰아서 갑옷을 주게 하였다.

진경지를 가둔 장소에서 목 베고, 녹사참군(錄事參軍)[94] 손처행(孫處行)이 이를 거부하자 역시 머리를 베어서 돌려가며 내보이니, 관리들 중에서 감히 움직이려고 하는 자가 없었다. 마침내 한 주의 군대를 일으키고, 다시 '사성(嗣聖) 원년'이라 일컬었다.[95]

세 개의 관부(官府)를 열었는데, 하나는 광복부(匡復府)라 하였고, 두 번째는 영공부(英公府)라 하였으며, 세 번째는 양주대도독부(揚州大都督府)라 하였다. 이경업은 스스로 광복부의 상장(上將)이라고 하며 양주대도독(揚州大都督)의 업무를 관장[96]하였다. 당지기(唐之奇)와 두구인(杜求仁)을 좌·우장사(左·右長史)로 삼고, 이종신(李宗臣)과 설중장(薛仲璋)을 좌·우사마(左·右司馬)로 삼고, 위사온(魏思溫)을 군사(軍師)로 삼았고, 낙빈왕(駱賓王)을 기실(記室)로 삼고, 열흘 동안에 승병(勝兵) 10여 만을 얻었다.

격문을 주현(州縣)으로 보냈는데 대략의 말이다.

"거짓으로 조정에 나아가 다스리고 있는 무씨(武氏)란 자는 사람이 온순(溫順)하지 않고 집안의 지위도 한미(寒微)하다. 옛날 태종(太宗)의 아랫길에 충당되었다가 일찍이 태종이 갱의(更衣)하는 것을 모시게 되었는

---

94) 줄여서 녹사(錄事)라고도 부른다. 관서(官署)에서 모든 문서(文書)와 장부(帳簿)를 기록하는 일을 관장하고, 나아가 잘한 일이 있으면 상을 줄 것을 건의하고 잘못된 일이 있으면 규탄할 것을 건의하기도 한다.

95) 사성은 중종이 등극하면서 사용한 연호로 측천무후가 이를 바꾸었던 것이다. 이는 중종을 복벽시킨다는 것을 의미하는 조치였다.

96) 영직(領職)으로 임시로 맡은 관직이며, 관직명은 영양주대도독이다.

데, 만년에는 춘궁(春宮)97)을 더럽히고 음란하게 만들기에 이르렀다. 돌
아가신 황제와 정을 통한 것을 숨기고 몰래 후정(後庭)의 총애를 꾀하여
황후의 휘적(褘翟)을 짓밟고 우리 임금을 취우(聚麀)98)의 지경으로 빠뜨
렸다.”

또 말하였다.

“언니를 죽이고 오빠를 죽였으며 임금을 죽이고 어머니를 독살하였으
니,99) 사람과 신령이 함께 미워하고 하늘과 땅이 받아들이지 않는 바이
다.”

또 말하였다.

“화를 일으킬 마음을 싸서 감추고 신기(神器)를 몰래 엿보았다. 임금이
아끼는 아들을 별궁에 유폐(幽閉)하고, 도적100)의 종족과 한패에게는 중
요한 관직을 맡기었다.”

또 말하였다.

“한 움큼의 땅도 아직 마르지 않았는데, 6척의 고아101)는 어디에 있는

---

97) 갱의는 화장실 가는 것을 말한다. 춘궁은 동궁(東宮)의 다른 말인데, 다시 말해서 태
　　자로 있던 시기의 고종(高宗)을 가리킨다.

98) 후정(後庭)은 후궁(後宮)의 다른 말이고, 휘적(褘翟)은 황후의 옷을 가리키고, 취우
　　(聚麀)라는 말은 동물이 무지(無知)하여 예절을 모르기 때문에 부자(父子)나 부부(夫
　　婦)의 구별도 없이 한 마리의 암사슴을 공유(共有)한다는 뜻으로, 다시 말해서 난륜
　　(亂倫)의 상태를 비유하는 말이다.

99) 언니를 죽였다는 말은 태후가 언니 한국부인(韓國夫人)의 딸인 하란씨(賀蘭氏)를 죽
　　인 것을 가리키며, 오빠를 죽였다는 말은 오빠인 무원경(武元慶)과 무원상(武元爽)을
　　죽인 것을 가리키며, 이 일은 고종 건봉 원년(666년)에 있었고, 그 내용은 ≪자치통
　　감≫ 권201에 실려 있고, 임금을 죽였다는 말은 고종이 병으로 죽은 것을 가리키고,
　　어머니를 독살하였다는 말은 어머니 양씨(楊氏)의 죽음을 가리킨다.

100) 신기(神器)란 신성한 물건, 즉 황제의 자리를 말하고, 아들을 별궁에 유폐(幽閉)하
　　였다는 것은 현재의 황제인 예종(睿宗) 이단(李旦)을 가리키며, 도적이란 무후(武后)
　　를 가리킨다.

101) 땅도 아직 마르지 않았다는 말은 고종이 죽어서 장사 지내고 그 무덤에 있는 흙이 마
　　르지 않은 상태, 즉 얼마 안 된 시점을 말하고, 고아란 아버지를 잃은 사람을 말하는
　　데, 여기서는 폐위되어 호북성으로 유배된 중종(中宗), 즉 여릉왕(廬陵王)을 가리킨다.

가?"

또 말하였다.

"오늘날 강역 안을 자세히 살펴보면 결국 어느 집안의 천하인가?"

태후가 격문을 보고 물었다.

"누가 한 짓인가?"

어떤 사람이 대답하였다.

"낙빈왕(駱賓王)입니다."

태후가 말하였다.

"재상의 허물이다. 어떤 사람이 이와 같이 재주가 있음에도 도리어 그로 하여금 몰락되어 유랑하도록 하여 기회를 만나지 못하였구나!"

이경업은 죽은 태자 이현(李賢)과 용모가 비슷한 자를 찾아가서 사람들을 속이며 말하였다.

"이현은 죽지 않았고, 이 성 안으로 도망쳐서 살고 있으며, 우리들에게 군대를 일으키라고 명령하셨다."

이어서 그를 받들고서 호령하였다.

초주(楚州, 치소는 강소성 淮安市)사마 이숭복(李崇福)이 자기 소속의 세 현을 거느리고 이경업에게 호응하였다. 우이(盱眙, 강소성 우이현) 사람 유행거(劉行擧)가 홀로 현(縣)을 점거하고 따르지 않았기 때문에 이경업은 그의 부장인 울지소(尉遲昭)를 파견하여 우이를 공격하게 하였다. 조서를 내려서 유행거를 유격(遊擊)장군으로 삼고,[102] 그 아우인 유행실(劉行實)은 초주 자사로 삼았다.

갑신일[103]에 좌옥검위(左玉鈐衛)대장군 이효일(李孝逸)을 양주도(揚州

---

102) 다른 판본에는 이 앞에 '유행거가 이를 거절하며 물리치자'라는 내용이 들어가 있는 것도 있다.

103) 통감필법으로는 9월 갑신일이어야 하지만 9월 1일이 기유일이므로 이 해 9월에는 갑신일이 없다. ≪신당서≫와 ≪구당서≫에 의거하면 이 일이 10월에 일어난 것으로 기재되

道) 대총관으로 삼아서 군사 30만을 거느리고, 장군인 이지십(李知十)과 마경신(馬敬臣)으로 그를 돕게 하여 이경업을 토벌하도록 하였다.

어 있고, 10월 갑신일은 6일이다. 따라서 갑신 앞에 '10월'이 누락된 것으로 보인다.

근왕과 왕업 사이에서의 이경업

26 무승사와 그의 사촌동생인 우위(右衛) 장군 무삼사(武三思)는 한왕(韓王) 이원가(李元嘉)와 노왕(魯王) 이령기(李靈夔)[104]가 황족 중에서 높고 지위도 무겁다고 하여 누차 태후에게 사건을 만들어서 그들을 죽이라고 권하였다. 태후가 정치를 집행하는 사람과 상의하였는데, 유의지(劉褘之)와 위사겸(韋思謙)[105]은 아무 말도 하지 않았으나 내사(內史)[106] 배염(裴炎)이 홀로 고집스레 논쟁하였으므로, 태후는 더욱 기뻐하지 않았다. 무삼사는 무원경(武元慶)[107]의 아들이다.

이경업이 군대를 일으키면서 설중장(薛仲璋)이 배염(裴炎)의 생질이어서 배염은 별일이 아니라는 것을 나타내려고 토벌을 의논하는 것을 서두르지 않았다. 태후가 배염에게 계책을 묻자, 대답하였다.

---

104) 이원기와 이령기 두 명의 왕은 고조(高祖) 이연(李淵)의 아들이다.

105) 유의지(劉褘之)는 중서시랑(中書侍郎)이었고, 위사겸(韋思謙)는 황문시랑(黃門侍郎)이었다.

106) 봉각(鳳閣)의 장관이다. 봉각은 무후(武后) 광택(光宅) 원년(684년) 9월에 중서성(中書省)의 명칭을 바꾼 것이다. 따라서 내사는 이전의 중서령(中書令)에 해당된다. 즉 재상(宰相)이다.

107) 무후(武后)의 배다른 오빠이다. 중앙관으로 있다가 고종 현경 5년(666년) 8월에 일에 연루되어 태후의 상소로 지방관으로 좌천되어 내려간 후 울분으로 인한 화병으로 사망하였다.

"황제께서 장년의 나이임에도 친히 정사를 돌보지 않으니, 그러므로 그 녀석들이 말거리로 삼고 있습니다. 만약 태후께서 정치를 되돌려주신다면 토벌에 나서지 않고도 스스로 평정될 것입니다."

감찰어사인 남전(藍田, 섬서성 남전현) 사람 최찰(崔詧)이 그 말을 듣고 말씀을 올렸다.

"배염은 고탁(顧託)을 받았기에 큰 권력이 자기에게 있는데, 만약 다른 의도가 없다면 무엇 때문에 태후께 정치를 되돌려주라고 요청하였겠습니까?"

태후는 좌숙정대부(左肅政大夫)108)인 금성(金城, 감숙성 蘭州市) 사람 건미도(騫味道)와 시어사인 역양(櫟陽, 섬서성 臨潼縣 북쪽 櫟陽鎭) 사람 어승엽(魚承曄)에게 명령하여 그를 국문하게 하고, 배염을 체포하여 하옥시켰다. 배염은 체포되었으나 말씨나 기색에서 꿀리는 것이 없었다. 어떤 사람이 배염에게 겸손하게 말하여 벗어나라고 권하자, 배염이 말하였다.

"재상이 하옥되었는데 어디에 안전한 도리가 있겠습니까?"

봉각사인(鳳閣舍人)109) 이경심(李景諶)이 '배염이 반드시 반란을 꾀하였다'고 증언하였다. 유경선(劉景先, 납엄)과 봉각시랑(鳳閣侍郞)인 의양(義陽, 하남성 信陽市) 사람 호원범(胡元範)이 모두 말하였다.

"배염은 사직의 으뜸가는 신하로서 나라에 공훈을 세웠고, 온 마음을 다하여 황상을 받들고 있는 것은 천하가 알고 있는 바이니, 신들은 감히 그가 반역하지 않았다는 것을 밝힙니다."

---

108) 무후(武后) 광택(光宅) 원년(684년) 9월에 어사대(御史臺)의 명칭을 숙정대(肅政臺)로 바꾸고 이것을 둘로 나누어 좌·우숙정대(左·右肅政臺)를 두었다. 각각의 장관이 좌·우숙정대부(左·右肅政大夫)이다. 좌대(左臺)는 주로 중앙 관서(官署)와 군부(軍府)를 감찰하고, 우대(右臺)는 대체로 주현(州縣)에 있는 관서를 감찰하거나 그 풍속을 관찰한다.

109) 무후 광택(光宅) 원년(684년) 9월에 무후(武后)가 관제를 개혁할 때, 중서성(中書省)의 명칭을 봉각(鳳閣)으로 바꾸었다. 따라서 봉각사인(鳳閣舍人)은 중서사인이다.

태후가 말하였다.

"배염이 반역한 것은 단서가 있는데, 경들을 보건대 알지 못하고 있었을 따름이오."

대답하였다.

"만약 배염이 반역하였다면, 신들도 역시 반역하였습니다."

태후가 말하였다.

"짐은 배염이 반역하였다는 것을 알고 있으며, 경들은 반역하지 않았다고 알고 있소."

문관과 무관 사이에서도 배염이 반역하지 않았다는 것을 증명한 자들이 많았지만 태후는 모두 들어주지 않았다. 잠시 뒤에 유경선과 호원범이 나란히 하옥되었다. 정해일(9일)에 건미도(騫味道)를 검교내사(檢校內史)·동봉각난대삼품(同鳳閣鸞臺三品)으로 삼고, 이경심(李景諶)을 동봉각난대평장사(同鳳閣鸞臺平章事)110)로 삼았다.

27 위사온(魏思溫)이 이경업에게 유세하였다.

"현명한 공께서 광복(匡復, 다시 바로 잡음)을 내세우는 말로 삼으니 의당 많은 무리를 거느리고 북을 치고 나아가셔서 곧바로 낙양을 지향한다면 천하에서는 공의 뜻이 근왕(勤王)111)에 있다는 것을 알게 되어 사방에서 호응할 것입니다."

설중장(薛仲璋)이 말하였다.

---

110) 원래 동중서문하평장사(同中書門下平章事)였으나, 무후 광택(光宅) 원년(684년) 9월의 관제 개혁으로 이 직함(職銜)으로 바뀌었다. 이 관칭은 '봉각(鳳閣)의 장관인 내사(內史)와 난대(鸞臺)의 장관인 납언(納言)과 함께 국사를 의논하여 처리한다'란 의미를 지니고 있다. 줄여서 '동평장사(同平章事)'라고 칭하기도 한다. 실질적으로 재상(宰相)의 자격을 지니고 있다.

111) 왕 또는 황제가 어려운 일을 만났을 때 그 제왕을 위하여 힘을 보태어 충성을 다한다는 뜻이다.

"금릉(金陵, 강소성 南京市)에는 왕업의 기운이 있고, 또 큰 강[장강]이 천연의 험난한 곳이어서 충분히 공고하게 만들 수 있으니, 먼저 상주(常州, 치소는 강소성 상주시)와 윤주(潤州, 치소는 강소성 鎭江市)를 빼앗고서 패업(霸業)을 이루는 기지로 정하고, 그렇게 한 다음에 북쪽으로 향해 나아가 중원을 도모한다면, 전진해도 불리할 것이 없고 후퇴해도 돌아갈 곳이 있으니, 이것이 좋은 계책입니다."

위사온이 말하였다.

"산동(山東, 崤山, 하남성 洛寧縣 북쪽의 동쪽)에 있는 호걸들은 무씨(武氏)가 전제하기 때문에 분노하고 불평하고 있었는데, 공께서 거사하였다는 소식을 듣고 모두 스스로 보리밥을 쪄서 식량을 만들고 호미를 늘려서 무기로 만들어서 남쪽에 있는 군대112)가 도착하기만 기다리고 있습니다.

이러한 형세를 타고 큰 공적을 세우지 않는다면 마침내 다시 감추고 오그라들어서 스스로 구덩이를 파는 것을 꾀하는 것이니, 먼 곳과 가까운 곳에서 그 소식을 듣는다면 그 누가 해산하지 않겠습니까?"

이경업은 따르지 않고 당지기(唐之奇)를 시켜서 강도(江都, 강소성 揚州市)를 지키게 하고, 병사들을 거느리고 강(江, 양자강)을 건너서 윤주를 공격하였다.113)

위사온이 두구인(杜求仁)에게 말하였다.

"병사의 세력은 합쳐지면 강해지고 나누어지면 약해지는데, 이경업은 병력을 아우르지 않고 회하(淮河)를 건너서 산동(山東)의 군중을 거두어 낙양(洛陽)을 빼앗으려고 하니 실패는 눈앞에 있습니다."

임진일(14일)에 이경업이 윤주를 함락시키고 자사 이사문(李思文)을

---

112) 남쪽에 있는 군대란 산동 지역에서 보아 남쪽이므로 양주(揚州, 치소는 강소성 양주시)에 있는 이경업의 군대를 가리킨다.

113) 양주에서 윤주까지는 48리이다.

사로잡고[114] 이종신(李宗臣)으로 그것을 대신하게 하였다. 이사문은 이경업의 숙부인데, 이경업의 계획을 알아차리고 먼저 샛길로 사자(使者)를 보내어 변란이 발생하였음을 올렸고, 이경업의 공격을 받았지만 오랫동안 저항하며 성을 지켰으나 힘이 꺾여서 함락되었다.

위사온이 목을 베어 본보기로 삼으라고 요청하였지만 이경업은 허락하지 않고 이사문에게 말하였다.

"숙부께서는 무씨(武氏)와 한패이니 의당 성을 무(武)로 고쳐야 합니다."

윤주사마 유연사(劉延嗣)가 항복하지 않자, 이경업이 장차 그의 목을 베려고 하였으나 위사온이 그를 구원하여 죽임은 면할 수 있었지만, 이사문과 함께 모두 감옥에 갇히게 되었다. 유연사는 유심례(劉審禮)[115]의 사촌동생이다.

곡아(曲阿, 강소성 丹陽市) 현령인 하간(河間, 하북성 하간시) 사람 윤원정(尹元貞)이 군대를 이끌고 윤주를 구원하였으나 싸우다 패하여 이경업에게 붙잡히게 되었는데, 번득이는 칼날을 들이대어도 굽히지 않다가 죽었다.

28 병신일(18일)에 도정(都亭, 낙양에 있는 역마차의 집결지)에서 배염의 목을 베었다. 배염은 곧 죽게 되자 형제들을 되돌아보면서 말하였다.

"형제들의 관직은 모두 스스로 얻은 것으로 나 배염이 조그마한 힘도 보태지 않았는데, 이제 나 배염과 연좌되어 유배를 당하여 숨어서 살게 되었으니 어찌 비통하지 않은가?"

그 집안을 적몰(籍沒)해보니 항아리에 1석(石)의 식량도 저장되어 있지

---

114) ≪당기≫에는 이사문이 40여 일간 막다가 함락되었다고 기록되어 있다. 그런데 이경업은 9월 정축일에 기병하여 11월 경신일에 패하였으므로 전체가 44일밖에 안 된다. 따라서 이사문이 40일을 버텼다는 말은 믿기 어렵다.

115) 유심례는 토번에서 죽었으며, 이 일은 고종 의봉 3년(678년) 9월에 있었다.

않았다.

　유경선(劉景先)은 벼슬이 깎여 보주(普州, 치소는 사천성 安岳縣) 자사로 되었고, 호원범(胡元範)은 경주(瓊州, 치소는 해남성 定安縣)로 유배되어 죽었다. 배염의 아우의 아들인 태복시승(太僕寺丞)116) 배주선(裴伷先)은 나이 열일곱 살이었는데, 봉사(封事)117)를 올리면서 찾아뵙고 사건에 관하여 말하고 싶다고 요청하였다.

태후가 불러서 만나서 그를 꾸짖으며 말하였다.

　"너의 백부가 반란을 획책하였는데, 오히려 무슨 말을 하겠다는 것이냐?"

　배주선이 말하였다.

　"신은 폐하를 위하여 계책을 획책할 뿐인데, 어찌 감히 억울함을 호소하겠습니까? 폐하께서 이씨(李氏) 집안의 며느리가 되어 먼저 돌아가신 황제께서 천하를 버리고 나자 갑자기 조정의 정치를 쥐고 후사(後嗣)를 바꾸고 이씨들을 멀리하거나 물리친 반면, 여러 무씨(武氏)들에게는 봉작하여 떠받들었습니다.

　신의 백부께서 국가에 충성하다가 도리어 무고(誣告)를 받아서 죄를 지었다 하여 죽임을 당하는 것이 자손들에게까지 미쳤습니다. 폐하께서 하시는 것이 이와 같기에 신은 진실로 이를 애석하게 여깁니다. 폐하께서는 마땅히 빨리 자식을 복위시켜서 법칙을 밝히고, 베개를 높이 베고 깊숙한 곳에서 살아간다면 종족(宗族)들은 보전될 수 있을 것입니다. 그렇게 하지 않다가 천하가 한 번 변하면 다시는 구제를 받지 못할 것입니다."

　태후가 분노하며 말하였다.

　"뭐라고 지껄이는 거냐! 어린 녀석이 감히 이와 같은 말을 ㄲ집어내다니!"

---

116) 태복시(太僕寺)는 말을 위시한 가축들을 사육하여 조정에 공급하는 업무를 담당하는 부서이다. 승(丞)은 차관이다.

117) 상소문을 올릴 때 봉함하여 다른 사람이 볼 수 없게 하는 제도이다.

끌어내서 내보내도록 명령하자, 배주선은 고개를 돌려서 뒤돌아보면서 말하였다.

"지금 신의 말을 받아들인다면 오히려 늦지 않습니다."

이와 같이 하기를 세 번 하였다. 태후는 조당(朝堂)에서 그에게 장(杖) 100대를 치고, 영원히 멀리 양주(瀼州, 치소는 광서 上思縣)로 유배시키도록 명령하였다.118)

배염이 하옥되면서 낭장(郞將) 강사종(姜嗣宗)이 사인(使人)으로 장안에 갔는데, 유인궤(劉仁軌)가 동도(東都, 낙양)에서의 사건을 묻자 강사종이 말하였다.

"저 강사종은 배염이 평상시와 다르다는 것을 눈치 챈 지 오래되었습니다."

유인궤가 말하였다.

"사인(使人)께서 그것을 눈치 챘다는 말인가?"

강사종이 말하였다.

"그렇습니다."

유인궤가 말하였다.

"나 유인궤가 주서(奏書)를 올릴 일이 있으니, 바라건대 사인(使人)에게 그것을 붙여서 보고하고자 하오."

강사종이 말하였다.

"그렇게 하지요."

다음날 유인궤가 쓴 표문(表文)을 받아서 돌아갔는데, 표문에서 말하였다.

"강사종은 배염이 반역한 사실을 알고 있었으면서도 말하지 않았습니다."

태후는 그것을 살펴보고는 대전(大殿) 뜰에서 강사종을 꺾고 도정(都亭,

---

118) ≪지리지≫에 의하면 양주에서 북으로 282리(里)에 용주가 있고, 용주에서 장안까지는 5천910리이고 낙양까지는 5천485리라고 되어있다.

낙양에 있는 역마차의 집결지)에서 목을 매었다.119)

29 정유일(19일)에 이경업(李敬業)의 할아버지와 아버지의 관작(官爵)을 삭탈하고 무덤을 파서 관을 부수었으며, 성을 서씨(徐氏)로 되돌렸다.120)

30 이경심(李景諶)은 파직되어 사빈소경(司賓少卿)이 되었고, 우사(右史)인 무강(武康, 절강성 德淸縣 서쪽 武康鎭) 사람 심군량(沈君諒)과 저작랑(著作郎) 최찰(崔詧)을 정간대부(正諫大夫)·동평장사121)로 삼았다.

31 서경업(徐敬業)122)은 이효일(李孝逸)123)이 도착할 것이라는 소식을 듣고 윤주에서 회군하여 그들을 막으려고 고우(高郵, 강소성 고우시)의 하아계(下阿溪, 高郵湖의 지류 白塔河)에 주둔하였다. 서경유(徐敬猶)를 시켜서 회음(淮陰, 강소성 회음시)을 압박하도록 하고, 별장인 위초(韋超)와 울지소(尉遲昭)에게는 도량산(都梁山, 강소성 盱眙縣 남쪽)에 주둔하도록 하였다.
  이효일의 군대가 임회(臨淮, 강소성 盱眙縣, 淮河의 북쪽 江岸)에 도착하

---

119) 호삼성은 먼저 팔다리를 꺾고 그 다음에 목 매어 죽였다라고 해석하였다.

120) 할아버지는 이세적(李世勣), 즉 서세적(徐世勣)이고, 아버지는 이진(李震)다. 이경업의 할아버지는 원래 서세적(徐世勣)이었다가, 고조 무덕 원년(618년) 12월에 이연(李淵)을 도우면서 성을 이씨로 고쳤었다.

121) 사빈소경(司賓少卿)에서 사빈은 이 해에 홍려시(鴻臚寺)에서 바뀐 사빈시(司賓寺)이고, 우사(右史)는 중서성에 소속된 사관(史官)으로 기거사인(起居舍人)의 별칭이며, 저작랑은 사관(史官)으로 국사(國史)와 기거주(起居注)를 편찬하는 일을 담당하였으며, 정간대부의 원래 명칭은 간의대부(諫議大夫)인데 황제를 시종하면서 바르게 충고하는 것이 임무이고, 동평장사(同平章事)는 원래 '봉각(鳳閣)과 난대(鸞臺)의 장관과 공동으로 국사를 의논하여 처리한다.'란 의미를 지니고 있다. 줄여서 '동평장사'라고 칭한다. 실질적으로 재상의 자격을 지니고 있었다.

122) 이경업의 성을 '서'로 바꾸었으므로 서경업이라고 쓰기 시작하였다.

123) 10월 6일에 좌옥검위(左玉鈐衛) 대장군인 이효일(李孝逸)이 양주도(揚州道) 대총관으로 임명되어 군사 30만 명을 거느리고 이경업, 즉 서경업의 토벌에 나섰다.

여 편장(偏將) 뇌인지(雷仁智)가 서경업과 싸웠으나 이기지 못하자, 이효일은 두려워서 병사들을 어루만지기만 할 뿐 나아가지 않았다.

전중시어사(殿中侍御史) 위원충(魏元忠)이 이효일에게 말하였다.

"천하의 안위(安危)는 이 한 번의 거사에 달려있습니다. 사방에 승평(承平, 태평한 시대)의 세월이 오래되었는데, 갑자기 미친 자와 교활한 자들의 소식을 듣고 마음으로 주목하고 귀를 기울이면서 그들이 주살되기만을 기다리고 있습니다.

지금 대군이 오랫동안 머물러 있기만 하고 전진하지 않으니, 먼 곳과 가까운 곳에 있는 사람들이 실망하고 있는데, 만일 조정에서 다시 다른 장수에게 명령하여 장군을 대신하라고 한다면, 장군은 무슨 말로써 두뇨(逗撓)124)의 죄에서 벗어나겠습니까?"

이효일은 마침내 군대를 이끌고 전진하였다. 임인일(24일)에 마경신(馬敬臣)이 도량산(都梁山, 강소성 盱眙縣 남쪽)에서 울지소(尉遲昭)를 공격하여 그의 목을 베었다.

11월 신해일(4일)에 좌응양(左鷹揚) 대장군 흑치상지(黑齒常之)를 강남도(江南道) 대총관으로 삼아서 서경업(徐敬業)을 토벌하도록 하였다.

위초(韋超)가 병사들을 거느리고 도량산을 점거하니, 제장들이 모두 말하였다.

"위초가 험한 곳에 기대어 스스로 굳게 지키려고 하므로, 병사들은 그들의 용맹함을 발휘할 곳이 없고 기병(騎兵)들은 그 다리를 펼칠 곳이 없습니다. 또 궁지에 몰린 도둑들은 죽음을 무릅쓰고 싸울 것인데, 그들을 공격하여 사졸들을 많이 죽이는 것은 병사들을 나누어서 지키게 하고, 대군이 곧바로 강도(江都, 강소성 揚州市)로 들이닥쳐서 그들의 소굴을 뒤집어 놓는 것만 같지 못합니다."

---

124) 적을 보고 두려워하여 피하고 나아가지 않는다는 뜻이다.

지탁사(支度使)125) 설극양(薛克楊)이 말하였다.

"위초가 비록 험요(險要)한 곳을 점거하고 있으나 그 무리는 많지 않습니다. 지금 병사들을 많이 머물러 있게 하면 선봉군의 세력이 나뉘게 되고, 머물러 있는 병사들을 적게 하면 끝내 후환이 될 것이니, 먼저 그들을 공격하는 것만 못하여 그들의 형세는 반드시 드러날 것이니, 양도산을 들어버린다면 회음과 고우126)는 멀리서 풍문을 듣고서도 와해될 것입니다."

위원충(魏元忠)이 먼저 서경유(徐景猷)를 공격하자고 요청하자 제장들이 말하였다.

"먼저 서경업(徐敬業)을 공격하는 것만 못합니다. 서경업이 패하면 서경유는 싸우지 않고도 저절로 잡힐 것입니다. 만약 서경유를 공격하면 서경업이 군대를 이끌고 와서 그를 구원할 것이니, 이는 앞뒤에서 적을 맞이하는 것입니다."

위원충이 말하였다.

"그렇지 않습니다. 도적들의 정예병은 모두 하아(下阿, 고우호 근처)에 있고 오합지졸(烏合之卒)이 왔으니, 승리는 한 판의 결전에 달려있는데, 만일 패한다면 대사(大事)는 떠나고 말 것입니다. 서경유는 도박꾼 출신으로 군사(軍事)를 익히지 못하였고, 그 무리는 단조롭고 약하여 사람들의 마음이 쉽게 동요되므로, 대군이 그들 앞에 나타나기만 하면 말을 묶어 놓고도 이길 수 있습니다.

서경업이 비록 그를 구원하려고 하겠지만, 거리를 재어보니 반드시 다다를 수 없습니다. 우리가 서경유를 이기고 이긴 기세를 타고 나아간다면, 비록 한신(韓信)과 백기(白起)127)가 있다고 해도 그 칼끝을 당해내지

---

125) 변진(邊鎭)에서 군수품 조달을 담당하는 관리이다.

126) 회음(淮陰, 강소성 회음시)에는 서경업의 부장인 서경유(徐敬猷)가 주둔하고 있고, 고우(高郵, 강소성 고우시)에는 대장인 서경업(徐敬業)이 주둔하고 있었다.

못할 것입니다. 지금 먼저 약한 것을 빼앗지 않고 갑자기 그들의 강한 것을 공격하는 것은 계책이 아닙니다."

이효일이 그의 말을 따라서 병사들을 이끌고 가서 위초를 공격하니 위초는 밤에 달아났으며, 전진하여 서경유를 공격하니 서경유는 몸을 빼어 달아났다.

경신일(13일)에 서경업이 군대를 챙겨서 시내<하아계>를 의지하여 막으면서 지키고 있었는데, 후군(後軍) 총관 소효상(蘇孝祥)이 밤에 5천 명을 거느리고 작은 배를 이용하여 시내를 건너서 먼저 그들을 공격하였지만 군대는 패하고 소효상은 전사하였으며, 사졸들 중에는 시내로 나아가다가 물에 빠져 죽은 자가 반이 넘었다.

좌표도위(左豹韜衛) 과의(果毅)[128]인 어양(漁陽, 천진시 薊縣) 사람 성삼랑(成三朗)이 서경업에게 붙잡혔는데, 당지기(唐之奇)가 그의 무리들을 속이면서 말하였다.

"이 사람이 이효일(李孝逸)이다."

곧바로 그의 목을 베려고 하는데, 성삼랑이 크게 소리쳐서 말하였다.

"나는 과의(果毅) 성삼랑이지 이(李) 장군이 아니다. 관군이 이제 대거 이를 것이므로 너희들은 조석 간에 격파될 것이다. 내가 죽으면 아내와 자식들이 영예를 받지만, 너희가 죽으면 아내와 자식들은 적몰될 것이므

---

127) 한신(韓信)은 전한의 고조 유방의 공신으로, 소하(蕭何)와 장량(張良)과 함께 삼걸이라 일컬어진다. 고조의 대장으로서 조(趙), 연(燕), 제(齊) 등의 나라를 차례로 공략하여 천하통일의 기초를 확립하였다. 그 후 여후(呂后) 등의 무고에 의해 모반죄로 삼족이 주멸되었다. 백기(白起)는 전국시대 진(秦)의 명장으로 용병을 잘하여 적국의 70여 개의 성을 빼앗고, 장평(長平)에서 조(趙)의 대군 40만 명의 항복한 군졸들을 생매장한 것으로 특히 유명하다. 후에 사건에 연루되어 사사되었다.

128) 정확한 관칭은 '과의도위(果毅都尉)'이다. 당 태종 정관(貞觀) 10년(636년)에 부병(府兵)의 군부(軍府)를 절충부(折衝府)라고 고치고, 그 주장(主將)은 절충도위(折衝都尉)라 칭하고 부장(副將)은 좌·우과의도위(左·右果毅都尉)라 칭하였다. 이 둘은 절충도위를 도와서 부병(府兵)의 훈련, 번상(番上)의 숙직(宿直), 그리고 출사(出師) 등의 업무를 담당하였다.

로 너희들은 끝내 나를 따라잡을 수 없다."

마침내 그의 목을 베었다.

이효일 등의 여러 군대가 계속 도착하여 싸우기를 자주 하였으나 이기지 못하였다. 이효일이 두려워서 군대를 이끌고 후퇴하려고 하자, 위원충(魏元忠)과 행군관기(行軍管記)[129] 유지유(劉知柔)가 이효일에게 말하였다.

"바람이 순조로우면 풀이 마를 것이니, 이는 불로 공격하는 것이 유리합니다."

굳게 결전할 것을 요청하였다.

서경업이 진지를 설치하고 이미 오래되어서 사졸들은 대부분 피로하고 권태를 느껴서 관망하다가 진지가 정돈되지 않았는데, 이효일은 나아가 그들을 공격하며 바람을 이용하여 불을 지르니 서경업의 군대는 대패하여 머리가 베인 자가 7천 급이고 물에 빠져 죽은 자는 기록할 수 없었다.

서경업 등은 경무장한 말을 타고 달아나서 강도(江都)에 들어가서, 처와 자식들을 이끌고 윤주로 달아났다가 장차 바다를 통해서 고려[130]로 달아나려고 하였다. 이효일은 전진하여 강도에 주둔하고, 제장들을 나누어 파견하여 그들을 뒤좇게 하였다.

을축일(18일)에 서경업은 해릉(海陵, 강소성 泰州市)의 경계에 이르렀는데, 바람으로 막혀서 그의 장수인 왕나상(王那相)이 서경업(徐敬業)·서경유(徐敬猷)·낙빈왕(駱賓王)의 목을 베어 가지고 항복하러 왔다. 나머지 한패인 당지기(唐之奇)와 위사온(魏思溫)이 모두 체포되었으며, 그들의 수급(首級)이 신도(神都, 낙양)에 전달되니, 양주·윤주·초주(楚州)의

---

129) 전쟁 중에 전선 부대에서 기록을 담당하는 관리이다.

130) 원문에서 '고려(高麗)'라고 쓰인 것은 '고구려(高句麗)'이다. 그러나 고구려는 이미 668년에 멸망하였기 때문에 '한반도(韓半島)'를 의미한다.

세 주가 평정되었다.

진악(陳嶽)131)이 논평하였습니다.

"서경업이 진실로 위사온의 계책을 이용하여 곧바로 황하와 낙양을 지향하며 오로지 광복(匡復, 復位)하는 것만을 전념하였다면, 설사 군대는 패하고 몸은 죽임을 당하였더라도 역시 충의(忠義)만은 남아있었을 것이다. 그러나 망령되게 금릉(金陵)의 왕기(王氣)를 바라보았으니, 이는 진짜 반역이 되었으므로 패하지 아니하였더라도 무엇을 기다리겠는가?"

서경업이 일어나면서 서경유(徐敬猷)로 하여금 병사 5천을 거느리고 강(江, 장강)을 따라서 서쪽으로 올라가서 화주(和州, 치소는 안휘성 화현)를 경략하도록 하였다. 이전에 홍문관(弘文館) 학사였던 역양(歷陽, 和州의 치소) 사람 고자공(高子貢)이 향리 사람 수백 명을 인솔하고 그에게 항거하니 서경유는 서쪽으로 갈 수가 없었다. 그 공적으로 그는 조산대부(朝散大夫)·성균조교(成均助敎)132)에 임명되었다.

32 정묘일(20일)에 곽대거(郭待擧, 난대시랑)를 파직시켜서 좌서자(左庶子)로 삼고, 난대(鸞臺)시랑 위방질(韋方質)을 봉각(鳳閣)시랑·동평장사로 삼았다. 위방질은 위운기(韋雲起)133)의 손자이다.

---

131) 당 노릉인(盧陵人)으로 관직은 남창관찰판관(南昌觀察判官)에 이르렀고, 저서로 ≪당서(唐書)≫가 있다. 이 책은 당 1대부터 15대까지를 서술하였다.

132) 조산대부(朝散大夫)는 문산관(文散官) 13급으로 종5품 하이고 성균조교(成均助敎)에서 성균(成均)은 당대(唐代)의 국립대학이고, 조교(助敎)는 학장이나 교수를 돕는 일을 하는 관직이다.

133) 위운기(?~626년)는 만년(萬年, 섬서성 서안) 사람으로, 수당(隋唐) 시기에 걸쳐 관

33 12월에 유경선(劉景先)이 또 벼슬이 깎여서 길주(吉州, 치소는 강서성 吉安市)의 원외장사(員外長史)134)로 되었고, 곽대거는 벼슬이 깎여서 악주(岳州, 치소는 호남성 岳陽市) 자사로 되었다.

애초에, 배염(裴炎)이 하옥되자, 선우도(單于道)안무대사·좌무위(左武衛) 대장군 정무정(程務挺)이 몰래 표문(表文)을 올려서 이유를 펼쳤는데, 이로 말미암아 뜻을 거슬렀다. 정무정은 평소에 당지기(唐之奇)와 두구인(杜求仁)과 사이가 좋았는데, 어떤 자가 그를 참소하였다.

"정무정이 배염(裴炎)과 서경업(徐敬業)과 왕래하면서 반란을 모의하였습니다."

계묘일(26일)에 좌응양(左鷹揚)장군 배소업(裴紹業)을 파견하여 바로 군영에서 그의 목을 베고 그 집안을 적몰하였다. 돌궐에서는 정무정이 죽었다는 소식을 듣고 그들이 있는 곳마다 잔치를 벌이고 서로 경축하고, 또 정무정을 위하여 사당을 세우고 군대를 출동시킬 때마다 반드시 그에게 빌면서 기도하였다.

태후는 하주(夏州, 치소는 섬서성 靖邊縣 북쪽 白城子)도독 왕방익(王方翼)과 정무정이 직책으로 연결되어 있었고, 평소 서로 친하여 사이가 좋았으며, 또 폐위된 황후135)의 가까운 친척이라는 이유로 불러서 하옥하였다가 애주(崖州, 치소는 해남성 瓊山縣)로 유배시키니 죽었다.

직에 있었다. 수 문제(文帝) 개황 연간에 명경과를 통해 관계에 들어와서 치서어사까지 올랐다가 후에 대리사직으로 좌천되었다. 당대에 들어와서는 사농경 겸 영인주자사(領驎州刺史)에 임명되었고, 후에 익주행대(益州行臺)의 병부상서로 있다가 현무문의 변란 때 이건성과 한패라는 이유로 피살되었다.

134) 장사란 대체로 주(州) 자사 바로 아래에 있는 부관으로, 자사가 부재중이거나 유고시에 그를 대신한다. 원외(員外)란 정원 외에 증가된 인원에 해당될 경우 붙여진다.

135) 고종의 비였던 왕씨를 말한다.

진자앙陳子昂의 직언

측천후 수공(垂拱) 원년(乙酉, 685년)

1 봄, 정월 초하루 정미일에 천하를 사면하고 기원(紀元)을 고쳤다.

2 태후는 서사문(徐思文)을 충성스럽다 하여서 특별히 연좌 처분을 면제해주고 사복소경(司僕少卿)으로 벼슬을 주었다. 태후가 그에게 말하였다.

"서경업은 경에게 성을 무(武)로 바꾸라고 했다던데, 짐은 이제 다시는 성을 빼앗지 않을 것이오."

3 경술일(4일)에 건미도(騫味道)를 수내사(守內史)[136]로 삼았다.

4 무진일(22일)에 문창좌상(文昌左相)[137] · 동봉각난대삼품인 낙성문헌공

---

136) 수직(守職)으로 임시의 관직이다. 원래 자기의 품계보다 높은 품계의 관직을 담당하는 경우에 임시의 관직 앞에 '수(守)' 자를 붙인다. 내사는 봉각(鳳閣)의 장관이다. 봉각은 무후 광택 원년(684년) 9월에 중서성의 명칭을 바꾼 것이다. 따라서 내사는 이전의 중서령에 해당된다. 즉 재상이다.

137) 무후 광택 원년(684년) 9월에 측천무후가 관제를 개혁할 때, 상서성은 문창대(文昌臺)로, 좌 · 우복야는 문창좌 · 우상(文昌左 · 右相)으로 그 명칭을 바꾸었다.

(樂城文獻公) 138) 유인궤(劉仁軌)가 죽었다.

5 2월 계미일(7일)에 제서(制書)를 내렸다.

"조당(朝堂)에 설치한 등문고(登聞鼓)와 폐석(肺石) 139)은 반드시 지킬 필요가 없으니, 북을 치거나 돌을 세우는 자가 있으면 어사를 시켜서 그 상황을 받아 보고하라."

6 을사일(29일)에 춘관상서(春官尙書) 무승사(武承嗣)·추관상서(秋官尙書) 140)인 배거도(裵居道)·우숙정대부(右肅政大夫) 141) 위사겸(韋思謙)을 모두 동봉각난대삼품으로 삼았다.

7 돌굴의 아사나골독록(阿史那骨篤祿, 동돌굴의 18대 가한) 등이 자주 변경을 노략질하여서 좌옥검위(左玉鈐衛) 중랑장 순우처평(淳于處平)을 양곡도(陽曲道) 행군총관으로 삼아서 그들을 치도록 하였다.

8 정간대부(正諫大夫) 142)·동평장사인 심군량(沈君諒)이 파직되었다.

---

138) 생전의 작호(爵號)는 악성공(樂城公)이었고, 죽은 후의 시호는 문헌공(文獻公)이다.

139) 조당(朝堂)은 조정과 같은 말이고, 등문고(登聞鼓)는 대궐의 문루에 달아놓고 백성들이 간언하거나 억울한 일을 당해서 호소하고자 할 때 치게 하는 북이고, 폐석은 궁궐 밖에 놓아둔 적석(赤石)으로, 백성들이 억울한 일이 있으면 이 돌을 치거나 세워서 억울함을 조정에 알렸다. 등문고에 관한 일은 양 무제 천감 2년(503)에 있었고, 폐석에 관한 일은 후한 환제 연희 7년(164년)에 있었다.

140) 춘관상서(春官尙書)는 무후 광택 원년(684년) 9월에 무후가 관제를 개혁할 때, 예부는 춘관(春官)으로 명칭이 바뀌었다. 따라서 춘관상서는 이전의 예부상서이고, 추관상서(秋官尙書)에서 추관(秋官) 역시 무후가 관제를 개혁할 때 형부(刑部)의 명칭을 바꾼 것이다. 따라서 추관상서는 이전의 형부상서이다.

141) 무후 광택 원년(684년) 9월에 어사대의 명칭을 숙정대(肅政臺)로 바꾸고, 이것을 둘로 나누어 좌·우숙정대를 두었다. 각각의 장관이 좌·우숙정대부이다. 좌대(左臺)는 주로 중앙 관서와 군부를 감찰하고, 우대(右臺)는 대체로 주현에 있는 관서를 감찰하거나 그 풍속을 관찰한다.

9 3월에 정간대부·동평장사인 최찰(崔詧)이 파직되었다.

10 병진일(11일)에 여릉왕(廬陵王, 中宗 李顯)을 방주(房州, 치소는 호북성 방현)로 옮겼다.143)

11 신유일(16일)에 무승사가 파직되었다.

12 신미일(26일)에 <수공격(垂拱格)>144)을 반포하였다.

13 조정의 인사 중에 좌천되면 재상에게 가서 스스로 호소하는 자가 생기자 내사(內史)145) 건미도(騫味道)가 말하였다.
  "이것은 태후의 조치이다."
동중서문하삼품 유의지(劉禕之)가 말하였다.
  "연좌되어 관직이 바뀐 것은 신하들의 주청(奏請)으로 말미암은 것이다."
  태후가 그 소식을 듣고, 여름, 4월 병자일(1일)에 건미도를 깎아서 청주(靑州, 산동성 청주시) 자사로 삼고, 유의지에게는 태중대부(太中大夫)146)를 더하여 주며 시중드는 신하들에게 말하였다.
  "임금과 신하는 같은 몸인데 어찌하여 악한 것은 임금에게 돌려보낼

---

142) 원래의 명칭은 간의대부(諫議大夫)이다. 황제를 시종하면서 바르게 충고하는 것이 임무이다.

143) 예종(睿宗) 문명(文明) 원년(684년) 3월 22일에 여릉왕을 방주로 옮겼다가, 같은 달 26일에 다시 또 균주(均州, 호북성 丹江口市 서북)에 있는 죽은 복왕(濮王)의 집으로 옮겼으며, 이때 다시 방주로 옮긴 것이다.

144) '격(格)'이란 오늘날의 행정법규와 같은 것이다.

145) 봉각(鳳閣)의 장관이고 이전의 중서령(中書令)에 해당된다. 즉 재상(宰相)이다.

146) 문산관(文散官) 8급으로, 품계는 종4품 상이다.

수 있으며 선한 것은 끌어다가 자신이 차지할 수 있는가?"

14 계미일(8일)에 돌궐이 대주(代州, 치소는 산서성 대현)를 노략질하였는데, 순우처평(淳于處平)이 군사를 이끌고 가서[147] 그곳을 구원하였다. 흔주(忻州, 치소는 산서성 흔주시)에 이르렀는데 돌궐에게 패하여 죽은 자가 5천여 명이었다.

15 병오일[148]에 배거도(裴居道)를 내사(內史)로 삼았다. 납언(納言) 왕덕진(王德眞)을 상주(象州, 치소는 광서장족자치구 상주현)로 유배시켰다.

16 기유일(4일)에 동관(冬官, 工部) 상서 소량사(蘇良嗣)를 납언으로 삼았다.

17 임술일(17일)에 제령(制令)을 내려서 안팎의 9품 이상의 관료와 백성들에게 모두 스스로를 천거하도록 하였다.[149]

18 임신일(27일)에 위방질(韋方質)을 동봉각난대삼품으로 삼았다.

19 6월에 천관(天官, 吏部) 상서 위대가(韋待價)를 동봉각난대삼품으로 삼았다. 위대가는 위만석(韋萬石)[150]의 형이다.

---

147) 순우처평은 이미 한 달여 전인 2월에 좌옥검위(左玉鈐衛) 중랑장으로서 양곡도(陽曲道) 행군총관에 임명되어 돌궐을 토벌하기 위하여 출진하고 있었다.

148) 통감필법으로는 4월 병오일인데, 4월 1일이 병자일이므로 4월 중에는 병오일이 없다. 다른 판본에는 병(丙) 자 위에 5월(五月)이 들어가 있다. 이것에 의하면 5월 1일이다. 이하의 날짜도 모두 5월로 보아야 할 것이다.

149) 자신의 재능을 알리면 무후가 그 중에서 선발하여 관료로 임명하겠다는 말이다. 이것은 국가의 관료선발제도인 '과거(科擧)'를 배제하고 무후가 개인적으로 관료를 발탁하겠다는 발상으로, 권력이 사권화되는 폐단을 가져오게 된다.

150) 위만석에 관한 일은 고종 의봉 3년(678년) 7월에 있었다.

20 동라(同羅)와 복고(僕固) 등 여러 부(部)가 반란을 일으키자,151) 좌
표도위(左豹韜衛) 장군 유경동(劉敬同)을 파견하여 하서(河西, 감숙성 중부와
서부)의 기사(騎士)들을 징발하여 거연해(居延海, 내몽골 에치나기 가순누르
Gashun Nur)로 나가서 그들을 치게 하니, 동라와 복고 등이 모두 패하
여 흩어졌다.

칙령을 내려 동성(同城, 내몽골 에치나기)에 임시로 안북(安北) 도호부152)
를 설치하여 항복해 오는 자들을 받아들이도록 하였다.

21 가을, 7월 기유일(5일)에 문창(文昌, 尙書省) 좌승 위현동(魏玄同)을 난
대(鸞臺, 門下省) 시랑·동봉각난대삼품으로 삼았다.

22 조서를 내려서 지금부터 하늘과 땅의 신령에 제사를 지내면서 고
조·태종·고종도 모두 배향(配享)해 모시도록 하였는데, 봉각(鳳閣, 중서
성) 사인 원만경(元萬頃) 등이 의론한 것을 채용한 것이다.

23 9월 정묘일(24일)에 광주(廣州, 치소는 광동성 광주시) 도독 왕과(王果,
좌위위장군)가 반란을 일으킨 요족(獠族)을 토벌하여 그들을 평정하였다.

---

151) 동라(同羅)와 복고(僕固)는 외몽골에서 세력을 형성하고 있던, 주로 투르크계 종족
으로 이루어진 부족들인데, 이러한 투르크계 종족으로 이루어진 부족들의 반란은 고
종 영순 원년(682년)부터 시작된 아사나골돌록과 아사덕원진이 함께 내몽골에서 일
으킨 돌궐부흥운동이 외몽골에도 영향을 미치기 시작하였다는 것을 의미한다.

152) 당의 6도호부(都護府)의 하나이다. 태종 정관 21년(647년)에 투르크 계통의 부족인
설연타(薛延陀)를 평정하고 서수항성(西受降城, 내몽골자치구 오이라트중기 烏加河
북안)에 연연(燕然) 도호부를 설치하였고, 고종 용삭 3년(663년)에 한해(瀚海) 도호
부로 명칭을 바꾸고, 고종 총장 2년(669년)에 다시 안북도호부로 명칭을 바꾸고 본
영을 금산(金山, 지금의 몽골공화국 항가이산맥 동쪽)에 두고 외몽골의 철륵(鐵勒)
의 여러 부족들을 다스렸다. 그리고 바로 이때에 다시 안북도호부는 그 본영을 동성
(同城)으로 옮겼다.

24 겨울, 11월 계묘일(1일)에 명령을 내려서 천관상서 위대가(韋待價)를 연연도(燕然道) 행군대총관으로 삼아서 토번(吐蕃)을 토벌하도록 하였다. 애초에, 서돌굴의 흥석망(興昔亡) 가한과 계왕절(繼往絶) 가한이 이미 죽고 나서 십성(十姓)153)은 주군이 없게 되니 부락이 대부분 흩어졌는데, 태후는 마침내 흥석망 가한의 아들 좌표도위익부 중랑장 아사나원경(阿史那元慶)을 발탁하여 좌옥검위장군으로 삼고 곤릉도호(崑陵都護, 치소는 카자흐스탄 동부의 발하쉬 호, Balkhash Lake의 동남방)를 겸하도록 하여 흥석망 가한을 계승하여 다섯 개의 돌륙(咄陸) 부락을 누르도록 하였다.

25 인대(麟臺, 황실도서관) 정자(正字)인 사홍(射洪, 사천성 사홍현) 사람 진자앙(陳子昂)154)이 상소하였다.

"조정은 사신을 파견하여 사방을 순찰하는데, 거기에 적합하지 않은 인물에게 맡길 수 없고, 자사와 현령의 경에는 선택하지 않을 수 없습니다. 근년에 백성들이 군사 원정으로 피로해져 있기 때문에 편안하게 하지 않으면 안 됩니다."

---

153) 흥석망(興昔亡) 가한은 아사나미사(阿史那彌射)이고 계왕절(繼往絶) 가한은 아사나 보진(阿史那步眞)이고, 십성(十姓)은 중국사서에 '십전(十箭)' 또는 '십설(十設)'로도 기록되어 있는데, 모두 서돌굴을 가리킨다. 돌궐제일가한국(突厥第一可汗國, 552~630년)의 시조인 토문(土門, Turmen), 이력 카간(Ilig Qaghan), 이리 가한(伊利可汗, '국가를 보유하는 카간'이란 뜻으로 재위기간은 552년~553년)의 아우인 실지불로스[(Silzibulous=디자불로스(Dizabulous)=실점밀(室点密, 悉点密), 슬제미(瑟帝米), 이스태미카간(Istami Qaghan)]는 10명의 대수령, 즉 10개의 씨족(十姓)을 거느리고 서역(西域)에서 독립 세력을 형성하여 스스로 카간이라 칭하였다. 따라서 '10성'이란 카간 씨족인 아사나(阿史那) 씨족을 위시한 나머지 9개 씨족으로 이루어진 서돌굴가한국(西突厥可汗國, 567~657년)의 핵심세력을 가리킨다. 또 10개의 씨족은 각각 많은 다른 씨족들을 거느리고 있었다. 여기에서의 '십성(十姓)'은 서돌굴가한국이 멸망한 657년 이후이므로 '서돌굴에 거주하고 있는 사람들'이라고 해석할 수 있다.

154) 사천성 재주(梓州) 사홍현(射洪縣) 출신으로 생몰연대는 661년~702년이며, 자(字)는 백옥(伯玉)이다. 개인 문집으로 ≪진백옥문집(陳伯玉文集)≫이 있는데, 측천무후 치세의 역사를 연구하는데 적지 않은 자료를 제공하고 있다.

그 대략이다.

"무릇 사자(使者)가 적합하지 아니한 인물로 선택되면 내치거나 승진시키는 것이 분명하지 않게 되고, 형벌이 올바르지 않아서 파당을 결성하는 자들은 진급하고 곧고 정직한 자들은 퇴출됩니다. 쓸데없이 백성들을 시켜서 도로를 장식하는 것은 가는 사람을 보내고 오는 사람을 맞이하는데 보탬이 되는 것이 없습니다. 속담에서 말하고 있습니다. '그 사람을 알고 싶으면 그 사람이 다녀간 곳을 관찰하라.' 신중하지 않으면 안 됩니다."

또 말하였다.

"재상은 폐하의 배와 심장이고, 자사와 현령은 폐하의 손과 발입니다. 배·심장·손·발을 가지지 못하고서 자기 홀로 잘 다스릴 수 있는 사람은 없습니다."

또 말하였다.

"천하에는 위험한 기틀이 있는데, 화(禍)와 복덕은 그것으로 인하여 생깁니다. 기틀이 조용하면 복덕이 생기고, 기틀이 움직이면 화(禍)가 발생하는데, 백성이 바로 이것입니다. 백성이 편안해지면 그 삶을 즐기지만, 편안하지 아니하면 그 죽음을 가볍게 여기는데, 죽음을 가볍게 여기면 이르지 못할 곳이 없으며, 재앙과 반역이 틈을 타니 천하는 어지러워집니다."

또 말하였다.

"수의 양제(煬帝)는 천하에 위기가 있다는 것을 알아채지 못하고 도리어 탐욕스럽고 아첨하는 신하들을 믿어서 이적(夷狄)의 이익을 거두기를 바라다가 마침내 멸망하였는데, 그것이 은감(殷鑑)155)이니 어찌 크지 않다고 하겠습니까?"

---

155) 은이 망한 것을 거울로 삼도록 경계하는 것이다.

밀고와 엄형의 통치

26 태후는 옛 백마사(白馬寺)156)를 수리하고 승려 회의(懷義)를 사주(寺
主)로 삼았다. 회의는 호(鄠, 섬서성 호현) 사람으로 본래의 성은 풍(馮)이
고 이름은 소보(小寶)인데 낙양의 시장에서 약을 팔고 있다가 천금공주
(千金公主, 고조 이연의 딸)로 말미암아 나아가게 되어 태후로부터 총애를
받았다. 태후는 궁궐에 출입할 수 있게 하려고 마침내 귀의하게 하여 승
려가 되니, 법명(法名)은 회의라고 하였다.

또 그의 가문이 한미(寒微)하여서 그에게 부마(駙馬)도위 설소(薛
紹)157)와 가족을 합하도록 하고, 설소에게 명령하여 작은아버지로서 그
를 섬기도록 하였다. 어마(御馬)를 타고 출입하면서 환관 10여 명이 시
종하였는데 사민(士民)으로 그와 마주치는 자들은 모두 달아나서 피하였
으며, 그에게 가까이 하는 자가 있으면 번번이 그 머리를 때려서 피를

---

156) 하남성 낙양(洛陽)에 있는 중국 최초의 불교사찰로, 후한 명제 영평 10년(67년)에
　　세워졌다고 전해지고 있다. 사서(史書)는 다음과 같이 전하고 있다. 후한 명제는 꿈
　　에 금인(金人)을 본 것을 계기로 영평 7년(64년)에 낭중 채음(蔡愔)과 박사제자 진
　　경(秦景)을 천축(天竺, 인도)에 파견하여 불법(佛法)을 구해오도록 하였다. 그리하
　　여 영평 10년에 채음 등이 천축의 승려인 섭마등(攝摩騰)과 축법란(竺法蘭)과 함께
　　낙양으로 돌아와서 옹문(雍門) 밖 3리 떨어진 어도(御道)의 남쪽에 백마사를 세웠
　　다고 한다. 백마사란 이름은 이들이 낙양에 들어올 때 백마의 등에 불경을 싣고 왔
　　다는 것에서 유래한다고 전해진다.

157) 설소는 태후의 딸인 태평(太平)공주를 모시고 살았다.

흘리게 하고 그들을 버려두고 가버리면서 그의 생사는 내버려 두었다.

도사(道士)를 만나면 특별히 뜻을 세워서 그들을 두들겨 패고 이어서 그들의 머리카락을 잘라놓고 가버렸다. 조정의 귀한 사람들도 모두 기어서 예를 갖추어 만났고, 무승사(武承嗣)와 무삼사(武三思)도 모두 동복(僮僕)으로서의 예절을 가지고 그를 섬겼으니, 그를 위하여 말고삐를 잡았지만 회의가 그들을 보는 것은 안하무인(眼下無人)과 같았다.

무뢰한 청년들을 많이 모아서 귀의하게 하여 승려가 되게 하고, 제멋대로 돌아다니며 법령을 위반해도 사람들은 감히 말하는 일이 없었다. 우대(右臺, 御史臺)어사 풍사욱(馮思勖)이 여러 번 법으로 그를 포박하였었는데, 회의는 길에서 풍사욱을 마주치자 따르는 사람으로 하여금 그를 구타하여 거의 죽게 하였다.

측천후 수공(垂拱) 2년(丙戌, 686년)

1 봄, 정월에 태후가 황제에게 정사(政事)를 처리하는 위치로 돌아오라고 조서를 내렸다. 예종(睿宗)은 태후가 진실한 마음이 아니라는 것을 알고 표문(表文)을 올려서 굳게 사양하였더니, 태후가 다시 임조칭제(臨朝稱制)158)하였다. 신유일(20일)에 천하를 사면하였다.

2 2월 초하루 신미일에 일식이 발생하였다.

3 우위(右衛)대장군 이효일(李孝逸)이 이미 서경업(徐敬業)을 격파하고 나서 명성이나 명망이 더욱 무거워졌다. 무승사 등이 그를 미워하여 자주 태후에게 참소하니, 시주(施州, 치소는 호북성 恩施市) 자사로 좌천시켰다.

---

158) 직접 조회에 나가서 황제가 내리는 제령(制令)을 내린다는 뜻이다.

4　3월 무신일(8일)에 태후가 구리를 주조하여 상자159)를 만들라고 명령하였다. 그 동쪽으로는 '연은(延恩)'이라 하면서 부송(賦頌)을 지어 바치거나 벼슬길로 진출하려는 자들이 여기에 집어넣었고, 남쪽으로는 '초간(招諫)'이라 하면서 조정의 잘잘못을 말하는 자들이 여기에 집어넣었다. 서쪽으로는 '신원(伸寃)'이라 하면서 원통하거나 억울한 자들이 여기에 집어넣었고, 북쪽으로는 '통현(通玄)'이라 하면서 천상재변(天象災變)과 군기(軍機)의 비밀계획을 말한 자들이 여기에 집어넣었다.

정간(正諫)·보궐(補闕)·습유(拾遺)160) 각 한 명에게 그것을 관장하도록 명령하면서 먼저 식관(識官)161)으로 밝혀져야 마침내 표문(表文)과 소문(疏文)을 집어넣는 것을 허락하였다.

서경업(徐敬業)이 반란을 일으키면서 시어사 어승엽(魚承曄)의 아들인 어보가(魚保家)가 서경업에게 칼과 전차, 그리고 쇠뇌를 만드는 방법을 가르쳐 주었지만 서경업이 패하고서도 겨우 죽임을 면하였다. 태후가 사람들 사이에서 벌어지고 있는 일을 두루 알고 싶어 하자, 어보가는 글을 올려서 구리를 주조하여 상자를 만들어서 세상 모든 사람들의 비밀스런 주서를 받아들이라고 청하였다.

그 그릇은 전체가 한 개의 방으로 만들어졌지만, 그 가운데는 네 칸으로 나뉘어져 있었으며, 위에는 각각 구멍이 있어서 표문과 소문을 받아들이도록 되어 있는데, 들어가게 할 수는 있어도 꺼집어낼 수는 없었다. 태후는 그것을 좋게 여겼다.

---

159) 궤(匭)라고 하는데, 이를 조당(朝堂)에 놓고 천하(天下)에서 올라오는 표문과 소문(疏文), 명문(銘文)을 두었다.

160) 정간(正諫)은 원래의 명칭은 간의대부(諫議大夫)였으나 고종 용삭 2년(662년)에 정간대부(正諫大夫)로 명칭을 고쳤고, 보궐(補闕)은 황제를 시종하면서 간언하는 간관이며, 습유(拾遺)는 황제를 시종하면서 간언하는 간관으로 무후 수공 원년(685년)에 처음 설치되었다.

161) 표문을 제출하는 사람을 보증할 관리를 말한다.

얼마 지나지 않아서 그에게 원한을 가지고 있는 집안의 사람이 상자에 글을 집어넣었는데, 어보가가 서경업을 위하여 병기를 만들어서 관군을 죽이거나 부상당하게 한 것이 대단히 많다고 고발하여 마침내 주살되었다.

태후는 서경업이 반란을 일으키면서부터 천하에서는 대부분 자기를 도모하려고 한다고 의심하고, 또 스스로 오랫동안 국사를 오로지 하였을 뿐만 아니라 내행(內行, 속의 행실, 풍소보와 관계)이 바르지 않아서 종실과 대신들이 원망하면서 마음속으로는 따르지 않는다는 사실을 알고 대규모의 주살을 통하여 자신의 위세를 보이고 싶어 하였다.

마침내 밀고하는 문을 크게 열고, 비밀을 고발한 자가 있다 해도 신하들은 물을 수 없게 하였으며, 모두에게 역마(驛馬)를 제공해 주고 5품관의 대우에 의거하여 음식물을 제공하고, 그를 시켜서 행재소(行在所)162)로 가도록 하였다.

비록 농부나 나무꾼일지라도 모두 불려 알현할 수 있었고, 객관(客館)을 제공하게 하고 말한 것이 혹 태후의 뜻에 맞으면 순서를 따지지 않고 관리로 임명하였고, 사실에 없는 것이라도 묻지 않았다. 이에 사방에서 비밀을 고발하는 자들이 벌떼처럼 일어나니, 사람들은 모두 발을 포개놓고 숨을 못 쉬었다.

호인(胡人) 가운데 색원례(索元禮)가 있었는데 태후의 뜻을 알고 비밀을 고한다고 하여 부름을 받아서 만나본 것을 계기로 발탁되어 유격(游擊)장군이 되었는데, 그를 시켜서 옥송(獄訟)에 관한 업무를 심리하여 조사하도록 하였다.

색원례는 성품이 잔인하여 한 사람을 추국(推鞫)하면 반드시 수십 명에서 수백 명까지 끌어들이게 하니 태후가 자주 그를 불러서 만나보고

---

162) 황제가 있는 곳을 말하는데, 여기서는 태후가 머물고 있는 낙양(洛陽)을 가리킨다.

는 상을 내려주어 그의 권력을 신장시켰다.

이에 상서도사(尙書都事)163)인 장안(長安) 사람 주흥(周興)과 만년(萬年, 장안성 동쪽) 사람 내준신(來俊臣)의 무리가 그것을 본받아서 어지러이 계속 일어났다. 주흥은 여러 번 승진하여 추관시랑에 이르렀고, 내준신도 여러 번 승진하여서 어사중승에 이르렀는데, 서로 사적으로 기른 무뢰한이 수백 명이 오로지 밀고를 일로 삼았다. 이들이 한 사람을 함정에 빠뜨리려고 하면 번번이 여러 곳에 있는 사람들을 시켜서 함께 고발하니 일의 상황은 하나같았다.

내준신은 사형평사(司刑評事)164)인 낙양 사람 만국준(萬國俊)과 함께 ≪나직경(羅織經)≫165)을 수천 글자로 짓고, 그 무리를 교사하여 죄 없는 사람을 망라(網羅)하여 모반의 상황을 짜서 맞추고 배치하였는데, 모두 가지와 마디가 있게하였다. 태후는 밀고한 자를 얻게 되면 번번이 색원례 등에게 명령하여 그들에게 추국하도록 하였는데, 경쟁적으로 죄수들을 신문하고 법을 혹독하게 적용하였으니, '정백맥(定百脈)', '돌지후(突地吼)', '사저수(死豬愁)', '구파가(求破家)', '반시실(反是實)166)' 등의 이름이 있었다.

혹은 서까래로 손과 발을 채워서 꼼짝 못하게 한 후 그를 굴렸는데, 이것을 '봉황쇄시(鳳皇曬翅)'라고 불렀다. 혹은 물건을 그 허리를 묶은 뒤에 칼이 달린 형틀을 끌고 앞으로 나가도록 하였는데, 이것을 '여구발

---

163) 상서성도사(尙書省都事)라고도 부르는 상서성의 속관(屬官)으로, 공문서에 관한 업무를 보았다.

164) 사형시(司刑寺)의 속관으로, 정원은 12명이었다. 사형시의 명칭은 원래 대리시(大理寺)로서 형옥 등에 관한 업무를 관장하였다.

165) ≪고밀라직경(告密羅織經)≫이라고도 불리는 책으로, 이미 망실되어 현재 전해지고 있지는 않다.

166) 이러한 명칭은 모두 법을 혹독하게 적용하고, 고문하는 방법을 말하는 것으로 구체적인 것은 전하지 않는다.

궤(驢駒拔撅)'라고 불렀다. 혹은 무릎을 꿇게 한 뒤 칼이 달린 형틀을 들어 올리게 하고 그 위에 벽돌을 포개 올려놓았는데, 이것을 '선인헌과(仙人獻果)'라고 불렀다. 혹은 큰 나무를 세우도록 한 뒤 칼이 달린 형틀의 끝을 당기도록 하여 뒤로 가도록 하였는데, 이것을 '옥녀등제(玉女登梯)'라고 불렀다. 혹은 거꾸로 세워놓은 뒤에 돌에 줄을 달아서 그 머리에 매달아놓았으며, 혹은 식초를 코에 붓고, 혹은 쇠로 된 울타리에 머리를 바싹 묶은 뒤에 쐐기를 박아 넣었는데, 뇌가 파열되어 골수가 나오는 사람까지도 있었다.

죄수들을 붙잡을 때마다 번번이 먼저 형틀을 진열하여 그것을 보여주면 모두 전율하며 땀을 흘리면서 낌새만 있어도 스스로 거짓말을 하였다. 사면령이 있을 때마다 내준신(來俊臣)은 옥졸을 시켜서 무거운 죄를 지은 죄수들을 먼저 죽이고 그렇게 한 후에 선포하였다. 태후는 그것을 충성스럽게 여겨서 그를 더욱 총애하고 일을 맡겼다. 안팎에서는 이 몇 사람을 두려워하였는데 호랑이와 이리보다도 더하였다.

인대정자 진자앙(陳子昻)이 소문(疏文)을 올렸다.

"일을 집행하는 자들은 서경업(徐敬業)이 먼저 어지럽히고 화(禍)를 부르짖은 것을 괴로워하여 장차 간사한 일의 근원을 없애고 그 일당을 끝까지 제거하고자 하여 드디어 폐하로 하여금 조옥(詔獄)을 크게 열도록 하고 엄한 형벌을 무겁게 내리도록 하였는데, 행적에서 혐의가 있게 되면 말로 서로 끌어들이게 하니 끝내 체포되어 조사를 받지 않을 사람이 없을 것입니다.

간사한 자들은 현혹하고 험한 정세를 이용하여 무고하고 의심스러운 사람들을 규명하여 고발하여 관작과 은상을 받고자 바라며 기도하고 있는데, 아마 죄지은 자를 벌주고 다른 사람을 조문하는 뜻이 아닐까 걱정입니다.

신이 지금의 천하를 보건대 백성들이 평안하게 되기를 생각한 지가 오래되었으니, 그러므로 양주(揚州, 치소는 강소성 양주시)에서 반역을 일으킨 지 거의 50일이 되었지만 나라 안은 조용하여 티끌조차 움직이지 않고 있습니다.

폐하께서는 조용하게 침묵하는데 힘써서 피로해진 사람들을 구제하지 아니하고, 반대로 위세나 형벌을 좋아하는 사람들을 임명하셔서 그들이 희망을 잃게 하였으니 신은 어리석고 아둔하지만 가만히 크게 의혹을 갖게 되었습니다.

엎드려 살피건대, 여러 곳에서 밀고하여 옥에 갇힌 자들이 백천(百千)의 무리이지만, 그들을 끝까지 조사해보면 100에서 하나도 사실이 아닙니다.

폐하께서는 인자하게 용서하지만, 또 법령을 구부려서 그들을 용납하니 마침내 간악한 무리들로 하여금 기분이 좋게 복수하도록 하여 조그만 혐의가 있어도 즉각 비밀 음모가 있다고 말하게 하니, 한 사람이 소송을 당하면 백 사람이 감옥에 가득 차고, 사자(使者)들이 사람을 쫓아가서 붙잡아 들이는데 관모(冠冒)와 수레의 덮개[167]가 마치 시장과 같게 되었습니다.

혹은 폐하께서 한 사람만을 아껴서 백 사람을 해치니, 천하의 사람들이 웅웅거리게 되고[168] 편안한 곳을 알지 못합니다. 신이 든건대, 수(隋)의 말기에 천하는 오히려 평안하니 양현감(楊玄感)[169]이 반란을 일으켰

---

167) 죄인을 체포하러 나오는 사람이 많다는 것을 형용한 것이다.

168) 물고기가 숨을 쉬려고 입을 빠끔거리는 모습을 형용한 것이다.

169) 군공(軍功)을 세워서 벼슬길에 들어섰으며, 마지막에는 예부상서에까지 이르렀다. 천하의 명사들과 널리 교유하면서 장차 천하에 반란이 일어날 것을 내다보았다. 그에 대한 양제(煬帝)의 시기심이 나날이 심해지자 해를 당할 것을 두려워하여, 대업 9년(613년)에 양제가 고구려를 친정할 때 여양(黎陽)에 주둔하여 군량 수송을 감독하라는 명령을 거부하고 백성들의 목숨을 구한다는 명분으로 군대를 일으켜서 양제에 대하여 반란을 일으켰다. 그의 군대는 한때 10여만 명까지 이르렀으나, 낙양 공격에 실패하고 이후 서쪽으로 전진하였으나 계속 패한 끝에 죽고 말았다.

지만 1개월도 넘지 않아서 실패하였습니다. 천하의 폐단은 아직 흙이 무너지는 정도에 이르지는 않아서 백성들의 마음은 오히려 본업을 즐겁게 영위하기를 바랐습니다.

양제는 깨닫지 못하고 마침내 병부상서 번자개(樊子蓋)를 시켜서 오로지 도륙(屠戮)을 일삼게 하고 일당들을 크게 궁지로 몰아넣었으니, 해내의 호걸들은 재앙을 당하지 않은 이가 없었고, 드디어 사람을 죽이는 것을 마치 삼을 베듯 하여서170) 흐르는 피는 못을 이루고,171) 천하는 다 쓰러졌고, 처음으로 사람들은 혼란하게 되기를 생각을 하니 이에 영웅호걸들이 나란히 일어났고, 수(隋) 족속은 멸망하였습니다.

무릇 큰 옥사(獄事)가 한 번 일어나면 남발되지 못하게 할 수 없고, 억울한 사람들이 탄식하면 화합의 기운을 상하게 하여 곳곳에 유행병을 발생시키고 홍수와 가뭄이 그것을 뒤따라와서 사람들이 생업을 잃게 되니, 화란(禍亂)을 일으키려는 마음은 두려워하는 가운데서도 발생합니다. 옛날에 밝은 왕들은 형법을 거듭 신중하게 하였으니, 대개 이러한 것을 두려워한 것입니다.

옛날 한(漢) 무제의 때에 무고(巫蠱)의 옥사172)가 발생하여, 태자로 하여금 달아나도록 하고 병사들이 궁궐에서 교전을 벌이니 죄도 없이 피

---

170) 삼을 베어 삶아서 실을 내어 베를 짠다. 그러므로 삼을 벨 때는 앞뒤 가리지 않고 모두 베는 것이다.

171) 수양제 대업 9년(613년) 11월의 일이고, ≪자치통감≫ 권182에 실려 있다.

172) 전한(前漢) 무제(武帝)의 치세에 방사(方士)와 무당(巫堂)들이 수도 장안(長安)에 많이 살고 있었다. 한 여자 무당이 궁중에 출입하고 있었는데, 그녀는 궁녀들에게 나무로 만든 인형을 땅에 묻어서 제사 지내면 억울한 일을 면하게 된다고 가르쳤다. 그때 마침 무제가 병이 들자, 강충(江充)이 황제께서 무고(巫蠱, 옛날에 무당들이 사술을 이용하여 사람들에게 해를 입히는 것을 말한다)를 숭배하였기 때문에 병이 들었다고 말하니, 이로 인하여 궁중에서 땅을 파고 수사하게 되었다. 당시 강충은 태자와 서로 싫어하며 원망하고 있었는데, 그가 마침내 태자궁을 조사해보니 나무로 만든 인형이 대단히 많았다고 말하였다. 태자 유거(劉據)는 두려움을 느껴서 군대를 일으켜 강충을 잡아서 죽이려고 하였으나 실패하여 자살하였다.

해를 당한 자가 천 명이나 만 명으로 헤아려져서 종묘가 거의 뒤집어질 번하였습니다. 무제가 호관(壺關, 산서성 호관현)에 있는 삼노(三老)173)들의 편지를 본 것에 힘입어 크게 깨달아서 강충(江充)의 삼족(三族)을 죽이고 남아 있는 형옥 사건을 논급하지 아니하니, 천하는 안도하였습니다.

옛 사람이 말하기를, '옛날의 일을 잊지 않는 것이 미래의 일을 처리할 때 스승이 된다.'174)고 하였습니다. 엎드려 바라건대 폐하께서는 이 점을 유념하십시오."

태후는 듣지 않았다.

5　여름, 4월에 태후가 대의(大儀)175)를 주조하여 북궐(北闕)에 설치하였다.

6　잠장천(岑長倩, 兵部侍郎)을 내사(內史)로 삼았다. 6월 신미일(3일)에 소량사(蘇良嗣, 納言)를 좌상(左相)으로 삼고, 동봉각난대삼품 위대가(韋待價)를 우상(右相)으로 삼았다. 기묘일(11일)에 위사겸(韋思謙)을 납언으로 삼았다.

소량사가 조당에서 승려인 회의(懷義)를 만났는데, 회의는 오만하게 예의를 취하지 않았다. 소량사는 크게 분노하여 측근에게 명령을 내려 잡아서 끌고 가서 그 뺨을 수십 대 손으로 때리게 하였다. 회의가 태후에게 알리자 태후가 말하였다.

"아사(阿師)176)는 마땅히 북문(北門)으로 출입해야 하며, 남아(南牙)177)

---

173) 향촌의 유지(有志)로서 나라의 교육을 담당하고 있던 관리이다. 이때의 삼노의 이름은 영호무(令狐茂)이다.

174) ≪사기≫에서 사마천이 한 말이다.

175) 의례가 되는 규범이나 대법(大法)을 말한다.

는 재상들이 왕래하는 곳이니 침범하지 마라."

태후는 회의가 기묘한 생각을 가지고 있다는 말을 빙자하니, 그러므로 그에게 궁궐로 들어와서 건물을 건설하도록 하였다. 보궐(補闕)인 장사(長社, 하남성 許昌市) 사람 왕구례(王求禮)가 표문을 올렸다.

"태종의 치세에 나흑흑(羅黑黑)이란 사람이 있어서 비파(琵琶)를 잘 연주하였는데, 태종은 거세하여 급사(給使)로 삼고 후궁들에게 비파를 가르치게 하였습니다. 폐하께서 만약 회의(懷義)가 기묘한 품성이 있다고 생각하셔서 그를 궁중에서 내달리면서 심부름하는 사람으로 삼고 싶으시다면, 신은 그를 거세하여 두루 궁궐을 어지럽히지 않게 하기를 청합니다."

7 가을, 9월 정미일(10일)에 서돌궐의 계왕절(繼往絕) 가한의 아들인 아사나곡슬라(阿史那斛瑟羅)를 우옥검위장군(右玉鈐衛將軍)으로 삼아서 계왕절 가한을 계승하여178) 다섯 개의 집단으로 이루어진 노실필부(弩失畢部)를 다스리게 하였다.

8 기사일179)에 옹주(雍州, 수도인 장안 일대)에서 말하기를 신풍현(新豐縣,

---

176) 무후(武后)가 아끼는 승려인 회의(懷義)를 부를 때 쓰는 애칭(愛稱)이다. '아'는 애칭이고, '사'는 스승, 법사라는 의미이다.

177) 황성(皇城)은 남과 북, 2구역으로 나뉘어져 있다. 북성(北城)은 '후궁(後宮)', '후정(後庭)', 그리고 '금중(禁中)'으로 불리는 곳으로, 황제, 황후, 후궁, 그리고 환관들이 거주하는 곳이다. 남성(南城)은 '남아(南牙)'와 '조당(朝堂)'으로 불리는 곳으로, 중앙정부의 관청들이 있는 곳이다.

178) 계왕절(繼往絕) 가한은 돌궐의 13대 가한으로 이름은 아사나보진(阿史那步眞)인데, 고종 건봉 원년(666년)에 사망하였으며, 아사나곡슬라가 계왕절 가한을 계승하면 돌궐의 17대 가한이 된다.

179) 통감필법으로는 9월 기사일이어야 하지만 9월 1일이 무술일이므로 9월에는 기사일이 없다. 다만 ≪신당서(新唐書)≫에는 이 사건은 '10월 기사일(己巳日)'로 되어 있고, 10월 기사일은 즉 10월 2일이므로 기사 앞에 10월이 누락된 것으로 보아야

섬서성 臨潼縣 동북쪽 新豊鎭)의 동남쪽에서 산봉우리가 튀어나왔다고 하여 신풍현을 경산현(慶山縣)으로 바꾸었다. 사방에서 모두 축하하였다. 강릉(江陵, 호북성 강릉현) 사람 유문준(俞文俊)이 편지를 올렸다.

"하늘의 기운이 화합하지 않으면 추운 기운과 더운 기운이 다투고, 사람의 기운이 화합하지 않으면 사마귀와 혹이 생기며, 땅의 기운이 화합하지 않으면 언덕이 튀어나옵니다. 지금 폐하께서는 여자 군주로서 양(陽)의 자리에 있기에 굳센 것과 부드러운 것이 바뀌었으니, 그러므로 땅의 기운이 막히고 나뉘어졌으며 산이 변하여 재난이 됩니다.

폐하께서는 그것을 '경산(慶山)'이라고 일컬었지만 신은 경사스러운 일이 아니라고 생각합니다. 신은 어리석으나 의당 몸을 비켜서면서 덕을 닦아서 하늘이 내린 꾸지람에 응답해야 하며, 그렇지 않으면 재앙이 올 것이라고 생각합니다."

태후가 분노하여 그를 영외(嶺外, 南嶺 이남)로 귀양 보내니, 후에 육도사(六道使)[180]에게 피살되었다.

9 돌궐이 변경에 들어와서 노략질하니 좌응양위(左鷹揚衛) 대장군 흑치상지(黑齒常之)가 이를 막았다. 양정(兩井, 내몽골 陰山산맥 동쪽)에 이르러 돌궐 병사 3천여 명과 마주하였는데, 당 왕조의 군대를 보자 모두 말에서 내려서 갑옷을 입었고, 흑치상지가 200여 기병으로 그들에게 부딪치니 모두 갑옷을 버리고 달아났다. 날이 저물자 돌궐이 크게 도착하였고, 흑치상지가 군영 안에서 불을 지르게 하고 동남쪽에서도 또 불이 일어

할 것이다.

180) 무후가 영남 등 여섯 방향으로 보낸 사자이다. 당시에 영남에서 유랑인들이 모반하였다고 밀고가 있자 무후는 만국준을 파견하여 조사하게 하였다. 만국준이 돌아와서 여러 곳에서 유랑민들이 반란한다고 보고하자 무후는 다시 다섯 명의 사자를 각 방면으로 보냈다. 이 일은 차후 장수 2년(693년)에 있었고, 그 내용은 ≪자치통감≫ 권205에 실려 있다.

나니, 오랑캐들이 군대가 서로 호응하는 것으로 의심하여 마침내 밤중에 숨어버렸다.

10 적인걸(狄仁傑)을 영주(寧州, 치소는 감숙성 영현) 자사로 삼았다. 우대(右臺)의 감찰어사인 진릉(晉陵, 강소성 常州市) 사람 곽한(郭翰)이 농우(隴右, 隴西)를 순찰하면서, 이르는 곳에서 많은 사람들이 규찰을 받아서 탄핵되었다.

영주(寧州) 경내로 들어갔는데 노인들이 자사의 은덕과 훌륭함을 노래하며 길에 가득 찼다. 곽한이 그를 조정에 천거(薦擧)하였고 징소하여 동관시랑으로 삼았다. *

資治通鑑

자치통감 권204
당(唐)시대 20(687~691년)

무주혁명

돌굴을 막는 흑치상지와 보도(寶圖)를 조작한 무후

측천순성황후 수공(垂拱) 3년(丁亥, 687년)

1 봄, 윤정월 정묘일(2일)에 황제[1]의 아들인 이성미(李成美)를 책봉하여 항왕(恒王)으로 삼고, 이륭기(李隆基)를 초왕(楚王)으로 삼고, 이륭범(李隆範)을 위왕(衛王)으로 삼으며, 이륭업(李隆業)을 조왕(趙王)으로 삼았다.

2 2월 병진일(22일)에 돌굴의 아사나골독록(阿史那骨篤祿) 등이 창평(昌平, 북경시 창평현)을 침입하니, 좌응양(左鷹揚) 대장군 흑치상지(黑齒常之)에게 명령하여 여러 군대를 인솔하여 그들을 토벌하도록 하였다.

3 3월 을축일(1일)에 납언 위사겸(韋思謙)이 태중대부로서 치사(致仕)하였다.

4 여름, 4월에 소량사(蘇良嗣)에게 명령하여 서경(西京, 장안)을 유수(留守)하게 하였다. 이때 상방감 배비궁(裴匪躬)이 검교경원(檢校京苑)이었는데, 그는 장차 경원의 채소와 과일을 팔아서 이득을 거두어들이려고 하

---

1) 이때에 황제는 실권은 없었지만 예종이었다.

였다.

소량사가 말하였다.

"옛날에 공의휴(公儀休)가 노(魯)의 재상으로 있으면서 오히려 푸성귀를 뽑을 수 있고 옷감을 짜는 부인으로부터 떠나갔지만,2) 만승(萬乘)의 군주가 채소와 과일을 팔았다는 것은 아직 들어본 적이 없습니다."

마침내 그만두었다.

5 임술일(29일)에 배거도(裴居道)3)를 납언으로 삼았다.

5월 병인일(3일)에 하관(夏官, 중서성) 시랑4)인 경조(京兆, 長安) 사람 장광보(張光輔)를 봉각(鳳閣) 시랑·동평장사로 삼았다.

6 봉각시랑·동봉각난대삼품인 유의지(劉禕之)가 몰래 봉각(鳳閣)사인인 영년(永年, 하북성 영년현 동남쪽) 사람 가대은(賈大隱)에게 말하였다.

"태후께서 이미 어두운 군주를 폐하고 밝은 분을 세웠는데 어찌하여 임조칭제(臨朝稱制)를 하는가? 되돌리어 바르게 하여 온 천하의 마음을 안정시키는 것만 같지 못하다."

가대은이 비밀리에 그것을 주문(奏文)으로 올리자, 태후는 기뻐하지 않으면서 좌우에 있는 사람들에게 말하였다.

"유의지는 내가 끌어준 바인데 마침내 다시 나를 배반하는구나!"

어떤 자가 유의지가 귀성주(歸誠州, 羈縻州) 도독 손만영(孫萬榮)5)의 금

---

2) 동중서의 말이다. 공의휴가 노의 재상으로 지내는데, 그의 집에 가보니 그의 처가 비단을 짜고 있는 것을 보고 화를 내고 나갔다. 또 그가 나물을 심어서 캐 먹는 것을 보고 그 나물을 뽑고 말하기를, '나는 이미 녹을 받아먹는데 정원에서 일하는 사람이나 길쌈하는 여자가 얻을 이익을 빼앗는단 말인가'라고 하였다.

3) 봉각(鳳閣), 이전의 中書省의 장관으로 이전의 중서령(中書令)에 해당된다.

4) 하관(夏官)은 무후(武后) 광택(光宅) 원년(684년) 9월에 시행된 관직 개혁 이전의 병부(兵部)에 해당한다. 장관은 상서(尙書)이고, 차관은 시랑(侍郞)이다.

(金)을 받았고 또 허경종(許敬宗)의 첩과 사사로움이 있다고 무고하자, 태후는 숙주(肅州, 치소는 감숙성 酒泉市) 자사 왕본립(王本立)에게 명령하여 그를 추국하도록 하였다.

왕본립이 칙서(勅書)를 펴서 그에게 보여주자, 유의지가 말하였다.

"봉각(鳳閣)과 난대(鸞臺)를 거치지 않았는데, 무슨 명분으로 칙서가 됩니까?"

태후가 크게 분노하면서 그가 제사(制使)6)에게 항거한다고 생각하였고, 경오일(7일)에 집에서 자살하라고 명령을 내렸다.

유의지가 처음 하옥되면서 예종(睿宗)이 그를 위하여 소문(疏文)을 올려서 해명하니, 친척들과 친구들이 모두 그에게 축하해주자 유의지가 말하였다.

"이것이 마침내 빨리 나를 죽일 까닭입니다."

처형에 임박하여 목욕을 하였는데 정신과 안색이 태연자약해지자 스스로 감사하는 표문을 기초하니 즉각 여러 장을 완성하였다.

인대랑(麟臺郎) 곽한(郭翰, 감찰어사)과 태자문학(太子文學)7) 주사균(周

---

5) 거란족의 여러 세력 중에서 한 세력을 대표하는 추장(酋長)으로 이때 당에 들어와 일종의 인질로서 숙위(宿衛)하고 있었다. 이후 그는 거란으로 돌아간 후, 무후(武后) 만세통천(萬歲通天) 원년(696년) 9월에 거란족 최대 세력의 대추장(大酋長)이며 거란족의 부족장인 이진충(李盡忠)을 가한으로 옹립하고, 스스로는 총사령관이 되어 독립운동을 일으켜서 지금의 하북성 중부까지 군대를 이끌고 남하하여 당군과 싸워서 승승장구하였으나, 당의 뇌물에 넘어간 돌궐의 묵철(默啜) 카간에게 요하 상류인 시라—무렌(Sira-muren, 西剌木倫, 몽골어 '시라'는 '노란'이란 뜻이고, '무렌'은 '물' 혹은 '강'이란 뜻) 유역에 있는 본거지가 기습을 받아 무너짐으로써 거란 민중들이 동요하게 되고, 화북성의 전선에 나가던 손만영과 그 군대도 사기를 잃고 패퇴하게 되었다. 그리하여 손만영은 이듬해 6월경에 부하에게 피살되었고, 그에 따라 거란의 독립운동도 실패로 끝나고 말았다. 그런데 이 거란족의 반란을 계기로 당이 혼란한 틈을 이용하여 당시 지금의 요녕성 조양(朝陽)에 거주하고 있던 고구려의 별장인 대조영(大祚榮)과 그 무리는 동북쪽으로 달아나 발해왕국을 건국하게 된다.

6) 칙사(勅使)와 같은 말이다.

7) 태자가 문학 생활을 영위하는데 필요한 업무를 관장하였다. 고종의 치세에 2명을 배치하였다.

思鈞)이 그 문장을 칭찬하면서 한탄하였다. 태후가 그 소식을 듣고 곽한을 무주(巫州, 치소는 호남성 洪江市 서북쪽) 사법(司法)으로, 주사균을 파주(播州, 치소는 귀주성 遵義市) 사창(司倉)으로 좌천시켰다.

7 가을, 7월 임진일8)에 위현동(魏玄同)9)을 검교납언으로 하였다.

8 영남(嶺南, 南嶺)에 사는 이호(俚戶)10)는 옛날에 반만 세금을 부과하였으나, 교지(交趾, 베트남 북부)도호(都護) 유연우(劉延祐)가 그들로 하여금 전부 납부하도록 하자, 이호가 따르지 않았고 유연우가 그 괴수(魁首)를 죽였다. 그 무리인 이사신(李思愼) 등이 반란을 일으켜서 안남부성(安南府城, 베트남 하노이)을 공격하여 격파하고 유연우를 죽였다. 계주(桂州, 치소는 桂林市)사마 조현정(曹玄靜)이 군사를 거느리고 가서 이사신 등을 치고 그의 머리를 베었다.

9 돌궐의 아사나골독록(阿史那骨篤祿, 동돌궐의 18대 가한)과 아사덕원진(阿史德元珍)이 삭주(朔州, 치소는 산서성 삭주시)에서 노략질하자, 연연도(燕然道) 대총관인 흑치상지를 파견하여 그들을 쳤고, 좌응양(左鷹揚) 대장군 이다조(李多祚)에게 그를 위하여 돕게 하였는데, 황화퇴(黃花堆, 산서성 山陰縣 동북쪽)에서 돌궐을 대파하였고, 달아나는 것을 40여 리 추격하니, 돌궐은 모두 흩어져서 적북(磧北, 고비사막의 북방 지대)으로 달아났다.
이다조의 집안은 대대로 말갈족(靺鞨族)의 추장이었는데, 전쟁의 공로

---

8) 이 사건은 《구당서(舊唐書)》에 의거하면 8월 1일에 있었고, 《신당서》에 의하면 8월 21일에 있었다.

9) 난대시랑(鸞臺侍郎) 겸 동봉각난대삼품(同鳳閣鸞臺三品)으로 실질적으로 재상(宰相)의 자격을 지니고 있었다.

10) 이족(俚族)들로 구성된 호구이며, 이들을 이호로 분류하여 관장하고 있다.

로 들어와서 숙위(宿衛)할 수 있었다. 흑치상지는 상으로 하사품을 받을 때마다 모두 장교와 사병들에게 나누어주었다. 그는 좋은 말을 가지고 있었는데 군사가 상해를 입히자 관속(官屬)이 그에게 볼기를 치는 형벌을 주라고 요청하니, 흑치상지가 말하였다.

"어찌 개인의 말 때문에 관병(官兵)에게 볼기를 치겠는가?"

끝내 묻지 않았다.

10 9월 기묘일(18일)에 괵주(虢州, 치소는 하남성 靈寶縣) 사람 양초성(楊初成)이 낭장(郎將)을 사칭하고, 제서(制書)를 고쳐가지고 큰 저자거리에서 사람들을 모아서 방주(房州, 치소는 호북성 방현)에 있는 여릉왕(廬陵王)을 맞이하다가 일이 발각되어 잡혀 죽었다.

11 겨울, 10월 경자일(9일)에 우감문위(右監門衛) 중랑장 찬보벽(爨寶璧)이 돌궐의 아사나골독록과 아사덕원진과 싸웠으나 모든 군사가 죽었으며, 찬보벽은 경무장한 말을 타고 숨어서 돌아왔다.

찬보벽은 흑치상지가 공을 세운 것을 보고 남아있는 오랑캐들을 끝까지 추격하겠다는 표문을 올렸다. 조서(詔書)를 내려서 흑치상지와 계획하고 의논한 후 멀리서 후원하도록 하였다. 찬보벽은 공로를 오로지하려고 흑치상지를 기다리지 않고 정예의 병사 3천 명을 이끌고 먼저 나서서 요새를 나가 2천여 리에서 그 부락을 몰래 공격하였다. 이미 도착하고 나서도 또 먼저 사람을 보내어 그 사실을 알리니, 그들로 하여금 엄하게 대비하도록 하였다가, 그들과 싸워서 마침내 패하였다.

태후는 찬보벽을 죽이고, '아사나골독록'을 고쳐서 '아사나불졸록(阿史那不卒祿)'이라 불렀다.

12 위현동(魏玄同, 檢校納言)에게 서경(西京, 長安)에서 유수하라고 명령

하였다.

13 무승사(武承嗣)가 또 사람을 시켜서 이효일(李孝逸)을 무고하여 스스로 말하였다.

"내 이름 중에는 '토(兎)' 자가 있는데, 토끼는 달 속에 있는 물건이므로 마땅히 나에게 하늘의 명분이 있을 것이다."[11]

태후는 이효일이 공로를 세웠기 때문에 11월 무인일(18일)에 사형에서 감형하여 제명(除名)시키고 담주(儋州, 치소는 해남성 담주시)로 유배시켜서 죽게 하였다.

14 태후가 위대가(韋待價, 우상)를 파견하여 군사들을 거느리고 가서 토번(吐蕃)을 공격하도록 하려 하였으나, 봉각시랑 위방질(韋方質)이 주문을 올려서 이전의 제도처럼 어사감군(御史監軍)[12]을 파견하도록 요청하자, 태후가 말하였다.

"옛날에 밝은 군주는 장군을 파견하면서 밖의 일은 모두 그에게 맡겼다. 근래에 듣자하니 어사감군은 군대의 일은 크든 작든 모두 반드시 품신(稟申)을 받는다고 한다. 아랫사람이 윗사람을 통제하는 것은 명령도 법도 아니다. 또 어떻게 그가 전공을 세운 것을 책임지게 할 것인가?"

마침내 이를 철폐하였다.

15 이 해에 전국에서 큰 기근이 들었는데, 산동(山東, 崤山 동쪽)과 관내(關內, 關中)가 더욱 심하였다.

---

11) 이효일의 일(逸)은 토끼 토(兎)와 착(辶)이 결합한 글자이므로 그의 이름에는 토끼가 들어가 있고, 토끼는 달에 산다는 속설을 가지고 있으며, 달은 또 하늘에 떠 있으므로 이를 가지고 무고한 것이다.

12) 황제의 비서와 관리들에 대한 감찰관의 성질을 지니고 있는 어사(御史)의 자격으로서, 전쟁터에서 장군을 비롯한 지휘관들을 감시하고 감독하는 역할을 수행하였다.

측천후 수공(垂拱) 4년(戊子, 688년)

1 봄, 정월 갑자일(5일)에 신도(神都, 낙양)에 고조·태종·고종의 세 사당을 세우고 사계절로 제사를 지내는데, 서묘(西廟, 종묘)에서의 의식과 같게 하였다. 또 숭선묘(崇先廟)를 세워서 무씨(武氏) 할아버지들에게도 제사 지냈다. 태후가 유사에게 명령하여 숭선묘에 설치할 제실(祭室)의 수를 의논하라고 하자, 사례(司禮)박사13)인 주종(周悰)이 7칸의 제실로 만들고, 또 당(唐)의 태묘(太廟)를 줄여서 5칸의 제실로 만들 것을 요청하였다.

춘관시랑 가대은(賈大隱)이 주서를 올렸다.

"예(禮)에 의하면, 천자는 칠묘(七廟)이고 제후는 오묘(五廟)인데, 백명의 왕이 있다 해도 바꿀 수 없다는 뜻입니다. 지금 주종이 따로 떠돌아다니는 의론을 따와서 널리 기이한 풍문을 서술하고 있는데, 이는 곧바로 임조(臨朝)하고 있는 권위를 숭상하는 의례이지, 국가의 정상적인 법도에 의거한 것이 아닙니다.

황태후께서는 친히 고탁(顧託)을 이어받아서 광대한 계획을 빛나게 드러내고 있으므로, 그 숭선묘의 제실(祭室)은 응당 제후의 제실의 수와 같이해야 하며, 국가의 종묘를 갑자기 바꾸거나 옮기는 것은 마땅하지 않습니다."

태후가 마침내 중지하였다.

2 태종과 고종의 치세에 여러 번 명당(明堂)14)을 세우려고 여러 유학자

---

13) 박사는 당대에 태학(太學)과 국자학(國子學)에 설치하였는데, 경학(經學)을 위시하여 한 분야에 정통한 자에게 수여하였다. 따라서 사례박사는 태학이나 국자학에 소속되어 있는 학자 중에서 의례(儀禮)에 정통한 사람을 가리킨다.

14) 중국 고대부터 건축되었다고 전해지고 있다. 정령(政令)을 발포(發布)하고 천지(天地)에 제사 지내는 전국의 중심이 되는 건축물이다.

들이 그 제도를 논의하였으나15) 결정을 내리지 못한 채 중지되었다. 태후가 칭제(稱制)하기에 이르자 홀로 북문(北門)학사들과 그 제도를 논의하였을 뿐16) 여러 유학자들에게는 묻지 않았다.

여러 유학자들은 명당은 마땅히 국도(國都)의 남방에서 병사(丙巳)의 땅17)에 있어야 하며 3리 밖에서 7리 안에 있어야 한다고 생각하였다. 태후는 황성에서 너무 멀다고 생각하였다. 2월 경오일18)에 건원전(乾元殿)을 부수고 그 땅에 명당을 짓도록 하고, 승려인 회의(懷義)에게 이를 시키게 하였는데, 무릇 사역된 사람들이 수만 명이었다.

3 여름, 4월 무술일(11일)에 태자통사사인 학상현(郝象賢)을 죽였다. 학상현은 학처준(郝處俊)19)의 손자이다.

애초에, 태후는 학처준에게 서운한 마음을 가졌는데,20) 그때 마침 노복(奴僕)이 학상현이 반란한다고 무고하니, 태후는 주흥(周興, 추관시랑)

---

15) 고종 총장 2년(669년) 3월에 있었던 일이다.

16) 당대(唐代)의 제도에 따르면, 관아(官衙)는 모두 궁성(宮城)의 남쪽에 있었으나, 한림원(翰林院)과 학사원(學士院)은 은대문(銀臺門)의 북쪽에 있었다. 따라서 한림원과 학사원의 학사(學士)들은 남문(南門)을 통과할 수 없었고 북문(北門)을 통해서 궁성으로 들어갈 수 있었다. 그 때문에 당시 사람들은 이들 학사들을 '북문학사(北門學士)'라고 불렀고, 이를 논의한 것은 고종 상원 2년(675년) 3월의 일이다.

17) 옛사람들은 간지(干支)를 가지고 방위(方位)의 표지로 삼았는데 병·사(丙·巳)는 남쪽에서 동쪽으로 기울어진 방위를 말한다.

18) 2월 1일이 경인일이므로 2월에는 경오일이 없다. 다만 ≪신당서(新唐書)≫에는 이 사건이 있는 날은 정월로 되어 있고, 정월 경오일은 1월 11일이다. 따라서 경오 앞에 있는 2월은 연자(衍字)로 보인다.

19) 태자통사사인은 태자궁에 소속된 통사사인(通事舍人)이란 뜻이다. 통사사인은 원래 중서성(中書省, 鳳閣)에 소속되어 주로 황제의 조명(詔命)을 전달하거나 공포하는 임무를 담당하였고, 학처준에 관한 일은 고종 상원 2년(675년) 3월에 있었고, 고종이 병이 심해지자, 무후에게 섭정시키려고 그와 의논하였으나 그는 반대하였다. 그리하여 고종은 이후 무후가 섭정하는 안건에 대한 의론을 중지시켰다. 그 결과 무후가 권력을 장악하는 시간이 9년이나 늦어지게 되었다.

20) 학처준이 고종에게 무측천에 대하여 간언한 일은 상원 2년(675년)의 일이다.

에게 명하여 그를 국문(鞫問)하도록 하여, 학상현의 일족은 죄를 받기에 이르렀다. 학상현의 집안사람이 조당(朝堂)으로 가서 감찰어사(監察御史)21)인 낙안(樂安, 산동성 혜민현(惠民縣)) 사람 임현식(任玄殖)에게 억울함을 호소하였다.

임현식은 학상현이 반란한 상황이 없다고 주문(奏文)을 올리자, 임현식도 연좌되어 관직에서 면제되었다. 학상현은 형벌을 받는 곳에 가서 극단적인 말로 태후를 욕하면서 궁중에서 은폐하였던 간특한 사실을 까발리고, 저잣거리의 사람들이 가진 장작을 빼앗아서 형벌을 집행하는 사람을 공격하니 금오위(金吾衛)의 병사들이 함께 그를 쳐서 죽였다.

태후는 그의 시체에서 사지를 잘라내고 그의 아버지와 할아버지의 분묘를 파고 관을 부수어서 시체를 불태우라고 명령하였다. 이때부터 태후의 치세가 끝날 때까지 법관들은 사람을 처형할 때마다 먼저 나무로 만든 둥근 알로 그 입을 막았다.

4 무승사(武承嗣)가 흰 돌을 깎아서 문장을 새겨 넣어서 말하였다.

"성스러운 어머니가 백성에게 다가가서, 황제의 대업을 영원히 번창시킨다."

자주색 돌22)을 분말로 만들어 약물에 섞어서 그곳을 채웠다. 경오일23)에 옹주(雍州, 장안 주변) 사람 당동태(唐同泰)를 시켜서 표문을 올리고, 그

---

21) 주로 백관을 나누어 관찰하고, 군현을 안무(按撫)하며, 형옥을 살펴보고, 조의(朝儀)를 정숙하며, 육부를 나누어 관찰하고, 창고를 감독하는 일 등을 관장하는 어사대의 속관으로 정원은 10명이고, 품계는 정팔품 상으로 어사대의 여러 어사 중에서 품계가 가장 낮다.

22) 자주색 빛깔을 띠는 옥(玉)이다. 옛 사람들은 상서로운 물건으로 인식하였다.

23) 이 해 4월은 무자일(戊子日)이 초하루여서 경오일(庚午日)은 없다. ≪구당서(舊唐書)≫에도 '4월'로 기재되어 있으나 ≪신당서(新唐書)≫에 의하면 5월이고, 경오일은 3일에 해당된다. 그러므로 이 기사는 5월 3일자의 기록으로 보는 것이 좋다.

것을 바치면서 낙수(洛水)24)에서 그것을 얻었다고 하였다. 태후는 기뻐하면서 그 돌을 '보도(寶圖)'라 명명(命名)하였다. 당동태를 발탁하여 유격(游擊)장군으로 삼았다.

5월 무진일(11일)에 조서를 내려서 마땅히 친히 낙수에 가서 절하고 '보도'를 받고 남교(南郊)에 가서 제사 지내고 하늘에 감사한 마음을 알겠다고 하였다.25) 예식을 마친 후에는 명당(明堂)에 가서 여러 신하들을 조현하였다. 태후는 모든 주의 도독과 자사 그리고 종실과 외척들에게 낙수에 가서 절하기 열흘 전에 신도(神都, 낙양)에 모이도록 명령하였다. 을해일(18일)에 태후는 존호(尊號)를 덧붙여서 성모신황(聖母神皇)으로 하였다.

5 6월 초하루 정해일에 일식이 있었다.

6 임인일(16일)에 신황(神皇, 무후)의 3개의 옥새를 만들었다.

7 동양(東陽) 대장공주26)는 봉읍(封邑)이 깎이게 되고, 아울러 두 아들은 무주(巫州, 치소는 호남성 洪江市 서북쪽)로 이사 가게 되었다. 공주는 고이행(高履行)에게 시집갔는데, 태후는 고씨가 장손무기(長孫無忌)의 구족(舅族, 외가)이었으니, 그러므로 그를 미워한 것이다.

---

24) 동도(東都)인 낙양(洛陽)을 통과하는 강으로 동북쪽으로 흘러서 황하로 흘러 들어간다.

25) 황제가 하늘에 제사 지낼 때, 즉 입하(立夏)에는 남교(南郊)의 환구(圜丘)에 가고, 땅에 제사 지낼 때, 즉 하지(夏至)나 동지(冬至)에는 북교(北郊)에 간다.

26) 태종(太宗) 이세민(李世民)의 딸이다. 일반적으로 현 황제의 딸은 '공주(公主)'라 부르고, 현 황제의 아버지의 딸(아버지의 재위 시에는 '공주'), 즉 현 황제의 자매는 '장공주(長公主)'라 부르고, 현 황제의 할아버지의 딸(아버지의 재위 시에는 역시 '공주'), 즉 현 황제의 고모는 '대장공주(大長公主)'라 부른다. 동양대장공주는 그의 어머니 장손황후의 외삼촌 고사렴(高士廉)의 아들인 고이행(高履行)에게 시집갔다.

거사를 획책하는 친왕들

8 강남도(江南道, 장강 이남) 순무대사 · 동관(冬官, 공부) 시랑인 적인걸(狄仁
傑)은 오 · 초(吳 · 楚)에 음사(淫祠)27)가 많아서 주문을 올려 그러한 1천
700여 곳은 불태웠으나, 오로지 하우(夏禹) · 오태백(吳太白) · 계찰(季
札) · 오원(伍員)28)의 네 사당만은 남겨놓았다.

9 가을, 7월 정사일(1일)에 천하를 사면하였다. '보도(寶圖)'는 '천수성
도(天授聖圖)'로 다시 명명하였고, 낙수를 영창낙수(永昌洛水)라고 하였
으며, 그 신령을 책봉하여 현성후(顯聖侯)로 하여 특진을 덧붙여 주었으
며, 고기잡이나 낚시를 금지하고, 사독(四瀆)29)에게 제사 지내는 방식에
따라서 제사 지냈다.

유명한 그림〈天授聖圖〉이 나온 곳을 '성도천(聖圖泉)'이라 이름을 붙
이고, 천(泉, 성도천) 옆에는 영창현(永昌縣)을 설치하였다. 또 숭산(崇

---

27) 각양각색의 이상한 신(神)을 모시는 기괴한 사당(祠堂)을 가리킨다.

28) 하우(夏禹)는 하를 세웠다는 우임금이고, 오태백(吳太白)은 '오대백(吳大白)'이라고
도 하는데, 천명을 받아서 주를 세웠다는 문왕의 백부이며 주족을 일으킨 고공단보의
맏아들이며, 계찰(季札)은 춘추시대 오임금인 수몽(壽夢)의 아들로서, 임금의 자리를
받지 않고 연릉을 봉지로 받았고, 오원(伍員)의 자는 자서(子胥)로서 춘추시대 오의
대부이다.

29) 양자강(揚子江), 회수(淮水), 황하(黃河) 그리고 제수(濟水) 4강을 가리킨다.

山)30)을 신악(神嶽)으로 고치고, 그 신령을 책봉하여 천중왕(天中王)으로 하고, 태사(太師) · 사지절(使持節) · 신악(神嶽) 대도독에 임명하여, 풀을 베어가거나 가축을 방목하는 것을 금지하였다. 또 이전에 사수(汜水, 치소는 하남성 滎陽縣 서북쪽)에서 상서로운 돌을 얻었다고 하여 사수현을 광무현(廣武縣)으로 고쳤다.

태후는 혁명(革命)을 몰래 계획하면서 종실 사람들을 점차 제거하였다. 강주(絳州, 치소는 산서성 新絳縣) 자사인 한왕(韓王) 이원가(李元嘉) · 청주(靑州, 치소는 산동성 청주시) 자사인 곽왕(霍王) 이원궤(李元軌) · 형주(邢州, 치소는 하북성 邢臺市) 자사인 노왕(魯王) 이령기(李靈夔) · 예주(豫州, 치소는 하남성 汝南縣) 자사인 월왕(越王) 이정(李貞) 그리고 이원가의 아들이자 통주(通州, 치소는 사천성 遠川市) 자사인 황공(黃公) 이선(李譔) · 이원궤의 아들이자 금주(金州, 치소는 섬서성 安康市) 자사인 강도왕(江都王) 이서(李緖) · 곽왕(虢王) 이봉(李鳳) 아들이자 신주(申州, 치소는 하남성 信陽市) 자사인 동완공(東莞公) 이융(李融) · 이령기의 아들인 범양왕(范陽王) 이애(李藹) · 이정의 아들이자 박주(博州, 치소는 산동성 요성시) 자사인 낭야왕(琅邪王) 이충(李沖)31)은 종실들 중에서 모두 재주와 덕행으로 훌륭한 명성을 가지고 있었는데, 태후는 이들을 더욱 싫어하였다.

이원가 등은 속으로 불안하여서 몰래 권력을 바르게 하고 회복시키려는 뜻을 가지고 있었다.

이선이 편지를 써서 이정에게 보내어 암시하였다.

"안사람의 병세가 점점 위중해져서 마땅히 속히 병을 치료해야 하겠으

---

30) 중국의 한인(漢人)들이 신성하게 여기는 오악(五嶽) 중의 중악(中嶽)으로, 지금의 숭고산(崇高山)으로 하남성 낙양시(洛陽市) 동남쪽의 등봉현(登封縣) 북쪽에 있다.

31) 이원가 · 이원궤 · 이령기는 고조 이연의 아들이고, 이정(李貞)은 태종 이세민의 여덟째아들로서 어머니는 연비(燕妃)이고, 이봉(李鳳)은 고조 이연의 아들이고, 이충(李沖)은 태종 이세민과 연비 사이에서 태어난 태종의 여덟째아들인 월왕 이정의 아들이다.

며, 만약 금년 겨울까지 되면 어쩌면 고질병이 될 것입니다."

태후가 종실들을 불러서 명당(明堂)에서 조현하기에 이르자, 여러 친왕들은 서로 놀라면서 말하였다.

"신황(神皇)이 대향(大饗)32)을 거행할 때에 사람을 시켜서 밀고하도록 하여 종실 사람들을 모두 붙잡아서 죽이고 후손들도 남겨놓지 않는다고 합니다."

이선이 가짜로 황제의 새서(璽書)33)를 만들어서 이충(李沖)에게 보내어 말하였다.

"짐이 붙잡혀서 갇히는 일을 당하였으니, 여러 친왕들은 마땅히 각각 군대를 발동하여 나를 구해야 할 것이다."

이충이 또 속여서 황제의 새서를 만들어서 말하였다.

"신황이 이씨의 사직을 옮겨서 무씨(武氏)에게 주려하고 있다."

8월 임인일(17일)에 이충이 장사(長史) 소덕종(蕭德琮) 등을 불러서 병사들을 모으게 하고, 나누어 한왕(韓王)·곽왕(霍王)·노왕(魯王)·월왕(越王) 그리고 패주(貝州, 치소는 하북성 淸河縣) 자사인 기왕(紀王) 이신(李愼)34)에게 알리고, 각각 군대를 일으켜서 함께 신도(神都, 낙양)로 나아가도록 하였다. 태후가 그 소식을 듣고 좌금오(左金吾)장군35) 구신적(丘神勣)을 청평도(淸平道) 행군대총관으로 삼아서 이들을 토벌하도록 하

---

32) 신황(神皇)은 무후(武后)이고, 대향(大饗)은 황실에서 여러 선왕(先王)들이 혼령을 위로하기 위하여 합동으로 제사 지내는 제례이다.

33) 가짜 황제란 예종(睿宗) 이단(李旦)을 가리키며, 새서(璽書)는 황제의 옥새가 찍힌 문서를 가리킨다.

34) 한왕(韓王)은 고조 이연의 아들로 강주(絳州) 자사 이원가이고, 곽왕(霍王)은 고조 이연의 아들로 청주(靑州) 자사 이원궤이고, 노왕(魯王)은 고조 이연의 아들로 형주(邢州) 자사 이령기이고, 월왕(越王)은 태종 이세민의 아들로 예주(豫州) 자사 이정이고, 이신(李愼)은 태종 이세민의 아들이다.

35) 정확하게는 우금오위(右金吾衛) 장군이다. 좌우금오위는 금군의 하나이다. 통수인 정삼품(正三品)의 대장군 혹은 상장군 1명, 부통수인 종삼품의 장군 2명 그리고 각각 수명의 중랑장과 낭장 등의 계급이 있었다.

였다.

이충은 병사들을 모집하여 5천여 명을 얻자, 황하를 건너 제주(濟州, 치소는 산동성 茌平縣 서남쪽)를 빼앗으려고 하면서 먼저 무수(武水, 산동성 聊城市 서남쪽)를 공격하자, 무수 현령 곽무제(郭務悌)가 위주(魏州, 치소는 하북성 大名縣)로 가서 구원해주기를 요청하였다.

신현(莘縣, 산동성 신현) 현령 마현소(馬玄素)는 병사 1천700명을 거느리고 도중에 이충을 맞이하게 되자, 힘으로 대적할 수 없을까 두려워하여 무수로 들어가서 문을 잠그고 막고 지켰다. 이충은 풀을 가득 실은 수레를 밀어서 그 남문(南門)을 막고, 바람을 이용하여 불을 질러 그것을 불살라버리고, 불붙는 것을 이용하여 돌입하려고 하였는데 불은 냈지만 바람이 되돌아와서 이충의 군대가 나아갈 수 없게 되니, 이 때문에 사기가 꺾였다.

당읍(堂邑, 산동성 聊城市 서쪽) 사람 동현적(董玄寂)이 이충을 위하여 병사들을 거느리고 와서 무수를 치면서 사람들에게 말하였다.

"낭야왕(琅邪王, 이충)이 국가와 교전하고 있으니, 이것이 바로 반란이다."

이충이 그 말을 듣고 동현적의 목을 베어서 두루 보여주니, 병사들은 두려워서 흩어져 산과 들로 들어갔으나 금지시킬 수가 없었고, 오직 가동(家僮)들만이 좌우에 수십 명 있었다.

이충은 돌아서 박주(博州, 치소는 산동성 聊城市)로 달아났는데, 무신일(23일)에 성문에 도착하였다가 문을 지키는 자에게 피살되었으니, 무릇 군대를 일으킨 지 이레 만에 실패하였다. 구신적이 박주에 도착하자, 관리들이 소복(素服)36)으로 나와서 맞이하였지만, 구신적은 그들을 모두 죽이고, 무릇 1천여 집을 파괴하였다.

---

36) 항복의 의사를 표시한다.

월왕 이정도 이충이 군대를 일으켰다는 소식을 듣고 역시 예주(豫州, 치소는 하남성 汝南縣)에서 거병하였는데, 군대를 보내어 상채(上蔡, 하남성 상채현)를 함락시켰다.

9월 병진일(1일)에 좌표도(左豹韜) 대장군37) 국숭유(麴崇裕)를 중군(中軍) 대총관으로 삼고, 잠장천(岑長倩)을 후군(後軍) 대총관으로 삼고, 병사 10만을 거느리고 가서 그를 토벌하도록 명령하였고, 또 장광보(張光輔, 봉각시랑)에게 명령하여 제군을 통제하게 하였다. 이충에게는 속적(屬籍)을 삭탈하고, 성을 바꾸어 훼씨(虺氏)38)로 하였다.

이정은 이충이 실패하였다는 소식을 듣고, 스스로 쇠사슬을 몸에 걸고 궁궐로 가서 사죄하려고 하였으나, 그때 마침 자신이 임명한 신채(新蔡, 하남성 신채현) 현령 부연경(傅延慶)이 용사 2천여 명을 모집하여 얻게 되자, 이정은 마침내 사람들에게 선언하였다.

"낭야왕(琅邪王, 李沖)이 이미 위주(魏州, 치소는 하북성 大名縣)와 상주(相州, 치소는 하남성 安陽市)를 비롯한 여러 주를 깨뜨리고, 병사 20만을 가지고 있으니, 조석(朝夕)간에 도착할 것이다."

소속 현의 병사들을 징발하여 모두 5천을 얻어서, 나누어 오영(五營)으로 삼고 여남(汝南, 豫州의 치소로서 하남성 여남현) 현승 배수덕(裴守德) 등으로 하여금 이들을 거느리도록 하고, 9품 이상의 관리 500여 명을 임명하였다.

임명된 관리들은 모두 협박을 받아서 투지가 없었으나, 오직 배수덕만이 그와 더불어 같이 계획하여서 이정은 그의 딸을 그에게 처로 삼도록

---

37) 정확하게는 좌표도위대장군(左豹韜衛大將軍)이다. 좌・우표도위(左・右豹韜衛)는 금군(禁軍) 중의 하나이다. 684년 관제 개혁 때, 좌・우위위(左・右威衛)에서 좌・우표도위(左・右豹韜衛)로 명칭을 바꾸었다. 통수(統帥)인 정삼품(正三品)의 대장군(大將軍) 혹은 상장군(上將軍) 1명, 부통수(副統帥)인 종삼품(從三品)의 장군(將軍) 2명 그리고 각각 수명의 중낭장(中郎將)과 낭장(郎將) 등의 계급이 있었다.

38) '살무사' 또는 '독사'란 뜻이다.

하고, 대장군에 임명하여 심복으로서 일을 맡겼다. 이정은 도사와 승려를 시켜서 경전을 외게 하며 일이 이루어지기를 구(求)하였고, 좌우에 있는 사람들과 전사(戰士)들은 모두 벽병부(辟兵符)39)를 허리에 찼다.

국숭유 등의 군대가 예주성(豫州城, 하남성 汝南縣)에서 동쪽으로 40리에 도착하자, 이정은 어린 아들인 이규(李規)와 배수덕(裴守德)을 보내어 막아서 싸우도록 하였으나 군대는 무너져서 돌아왔다. 이정은 크게 두려워하면서 합문(閤門)을 닫고 스스로 지켰다. 국숭유 등이 성 밑에 도착하자, 좌우에서 이정에게 말하였다.

"왕께서는 어찌하여 앉아서 죽임의 치욕을 기다리십니까?"

이정 · 이규 · 배수덕과 그 처는 모두 자살하였다. 이충과 더불어 모두 동도(東都, 낙양)의 궁궐 아래에서 효수(梟首)되었다.

애초에, 범양왕(范陽王) 이애(李藹)40)는 사신을 파견하여 이정과 이충에게 말하였다.

"만약 사방의 친왕들이 같은 시기에 나란히 일어난다면, 일은 성공하지 못할 것이 없습니다."

친왕들이 왕래하면서 서로 결속할 것을 약속하였지만, 아직 확정을 하지 않았는데 이충이 먼저 나서자, 오직 이정이 낭패한 채 그에게 호응하였을 뿐이고, 여러 친왕들은 모두 감히 나서지 못하였으니, 그러므로 실패하였다.

이정이 장차 군대를 일으키려고 하면서, 사자를 파견하여 수주(壽州, 치소는 안휘성 수현) 자사 조괴(趙瓌)에게 알리니, 조괴의 처인 상락(常樂) 장공주41)가 사자에게 말하였다.

---

39) 적의 병기(兵器)를 물리쳐주는 호부(護符)를 가리킨다.

40) 고조 이연의 아들로서 형주(邢州) 자사로 있는 노왕 이령기의 아들이므로 고조 이연의 손자이다.

41) 고조 이연의 19번째 딸로 조괴에게 시집갔다. 딸을 하나 두었는데 당 중종 이현이 영

"나를 위하여 월왕(越王, 이정)에게 말해주시오. 옛날에 수(隋) 문제가 장차 주(周) 황실을 찬탈하려 하면서[42] 울지형(尉遲迥)이 주의 생질이지만 오히려 군대를 일으켜서 사직(社稷)을 바르게 하고 구제할 수 있었고,[43] 공은 비록 이룰 수 없었지만 위세를 해내에 떨쳤으니 충분히 충성스럽고 열렬하였소.

하물며 당신들 친왕(親王)들은 먼저 돌아가신 황제의 자식으로 어떻게 사직을 마음에 두고 있지 않을 수가 있겠습니까? 지금 이씨(李氏)들의 위기는 아침이슬과도 같은데, 당신들 친왕들은 목숨을 버리더라도 정의를 취하려 하지 않고, 오히려 미적미적하며 군대를 일으키지 않는데, 무엇을 기다리려고 합니까? 재난은 또 이르렀으니, 대장부는 마땅히 충성스럽고 옳은 귀신이 되어야 하며 헛되이 죽어서는 안 됩니다."

이정이 실패하게 되자, 태후는 한왕(韓王)과 노왕(魯王) 등 여러 친왕들을 모두 죽이려고 감찰어사인 남전(藍田, 섬서성 남전현) 사람 소향(蘇珦)에게 명령하여 그들의 비밀 진상을 조사하도록 하였다. 소향이 신문해 보았으나 모두 명확한 증거가 없자, 어떤 사람이 소향이 한왕·노왕과 통모(通謀)하였다고 밀고하니, 태후가 소향을 불러서 그를 꾸짖었다. 소향은 항변하면서 그의 주장을 바꾸지 않았다.

태후가 말하였다.

"경은 대단히 고아한 선비여서, 짐이 경에게 마땅히 별도로 맡겨야 할 것이 있다. 이번의 옥사는 반드시 경이 맡지 않아도 될 것이오."

왕이었을 때에 정비였다.

42) 원래 흉노계통이지만 선비족에 동화된 우문씨(宇文氏)가 세운 장안(長安, 섬서성 西安市)을 수도로 한 북주(北周) 왕조를 가리킨다. 외척으로서 실권을 장악하고 있던 양견(楊堅)이 수 문제 개황 원년(581년)에 선양을 통해 황제의 자리를 차지하고 국호를 수(隋)로 바꾸었다.

43) 진 선제 태건 14년(580년) 8월에 상주(相州, 치소는 鄴, 하북성 臨漳縣) 총관 울지형이 양견(楊堅)을 제거하기 위하여 군대를 일으켰으나 실패하고 말았다.

마침내 소항에게 명령하여 하서(河西, 감숙성의 중부와 서부)에서 군대를 감독하도록 하고, 바꾸어서 주흥(周興) 등으로 하여금 이를 조사하도록 하니, 이에 한왕 이원가(李元嘉)·노왕 이령기(李靈夔)·황공(黃公) 이선(李譔)·상락(常樂) 공주를 동도(東都, 하남성 洛陽市)에서 체포하고 위협하여 모두 자살하게 하고, 그들의 성을 고쳐서 훼(虺)라 하고, 그 친척 일당도 모두 주살되었다.

문창(文昌) 좌승 적인걸(狄仁傑)을 예주(豫州, 치소는 하남성 汝南縣) 자사로 삼았다. 당시 월왕 이정의 무리를 처리하면서, 마땅히 연루될 자가 600~700집이고, 적몰(籍沒)될 자가 5천 명이었는데, 사형시(司刑寺)[44]에서 사신을 재촉하여 형벌을 시행하게 하였다.

적인걸이 비밀리에 주문(奏文)을 올렸다.

"저들은 모두 잘못 인도되었습니다. 신은 드러내어 주문을 올리고 싶지만, 그렇게 하면 반역자들을 위하여 해명해주는 것과 같게 되고, 알고는 있지만 말을 안 하면 폐하의 어질고 가련하게 여기는 뜻을 어그러뜨릴까 두렵습니다."

태후는 특별히 그들을 용서하고, 모두 풍주(豊州, 치소는 내몽골 五原縣)로 유배시켰다. 가는 도중에 영주(寧州, 치소는 감숙성 영현)를 지나는데, 영주의 부로(父老)가 그들을 맞이하여 위로하면서 말하였다.

"우리 적사군(狄使君)[45]께서 당신들을 살렸구려!"

서로 덕정비(德政碑)[46] 아래로 이끌고 가서 소리 내어 울고, 몸을 깨끗이 하고 재(齋)를 사흘 동안 진설하고서 갔다.

---

44) 이전의 대리시(大理寺)로서 중앙 최고의 심판기관이다.

45) 적인걸(狄仁傑)을 가리키며, '사군(使君)'은 주(州)의 장관, 즉 자사(刺史)에 대한 존칭이며, 적인걸은 영주 자사였다.

46) 이전에 적인걸이 영주(寧州) 자사로 재직할 때 선정을 베풀었기 때문에 영주 주민들이 세운 공덕비이다.

당시 장광보는 오히려 예주(豫州, 치소는 하남성 汝南縣)에 있었는데, 장교와 사병들이 공로를 믿고 대부분 재물 얻기를 요청하고 있었지만, 적인걸은 그것에 호응하지 않았다. 장광보가 화를 내면서 말하였다.

"주(州)의 장수(將帥)가 원수(元帥)를 가볍게 여기는가?"[47]
적인걸이 말하였다.

"하남(河南)을 어지럽힌 자는 한 사람 월왕 이정일 뿐이며, 이제 한 사람 이정이 죽어서, 1만의 이정은 살았습니다."

장광보가 그의 말을 힐난하자, 적인걸이 말하였다.

"현명한 공께서는 병사 30만을 총괄하고 있지만, 죽인 자는 월왕 이정에 그치고 있습니다. 성 안에서는 관군이 도착하였다는 소식을 듣고, 성을 타넘고 항복하러 나간 자가 사면에서 작은 길을 이루었으나, 현명한 공께서는 장교와 병사들을 멋대로 풀어서 난폭하게 노략질하여, 이미 항복한 자들을 죽여가지고 공적으로 삼고, 흐르는 피는 들판을 붉게 하니, 만 사람의 이정이 아니면 무엇입니까?

저는 상방(尙方)의 참마검(斬馬劍)[48]을 얻지 못하여 현명한 공의 목을 찌르지 못하는 것은 한스럽지만, 비록 죽는다 하더라도 고향으로 돌아가는 것과 같을 따름입니다."

장광보는 힐난할 수 없자, 돌아가서 적인걸이 불손하였다고 주서(奏書)를 올리어 복주(復州, 치소는 호북성 仙桃市) 자사로 좌천시켰다.

---

47) 주(州)의 장수(將帥)란 적인걸을 말하며, 원수(元帥)란 장광보를 말한다.

48) 상방(尙方)은 천자나 황실 사람들이 사용하는 물품을 만드는 곳을 가리키는데, 책임자는 상방감(尙方監)이고 참마검(斬馬劍)은 말을 베어서 두 동강이를 낼 수 있는 예리한 칼을 가리킨다.

후무가 세운 화려하고 거대한 명당

10 정묘일(12일)에 좌숙정(左肅政) 대부 건미도(騫味道)와 하관(夏官) 시랑 왕본립(王本立)이 나란히 동평장사가 되었다.

11 태후가 불러서 명당에서 조회하는데 동완공(東莞公) 이융(李融)[49]이 몰래 사자를 보내어 성균(成均) 조교[50] 고자공(高子貢)에게 물으니, 고자공이 말하였다.

"오면 반드시 죽습니다."

이융은 마침내 병을 핑계로 가지 않았다.

월왕 이정은 군대를 일으키고서, 사자(使者)를 보내어 이융과 약속하였으나, 이융은 갑작스러워서 호응할 수 없었고, 관속들에게 위협을 받게 되자 사자를 붙잡아서 보고하니, 우찬선(右贊善) 대부[51]로 발탁하여 임명하였다. 얼마 지나지 않아서, 곁가지 무리에게 이끌리어, 겨울, 10월 기해일(14일)에 저자에서 죽었고, 그 가족도 적몰되었다. 고자공 역시 연좌되어 주살되었다.

---

49) 고조 이연의 아들인 괵왕(虢王) 이봉(李鳳)의 아들로서 신주(申州) 자사였다.

50) 성균은 당대(唐代)의 국립대학인 성균관(成均館)이고, 조교는 학장이나 교수를 돕는 일을 하는 관직이다.

51) 태자궁의 속관으로 간단하게 '찬선(贊善)'이라고도 부른다.

제주(濟州, 치소는 산동성 茌平縣 서남쪽) 자사 설의(薛顗)·설의의 아우인 설서(薛緖)·설서의 아우인 부마(駙馬) 도위 설소(薛紹)52)는 모두 낭야왕 이충과 왕래하며 모의하였다. 설의는 이충이 군대를 일으켰다는 소식을 듣고 병기를 만들고 사람들을 모았다. 이충이 패하자 녹사(錄事) 참군53) 고찬(高纂)을 죽여서 멸구(滅口)54)하였다. 11월 신유일(6일)에 설의와 설서는 죽임을 당하였고, 설소는 태평(太平) 공주 때문에 100대의 장형(杖刑)에 처해졌다가 감옥에서 굶어 죽었다.

12월 을유일(1일)에 사도(司徒)·청주(靑州, 치소는 산동성 청주시) 자사인 곽왕(霍王) 이원궤는 월왕과 연결하여 모의하였다는데 연좌되어 철폐하고 검주(黔州, 치소는 사천성 彭水縣)로 유배되었는데, 함거(檻車)에 실려서 가다가 진창(陳倉, 섬서성 寶雞市 동쪽)에 이르러 죽었다. 강도왕(江都王) 이서(李緖)와 전중감(殿中監)인 성공(郕公) 배승선(裴承先)은 모두 저잣거리에서 육시(戮屍)되었다. 배승선은 배적(裴寂)55)의 손자이다.

12　배거도(裴居道, 납언)에게 명령하여 서경(西京, 長安)에서 유수(留守)하게 하였다.

13　좌숙정(左肅政) 대부·동평장사인 건미도(騫味道)는 평소에 전중(殿中) 시어사 주구(周矩)에게 예의를 취하지 않았고, 누차 그가 일을 마치지

---

52) 이전에 무후(武后)는 불교 승려인 설회의(薛懷義)를 총애한 나머지 그가 미천한 신분이라고 해서 부마도위 설소(薛紹)의 집안과 합족하도록 하였다. 그리하여 원래 성이 '풍(馮)'인 회의(懷義)는 성을 '설(薛)'로 바꾸었다.

53) 줄여서 녹사(錄事)라고도 부른다. 관서(官署)에서 모든 문서(文書)와 장부(帳簿)를 기록하는 일을 관장하고, 나아가 잘한 일이 있으면 상을 줄 것을 건의하고, 잘못된 일이 있으면 규탄할 것을 건의하기도 한다.

54) 비밀을 보전하기 위하여 그 일을 알아서 증언할 사람을 죽여 없애는 것을 가리킨다.

55) 배적에 관한 일은 수 공제 의녕 원년(617년) 4월에 있었다.

못한다고 말하였다. 마침 건미도를 얽어매어 고발한 자가 있자, 칙서를 내려서 주구에게 그 사건을 조사하도록 하였다. 주구가 건미도에게 말하였다.

"공께서는 항상 저 주구가 일을 완수하지 못한다고 나무랐는데, 오늘은 공을 위하여 이를 완수하겠습니다."

을해일56)에 건미도와 그 아들인 건사옥(騫辭玉)이 모두 복주(伏誅)되었다.

14 기유일(25일)에 태후가 낙수(洛水)를 배례(拜禮)하고 도(圖, 天授聖圖)를 받았는데, 황제와 황태자57)가 모두 따라갔고, 안팎의 문무백관과 만이(蠻夷)가 각각 그 방위에 의거하여 서열대로 늘어섰고, 진귀한 날짐승·기이한 짐승·각종 보석들이 제단(祭壇) 앞에 진열되었는데, 문물과 노부(鹵簿, 천자의 행렬)의 성대함은 당이 일어난 이래 아직까지는 없었던 것이었다.

15 신해일(27일)에 명당(明堂)이 완성되었는데, 높이는 294척, 사방은 300척(尺)58)이었다. 무릇 3층인데, 아래층은 4계절을 본떠서 각기 그 방위의 색59)을 따랐다. 중간층에는 12시진(時辰)을 본떴고, 위는 둥근 모양으로 덮개를 만들어서 아홉 마리의 용(龍)이 그것을 받들었다. 위층 꼭대기에는 철로 만든 봉황을 설치하였는데 높이는 1장(丈)으로 황금으

---

56) 12월 1일이 을유일이므로 12월에는 을해일이 없다. ≪신당서≫에 이 사건은 경자일에 일어난 것으로 되어있으며, 을해는 경자의 잘못으로 보인다. 경자일은 15일이다.

57) 황제는 예종(睿宗) 이단(李旦)이고, 황태자는 이성기(李成器)이다.

58) 당대(唐代)의 1척(尺)은 약 30센티미터이다. 따라서 명당의 높이는 294척이므로 약 88미터 정도 되고, 사방의 길이, 즉 둘레는 300척이므로 약 90미터 정도 된다.

59) 방위에 다른 색깔이란 동은 초록색, 남은 붉은색, 서는 흰색, 북은 검은색이다.

로 치장하였고, 중앙에는 거목(巨木)이 있는데 10위(圍)60)이며 상하가 관통되어 있고, 이(栭)·노(櫨)·탱(樘)·비(槐)61)가 의지하는 기본으로 여겼다. 아래에는 철로 만든 도랑을 설치하였는데 벽옹(辟雍)62)의 모습을 만들었다. 명당의 칭호는 만상신궁(萬象神宮)으로 불렸다.

여러 신하들에게 연회를 베풀고 물품을 하사하고 천하를 사면하였으며 백성들을 풀어 놓아서 들어와 보도록 하였다. 하남현(河南縣, 낙양)을 고쳐서 '합궁현(合宮縣)'으로 하였다. 또 명당의 북쪽에 5층의 천당(天堂)을 세워서 큰 불상(佛像)을 세워놓았는데, 3층에 도착하면 머리를 숙여서 명당(明堂)을 볼 수 있었다. 승려 회의(懷義)는 공적으로 좌위위(左威衛) 대장군·양국공(梁國公)에 임명되었다.

시어사 왕구례(王求禮)가 편지를 올려서 말하였다.

"옛날의 명당에는 띠(茅)로 만든 지붕은 자르지 않았고, 서까래는 깎아내지 않았습니다. 지금의 것은 주옥(珠玉)으로 장식하였고, 단청(丹靑)으로 칠하였으며, 철로 만든 봉황이 구름 속으로 들어가고, 금으로 만든 용은 안개 속으로 숨고 있는데, 옛날 은신(殷辛)의 경대(瓊臺)와 하계(夏癸)63)의 요실(瑤室)도 이보다 더 할 수 없습니다."

태후는 회보하지 않았다.

16 태후는 양주(梁州, 치소는 섬서성 漢中市)·봉주(鳳州, 치소는 섬서성 봉

---

60) 당대(唐代)에는 1장(1丈)은 10척(尺)이고, 1척은 지금의 약 30센티미터이다. 따라서 철로 만든 봉황은 약 3미터 정도의 크기이고, 1위(圍)는 한 사람이 두 팔을 쫙 벌린 한 아름의 길이이다.

61) 이는 대들보 위에 있는 기둥이고, 노는 기둥에 붙어있는 본부(本付) 또는 기둥이고, 탱은 비스듬히 있는 기둥이며, 비는 집의 평고대이다.

62) 주(周)의 국립대학이다. 명당(明堂), 벽옹(辟雍), 영대(靈臺, 조정의 천문대)를 합하여 '삼옹궁(三雍宮)'이라고 한다.

63) 은신(殷辛)은 폭군으로 널리 전해지고 있는 은(殷)의 마지막 왕인 주왕(紂王)이고, 하계(夏癸)는 폭군으로 널리 전해지고 있는 하(夏)의 마지막인 걸왕(桀王)이다.

현)·파주(巴州, 치소는 사천성 巴中市)의 거주하는 단족(蜑族)을 징발하고
아주(雅州, 치소는 사천성 雅安市)에서부터 산을 뚫어서 길을 내어 나가서
생강족(生羌族)을 격파하고, 이어서 토번(吐蕃)을 습격하려고 하였다.

정자(正字) 진자앙(陳子昻)[64]이 글을 올렸다.

"아주(雅州, 사천성 아안시) 변경에 사는 강족(羌族)은 건국한 초기 이래
로 아직 일찍이 도적질한 적이 없습니다. 오늘날에 와서 하루아침에 죄
도 없는데 그들을 살육한다면 그 원한이 반드시 대단할 것입니다. 또 주
멸(誅滅)당하는 것을 두려워하여 반드시 벌떼처럼 일어나서 도적이 될
것입니다.

서산(西山, 四川 성도의 서부)의 도적들이 일어나면 곧바로 촉(蜀, 사천
성) 변경의 성읍(城邑)들은 할 수 없이 군사를 연결하여 수비해야 하며,
군대를 동원하는 것이 오랫동안 풀려지지 않는다면, 신은 어리석으나 서
촉(西蜀, 四川 서부)의 화(禍)는 여기서부터 맺어질 것이라고 생각합니다.

신이 듣기에, 토번(吐蕃)은 촉(蜀)의 부요(富饒)를 탐하여 그곳을 도적
질하려 한 지 오래되었지만, 다만 산과 강이 가로막혀 떨어져 있어서 장
애로 서로 통할 수 없었으니, 형세를 보아 움직일 수 없었습니다.

지금 국가가 마침내 변경의 강족들을 어지럽히고 좁은 길을 연다면,
그들[토번]로 하여금 달아난 종족[羌族]을 거두어서 향도로 삼아서 변경
을 공격하게 될 것이니, 이는 노략질하는[生羌族]의 군대를 빌려서 다른
도적을 위하여 길을 손질하는 것이니, 온 촉(蜀, 사천성)을 들어서 그들
에게 남겨주는 것입니다.

촉(蜀)이란 곳은 국가의 보물창고이고 중국을 아우르고 가지런하게 할
수 있습니다. 지금 정사를 담당하고 있는 자들이 마침내 요행의 이익을

---

64) 정자는 황실도서관인 인대(麟臺)에서 필사(筆寫) 업무를 담당하는 직책이고, 진자앙
은 무후(武后)에게 '대주혁명송(大周革命頌)'을 지어 바쳐서 인대정자(麟臺正字)에
임명되었다. 집권세력들을 두려워하지 않고 직언의 상소를 올렸던 것으로 유명하다.

도모하려고 서강족(西羌族, 生羌族)에 일을 벌지만 그 땅을 얻는다고 해도 농사짓기에 충분하지 않고, 재화로는 나라를 부유하게 하기에도 충분하지 않은데, 다만 비용을 소모하게 되고 성덕(聖德)에 도움이 되지 못하는데, 하물며 그 성공과 실패도 아직은 알 수도 없음에야!

대저 촉(蜀)에서 믿는 것은 험한 것이고, 사람들이 편안하게 있는 까닭은 요역(徭役)이 없기 때문이지만, 이제 국가가 마침내 그 험함을 열고 그곳 사람들을 부리려고 하는데 험함이 열리면 노략질하는 것을 편리하게 하고, 사람들이 부려진다면 재물을 손해 보게 되니, 신은 아마도 강융족(羌戎族, 生羌族)을 아직 보이지 아니한다 하여도 간사한 도적들이 그 안에 있을까 두렵습니다.

또 촉(蜀) 사람들은 약하고 용열하여 무기를 갖고 전투하는데 익숙하지 못하며 산천은 험하여 비어있고, 중하(中夏)까지는 멀어서, 지금 까닭 없이 서강(西羌)·토번(吐蕃)과의 환난을 일으킨다면, 신이 보건대 100년이 가지 않아서 촉(蜀)은 오랑캐의 땅으로 변할 것입니다.

국가가 근래 안북(安北, 安北都護府)를 철폐하고, 선우[單于都護府]를 뽑고, 구자(龜玆, 쿠차, Kucha)를 포기하고, 소륵(疏勒, Kashgar)을 방치하자, 천하에서는 일치하여 이를 성덕(聖德)이 왕성한 것이라고 생각하니, 대체로 폐하께서 힘쓰는 것이 사람을 양성하는데 있고, 땅을 넓히는 데는 있지 않아서입니다.

지금 산동(山東, 효산 동쪽)에서는 기근이 발생하고, 관중(關中, 섬서성 중부)과 농우(隴右, 六盤山과 隴山 서쪽)의 백성들은 피폐되어 있으나 탐욕스러운 사내들이 의논을 주창하여 갑옷을 입은 병사들을 동원하고 큰 요역(徭役)을 일키려고 꾀하는데, 예부터 나라가 망하고 집안이 부서지는 것은 일찍부터 독병(黷兵)[65]으로 말미암지 않은 적이 없었으니, 바

---

65) 함부로 전쟁을 하여 군대를 더럽힌다는 뜻이다.

라건대, 폐하께서는 이 점을 깊이 헤아리십시오."

이미 그렇게 하였지만 요역(徭役)은 결과적으로 일으키지 않았다.

명당에서 초헌을 한 무후

측천후 영창(永昌) 원년(己丑, 689년)

1 봄, 정월 초하루 을묘일에 만상신궁(萬象神宮)에서 대향(大饗)66)을 거행하였는데, 태후는 곤룡포(袞龍袍)를 입고 면류관(冕旒冠)을 쓰고 대규(大圭)를 꽂고 진규(鎭圭)67)를 잡고 초헌(初獻)하였고, 황제가 아헌(亞獻)하였으며, 태자가 종헌(終獻)하였다.68) 먼저 호천상제(昊天上帝)의 자리에 가고, 다음에는 고조·태종·고종이며, 그 다음에는 위국선왕(魏國先王, 武士彠)이고, 그 다음에는 오방제(五方帝)의 자리였다.

태후는 측천문(則天門)에 가서 천하를 사면하고 기원(紀元)을 고쳤다. 정사일(3일)에 태후는 명당에 가서 조하(朝賀)를 받았다. 무오일(4일)에

---

66) 황실에서 여러 선왕(先王)들을 혼령을 위로하기 위하여 합동으로 제사 지내는 제례(祭禮)이다.

67) 대규(大圭)는 고대 황실에서 융중한 의식을 거행할 때는 두루마기와 혁대 사이에 꽂는 정(丁)자 모양의 옥(玉)으로 만든 예기(禮器)인데, 의식을 거행할 때 필요한 내용을 기록하여 잊어버리는 것에 대비한 것이고, 진규(鎭圭)는 천자가 가지는 옥으로 만든 홀(笏)의 하나인데, 사진(四鎭)의 산 모양을 본떠서 새긴 것으로 사방을 진정(鎭定)하는 뜻을 나타내며 의식을 거행할 때 천자가 잡고 나간다.

68) 초헌은 제사 때 첫 번째로 술잔을 신위(神位)에게 올리는 것이고, 아헌은 초헌에 이어 술잔을 올리는 것이며, 종헌은 세 번째, 즉 마지막으로 술잔을 올리는 것을 말한다.

는 명당에서 정치를 널리 알리고, 9개의 조목을 반포하여 백관에게 훈계하였다. 기미일(5일)에 명당으로 나가서 여러 신하들에게 연회를 베풀었다.

2 2월 정유일(14일)에 위충효왕(魏忠孝王, 武士彠)을 높여서 주충효태황(周忠孝太皇)이라고 불렀고, 비(妣)는 충효태후(忠孝太后, 무후의 어머니인 양씨)라고 불렀으며, 문수릉(文水陵)69)은 장덕릉(章德陵)이라 하고, 함양릉(咸陽陵, 武士彠의 분묘)은 명의릉(明義陵)이라 하였다. 숭선부(崇先府)70)에 관원을 두었다. 무술일(15일)에 노공(魯公, 武克己)을 높여서 태원정왕(太原靖王)이라 하고, 북평왕(北平王, 武居常)을 조숙공왕(趙肅恭王)이라 하고, 금성왕(金城王, 武儉)을 위의강왕(魏義康王)이라 하였으며, 태원왕(太原王, 武華)을 주안성왕(周安成王)이라 하였다.

3 3월 갑자일(11일)에 장광보(張光輔)를 수납언(守納言)71)으로 삼았다.

4 임신일(19일)에 태후가 정자(正字) 진자앙(陳子昂)에게 바로 지금의 정사의 긴요(緊要)한 것을 물었다. 진자앙이 물러나서 소문(疏文)을 올렸다.
  "의당 형벌을 완화하고 덕(德)을 숭상하며, 전투를 쉬게 하고, 부(賦)와 역(役)을 줄이며, 종실 사람들을 위무하여 각각 스스로 편안하게 하는 것입니다."
말은 완곡하였으나 뜻은 절실하였고, 그의 주장은 대단히 훌륭하였는데,

---

69) 지금의 산서성 문수현(文水縣)에 있던 무씨(武氏) 조상들이 분묘이다.

70) 무후(武后) 조상들의 무덤을 전적으로 관리하는 관서이다.

71) 수직(守職)으로 임시 관직이다. 원래 자기의 품계(品階)보다 높은 품계의 관직을 담당하는 경우에 임시의 관직 앞에 '수(守)'자를 붙인다. 납언(納言)은 난대(鸞臺, 이전의 門下省)의 장관(侍中)으로 재상에 해당된다.

약 3천 글자였다.

5 계유일(20일)에 천관(天官, 吏部) 상서 무승사(武承嗣)를 납언(納言, 侍中)으로 삼고, 장광보(張光輔)를 수내사(守內史)72)로 삼았다.

6 여름, 4월 갑진일(22일)에 진주(辰州, 치소는 호남성 沅陵縣)의 별가(別駕)73)인 여남왕(汝南王) 이위(李瑋)와 연주(連州, 치소는 광동성 연주시)의 별가인 파양공(鄱陽公) 이인(李諲) 등 종실 사람 12명을 죽이고, 그 가족들을 수주(嶲州, 치소는 사천성 西昌市)로 이사시켰다. 이위는 이운(李惲)의 아들이고, 이인은 이원경(李元慶)74)의 아들이다.

기유일(27일)에 천관(天官) 시랑인 남전(藍田, 섬서성 남전현) 사람 등현정(鄧玄挺)을 죽였다. 등현정의 딸은 이인의 처이고, 또 이위와 사이가 좋았다. 이인은 여릉(廬陵, 호북성 房縣)에서 중종을 맞이하여서 오려고 계획하고 등현정에게 물어보았다. 이위 역시 일찍이 등현정에게 말하였다.

"시급하게 계획을 세우려는데 어떻게 할까요?"

등현정은 모두 응답하지 않았다. 그러므로 반란을 알고도 알리지 않았다는 죄에 걸려서 함께 주살된 것이다.

7 5월 병진일(5일)에 문창(文昌) 우상 위대가(韋待價)에게 명령을 내려서 안식도(安息道)75)행군대총관으로 삼아서 토번(吐蕃)을 치도록 하였다.

---

72) 수직(守職)으로 임시 관직이고, 내사는 이전의 중서령(中書令)에 해당된다.

73) 주(州)의 자사(刺史)가 주를 순행할 때 수행하는 것이 그 주된 임무였으나 주의 행정을 보기도 하였다. 다른 수레에 타고 가기 때문에 붙여진 이름이다.

74) 이위가 도주로 귀양 간 것은 고종 영륭 원년(680년) 10월이고, 이원경은 고조(高祖) 이연(李淵)의 아들로서 도왕(道王)에 책봉되었고, 고종 인덕 원년(664년) 4월에 죽었다.

8 낭궁주(浪穹州, 羈縻州)의 만족(蠻族) 추장인 방시석(傍時昔) 등 25개의 부(部)는 먼저 토번에 붙었으나, 이때에 이르러 와서 항복하였는데, 방시석을 낭궁주 자사로 삼고 그 무리를 통솔하게 하였다.

9 기사일(18일)에 승려 회의(懷義)를 신평군(新平軍) 대총관으로 삼아서 북쪽으로 가서 돌궐(突厥)을 토벌하도록 하였다. 행군하여 자하(紫河)에 도착하였으나 오랑캐를 발견하지 못하여 선우대(單于臺, 내몽골 呼和浩特市 북쪽)에서 돌을 쪼아서 공적을 기록하고 돌아왔다.

10 여러 친왕들이 군대를 일으키는데, 패주(貝州, 치소는 하북성 淸河縣) 자사인 기왕(紀王) 이신(李愼)은 홀로 모의에 참여하지 않았지만 역시 연루되어 옥에 갇혔다. 가을, 7월 정사일(7일)에 함거가 파주(巴州, 치소는 사천성 巴中市)로 옮겨지면서 성은 훼씨(虺氏)로 바뀌어졌으며, 가다가 포주(蒲州, 치소는 산서성 영제현)에 이르러서 죽었다. 여덟 명의 아들 가운데 서주(徐州, 치소는 강소성 서주시) 자사인 동평왕(東平王) 이속(李續) 등도 이어서 피살되었고, 가족들은 영남(嶺南, 南嶺 이남)으로 귀양 갔다.

딸인 동광현주(東光縣主) 이초원(李楚媛)은 어리지만 효성스럽고 삼가는 것으로 칭찬이 자자하여 사의랑(司議郞)76) 배중장(裴仲將)에게 시집갔는데, 손님을 대하듯이 서로 공경하였다. 시어머니가 병이 들자, 친히 약과 반찬을 맛보았고, 동서들을 접대하거나 우연히 만났을 때에도 모두 기쁜 마음으로 받아들였다. 당시에 종실의 딸들은 모두 교만하고 사치하는 것으로 서로 자랑을 일삼으면서, 이초원만이 홀로 검소하다고 나무라

---

75) 중국 사서에서 '안식(安息)'은 대체로 지금의 이란 동부인 파르티아(Partia)를 가리킨다.

76) 태자궁(동궁) 좌춘방(左春坊)의 속관(屬官)으로 주로 태자를 시종하면서 규간(規諫)하고, 계주(啓奏)를 논박하거나 바르게 고치는 일을 담당하였다.

면서 말하였다.

"부귀한 것보다 귀한 것은 적당한 뜻을 얻는 것인데, 지금 홀로 부지 런하여 고생하고 있으니, 장차 무엇을 찾으려고 하는 것입니까?"

이초원이 말하였다.

"어려서 예의를 좋아하여 지금 와서 그것을 시행한 것이지 뜻을 두고 있는 것은 아닙니다. 옛날부터 여자를 보면 모두 공손하고 검소한 것을 아름답다 하고 방종하고 사치스러운 것은 나쁘다 여겼습니다. 부모님을 욕되게 하는 것이 두려운데, 무엇이 구하는 것이겠습니까? 부귀란 뜻밖에 굴러 들어오는 물건이니, 어떻게 다른 사람에게 교만하겠습니까?"

많은 사람들이 모두 부끄러워하면서 감복하였다.

이신(李愼)의 흉문(凶問)이 들려오자, 이초원은 소리 내어 통곡하니, 피를 토한 것이 여러 되(升)였다. 복상(服喪) 기간이 끝난 후에도 화장을 하거나 목욕을 하지 않고 20년을 지냈다.

11 위대가(韋待價)의 군대가 인식가하(寅識迦河, 신강성 곽성현 경계)에 도착하여 토번(吐蕃)과 싸워서 대패하였다. 위대가는 이미 장군으로서 거느리는 재주가 없어서 낭패를 당하여 거점을 잃고, 사졸들은 얼거나 굶주려서 사망한 자가 대단히 많으니, 마침내 군대를 이끌고 돌아왔다.

태후는 크게 분노하여 병자일(26일)에 위대가는 제명되어 수주(繡州, 치소는 광서 桂平縣)로 유배되었고, 부대총관(副大總管)인 안서(安西)[77]대도호(大都護) 염온고(閻溫古)의 목을 베었다.

---

77) 당의 6도호부(都護府) 중의 하나이다. 태종 정관(貞觀) 14년(640년)에 고창국(高昌國)을 점령한 후 설치하였는데, 처음에는 교하성(交河城, 신강, 투루판의 서쪽)에서 다스렸다. 고종 현경(顯慶) 3년(658년)에 구자(龜玆, 신강 쿠차)로 옮겼고, 함형(咸亨) 원년(670년)에 안서사진(安西四鎭 ; 龜玆, Kucha · 于闐, Khotan · 疏勒, Kashgar · 焉耆, Karashahr)이 토번(吐蕃)에게 함락된 후에는 쇄엽성(碎葉城, Suy-ab, 키르기즈스탄국 Tokmak시)으로 옮겼다.

　안서부도호(副都護) 당휴경(唐休璟)이 그 나머지 무리들을 거두어서 서쪽 영토에 살고 있는 사람들을 안무(按撫)하자, 태후는 당휴경을 서주(西州, 치소는 신강 투르판 동쪽)도독에 임명하였다.

12　무인일(28일)에 왕본립(王本立)78)을 동봉각난대삼품으로 삼았다.

13　서경업(徐敬業)이 패하면서79) 아우인 서경진(徐敬眞)은 수주(繡州, 치소는 광서 桂平縣)로 유배되었으나, 도망쳐서 돌아와서 장차 돌굴(突厥)로 달아나려고 하였다. 낙양을 지나가는데 낙주(洛州, 낙양 주변)사마 궁사업(弓嗣業)과 낙양(洛陽) 현령 장사명(張嗣明)이 그에게 노자(路資)를 주어 보냈다. 정주(定州, 치소는 하북성 정주시)에 이르러서 관리에게 붙잡히니, 궁사업은 목을 매고 죽었다.

　장사명과 서경진은 해내의 지식인들을 많이 끌어들여서 다른 뜻을 가지고 있었다고 말하여 죽음을 면하기를 바라니, 조야(朝野)의 인사들이 엮어지고 끌어들여져서 사건에 연루되어 죽은 자들이 대단히 많았다.

　장사명은 내사(內史) 장광보(張光輔)를 무고하여 말하였다.

　"예주(豫州, 치소는 하남성 汝南縣)를 정벌하는 날, 사사롭게 도참(圖讖)과 천문(天文)에 관하여 토론하였는데, 그는 속으로는 두 마음을 품고 있었습니다."

8월 갑신일(4일)에 장광보는 서경진과 장사명 등이 함께 죽임을 당하였고, 그 가족들은 적몰(籍沒)되었다.

　을미일(15일)에 추관(秋官)상서인 태원(太原, 산서성 태원시) 사람 장초금(張楚金)·섬주(陝州, 치소는 하남성 三門峽市) 자사 곽정일(郭正一)·봉

---

78) 하관시랑(夏官侍郎) 겸 동평장사(同平章事)였다.

79) 이 일은 무후 광택(光宅) 원년(684년) 11월의 일이고, 그 내용은 ≪자치통감≫ 권203에 실려 있다.

각(鳳閣)시랑 원만경(元萬頃) · 낙양(洛陽) 현령 위원충(魏元忠)은 나란히 죽음에서 면하여 영남(嶺南, 南嶺 이남)으로 유배되었다. 장초금 등은 모두 서경진에게 이끌려서 서경업과 왕래하면서 모의하였다고 말하였다.

형 집행이 이르게 되자 태후는 봉각(鳳閣)사인 왕은객(王隱客)을 시켜서 말을 내달려서 구두로 명령을 전달하여 그들을 사면하였다. 그 소리가 시가(市街)에서 전달되자, 형벌을 받게 되었던 자들은 모두 기뻐서 뛰면서 소리를 지르고 대굴대굴 구르기를 그치지 않았는데, 위원충이 홀로 편안히 앉아서 태연자약하므로, 어떤 사람이 그를 일으켜 세우자, 위원충이 말하였다.

"거짓인지 진짜인지 아직은 모르겠습니다."

왕은객이 도착하여 또 그를 일으켜 세우니, 위원충이 말하였다.

"칙서를 선포하기를 기다리고 있을 따름입니다."

이미 칙서를 선포하고 나자, 마침내 천천히 일어나서 춤을 추면서 두 번 절하였으나, 끝내 걱정하거나 기뻐하는 기색은 없었다. 이날 검은 구름이 사방을 메웠으나 이미 장초금 등을 석방하고 나자 하늘이 맑아졌다.

14 9월 임자일(3일)에 승려 회의(懷義)를 신평도(新平道) 행군대총관에 임명하여 병사 20만을 거느리고 돌궐의 아사나골독록(阿史那骨篤祿)[80]을 토벌하도록 하였다.

15 애초에 고종의 치세에 주흥(周興)은 하양(河陽, 치소는 하남성 孟縣) 현령으로서 부름을 받고 찾아뵙자, 황상은 그를 발탁하여 중앙에서 기용

---

80) 돌궐제이가한국(突厥第二可汗國, 682년~744년)을 건설한 그는 이 시기에 이르러 외몽골의 철륵(鐵勒) 제부(諸部)를 병합하고 아울러 투르크인들이 성스러운 땅으로 간주하는 외튀켄산을 점령하고 스스로 몽골리아를 통일한 명실상부한 카간(일테리쉬 카간, Ilterish Qaghan, 재위 ; 682년~691년)임을 선언하였다.

하려고 하였으나, 어떤 자가 주문을 올려서 그가 청류(淸流)가 아니라고 주장하여서 그것을 그만두었다. 주흥은 이를 알지 못하고 자주 조당(朝堂)에서 명령을 기다렸다. 여러 재상들이 모두 말이 없자, 지관(地官, 호부)상서·검교납언(檢校納言)인 위현동(魏玄同)이 이때에 동평장사이었는데 그에게 말하였다.

"주 명부(周 明府)81)는 가도 좋습니다."

주흥은 위현동이 자기를 방해하고 있다고 생각하여 그에 관해 이를 악물었다. 위현동은 평소 배염(裴炎)과 사이가 좋아서 당시 사람들은 그들이 끝내 변하지 않을 것이라고 생각하고 그들을 '내구붕(耐久朋, 오랫동안 인내하는 벗)'이라고 일컬었다.

주흥은 주문을 올려서 위현동을 무고하여 말하였다.

"태후가 늙었으니 사군(嗣君)82)을 받드는 일을 참고 오래하는 것만 같지 못하다고 하였습니다."

태후가 분노하여 윤월(윤9월) 갑오일(15일)에 집에서 죽음이 내려졌다. 감형(監刑)어사83) 방제(房濟)가 위현동에게 말하였다.

"장인(丈人)84)께서는 어찌하여 밀고하지 않으시고, 태후가 부르면 찾아뵙고 스스로 솔직하게 말할 수 있을 것이라고 기대하셨습니까?"

위현동은 탄식하며 말하였다.

"사람이 죽이든 귀신이 죽이든 또 다시 무엇이 달라지겠다고 어찌 다

---

81) '명부(明府)'란 밝은 부군(府君)이라는 말로 군(郡)의 태수나 현(縣)의 현령에 대한 존칭이며, 여기서는 주흥을 이르는 말이다.

82) 무후는 이때 예순여섯 살이었고, 사군이란 후계자라는 말인데, 구체적으로 예종(睿宗) 이단(李旦)을 가리킨다.

83) 형벌의 집행을 감독하는 감찰관이란 뜻이다. 그러나 이 경우는 당대(唐代)에 '감형어사'란 관직은 없었으므로 임시로 업무를 맡긴 것으로 보인다.

84) '장로(長老)', 즉 '나이가 많고 덕이 높은 사람'이란 뜻으로 노인을 높여서 부르는 칭호이다. 이때 위현동은 일흔세 살이었다.

른 사람을 밀고하는 일을 할 수 있겠습니까?"

마침내 죽었다. 또 하관시랑 최찰(崔詧)을 숨어있는 곳에서 죽였다. 그 나머지 안팎의 대신으로 연좌 되어 죽거나 유배되어 깎여진 사람이 아주 많았다.

팽주(彭州, 치소는 사천성 팽주시) 장사 유이종(劉易從) 역시 서경진에 의해 끌어들여졌는데, 무신일(29일)에 주(州, 팽주)에 가서 그를 죽였다. 유이종은 사람됨이 어질고 효성스러우며 충직하고 공손하여 저자에서 형벌을 집행하려는데, 이민(吏民)들은 그의 잘못이 없음을 가련하게 여겨서 먼 곳과 가까운 곳에 살고 있는 사람들이 달려와서 다투듯 옷을 벗어서 땅에 던지면서 말하였다.

"장사(長史)를 위하여 명복(冥福)을 빕니다."

유사가 가치를 따져보니 10여 만이었다.[85]

주흥(周興) 등이 우무위(右武衛) 대장군인 연공(燕公) 흑치상지(黑齒常之)가 모반을 일으켰다고 무고하여 불러서 하옥시켰다. 겨울, 10월 무오일(9일)에 흑치상지는 목을 매어 죽었다.

기미일(10일)에 종실이며 악주(鄂州, 치소는 호북성 武漢市) 자사인 정왕(鄭王, 李元懿)의 후사(後嗣) 이경(李敬) 등 여섯 사람을 죽였다. 경신일(11일)에 등왕(滕王, 李元嬰)의 후사인 이수기(李脩琦) 등 여섯 사람은 죽임은 면하였으나, 영남(嶺南)으로 유배되었다.

16   정묘일(18일)에 춘관(春官) 상서 범이빙(范履冰)과 봉각(鳳閣) 시랑 형문위(邢文偉)가 나란히 동평장사가 되었다.

17   기묘일(30일)에 조서를 내려서 태목신황후(太穆神皇后, 고조비 竇氏)와

---

85) 옷을 벗어 던진 것은 그 옷을 팔아서 명복을 빌기 위하여 제사 비용에 쓰라고 한 것이며, 이는 신에게 바친 재물의 값을 말한다.

문덕성황후(文德聖皇后, 태종비 長孫氏)는 의당 황지기(皇地祇, 土地神에 대한 존칭)에 배향(配享)하고, 충효태후(忠孝太后, 무후의 어머니 楊氏)는 거기에 붙여서 배향하도록 하였다.

18　우위(右衛) 주조(冑曹) 참군[86]인 진자앙(陳子昻)이 소문(疏文)을 올렸는데, 생각하고 있었다.

"주(周)에서는 성왕(成王)과 강왕(康王)[87]을 칭송하고, 한(漢)에서는 문제(文帝)와 경제(景帝)[88]를 칭찬하는데, 그것은 형벌을 그만두었던 연고입니다. 지금 폐하의 정치는 비록 최선을 다하고 있지만 그러나 태평한 시대에는 윗사람과 아랫사람이 즐거이 교화(敎化)하여 의당 난신적자(亂臣賊子)[89]가 있어서는 안 되지만 매일 하늘[측천무후]을 범하여 죽임을 당하고 있습니다.

근래에 큰 옥사가 증가하여 많아지고, 역적의 무리들이 더욱 많아졌는데, 어리석은 신은 아둔하고 세상 물정을 몰라서 처음에는 모두 사실이라고 생각하였으나, 마침내 지난달(윤9월) 15일에 폐하께서 특별히 갇힌 죄수인 이진(李珍) 등이 죄가 없다는 것을 알아내니, 모든 관료들이

---

86) 군부(軍府)인 우위부(右衛府)에 소속된 주조참군이란 좌리(佐吏)를 가리킨다. 원래는 개조(鎧曹)참군이었으나, 무후 수공(垂拱) 원년(685년)에 명칭을 주조참군으로 바꾸었다. 병장기계(兵仗武器), 관서건축 그리고 군부 내에서의 처벌결정(處罰決定) 등에 관한 업무를 관장하였다.

87) 성왕은 제2대 왕으로 이름은 희송(姬誦)이고, 강왕은 제3대 왕으로 이름은 희쇠(姬釗)이다. 모두 기원전 11세기~10세기경의 인물로 추정되는데, 이 두 왕의 치세는 서주(西周)시대 중에서 가장 오랫동안 평화적인 시대가 지속되었다고 일컬어진다.

88) 문제(文帝) 유항(劉恒)의 치세는 기원전 179년~156년이고, 경제(景帝) 유계(劉啓)의 치세는 기원전 156년~140년이다. 이 두 황제의 치세는 태평성대를 이루었다고 해서 '문경지치(文景之治)'라고 일컬어진다.

89) 어지럽히는 신하와 해치는 아들이라는 말로 신하의 도리를 지키지 않고 마음속으로 다른 마음을 품고 있는 자를 가리킨다. 이 말은 《맹자》 〈등문공(滕文公)〉 하에 처음 나온다. 즉 "공자께서 《춘추》를 완성하자, 난신적자(亂臣賊子)들이 두려워하였다."가 바로 그것이다.

축하하고 기뻐하면서 성스럽고 밝으심을 치하하여, 신은 마침내 죄가 없는 사람이 관대한 법령에 걸린 것도 역시 있다는 것을 알았습니다.

폐하께서는 관대한 은전(恩典)을 베푸는데 힘쓰고 있지만, 옥관(獄官)들은 급하게 처형하기에 힘쓰고 있어서, 폐하의 인덕(仁政)을 훼손하고 태평스러운 정사(政事)를 왜곡하고 있으니, 신은 가만히 이를 한스럽게 생각합니다.

또 9월 21일에 칙서를 내려서 장초금(張楚金) 등의 죽음을 면하게 하시니, 처음에 비바람이 있다가 상서로운 구름으로 변하였습니다. 신이 듣건대, 하늘이 음울하여 애처로운 것은 형벌이고, 하늘이 밝고 고요한 것은 덕정(德政)입니다. 성인(聖人)이 하늘을 본받으면, 하늘 역시 성인을 돕는데, 하늘의 뜻이 이와 같으니, 폐하께서 어찌 그것을 이어서 좇지 않을 수 있겠습니까?

지금 또 하늘이 흐리고 비가 오는데, 신은 잘못이 옥관(獄官)들에게 있을까봐 두렵습니다. 무릇 감옥에 갇힌 죄수는 대부분 극단적인 판결을 받고 있지만 도로에서 논하는 것은 혹 올바르다고 하고, 혹 잘못되었다고 하니, 폐하께서는 왜 그들을 모두 불러서 만나보지 않고 스스로 그들의 죄만 꾸짖습니까?

죄가 실제로 있는 것이면, 분명한 형벌을 드러내어 알리시고, 남발된 것이라면, 옥리(獄吏)를 엄하게 혼내시어 천하의 사람들로 하여금 모두 복종하게 하여 사람들은 정치와 형벌을 알게 하는 것이 어찌하여 지극한 덕(德)이 밝혀지는 것이 아니겠습니까?"

국호를 주周로 바꾼 무후의 혁명

측천후 천수(天授) 원년(庚寅, 690년)

1   11월90) 초하루 경진일은 동짓날이다. 태후가 만상신궁(萬象神宮)에서 제사를 지내고 천하를 사면하였다. 처음으로 주대(周代)의 역법(曆法)을 사용하여 영창(永昌) 원년 11월을 재초(載初) 원년 정월로 고치고, 12월을 납월(臘月)로 삼고, 하대(夏代)의 정월을 1월로 하였다.91)

주(周)와 한(漢)의 후예들을 이왕(二王)92)의 후예로 삼았고, 순(舜)·우(禹)·성탕(成湯)의 후예들은 삼각(三恪)93)으로 삼았으며, 주(周, 후주)·수(隋)의 후사는 열국(列國)과 같게 하였다.

2   봉각(鳳閣)시랑인 하동(河東, 산서성 永濟縣) 사람 종진객(宗秦客)이 천(天)과 지(地) 등 12개의 글자를 개조하여 그것을 바치자, 정해일(8일)

---

90) 측천무후가 역법을 고쳐서 11월을 정월로 하여 해가 바뀌도록 하였다.

91) 정월은 해가 바뀌고 첫 달이라는 의미이고, 1월에 해가 바뀌지 않기 때문에 정월로 쓰지 않고 1월로 쓴 것이다.

92) 고대에 새로운 왕조가 설립되면, 이전의 존재한 두 왕조의 후예들을 제후국(諸侯國)의 군주로 책봉하였는데, 이것을 이왕(二王)이라 칭한다.

93) 왕왕 전대(前代) 3왕조의 왕족 후예에게도 왕(王)과 후(侯)의 칭호를 주었는데, 이것을 삼각(三恪)이라 칭한다.

에 이를 시행하도록 하였다. 태후는 스스로 '조(曌)'라고 이름 짓고, 조(詔)란 말을 제(制)로 고쳤다.94) 종진객은 태후의 사촌언니의 아들이다.

3 을미일(16일)에 사형(司刑) 소경 주흥(周興)이 당의 친족 속적(屬籍)을 없애라고 상주(上奏)하였다.

4 납월(臘月, 12월) 신미일(23일)에 승려인 회의(懷義)를 우위(右衛) 대장군으로 삼고, 작위를 하사하여 악국공(鄂國公)으로 하였다.

5 봄, 1월 무자일(10일)95)에 무승사를 문창(文昌) 좌상으로 옮기고, 잠장천(岑長倩)을 문창우상 · 동봉각난대삼품으로 옮기고, 봉각(鳳閣) 시랑인 무유녕(武攸寧)을 납언으로 삼고, 형문위(邢文偉)를 수내사(守內史)96)로 삼고, 좌숙정(左肅政) 대부 · 동봉각난대삼품 왕본립(王本立)을 파직시켜서 지관(地官) 상서로 삼았다. 무유녕은 무사확(武士彠, 무후의 아버지)의 형의 손자이다.

당시 무승사와 무삼사(武三思)가 용사(用事)하였고, 재상들은 모두 그 아래에 있었다. 지관상서 · 동봉각난대삼품 위방질(韋方質)이 병이 들어서 무승사와 무삼사가 그에게 가서 문병하였는데, 위방질은 침상(寢牀)에 의지하여 예의를 갖추지 않았다.

어떤 자가 그에게 간언하자 위방질이 말하였다.

"죽고 사는 것은 운명을 가진 것인데, 대장부가 어찌 굽혀 가까운 인

---

94) 측천무후의 이름인 무조(武曌)의 조 자와 같은 음이므로 피하려고 한 것이다.

95) 다른 때라면, 정월로 기록하고 해가 바뀌도록 하였겠지만 이미 하력(夏曆)을 채택하여 11월에 해가 바뀐 것으로 하였으므로 1월이라 하고 해가 바뀐 것으로 기록하지 않았다.

96) 수직(守職)으로, 내사(內史)는 이전의 중서령(中書令)이다.

척들을 섬기면서 구차하게 면하기를 구하겠는가?"

얼마 있지 않아서 주흥(周興) 등에게 얽어매져서, 갑오일(16일)에 담주(儋州, 치소는 해남성 담주시)로 유배시키고, 그의 집을 적몰(籍沒)하였다.

6 2월 신유일(14일)에 태후가 낙성전(洛城殿)에서 공사(貢士)들에 대한 책시(策試)를 거행하였다. 공사의 전시(殿試)97)는 이때부터 시작되었다.

7 정묘일(20일)에 지관(地官) 상서 왕본립(王本立)이 죽었다.

8 3월 정해일(10일)에 특진·동봉각난대삼품인 소량사(蘇良嗣)가 죽었다.

9 여름, 4월 정사일(11일)에 춘관(春官) 상서·동평장사인 범이빙(范履冰)이 일찍이 반역을 범한 자를 천거한 것에 연루되어 하옥되었다가 죽었다.

10 예천(醴泉, 섬서성 예천현) 사람 후사지(侯思止)는 처음에는 떡을 파는 것을 생업으로 삼았는데, 후에 유격(游擊) 장군 고원례(高元禮)를 섬겨 노복이 되었으나, 평소에 잘 속이는 무뢰배였다. 항주(恒州, 치소는 하북성 正定縣) 자사 배정(裴貞)이 한 판사(判司)98)에게 장형(杖刑)을 내렸는데, 판사가 후사지를 시켜서 배정이 서왕(舒王) 이원명(李元名, 고조 이연의 아들)과 더불어 모반하였다고 고발하게 하여, 가을, 7월 신사일(7일)에 이

---

97) 공사(貢士)란 주군(州郡)에서 시행한 고시(考試)에서 합격한 선비를 일률적으로 칭하는 것이고, 책시(策試)는 정책에 관하여 묻는 시험이며, 전시(殿試)는 천자가 친히 황궁에서 시행하는 관리 선발 시험으로 과거(科擧)의 마지막 시험이다.

98) 주군(州郡)이나 도독부(都督府)의 각 조(曹), 부서에 배속되어 군사에 관한 업무를 보는 참군(參軍)을 가리킨다. 참군은 정식(正式) 관직이 아니어서 정원(定員)이 없다.

원명은 연루되어 철폐되어 화주(和州, 치소는 안휘성 화현)로 유배되었고, 임오일(8일)에는 그의 아들인 예장왕(豫章王) 이단(李亶)을 죽였고, 배정 역시 족멸(族滅)되었다.

후사지를 발탁하여 유격장군으로 삼았다. 당시에 밀고자들 중에는 왕 왕 5품을 얻었는데, 후사지가 어사(御史)가 되기를 요청하니, 태후가 말하였다.

"경은 글자도 모르는데 어찌 어사란 직책을 감당할 수 있겠는가?"

대답하였다.

"해치(獬豸)99)가 어찌 일찍이 글자를 알았겠습니까? 다만 사악한 것을 느낄 수 있었을 따름입니다."

태후는 기뻐하며 곧바로 그를 조산대부(朝散大夫)·시어사(侍御史)100)로 삼았다. 다른 날에 태후가 이전에 적몰(籍沒)된 집을 그에게 하사하였지만 후사지는 받지 않고 말하였다.

"신은 반역한 사람들은 미워하지만, 그들의 집에 거주하는 것은 원하지 않습니다."

태후는 더욱 그를 기려 주었다.

형수(衡水, 하북성 형수시) 사람 왕홍의(王弘義)는 평소 좋은 품행을 갖고 있지 않았는데, 일찍이 이웃에 사는 사람에게 오이를 달라고 빌었으나 주지 않자, 이에 오이 밭 안에 흰 토끼가 있다고 현관(縣官)101)에게 고발하였다. 현관에서 사람들을 시켜 찾아서 잡으라고 하자, 오이 밭을

---

99) 전설상의 뿔이 하나만 있는 신성한 동물을 가리킨다. 도리에 어긋난 사람을 보면 뿔로 받아버린다고 한다. 중국 고대에 어사(御史) 등 법령을 집행하는 관리는 '해치(獬豸)'라고 불렸고, 그들이 쓰는 모자는 '해치관(獬豸冠)'이라 불렸다.

100) 조산대부(朝散大夫)는 문산관(文散官)으로 종오품(從五品) 하(下)의 등급이었고, 시어사(侍御史)는 궁중에 거주하면서 황제를 가까이서 시종하며 관리들의 비리를 관찰하여 탄핵하거나 공경들이 올린 주서(奏書)를 처리하는 업무 등을 관장하였다.

101) 관부를 말한다. 경우에 따라서는 중앙정부(中央政府)나 황제(皇帝)를 지칭하는 말이기도 하다.

짓밟아서 바로 모두 없어졌다. 또 조주(趙州, 치소는 하북성 조현)와 패주 (貝州, 치소는 하북성 淸河縣)로 여행하면서, 마을 노인이 마을 사람들이 읍재(邑齋)102)를 지내는 것을 보고, 마침내 모반을 일으키려 한다고 고발하여 200여 명을 죽이도록 하였다. 발탁되어 유격장군을 주었다가 잠시 뒤에 전중(殿中) 시어사103)로 옮겼다.

어떤 사람이 승주(勝州, 치소는 내몽골 托克托縣) 도독 왕안인(王安仁)이 모반하였다고 고발하여, 왕홍의에게 칙령을 내려서 이를 조사하도록 하였다. 왕안인이 스스로 굴복하지 않자 왕홍의는 형틀을 씌운 채로 그의 머리를 잘랐다. 또 그의 아들을 붙잡았는데 가자마자 역시 그의 머리를 자르고, 머리를 상자에 넣어서 돌려보냈다. 길을 가다가 분주(汾州, 치소는 산서성 汾陽縣)를 지나는데, 사마 모공(毛公)이 그와 함께 마주보면서 식사를 하였는데, 잠깐 사이에 모공을 질책하여 계단을 내려가게 하고, 그의 목을 벤 후에 그의 머리를 창에 걸고 낙양(洛陽)으로 들어가니, 그것을 본 사람들 중에는 벌벌 떨지 않는 사람이 없었다.

당시 여경문(麗景門)104) 안에 제옥(制獄)105)을 설치하였는데, 이 감옥에 들어간 자는 죽지 않고는 나오지 못하였기 때문에 왕홍의(王弘義)는 농담을 하면서 '예경문(例竟門)' 106)이라 불렀다. 조정의 인사들은 사람

---

102) 읍 전체가 불교(佛敎) 의식을 거행하는 것이다.

103) 어사대(御史臺, 무후 光宅 원년 684년 9월 이후는 左·右肅正臺) 소속이다. 궁중에서 황제를 호종(扈從)하는 의식(儀式)을 관장하면서 관료들의 비위(非違)를 규찰하였다. 정원(定員)은 처음에는 6명이었으나 후에 9명으로 증가하였다. 품질(品秩)은 종칠품(從七品)이다.

104) 당대의 낙양(洛陽) 황성(皇城)의 서면(西面)에는 2개의 성문이 있었다. 남쪽에 있는 문은 여경문(麗景門)이라 불렸고, 북쪽에 있는 문은 선요문(宣耀門)이라 불렸다.

105) 전에는 조옥(詔獄)이라고 하였는데, 측천무후가 조(詔)를 제(制)로 바꾸면서 제옥이라 한 것이고, 황제가 특별히 명령을 내려서 죄인을 감금한 감옥을 가리킨다.

106) 경(竟)은 진(盡)의 뜻이므로 해석하면 '거의 다가 끝나는 문' 이란 뜻이지만 발음으로는 여경문(麗景門)과 같아서 비꼬아 말한 것이다.

마다 스스로 위험을 느껴서 서로 보면서도 감히 말을 주고받지 않았고, 도로에서도 눈으로 인사하였다. 어떤 사람이 조정에 들어갔다가 몰래 체포되었기 때문에 아침마다 가족들과 작별할 때에는 번번이 말하였다.

"다시 서로 볼지 보지 못할지 아직은 모르겠다."

당시 법관(法官)들은 다투어 깊이 혹독하게 하였는데, 오직 사형승(司刑丞)107)인 서유공(徐有功)과 두경검(杜景儉)만은 홀로 화평(和平)과 용서(容恕)를 가지고 있어서 고발당한 사람들은 모두 말하였다.

"내준신(來俊臣)과 후사지(侯思止)를 만나면 반드시 죽고, 서유공과 두경검을 만나면 반드시 산다."

서유공은 서문원(徐文遠)108)의 손자인데, 이름은 서홍민(徐弘敏)이지만 자(字)를 가지고 활동하였다. 애초에, 포주(蒲州, 치소는 산서성 永濟縣)사법(司法)109)이었는데, 관대하게 죄를 다스리고 고문하지 않았다. 이(吏, 형리)110)들은 서 사법(徐 司法, 사법인 서유공)의 방침을 어긋나게 하여 범인에게 장형(杖刑)을 시행하는 자는 여러 사람들이 모두 배척하자고 서로 약속하였다. 그의 관직이 만기(滿期)가 되어도 1명도 장형(杖刑)에 처하지 않았고, 직책상 업무도 역시 잘 닦여졌다. 여러 번 옮겨서 사형승(司刑丞)이 되자, 혹리(酷吏)들이 무고하여 얽어놓은 것을 서유공이 모두 그것들을 바로잡으니, 전후하여 살아나게 된 사람들이 수십 혹은 수백 집안이 되었다.

---

107) 사형시는 이전의 대리시(大理寺)로서 중앙 최고의 심판기관이며, 승(丞)은 사형경(司刑卿)을 보좌하였다.

108) 서문원에 관한 일은 고조 무덕 원년(618년) 9월에 있었고, 그 내용은 ≪자치통감≫ 권185에 실려 있다.

109) 정확한 명칭은 사법참군(司法參軍)이고, 줄여서 사법(司法)이라 부른다. 주(州)와 현(縣)의 장관인 자사(刺史)와 현령(縣令)을 보좌하여 율령(律令), 정죄(定罪), 도적(盜賊) 그리고 장속(贓贖) 등에 관한 일을 관장하였다.

110) 고대에는 모든 관리들을 '이(吏)'라고 불렀으나, 한대(漢代) 이후부터는 직위가 낮은 관원을 '이(吏)'라고 불렀다.

일찍이 조정에서 형옥(刑獄)에 관한 일로 다투었는데, 태후가 노기를 띠고 그를 꾸짖으니, 좌우에 있는 사람들이 벌벌 떨었지만 서유공은 정신과 안색을 굽히지 않았고, 이를 다투는 것이 더욱 간절하였다. 태후는 비록 사람 죽이기를 좋아하였으나, 서유공이 정직하다는 것을 알고는 대단히 그를 정중하면서도 꺼렸다. 두경검(杜景儉)은 무읍(武邑, 하북성 무읍현) 사람이다.

사형승인 형양(滎陽, 하남성 형양현) 사람 이일지(李日知)도 역시 화평과 용서를 중요하게 여겼다. 사형(司刑) 소경 호원례(胡元禮)가 한 죄수를 죽이려고 하자, 이일지는 안 된다고 생각하여 왕복하기를 네 번이나 하게 되니, 호원례가 분노하여 말하였다.

"나 호원례가 형조(刑曹)를 떠나지 않는 한, 이 죄수는 끝내 살아갈 방법이 없을 것이오."

이일지가 말하였다.

"나 이일지가 형조를 떠나지 않는 한, 이 죄수는 끝내 죽일 방법이 없을 것입니다."

끝내 두 개의 장계(狀啓)가 늘어서서 상급 기관으로 올라갔는데, 이일지가 과연 곧았다.

11 동위국사(東魏國寺)의 승려인 법명(法明) 등이 《대운경(大雲經)》111) 4권을 편찬하여 표문(表文)으로 그것을 올렸는데, '태후는 드디어 미륵불(彌勒佛)이 하생(下生)112)한 것이고, 당연하게 당(唐)을 대신하여 염부제(閻浮提, 인간세계)의 주인이 되셨으니, 천하에 제(制)를 반포하십시

---

111) 이것은 백마사의 회의를 우두머리로 한 승려 집단이 만들어낸 위경(僞經)으로 알려졌다. 대운경에는 정광천녀가 장차 한 나라의 부처로 군림한다는 예언을 빌리고, 미륵신앙과 결합하여 하나가 되었다. 이것으로 무주혁명을 만드는 여론을 삼았다.

112) 부처나 보살이 이 세상에 태어나는 일을 가리킨다.

오.' 라고 말하였다.

12　무승사(武承嗣)가 주흥(周興, 司刑少卿)을 시켜서 수주(隋州, 치소는 호북성 隨州市) 자사인 택왕(澤王) 이상금(李上金, 고종 이치의 아들)과 서주(舒州, 치소는 안휘성 潛山縣) 자사인 허왕(許王) 이소절(李素節, 고종 이치의 아들)이 모반하였다고 망라해서 고발하니, 그들을 불러서 행재(行在, 낙양)로 오도록 하였다.

이소절이 서주를 출발하면서, 상사(喪事)를 만나서 곡하는 소리를 듣고 한탄하여 말하였다.

"병들어 죽었으니 무엇을 할 수 있겠다고 다시 곡(哭)을 하는가?"113) 정해일(13일)에 용문(龍門, 낙양성 남쪽)에 도착하자 목을 매어서 그를 죽였다. 이상금은 자살하였다. 그들의 여러 아들들과 딸린 무리들도 모두 죽였다.

13　태후는 태평(太平) 공주114)를 그의 큰아버지인 무사양(武士讓)의 손자 무유기(武攸暨)에게 시집보내려고 하였고, 무유기는 당시 우위(右衛) 중랑장이었는데, 태후는 몰래 사람을 시켜서 그의 처를 죽이고 그를 처로 삼게 하였다. 공주는 네모진 이마에 넓은 턱의 용모를 지니고 권모(權謀)와 책략(策略)에 뛰어나서, 태후는 자기와 같은 부류라고 생각하여 특별히 돈독하게 총애하여 항상 그녀와 함께 천하의 일을 몰래 의논하였다.

옛 제도에 의하면, 식읍(食邑)은 친왕(親王)도 1천 호(戶)를 넘을 수

---

113) 병들어 죽는 것이 오히려 행복한 것이지만 자기는 그렇게 할 수 없다는 뜻을 말한 것이다.

114) 고종과 무후 사이에서 태어난 공주로서 설소(薛紹)에게 시집갔다. 박주(博州, 치소는 산동성 聊城市) 자사인 낭야왕(琅邪王) 이충(李沖)이 무후의 집권에 반대하여 반란을 일으켰을 때, 부마(駙馬)인 설소(薛紹)가 이충과 통모하였다고 하여 사성 5년(688년) 11월에 무후가 사위를 죽였다. 이에 태평공주는 이미 2년 동안 과부(寡婦)로 살고 있었다.

없었고, 공주는 350호를 넘을 수 없었지만, 태평공주의 식읍은 홀로 여러 번에 걸쳐 더해져서 3천 호에 이르렀다.

14 8월 갑인일(11일)에 태자소보(太子少保)·납언(納言)인 배거도(裴居道)를 죽였고, 계해일(20일)에는 상서(尙書)좌승 장행렴(張行廉)을 죽였다. 신미일(28일)에는 남안왕(南安王) 이영(李穎) 등 종실 12명을 죽이고, 또 이전 태자인 이현(李賢)115)의 두 아들을 채찍으로 쳐서 죽이니, 당의 종실은 이에 거의 없어지게 되었고, 그 중에서 어리고 유약하여 살아남은 자들은 영남(嶺南, 南嶺 이남)으로 유배시키고, 또 그들의 친한 무리 수백 집을 주살하였다.

오직 천금(千金)장공주[고조 이연의 딸]만은 약삭빠르게 아부하여 온전할 수 있는데, 스스로 태후의 딸이 되기를 요청하므로, 이어서 성을 무씨(武氏)로 고쳤다. 태후는 그녀를 총애하여 칭호를 바꾸어 연안(延安)대장공주라 하였다.

15 9월 병자일(3일)에 시어사인 급현(汲縣, 치소는 하남성 衛輝市) 사람 부유예(傅遊藝)가 관중(關中, 섬서성 중부)의 백성 900여 명을 거느리고 궁궐에 와서 표문을 올렸는데, 국호를 주(周)로 바꾸고 황제에게 무씨(武氏)의 성을 내려주도록 요청하였다. 태후는 허락하지 않았지만, 부유예를 발탁하여 급사중(給事中)116)으로 삼았다.

이에 백관(百官)과 황실의 종실(宗室)과 인척(姻戚)·원근의 백성·사

---

115) 고종(高宗)의 여섯째아들이며 무후(武后)의 둘째아들로서, 생몰연대는 655년~684년이다. 상원(上元) 2년(675년)에 황태자로 책봉되어 보통 '장회태자(章懷太子)'로 불린다. 조로(調露) 2년(680년)에 무후의 총애를 받던 명숭엄(明崇儼)에게 피살되었다. 그에 따라 무후의 사주(使嗾)에 의해 피살되었다고 의심되고 있다.

116) 황제를 좌우에서 시종하면서 헌납(獻納)의 득실, 상주(上奏) 문서 및 이에 대한 논박(論駁) 등에 관한 업무를 담당하였다. 품계는 정오품(正五品) 상(上)이고, 정원은 4명이었다.

이(四夷)의 추장·사문(沙門, 불교 승려)·도사(道士)까지 합하여 6만여 명이 함께 부유예가 요청한 바와 같이 표문을 올리고, 황제 역시 표문을 올려서 성을 무씨로 내려달라고 스스로 요청하였다. 무인일(5일)에 여러 신하들이 말씀을 올렸는데, '봉황이 명당에서 상양궁(上陽宮)으로 날아 들어와서, 돌아가면서 좌대(左臺, 左肅正臺)의 오동나무 위에 모였고, 오래 있다가 동남쪽으로 날아갔으며 그리고 붉은 참새 수만이 조당(朝堂)에 모였다.'고 하였다.

경진일(7일)에 태후가 황제와 여러 신하들의 요청을 옳다고 하였다. 임오일(9일)에 측천루(則天樓)로 가서 천하를 사면하고 당(唐)을 주(周)로 바꾸며, 기원(紀元)을 고쳤다.[117] 을유일(12일)에 존호를 올려서 '성신황제(聖神皇帝)'라 하고, 황제는 '황사(皇嗣)'라 하면서 성을 무씨(武氏)로 하사하였으며, 황태자는 '황손(皇孫)'이라 하였다.

병술일(13일)에 신도(神都, 낙양)에 무씨(武氏)의 7묘를 세우고, 주문왕(周文王)을 추존(追尊)[118]하여 시조문(始祖文) 황제라 하였고, 그 비(妃)인 사씨(姒氏)는 문정(文定) 황후라 하였고, 평왕(平王)의 아들인 희무(姬武)는 예조(睿祖) 강(康) 황제라 하였고, 그 비(妃)인 강씨(姜氏)는 강예(康睿) 황후라 하였다. 태원정왕(太原靖王)은 엄조(嚴祖) 성(成) 황제라 하였고, 그 비(妃)는 성장(成莊) 황후라 하였고, 조숙공왕(趙肅恭王)은 숙조장경(肅祖章敬) 황제라 하고, 위의강왕(魏義康王)은 열조소안(烈祖昭安) 황제라 하였으며, 주안성왕(周安成王)은 현조문목(顯祖文穆) 황제라 하였고, 충효태황(忠孝太皇)[119]은 태조효명고(太祖孝明高) 황제라 하였으며, 비(妃)는 모

---

117) 연호가 당(唐) 재초(載初) 원년에서 주(周) 천수(天授) 원년으로 바뀌었다.

118) 죽은 후에 칭호를 높여 주는 것을 말한다.

119) 평왕(平王)은 낙양(洛陽)을 도읍(都邑)으로 삼은 동주(東周) 왕조의 제1대 왕이고, 이름은 희의구(姬宜臼)이고, 태원정왕(太原靖王)은 무후의 5대 할아버지인 무극기(武克己)이고, 조숙공왕(趙肅恭王)은 무후의 고조할아버지인 무거상(武居常)이고, 위의강왕(魏義康王)은 무후의 증조할아버지인 무검(武儉)이고, 주안성왕(周安成王)

두 고(考)의 시호(諡號)와 같게 하고 황후라 칭하였다.

무승사(武承嗣)를 세워서 위왕(魏王)으로 삼고, 무삼사(武三思)는 양왕 (梁王)으로 삼고, 무유녕(武攸寧)은 건창왕(建昌王)으로 삼고, 무사확(武 士謹)의 형의 손자인 무유귀(武攸歸)·무중규(武重規)·무재덕(武載德)· 무유기(武攸曁)·무의종(武懿宗)·무사종(武嗣宗)·무유의(武攸宜)·무유망 (武攸望)·무유서(武攸緒)·무유지(武攸止)120)는 모두 군왕(郡王)으로 삼 고, 여러 고모들이나 자매들은 모두 장공주(長公主)로 삼았다.

또 사빈경(司賓卿, 鴻臚寺)인 율양(溧陽, 강소성 율양시) 사람 사무자(史 務滋)를 납언으로 삼았고, 봉각(鳳閣)시랑 종진객(宗秦客)을 검교내사(檢 校內史)로 삼았으며, 급사중 부유예(傅遊藝)를 난대(鸞臺)시랑·평장사(平 章事)로 삼았다. 부유예와 잠장천(岑長倩)·우옥검위(右玉鈐衛) 대장군인 장건욱(張虔勗)·좌금오(左金吾) 대장군 구신적(丘神勣)·시어사 내자순(來 子珣) 등에게 나란히 무씨(武氏)의 성을 하사하였다.

종진객은 몰래 태후에게 혁명(革命)121)을 권하였으니, 그러므로 먼저 내사가 되었다. 부유예는 1년 동안에 청색(靑色)·녹색(綠色)·주색(朱 色)·자색(紫色)의 옷122)을 두루 입었기 때문에, 당시 사람들은 그를 '사

은 무후의 할아버지인 무화(武華)이고, 충효태황(忠孝太皇)은 무후의 아버지인 무사 화(武士謹)으로서, 사성 6년(689년) 2월 무술일(戊戌日, 15일)에 각기 추존되었다.

120) 무승사(武承嗣)는 무후의 오빠인 무원상(武元爽)의 아들이고, 무삼사(武三思)는 무후 의 오빠인 무원경(武元慶)의 아들이고, 무유녕(武攸寧)과 무유귀(武攸歸)는 무후의 작은아버지인 무사양(武士讓)의 손자이고, 무중규(武重規)는 무후의 사촌인 무유량의 의자(義子)이고, 무재덕(武載德)은 무후의 당질인 무인범의 아들이고, 무유기(武攸 曁)·무의종(武懿宗)·무사종(武嗣宗)는 무후의 당질이며, 무유의(武攸宜)·무유망 (武攸望)·무유서(武攸緒)·무유지(武攸止; 무유량의 의자)는 모두 무후의 당질이다.

121) 원래의 의미는 '천명(天命)을 바꾸다 또는 고치다.'이다. 구체적으로 설명하면, 천명 을 받은 사람이 창건한 왕조가 후대에 이르러 잘못을 저지르면 천명은 그 왕조를 떠 나 다른 사람에게 가고, 새로이 천명을 받은 사람이 새로운 왕조를 창건한다는 말이 다. 즉 왕조가 바뀐다는 말이다.

122) 파란색(靑色) 관복은 9~8품관, 초록색(綠色) 관복은 7~6품관, 빨강색(朱色) 관복은 5~4품관 그리고 자주색(紫色) 관복은 3품 이상의 관리의 제복이었다.

시사환(四時仕宦, 계절마다 승진하는 관리)'이라고 불렀다.

칙서를 내려서 주(州)를 바꾸어 군(郡)으로 하자, 어떤 사람이 태후123)에게 말하였다.

"폐하께서 방금 혁명(革命)을 하셨는데, 주(州)를 폐지하면 상서롭지 않습니다."

태후가 황급히 뒤쫓아 그것을 중지하였다.

사무자(史務滋) 등 10여 명에게 명령하여 여러 도(道)를 순무(巡撫)하도록 하였다. 태후는 형의 손자인 무연기(武延基, 武承嗣의 아들) 등 6명을 세워서 군왕(郡王)으로 삼았다.

16 겨울, 10월 갑자일(21일)에 검교내사(檢校內史) 종진객(宗秦客)이 뇌물을 받은 죄에 걸려서 준화(遵化, 광서 靈山縣 서남쪽) 현위(縣尉)로 좌천되었고, 그 아우인 종초객(宗楚客) 역시 옳지 않은 뇌물을 받은 죄로 영남(嶺南, 南嶺 이남) 밖으로 유배되었다.

17 정묘일(24일)에 유형(流刑)을 받은 사람인 위방질(韋方質)을 죽였다.

18 신미일(28일)에 내사 형문위(邢文偉)가 종진객에게 붙었다는 죄로 깎이어 진주(珍州, 치소는 귀주성 正安縣) 자사로 되었다. 얼마 지나지 않아서, 사자에게 제(制, 과거의 詔)를 내려 주(州, 진주)에 가보게 하자, 형문위는 자기를 죽이려고 한다고 생각하여 급히 스스로 목을 매어 죽었다.

19 임신일(29일)에 칙서를 내려서 양경(兩京, 東都인 洛陽과 西都인 長安)과

---

123) 측천무후 무조가 '신성황제'라고 했음에도 ≪자치통감≫에서는 계속 태후라고 쓰고 있다.

모든 주(州)에 각기 대운사(大雲寺) 한 곳을 세워서 ≪대운경(大雲經)≫을 수장(收藏)하고, 승려를 시켜서 높은 자리에 올라가서 강해(講解)하도록 하였으며, 그것을 찬술(撰述)하고 주소(注疏)한 승려 운선(雲宣) 등 9명에게 모두 작위를 하사하여 현공(縣公)으로 하였고, 이어서 자주색 가사124)와 은구대(銀龜袋)125)를 하사하였다.

20　천하의 무씨(武氏) 모두에게 제서(制書)를 내려서 조세와 부역을 면제한다고 하였다.

21　서돌궐의 십성(十姓)은 수공(垂拱) 연간(685년~688년) 이래 동돌궐126)에게 침략을 당하여 백성들이 흩어지고 도망하여 거의 없어지게 되었다. 몽지(濛池, 치소는 카자흐스탄 발하쉬 호수와 키르키즈스탄의 Issyk Kul 사이) 도호인 계왕절(繼往絶) 가한 아사나곡슬라(阿史那斛瑟羅)가 그 남아있는 무리 6만~7만 명을 거두어서 내지(內地)로 들어와서 거주하니, 벼슬을 주어 우위(右衛) 대장군으로 하고 칭호를 바꾸어 갈충사주(竭忠事主) 가한으로 하였다.

---

124) 가사(袈裟, 산스크리트어로 Kasaya)란 승려가 입는 겉옷을 가리키는 말이다. 불교의 발상지와 초기 전교지(傳敎地)인 서역(西域)에서는 승려는 모피로 만든 가사를 입었으나, 불교가 중국에 들어온 후에는 승려는 비단으로 만든 가사를 입었다. 평상시에 중국의 승려는 모두 검은색 승복을 입었으나, 황제로부터 자주색 승복을 하사받은 승려만은 그것을 입을 수 있었다.

125) 당 제도에는 품관(品官)에게는 몸에 어부(魚符)를 지니고 다니게 하여 귀천을 밝혔고 징소에 응하게 하였다. 고종은 오품(五品) 이상에게는 은어대(銀魚袋)를 주어서 소명(召命)을 속이지 못하고 출입할 때에 반드시 이를 합쳐 보게 하였다. 수공 연간에는 도독과 자사에게 처음으로 어부(魚符)를 주었으며 천수 2년(690년)에는 어부를 패용하던 것을 고쳐서 구부(龜符)를 차고 다니게 하였다. 중종 초에 구부(龜符)를 어부(魚符)로 바꾸었다.

126) 고종 영순 원년(682년)에 아사나골독록(阿史那骨咄祿)이 당의 기미지배(羈縻支配)에 대항하여 아사덕원진(阿史德元珍)과 힘을 합쳐서 세운 돌궐 제이가한국(第二可汗國, 682년~744년)을 가리키는데 이를 '동돌궐(東突厥)', '후돌궐(後突厥)', '돌궐제이제국(突厥第二帝國)' 등으로 칭한다.

22 도주(道州, 치소는 호남성 도현) 자사 이행포(李行褒) 형제가 혹리(酷吏)에게 모함을 받아서 족주(族誅)127)를 당하게 되었는데, 추관(秋官, 형부)낭중 서유공(徐有功)이 굳게 다투어서 할 수 없었다. 추관시랑 주흥(周興)이 주문을 올려서 서유공이 반란한 죄수를 내보내니 참형에 해당한다고 하자 태후는 비록 허락하지는 않았지만, 역시 서유공의 관직은 면직시켰다. 그러나 태후는 평소에 서유공을 소중히 여겨서 오래 있다가 다시 시어사로 기용하였다.

서유공은 땅에 엎드리고 눈물을 흘리면서 한사코 사양하면서 말하였다.

"신이 듣건대, 사슴은 산림에서 달리며 놀지만 그 운명이 푸주간과 주방에 달려있는 것은 형세가 그러한 것입니다. 폐하께서는 신을 법관으로 임명하셨지만, 신은 감히 폐하의 법령을 굽히지 못할 것이니, 반드시 이 관직을 가지고 죽을 것입니다."

태후가 굳게 그에게 수여하자, 먼 곳에 있든지 가까운 곳에 있든지 그 소식을 들은 자들은 서로 축하하였다.

23 이 해에 우위(右衛) 대장군 천헌성(泉獻誠)128)을 좌위(左衛) 대장군으로 삼았다. 태후가 금과 보물을 내어서 남과 북, 두 아장(牙帳)에서 활 잘 쏘는 사람 5명을 뽑아서 내기를 하라고 명령을 내렸는데, 연헌성은 일등을 하였지만, 우옥검위(右玉鈐衛) 대장군 설돌마(薛咄摩)129)에게 양보

---

127) 죄를 지어서 일족(一族)이 모두 사형을 당하는 것을 말한다. 족멸(族滅)과 같은 말이다.

128) 고구려(高句麗) 말기의 실권자였던 연개소문(淵蓋蘇文)의 아들인 연남생(淵男生)의 아들이다. 연헌성은 삼촌인 연남건(淵男建)·연남산(淵男産)과의 권력투쟁에서 패하자, 평양(平壤)에서 국내성(國內城, 길림성 集安縣)으로 도망쳐서 머무른 후에 일부 고구려인과 함께 말갈병(靺鞨兵) 및 거란병(契丹兵)을 거느리고 당(唐)에 귀부하면서 아버지 연남생을 좇았다. '연(淵)'이라 하지 않고 '천(泉)'으로 바꾼 것은 고조 이연(李淵)의 이름을 피휘(避諱)한 것이다.

하자, 설돌마는 다시 연헌성에게 양보하였다.

연헌성은 이에 상주하였다.

"폐하께서 활쏘기를 잘하는 자를 뽑으라고 명령을 내리셨지만, 지금 대부분 한족(漢族) 관료가 아니니, 가만히 사이(四夷)130)가 한족을 가벼이 여길까 두려우니, 바라건대 이번의 활쏘기를 중지시켜 주십시오."

태후가 옳다고 여겨서 그의 말을 따랐다.

---

129) 외몽골 북부에 세력을 형성하고 있던 투르크계의 설연타(薛延陀) 부족의 지배씨족 출신이다.

130) 한족(漢族)이 그들 주변에 거주하는 사방(四方)의 이민족(異民族)을 통칭하는 말이다.

내준신의 횡포와 후사를 정하는 태후

측천무후 천수(天授) 2년(辛卯, 691년)

1   정월131) 초하루 계유일에 태후가 처음으로 만상신궁(萬象神宮)에서 존호를 받았는데, 기치(旗幟)는 빨간색을 숭상하였다.132) 갑술일(2일)에 신도(神都, 하남성 낙양시)에 사직을 새로 쌓았다. 신사일(9일)에 태묘에 무씨(武氏) 조상들의 신주(神主)를 넣고, 장안에 있는 당(唐)의 태묘는 향덕묘(享德廟)로 고쳐서 명명하였다.

사계절 제사는 오직 고조(高祖) 이하133)에만 지내고, 나머지 사실(四室)134)은 모두 문을 잠그고 제사 지내지 않도록 하였다. 또 장안에 있는 숭선묘(崇先廟, 무씨 조상의 사당)를 고쳐서 숭존묘(崇尊廟)로 하였다.

---

131) 측천무후가 하력(夏曆)을 사용하기로 하였으므로 정월이란 11월을 말한다.

132) 중국에는 고대로부터 금(金), 목(木), 수(水), 화(火), 토(土) 5덕 가운데 하나를 왕조(王朝)가 숭상하고 정통으로 삼고 있다. 붉은색은 화덕(火德)이며 주(周) 왕조가 숭상하던 것이다. 당 왕조(唐王朝)는 토덕(土德), 즉 황색(黃色)을 존중해 왔으므로 완전히 왕조를 바꾼 셈이다.

133) 고조(高祖) 이연(李淵), 태종(太宗) 이세민(李世民) 그리고 고종(高宗) 이치(李治)를 가리킨다.

134) 고조(高祖) 이연(李淵)의 고조할아버지인 선제(宣帝) 이희(李熙), 증조할아버지인 원제(元帝) 이천석(李天錫), 할아버지인 광제(光帝) 이호(李虎) 그리고 아버지인 경제(景帝) 이병(李昞)의 신위(神位)를 모시고 제사 지내는 방을 가리킨다.

을유일(13일) 해가 남쪽 끝에 이른 날<冬至>이어서 명당에서 대향(大享, 큰 제사)을 거행하여 호천상제(昊天上帝, 천시)에게 제사 지냈고, 많은 신들에게도 덧붙여서 제사 지냈으며, 무씨(武氏)의 조상들도 배향(配享)하였고, 당(唐)의 세 황제<고조, 태종, 고종>도 역시 함께 배향하였다.

2   어사중승·지대부사(知大夫事)135)인 이사진(李嗣眞)이 혹리(酷吏)들이 멋대로 방종하기 때문에 소문(疏文)을 올렸다.

"지금 사건을 밀고하는 것이 어지럽게 뒤섞여있는데, 거짓된 것이 많고 사실인 것은 적으니, 아마도 흉악하고 간사한 자가 있어서 음모하여 폐하의 군신을 이간시킬까 두렵습니다.

옛날에 옥사가 이루어지면 공경들이 참석하여 자세히 들었고, 왕은 반드시 세 번 용서하였으며, 그렇게 한 후에 형벌을 집행하였습니다. 근래에는 옥관(獄官)이 단거(單車)136)로 명령을 받들어서 사자(使者)가 되어 추국(推鞫)하여 이미 결정되면 법가(法家, 법관)는 법령에 의하여 단안(斷案)을 내리며 다시 추가하여 조사하지 않는데, 혹은 때가 되면 전결(專決)하고는 다시 보고하거나 주문(奏文)을 올리지도 않습니다.

이와 같으니, 권력은 신하들에게서 말미암아서 살피고 신중한 방법이 되지 아니하여, 만약 원통함이 넘쳐도 폐하께서 어디로부터 알 수 있겠습니까? 하물며 구품(九品) 관리가 명령을 오로지하여 심문하고 조사하며 죽이거나 살리는 칼자루를 조정하며 군주의 위세를 훔치게 되어, 규찰하고 심문하는 일은 이미 추관(秋官)에게 있지 않게 되었으며, 살펴서 심사하는 일은 다시는 문하성(門下省)을 거치지 않아도 되어, 나라의 이

---

135) 어사대부(御史大夫)가 결원(缺員)되면 어사중승(御史中丞)이 어사대부의 업무를 대신하게 된다. 이때 어사중승을 지대부사(知大夫事)라고 칭한다. 여기서 대부는 어사대부를 말하는 것이므로 관직명을 해석하면 어사대부의 업무를 알아서 처리하는 사람이 된다.

136) 이 말은 '가볍게', '경솔하게', '홀로'란 의미를 나타내는 당시의 상용어(常用語)이다.

로운 기구를 경솔하게 다른 사람에게 빌려줌으로써 아마도 사직의 화가 될까 두렵습니다."

태후는 받아들이지 않았다.

3 요양(饒陽, 하북성 요양현)의 현위인 요정량(姚貞亮) 등 수백 명이 표문을 올려서 존호(尊號)를 올려 상성대신(上聖大神) 황제로 부르도록 하라고 요청하였으나 허락하지 않았다.

4 시어사 내자순(來子珣)[137]이 상의봉어(尙衣奉御)[138]인 유행감(劉行感) 형제가 모반하였다고 무고하여 모두 여기에 걸려들어 주살되었다.

5 봄, 1월에 지관상서 무사문(武思文)과 조집사(朝集使)[139] 2천800명이 표문을 올려서 중악(中嶽, 崇山)에서 봉선하기를 요청하였다.

6 기해일(27일)에 당황실의 흥녕릉(興寧陵)·영강릉(永康陵)·은릉(隱陵)[140]의 관리 임명을 철폐하고, 다만 헤아려서 수호(守戶)[141]를 두었다.

---

137) 무후(武后) 천수(天授) 원년(690년) 9월에 무후는 내자순(來子珣)에게 무씨(武氏)의 성을 하사하였다. 따라서 이때는 이름이 '무자순(武子珣)'이었다.

138) 황제의 의복에 관한 업무를 관장하는 상의국(尙衣局) 소속의 품계(品階)가 종오품(從五品) 상(上)인 관리로서 정원은 2명이다. 그 아래로는 직장(直長) 4명을 비롯하여 서령사(書令史), 서리(書吏), 주의(主衣) 그리고 장고(掌固) 등이 있다.

139) 11월에 해가 바뀌는 것으로 하여 정월로 하였으므로 1월이라 하였는데, 전에는 이날을 원단(元旦)으로 하고, 축하하는 조회(朝會)에 참가하고, 1년간의 업적으로 보고하려고 전국의 군(郡)과 현(縣)에서 수도로 올라온 상계리(上計吏)들이 보고를 하였다. 상계리는 군과 현의 관아(官衙)에서 회계(會計) 업무를 담당하다가 수도에 올라와서 그 장부(帳簿)를 조정에 보고하는 하급 관리인데, 무후 시절에는 정월을 과거의 11월로 하였지만 이러한 행사는 여전히 1월에 한 것으로 보인다.

140) 흥녕릉(興寧陵)은 당의 시조인 고조(高祖) 이연(李淵)의 아버지인 이병(李昞)의 묘이고, 영강릉(永康陵)은 그 할아버지인 이호(李虎)의 묘이며, 그리고 은릉(隱陵)은 황사(皇嗣)인 예종(睿宗) 이단(李旦)이 죽은 후에 잠들 묘이다.

7   좌금오(左金吾)대장군 구신적(丘神勣)142)이 죄를 지어서 죽임을 당하
였다.

8   납언 사무자(史務滋)와 내준신(來俊臣, 御史中丞)이 함께 유행감(劉行
感)의 옥사를 국문(鞫問)하였지만, 내준신은 사무자가 유행감과 친밀하여
속으로는 그가 모반한 상황을 잠재우려 하였다143)고 주문을 올렸다. 태
후는 내준신에게 그들을 함께 조사하라고 명령하였다. 사무자는 두려워
서 자살하였다.

9   어떤 사람이 문창(文昌)우승 주흥(周興)이 구신적과 통모(通謀)하였다
고 고발하여, 태후가 내준신에게 그를 국문하도록 명령하자 내준신은 주
흥과 더불어 바야흐로 사건을 조사하면서 마주보고 식사하다가 주흥에
게 말하였다.

"죄수들은 대부분 승인하지 아니하였는데, 어떤 방법으로 하여야 마땅
합니까?"

주흥이 말하였다.

"이것은 아주 쉽습니다. 큰 독을 가지고 와서 숯을 사방으로 주변에
둘러놓고 그것을 구우면서 죄수로 하여금 독 안에 들어가도록 하면 무
슨 일이든 승인하지 않겠습니까?"

내준신은 이에 큰 독을 찾아서 주흥의 방법처럼 주위에 불을 놓고,
이어서 일어나면서 주흥에게 말하였다.

---

141) 묘를 관리하거나 필요한 경비를 대는 민호(民戶)를 말한다.

142) 천수(天授) 원년(690년) 9월에 무후로부터 무씨(武氏)를 사성(賜姓)받았다. 따라서 '무
신적(武神勣)'으로 쓰는 것이 올바르다.

143) 상급자에게 올려서 결재를 받아야 할 문서를 담당자가 문서 속의 내용을 숨기려고
계속 가지고 있는 것을 표현하는 말이다.

"황궁 안에서 온 문서가 있는데, 형(兄)을 조사하라 하니, 바라건대, 형께서는 이 독에 들어가 주십시오."

주흥은 두려움에 떨면서 머리를 땅에 두드리고 죄를 자백하였다. 법으로는 사형에 해당하였으나 태후는 그를 용서하고, 2월에 주흥을 영남(嶺南, 南嶺 이남)으로 유배하였고, 길에서 그를 원망하는 집안사람들에게 피살되었다.

주흥은 색원례(索元禮)·내준신과 더불어 다투어 포학하고 각박하였는데, 주흥과 색원례에게 피살된 사람은 각각 수천 명이었고, 내준신에게 파괴된 집은 1천여 집이나 되었다. 색원례의 잔혹함은 더욱 심하여, 태후도 역시 그를 죽여서 사람들이 바라는 것으로 위로하였다.

10 좌위(左衛) 대장군인 천승왕(千乘王) 무유기(武攸暨)144)를 옮겨서 정왕(定王)으로 삼았다.

11 죽은 태자 이현(李賢)의 아들인 이광순(李光順)을 세워서 의풍왕(義豊王)으로 삼았다.

12 갑자일(22일)에 태후가 명령하여 시조의 묘를 덕릉(德陵)이라 부르고, 예조(睿祖)의 묘는 교릉(喬陵)이라 부르고, 엄조(嚴祖)의 묘는 절릉(節陵)이라 부르고, 숙조(肅祖)의 묘는 간릉(簡陵)이라 부르고, 열조(烈祖)의 묘는 정릉(靖陵)이라 부르고, 현조(顯祖)의 묘는 영릉(永陵)이라 부르며, 장덕릉(章德陵)을 고쳐서 호릉(昊陵)이라 하고, 현의릉(顯義陵)145)

---

144) 고종과 무후 사이에서 태어난 딸로서, 무후가 사위인 설소(薛紹)를 죽임으로써 과부(寡婦)가 된 태평공주(太平公主)와 혼인하여 부마(駙馬)가 되었다.

145) 시조(始祖)는 천명(天命)을 받아서 서주(西周) 왕조의 창건하였다는 문왕(文王) 창(昌)을 가리키고, 예조(睿祖)는 수도를 낙양(洛陽)에 둔 동주(東周)의 제1대 평왕(平王)의 아들인 무(武)이며, 엄조(嚴祖)는 무후의 현조할아버지인 무극기(武克己)

은 순릉(順陵)으로 하게 하였다.

13 이군선(李君羨)의 관직과 작위를 회복시켰다.146)

14 여름, 4월 초하루 임인일에 일식이 있었다.

15 계묘일(2일)에 제서(制書)를 내려서 석교(釋敎, 석가모니의 종교, 불교)가 혁명의 단계를 열었기 때문에, 석교를 도교(道敎)의 윗자리로 올렸다.147)

16 건안왕(建安王) 무유의(武攸宜)에게 명령하여 장안에서 유수하도록 하였다.

17 병진일(15일)에 큰 종을 주조하여 북궐(北闕)에 설치하였다.

18 5월에 잠장천(岑長倩)148)을 무위도(武威道) 행군대총관으로 삼아서 토번(吐蕃)을 치도록 하였다가 도중에 소환하니 군대는 결국 출전하지 못

이고, 숙조(肅祖)는 무후의 고조할아버지인 무거상(武居常)이고, 열조(烈祖)는 무후의 증조할아버지인 무검(武儉)이고, 현조(顯祖)는 무후의 할아버지인 무화(武華)이고, 장덕릉(章德陵)은 산서성 문수현(文水縣)에 있는 무씨 조상들의 분묘이며, 현의릉(顯義陵)은 무후의 아버지인 무사확(武士彠)의 묘이다.

146) 이군선이 주살된 일은 태종 정관 22년(648년) 7월에 있었고, 그 내용은 《자치통감》 권199에 실려 있는데, 그의 관작(官爵)이 회복된 것은 죽은 지 43년만이 된다.

147) 당 황실은 도교(道敎)를 창시하였다는 노자(老子) 이이(李耳)가 그들과 같은 이씨(李氏)라는 것 때문에 도교를 숭상하였다. 무후는 불교의 대운경에 대한 해석을 통하여 여자로 황제가 될 수 있게 하였으므로 당이 숭상한 도교의 지위를 낮추고 불교의 지위를 높였던 것이다.

148) 천수(天授) 원년(690년) 9월에 무후로부터 무씨(武氏)를 사성(賜姓) 받았다. 따라서 '무장천(武長倩)'으로 쓰는 것이 정확하다.

하였다.

19 6월에 좌숙정(左肅正) 대부 격보원(格輔元)을 지관(地官) 상서로 삼고, 난대(鸞臺) 시랑 낙사회(樂思晦)·봉각(鳳閣) 시랑 임지고(任知古)와 나란히 동평장사로 하였다. 낙사회는 낙언위(樂彦暐)의 아들이다.

20 가을, 7월에 관내(關內, 섬서성 중부)의 호구 수십만을 옮겨서 낙양(洛陽, 주의 수도)을 채웠다.

21 8월 무신일(10일)에 납언 무유녕(武攸寧)을 그만두게 하고 좌우림(左羽林) 대장군으로 삼았다. 하관(夏官, 병부) 상서 구양통(歐陽通)[149]을 사례경(司禮卿)으로 삼고, 판납언사(判納言事)[150]를 겸하도록 하였다.

22 경신일(22일)에 옥검위(玉鈐衛) 대장군 장건욱(張虔勗)[151]을 죽였다. 내준신은 장건욱의 옥사를 국문(鞫問)하였는데, 장건욱 자신이 서유공(徐有功)[152]에게 변명하니, 내준신이 분노하여 위사(衛士)에게 명령하여 칼로 어지럽게 찍어서 그를 죽이게 한 후 저자에 효수(梟首)하였다.

23 의풍왕(義豊王) 이광순(李光順)·사옹왕(嗣雍王) 이수례(李守禮)·영안

---

149) 우리는 '歐'를 '구'라고 발음하나 '오'가 맞다. 그러나 우리의 일상적 관례대로 '구'라고 한다.

150) 판직(判職)이다. 이 관직명을 해석해 보면 '납언(納言)의 업무를 판단한다'이므로 임의적인 겸임의 관직이다.

151) 천수(天授) 원년(690년) 9월에 무후로부터 무씨(武氏)를 사성(賜姓) 받았다. 따라서 '무건욱(武虔勗)'으로 쓰는 것이 정확하다. 그러나 주살하였기 때문에 원래의 성을 회복시켰을 것이다.

152) 이때 시어사(侍御史)였다. 비교적 관대한 사람이었다.

왕(永安王) 이수의(李守義)·장신현주(長信縣主)153) 등은 모두 무씨(武氏)
의 성을 하사받았으나, 예종(睿宗)의 여러 자식들과 함께 모두 궁중에
유폐되어 궁궐의 문을 나오지 못한 지 10여 년이었다. 이수례와 이수의
는 이광순의 아우이다.154)

24 어떤 사람이 지관(地官)상서 무사문(武思文)155)이 처음에는 서경업
(徐敬業)과 왕래하며 모의하였다고 고발하였다. 갑자일(26일)에 무사문을
영남(嶺南, 南嶺 이남)으로 유배시키고 성을 서씨(徐氏)로 회복시켰다.

25 9월 을해일(8일)에 기주(岐州, 치소는 섬서성 鳳翔縣) 자사 운홍사(雲
弘嗣)를 죽였다. 내준신은 그를 국문하면서 한마디 묻지 않고 먼저 그의
머리를 절단하고 마침내 거짓으로 문서를 만들어서 보고하였는데, 그가
장건욱을 죽인 것도 역시 그러하였다. 칙지(勅旨)는 모두 의거하니, 해내
에 있는 사람들은 입을 다물었다.

26 난대(鸞臺)시랑·동평장사인 부유예(傅遊藝)156)가 담로전(湛露殿)에

---

153) 3명의 왕과 1명의 현주(縣主)는 사성 원년(684년)에 피살된 장회태자(章懷太子)
    이현(李賢)의 자식들로서 무후의 손자와 손녀이다. 당의 제도로는 사왕(嗣王)과 군
    왕은 종1품이다.

154) 이수례와 이수의는 이광순는 성을 무씨로 하사받았으므로 무수례·무수의·무광순으
    로 해야 할 것이지만 원문에는 성이 기재되지 않아서 성을 예전대로 하였다.

155) 원래의 이름은 서사문(徐思文)이다. 무후(武后) 광택(光宅) 원년(684년)에 양주(揚
    州)에서 반란을 일으킨 서경업(徐敬業)의 숙부로서 윤주 자사로 있었다. 그 해 10
    월에 서경업이 거느린 반란군의 공격을 받고 사로잡혔다. 그러나 서경업의 기도를
    미리 알아차리고 사람을 보내어 서경업이 반란을 일으켰다는 사실을 조정에 알려서
    공을 세웠다. 여기에서 '무사문(武思文)'으로 기록되어 있는 것으로 보아 언제인지
    는 알 수 없으나 무후로부터 무씨(武氏)를 사성(賜姓)받았음을 알 수 있다.

156) 천수(天授) 원년(690년) 9월에 무후로부터 무씨(武氏)를 사성(賜姓)받았다. 때문에 '무
    유예(武遊藝)'로 써야 할 것인데, 본문에서는 여전히 부씨로 쓰고 있다.

올라가는 꿈을 꾸고 친한 사람에게 말하자, 친한 사람이 그를 고발하여 임진일(25일)에 하옥되었다가 자살하였다.

27 계사일(26일)에 좌우림위(左羽林衛) 대장군인 건창왕(建昌王) 무유녕 (武攸寧)을 납언으로 삼고, 낙주(洛州, 낙양 좌우의 경기)사마(司馬) 적인걸 (狄仁傑)을 지관(地官)시랑으로 삼아서 동관(冬官)시랑 배행본(裵行本)과 더불어 동평장사로 삼았다.

태후가 적인걸에게 말하였다.

"경은 여남(汝南, 豫州의 치소, 하남성 여남현)에 있으면서 대단히 선정(善政)을 베풀었는데, 경은 경을 참소(讒訴)한 사람의 이름을 알고 싶소?"

적인걸은 감사의 뜻을 표시하면서 말하였다.

"폐하께서 신이 잘못을 저질렀다고 생각하시면 신은 그것을 고쳐주시기를 청할 것이고, 신이 잘못이 없다고 알고 계시면 신은 다행이니, 신을 참소한 자의 이름을 알기를 원하지 않습니다."

태후는 깊이 감탄하며 그를 찬미(讚美)하였다.

28 이에 앞서 봉각(鳳閣)사인인 수무(脩武, 하남성 수무현) 사람 장가복 (張嘉福)이 낙양 사람 왕경지(王慶之) 등 수백 명을 시켜서 표문을 올려 무승사(武承嗣)를 책립하여 황태자로 삼도록 요청하였다.

문창(文昌)우상인 동봉각난대삼품 잠장천(岑長倩)[157]은 황사(皇嗣, 폐위된 睿宗 李旦)가 동궁에서 살고 있으므로 이러한 의론이 나오는 것이 마땅하지 않다고 생각하여, 주서(奏書)를 올려서 편지를 올린 자들을 크게 책망하고, 해산하라고 알려주도록 요청하였다.

태후가 또 지관(地官)상서·동평장사인 격보원(格輔元)에게 물어보니,

---

157) 천수(天授) 원년(690년) 9월에 무후로부터 무씨(武氏)를 사성(賜姓) 받았다. 따라서 '무장천(武長倩)'으로 써야 하지만 원문에서는 여전히 잠장천으로 쓰고 있다.

격보원은 굳게 안 된다고 말하였다. 이로 말미암아 여러 무씨(武氏)들의 마음을 크게 거슬렸으니, 그러므로 잠장천을 배척하여 그에게 서쪽으로 가서 토번(吐蕃)을 정벌하도록 하였으나, 얼마 지나지 않아서 그를 불러 돌아오도록 하여 제옥(制獄)158)에 내려 보냈다.

무승사는 또 격보원(格輔元)을 참소하였다. 내준신은 또 잠장천의 아들인 잠령원(岑靈原)을 위협하여 그를 시켜서 사례경 겸 판납언사인 구양통(歐陽通) 등 수십 명을 끌어들이게 하여서, 모두 함께 반란을 일으키려 하였다고 말하게 하였다.

구양통은 내준신에게 신문(訊問)을 받으면서 5가지 독약을 준비해 가지고 왔지만, 끝내 다른 말이 없었기에 내준신은 마침내 거짓으로 구양통의 자백서(自白書)를 만들었다. 겨울, 10월 기유일(12일)에 잠장천·격보원·구양통 등은 연좌되어 주살(誅殺)되었다.

왕경지(王慶之)가 태후를 알현하니 태후가 말하였다.

"황사(皇嗣)는 내 아들인데 왜 그를 폐위시키겠느냐?"

왕경지가 대답하였다.

" '신령(神靈)은 같지 않은 족류(族類)를 흠향(歆饗)159)하지 않고, 백성들은 같은 가족이 아니면 제사 지내지 않습니다.' 160) 지금 누가 천하를 가지고 있는데 이씨(李氏)를 후사(後嗣)로 삼으십니까?"

태후는 그를 타일러서 돌려보냈다.

왕경지가 땅에 엎드려서 죽음으로써 울면서 요청하며 가지 않으니, 태후는 마침내 도장을 찍은 종이를 그에게 보내면서 말하였다.

---

158) 황제가 특별히 명령하여 죄인을 감금하는 감옥을 가리키는데, 전의 조옥(詔獄)을 말한다.

159) 신령이 제사 때 음식을 기쁘게 받는 것을 말한다.

160) 《춘추좌씨전(春秋左氏傳)》 희공편(僖公篇)에 나오는 진(晉) 대부(大夫)인 호돌(狐突)이 한 말이다.

"나를 만나보고 싶으면 이것을 궁궐 문지기에게 보이도록 하라."

이후 왕경지가 여러 번 뵙기를 요청하였는데, 태후는 자못 그에게 화가 나서 봉각(鳳閣)시랑 이소덕(李昭德)에게 명령하여 왕경지에게 장형(杖刑)을 내리도록 하였다.

이소덕은 끌어내어 광정문(光政門)161) 밖으로 내쫓고 조사(朝士)들에게 보이면서 말하였다.

"이 도둑놈이 우리 황사(皇嗣)를 폐립하고 무승사(武承嗣)를 책립하기를 바라고 있습니다."

명령하여 그를 때리도록 하였는데, 귀와 눈, 모두에서 피가 흘러나온 후에 그를 몽둥이로 때려서 죽이니, 그 무리는 마침내 흩어졌다.

이소덕은 이어서 태후에게 말하였다.

"천황(天皇)162)은 폐하의 지아비이시고, 황사(皇嗣)께서는 폐하의 아들이십니다. 폐하께서 몸소 천하를 소유하고 계시니, 마땅히 이를 자손에게 전하여 영원한 업(業)으로 삼아야 하는데, 어찌하여 조카를 후사(後嗣)로 삼을 수 있겠습니까? 옛날부터 조카가 천자가 되었다든지 고모를 위하여 사당을 세웠다는 것은 들어본 적이 없습니다.

또 폐하께서 천황으로부터 후사에 대한 부탁을 받으셨음에도 만약 천하를 무승사에게 준다면, 천황께서는 혈식(血食)163)하시지 않을 것입니다."

태후 역시 그렇다고 생각하였다. 이소덕은 이건우(李乾祐)164)의 아들이

---

161) 낙양궁성(洛陽宮城)의 남면(南面)에는 세 개의 문이 있었는데, 중앙에 있는 문은 칙천문(則天門)이라 불렸고, 동쪽에 있는 문은 흥치문(興致門)이라 불렸으며, 서쪽에 있는 문은 광정문(光政門)이라고 불렸다.

162) 고종(高宗)의 치세에 황제를 '천황(天皇)'이라 칭하였고, 황후인 무후(武后)는 '천후(天后)'라고 칭하였다. 일본의 '천황'이란 칭호는 여기에서 비롯된 것이다.

163) 제사를 지낼 때는 동물을 잡아서 희생(犧牲)으로 바치므로, 제사에 참가한 사람들은 제사가 끝난 후에 피가 있는 동물의 고기를 나누어 먹게 된다는 사실에서 나온 말이다.

다.

29 임진일165)에 난대(鸞臺)시랑·동평장사 낙사회(樂思晦)·우위(右衛)장
군인 이안정(李安靜)을 죽였다. 이안정은 이강(李綱)166)의 손자이다. 태후
가 장차 혁명하려 하는데, 왕공들과 백관들이 모두 표문을 올려서 나아
가도록 권하였으나, 이안정은 홀로 정색하며 그렇게 하는 것을 거부하였
었다.

그가 제옥(制獄)에 내려가게 되자, 내준신(來俊臣)이 그가 반란한 정황
을 힐문하니, 이안정이 말하였다.

"나는 당가(唐家)의 오랜된 신하이니 모름지기 죽이려면 즉각 죽이시
오. 만약 모반에 관하여 묻는다면 실로 대답할 것이 없소."

내준신은 결국 그를 죽였다.

30 태학생 왕순지(王循之)가 표문을 올려서 휴가를 받아 고향으로 돌아
가게 해달라고 비니, 태후가 그것을 허락하였다. 적인걸(狄仁傑)167)이 말
하였다.

"신이 듣건대, 군주가 되는 사람은 오직 죽이거나 살리는 칼자루는 다
른 사람에게 빌려주지 않지만, 나머지는 모두 유사에게 이를 돌려준다고
합니다. 그러므로 좌승과 우승도 형도 이하에게는 말하지 않으며 좌상과
우상은 유형(流刑) 이상의 죄에 해당하여야만 마침내 처리하고 있는데,

---

164) 이건우는 정관 초기에 배인궤를 구한 사람이며, 이 일은 정관 원년(627년)에 있었다.

165) 10월 1일이 무술일이므로 10월에는 임진일이 없다. ≪신당서≫에 의하면 이 사건은
임술(壬戌)일로 되어 있으며 임술(壬戌)일은 10월 25일이다. 따라서 임진(壬辰)은
임술(壬戌)의 잘못이다.

166) 이강이 죽은 것은 태종 정관 5년(631년)에 있었다.

167) 낙주(洛州, 수도 洛陽을 중심으로 한 그 주변)사마(司馬)에서 금년(691년) 9월에
지관상서(地官尙書) 겸 동평장사, 즉 재상(宰相)으로 크게 승진하였다.

그것은 그들이 점차 고귀하게 되었기 때문입니다.

그 학생이 휴가를 요청하였는데, 승(丞)과 주부(主簿)의 일일 뿐이니, 만약 천자가 그런 일 때문에 칙서를 낸다면, 천하의 일은 얼마의 칙서를 내야 끝낼 수가 있겠습니까? 반드시 그 소원을 거스르고 싶지 않다면, 바라건대, 두루 제도(制度)를 세우는 것뿐입니다."

태후는 이를 훌륭하다고 하였다. ✱

당唐시대 황제 세계표

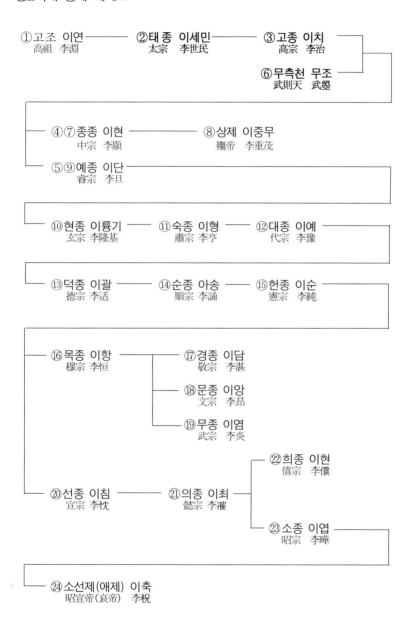

①고조 이연 ── ②태종 이세민 ── ③고종 이치
高祖 李淵　　　　太宗 李世民　　　　高宗 李治

⑥무측천 무조
武則天 武曌

④⑦종종 이현 ── ⑧상제 이중무
中宗 李顯　　　　殤帝 李重茂

⑤⑨예종 이단
睿宗 李旦

⑩현종 이륭기 ── ⑪숙종 이형 ── ⑫대종 이예
玄宗 李隆基　　　肅宗 李亨　　　　代宗 李豫

⑬덕종 이괄 ── ⑭순종 아송 ── ⑮헌종 이순
德宗 李适　　　順宗 李誦　　　憲宗 李純

⑯목종 이항
穆宗 李恒

⑰경종 이담
敬宗 李湛

⑱문종 이앙
文宗 李昻

⑲무종 이염
武宗 李炎

⑳선종 이침 ── ㉑의종 이최
宣宗 李忱　　　　懿宗 李漼

㉒희종 이현
僖宗 李儇

㉓소종 이엽
昭宗 李曄

㉔소선제(애제) 이축
昭宣帝(哀帝) 李柷

이 도서의 국립중앙도서관 출판시도서목록(CIP)은 서지정보유통지원시스템 홈페이지
(http://seoji.nl.go.kr)와 국가자료공동목록시스템(http://www.nl.go.kr/kolisnet)에서
이용하실 수 있습니다. (CIP제어번호: CIP2009001752)

자치통감 21 당(唐)시대 II

2009년 6월 30일 초판 1쇄 찍음
2016년 7월 15일 2판 1쇄 찍음

지은이   사마광
옮긴이   권중달
펴낸이   정철재
만든이   조성일 권희선 문미라
표지디자인   김동연(NIMBUS)

펴낸곳   도서출판 삼화
          주소 서울 관악구 남현1길 10, 2층
          홈페이지 www.tonggam.com | www.samhwabook.com
          전화 02)874-8830 팩스 02)888-8899
          등록 제320-2006-50호

ⓒ 도서출판 삼화, 2016, Printed in Seoul Korea

ISBN 978-89-92490-21-4 (04910)
ISBN 978-89-92490-33-7 (전32권 SET)

* 값은 뒤표지에 있습니다.
* 파본은 구입하신 서점에서 바꿔드립니다.